敦煌遺書

『十二五』國家重點圖書出版規劃項目

英國國家圖書館藏

敦煌遺書

上海師範大學
英國國家圖書館 合編

主編/方廣錩 [英]吴芳思

10

廣西師範大學出版社
GUANGXI NORMAL UNIVERSITY PRESS
·桂林·

学林天下
項目策劃　雷回興
責任編輯　肖愛景
責任技編　黄珊虎
　　　　　王增元
書籍設計　廣大迅風藝術
　　　　　　　徐俊霞

本書出版得到國家古籍整理出版專項經費資助

圖書在版編目（CIP）數據

英國國家圖書館藏敦煌遺書．第10册／方廣錩，（英）吴芳思主編．—桂林：廣西師範大學出版社，2011.9（2022.4重印）
ISBN 978-7-5495-0431-2

Ⅰ．英…　Ⅱ．①方…②吴…　Ⅲ．敦煌學—文獻
Ⅳ．K870.6

中國版本圖書館CIP數據核字（2011）第037894號

廣西師範大學出版社出版發行
（廣西桂林市五里店路9號　郵政編碼：541004
網址：http://www.bbtpress.com）
出版人：黄軒莊
全國新華書店經銷
廣西廣大印務有限責任公司印刷
（桂林市臨桂區秧塘工業園西城大道北側廣西師範大學出版社集團有限公司創意産業園内　郵政編碼：541199）
開本：787 mm×1 092 mm　1/8
印張：56　　　字數：448千字
2011年9月第1版　　　2022年4月第3次印刷
定價：1880.00元

編委會

前言

方廣錩

敦煌遺書，中國人心中沉沉的痛。

歷史是在具體的歷史環境中由具體的歷史人物創造的。祇有盡力還原那些歷史環境，體察那些歷史人物，纔能真正把握那段歷史的本來面貌。我曾經撰文指出：『作爲一個中國學者，在百年以後重新回顧敦煌遺書流散這一段歷史時，當然要申述民族的尊嚴。但同時，還應該保持一個學者的客觀的歷史理念與實事求是的科學精神。兩者是統一的。我們應該少一些情緒的衝動，多一些理智的分析，以總結其經驗教訓，使我們整個民族都更加成熟一點、聰明一點。』以後如有機會，我打算寫一本書，分析探討敦煌遺書流散這一歷史事件，以及由這一事件所折射出來的中外各色人等的精神面貌。

一九〇七年、一九一四年被斯坦因騙走的大批敦煌文物，歷經變遷，現主要分藏在英國博物館、英國圖書館及印度新德里博物館。其中英國圖書館收藏的漢文敦煌遺書共約一萬四千號，占全部漢文敦煌遺書實際總量(指總長度或總面積)約三分之一。此外，它還收藏原印度事務部圖書館的非漢文敦煌遺書數千號。

中國人民對這批流落在海外的國寶始終十分牽掛。不斷地有學者遠渡重洋去探訪、去研究。上世紀五十年代，英國博物館將約七千號遺書拍攝爲縮微膠捲。八十年代，臺灣匯總英國、中國、法國的敦煌遺書縮微膠捲，影印出版了《敦煌寶藏》，其中屬於英國的部份共計五十五册，收入遺書七五九九號。九十年代，我國學者又與英方合作，出版了《英藏敦煌文獻(漢文佛經以外部份)》，總十五册。

《敦煌寶藏》所收數量雖達七千多號，但尚非全璧，且圖版質量不能令人滿意。《英藏敦煌文獻(漢文佛經以外部份)》圖版質量堪稱一流，但如其名稱所示，僅收非佛經文獻，故所收不足英國漢文敦煌遺書實際總量的百分之十。

由此，出版英國圖書館所藏全部漢文敦煌遺書，以全面反映這批遺書的總體面貌，成爲敦煌學界的一個共同願望。特别是一九八三年中國敦煌吐魯番學會成立以來，中國的敦煌研究突飛猛進，各收藏單位的圖録不斷推出。至今爲止，俄國藏敦煌遺書（全十七册）、法國藏漢文敦煌遺書（全三十四册）已由上海古籍出版社出版。中國國家圖書館藏敦煌遺書已由北京圖書館出版社出版一百三十六册，剩餘十來册年内將全部推出。中國大陸諸多圖書館、博物館已經或正在出版所藏敦煌遺書，臺灣的一些收藏單位也在實施或規劃相關出版計劃。在日本，杏雨書屋正在出版，書道博物館已經出版。而收藏量位居世界第二的英國圖書館還將敦煌遺書秘藏深庫，這使得儘快公佈英國全部敦煌遺書的呼聲越發高漲。此外，一九〇〇年藏經洞被發現以後，一九〇七年斯坦因到達前，遺書並未大規模流散。斯坦因是大批取得遺書的第一人。他一次性成捆、成包地攫取了藏經洞中約三分之一的遺書。一九〇八年伯希和進洞翻檢，將藏經洞徹底翻亂。因此，唯有英國的藏品最有可能重現敦煌遺書在藏經洞啓封之初的原始保存狀態。特别是英國的很多遺書上有斯坦因或他的中國助手蔣孝琬書寫的早期編號與註記，它們爲我們研究敦煌遺書的原貌提供了綫索。所以，全部公佈英藏敦煌遺書，對研究藏經洞的性質有著無可替代的特殊價值。

感謝廣西師範大學出版社的遠見與魄力，接受了我提出的這一選題。更要感謝英國圖書館的吴芳思博士，自始至終對這一計劃予以全力支持，並合作主編這一規模巨大的圖録。我們，也就是我、吴芳思博士與廣西師範大學出版社最早的設想，是全部重新照相，以向讀者提供最爲清晰的圖版。遺憾的是，由於某些我們無法掌控的原因，這一設想最終没能實現，我們祇能利用館藏縮微膠捲來編印圖録。雖然部份縮微膠捲是前些年拍的，但大部份還是半個多世紀前拍攝的那批。好在吴芳思博士想方設法找到一份從來没有動用過的縮微膠捲母版，好在現代電腦技術可以提供新的手段以提高圖版質量。儘管如此，某些照片的質量依然不能令人完全滿意，我們應該向讀者表示歉意。

此次出版的《英國國家圖書館藏敦煌遺書》，每册均附有本册所收敦煌遺書的條記目録。條記目録盡可能吸收了敦煌學界的研究成果，但限於見聞，挂一漏萬之處，恐所在多有，還望識者不吝指教。

敦煌遺書是一批殘破的古代書籍，入藏以後，英國方面斷斷續續對其中一些遺書進行修復。現在看來，由於缺乏經驗，早期採用的某些修復措施並不成功。但上世紀七十年代這批遺書轉由英國圖書館保存後，在納爾遜及吴芳思博士的促進下，英國圖書館修復部的諸位先生加强了與世界各國同行的相互交流及學習，採用新的思路、新的方法對敦煌遺書進行修復，取得很大的成績。特别應該提到的是，修復部主任馬克窮數年之功，最近將著名的咸通九年《金剛經》修復完畢，修復效果相當理想。作爲一個中國學者，我對英國圖書館及相關人員爲保護這批中國珍寶所付出的心血與努力，表示衷心的感謝。

同時應該説明，上世紀五十年代拍攝縮微膠捲後，英國圖書館對敦煌遺書的修復工作仍在進行，這使得有些遺書的外觀與該遺書在縮微膠捲中呈現的形態出現差異。我們編目所依據的是修復後的原件，而有些圖録卻依據原縮微膠捲。於是産生這樣的情況：有些遺書的外觀著録與它的圖録並不完全吻合。但事情都是一分爲二的，縮微膠捲中也有一些原卷現已看不到的信息。這些信息爲我們研究英國圖書館的敦煌遺書收藏史提供了珍貴的資料。

英國圖書館所藏的漢文敦煌遺書的主體部份繫於OR.8210號之下，有些殘片繫於OR.8212號之下，還有百餘號混雜在原印度事務部圖書館所藏的非漢文敦煌遺書中。OR.8210號主要爲斯坦因一九〇七年從莫高窟搞到的敦煌遺書，也包括一九一四年從王道士手中搞到的數百件敦煌遺書，混雜了個别非敦煌遺書，加上英國圖書館近年新購兩號，共編爲一三九五二號。OR.8212號内容雜亂，有紙本、有木牘、有絹畫、有毛織物。來源雖然以斯坦因第三次中亞考古所得爲主，也夾雜第一次、第二次考古所得的一些文物，包括敦煌、甘肅其他地區以及新疆出土的文物，共編爲一九六四號。其中的非佛經部份紙本遺書已經出版，可參見沙知、吴芳思：《斯坦因第三次中亞考古所獲漢文文獻（非佛經部份）》，上海辭書出版社，二〇〇五年八月。所謂混雜在原印度事務部圖書館所藏非漢文敦煌遺書中的漢文遺書，主要指那些一面抄寫非漢文，一面抄寫漢文的卷子，也有個别卷子全爲漢文。如能將OR.8212號中的敦煌殘片、夾雜在非漢文遺書中的那百餘號漢文敦煌遺書也納入這次的出版計劃，可謂十全十美。但最終本圖録實際衹納入OR.8210號中的遺書。非不願也，實不能也。天下事，總會留點遺憾。

圖録的出版與條記目録的編纂，得到上海師範大學哲學學院的大力支持，得到敦煌學界諸多朋友的大力支持。得到多年來，特别是二〇〇九年在倫敦同甘共苦、排除萬難的同伴們，以及英國圖書館諸多正義人士的大力支持。謹以一瓣心香，向你們感恩，爲你們祈福！

二〇一一年二月二十五日於北京通州皇木廠

前言

吴芳思

方廣錩教授勤力鑽研漢文敦煌遺書近三十年，這份圖録正是他心血的凝結。對於他多年來的努力工作，以及廣西師範大學出版社承擔起繁重的出版任務，英國圖書館深表感謝。英國圖書館對項目進行過程中出版社耐心、靈活、包涵通融的工作方式萬分感激。儘管方廣錩最初提出要做這個項目時的設想是重新爲每份遺書照相，以製作全新的數字版本，但囿於材料之多（大約一萬四千份，其中很大一部份有二十米、甚至更長），根本不可能在這有限的時間裏完成。因此，廣西師範大學出版社不得不利用已有五十年歷史的縮微膠捲進行工作。幸運的是，在英國圖書館的一間倉庫裏找到了一份未使用過、保存完好的縮微膠捲，出版社利用這些未被關注的資料，借助全新的技術和設備，經過一番艱苦的努力，終於製作出了一個精美的版本。原始縮微膠捲中遺漏的一千五百張圖片也被英國圖書館國際敦煌項目組（http://idp.nlc.gov.cn 以及 http://idp.dha.ac.cn）的工作人員補上。

在長期來往英國圖書館期間，方教授生出一個願望，影印出版這裏所藏的所有漢文敦煌遺書。他一九九一年開始研究英國圖書館藏敦煌遺書之前，就已是中國國家圖書館善本部研究敦煌遺書的工作人員，正在爲那些遺書編製目録——迄今已出版圖録一百三十六卷。因此，他在研究倫敦所藏時，不但可以援引自己在佛教典籍和文獻目録學上非比尋常的專業知識，而且也有國家圖書館藏敦煌遺書的專門經驗。在倫敦期間，他還利用機會到巴黎和聖彼得堡，尋訪那裏收藏的敦煌遺書原件。

一九九〇至一九九一年，倫敦新修復七千號敦煌殘卷①。此時的方廣錩已經是早期佛經漢文寫本方面的知名文獻目録學專家。

①關於這些殘卷的歷史及其收藏情況，參看榮新江《英國圖書館藏敦煌漢文非佛教文獻殘卷目録（S.6981–13624）》吳芳思序，臺北，一九九四年。

經張廣達教授最初提議，藉由同窗葛維鈞幫助聯繫，方廣錩開始考慮給這些佛經寫本編製目録。英國圖書館爲像他這樣一位業界知名的學者通過英國科學院申請到王寬誠基金會提供的獎學金前來倫敦感到高興。隨後，方廣錩邀請榮新江一同前來，榮新江後來爲殘卷中的少量俗世遺書做編目工作。

那時，已經有翟林奈爲編號OR.8210/ S.1到OR.8210/ S.6980的遺書做的編目《大英博物館藏敦煌漢文寫本注記目録》出版（倫敦，一九五七），並且上述遺書已被王重民的《敦煌遺書總目索引》（北京，一九六二）收録，但新修復的七千號殘卷幾乎完全不爲學者所知。它們中的五百號最終被編入《英藏敦煌文獻》第十二至十四卷，已是一九九五年的事。

第一次結伴訪問英國圖書館之後，方教授又在一九九七年和二〇〇七年短暫來訪，而二〇〇二年、二〇〇三年和二〇〇五年則每年駐留三到四個月，二〇〇九年最後一次來訪更是足足停留了六個月①。這期間，方教授堅定信心，在法國、俄羅斯、中國國家圖書館的收藏以及中國其他博物館和圖書館零星收藏的所有敦煌遺書已經出版之後，倫敦收藏的所有敦煌文獻也應該出版成書。我起初懷疑，中國國家圖書館和中國社會科學院的縮微膠捲已足够使用。但是，我很快意識到，中國大部份學者很難有機會接觸這些資源，而我們這些保護流落中國之外的敦煌遺書的人們應該積極響應中國學者的想法和需求，我確信是時候該這麼做了。二〇〇七年，與廣西師範大學出版社簽署了出版合同。

方廣錩二〇〇九年來訪是出版社和圖書館簽署的合同條款的一部份。最後一次來訪倫敦時，爲了核實遺書的形態細節、核對每一份文獻，他還帶了一支精挑細選的專家團隊，其中包括來自中國國家圖書館的李際寧、黄霞以及來自上海師範大學的王灃華、劉志惠、陳王庭，此外還有張桂元、張麗，他們的繁重工作得到英國圖書館中文組的葛翰先生的支持。

我從未見過有什麼工作像方教授製作圖録、編製目録這樣辛苦。這不僅因爲他的工作强度大，而且因爲他能二十多年如一日，在妻子的默默支持下，保持這樣高强度的工作。他必須忍受有時看起來不可思議也難以對付的艱難困苦、甚至是反對，但他心懷虔誠、滿心歡喜地完成了。我很欣慰，他終於可以結束這個他自我賦予的艱巨任務。祝賀方廣錩和廣西師範大學出版社在文獻事業上取得成功。

翻譯：弘　俠
審閲：吴芳思

①方廣錩所編目録的第一部份已經出版，《英國圖書館藏敦煌遺書目録（S.6981–8400）》，北京，二〇〇〇年。

出版説明

一、本書收録範圍爲英國國家圖書館所藏、編於OR.8210號下的全部敦煌遺書。

二、本書所收敦煌遺書均以『斯』字領起，用五位數表示。不足五位者，用『0』補足。書寫在背面的文獻，編號上標註『背』，如『斯00499號背』。一件遺書上抄寫多個文獻的，用下位號表示，如：『斯00506號1』、『斯00506號2』、『斯00515號背1』、『斯00515號背2』。同一編號下如有相對獨立的幾件敦煌遺書，則斟酌情况，用英文字母予以區别，如『斯00532號A』、『斯00532號B』。

三、本書對敦煌遺書所抄文獻定名的原則如下：

凡該文獻有規範流通名者，按規範流通名定名。

凡該文獻無規範流通名而遺書本身存有首尾題者，依據首尾題定名。

凡該文獻無規範流通名且無首尾題者，斟酌敦煌學界研究成果並由編者根據内容擬名。凡屬擬名，均在名稱後括註『擬』。

四、某一文獻凡有卷本不同或有異本者，均在名稱後加以括註。

五、一件遺書正背面抄寫同一文獻，内容相連的，圖片數爲正背面圖片數之和，並在圖片順序後標註正背。如斯00469號正背面均抄寫『銀色女經』，標註爲『斯00469號　銀色女經（04-01正）』、『斯00469號　銀色女經（04-02正）』、『斯00469號　銀色女經（04-03背）』、『斯00469號　銀色女經（04-04背）』。

六、每册圖録均附有本册所收遺書的條記目録，置於每册書後。

七、本書精選部份較爲珍貴的敦煌遺書图片製作成彩圖，按斯坦因號編排，分别置於每册圖録前面。

八、本書依據縮微膠捲製版，製版過程中利用電腦技術對原照片予以加工，以提高照片質量。部份照片參用國際敦煌項目(IDP)網站(http://idp.nlc.gov.cn 以及 http://idp.dha.ac.cn)公佈的圖版。原始縮微膠捲中遺漏的1500張圖片由英國圖書館國際敦煌項目組的工作人員補足。

廣西師範大學出版社

英國國家圖書館　The British Library

彩圖目録

斯 00214 號　燕子賦……001
斯 00223 號 1　祈天龍四王護佑文（擬）……003
斯 00223 號 2　右街内供奉賜紫大德弘遠讚六宅王坐化詩（擬）……003
斯 00231 號 1　千眼千臂觀世音菩薩陀羅尼神咒經（三卷本）卷中……004
斯 00231 號 2　千眼千臂觀世音菩薩陀羅尼神咒經（三卷本）卷下……005
斯 00231 號 3　千手千眼觀世音菩薩廣大圓滿無礙大悲心陀羅尼經（異本）……008

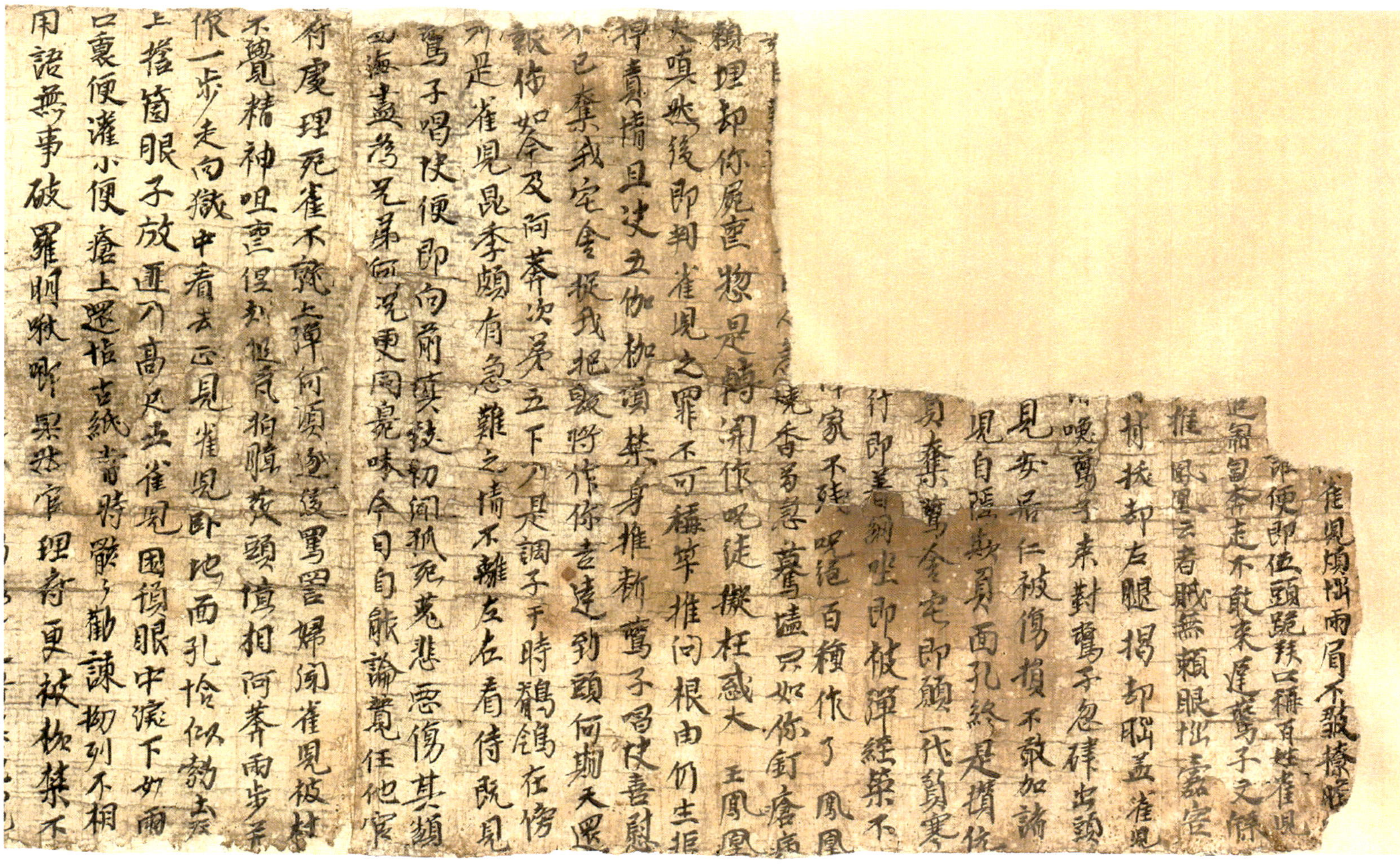

斯00214號　燕子賦　（04-01）

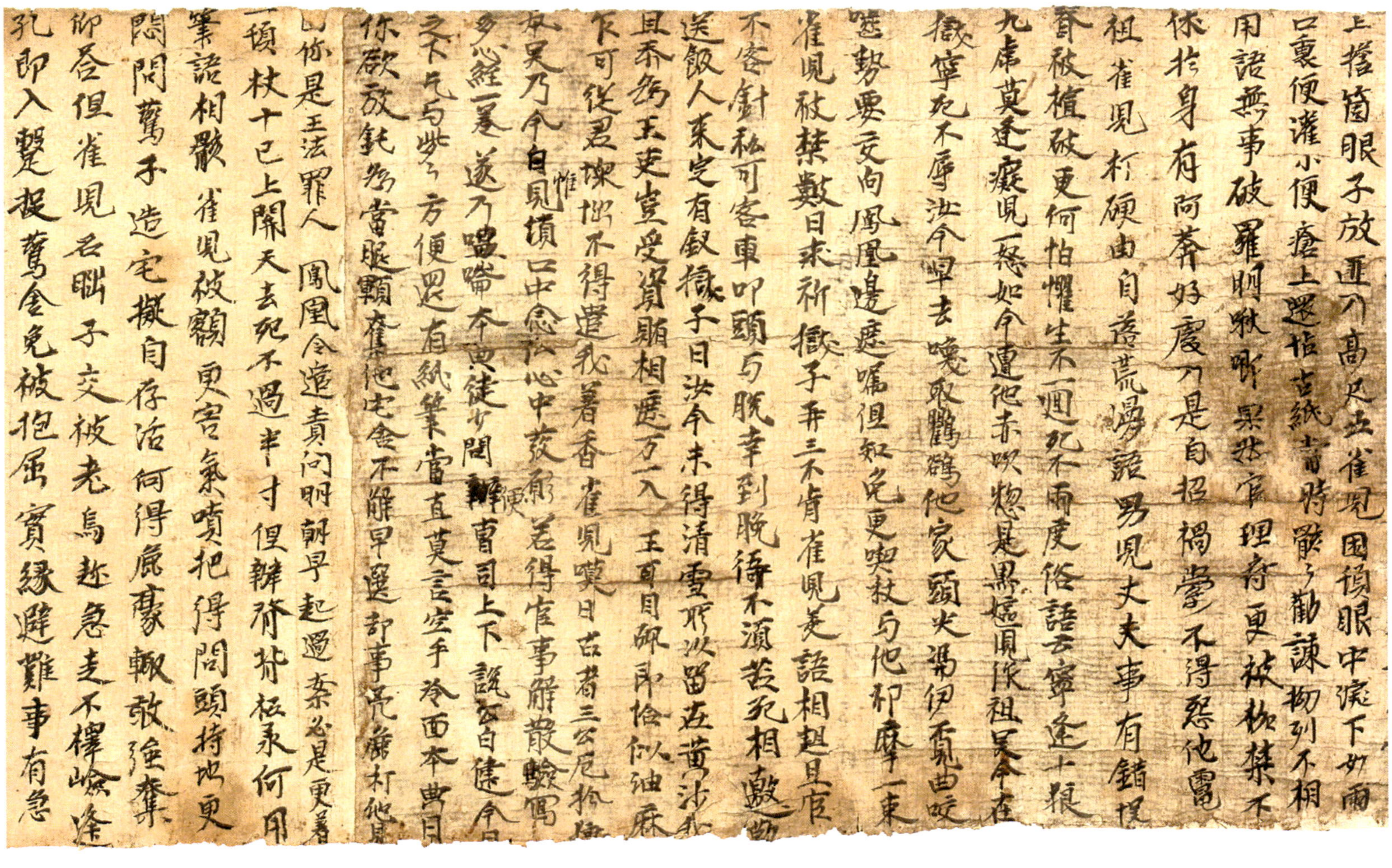

斯00214號　燕子賦　（04-02）

業訴相罵　雀[illegible]
隱閑鷰子造宅擬自存活何得虎豪輒敢強奪
仰荅但雀兒昨子交被老鳥趁急走不擇嶮塗
孔即入孽捉鷰舍免被抱屈實緣避難事有急
疾亦非強奪顛王體悉又問既是避難何得恐赫遂
更蹴打使令墜翻國有常刑合笞一百有何別理以自
明白仰荅但雀兒祇緣咄子避難蹔時留連鷰舍既
見閑蹔歇解卸鷰子到來即欲向前詞謝不悉事由
望風惡罵父子團頭牽及上下恐不思難便即相打
鷰子既推瑒翻雀兒今為敵勝兩家損處彼此相亞
差欲確論宅舍請乞酬宅價差欲摟法㨪枷繩戀實即不敢咋
呵見有上柱國勳請乞收贖罪罰又問奪宅恐嚇罪不可
容既有公勳先於何處立功仰荅但雀兒去貞觀十九年大征
討遼東雀兒投募充傔當時配入先鋒身不騰馬手不
彎弓口銜艾火送著上風高麗遂滅因此立功一例蒙上柱國
見有勳告數通必其欲得磨勘請撿山海經中　鳳凰判云
雀兒剔禿強奪鷰屋推問根由元無承伏既有上柱國勳
收贖罪不可久留在獄宜即且放物勿煩案贖雀兒得出甚
不自勝遂喚鷰子且飲二卧此來觸誤請公哀矜從今已後
別解祗承人前並他更莫吶吶鷰雀既和行至隊並乃有一
多事鴻鶴借問字此來爭競雀兒不能遏靜開眼尿床遽
他格令賴值　鳳凰恩擇放你至草命可中鷂子搦得百年
當時了竟遂罵鷰子你甚頑嚚些些小事何得紛紜直欲
危他性命作得如許不仁兩箇都無所識宜吴不与同群鷰雀
同詞而對曰何期鳳凰不嗔乃被多事鴻鶴責諫你亦未能斷

斯00214號　燕子賦　（04-03）

[illegible]
收贖罪不可久留在獄宜即且放物勿煩案贖雀兒得出甚
不自勝遂喚鷰子且飲二卧此來觸誤請公哀矜從今已後
別解祗承人前並他更莫吶吶鷰雀既和行至隊並乃有一
多事鴻鶴借問字此來爭競雀兒不能遏靜開眼尿床遽
他格令賴值　鳳凰恩擇放你至草命可中鷂子搦得百年
當時了竟遂罵鷰子你甚頑嚚些些小事何得紛紜直欲
危他性命作得如許不仁兩箇都無所識宜吴不与同群鷰雀
同詞而對曰何期鳳凰不嗔乃被多事鴻鶴責諫你亦未能斷
事到頭沒多詞句必期儒倚有高才請乞立題詩賦鴻鶴
心卻被譏刺乃興一詩詠吴字鴻鶴宿心有遠志鷰雀由來故
不知鵠一朝自到青雲上三歲　飛鳴當此時鷰雀同詞而對曰
大鵬信徒南道鶴鷦巢一枝逍遙各自得何況二重知
鷰子賦一卷
癸未年十二月廿一日永安寺學士郎杜友遂書記之耳
甲申年三月廿三日永安寺學士郎杜友遂書記之耳

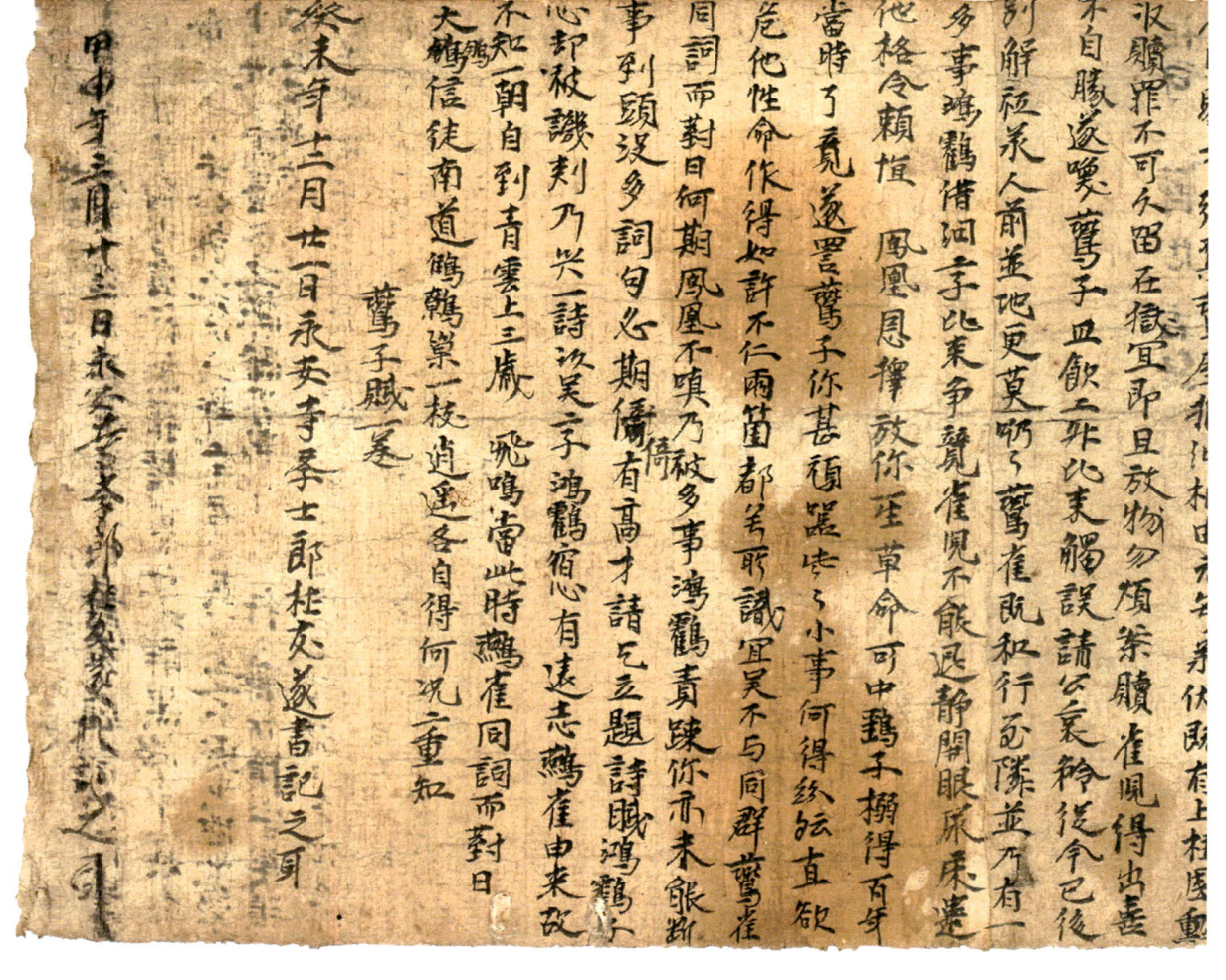

斯00214號　燕子賦　（04-04）

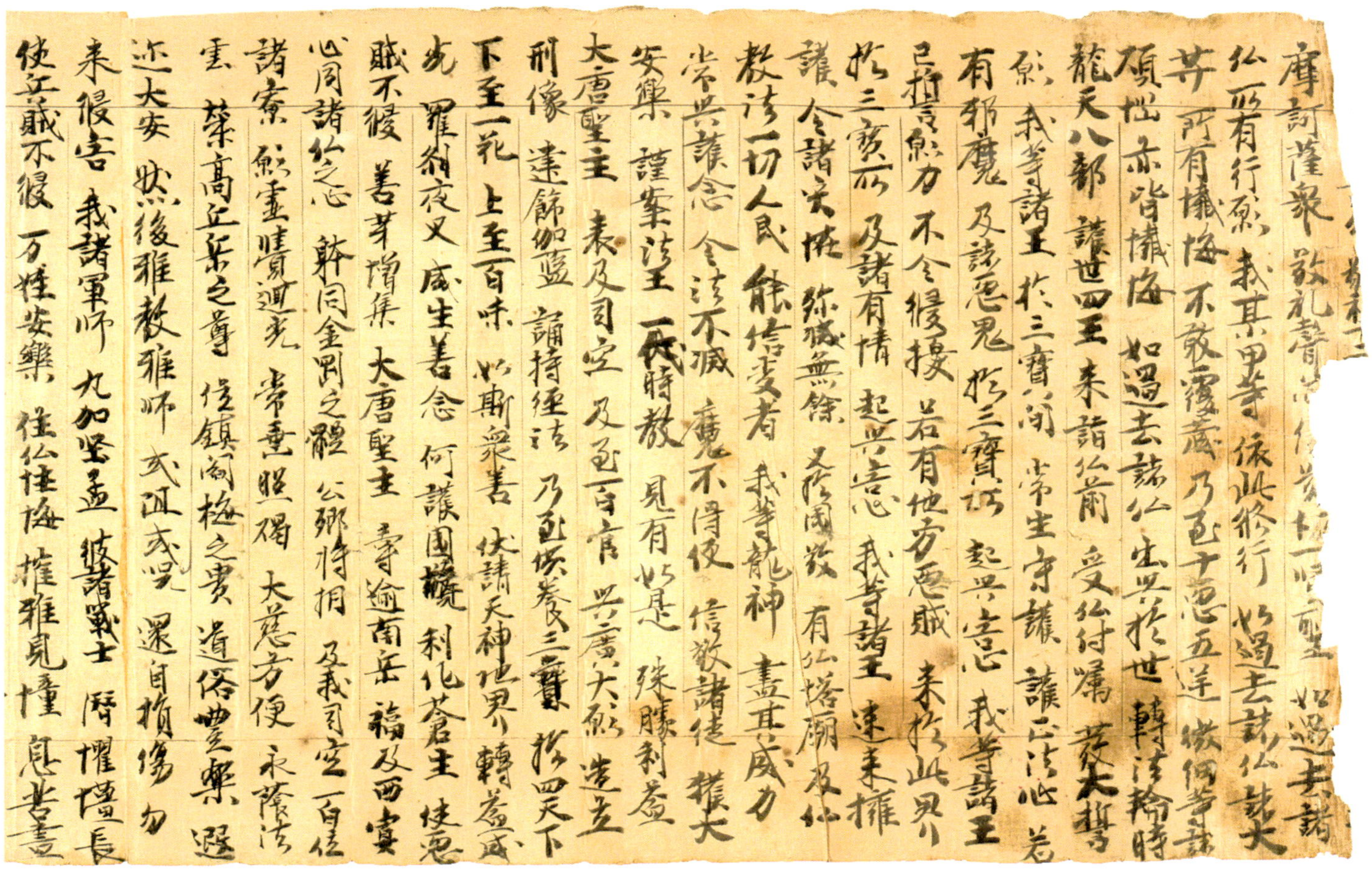

斯00223號1　祈天龍四王護佑文（擬）（02-01）

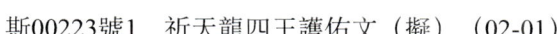

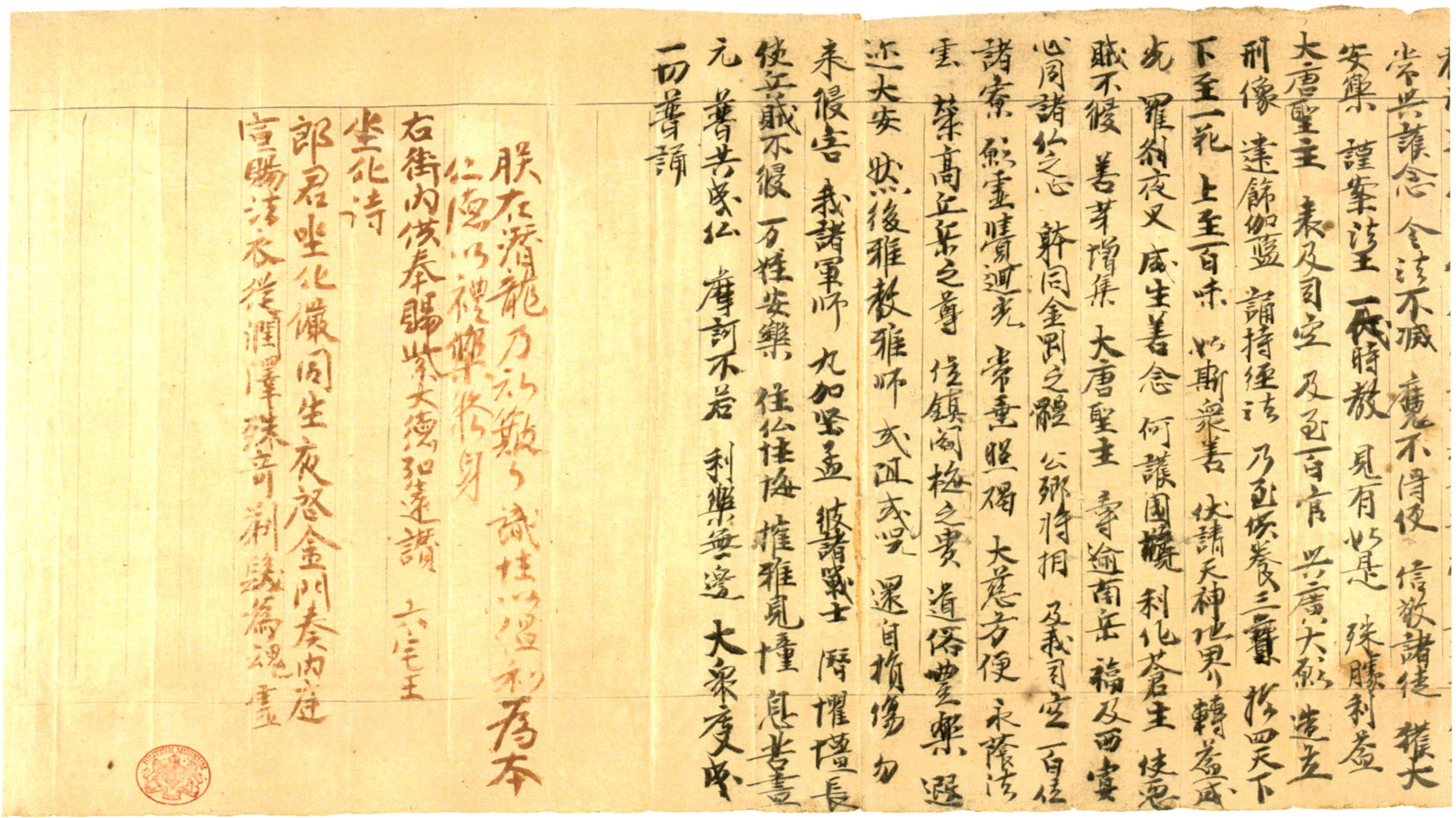

斯00223號2　右街内供奉賜紫大德弘遠讚六宅王坐化詩（擬）（02-02）

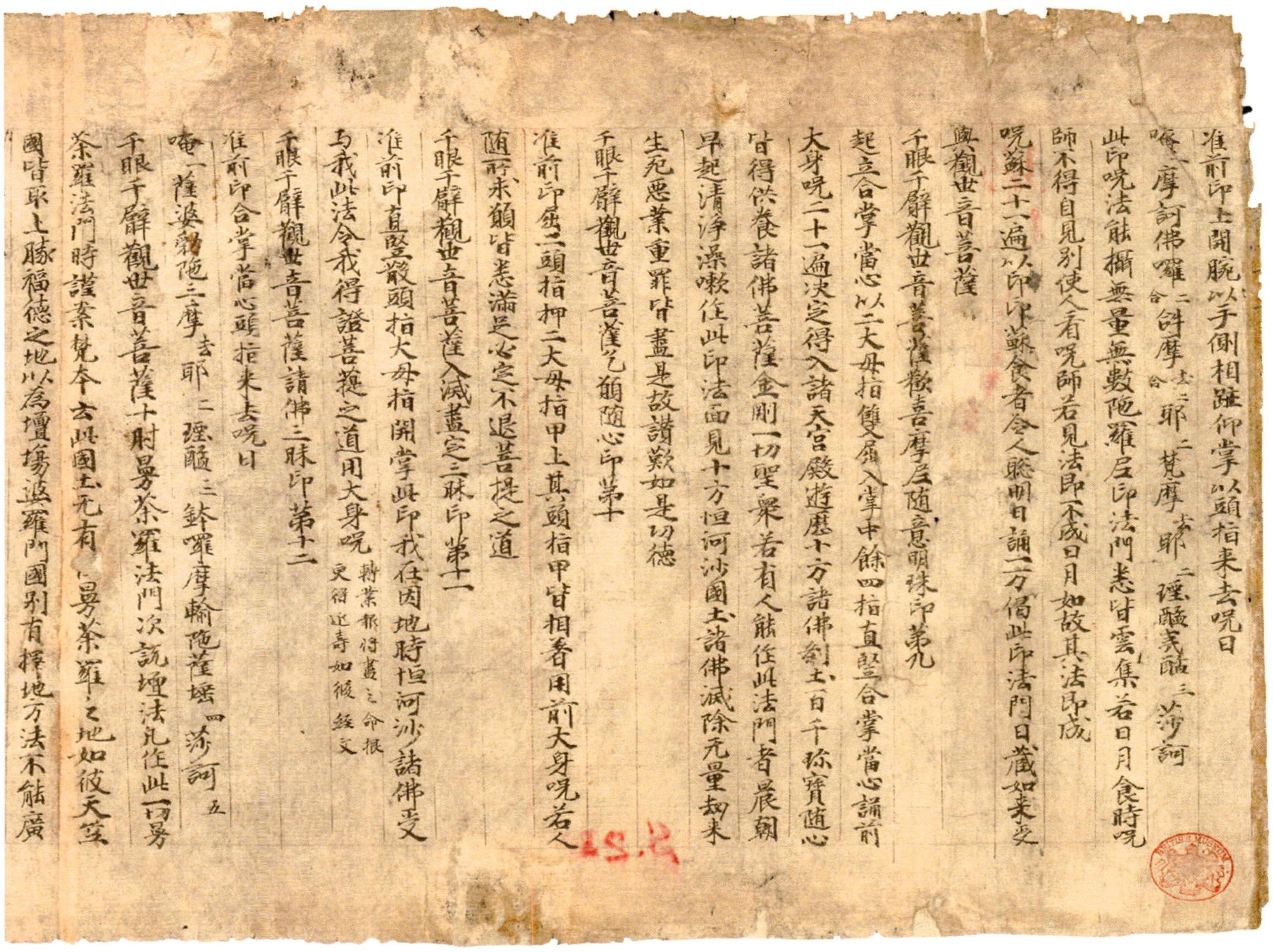

准前印上開腕以手側相跓仰掌以頭指來去呪曰
唵一摩訶佛囉二合鉢摩去三耶梵摩去耶二瑟醯茣醯三莎訶
此印呪法能攝無量無數陀羅尼印法門悉皆雲集若日月食時呪
師不得自見別使人看呪師若見法即不成日月如故其法即成
呪蘇二十一遍以印印蘇食者令人聰明日誦一万偈此印法門日藏如來受
與觀世音菩薩
千眼千臂觀世音菩薩歡喜摩尼隨意明珠印第九
起立合掌當心以二大母指雙屈入掌中餘四指直竪合掌當心誦前
大身呪二十一遍決定得入諸天宮殿遊歷十方諸佛剎土百千珍寶隨心
皆得供養諸佛菩薩金剛一切聖衆若有人能作此法門者晨朝
早起清淨澡漱作此印法面見十方恒河沙國土諸佛滅除无量劫來
生死惡業重罪皆盡是故讚歎如是功德
千眼千臂觀世音菩薩乞願隨心印第十
准前印屈二頭指押二大母指甲上其頭指甲皆相著用前大身呪若人
隨所求願皆悉滿足心定不退菩提之道
千眼千臂觀世音菩薩入滅盡定三昧印第十一
准前印直竪頭指大母指開掌此印我在因地時恒河沙諸佛受
與我此法令我得證菩提之道用大身呪 轉業報得盡之命根 更得延壽如彼經文
千眼千臂觀世音菩薩請佛三昧印第十二
准前印合掌當心頭指來去呪曰
唵一薩婆勃陀二摩去耶二瑟醯三鉢囉摩輸陀薩埵四莎訶五
千眼千臂觀世音菩薩十肘曼荼羅法門次說壇法凡作此一切曼
荼羅法門時護荼覺本云此國土无有曼荼羅之地如彼天竺
國皆取上勝福德之地以為壇場婆羅門國別有擇地方法不能廣

斯00231號1　千眼千臂觀世音菩薩陀羅尼神咒經（三卷本）卷中　（22-01）

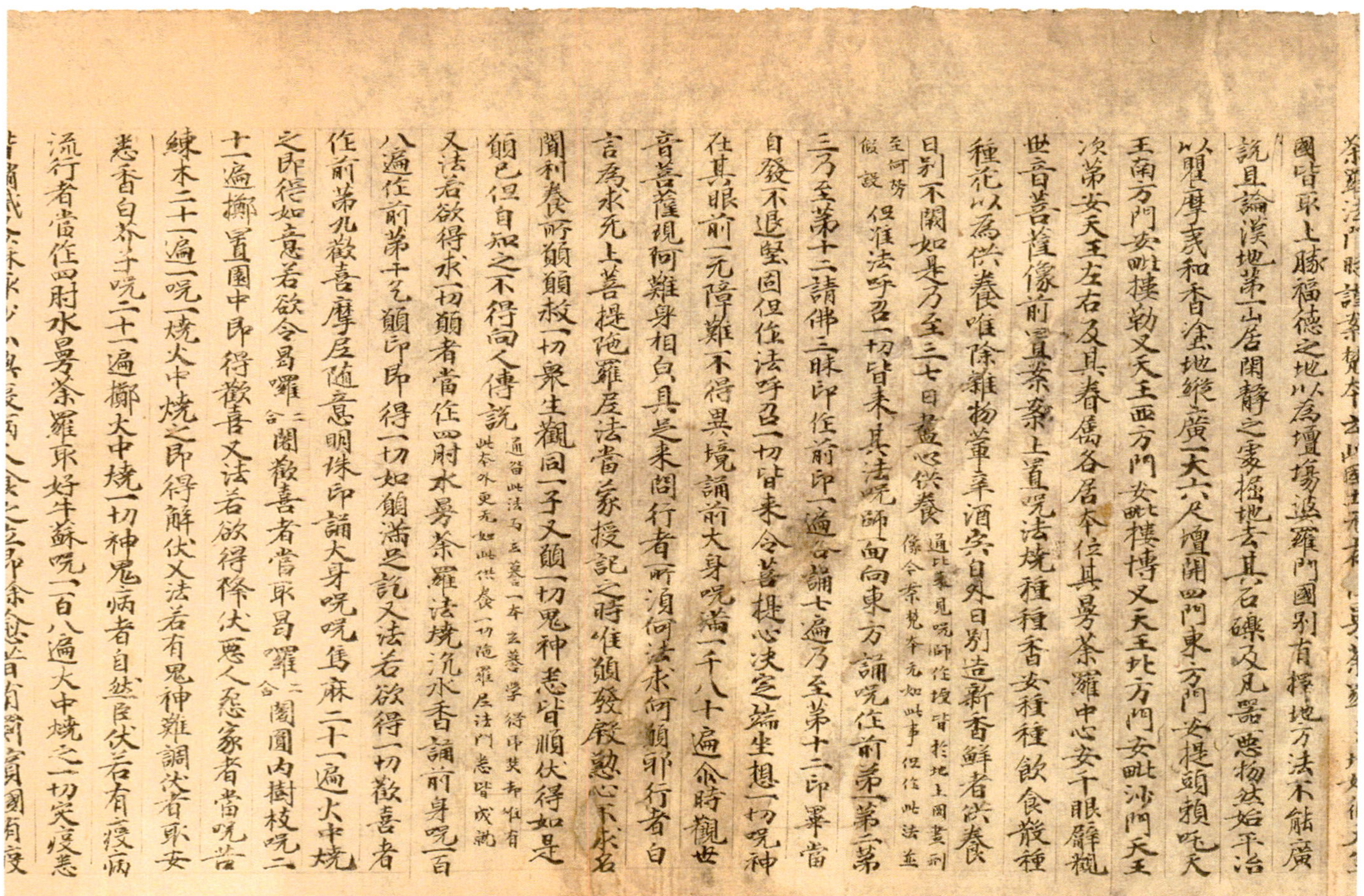

荼羅法門時護荼覺本云此國土无有曼荼羅之地如彼天竺
國皆取上勝福德之地以為壇場婆羅門國別有擇地方法不能廣
說且論漢地第一山居閑靜之處掘地去其石礫及凡器惡物然始平治
以瞿摩夷和香塗地縱廣一丈六尺壇開四門東方門安提頭賴吒天
王南方門安毗樓勒叉天王西方門安毗樓博叉天王北方門安毗沙門天王
次第安天王左右及其眷屬各居本位其曼荼羅中心安千眼千臂觀
世音菩薩像前置荼案上置呪法燒種種香安種種飲食嚴種
種花以為供養唯除雜物葷辛酒肉日外日別造新香鮮者供養
日別不闕如是乃至三七日盡心供養 通此象見呪師作壇皆於地上圖畫形 像令宗覺本元如此事但作此法並
至訶努 假設 但准法呼召一切皆來其法呪師面向東方誦呪在前第一第二第
三乃至第十二請佛三昧印在前印一遍合誦七遍乃至第十二印畢當
自發不退堅固但作法呼召一切皆來令菩提心決定端坐想一切呪神
在其眼前一无障難不得異境誦前大身呪滿一千八十遍亦時觀世
音菩薩現阿難身相白其是來問行者所須何法求何願耶行者白
言為求无上菩提陀羅尼法當豪授記之時唯願發殷懃心下求名
聞利養所願願救一切衆生觀同一子又願一切鬼神悉皆順伏得如是
願已但自知之不得向人傳說 通留此法乃至慕一本玄奘學得印梵本唯有 此本外更无如此供養一切陀羅尼法門悉皆成就
又法若欲得求一切願者當作四肘水曼荼羅法燒沉水香誦前身呪一百
八遍作前第十乞願印即得一切如願滿足說又法若欲得一切歡喜者
作前第九歡喜摩尼隨意明珠印誦大身呪呪烏麻二十一遍火中燒
之即從如意若欲令毘囉二合闍歡喜者當取毘囉二合闍園內樹枝呪二
十一遍擲置園中即得歡喜又法若欲得降伏惡人怨家者當呪苦
練木二十一遍一呪一燒火中燒之即得解伏又法若有鬼神難調伏者取安
悉香白芥子呪二十一遍擲火中燒一切神鬼病者自然臣伏若有疫病
流行者當作四肘水曼荼羅取好牛蘇呪一百八遍火中燒之一切災疫悉

斯00231號1　千眼千臂觀世音菩薩陀羅尼神咒經（三卷本）卷中　（22-02）

練木二十一遍一呪一燒火中燒之即得解伏又法若有鬼神難調伏者取安
悉香白芥子呪二十一遍擲火中燒一切神鬼病者自然臣伏若有疫病
流行者當作四肘水曼荼羅取好牛蘇呪一百八遍火中燒之一切災疫悉
皆消滅又蘇取少分與疫病人食之立即除愈昔有罽賓國有疫
病悉皆流行人得病者不過一二日並死有一婆羅門真帝起大慈悲
心將此法門施行救療一國疫病應時即得消滅時行病鬼王應時出
離國境知有驗耳又法他國侵擾盜賊逆亂起來作前第一總攝身
印呪一百八遍一切盜賊自然殄滅又法若一切業報眾生命根盡者作
前滅盡定印日日供養燒沉水香誦呪滿一千八十遍即得轉業鄣若
有女人臨當産時受大苦惱呪蘇二十一遍令彼食之必定安樂所生男子
女人具大相好眾善莊嚴宿殖德本令人愛敬常於人中受勝快樂
若有眾生有眼𧎃痛者以菩薩千眼印呪二十一遍以娑陁羅尼印
印眼即光明徹見上界諸天受勝快樂
千眼千臂觀世音菩薩像法門次說畫像法謹案梵本造像皆用
白疊寬廣十肘此土一丈六尺長二十肘此土三丈二尺菩薩身作檀金色
面有三眼一千臂一一掌中各有一眼綵色中不得著膠以董陸香乳汁和綵
色菩薩頭上著寶天冠身垂瓔珞又一梵本云此處無好大白疊但
取一幅白氎菩薩身長五尺作兩臂依前第五千臂印法傍無千
臂亦得供不要千眼千臂此法亦依梵本說唯菩薩額上必須安一
眼即得若欲供養此法門者先須畫像其像畫法必須作曼荼羅如
法令近者受八戒齋若出入一上廁一洗浴其像作成安置壇中即須廣
設供養作法祈請滿三七日千眼千臂觀世音菩薩像必放大光明過
於日月除不至心者其千眼千臂觀世音菩薩像法武德年中中天竺
國有一婆羅門名瞿陁提婆將此像本來進入通案梵本只言千眼
千臂過去毗婆尸佛等亦現在作降伏大魔身千眼中各出一佛以為賢

斯00231號1　千眼千臂觀世音菩薩陀羅尼神咒經（三卷本）卷中　(22-03)

國有一婆羅門名瞿陁提婆將此像本來進入通案梵本只言千眼
千臂過去毗婆尸佛等亦現在作降伏大魔身千眼中各出一佛以為賢
劫千佛也千臂又各各化出一輪王為千代轉輪聖王此菩薩降魔身
中最為第一尒時世尊告觀世音菩薩我以佛神力窮劫廣說不能得
盡尒時觀世音菩薩聞佛說已歡喜信受作禮奉行
佛說千眼千臂觀世音菩薩陁羅尼神呪經卷中
佛說千眼千臂觀世音菩薩陁羅尼神呪經卷下
尒時觀世音菩薩說是神呪時三千大千世界乃至非相非非相天六
反震動色究竟天摩醯首羅戰慄不安其處皆大恐懼一切惡鬼皆
大叫喚受大苦惱東西散走莫知所趣尒時化身語諸大眾及諸惡鬼神
等若不隨順我呪者違逆者頭破稼碎此呪能摧破諸山乾竭大海此
呪能摧阿脩羅軍護諸國土此呪能摧伏一切諸惡鬼神一切諸病一切惡毒
人此呪能摧碎三十三天皆令降伏若有善男子有能誦持此呪者其
人威力說不可盡此呪能令誦持之者豪貴自在亦能令昌羅闍國王
終身愛念稱意所求悉皆滿足若欲降伏魔惡者當燒求求羅
香誦我身呪滿二十一遍若欲令一切人愛己者呪楊枝二十一遍口中嚼之
即得愛敬若欲令自身辯才智慧者呪昌蒲一千八遍塗其心上即
得辯才無礙作娑陁羅尼心呪印
千眼千臂觀世音菩薩辯才無礙印第十三
以兩手相背合掌大母指向前屈此印能自護護他當須結界隨所遊方
或呪淨灰各呪七遍所在住處以手擲灰先灑自身然後向於四方四角
如法散灑若有善男子善女人被諸惡鬼眾邪魍魎之所惑亂者取榴
枝及柳枝塗誦此陁羅尼輕打病人無病不差呪曰
南無薩婆勃陁達摩僧祇比耶合二 南無阿梨耶婆盧吉低攝伐羅寫菩

斯00231號2　千眼千臂觀世音菩薩陀羅尼神咒經（三卷本）卷下　(22-04)

杖及柳枝塗誦此陁羅尼輕打病人无病不差呪曰
南无薩婆勃陁達摩僧祇比耶(合二) 南无阿梨耶婆盧吉伍攝伐羅寫菩
提薩多跛寫南既折囉波尼寫菩提薩多波寫跢姪他徒比徒比迦
耶徒比娑羅闍婆羅尼馺皤訶
此呪即能降伏諸邪見外道若有善男子善女人於晨朝時日日三時誦
一遍者即與種種供養十億諸佛无有異也永不受女身命終之後生諸
佛前永離三塗即得往生阿彌陁佛國如來授手摩頂汝莫怖懼來
生我國現身不被横死不為鬼神之所得便
千眼千臂觀世音菩薩碎三千大千世界滅罪印第十四
起立以左手向前展臂五指向前散託豎五指次以右手大母指屈在掌
中以四指把棒當右耳上當誦身呪頭指来去此印日別須三時一時誦
身呪七遍能滅五逆四重等罪於一切衆生生慈悲心即能燒一切罪根此
身滅後即得生諸佛國於彼佛土得作轉輪聖王復得陁羅尼慧名
日无量无盡藏復得陁羅尼三昧名為智等復得身中三十二種相現
現身不患眼耳鼻等痛乃至身中一切疾病悉能消滅若有先業
罪者亦得消滅若見天旱時取烏麻子和稗麻子晡捻作丸呪一百八
遍擲著湫水中即得雨若雨過多取稻穀炒作花取蔓菁子晡
和作丸呪之一百八遍擲著湫水中雨即止
千眼千臂觀世音菩薩降伏三千大千世界魔惡印第十五
以五指相叉左押右急把拳當眉上誦身呪即得降伏若作此法白舍利
塔前二十九日夜取白檀香作末塗地作曼荼羅其中散種種花澡浴
清淨著新淨衣手把香爐燒沉水香面東坐呪一千八遍此呪是最初
切能又取白芥子烏麻著一處擣為末以三指撮取少許呪之一遍擲著
火中如是七日日別誦一百八遍然後所作皆悉成就
千眼千臂觀世音菩薩廣大无畏印第十六

斯00231號2　千眼千臂觀世音菩薩陀羅尼神咒經（三卷本）卷下　（22-05）

清淨著新淨衣手把香爐燒沉水香面東坐呪一千八遍此呪是最初
切能又取白芥子烏麻著一處擣為末以三指撮取少許呪之一遍擲著
火中如是七日日別誦一百八遍然後所作皆悉成就
千眼千臂觀世音菩薩廣大无畏印第十六
起立並足先以右手仰垂右肘肘膝頭左手亦如之於舍利像前誦身呪
一百八遍即得无畏施於衆生又取檀香白芥子昌蒲捨多婆利(外國藥名)
以此等物內火中燒之時應於佛前或在淨處誦呪二十一遍以香花供養
呪法悉皆成就所為之者皆悉剋果若餘呪无驗以此呪呪之亦成就若
欲乞夢誦此呪并作印印眼眠即有夢隨所欲見事皆得見之若人
无福所向不諧者日誦三遍呪滿七日諸有所求一切皆得尒時菩薩在娑
竭羅龍宮海會說法見諸龍衆受大苦惱諸龍衆為度苦惱衆生
悉得離苦无諸惡害尒時龍女獻一寶珠價直娑婆世界為求法故吾
為廣說離諸苦難
水精菩薩護持千眼印呪第十七
尒時水精菩薩為欲利益護持此呪而說呪曰
毗摩隸摩訶毗摩隸郁呵隸摩訶郁呵隸休摩隸摩訶休摩隸薩
訶隸必隸滯馺婆訶
若有善男子善女人在所遊方受持此千眼千臂法者我當常隨衛
護乃至諸魔眷屬无惱乱者若人急難他國相侵盜賊迸乱當取五
色縷結誦呪二十一遍一遍一結繫於左臂又以左手无名指中指頭指把拳
大母指押上展小母指指所至賊方誦呪七遍悉皆退散不能為害尒時
菩薩在雪山中說法觀見夜叉羅剎國中人民唯食衆生血肉无有
善心若菩薩為欲利益方便教化衆生以神通力尋至彼國現千眼千
臂降伏魔身設使成就結跏陁羅尼印法尒時羅剎國王来至我所求
哀頂礼我以成就印印之即得成无上道
千眼千臂觀世音菩薩成就印第十八

斯00231號2　千眼千臂觀世音菩薩陀羅尼神咒經（三卷本）卷下　（22-06）

千眼千臂觀世音菩薩成就印第十八
起立並足合掌當心以小指相叉左押右誦身呪二十一遍種種皆得成就
若救六道苦惱衆生當用輪印以十指頭各相跓開腕掌中使開其指間
各相去一寸許即是菩薩在六道循環度諸苦惱以此印輪迴悉得離苦
此印法抜吒那羅延去神龍元年師俊翻譯使得罽国并将所翻之經本皆通 畢竟亦遂不得過於一僧邊得梵本沙門義淨譯出在外无本
千眼千臂觀世音菩薩成等正覺印第十九
結跏趺坐先以左手舒五指仰掌在左膝上次以右手舒五指覆手捺右
膝上以大拇指押中指甲上此印與滅盡印法同過去未來現在諸佛皆同
此印得佛菩提此印能除一切業鄣若坐禪諸法不現前者當七日七
夜於阿練若處誦此陁羅尼并作此印法至心念佛晝夜六時懺悔即得
諸法現前及所得福无量无邊不可稱計
千眼千臂觀世音菩薩呼召三十三天印第二十
先以左手四指把拳次以右手握左手大拇指亦如把拳令左手大拇指
在右手虎口中出頭以右手頭指來去呪曰
唵一俱智俱智二俱耶利三遮利遮利四遮犁隸五蘇婆訶
此陁羅尼呪不可思議若善男子善女人臨欲眠時誦此呪一百八遍
心中所願於夢寐中悉得知見若能日日誦此呪者亦能滅一切罪不失
菩提心其人昏夢夜寐漸漸增廣皆得吉祥乃至夢見如來在菩
提樹下授記成道乃至釋梵諸天常來侍衛
千眼千臂觀世音菩薩呼召天龍八部鬼神印第二十一
起立並兩足先以左手大拇指屈在掌中四指拳手當心上著次以右手
亦如之以右手在右耳邊以頭指來去呪曰
南无屈乹陁一南无陁利闍波陁二馺婆訶三南无阿利闍羅馺婆訶四
毘醯戒二合醯上五馺婆訶六

毘醯戒二合醯上五馺婆訶六
此印呪若善男子善女人受持讀誦者知七世宿命事毒蛇不敢
螫毒藥不能侵刀不能害王亦不能瞋永劫不受地獄苦若誦此
呪時二十八部鬼神來詣誦呪人邊坐聽誦呪若善男子善女人爲
鬼魅所著以白縷爲呪索一遍一結如是四十九結繫其咽下其病即
除若國内災疫流行國人死亡多者當取國王園池中蓮花一百八莖
一一花各呪一遍擲置火中燒令蕩盡災疫即除
千眼千臂觀世音菩薩解脱印第二十二
結跏趺坐先以左手中指與大拇指頭相捻仰掌面上餘三指散舒置於
左膝上次以右手亦如之覆手置於右膝上誦身呪二十一遍所願悉皆
滿足諸有苦惱悉皆解脱若善男子善女人具造十惡五逆等罪如
閻浮提微塵地變爲微塵一一微塵成於一劫是人造若千等罪應墮地
獄歷劫受苦永无出期是善男子善女人能於舍利及像至佛前白
月十五日一日一夜不食結印誦大身呪滿一百八遍如上諸罪苦悉皆消滅
若不滅者无有是處
此呪印智通本上先无智通於京州逢一婆羅門僧有 此梵本遂會勘之更有此印自得受持大有功驗
不可思議
千眼千臂觀世音菩薩自在神足印第二十三
起立先以左手屈左腳大拇指如把拳次以右手握左手腕背上誦身呪七
遍欲進千里不以爲難呪誦之時勿令出聲
千眼千臂觀世音菩薩神變自在印第二十四
先以左手大拇指捻小指甲上次以右手亦如之餘三指各散竪合腕相著
置於頂上誦身呪二十一遍皆得遊行自在
昔有罽賓國僧闍提於北天竺國求得此梵本未曾翻譯自得受
持威力廣大不敢流傳智通於此僧弟婆伽邊得本依法受持功効不少

置於頂上誦身呪二十一遍皆得遊行自在
首有罽賓國僧闍提於北天竺國求得此梵本未曾飜譯自得受
持威力廣大不敢流傳智通於此僧弟婆伽邊得本依法受持功効不少
唯不流行於代此本紀无後同學得者願同功力請千眼千臂觀世音菩
薩王心印呪此印是第一根本咎請印第二十五兩手合掌虛掌內合腕
二頭指來去
唵一 阿嚕力 帝𠼪路迦 賀吉 呲社 時賀叉 耶薩婆鍊覩盧二合 鉢囉麼 馱耶迦
囉耶 牟泮莎訶
尒時觀世音菩薩與諸天衆聞佛說已歡喜信受作礼而去

佛說千眼千臂觀世音菩薩陁羅尼經卷下

千手千眼觀世音菩薩廣大圓滿无㝵大悲心陁羅尼經
如是我聞一時釋迦牟尼佛在補陁落山觀世音宮殿寶莊嚴道場中
坐寶師子座其座純以无量雜摩尼寶而用莊嚴百寶幢幡周
帀懸列尒時如來於彼座上將欲演說總持陁羅尼故與無央數菩
薩摩訶薩俱其名曰總持王菩薩寶王菩薩藥王菩薩藥上
菩薩觀世音菩薩大勢至菩薩華嚴菩薩大莊嚴菩薩寶
藏菩薩德藏菩薩金剛藏菩薩虛空藏菩薩彌勒菩薩普賢
菩薩文殊師利菩薩如是等菩薩摩訶薩皆是灌頂大法王子
又與無量無數大聲聞僧皆行阿羅漢十地摩訶迦葉而爲上首
又與無量梵摩羅天善吒梵摩而爲上首又與無量諸天天子
俱瞿婆伽天子而爲上首又與无量護世四王俱提頭賴吒而爲上
首又與无量天龍夜叉乾闥婆阿脩羅迦樓羅緊那羅摩睺羅
伽人非人等俱山德大龍王而爲上首又與无量欲界諸天女俱童目

8

斯00231號3　千手千眼觀世音菩薩廣大圓滿無礙大悲心陀羅尼經（異本）（22-09）

首又與无量天龍夜叉乾闥婆阿脩羅迦樓羅緊那羅摩睺羅
伽人非人等俱山德大龍王而爲上首又與无量欲界諸天女俱童目
天女而爲上首又與无量虛神江海神泉源神河沼神藥草神樹
林神舍神水神火神風神土神山神地神宮殿等神皆來集會時
觀世音菩薩於大會中密放神通光明照曜十方剎土及此三千
大千世界皆作金色天宮龍宮諸尊神宮皆悉震動江河大海
鐵圍山須彌山土山亦皆大動日月珠火星宿之光皆悉不現於是
總持王菩薩見此希有之相怪未曾有即從坐起叉手合掌以偈
問佛如此神通之相是誰所放以偈問曰
誰於今日成正覺　普放如是大光明　十方剎土皆金色
三千世界亦復然　誰於今日得自在　演放希有大神力
無邊佛國皆震動　龍神宮殿悉不安　令此大衆咸有疑
不測因緣是誰力　唯願世尊大慈悲　說此神通所由以
佛告總持王菩薩言善男子汝等當知今此會中有一菩薩摩訶薩
名曰觀世音自在從無量劫來成就大悲大慈善能修集无量陁羅
尼門爲欲安樂諸衆生故密放如是大神通力佛說是語已尒時觀
世音菩薩從座而起整理衣服向佛合掌白佛言世尊我有大
悲心陁羅尼呪今當欲說爲諸衆生得安樂故除一切病故得壽
命故得富饒故滅除一切惡業重罪故離鄣難故增長一切白法諸
功德故成就一切諸善種故遠離一切諸怖畏故速能滿足一切諸希
求故唯願世尊慈哀聽許佛言善男子汝大慈悲安樂衆生欲
說神呪今正是時宜應速說如來隨喜諸佛亦然觀世音菩薩重白
佛言世尊我念過去无量億劫有佛出世名曰千光王靜住如來
彼佛世尊憐念我故及爲一切衆生故說此廣大圓滿无㝵大悲心

斯00231號3　千手千眼觀世音菩薩廣大圓滿無礙大悲心陀羅尼經（異本）（22-10）

說神呪令正是時宜應速說如來隨喜諸佛亦然觀世音菩薩重白
佛言世尊我念過去無量億劫有佛出世名曰千光王靜住如來
彼佛世尊憐念我故及為一切衆生故說此廣大圓滿無导大悲心
陀羅尼以金色手摩我頂上作如是言善男子汝當持此心呪普為
未來惡世一切衆生作大利樂我於是時始初住地一聞此呪故超第
八地我時心歡喜故即發誓言若我當來堪能利益安樂一切衆生
者令我即時身生千手千眼具足發是願已應時身上千手千眼
悉皆具足十方大地六種震動十方千佛悉放光明照觸我身及
照十方無邊世界從是已後復於無量佛所無量會中重更得聞
親承受持是陀羅尼復生歡喜踊躍無量更得超越無量億劫微細
生死從是已來常所誦持未曾廢忘由持此呪故所生之處恒在
佛前蓮華化生不受胎藏之身若有比丘比丘尼優婆塞優婆夷童
男童女欲誦持者於諸衆生起慈悲心先當從我發如是願
南無大悲觀世音　願我速知一切法　南無大悲觀世音
願我早得智慧眼　南無大悲觀世音　願我速度一切衆
南無大悲觀世音　願我早得善方便　南無大悲觀世音
願我速乘般若船　南無大悲觀世音　願我早得越苦海
南無大悲觀世音　願我速得戒足道　南無大悲觀世音
願我早登涅槃山　南無大悲觀世音　願我速會無為舍
南無大悲觀世音　願我早同法性身
我若向刀山　刀山自摧折　我若向火湯　火湯自消滅　我若向地獄
地獄自枯竭　我若向餓鬼　餓鬼自飽滿　我若向修羅　惡心自調伏
我若向畜生　自得大智慧
發是願已至心稱念我之名字亦應專念我本師阿彌陀如來然後即
當誦此陀羅尼神呪一宿誦滿五遍除滅身中百千萬億劫生死重罪重白

斯00231號3　千手千眼觀世音菩薩廣大圓滿無礙大悲心陀羅尼經（異本）（22-11）

發是願已至心稱念我之名字亦應專念我本師阿彌陀如來然後即
當誦此陀羅尼神呪一宿誦滿五遍除滅身中百千萬億劫生死重罪重白
佛言世尊若諸人天誦持大悲章句者臨命終時十方諸佛皆來授手欲
生何等佛土隨願皆得往生復白佛言世尊若諸衆生誦持大悲神呪
墮三惡道者我誓不成正覺誦持大悲神呪者若不生諸佛國我
誓不成正覺誦持大悲神呪者若不得無量三昧辯才者我誓不成正
覺誦持大悲神呪者於現在生中一切所求若不果遂者不得名為大悲
心陀羅尼也唯除不善除不至誠若諸女人厭賤女身欲得成男子身誦
持大悲陀羅尼句者若不轉女身成男子者我誓不成正覺生少疑心者
必不果遂也若諸衆生侵損常住飲食財物千佛出世不通懺悔縱
懺亦不除滅今誦大悲神呪即得除滅若侵損食用常住飲食財物要
對十方師懺謝然始除滅今誦大悲陀羅尼十方師即來為作證明一切罪
鄣悉皆消滅一切十惡五逆謗人謗法破齋破戒破塔壞寺偷僧祇物汙
淨梵行如是等一切惡業重罪悉皆滅盡唯除一事於呪生疑者乃至小罪
輕業亦不得滅何況重罪雖不即滅重罪猶能遠作菩提之因復白佛言
世尊若諸人天誦持大悲心神呪者得十五種善生不受十五種惡死也其
惡死者一者不令其人飢餓困苦死二者不為枷禁杖楚死三者不為怨
家讎對死四者不為軍陣相殺死五者不為豺狼惡獸殘害死六者不為
毒蛇蚖蠍所中死七者不為水火焚漂死八者不為毒藥所中死九者不為
蠱毒害死十者不為毒藥失念死十一者不為山樹崖岸墜落死十二
者不為惡人厭魅死十三者不為邪神惡鬼得便死十四者不為惡病
纏身死十五者不為非分自害死誦持大悲神呪者不被如是十五種惡
死也得十五種善生者一者所生之處常逢善王二者常生善國三者常
值好時四者常逢善友五者身根常得具足六者道心純熟七者不犯
禁戒八者所有眷屬恩義和順九者資具財食常得豐足十者恒得

斯00231號3　千手千眼觀世音菩薩廣大圓滿無礙大悲心陀羅尼經（異本）（22-12）

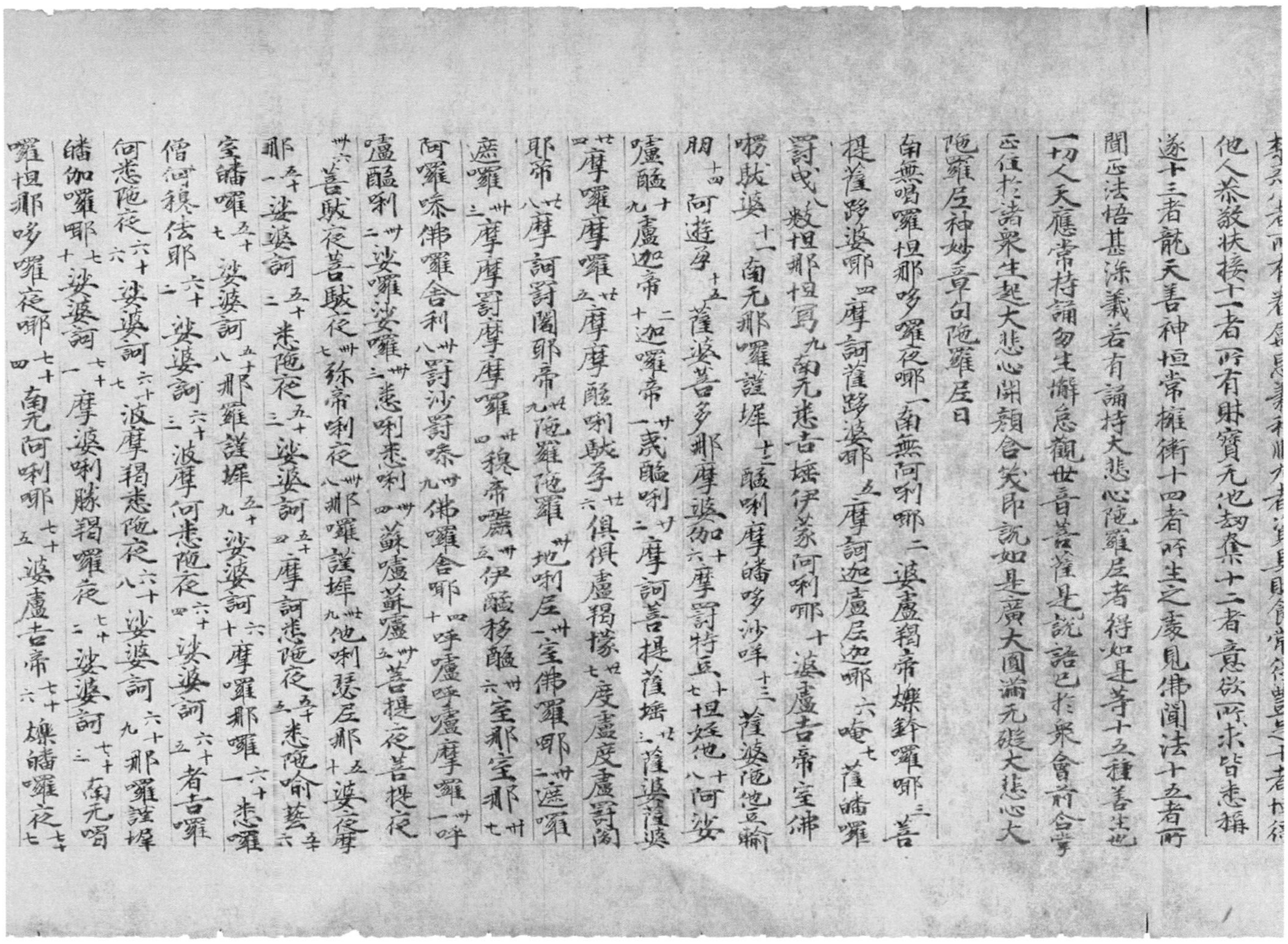
[illegible]
他人恭敬扶接十一者所有財寶无他劫奪十二者意欲所求皆悉稱
遂十三者龍天善神恒常擁衛十四者所生之處見佛聞法十五者所
聞正法悟甚深義若有誦持大悲心陁羅尼者得如是等十五種善生也
一切人天應常持誦勿生懈怠觀世音菩薩是說語已於衆會前合掌
正住於諸衆生起大悲心開顏含笑即說如是廣大圓滿无礙大悲心大
陁羅尼神妙章句陁羅尼曰
南無喝囉怛那哆囉夜耶一南無阿唎耶二婆盧羯帝爍鉢囉耶三菩
提薩路婆耶四摩訶薩路婆耶五摩訶迦盧尼迦耶六唵七薩皤囉
罰曳八數怛那怛寫九南无悉吉埵伊蒙阿唎耶十婆盧吉帝室佛
囉馱婆十一南无那囉謹墀十二醯唎摩皤哆沙咩十三薩婆陁他豆輸
朋十四阿逝孕十五薩婆菩多那摩婆伽十六摩罰特豆十七怛姪他十八阿婆
嚧醯十九盧迦帝二十迦囉帝廿一夷醯唎廿二摩訶菩提薩埵廿三薩婆薩婆
廿四摩囉摩囉廿五摩摩醯唎馱孕廿六俱俱盧羯懞廿七度盧度盧罰闍
耶帝廿八摩訶罰闍耶帝廿九陁羅陁羅卅地唎尼卅一室佛囉耶卅二遮囉
遮囉卅三摩摩罰摩囉卅四穆帝隸卅五伊醯移醯卅六室那室那卅七
阿囉嘇佛囉舍利卅八罰沙罰嘇卅九佛囉舍耶卌呼嚧呼嚧摩囉卌一呼
嚧醯唎卌二娑囉娑囉卌三悉唎悉唎卌四蘇嚧蘇嚧卌五菩提夜菩提夜
卌六菩馱夜菩馱夜卌七彌帝唎夜卌八那囉謹墀卌九他唎瑟尼那五十婆夜摩
那五十一娑婆訶五十二悉陁夜五十三娑婆訶五十四摩訶悉陁夜五十五悉陁喻藝五十六
室皤囉五十七娑婆訶五十八那囉謹墀五十九娑婆訶六十摩囉那囉六十一悉囉
僧阿穆佉耶六十二娑婆訶六十三波摩阿悉陁夜六十四娑婆訶六十五者吉囉
阿悉陁夜六十六娑婆訶六十七波摩羯悉陁夜六十八娑婆訶六十九那囉謹墀
皤伽囉耶七十娑婆訶七十一摩婆唎勝羯囉夜七十二娑婆訶七十三南无喝
囉怛那哆囉夜耶七十四南无阿唎耶七十五婆盧吉帝七十六爍皤囉夜七十七

斯00231號3　千手千眼觀世音菩薩廣大圓滿無礙大悲心陀羅尼經（異本）（22-13）

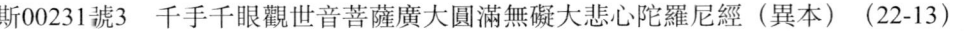

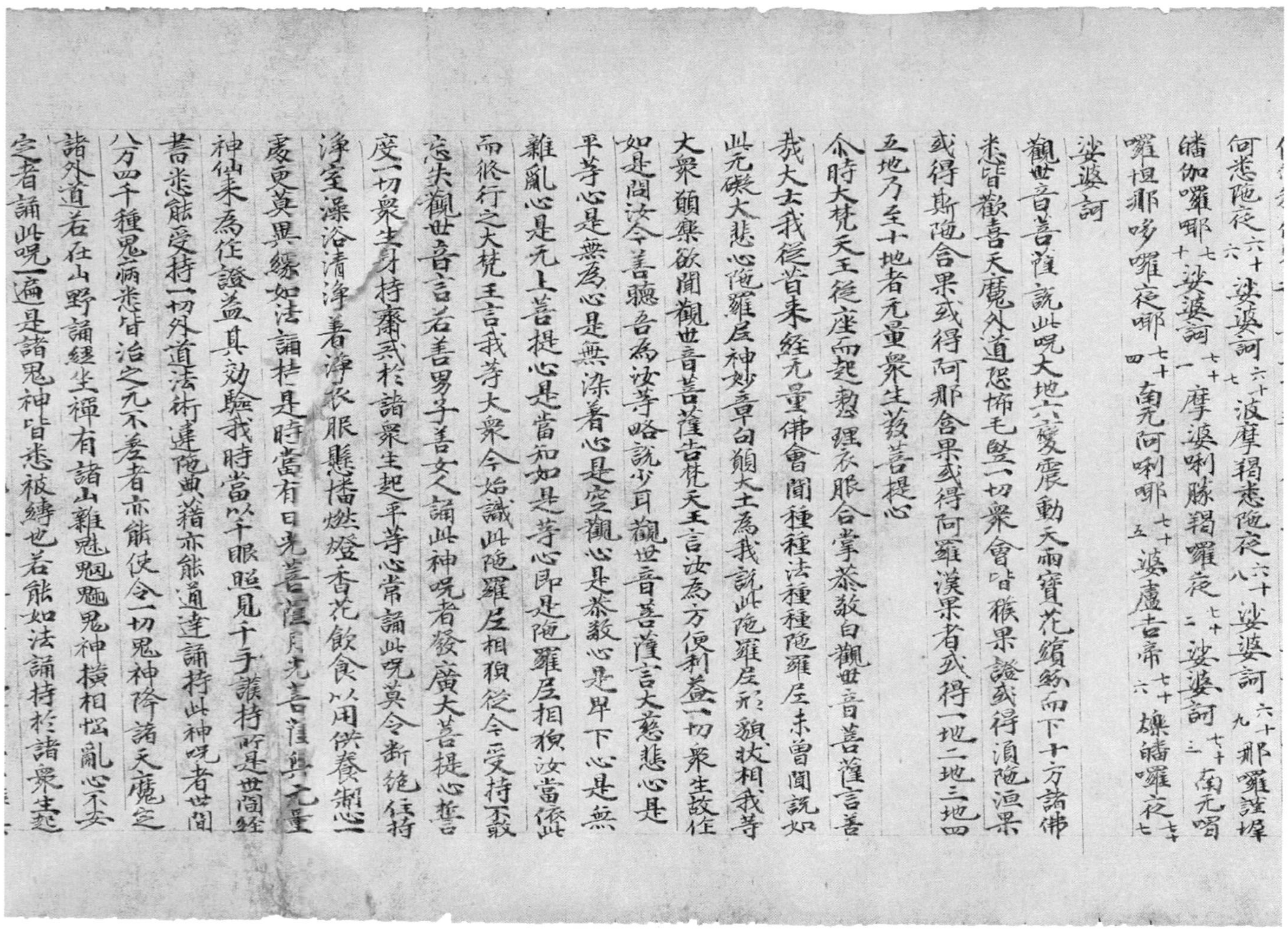
[illegible]
何悉陁夜六十六娑婆訶六十七波摩羯悉陁夜六十八娑婆訶六十九那囉謹墀
皤伽囉耶七十娑婆訶七十一摩婆唎勝羯囉夜七十二娑婆訶七十三南无喝
囉怛那哆囉夜耶七十四南无阿唎耶七十五婆盧吉帝七十六爍皤囉夜七十七
娑婆訶
觀世音菩薩說此呪大地六變震動天雨寶花繽紛而下十方諸佛
悉皆歡喜天魔外道恐怖毛竪一切衆會皆獲果證或得須陁洹果
或得斯陁含果或得阿那含果或得阿羅漢果者或得一地二地三地四
五地乃至十地者无量衆生發菩提心
尒時大梵天王從座而起整理衣服合掌恭敬白觀世音菩薩言善
哉大士我從昔來經无量佛會聞種種法種種陁羅尼未曾聞說如
此无礙大悲心陁羅尼神妙章句願大士為我說此陁羅尼形貌狀相我等
大衆願樂欲聞觀世音菩薩告梵天王言汝為方便利益一切衆生故作
如是問汝今善聽吾為汝等略說少耳觀世音菩薩言大慈悲心是
平等心是無為心是無染著心是空觀心是恭敬心是卑下心是無
雜亂心是无上菩提心是當知如是等心即是陁羅尼相貌汝當依此
而修行之大梵王言我等大衆今始識此陁羅尼相貌從今受持不敢
忘失觀世音言若善男子善女人誦此神呪者發廣大菩提心誓
度一切衆生身持齋戒於諸衆生起平等心常誦此呪莫令斷絕住持
淨室澡浴清淨著淨衣服懸播燃燈香花飲食以用供養制心一
處更莫異緣如法誦持是時當有日光菩薩月光菩薩與无量
神仙來為作證益其効驗我時當以千眼照見千手護持所是世間經
書悉能受持一切外道法術違陁典籍亦能通達誦持此神呪者世間
八万四千種鬼病悉皆治之无不差者亦能使令一切鬼神降諸天魔定
諸外道若在山野誦經坐禪有諸山精魍魎鬼神橫相惱亂心不安
定者誦此呪一遍是諸鬼神皆悉被縛也若能如法誦持於諸衆生起

斯00231號3　千手千眼觀世音菩薩廣大圓滿無礙大悲心陀羅尼經（異本）（22-14）

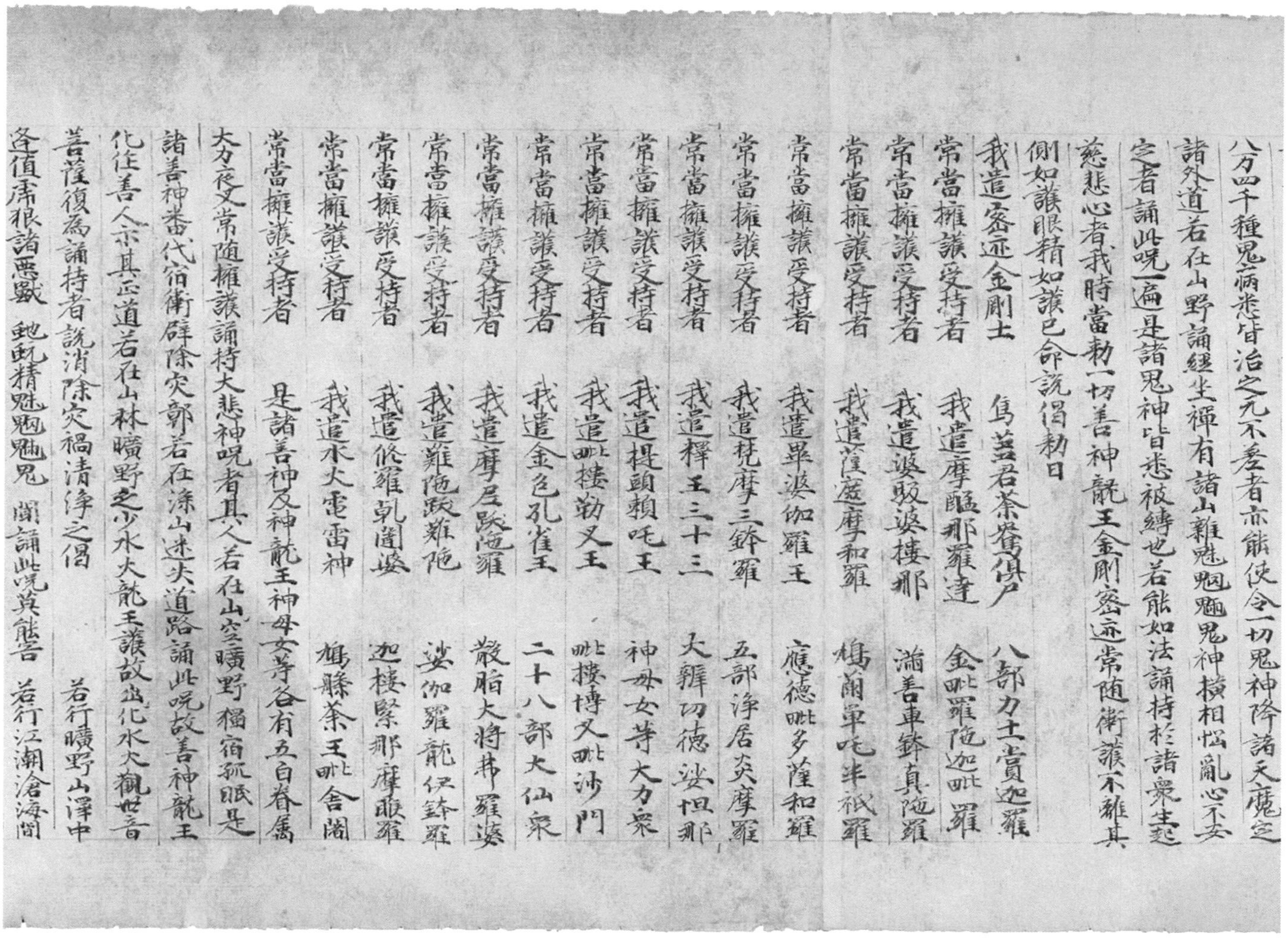

八万四千種鬼病悉皆治之无不差者亦能使令一切鬼神降諸天魔制
諸外道若在山野誦經坐禪有諸山雜魅魍魎鬼神橫相惱亂心不安
定者誦此呪一遍是諸鬼神皆悉被縛也若能如法誦持於諸衆生起
慈悲心者我時當勅一切善神龍王金剛密迹常隨衛護不離其
側如護眼精如護己命說偈勅曰
我遣密迹金剛士　烏芻君荼鴦倶尸　八部力士賞迦羅
常當擁護受持者　我遣摩醯那羅延　金毗羅陁迦毗羅
常當擁護受持者　我遣婆馺婆樓那　滿善車鉢真陁羅
常當擁護受持者　我遣薩遮摩和羅　鳩蘭單吒半祇羅
常當擁護受持者　我遣畢婆伽羅王　應德毗多薩和羅
常當擁護受持者　我遣梵摩三鉢羅　五部淨居炎摩羅
常當擁護受持者　我遣釋王三十三　大辯功德婆怛那
常當擁護受持者　我遣提頭賴吒王　神母女等大力衆
常當擁護受持者　我遣毗樓勒叉王　毗樓博叉毗沙門
常當擁護受持者　我遣金色孔雀王　二十八部大仙衆
常當擁護受持者　我遣摩尼䟦陁羅　散脂大將弗羅婆
常當擁護受持者　我遣難陁䟦難陁　婆伽羅龍伊鉢羅
常當擁護受持者　我遣修羅乾闥婆　迦樓緊那摩睺羅
常當擁護受持者　我遣水火雷電神　鳩槃荼王毗舍闍
常當擁護受持者　是諸善神及神龍王神母女等各有五百眷屬
大力夜叉常隨擁護誦持大悲神呪者其人若在山空曠野獨宿孤眠是
諸善神番代宿衛辟除災鄣若在深山迷失道路誦此呪故善神龍王
化作善人示其正道若在山林曠野乏少水火龍王護故出化水火觀世音
菩薩復為誦持者說消除災禍清淨之偈　若行曠野山澤中
逢值虎狼諸惡獸　蛇蚖精魅魍魎鬼　聞誦此呪莫能害　若行江湖滄海間

斯00231號3　千手千眼觀世音菩薩廣大圓滿無礙大悲心陀羅尼經（異本）（22-15）

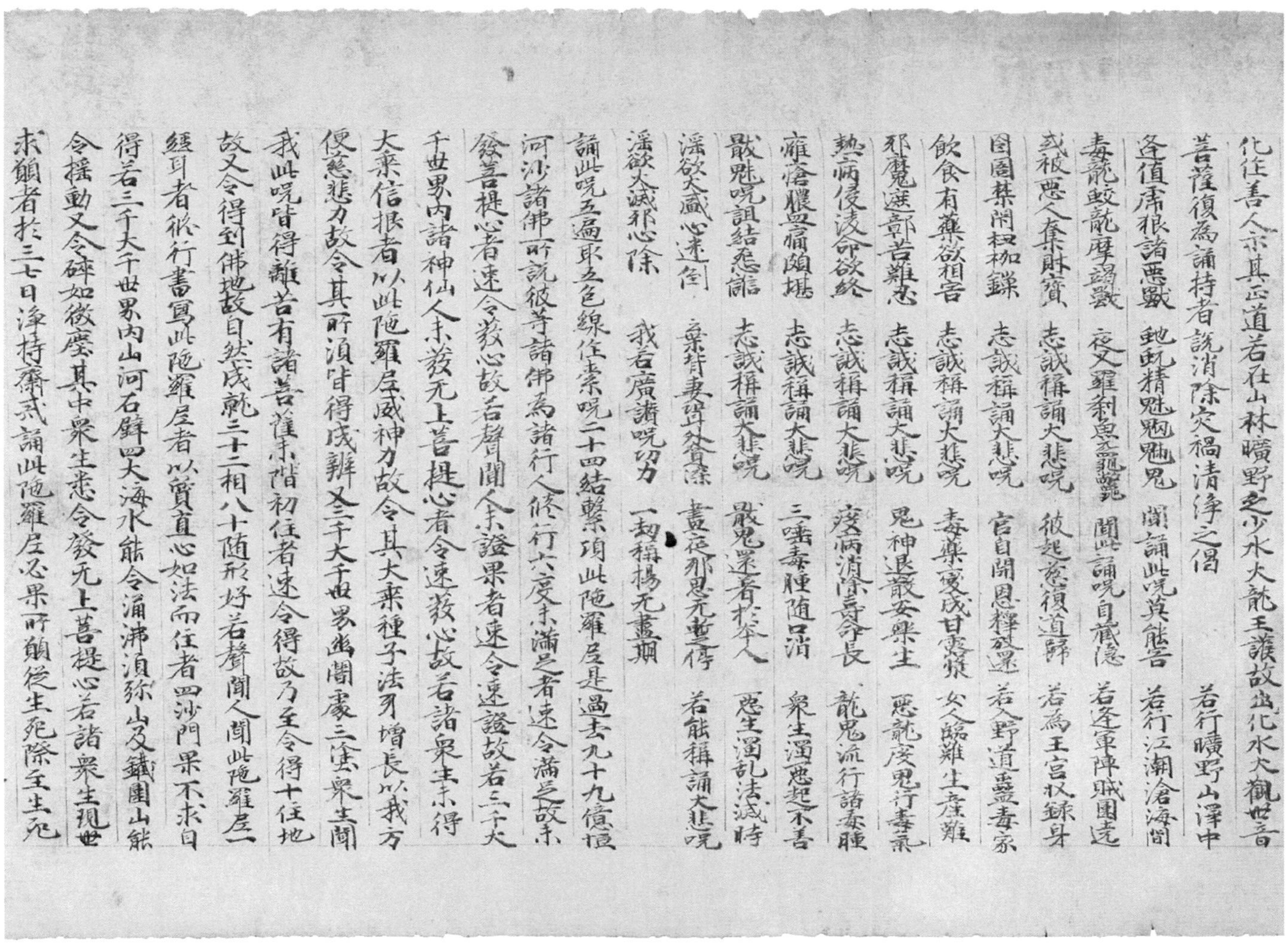

化作善人示其正道若在山林曠野乏少水火龍王護故出化水火觀世音
菩薩復為誦持者說消除災禍清淨之偈　若行曠野山澤中
逢值虎狼諸惡獸　蛇蚖精魅魍魎鬼　聞誦此呪莫能害　若行江湖滄海間
毒龍蛟龍摩竭獸　夜叉羅剎魚黿鼈　聞此誦呪自藏隱　若逢軍陣賊圍遶
或被惡人奪財寶　至誠稱誦大悲呪　彼起慈心復道歸　若為王官收錄身
囹圄禁閉杻枷鏁　至誠稱誦大悲呪　官自開恩釋放還　若入野道蠱毒家
飲食有藥欲相害　至誠稱誦大悲呪　毒藥變成甘露漿　女人臨難生產難
邪魔遮鄣苦難忍　至誠稱誦大悲呪　鬼神退散安樂生　惡龍疫鬼行毒氣
熱病侵陵命欲終　至誠稱誦大悲呪　疫病消除壽命長　龍鬼流行諸毒腫
癰瘡膿血痛難堪　至誠稱誦大悲呪　三唾毒腫隨口消　衆生濁惡起不善
厭魅呪詛結怨讎　至誠稱誦大悲呪　厭鬼還著於本人　惡生濁亂法滅時
婬欲火盛心迷倒　棄背妻婿外貪染　晝夜邪思无暫停　若能稱誦大悲呪
婬欲火滅邪心除　我若廣讚呪功力　一劫稱揚无盡期
誦此呪五遍取五色線作索呪二十四結繫項此陁羅尼是過去九十九億恒
河沙諸佛所說彼等諸佛為諸行人修行六度未滿足者速令滿足故未
發菩提心者速令發心故若聲聞人未證果者速令證故若三千大
千世界內諸神仙人未發无上菩提心者令速發心故若諸衆生未得
大乘信根者以此陁羅尼威神力故令其大乘種子法牙增長以我方
便慈悲力故令其所須皆得成辦又三千大千世界幽闇處三塗衆生聞
我此呪皆得離苦有諸菩薩未階初住者速令得故乃至令得十住地
故又令得到佛地故自然成就三十二相八十隨形好若聲聞人聞此陁羅尼一
經耳者修行書寫此陁羅尼者以質直心如法而住者四沙門果不求自
得若三千大千世界內山河石壁四大海水能令涌沸須彌山及鐵圍山能
令搖動又令碎如微塵其中衆生悉令發无上菩提心若諸衆生現世
求願者於三七日淨持齋戒誦此陁羅尼必果所願從生死際至生死

斯00231號3　千手千眼觀世音菩薩廣大圓滿無礙大悲心陀羅尼經（異本）（22-16）

得若三千大千世界內山河石壁四大海水能令涌沸須彌山及鐵圍山能
令搖動又令碎如微塵其中衆生悉令發无上菩提心若諸衆生現世
求願者於三七日淨持齋戒誦此陁羅尼必果所願從生死際至生死
際一切惡業普皆滅盡三千大千世界內一切諸佛菩薩梵釋四天王神仙
龍王悉皆證知若諸人天誦持此陁羅尼者其人若在江河大海中沐浴其
中衆生得此人浴身之水霑着其身一切惡業重罪悉皆消滅即得轉
生他方淨土蓮華化生不受胎身濕卵之身何況受持讀誦者若誦
持者行於道路大風時來吹此人身毛髮衣服餘風下過諸類衆生得
其人飄身風吹着身者一切重罪惡業並皆滅盡更不受三惡道報
常生佛前當知受持者福德果報不可思議誦持此陁羅尼者口中所
出言音若善若惡一切天魔外道天龍鬼神聞者皆是清淨法音皆於
其人起恭敬心尊重如佛誦持此陁羅尼者當知其人即是佛身藏九
十九億恒河沙諸佛所愛惜故當知其人即是光明身一切如來光明
照故當知其人是慈悲藏恒以陁羅尼救衆生故當知其人是妙法藏
普攝一切諸陁羅尼門故當知其人是禪定藏百千三昧常現前故當
知其人是虛空藏常以空慧觀衆生故當知其人是无畏藏龍天善
神常護持故當知其人是妙語藏口中陁羅尼音無斷絕故當知其人是
常住藏三災惡劫不能壞故當知其人是解脫藏天魔外道不能稽留
故當知其人是藥王藏常以陁羅尼療衆生病故當知其人是神通藏遊
諸佛國得自在故其人功德讚不可盡善男子若復有人厭世間苦求長
生樂者在閑靜處清淨結界呪衣著若水若食若香若藥皆呪一百八
遍服必得長命若能如法結界依法受持一切成就其結界法者取刀
呪二十一遍畫地為界或取淨水呪二十一遍散着四方為界或取白芥子呪
二十一遍擲着四方為界或以想到處為界或取淨灰呪二十一遍為界或
呪五色線二十一遍圍繞四邊為界皆得若能如法受持自然剋果若聞

斯00231號3　千手千眼觀世音菩薩廣大圓滿無礙大悲心陀羅尼經（異本）（22-17）

呪二十一遍畫地為界或取淨水呪二十一遍散着四方為界或取白芥子呪
二十一遍擲着四方為界或以想到處為界或取淨灰呪二十一遍為界或
呪五色線二十一遍圍繞四邊為界皆得若能如法受持自然剋果若聞
此陁羅尼名者尚滅无量劫生死重罪何況誦持者若得此神呪誦者
當知其人已曾供養无量諸佛廣種善根若能為諸衆生拔其苦
難如法誦持者當知其人即是具大悲者成佛不久所見衆生皆悉
為誦令彼耳聞與作菩提因是人功德无量无邊讚不可盡若能
精誠用心身持齋戒為一切衆生懺悔先業之罪亦自懺謝无量劫來種
種惡業口中馺馺誦此陁羅尼聲不絕者四沙門果此生即證其利根有
慧觀方便者十地果位剋獲不難何況世間小小福報所有求願无不果
遂者也猶此菩薩大悲願力深重故亦為此陁羅尼威神廣大故
佛告阿難若有國土災難起時是土國王若以正法治國寬縱人物不枉
衆生赦諸有過七日七夜身心精進誦持如是大悲心陁羅尼神呪令彼
國土一切災難悉皆除滅五穀豐登万姓安樂又若為於他國怨敵數來
侵擾百姓不安大臣謀叛疫氣流行水旱不調日月失度如是災起時當
造千眼大悲心像面向其方種種香花幢幡寶蓋百味飲食至心供養其
王又能七日七夜身心精進誦持如是陁羅尼神妙章句外國怨敵即自降
伏各還政治國土通同慈心相向王子百官皆行忠赤妃后婇女孝敬向王
諸龍鬼神擁護其國雨澤順時菓實豐饒人民歡樂又若家內遇大
惡病百怪競起鬼神邪魔耗亂其家惡人橫造口舌以相謀害室家
大小內外不和者當千眼大悲像前設其壇場至心念觀世音菩薩誦
此陁羅尼滿其千遍如上惡事悉皆消滅阿難白佛言世尊此呪何名
云何受持佛告阿難如是神呪有種種名一名廣大圓滿一名无导大悲一
名救苦陁羅尼一名延壽陁羅尼一名滅惡趣陁羅尼一名破業鄣陁羅尼
一名滿願陁羅尼一名隨心自在陁羅尼一名速超上地陁羅尼如是受持阿難白

斯00231號3　千手千眼觀世音菩薩廣大圓滿無礙大悲心陀羅尼經（異本）（22-18）

名救苦陀羅尼一名延壽陀羅尼一名滅惡趣陀羅尼一名破業鄣陀羅尼
一名滿願陀羅尼一名隨心自在陀羅尼一名速超上地陀羅尼如是受持阿難白
佛言此菩薩摩訶薩名字何等善能宣說如是陀羅尼佛言此菩薩名觀
世音自在亦名撚索亦名千光明善男子此觀世音菩薩不可思議威神
之力已於過去无量劫中已作佛竟号正法明如來大悲願力安樂衆生故現
作菩薩汝等大衆諸菩薩摩訶薩梵釋龍神皆應恭敬莫生輕慢一切人天
常須供養專稱名号得无量福滅无量罪命終往生阿弥佛國佛告阿難
若為富饒種種珎財資具者當於如意珠手若為種種不安求安隱者當
於羂索手若為腹中諸病者當於寶鉢手若為降伏一切魍魎鬼神者當
於寶劒手若為降伏一切天魔神者當於跋折羅手若為摧伏一切怨敵者
當於金剛杵手若為一切處怖畏不安者當於施无畏手若為眼闇无光
明者當於日精摩尼手若為熱毒病求清涼當於月精摩尼手若為榮
官益職者當於寶弓手若為諸善朋友早相逢者當於寶箭手若
為身上種種病者當於楊柳枝手若為除身上惡鄣難者當於白拂手
若為一切善和眷屬者當於胡瓶手若為辟除一切虎狼犲豹諸惡獸者
當於榜牌手若為一切時處好離官難者當於鉞斧手若為男女僕使者
當於玉環手若為種種功德者當於白蓮華手若為欲得往生十方淨土
者當於青蓮華手若為大智慧者當於寶鏡手若為面見十方一切
諸佛者當於紫蓮華手若為地中伏藏者當於寶篋手若為仙道者當
於五色雲手若為生梵天者當於君遲手若為往生諸天宮者當於紅蓮
花手若為辟除他方逆賊者當於劒戟手若為召呼一切諸天善神者當
於寶螺手若為使令一切鬼神者當於髑髏杖手若為十方諸佛速來授手
者當於數珠手若成就一切上妙梵音聲者當於寶鐸手若為口業辯
辯巧妙者當於寶印手若為善神龍王常來擁護者當於俱尸鐵鉤手

斯00231號3　千手千眼觀世音菩薩廣大圓滿無礙大悲心陀羅尼經（異本）（22-19）

者當於數珠手若成就一切上妙梵音聲者當於寶鐸手若為口業辯
辯巧妙者當於寶印手若為善神龍王常來擁護者當於俱尸鐵鉤手
若為慈悲覆護一切衆生者當於錫杖手若為一切衆生常相恭敬愛念
者當於合掌手若為生生之處不離諸佛邊者當於化佛手若為生生
世世常在佛宮殿中不處胎藏中受身者當於化宮殿手若為多聞廣學
者當於寶經手若為從今身至佛身菩提不退轉者當於不退金輪
手若為十方諸佛速來摩頂授記者當於頂上化佛手若為菓蓏諸
穀稼者當於蒲桃手如是可求之法有其千條今粗略說少耳佛告阿難
汝當深心清淨受持此陀羅尼廣宣流布於閻浮提莫令斷絕此陀羅尼大
利益三界衆生一切患苦縈身者以此陀羅尼治之无有不差者此大神
呪呪乾枯樹尚得生枝柯何況有情有識衆生身有病患治之不差者必
无是處善男子此陀羅尼威神之力不可思議不可思議歎莫能盡若不過
去久遠已來廣種善根乃至名字不可得聞何況得見汝等大衆天人龍神
聞我讚歎皆應隨喜若有謗此呪者即為彼九十九億恒河沙諸佛若於
此陀羅尼生疑不信者當知其人永失大利百千万劫中輪轉惡趣无有出
期常不見佛不聞法不覩僧一切衆會菩薩摩訶薩金剛密迹釋梵四
王天龍鬼神聞佛如來讚歎此陀羅尼皆悉歡喜奉教修行

千手千眼陀羅尼經

日光菩薩為受持大悲心陀羅尼者說大神呪而擁護之
南勃陀瞿那迷一南无達摩莫訶低二南无僧伽多夜泥三底哩部畢薩僧沒反
𡁠登沒反擔納摩　誦此呪滅一切罪亦能辟魔及除天災若誦一遍礼
佛一拜如是日別三時誦呪礼佛未來之世所受身處得一一相貌端正可
喜果報月光菩薩亦復為行人說陀羅尼而擁護之
深低帝屠蘇吒一阿若蜜帝烏都吒二深耆吒波賴帝吒三耶弥若吒烏都
四拘羅帝吒耆摩吒五娑婆訶　誦此呪五遍取七色線作呪索[illegible]

斯00231號3　千手千眼觀世音菩薩廣大圓滿無礙大悲心陀羅尼經（異本）（22-20）

㨾佉帝屠蘇吒一阿若蜜帝烏都吒二㨾耆吒波賴帝吒三耶彌若吒烏都
四拘羅帝吒耆摩吒五 娑婆訶 誦此呪五遍取七色線作呪索一遍
處繫著此呪乃是過去四十恒河沙諸佛所說我今亦說為諸行人作擁護故
除一切鄣難故除一切惡病痛故成就一切諸善法故遠離一切諸怖畏故
佛告阿難此觀世音菩薩所說神呪真實不虛若欲請此菩薩來呪拙具羅
香三七遍燒菩薩即來（拙具羅者安悉香也）若有人為猫鬼所著者取弭哩吒那（是死猫兒頭骨）
燒作灰和淨土捻作猫兒形狀於千眼像前呪淨賓鐵刀子一百八遍斷斷
剉截亦作一百八段一呪一稱彼名永差不著若為蠱毒所害者取藥劫
布羅（龍惱香是）和拙具羅香各等分以井華水一升和煎取一升於千眼像前呪
一百八遍服之即差若為蚰蜒所螫者取乾薑末呪一七遍置著瘡中立
即除差若為人怨惡橫相謨害者取淨土或麵或蠟捻作彼人形狀於千眼
像前呪賓刀子一百八遍一截一稱彼人名燒盡彼人即得歡喜終身以人厚重
相愛敬若有患眼精壞者若清盲眼闇者若白暈赤膜无光明者取
呵梨勒菓䩙醯勒菓菴摩勒菓三種各一顆擣破細研當研時唯須護淨
莫使新產婦人及豬狗見口中念佛以白蜜人乳汁和封眼中著其乳要
須男孩子母乳得若女母乳不成其藥和竟還須千眼像前呪一千八遍
置著眼中滿一七日在深室慎風眼精還生清盲白暈者光明奇盛也
若人患鬼虐病者取虎皮豺狼皮呪三七遍披著身上即差師子皮最
上若被蛇螫取螫人結䏶呪三七遍著瘡中差若患惡疰入心悶絕欲死
者取桃膠一顆大小亦如桃清水一升和煎取半升呪一七遍頓服盡著即
差其藥莫使婦人煎若患傳屍鬼氣伏連病者取拙具羅香呪三七
遍燒熏鼻孔中又取七丸如菟糞呪三七遍吞即差慎肉五辛惡罵若取
摩那屎羅（雄黃是）和白芥子印成鹽呪三七遍於病兒牀上下燒其作病鬼
身即擘裂鬼即逃走不敢住也若患一邊偏風耳鼻不通手脚不隨
者取胡麻油煎青木香呪摩拭身上水得除差又方取純牛蘇呪三七

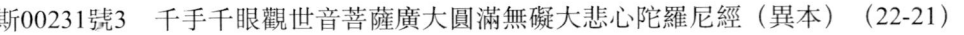

斯00231號3　千手千眼觀世音菩薩廣大圓滿無礙大悲心陀羅尼經（異本）（22-21）

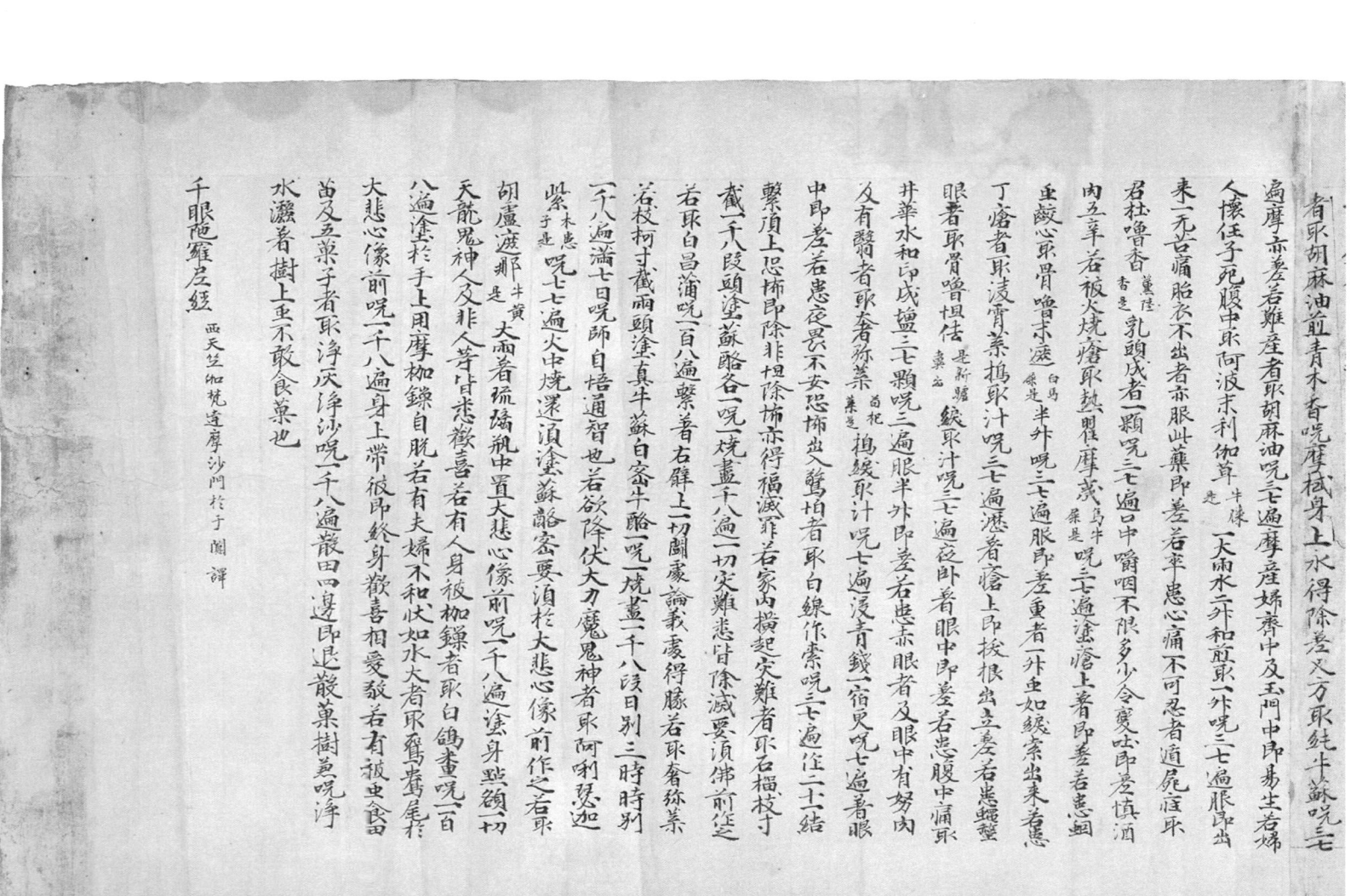

者取胡麻油煎青木香呪摩拭身上水得除差又方取純牛蘇呪三七
遍摩亦差若難產者取胡麻油呪三七遍摩產婦齊中及玉門中即易生若婦
人懷任子死腹中取阿波末利伽草（牛膝是）一大兩水二升和煎取一升呪三七遍服即出
來一无苦痛胎衣不出者亦服此藥即差若卒患心痛不可忍者遁屍疰取
君杜嚕香（薰陸香是）乳頭成者一顆呪三七遍口中嚼咽不限多少令變吐即差慎酒
肉五辛若被火燒瘡取熱瞿摩夷（烏牛屎是）呪三七遍塗瘡上著即差若患蛔
虫齩心取骨嚕末遮（白馬屎是）半升呪三七遍服即差重者一升虫如綟索出來若患
丁瘡者取凌霄葉擣取汁呪三七遍瀝著瘡上即拔根出立差若患蠅螫
眼者取骨嚕怛佉（是新驢糞汁）綟取汁呪三七遍夜卧著眼中即差若患腹中痛取
井華水和印成鹽三七顆呪三遍服半升即差若患赤眼者及眼中有努肉
及有瞖者取奢奢彌葉（苟杞葉是）擣綟取汁呪七遍浸青錢一宿更呪七遍著眼
中即差若患夜間不安恐怖出入驚怕者取白線作索呪三七遍作二十一結
繫項上恐怖即除非但除怖亦得福滅罪若家內橫起災難者取石榴枝寸
截一千八段頭塗蘇酪蜜一呪一燒盡千八遍一切災難悉皆除滅要須佛前作之
若取白菖蒲呪一百八遍繫著右臂上一切鬪處論義處得勝若取奢彌葉
若枝柯寸截兩頭塗真牛蘇白蜜牛酪一呪一燒盡一千八段日別三時時別
一千八遍滿七日呪師自悟通智也若欲降伏大力魔鬼神者取阿唎瑟迦
紫（木患子是）呪七七遍火中燒還須塗蘇酪蜜要須於大悲心像前作之若取
胡嚧遮那（牛黃是）一大兩著瑠璃瓶中置大悲心像前呪一千八遍塗身點額一切
天龍鬼神人及非人等皆悲歡喜若有人身被枷鎖者取白鴿糞呪一百
八遍塗於手上用摩枷鎖自脫若有夫婦不和狀如水火者取鴛鴦尾於
大悲心像前呪一千八遍身上帶彼即終身歡喜相愛敬若有被虫食苗
苗及五菓子者取淨灰淨沙呪一千八遍散田四邊即退散菓樹兼呪淨
水灑著樹上虫不敢食菓也

千眼陀羅尼經　西天竺伽梵達摩沙門於于闐譯

斯00231號3　千手千眼觀世音菩薩廣大圓滿無礙大悲心陀羅尼經（異本）（22-22）

目録　斯00586號至斯00639號

斯00586號　金光明最勝王經卷九 …… 001
斯00587號　妙法蓮華經卷七 …… 005
斯00588號　金剛般若波羅蜜經 …… 018
斯00589號　大般若波羅蜜多經卷一九九 …… 024
斯00590號　佛名經（十六卷本）卷七 …… 027
斯00591號　大般若波羅蜜多經卷四五八 …… 039
斯00592號　妙法蓮華經卷二 …… 050
斯00593號　大方廣佛華嚴經（晉譯五十卷本異卷）卷二七 …… 066
斯00594號　妙法蓮華經卷七 …… 080
斯00595號　妙法蓮華經卷三 …… 088
斯00596號　大般若波羅蜜多經卷二三〇 …… 101
斯00597號　金剛般若波羅蜜經 …… 107
斯00598號　妙法蓮華經卷一 …… 116
斯00599號　大般涅槃經（北本異卷）卷三七 …… 117

斯00600號 比丘尼羯磨文（擬） …… 120
斯00601號 妙法蓮華經卷七 …… 121
斯00602號 老子道德經卷下 …… 128
斯00602號背 辯中邊論頌 …… 129
斯00603號 大般若波羅蜜多經（兑廢稿）卷三一九 …… 130
斯00604號 大般若波羅蜜多經卷四五六 …… 131
斯00605號 四分比丘尼戒本 …… 132
斯00606號 妙法蓮華經卷二 …… 144
斯00607號 賽天王文 …… 157
斯00608號 金剛般若波羅蜜經 …… 157
斯00609號1 大乘四法經釋 …… 161
斯00609號2 六門陀羅尼經 …… 161
斯00610號1 啓顔録（辯捷、論難） …… 163
斯00610號2 雜集時用要字壹千三百言 …… 178
斯00610號背 桃符題辭（擬） …… 179
斯00611號 金光明經卷三 …… 180
斯00612號 大宋太平興國三年（978）應天具注曆日（兑廢稿） …… 182
斯00612號背 雜占禄命法（擬） …… 188
斯00613號 地論玄義（擬） …… 194
斯00613號背 西魏大統十三年（547）瓜州賬籍（擬） …… 210

斯00614號A 苑園策府並序……225
斯00614號A背 藏文文獻（擬）……227
斯00614號B 菟園策府並序……228
斯00615號 南華真經郭象註達生品（擬）……234
斯00615號背 沙彌威儀（擬）……243
斯00616號 金光明經（五卷本）卷四……248
斯00617號 俗務要名林……253
斯00618號 論語集解卷九……267
斯00619號 讀史編年詩卷上並序……273
斯00619號背1 懸泉鎮遏使行玉門軍使曹子盈狀稿（擬）……280
斯00619號背2 七言詩（欲宜抽身直上飛）四首（擬）……281
斯00619號背3 都虞侯安懷恩追勘趙奴兄弟諍論事由牒稿（擬）……282
斯00619號背4 讚《白家碎金》詩鈔（擬）……283
斯00619號背5 白家碎金……284
斯00619號背6 五言詩（丈夫須立身）一首（擬）……285
斯00620號 占夢書（擬）……287
斯00620號背1 七言殘詩（□自纔年二十□）一首（擬）……295
斯00620號背2 殘狀（擬）……296
斯00621號 御刊禮記月令並序……297
斯00622號 新菩薩經……298

斯00623號 大般涅槃經(北本)卷四 …… 299
斯00624號 維摩詰所説經卷中 …… 300
斯00625號 金光明經卷四 …… 303
斯00626號 大般涅槃經(北本)卷二七 …… 308
斯00627號 大方等大集經卷七 …… 312
斯00628號 大方等大集經(聖本)卷九 …… 316
斯00629號 大智度論卷二二 …… 317
斯00630號 大般涅槃經(北本)卷一〇 …… 323
斯00631號 金剛般若波羅蜜經 …… 327
斯00632號 金剛般若波羅蜜經 …… 329
斯00633號A 大般涅槃經(北本)卷三六 …… 332
斯00633號B 大般涅槃經(北本)卷三六 …… 333
斯00634號 大方廣佛華嚴經(晉譯五十卷本宮本)卷一八 …… 335
斯00635號 佛名經(十二卷本)卷五 …… 337
斯00636號 金剛般若波羅蜜經 …… 339
斯00637號 妙法蓮華經卷一 …… 341
斯00638號 大般若波羅蜜多經卷七〇 …… 354
斯00639號A 維摩詰所説經卷下 …… 367
斯00639號B 維摩詰所説經卷下 …… 368

復有千万億諸天　樂聞正法
法師初從本座起　咸悉供出
是時寶積大法師　淨洗浴已著鮮服
詣彼大衆法座所　合掌虔心而敬禮
天主天衆及天女　悉皆共散曼陁花
百千天樂難思議　住在空中出妙響
尒時寶積大法師　即昇高座跏趺坐
念彼十方諸刹土　百千万億大慈尊
遍及一切苦衆生　皆起平等慈悲念
爲彼請主善生故　演説微妙金光明
王既得聞如是法　合掌一心唱隨喜
聞法希有淚交流　身心大喜皆充遍
于時國主善生王　爲欲供養此經故
手持如意末尼寶　發願咸爲諸衆生
今可於斯贍部洲　普雨七寶瓔珞具
所有匱乏資財者　皆得隨心受安樂
即便遍雨於七寶　悉皆充足四洲中
瓔珞嚴身隨所須　衣服飲食皆无乏
尒時國主善生王　見此四洲雨珎寶
咸持供養寶髻佛　所有遺教苾芻僧
應知過去善生王　即我釋迦牟尼是
爲於昔時捨大地　及諸珎寶滿四洲
昔時寶積大法師　爲彼善生説妙法

斯00586號　金光明最勝王經卷九　（07–01）

咸持供養寶髻佛　所有遺教苾芻僧
應知過去善生王　即我釋迦牟尼是
爲於昔時捨大地　及諸珎寶滿四洲
昔時寶積大法師　爲彼善生説妙法
因彼開演經王故　東方現成不動佛
以我曾聽此經王　合掌一言稱隨喜
及施七寶諸功德　獲此最勝金剛身
金光百福相莊嚴　所有見者皆歡喜
一切有情无不愛　俱胝天衆亦同然
過去曾經九十九　俱胝億劫作輪王
亦於小國爲人王　復經无量百千劫
於无量劫爲帝釋　亦復曾爲大梵王
供養十力大慈尊　彼之數量難窮盡
我昔聞經隨喜善　所有福聚量難知
由斯福故證菩提　獲得法身真妙智
尒時大衆聞是説已歎未曾有皆願奉
持金光明經流通不絶

金光明最勝王經諸天藥叉護持品第廿二

尒時世尊告大吉祥天女曰若有淨信善男
子善女人欲於過去未來現在諸佛以不可
思議廣大微妙供養之具而爲奉獻及欲解
了三世諸佛甚深行處是人應當決定至心
隨是經王所在之處城邑聚落或山澤中廣
爲衆生敷演流布其聽法者應除亂想攝

斯00586號　金光明最勝王經卷九　（07–02）

隨是經王所在之處城邑聚落或山澤中廣
為眾生敷演流布其聽法者應除亂想攝
耳用心世尊即為彼天及諸大眾說伽他曰
若欲於諸佛　不思議供養　復了諸如來　甚深境界者
若見演說此　最勝金光明　應親詣彼方　至其所住處
此經難思議　能生諸功德　无邊大苦海　解脫諸有情
我觀此經王　初中後皆善　甚深不可測　譬喻无能比
假使恒河沙　大地塵海水　虛空諸山石　无能喻少分
欲入深法界　應先聽是經　法性之制底　甚深善安住
於斯制底內　見我牟尼尊　悅意妙音聲　演說斯經典
由此俱胝劫　數量難思議　生在人天中　常受勝妙樂
若聽是經者　應作如是心　我得不思議　无邊功德蘊
假使大火聚　滿百踰繕那　為聽此經王　直過无辭苦
既至彼住處　得聞如是經　能滅於罪業　及除諸惡夢
惡星諸變怪　蠱道邪魅等　得聞是經時　諸惡皆捨離
應嚴勝高座　淨妙若蓮花　法師處其上　猶如大龍坐
於斯安坐已　說此甚深經　書寫及誦持　并為解其義
法師捨此座　往詣餘方所　於此高座中　神通非一相
或見法師像　猶在高座上　或時見世尊　及以諸菩薩
或作普賢像　或如妙吉祥　或見慈氏尊　身處於高座
或見希奇相　及以諸天像　暫得覩容儀　忽然還不現
或睹諸吉祥　所作皆隨意　功德悉圓滿　世尊如是說
最勝有名稱　能滅諸煩惱　他國賊皆除　戰時常得勝
惡夢悉皆无　及消諸毒害　所作三業罪　經力能除滅

斯00586號　金光明最勝王經卷九　（07-03）

最勝有名稱　能滅諸煩惱　他國賊皆除　戰時常得勝
惡夢悉皆无　及消諸毒害　所作三業罪　經力能除滅
於此贍部洲　名稱咸充滿　所有諸怨結　悉皆相捨離
設有怨敵至　聞名便退散　不假動兵戈　兩陣生歡喜
梵王帝釋主　護世四天王　及金剛藥叉　正了知大將
无熱池龍王　及以娑揭羅　緊那羅樂神　蘇羅金翅王
大辯才天女　并大吉祥天　斯等上首天　各領諸天眾
常供養諸佛　法寶不思議　恒生歡喜心　於經起恭敬
斯等諸天眾　皆悉共思惟　遍觀修福者　共作如是說
應觀此有情　咸是大福德　善根精進力　當來生我天
為聽甚深經　敬心來至此　供養法制底　尊重正法故
憐愍於眾生　而作大饒益　於此深經典　能為法寶器
入此法門者　能入於法性　於此金光明　至心應聽受
是人曾供養　无量百千佛　由彼諸善根　得聞此經典
如是諸天主　天女大辯才　并彼吉祥天　及以四王眾
无數藥叉眾　勇猛有神通　各於其四方　常來相擁護
日月天帝釋　風水火諸神　吠率怒大自　閻羅辯才等
一切諸護世　勇猛具威神　擁護持經者　晝夜常不離
大力藥叉王　那羅延自在　正了知為首　二十八藥叉
餘藥叉百千　神通有大力　恒於恐怖處　常來護此人
金剛藥叉王　并五百眷屬　諸大菩薩眾　常來護此人
寶王藥叉主　及以滿賢王　曠野金毗羅　賓度羅黃色
此等藥叉王　各五百眷屬　見聽此經者　皆來共擁護

斯00586號　金光明最勝王經卷九　（07-04）

寶王藥叉王 及以滿賢王 曠野金毗羅 賓度羅黃色
此等藥叉王 各五百眷屬 見聽此經者 皆來共擁護
彩軍健闥婆 華王常戰勝 珠頸及青頸 并勃里沙王
大最勝大黑 蘇跋拏雞舍 半之迦羊足 及以大婆伽
小渠并護法 及以獼猴王 針毛及日友 寶髻皆來護
大渠諸拘羅 旃檀欲中勝 舍羅及雪山 及以娑多山
皆有大神通 雄猛具大力 見持此經者 皆來相擁護
阿那婆荅多 及以娑揭羅 目真醫羅葉 難陀小難陀
於百千龍中 神通具威德 共護持經人 晝夜常不離
婆稚羅睺羅 毗摩質多羅 母旨苫跋羅 大肩及歡喜
及餘蘇羅王 并無數天眾 大力有勇健 皆來護是人
訶利底母神 五百藥叉眾 於彼人睡覺 常來相擁護
旃荼旃荼利 藥叉旃稚女 昆底拘吒齒 吸眾生精氣
如是諸神眾 大力有神通 常護持經者 晝夜恒不離
上首辯才天 無量諸天女 吉祥天為首 并餘諸眷屬
此大地神女 果實園林神 樹神江河神 制底諸神等
如是諸天神 心生大歡喜 彼皆來擁護 讀誦此經人
見有持經者 增壽命色力 威光及福德 妙相以莊嚴
星宿現災變 困厄當此人 夢見惡徵祥 皆悉令除滅
此大地神女 堅固有威勢 由此經力故 法味常充足
地肥若流下 過百踰繕那 地神令味上 滋潤於大地
此地厚六十 八億踰繕那 乃至金剛際 地味皆令上
由聽此經王 獲大功德蘊 能使諸天眾 悉蒙其利益
復令諸天眾 威力有光明 歡喜常安樂 捨離於衰相

5

斯00586號　金光明最勝王經卷九　(07–05)

此地厚六十 八億踰繕那 乃至金剛際 地味皆令上
由聽此經王 獲大功德蘊 能使諸天眾 悉蒙其利益
復令諸天眾 威力有光明 歡喜常安樂 捨離於衰相
於此南洲內 林果苗稼神 由此經威力 心常得歡喜
苗實皆成就 處處有妙花 菓實並滋繁 充滿於大地
所有諸果樹 及以眾園林 悉皆生妙花 香氣常芬馥
眾草諸樹木 咸出微妙花 及生甘美果 隨處皆充遍
於此瞻部洲 無量諸龍女 心生大歡喜 皆共入池中
種植鉢頭摩 及以分陀利 青白二蓮花 池中皆遍滿
由此經威力 虛空淨無翳 雲霧皆除遣 闇冥悉光明
日出放千光 無垢𦦨清淨 由此經王力 流暉遶四天
此經威德力 資助於天子 皆用瞻部金 而作於宮殿
日天子初出 見此洲歡喜 常以大光明 周遍皆照耀
於斯大地內 所有蓮花池 日光照及時 無不盡開發
於此瞻部洲 田疇諸果藥 悉皆令善熟 充滿於大地
由此經威力 日月所照處 星辰不失度 風雨皆順時
遍此瞻部洲 國土咸豐樂 隨有此經處 殊勝倍餘方
若此金光明 經典流布處 有能講誦者 悉得如上福
爾時大吉祥天女及諸天等 聞佛所說 皆大
歡喜 於此經王及受持者 一心擁護 令無憂
惱 常得安樂
金光明最勝王經授記品第廿三
爾時 如來於大眾中廣說法已 欲為妙幢菩
薩及其二子銀幢銀光授阿耨多羅三藐三

6

斯00586號　金光明最勝王經卷九　(07–06)

歡喜於此經王受持者一心稱讚令无憂
惱常得安樂
金光明最勝王經授記品第廿三
尒時如來於大衆中廣說法已欲爲妙幢菩
薩及其二子銀幢銀光授阿耨多羅三藐三
菩提記時有十千天子最勝光明而爲上首
俱從三十三天來至佛所頂禮佛足却坐一
面聽佛說法尒時佛告妙幢菩薩言汝於來
世過无量无數百千万億那庾多劫已於金
光明世界當成阿耨多羅三藐三菩提号金
寶山王如來應正遍知明行足善逝世間解
无上士調御丈夫天人師佛世尊出現於世
時此如來般涅槃後所有教法亦皆滅盡時

7

斯00586號　金光明最勝王經卷九　(07–07)

金光明最勝王經

S.586

1.V.

斯00586號背　勘記　(01–01)

逝世間
尊為无量
敬圍繞而為說法釋迦牟
照其國尒時一切淨光莊
名曰妙音久已殖衆德本
千萬億諸佛而悉成就甚
三昧法華三昧淨德三昧宿王戲三
三昧智印三昧解一切衆生語言三昧
切功德三昧清淨三昧神通遊戲三昧慧炬
三昧莊嚴王三昧淨光明三昧淨藏三昧不
共三昧日旋三昧得如是百千萬億恒河沙
等諸大三昧釋迦牟尼佛光照其身即白淨
華宿王智佛言世尊我當往詣娑婆世界礼
拜親近供養釋迦牟尼佛及見文殊師利法
王子菩薩藥王菩薩勇施菩薩宿王華菩薩
上行意菩薩莊嚴王菩薩藥上菩薩尒時淨
華宿王智佛告妙音菩薩汝莫輕彼國生下
劣想善男子彼娑婆世界高下不平土石諸
山穢惡充滿佛身卑小諸菩薩衆其形亦小
而汝身四萬二千由旬我身六百八十萬由
旬汝身第一端正百千萬福光明殊妙是故
汝往莫輕彼國若佛菩薩及國土生下劣想
妙音菩薩白其佛言世尊我今詣娑婆世界

1

斯00587號　妙法蓮華經卷七　（26–01）

旬汝身第一端正百千萬福光明殊妙是故
汝往莫輕彼國若佛菩薩及國土生下劣想
妙音菩薩白其佛言世尊我今詣娑婆世界
皆是如來之力如來神通遊戲如來功德智
慧莊嚴於是妙音菩薩不起于座身不動搖
而入三昧以三昧力於耆闍崛山去法座不
遠化作八萬四千衆寶蓮華閻浮檀金為莖
白銀為葉金剛為鬚甄叔迦寶以為其臺尒
時文殊師利法王子見是蓮華而白佛言世
尊是何因緣先現此瑞有若干千萬蓮華閻
浮檀金為莖白銀為葉金剛為鬚甄叔迦寶
以為其臺尒時釋迦牟尼佛告文殊師利是
妙音菩薩摩訶薩欲從淨華宿王智佛國與
八萬四千菩薩圍繞而來至此娑婆世界供
養親近礼拜於我亦欲供養聽法華經文殊
師利白佛言世尊是菩薩種何善本脩何功
德而能有是大神通力行何三昧願為我等
說是三昧名字我等亦欲勤脩行之行此三
昧乃能見是菩薩色相大小威儀進止唯願
世尊以神通力彼菩薩來令我得見尒時釋
迦牟尼佛告文殊師利此久滅度多寶如來
當為汝等而現其相時多寶佛告彼菩薩善
男子來文殊師利法王子欲見汝身于時妙

2

斯00587號　妙法蓮華經卷七　（26–02）

當為汝等而現其相時多寶佛告彼菩薩善
男子來文殊師利法王子欲見汝身于時妙
音菩薩於彼國沒與八萬四千菩薩俱共發
來所經諸國六種震動皆悉雨於七寶蓮華
百千天樂不鼓自鳴是菩薩目如廣大青蓮
華葉正使和合百千萬月其面貌端正復過
於此身真金色无量百千功德莊嚴威德熾
盛光明照曜諸相具足如那羅延堅固之身
入七寶臺上昇虛空去地七多羅樹諸菩薩
衆恭敬圍繞而來詣此娑婆世界耆闍崛山
到已下七寶臺以價直百千瓔珞持至釋迦
牟尼佛所頭面礼足奉上瓔珞而白佛言世
尊淨華宿王智佛問訊世尊少病少惱起居
輕利安樂行不四大調和不世事可忍不衆
生易度不无多貪欲瞋恚愚癡嫉妬慳慢不
无不孝父母不敬沙門邪見不善心不攝五
情不世尊衆生能降伏諸魔怨不久滅度多
寶如來在七寶塔中來聽法不又問訊多寶
如來安隱少惱堪忍久住不世尊我今欲見
多寶佛身唯願世尊示我令見尒時釋迦牟
尼佛語多寶佛是妙音菩薩欲得相見時多
寶佛告妙音言善哉善哉汝能為供養釋迦
牟尼佛及聽法華經并見文殊師利等故來

3

斯00587號　妙法蓮華經卷七　（26–03）

寶佛告妙音言善哉善哉汝能為供養釋迦
牟尼佛及聽法華經并見文殊師利等故來
至此尒時華德菩薩白佛言世尊是妙音菩
薩種何善根脩何功德有是神力佛告華德
菩薩過去有佛名雲雷音王多陀阿伽度阿
羅呵三藐三佛陀國名現一切世間劫名憙
見妙音菩薩於萬二千歲以十萬種伎樂供
養雲雷音王佛并奉上八萬四千七寶鉢以
是因緣果報今生淨華宿王智佛國有是神
力華德於汝意云何尒時雲雷音王佛所妙
音菩薩伎樂供養奉上寶器者豈異人乎今
此妙音菩薩摩訶薩是華德是妙音菩薩已
曾供養親近无量諸佛久殖德本又值恒河
沙等百千萬億那由他佛華德汝但見妙音
菩薩其身在此而是菩薩現種種身處處為
諸衆生說是經典或現梵王身或現帝釋身
或現自在天身或現大自在天身或現天大將軍
身或現毗沙門天王身或現轉輪聖王身或
現諸小王身或現長者身或現居士身或現
宰官身或現婆羅門身或現比丘比丘尼優
婆塞優婆夷身或現長者居士婦女身或現
宰官婦女身或現婆羅門婦女身或現童男
童女身或現天龍夜叉乾闥婆阿脩羅迦樓

4

斯00587號　妙法蓮華經卷七　（26–04）

5

宰官婦女身或現婆羅門婦女身或現童男
童女身或現天龍夜叉乾闥婆阿脩羅迦樓
羅緊那羅摩睺羅伽人非人等身而說是經
諸有地獄餓鬼畜生及衆難處皆能救濟乃
至於王後宮變為女身而說是經華德是妙
音菩薩能救護娑婆世界諸衆生者是妙音
菩薩如是種種變化現身在此娑婆國土為
諸衆生說是經典於神通變化智慧无所損
減是菩薩以若干智慧明照娑婆世界令一
切衆生各得所知於十方恒河沙世界中亦
復如是若應以聲聞形得度者現聲聞形而
為說法應以辟支佛形得度者現辟支佛形
而為說法應以菩薩形得度者現菩薩形而
為說法應以佛形得度者即現佛形而為說
法如是種種隨所應度而為現形乃至應以
滅度而得度者示現滅度華德妙音菩薩摩
訶薩成就大神通智慧之力其事如是尒時
華德菩薩白佛言世尊是妙音菩薩深種善
根世尊是菩薩住何三昧而能如是在所變
現度脫衆生佛告華德菩薩善男子其三昧
名現一切色身妙音菩薩住是三昧中能如
是饒益无量衆生說是妙音菩薩品時與妙
音菩薩俱來者八萬四千人皆得現一切色

斯00587號　妙法蓮華經卷七　（26-05）

6

是饒益无量衆生說是妙音菩薩品時與妙
音菩薩俱來者八萬四千人皆得現一切色
身三昧此娑婆世界无量菩薩亦得是三昧
及陀羅尼尒時妙音菩薩摩訶薩供養釋迦
牟尼佛及多寶佛塔已還歸本土所經諸國
六種震動雨寶蓮華作百千萬億種種伎樂
既到本國與八萬四千菩薩圍繞至淨華宿
王智佛所白佛言世尊我到娑婆世界饒益
衆生見釋迦牟尼佛及見多寶佛塔禮拜供
養又見文殊師利法王子菩薩及見藥王菩
薩得勤精進力菩薩勇施菩薩等亦令八萬
四千菩薩得現一切色身三昧說是妙音菩
薩來往品時四萬二千天子得无生法忍華
德菩薩得法華三昧

妙法蓮華經觀世音菩薩普門品第二十五

尒時无盡意菩薩即從座起偏袒右肩合掌
向佛而作是言世尊觀世音菩薩以何因緣
名觀世音佛告无盡意菩薩善男子若有无
量百千萬億衆生受諸苦惱聞是觀世音菩
薩一心稱名觀世音菩薩即時觀其音聲皆
得解脫若有持是觀世音菩薩名者設入大
火火不能燒由是菩薩威神力故若為大水
所漂稱其名號即得淺處若有百千[illegible]

斯00587號　妙法蓮華經卷七　（26-06）

火火不能燒由是菩薩威神力故若為大水
所漂稱其名号即得淺處若有百千萬億衆
生為求金銀琉璃車璖馬瑙珊瑚虎珀真珠
等寶入於大海假使黑風吹其舩舫漂墮羅
刹鬼國其中若有乃至一人稱觀世音菩薩
名者是諸人等皆得解脫羅刹之難以是因
緣名觀世音若復有人臨當被害稱觀世音
菩薩名者彼所執刀仗尋段段壞而得解脫
若三千大千國土滿中夜叉羅刹欲來惱人
聞其稱觀世音菩薩名者是諸惡鬼尚不能
以惡眼視之況復加害設復有人若有罪若
无罪杻械枷鎖檢繫其身稱觀世音菩薩名
者皆悉斷壞即得解脫若三千大千國土滿
中怨賊有一商主將諸商人賫持重寶經過
險路其中一人作是唱言諸善男子勿得恐
怖汝等應當一心稱觀世音菩薩名号是菩
薩能以无畏施於衆生汝等若稱名者於此
怨賊當得解脫衆商人聞俱發聲言南无觀
世音菩薩稱其名故即得解脫无盡意觀世
音菩薩摩訶薩威神之力巍巍如是若有衆
生多於婬欲常念恭敬觀世音菩薩便得離
欲若多瞋恚常念恭敬觀世音菩薩便得離
瞋若多愚癡常念恭敬觀世音菩薩便得離

7

斯00587號　妙法蓮華經卷七　（26-07）

欲若多瞋恚常念恭敬觀世音菩薩便得離
瞋若多愚癡常念恭敬觀世音菩薩便得離
癡无盡意觀世音菩薩有如是等大威神力
多所饒益是故衆生常應心念若有女人設
欲求男礼拜供養觀世音菩薩便生福德智
慧之男設欲求女便生端正有相之女宿殖
德本衆人愛敬无盡意觀世音菩薩有如是
力若有衆生恭敬礼拜觀世音菩薩福不唐
捐是故衆生皆應受持觀世音菩薩名号无
盡意若有人受持六十二億恒河沙菩薩名
字復盡形供養飲食衣服卧具醫藥於汝意
云何是善男子善女人功德多不无盡意言
甚多世尊佛言若復有人受持觀世音菩薩
名号乃至一時礼拜供養是二人福正等无
異於百千萬億劫不可窮盡无盡意受持觀
世音菩薩名号得如是无量无邊福德之利
无盡意菩薩白佛言世尊觀世音菩薩云何
遊此娑婆世界云何而為衆生說法方便之
力其事云何佛告无盡意菩薩善男子若有
國土衆生應以佛身得度者觀世音菩薩即
現佛身而為說法應以辟支佛身得度者即
現辟支佛身而為說法應以聲聞身得度者
即現聲聞身而為說法應以

8

斯00587號　妙法蓮華經卷七　（26-08）

現辟支佛身而為說法應以聲聞身得度者
即現聲聞身而為說法應以梵王身得度者
即現梵王身而為說法應以帝釋身得度者
即現帝釋身而為說法應以自在天身得度
者即現自在天身而為說法應以大自在天
身得度者即現大自在天身而為說法應以
天大將軍身得度者即現天大將軍身而為
說法應以毗沙門身得度者即現毗沙門身
而為說法應以小王身得度者即現小王身
而為說法應以長者身得度者即現長者身
而為說法應以居士身得度者即現居士身
而為說法應以宰官身得度者即現宰官身
而為說法應以婆羅門身得度者即現婆羅
門身而為說法應以比丘比丘尼優婆塞優
婆夷身得度者即現比丘比丘尼優婆塞優
婆夷身而為說法應以長者居士宰官婆羅
門婦女身得度者即現婦女身而為說法應
以童男童女身得度者即現童男童女身而
為說法應以天龍夜叉乾闥婆阿脩羅迦樓
羅緊那羅摩睺羅伽人非人等身得度者即
皆現之而為說法應以執金剛神得度者即
現金剛神而為說法无盡意是觀世音菩薩
成就如是功德以種種形遊諸國土度脫眾

9

斯00587號　妙法蓮華經卷七　（26–09）

現金剛神而為說法无盡意是觀世音菩薩
成就如是功德以種種形遊諸國土度脫眾
生是故汝等應當一心供養觀世音菩薩是
觀世音菩薩摩訶薩於怖畏急難之中能施
无畏是故此娑婆世界皆號之為施无畏者
无盡意菩薩白佛言世尊我今當供養觀世
音菩薩即解頸眾寶珠瓔珞價直百千兩金
而以與之作是言仁者受此法施珍寶瓔珞
時觀世音菩薩不肯受之无盡意復白觀世
音菩薩言仁者愍我等故受此瓔珞尒時佛
告觀世音菩薩當愍此无盡意菩薩及四眾
天龍夜叉乾闥婆阿脩羅迦樓羅緊那羅摩
睺羅伽人非人等故受是瓔珞即時觀世音
菩薩愍諸四眾及於天龍人非人等受其瓔
珞分作二分一分奉釋迦牟尼佛一分奉多
寶佛塔无盡意觀世音菩薩有如是自在神
力遊於娑婆世界尒時无盡意菩薩以偈問曰
世尊妙相具　我今重問彼　佛子何因緣　名為觀世音
具足妙相尊　偈荅无盡意　汝聽觀音行　善應諸方所
弘誓深如海　歷劫不思議　侍多千億佛　發大清淨願
我為汝略說　聞名及見身　心念不空過　能滅諸有苦
假使興害意　推落大火坑　念彼觀音力　火坑變成池
或漂流巨海　龍魚諸鬼難　念彼觀音力　波浪不能沒

10

斯00587號　妙法蓮華經卷七　（26–10）

假使興害意　推落大火坑　念彼觀音力　火坑變成池
或漂流巨海　龍魚諸鬼難　念彼觀音力　波浪不能沒
或在須彌峯　為人所推墮　念彼觀音力　如日虛空住
或被惡人逐　墮落金剛山　念彼觀音力　不能損一毛
或值怨賊繞　各執刀加害　念彼觀音力　咸即起慈心
或遭王難苦　臨刑欲壽終　念彼觀音力　刀尋段段壞
或囚禁枷鎖　手足被杻械　念彼觀音力　釋然得解脫
呪詛諸毒藥　所欲害身者　念彼觀音力　還著於本人
或遇惡羅剎　毒龍諸鬼等　念彼觀音力　時悉不敢害
若惡獸圍遶　利牙爪可怖　念彼觀音力　疾走无邊方
蚖虵及蝮蝎　氣毒煙火然　念彼觀音力　尋聲自迴去
雲雷鼓掣電　降雹澍大雨　念彼觀音力　應時得消散
衆生被困厄　无量苦逼身　觀音妙智力　能救世間苦
具足神通力　廣脩智方便　十方諸國土　无刹不現身
種種諸惡趣　地獄鬼畜生　生老病死苦　以漸悉令滅
真觀清淨觀　廣大智慧觀　悲觀及慈觀　當願常瞻仰
无垢清淨光　慧日破諸闇　能伏灾風火　普明照世間
悲體戒雷震　慈意妙大雲　澍甘露法雨　滅除煩惱焰
諍訟經官處　怖畏軍陣中　念彼觀音力　衆怨悉退散
妙音觀世音　梵音海潮音　勝彼世間音　是故須常念
念念勿生疑　觀世音淨聖　於苦惱死厄　能為作依怙
具一切功德　慈眼視衆生　福聚海无量　是故應頂禮
尒時持地菩薩即從座起前白佛言世尊若

11

斯00587號　妙法蓮華經卷七　（26-11）

具一切功德　慈眼視衆生　福聚海无量　是故應頂禮
尒時持地菩薩即從座起前白佛言世尊若
有衆生聞是觀世音菩薩品自在之業普門
示現神通力者當知是人功德不少佛說是
普門品時衆中八萬四千衆生皆發无等等
阿耨多羅三藐三菩提心

妙法蓮華經陁羅尼品第二十二

尒時藥王菩薩即從座起偏袒右肩合掌向
佛而白佛言世尊若善男子善女人有能受
持法華經者若讀誦通利若書寫經卷得幾
所福佛告藥王若有善男子善女人供養八
百萬億那由他恒河沙等諸佛於汝意云何
其所得福寧為多不甚多世尊佛言若善男
子善女人能於是經乃至受持一四句偈讀
誦解義如說脩行功德甚多尒時藥王菩薩
白佛言世尊我今當與說法者陁羅尼呪以
守護之即說呪曰
安尒一　曼尒二　摩祢三　摩摩祢四　旨隸五　遮
梨第六　賒咩羊鳴音七　賒履罔雉反　多瑋八　羶輸千反
帝九　目帝十　目多履十一　娑履十二　阿瑋娑履十三
桑履十四　娑履十五　叉裔十六　阿叉裔十七　阿耆膩十八
羶帝十九　賒履二十　陁羅尼二十一　阿盧伽婆娑蘇柰反
簸蔗毗叉膩二十二　祢毗剃二十三　阿便哆都餓反　邏祢

12

斯00587號　妙法蓮華經卷七　（26-12）

羯帝十九 賒履二十 陁羅尼二十一 阿盧伽婆娑蘇奈反
蔽蔗毗叉膩二十二 袮毗剃二十三 阿便哆都餓反 邏袮
履剃二十四 阿亶哆波隸輸地途賣反二十五 嘔究隸二十六
牟究隸二十七 阿羅隸二十八 波羅隸二十九 首迦差初几反三十
阿三磨三履三十一 佛馱毗吉利袠帝三十二 達磨波
利差猜離反 帝三十三 僧伽涅瞿沙袮三十四 婆舍婆
舍輸地三十五 曼哆邏三十六 曼哆邏叉夜多三十七
郵樓哆三十八 郵樓哆憍舍略三十九 惡叉邏四十 惡叉
冶多冶四十一 阿婆盧四十二 阿摩若荏蔗反 那多夜四十三
世尊是陁羅尼神呪六十二億恒河沙等諸
佛所說若有侵毀此法師者則為侵毀是諸
佛已時釋迦牟尼佛讚藥王菩薩言善哉善
哉藥王汝愍念擁護此法師故說是陁羅尼
於諸衆生多所饒益介時勇施菩薩白佛言
世尊我亦為擁護讀誦受持法華經者說陁
羅尼若此法師得是陁羅尼若夜叉若羅剎
若冨單那若吉蔗若鳩槃荼若餓鬼等伺求
其短无能得便即於佛前而說呪曰
痤誓螺反 隸一 摩訶痤隸二 郁枳三 目枳四 阿
隸五 阿羅婆苐六 涅隸苐七 涅隸多婆苐八
伊緻猪履反 柅九 韋緻柅十 旨緻柅十一 涅隸墀
柅十二 涅犁墀婆底十三
世尊是陁羅尼神呪恒河沙等諸佛所說亦

斯00587號　妙法蓮華經卷七　（26–13）

柅十二 涅犁墀婆底十三
世尊是陁羅尼神呪恒河沙等諸佛所說亦
皆隨喜若有侵毀此法師者則為侵毀是諸
佛已介時毗沙門天王護世者白佛言世尊
我亦為愍念衆生擁護此法師故說是陁羅
尼即說呪曰
阿梨一 那梨二 㝹那梨三 阿那盧四 那履五
拘那履六
世尊以是神呪擁護法師我亦自當擁護持
是經者令百由旬内无諸衰患介時持國天
王在此會中與千萬億那由他乹闥婆衆恭
敬圍繞前詣佛所合掌白佛言世尊我亦以
陁羅尼神呪擁護持法華經者即說呪曰
阿伽袮一 伽袮二 瞿利三 乹陁利四 栴陁利
五 摩蹬耆六 常求利七 浮樓莎柅八 頞底九
世尊是陁羅尼神呪四十二億諸佛所說若
有侵毀此法師者則為侵毀是諸佛已介時
有羅刹女等一名藍婆二名毗藍婆三名曲
齒四名華齒五名黑齒六名多髮七名无猒
足八名持瓔珞九名睪帝十名奪一切衆生
精氣是十羅刹女與鬼子毋并其子及眷屬
俱詣佛所同聲白佛言世尊我等亦欲擁護
讀誦受持法華經者除其衰患若有伺求法

斯00587號　妙法蓮華經卷七　（26–14）

精氣是十羅刹女與鬼子毋并其子及眷屬
俱詣佛所同聲白佛言世尊我等亦欲擁護
讀誦受持法華經者除其衰患若有伺求法
師短者令不得便即於佛前而說呪曰
伊提履一 伊提泯二 伊提履三 阿提履四 伊
提履五 泥履六 泥履七 泥履八 泥履九 泥履
十 樓醯十一 樓醯十二 樓醯十三 樓醯十四 多醯十五 多
醯十六 多醯十七 兜醯十八 㝹醯十九
寧上我頭上莫惱於法師若夜叉若羅刹若
餓鬼若富單那若吉蔗若毗陁羅若揵馱若
烏摩勒伽若阿跋摩羅若夜叉吉蔗若人吉
蔗若熱病若一日若二日若三日若四日若
至七日若常熱病若男形若女形若童男形
若童女形乃至夢中亦復莫惱即於佛前而
說偈言
若不順我呪　惱亂說法者　頭破作七分　如阿梨樹枝
如殺父母罪　亦如壓油殃　斗秤欺誑人　調達破僧罪
犯此法師者　當獲如是殃
諸羅刹女說此偈已白佛言世尊我等亦當
身自擁護受持讀誦脩行是經者令得安隱
離諸衰患消衆毒藥佛告諸羅刹女善哉善
哉汝等但能擁護受持法華名者福不可量
何況擁護具足受持供養經卷華香瓔珞末

斯00587號　妙法蓮華經卷七　（26-15）

哉汝等但能擁護受持法華名者福不可量
何況擁護具足受持供養經卷華香瓔珞末
香塗香燒香幡蓋伎樂燃種種燈蘇燈油燈
諸香油燈蘇摩那華油燈瞻蔔華油燈婆師
迦華油燈優鉢羅華油燈如是等百千種供
養者睪帝汝等及眷屬應當擁護如是法師
說是陁羅尼品時六萬八千人得无生法忍

妙法蓮華經妙莊嚴王本事品第二十七

尒時佛告諸大衆乃往古世過无量无邊不
可思議阿僧祇劫有佛名雲雷音宿王華智
多陁阿伽度阿羅呵三藐三佛陁國名光明
莊嚴劫名憙見彼佛法中有王名妙莊嚴其
王夫人名曰淨德有二子一名淨藏二名淨
眼是二子有大神力福德智慧久脩菩薩所
行之道所謂檀波羅蜜尸羅波羅蜜羼提波
羅蜜毗梨耶波羅蜜禪波羅蜜般若波羅蜜
方便波羅蜜慈悲喜捨乃至三十七助道法
皆悉明了通達又得菩薩淨三昧日星宿三
昧淨光三昧淨色三昧淨照明三昧長莊嚴
三昧大威德藏三昧於此三昧亦悉通達尒
時彼佛欲引導妙莊嚴王及愍念衆生故說
是法華經時淨藏淨眼二子到其母所合十
指爪掌白言願母往詣雲雷音宿王華智佛

斯00587號　妙法蓮華經卷七　（26-16）

是法華經時淨藏淨眼二子到其母所合十
指爪掌白言願母往詣雲雷音宿王華智佛
所我等亦當侍從親近供養礼拜所以者何
此佛於一切天人衆中說法華經宜應聽受
母告子言汝父信受外道深着婆羅門法汝
等應往白父與共俱去淨藏淨眼合十爪指
掌白母我等是法王子而生此耶見家母告
子言汝等當憂念汝父為現神變若得見者
心必清淨或聽我等往至佛所於是二子念
其父故踊在虛空高七多羅樹現種種神變
於虛空中行住坐卧身上出水身下出火身
下出水身上出火或現大身滿虛空中而復
現小小復現大於空中滅忽然在地入地如
水履水如地現如是等種種神變令其父王
心淨信解時父見子神力如是心大歡喜得
未曾有合掌向子言汝等師為是誰誰之弟
子二子白言大王彼雲雷音宿王華智佛今
在七寶菩提樹下法座上坐於一切世間天
人衆中廣說法華經是我等師我是弟子父
語子言我今亦欲見汝等師可共俱往於是
二子從空中下到其母所合掌白母父王今
已信解堪任發阿耨多羅三藐三菩提心我
等為父已作佛事願母見聽於彼佛所出家

17

斯00587號　妙法蓮華經卷七　（26–17）

已信解堪任發阿耨多羅三藐三菩提心我
等為父已作佛事願母見聽於彼佛所出家
脩道尒時二子欲重宣其意以偈白母
願母放我等　出家作沙門　諸佛甚難值　我等隨佛學
如優曇波羅　值佛復難是　脫諸難亦難　願聽我出家
母即告言聽汝出家所以者何佛難值故於
是二子白父母言善哉父母願時往詣雲雷
音宿王華智佛所親近供養所以者何佛難
得值如優曇波羅華又如一眼之龜值浮木
孔而我等宿福深厚生值佛法是故父母當
聽我等令得出家所以者何諸佛難值時亦
難遇彼時妙莊嚴王後宮八萬四千人皆悉
堪任受持是法華經淨眼菩薩於法華三昧
久已通達淨藏菩薩已於无量百千萬億劫
通達離諸惡趣三昧欲令一切衆生離諸惡
趣故其王夫人得諸佛習三昧能知諸佛秘
密之藏二子如是以方便力善化其父令心
信解好樂佛法於是妙莊嚴王與群臣眷屬
俱淨德夫人與後宮婇女眷屬俱其王二子
與四萬二千人俱一時共詣佛所到已頭面
礼足繞佛三帀却住一面尒時彼佛為王說
法示教利喜王大歡悅尒時妙莊嚴王及其
夫人解頸真珠瓔珞價直百千以散佛上於

18

斯00587號　妙法蓮華經卷七　（26–18）

礼足繞佛三帀却住一面尒時彼佛為王說
法示教利喜王大歡悅尒時妙莊嚴王及其
夫人解頸真珠瓔珞價直百千以散佛上於
虛空中化成四柱寶臺臺中有大寶床敷百
千萬天衣其上有佛結加趺坐放大光明尒
時妙莊嚴王作是念佛身希有端嚴殊特成
就第一微妙之色時雲雷音宿王華智佛告
四衆言汝等見是妙莊嚴王於我前合掌立
不此王於我法中作比丘精勤脩習助佛道
法當得作佛号娑羅樹王國名大光劫名大
高王其娑羅樹王佛有无量菩薩衆及无量
聲聞其國平正功德如是其王即時以國付
弟與夫人二子并諸眷屬於佛法中出家脩
道王出家已於八萬四千歲常勤精進脩行
妙法華經過是已後得一切淨功德莊嚴三
昧即升虛空高七多羅樹而白佛言世尊此
我二子已作佛事以神通變化轉我耶心令
得安住於佛法中得見世尊此二子者是我
善知識為欲發起宿世善根饒益我故來生
我家尒時雲雷音宿王華智佛告妙莊嚴王
言如是如是如汝所言若善男子善女人種
善根故世世得善知識其善知識能作佛事
示教利喜令入阿耨多羅三藐三菩提大王

19

善根故世世得善知識其善知識能作佛事
示教利喜令入阿耨多羅三藐三菩提大王
當知善知識者是大因緣所謂化導令得見
佛發阿耨多羅三藐三菩提心大王汝見此
二子不此二子已曽供養六十五百千萬億
那由他恒河沙諸佛親近恭敬於諸佛所受
持法華經愍念耶見衆生令住正見妙莊嚴
王即從虛空中下而白佛言世尊如來甚希有
以功德智慧故頂上肉髻光明顯照其眼
長廣而紺青色眉間豪相白如珂月齒白齊
密常有光明脣色赤好如頻婆菓尒時妙莊
嚴王讚嘆佛如是等无量百千萬億功德已
於如來前一心合掌復白佛言世尊未曽有
也如來之法具足成就不可思議微妙功德
教戒所行安隱快善我從今日不復自隨心
行不生耶見憍慢瞋恚諸惡之心說是語已
礼佛而出佛告大衆於意云何妙莊嚴王豈
異人乎今華德菩薩是其淨德夫人今佛前
光照莊嚴相菩薩是哀愍妙莊嚴王及諸眷
屬故於彼中生其二子者今藥王菩薩藥上
菩薩是是藥王藥上菩薩成就如此諸大功
德已於无量百千萬億諸佛所殖衆德本成
就不可思議諸善功德若有人識是二菩薩

20

德已於无量百千萬億諸佛所殖衆德本成就不可思議諸善功德若有人識是二菩薩名字者一切世間諸天人民亦應礼拜佛說是妙莊嚴王本事品時八萬四千人遠塵離垢於諸法中得法眼淨

妙法蓮華經普賢菩薩勸發品第二十八

尒時普賢菩薩以自在神通威德名聞與大菩薩无量无邊不可稱數從東方來所經諸國普皆震動雨寶蓮華作无量百千萬億種種伎樂又與无數諸天龍夜叉乾闥婆阿脩羅迦樓羅緊那羅摩睺羅伽人非人等大衆圍繞各現威德神通之力到娑婆世界耆闍崛山中頭面礼釋迦牟尼佛右繞七帀白佛言世尊我於寶威德上王佛國遥聞此娑婆世界說法華經與无量无邊百千萬億諸菩薩衆共來聽受唯願世尊當為說之若善男子善女人於如來滅後云何能得是法華經佛告普賢菩薩若善男子善女人成就四法於如來滅後當得是法華經一者為諸佛護念二者殖衆德本三者入正定聚四者發救一切衆生之心善男子善女人如是成就四法於如來滅後必得是經尒時普賢菩薩白佛言世尊於後五百歲濁惡世中其有受持

21

斯00587號　妙法蓮華經卷七　（26–21）

法於如來滅後必得是經尒時普賢菩薩白佛言世尊於後五百歲濁惡世中其有受持是經典者我當守護除其衰患令得安隱使无伺求得其便者若魔若魔子若魔女若魔民若為魔所著者若夜叉若羅刹若鳩槃荼若毗舍闍若吉蔗若富單那若韋陁羅等諸惱人者皆不得便是人若行若立讀誦此經我尒時乘六牙白象王與大菩薩衆俱詣其所而自現身供養守護安慰其心亦為供養法華經故是人若坐思惟此經尒時我復乘白象王現其人前其人若於華經有所忘失一句一偈我當教之與共讀誦還令通利尒時受持讀誦法華經者得見我身甚大歡喜轉復精進以見我故即得三昧及陁羅尼名為旋陁羅尼百千萬億旋陁羅尼法音方便陁羅尼得如是等陁羅尼世尊若後世後五百歲濁惡世中比丘比丘尼優婆塞優婆夷求索者受持者讀誦者書寫者欲脩習是法華經於三七日中應一心精進滿三七日已我當乘六牙白象與无量菩薩而自圍繞以一切衆生所喜見身現其人前而為說法示教利喜亦復與其陁羅尼呪得是陁羅尼故无有非人能破壞者亦不為女人之所惑

22

斯00587號　妙法蓮華經卷七　（26–22）

亦教利喜亦復與其陁羅尼呪得是陁羅尼
故无有非人能破壞者亦不為女人之所惑
亂我身亦自常護是人唯願世尊聽我說此
陁羅尼即於佛前而說呪曰
阿檀地塗賣反一 檀陁婆地二 檀陁婆帝三 檀陁
鳩舍隸四 檀陁脩陁隸五 脩陁隸六 脩陁羅
婆底七 佛馱波羶禰八 薩婆陁羅尼阿婆多
尼九 薩婆婆沙阿婆多尼十 脩阿婆多尼十一
僧伽婆履叉尼十二 僧伽涅伽陁尼十三 阿僧祇
十四 僧伽波伽地十五 帝隸阿惰僧伽兜略盧遮反
波羅帝十六 薩婆僧伽三摩地伽蘭地十七 薩婆
達磨脩波利剎帝十八 薩婆薩埵樓馱憍舍略
阿㝹伽地十九 辛阿毗吉利地帝二十
世尊若有菩薩得聞是陁羅尼者當知普賢
神通之力若法華經行閻浮提有受持者應
作此念皆是普賢威神之力若有受持讀誦
正憶念解其義趣如說脩行當知是人行普
賢行於无量无邊諸佛所深種善根為諸如
來手摩其頭若但書寫是人命終當生忉利
天上是時八萬四千天女作衆伎樂而來迎
之其人即著七寶冠於婇女中娛樂快樂何
況受持讀誦正憶念解其義趣如說脩行若
有人受持讀誦解其義趣是人命終為千佛

斯00587號　妙法蓮華經卷七　（26–23）

之其人即著七寶冠於婇女中娛樂快樂何
況受持讀誦正憶念解其義趣如說脩行若
有人受持讀誦解其義趣是人命終為千佛
授手令不恐怖不墮惡趣即往兜率天上弥
勒菩薩所弥勒菩薩有三十二相大菩薩衆
所共圍繞有百千萬億天女眷屬而於中生
有如是等功德利益是故智者應當一心自
書若使人書受持讀誦正憶念如說脩行世
尊我今以神通力守護是經於如來滅後閻
浮提內廣令流布使不斷絕尒時釋迦牟尼
佛讚言善哉善哉普賢汝能護助是經令多
所衆生安樂利益汝已成就不可思議功德
深大慈悲從久遠來發阿耨多羅三藐三菩
提意而能作是神通之願守護是經我當以
神通力守護能受持普賢菩薩名者普賢若
有受持讀誦正憶念脩習書寫是法華經者
當知是人則見釋迦牟尼佛如從佛口聞此
經典當知是人供養釋迦牟尼佛當知是人
佛讚善哉當知是人為釋迦牟尼佛手摩其
頭當知是人為釋迦牟尼佛衣之所覆如是
之人不復貪著世樂不好外道經書手筆亦
復不喜親近其人及諸惡者若屠兒若畜猪
羊雞狗若獵師若衒賣女色是人心意質直

斯00587號　妙法蓮華經卷七　（26–24）

之人不復貪着世樂不好外道經書手筆亦
復不喜親近其人及諸惡者若屠兒若畜猪
羊雞狗若獵師若衒賣女色是人心意質直
有正憶念有福德力是人不為三毒所惱亦
不為嫉妬我慢邪慢增上慢所惱是人少欲
知足能脩普賢之行普賢若如來滅後後五
百歲若有人見受持讀誦法華經者應作是
念此人不久當詣道場破諸魔衆得阿耨多
羅三藐三菩提轉法輪擊法鼓吹法螺雨法
雨當坐天人大衆中師子法座上普賢若於
後世受持讀誦是經典者是人不復貪著衣
服卧具飲食資生之物所願不虛亦於現世
得其福報若有人輕毀之言汝狂人耳空作
是行終无所獲如是罪報當世世无眼若有
供養讚歎之者當於今世得現果報若復見
受持是經者出其過惡若實若不實此人現
世得白癩病若輕笑之者當世世牙齒踈缺
醜脣平鼻手脚繚戾眼目角睞身體臭穢惡
瘡膿血水腹短氣諸惡重病是故普賢若見
受持是經典者當起遠迎當如敬佛說是普
賢勸發品時恒河沙等无量无邊菩薩得百
千億旋陁羅尼三千大千世界微塵等諸菩
薩具普賢道佛說是經時普賢等諸菩薩舍

25

斯00587號　妙法蓮華經卷七　（26–25）

賢勸發品時恒河沙等无量无邊菩薩得百
千億旋陁羅尼三千大千世界微塵等諸菩
薩具普賢道佛說是經時普賢等諸菩薩舍
利弗等諸聲聞及諸天龍人非人等一切大
會皆大歡喜受持佛語作禮而去

妙法蓮華經卷第七

26

斯00587號　妙法蓮華經卷七　（26–26）

斯00587號背　勘記　（01–01）

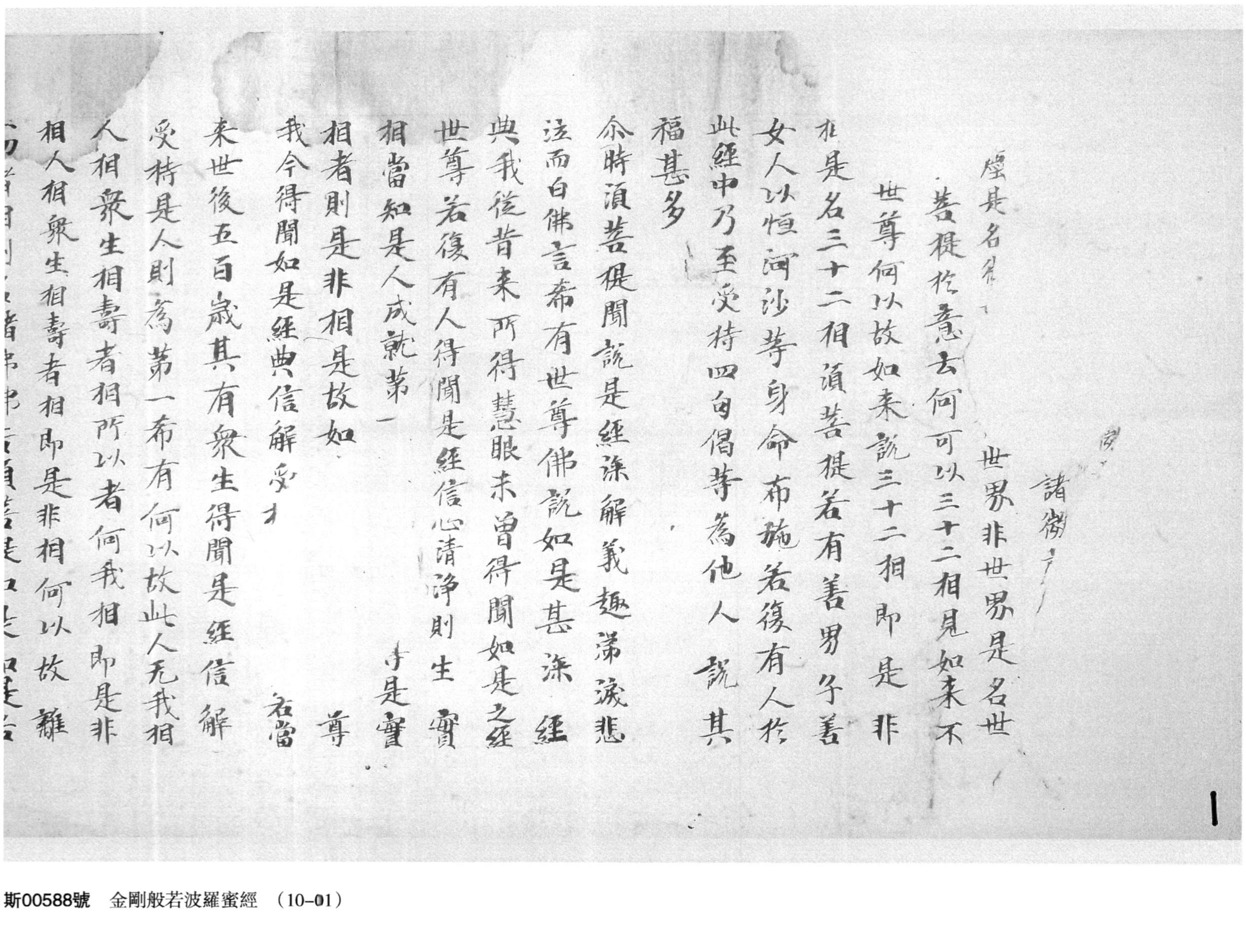

諸微
塵是名微　世界非世界是名世
菩提於意云何可以三十二相見如來不
世尊何以故如來說三十二相即是非
相是名三十二相須菩提若有善男子善
女人以恒河沙等身命布施若復有人於
此經中乃至受持四句偈等為他人說其
福甚多
尒時須菩提聞說是經深解義趣涕淚悲
泣而白佛言希有世尊佛說如是甚深經
典我從昔來所得慧眼未曾得聞如是之經
世尊若復有人得聞是經信心清淨則生實
相當知是人成就第一　是實
相者則是非相是故如　尊
我今得聞如是經典信解受持　若當
來世後五百歲其有眾生得聞是經信解
受持是人則為第一希有何以故此人无我相
人相眾生相壽者相所以者何我相即是非
相人相眾生相壽者相即是非相何以故離
1

斯00588號　金剛般若波羅蜜經　（10–01）

相人相衆生相壽者相即是非相何以故離
一切諸相則名諸佛佛告須菩提如是如是若
復有人得聞是經不驚不怖不畏當知是人
甚為希有何以故須菩提如來說第一波羅
蜜非第一波羅蜜是名第一波羅蜜
須菩提忍辱波羅蜜如來說非忍辱波羅
蜜何以故須菩提如我昔為歌利王割截身
體我於尒時无我相无人相无衆生相无壽
者相何以故我於往昔節節支解時若有我
相人相衆生相壽者相應生瞋恨須菩提
又念過去於五百世作忍辱仙人於尒所世无
我相无人相无衆生相无壽者相是故須菩
提菩薩應離一切相發阿耨多羅三藐三菩
提心不應住色生心不應住聲香味觸法生
心應生无所住心若心有住則為非住是故
佛說菩薩心不應住色布施
須菩提菩薩為利益一切衆生應如是布
施如來說一切諸相即是非相又說一切衆生
則非衆生須菩提如來是真語者實語者如
語者不誑語者不異語者須菩提如來所
得法此法无實无虛須菩提若菩薩心住
於法而行布施如人入闇則无所見若菩薩心

2

斯00588號　金剛般若波羅蜜經　（10–02）

於法而行布施如人入闇則无所見若菩薩心
不住法而行布施如人有目日光明照見種種
色
須菩提當來之世若有善男子善女人能於
此經受持讀誦則為如來以佛智慧悉知是
人悉見是人皆得成就无量无邊功德須菩
提若有善男子善女人初日分以恒河沙等
身布施中日分復以恒河沙等身布施後日
分亦以恒河沙等身布施如是无量百千万
億劫以身布施若復有人聞此經典信心不
逆其福勝彼何況書寫受持讀誦為人解說
須菩提以要言之是經有不可思議不可稱
量无邊功德如來為發大乘者說為發最上
乘者說若有人能受持讀誦廣為人說如來
悉知是人悉見是人皆成就不可量不可稱
无有邊不可思議功德如是人等則為荷
擔如來阿耨多羅三藐三菩提何以故須菩提
若樂小法者著我見人見衆生見壽者見則
於此經不能聽受讀誦為人解說須菩提在
在處處若有此經一切世間天人阿脩羅所
應供養當知此處則為是塔皆應恭敬作
礼圍遶以諸華香而散其處復次須菩提善

3

斯00588號　金剛般若波羅蜜經　（10–03）

應供養當知此處則為是塔皆應恭敬作
礼圍遶以諸華香而散其處復次須菩提善
男子善女人受持讀誦此經若為人輕賤是
人先世罪業應墮惡道以今世人輕賤故先世
罪業則為消滅當得阿耨多羅三藐三菩提
須菩提我念過去无量阿僧祇劫於然燈佛
前得值八百四千万億那由他諸佛悉皆供
養承事无空過者若復有人於後末世能
受持讀誦此經所得功德於我所供養諸佛功
德百分不及一千万億分乃至筭數譬喻所
不能及須菩提若善男子善女人於後末世
有受持讀誦此經所得功德我若具說者或
有人聞心則狂亂狐疑不信須菩提當知是
經義不可思議果報亦不可思議
尒時須菩提白佛言世尊善男子善女人發
阿耨多羅三藐三菩提心云何應住云何降
伏其心
佛告須菩提善男子善女人發阿耨多羅三
藐三菩提者當生如是心我應滅度一切衆
生滅度一切衆生已而无有一衆生實滅度
者何以故若菩薩有我相人相衆生相壽者
相則非菩薩所以者何須菩提實无有法發
阿耨多羅三藐三菩提者

4

斯00588號　金剛般若波羅蜜經　（10–04）

相則非菩薩所以者何須菩提實无有法發
阿耨多羅三藐三菩提者
須菩提於意云何如來於然燈佛所有法得
阿耨多羅三藐三菩提不不也世尊如我解
佛所說義佛於然燈佛所无有法得阿耨多
羅三藐三菩提佛言如是如是須菩提實无
有法如來得阿耨多羅三藐三菩提須菩提若
有法如來得阿耨多羅三藐三菩提然燈佛則
不與我受記汝於來世當得作佛号釋迦牟
尼以實无有法得阿耨多羅三藐三菩提是
故然燈佛與我受記作是言汝於來世當得
作佛号釋迦牟尼何以故如來者即諸法如
義若有人言如來得阿耨多羅三藐三菩提
須菩提實无有法佛得阿耨多羅三藐三菩提
須菩提如來所得阿耨多羅三藐三菩提於
是中无實无虛是故如來說一切法皆是佛
法須菩提所言一切法者即非一切法是故
名一切法須菩提譬如人身長大須菩提言
世尊如來說人身長大則為非大身是名大
身須菩提菩薩亦如是若作是言我當滅度
无量衆生則不名菩薩何以故須菩提實
无有法名為菩薩是故佛說一切法无我无人
无衆生无壽者

5

斯00588號　金剛般若波羅蜜經　（10–05）

无有法名為菩薩是故佛說一切法无我无人
无衆生无壽者
須菩提若菩薩作是言我當莊嚴佛土是不
名菩薩何以故如来說莊嚴佛土者即非莊
嚴是名莊嚴須菩提若菩薩通達无我法
者如来說名真是菩薩
須菩提於意云何如来有肉眼不如是世尊
如来有肉眼須菩提於意云何如来有天眼
不如是世尊如来有天眼須菩提於意云何
如来有慧眼不如是世尊如来有慧眼須菩
提於意云何如来有法眼不如是世尊如来
有法眼須菩提於意云何如来有佛眼不如
是世尊如来有佛眼須菩提於意云何恒河
中所有沙佛說是沙不如是世尊如来說是
沙須菩提於意云何如一恒河中所有沙有
如是等恒河是諸恒河所有沙數佛世界如
是寧為多不甚多世尊佛告須菩提尒所
國土中所有衆生若干種心如来悉知何以故
如来說諸心皆為非心是名為心所以者何
須菩提過去心不可得現在心不可得未来
心不可得
須菩提於意云何若有人滿三千大千世界
七寶以用布施是人以是因緣得福多不如

6

斯00588號　金剛般若波羅蜜經　（10-06）

須菩提於意云何若有人滿三千大千世界
七寶以用布施是人以是因緣得福多不如
是世尊此人以是因緣得福甚多須菩提若
福德有實如来不說得福德多以福德无故
如来說得福德多
須菩提於意云何佛可以具足色身見不不
也世尊如来不應以具足色身見何以故如来
說具足色身即非具足色身是名具足色身
須菩提於意云何如来可以具足諸相見不不
也世尊如来不應以具足諸相見何以故如
来說諸相具足即非具足是名諸相具足
須菩提汝勿謂如来作是念我當有所說法
莫作是念何以故若人言如来有所說法即
為謗佛不能解我所說故須菩提說法者无
法可說是名說法
須菩提白佛言世尊佛得阿耨多羅三藐三菩
提為无所得耶如是如是須菩提我於阿
耨多羅三藐三菩提乃至无有少法可得是
名阿耨多羅三藐三菩提復次須菩提是法
平等无有高下是名阿耨多羅三藐三菩提
以无我无人无衆生无壽者脩一切善法則
得阿耨多羅三藐三菩提須菩提所言善
法者如来說非善法是名善法須菩提若三千

7

斯00588號　金剛般若波羅蜜經　（10-07）

得阿耨多羅三藐三菩提須菩提所言善
法者如來說非善法是名善法須菩提若三千
大千世界中所有諸須弥山王如是等七寶聚有
人持用布施若人以此般若波羅蜜經乃至四句
偈等受持為他人說於前福德 百分不及一
百千万億分乃至筭數譬喻所不能及
須菩提於意云何汝等勿謂如來作是念我
當度眾生須菩提莫作是念何以故實 有
眾生如來度者若有眾生如來度者如來
則有我人眾生壽者須菩提如來說有我者
則非有我而凡夫之人以為有我須菩提凡
夫者如來說則非凡夫
須菩提於意云何可以三十二相觀如來 不
須菩提言如是如是以三十二相觀如來佛
言須菩提若以三十二相觀如來者轉輪聖
王則是如來須菩提白佛言世尊如我解佛
所說義不應以三十二相觀如來尒時世尊
而說偈言
若以色見我 以音聲求我 是人行邪道 不能見如來
須菩提汝若作是念如來不以具足相故得
阿耨多羅三藐三菩提須菩提莫作是念如
來不以具足相故得阿耨多羅三藐三菩提
須菩提汝若作是念發阿耨多羅三藐三菩

8

斯00588號　金剛般若波羅蜜經　（10–08）

來不以具足相故得阿耨多羅三藐三菩提
須菩提汝若作是念發阿耨多羅三藐三菩
提者說諸法斷滅莫作是念何以故發阿耨
多羅三藐三菩提者於法不說斷滅相須菩
提若菩薩以滿恒河沙等世界七寶持用布施若
復有人知一切法无我得成於忍此菩薩勝
前菩薩所得功德須菩提以諸菩薩不受福
德故須菩提白佛言世尊云何菩薩不受福
德須菩提菩薩所作福德不應貪著是故說
不受福德
須菩提若有人言如來若來若去若坐若臥
是人不解我所說義何以故如來者无所從
來亦无所去故名如來
須菩提若善男子善女人以三千大千世界
碎為微塵於意云何是微塵眾寧為多不
甚多世尊何以故若是微塵眾實有者佛
則不說是微塵眾所以者何佛說微塵眾
則非微塵眾是名微塵眾世尊如來所說三
千大千世界則非世界是名世界何以故若世界
實有則是一合相如來說一合相則非一合相
是名一合相須菩提一合相者則是不可說
但凡夫之人貪著其事
須菩提若人言佛說我見人見眾生見壽者

9

斯00588號　金剛般若波羅蜜經　（10–09）

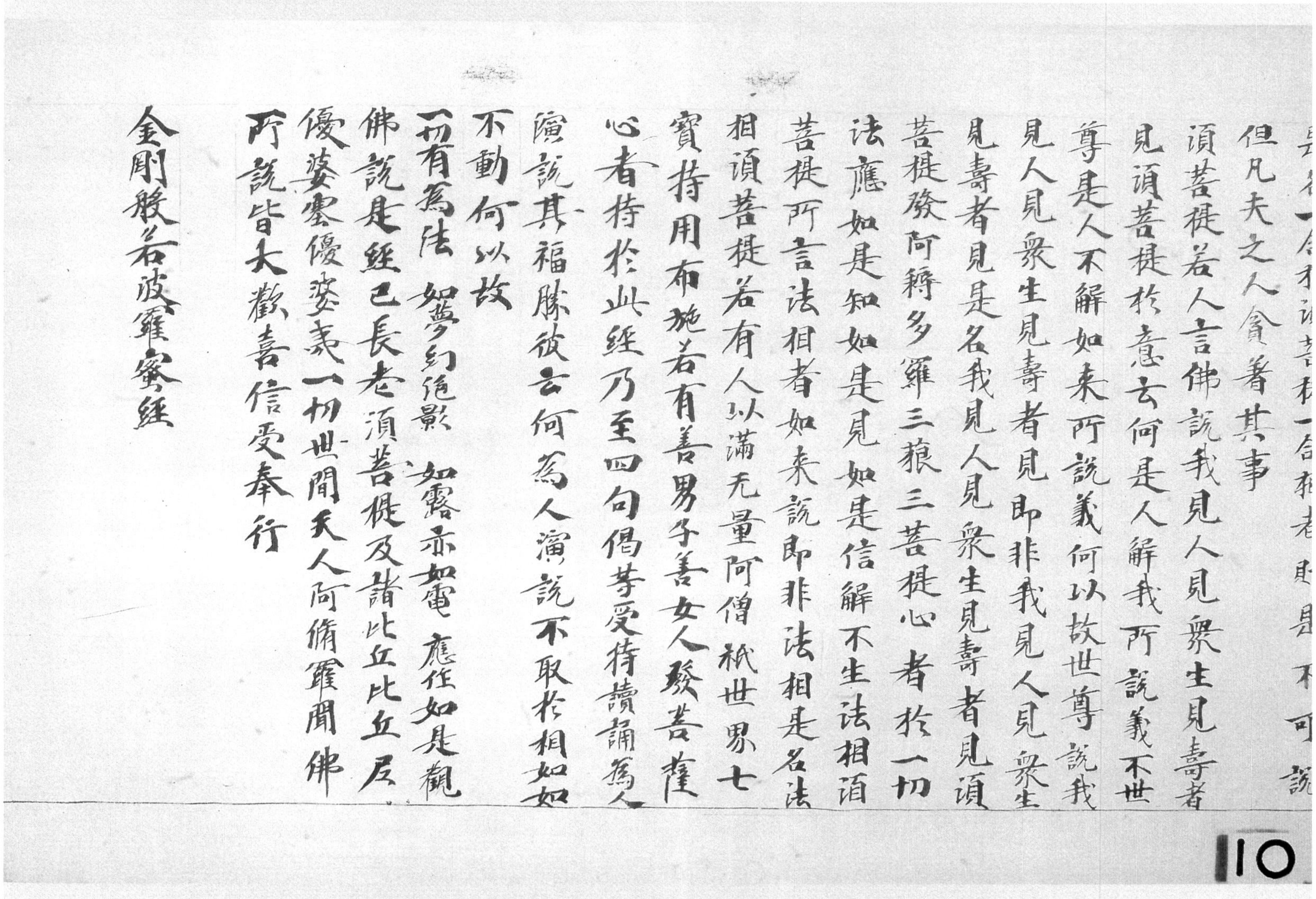

是名一合相須菩提一合相者即是不可說
但凡夫之人貪著其事
須菩提若人言佛說我見人見衆生見壽者
見須菩提於意云何是人解我所說義不世
尊是人不解如來所說義何以故世尊說我
見人見衆生見壽者見即非我見人見衆生
見壽者見是名我見人見衆生見壽者見須
菩提發阿耨多羅三藐三菩提心者於一切
法應如是知如是見如是信解不生法相須
菩提所言法相者如來說即非法相是名法
相須菩提若有人以滿无量阿僧祇世界七
寶持用布施若有善男子善女人發菩薩
心者持於此經乃至四句偈等受持讀誦為人
演說其福勝彼云何為人演說不取於相如如
不動何以故
一切有為法　如夢幻泡影　如露亦如電　應作如是觀
佛說是經已長老須菩提及諸比丘比丘尼
優婆塞優婆夷一切世間天人阿脩羅聞佛
所說皆大歡喜信受奉行
金剛般若波羅蜜經

斯00588號　金剛般若波羅蜜經　（10–10）

10X三
金剛般若波羅蜜經

斯00588號背　勘記　（01–01）

何以故若儒童清淨若无忘失法清淨若一
切智智清淨无二无二分无別无斷故儒童
清淨故恒住捨性清淨恒住捨性清淨故一
切智智清淨何以故若儒童清淨若恒住捨
性清淨若一切智智清淨无二无二分无別
无斷故善現儒童清淨故一切智清淨一切
智清淨故一切智智清淨何以故若儒童清淨
若一切智清淨若一切智智清淨无二无二分
无別无斷故儒童清淨故道相智一切相智
清淨道相智一切相智清淨故一切智智清淨
何以故若儒童清淨若道相智一切相智
清淨若一切智智清淨无二无二分无別无斷
故善現儒童清淨故一切陁羅尼門清淨一
切陁羅尼門清淨故一切智智清淨何以故若
儒童清淨若一切陁羅尼門清淨若一切智
智清淨无二无二分无別无斷故儒童清淨
故一切三摩地門清淨一切三摩地門清淨
故一切智智清淨何以故若儒童清淨若一切
三摩地門清淨若一切智智清淨无二无二
分无別无斷故
善現儒童清淨故預流果清淨預流果清

1

斯00589號　大般若波羅蜜多經卷一九九　(06–01)

分无別无斷故
善現儒童清淨故預流果清淨預流果清
淨故一切智智清淨何以故若儒童清淨若
預流果清淨若一切智智清淨无二无二分无
別无斷故儒童清淨故一來不還阿羅漢果
清淨一來不還阿羅漢果清淨故一切智
智清淨何以故若儒童清淨若一來不還阿
羅漢果清淨若一切智智清淨无二无二分
无別无斷故善現儒童清淨故獨覺菩
提清淨獨覺菩提清淨故一切智智清淨何以
故若儒童清淨若獨覺菩提清淨若一切智
智清淨无二无二分无別无斷故善現儒童
清淨故一切菩薩摩訶薩行清淨一切菩薩
摩訶薩行清淨故一切智智清淨何以故若
儒童清淨若一切菩薩摩訶薩行清淨若一
切智智清淨无二无二分无別无斷故善現儒
童清淨故諸佛无上正等菩提清淨諸佛无
上正等菩提清淨故一切智智清淨何以故
若儒童清淨若諸佛无上正等菩提清淨
若一切智智清淨无二无二分无別无斷故
復次善現作者清淨故色清淨色清淨故
切智智清淨何以故若作者清淨若色清淨

2

斯00589號　大般若波羅蜜多經卷一九九　(06–02)

若一切智智清淨无二无二分无別无斷故
復次善現作者清淨故色清淨色清淨故
一切智智清淨何以故若作者清淨若色清淨
若一切智智清淨无二无二分无別无斷故
作者清淨故受想行識清淨受想行識清淨
故一切智智清淨何以故若作者清淨若受想
行識清淨若一切智智清淨无二无二分无別
无斷故善現作者清淨故眼處清淨眼處
清淨故一切智智清淨何以故若作者清淨
若眼處清淨若一切智智清淨无二无二分
无別无斷故作者清淨故耳鼻舌身意處
清淨耳鼻身意處清淨故一切智智清淨
何以故若作者清淨若耳鼻舌身意處清淨
若一切智智清淨无二无二分无別无斷故
善現作者清淨故色處清淨色處清淨故
一切智智清淨何以故若作者清淨若色處清
淨若一切智智清淨无二无二分无別无斷
故作者清淨聲香味觸法處清淨聲香味
觸法處清淨故一切智智清淨何以故若作者
清淨若聲香味觸法處清淨若一切智智清
淨无二无二分无別无斷故善現作者清
淨故眼界清淨眼界清淨故一切智智清淨

淨无二无二分无別无斷故善現作者清
淨故眼界清淨眼界清淨故一切智智清淨何
以故若作者清淨若眼界清淨若一切智智
清淨无二无二分无別无斷故作者清淨故色
界眼識界及眼觸眼觸為緣所生諸受清淨
色界乃至眼觸為緣所生諸受清淨故一切
智智清淨何以故若作者清淨若色界乃
至眼觸為緣所生諸受清淨若一切智智清
淨无二无二分无別无斷故善現作者清淨
故耳界清淨耳界清淨故一切智智清淨何
以故若作者清淨若耳界清淨若一切智智清
淨无二无二分无別无斷故作者清淨故聲
界耳識界及耳觸耳觸為緣所生諸受清淨
聲界乃至耳觸為緣所生諸受清淨故一切
智智清淨何以故若作者清淨若聲界乃至耳
觸為緣所生諸受清淨若一切智智清淨无二
无二分无別无斷故善現作者清淨故鼻界
清淨鼻界清淨故一切智智清淨何以故若
作者清淨若鼻界清淨若一切智智清淨无
二无二分无別无斷故作者清淨故香界鼻
識界及鼻觸鼻觸為緣所生諸受清淨香界
乃至鼻觸為緣所生諸受清淨故一切智智清

識界及鼻觸鼻觸為緣所生諸受清淨香界
乃至鼻觸為緣所生諸受清淨故一切智智清
淨何以故若作者清淨若香界乃至鼻觸
為緣所生諸受清淨若一切智智清淨无二
无二分无別无斷故善現作者清淨故舌界
清淨舌界清淨故一切智智清淨何以故若
作者清淨若舌界清淨若一切智智清淨无
二无分无別无斷故作者清淨故味界舌
識界及舌觸舌觸為緣所生諸受清淨味界
乃至舌觸為緣所生諸受清淨故一切智智
清淨何以故若作者清淨若味界乃至舌觸
為緣所生諸受清淨若一切智智清淨无二
无二分无別无斷故善現作者清淨故身
界清淨身界清淨故一切智智清淨何以故若
作者清淨若身界清淨若一切智智清淨无
二无二分无別无斷故作者清淨故觸界身
識界及身觸身觸為緣所生諸受清淨觸
界乃至身觸為緣所生諸受清淨故一切
智智清淨何以故若作者清淨若觸界乃
至身觸為緣所生諸受清淨若一切智智清
淨无二无二分无別无斷故善現作者清淨
故意界清淨意界故一切智智清淨何

5

斯00589號　大般若波羅蜜多經卷一九九　(06–05)

淨无二无二分无別无斷故善現作者清淨
故意界清淨意界故一切智智清淨何
以故若作者清淨若意界清淨若一切智智
清淨无二无二分无別无斷故作者清淨故法
界意識界及意觸意觸為緣所生諸受清
淨法界乃至意觸為緣所生諸受清淨故一
切智智清淨何以故若作者清淨若法界乃
至意觸為緣所生諸受清淨若一切智智清
淨无二无二分无別无斷故善現作者清
淨故地界清淨地界清淨故一切智智清
淨何以故若作者清淨若地界清若一切
智智清淨无二无二分无別无斷故作者清
淨故水火風空識界清淨水火風空識界清
淨故一切智智清淨何以故若作者清淨若

6

斯00589號　大般若波羅蜜多經卷一九九　(06–06)

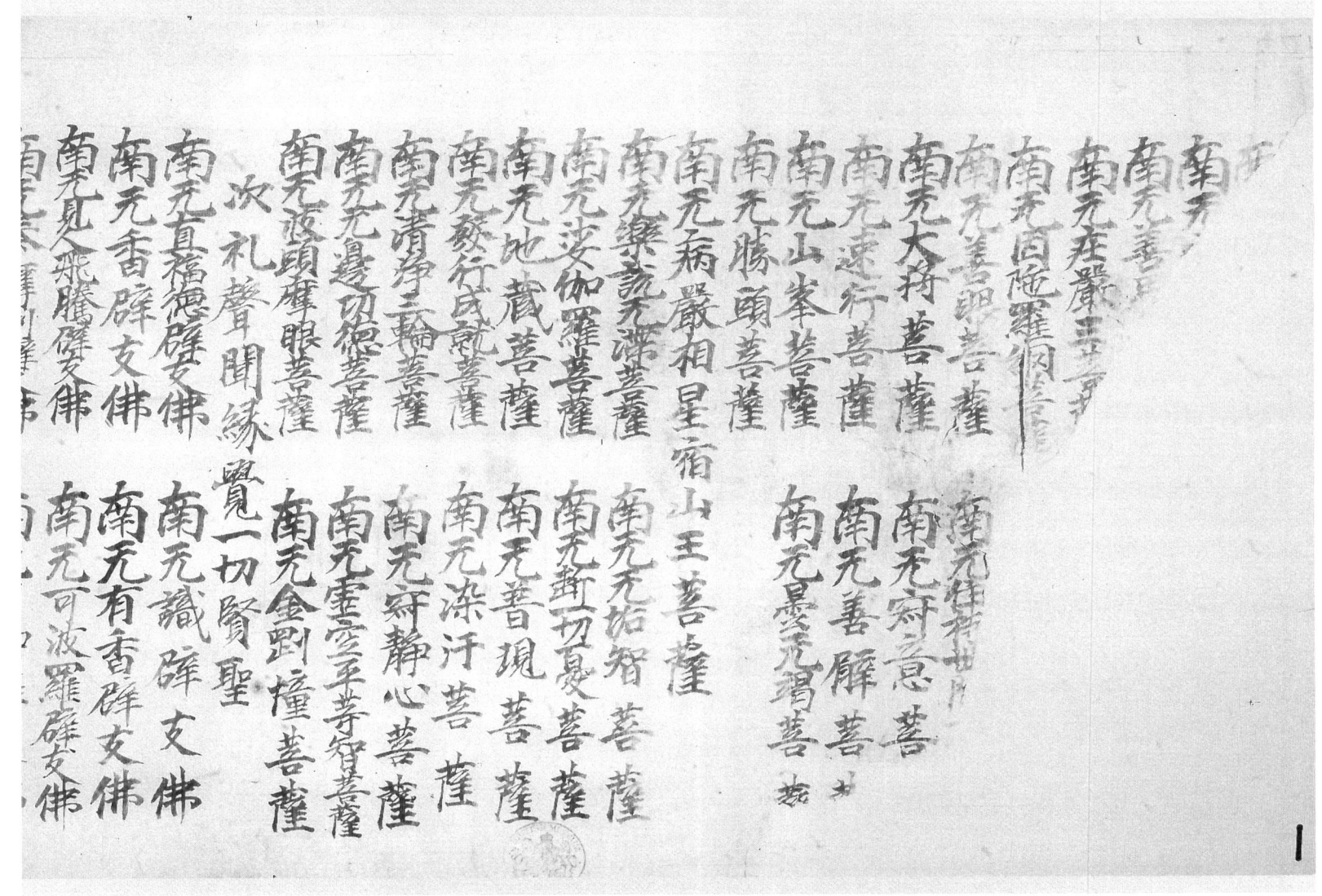
S.589
破無頭尾經
1.V.

斯00589號背　勘記　（01–01）

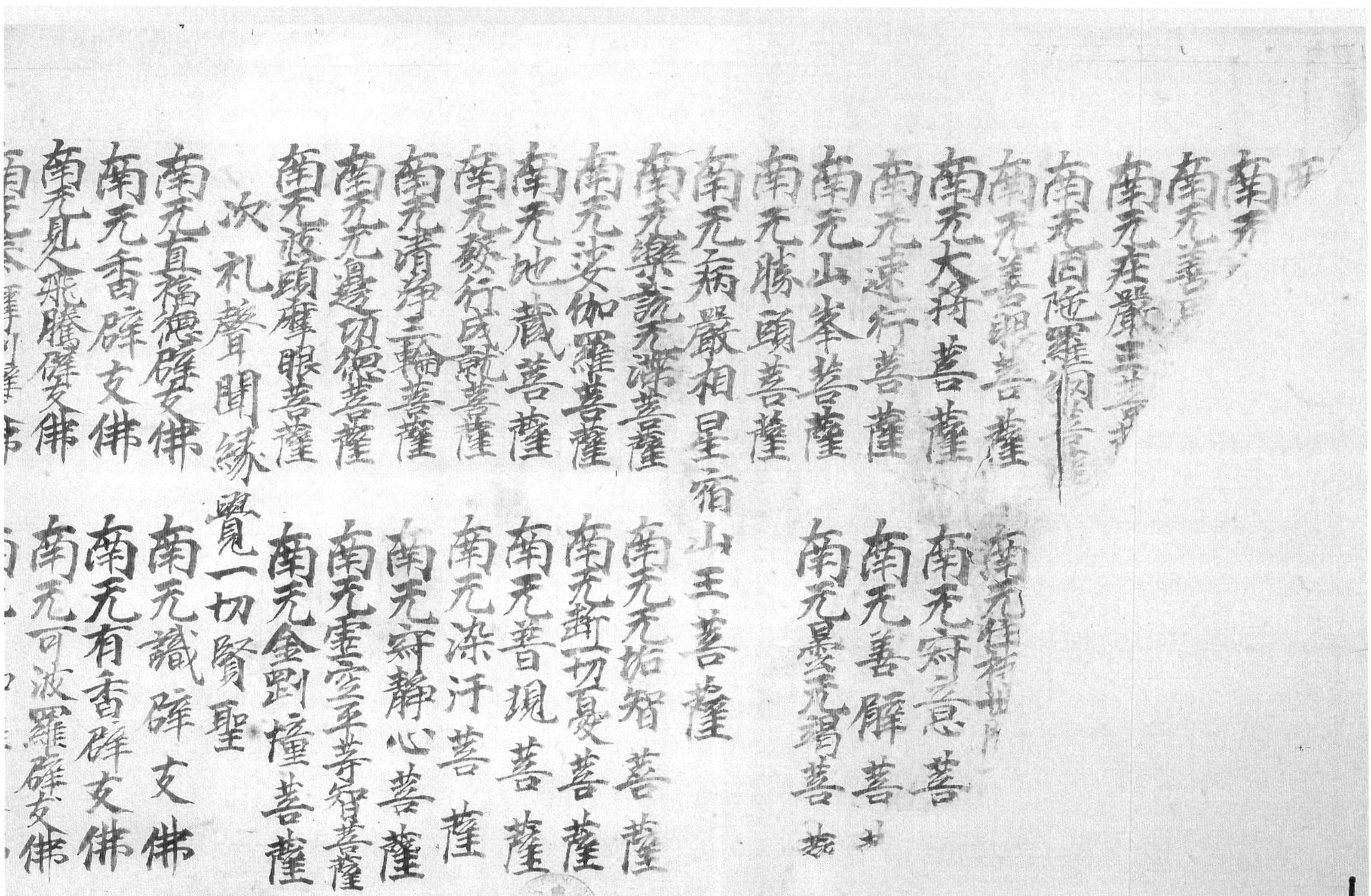
南无
南无善
南无莊嚴王菩薩
南无因陁羅網菩薩　南无淨相世
南无善眼菩薩　南无寂意菩
南无大将菩薩　南无善解菩
南无速行菩薩　南无曇无竭菩薩
南无山峯菩薩
南无勝頭菩薩
南无稱嚴相星宿山王菩薩
南无樂說无滯菩薩　南无无垢智菩薩
南无娑伽羅菩薩　南无斷一切憂菩薩
南无地藏菩薩　南无普現菩薩
南无發行成就菩薩　南无染汙菩薩
南无清淨三輪菩薩　南无寂靜心菩薩
南无无邊功德菩薩　南无虛空平等智菩薩
南无夜頭摩眼菩薩　南无金剛幢菩薩
次礼聲聞緣覺一切賢聖
南无直福德辟支佛　南无識辟支佛
南无香辟支佛　南无有香辟支佛
南无見飛騰辟支佛　南无可波羅辟支佛
南无　辟支佛　南
1

斯00590號　佛名經(十六卷本)卷七　（24–01）

南无香辟支佛　南无有香辟支佛
南无見人飛騰辟支佛　南无可波羅辟支佛
南无秦摩利辟支佛　南无月淨辟支佛
南无善智辟支佛　南无脩陁羅辟支佛
礼三寶已次復懺悔
已懺三塗等報今當復次稽顙懺悔人
天餘報相與六稟此閻浮壽命雖曰百年
滿者无幾於其中間盛年夭枉其數无量
但有衆苦煎迫形心愁憂恐怯未曾暫息
雖如此皆是善根微弱惡業滋多致使現
在心有所爲皆不稱意當知悉是過去已來
惡業餘報是故弟子今日至誠歸依佛
南无東方蓮華上佛　南无南方調伏佛
南无西方无量明佛　南无北方勝諸根佛
南无東南方蓮華喜佛　南无西南方无量華佛
南无西北方自在智佛　南无東北方无垢蓮華德佛
南无下方別佛　南无上方伏怨智佛
如是十方盡虛空界一切三寶
弟子等无始以來至於今日所有現在及以
未來人天之中无量餘報流殃宿對隆殘
百疾六根不具罪報懺悔人間邊地耶見三
惡八難罪報懺悔人間多病消瘦促命夭枉
罪報懺悔人間六親眷屬不能得常相保

斯00590號　佛名經（十六卷本）卷七　（24–02）

百疾六根不具罪報懺悔人間邊地耶見三
惡八難罪報懺悔人間多病消瘦促命夭枉
罪報懺悔人間六親眷屬不能得常相保
守罪報懺悔人間親友眼喪愛別離苦罪
報懺悔人間怨家聚會愁憂怖畏罪報懺
悔人間水火盜賊刀兵危險驚恐怯弱罪
報懺悔人間孤獨困苦流離波迸亡失國土
罪報懺悔人間牢獄繫閉幽執側立鞭撻
拷楚罪報懺悔人間公私口舌便相羅染
更相誣謗罪報懺悔人間惡病連年累月
不差枕卧床席不能起罪報懺悔人間冬
溫夏疫厲傷寒罪報懺悔人間賊風腫
滿否塞罪報懺悔人間為諸惡神祠求其便欲
作禍祟罪報懺悔人間有鳥鳴百怪飛屍
邪鬼在作妖異　懺悔人間為虎豹豺
狼水陸一切諸惡禽獸所傷罪報懺悔人
間自經自刺自煞罪報懺悔人間投坑赴火
自沉自墜罪報懺悔人間无有威德名聞罪
報懺悔人間衣服資生不稱心罪報懺悔
人間行來出入有所云為值惡知識為作留
難罪報如是現在未來人天之中无量禍
橫災疫厄難衰惱罪報弟子今日向十方
佛尊法聖僧求哀懺悔

斯00590號　佛名經（十六卷本）卷七　（24–03）

[illegible]
難罪報如是現在未來人天之中无量禍
橫災疫厄難亖報惱罪報弟子今日向十方
佛尊法聖僧求哀懺悔
南无方差別佛　南无智无明佛
南无幢意佛　南无重空然燈佛
南无无病勝佛　南无照佛
南无明佛　南无福德光勝佛
南无冥勝佛　南无大悲雲勝佛
南无一切光明意佛　南无現一切衆生色佛
南无過勝佛　南无脩光明佛
南无曇无碍佛　南无風疾行勝佛
南无清淨幢佛　南无妙蓋勝佛
南无三世鏡像勝佛　南无敬像堅佛
南无鏡像勝佛　南无金剛勝佛
南无身堅莊嚴須弥勝佛
從此以上六千佛十二部經一切賢聖
南无念憶王佛　南无身法慧佛
南无智慧然燈光明勝佛
南无廣智勝佛　南无法行世智意佛
南无法印意智勝佛　南无法海意智勝佛
南无法財佛　南无寶財佛
南无福德一切德佛　南无轉法輪勝佛
南无□雲佛　南□□□□燈佛

斯00590號　佛名經(十六卷本)卷七　(24–04)

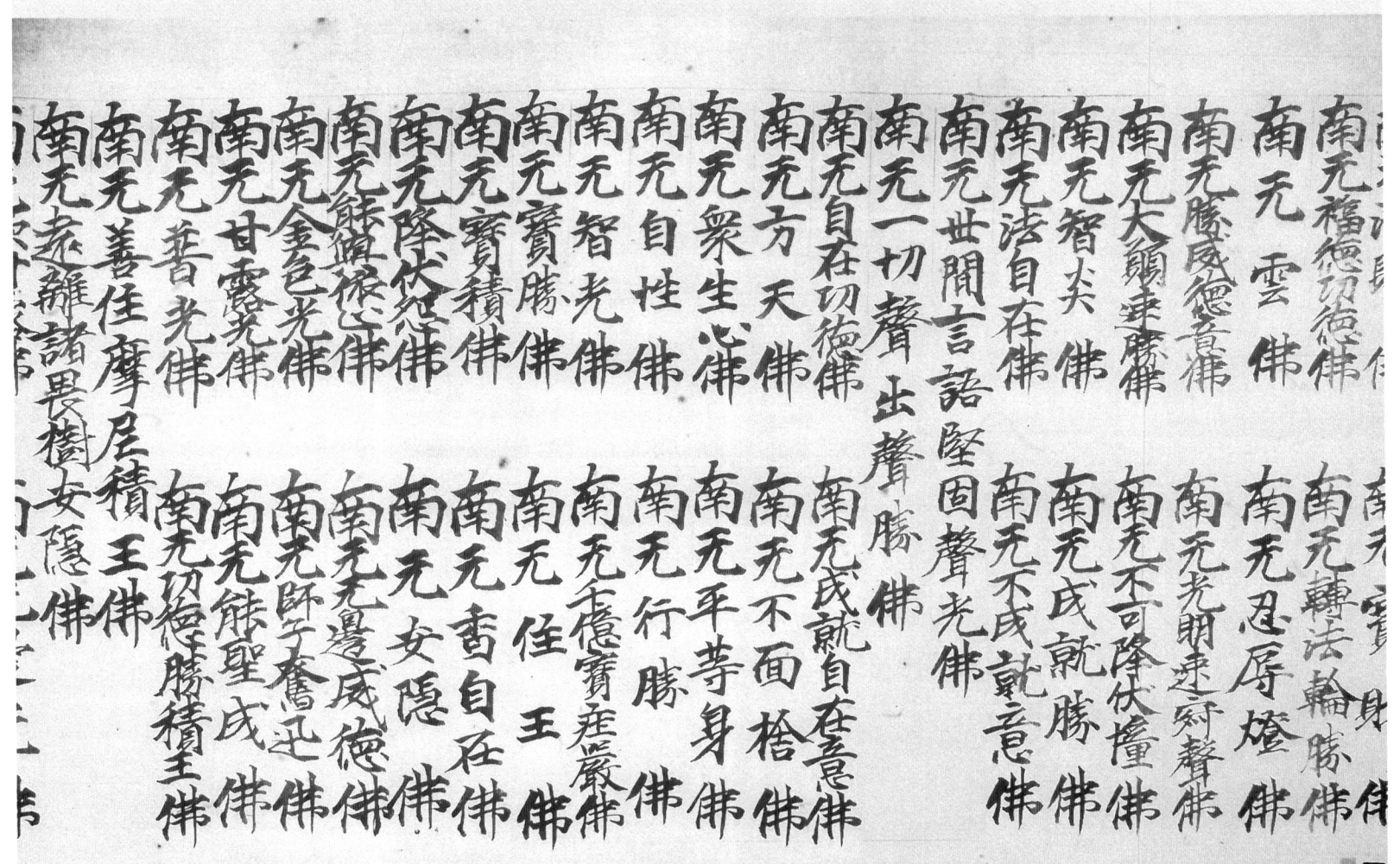

[illegible]
南无福德一切德佛　南无轉法輪勝佛
南无雲佛　南无忍辱燈佛
南无勝威德意佛　南无光明速疾聲佛
南无大願乘勝佛　南无不可降伏幢佛
南无智炎佛　南无成就勝佛
南无法自在佛　南无不成就意佛
南无世間言語堅固聲光佛
南无一切聲出聲勝佛
南无自在一切德佛　南无成就自在意佛
南无方天佛　南无不面捨佛
南无衆生心佛　南无平等身佛
南无自性佛　南无行勝佛
南无智光佛　南无千億寶莊嚴佛
南无寶勝佛　南无住王佛
南无寶積佛　南无香自在佛
南无降伏怨佛　南无安隱佛
南无能攝依止佛　南无无邊威德佛
南无金色光佛　南无師子奮迅佛
南无甘露光佛　南无能聖成佛
南无普光佛　南无一切德勝積王佛
南无善住摩尼積王佛
南无遠離諸畏樹安隱佛
[illegible]

斯00590號　佛名經(十六卷本)卷七　(24–05)

南无善光佛　南无一切德勝積王佛
南无善住摩尼積王佛
南无遠離諸畏樹安隱佛
南无飲甘露佛　南无无邊光佛
南无寶高佛　南无无邊莊嚴王佛
南无離怨佛　南无金色光佛
南无寶住佛　南无无盡勝佛
南无師子聲王佛　南无寶幢佛
南无善心佛　南无高住佛
南无華王佛　南无智住佛
南无海智佛　南无歡喜佛
南无樂莊嚴佛　南无離闇佛
南无堅戒佛　南无見細佛
南无无畏德佛　南无空上佛
南无寶語佛　南无稱上佛
南无釋智佛　南无不行威德佛
南无人華佛　南无遠離諸畏佛
南无能與无畏佛　南无金華佛
南无无畏住佛　南无不空見佛
南无寶華佛　南无六十寶住佛
南无寶積佛　南无金華佛
南无降伏王佛　南无金光佛
南无見義佛　南无大釋佛

6

斯00590號　佛名經(十六卷本)卷七　(24–06)

南无寶積佛　南无金華佛
南无降伏王佛　南无金光佛
南无見義佛　南无大釋佛
南无妙无畏佛　南无大慈佛
南无不可降伏王佛　南无難勝佛
南无上首佛　南无法上佛
南无勝一切佛　南无高行佛
南无高勝佛　南无勝聖佛
從此以上六千一百佛十二部經一切賢聖
南无星宿佛　南无識佛
南无高佛　南无聞名佛
南无大悲說佛　南无无量壽佛
南无无邊善光明勝佛　南无山積光明勝佛
南无无垢力三昧奮迅勝佛
南无一切德王光明佛
南无大衆佛　南无須彌劫佛
南无堅自在王佛　南无梵吼聲佛
南无彌樓髮佛　南无善眼佛
南无成就聚佛　南无離畏奮迅佛
南无无身眼佛　南无寶幢佛
南无釋迦牟尼佛　南无一切德勝藏佛
南无難勝佛　南无樂說莊嚴佛
南无勝藏積吼王佛

7

斯00590號　佛名經(十六卷本)卷七　(24–07)

南无難勝佛　南无樂說莊嚴佛
南无勝藏積吼王佛
南无无邊功德寶莊嚴威德王劫佛
南无功德寶勝威德王劫佛
南无樂說一切法莊嚴勝佛
南无无邊樂說相佛　南无千雲吼聲王佛
南无金上光明勝佛
南无種種威德王光明勝佛
南无覺佛
南无清淨金虛空吼嚴光明佛
南无一切法行威德奮迅光明佛
南无東方无邊功德寶福德莊嚴廣世
界无垢清淨光明菩提分俱蘇摩不斷
絶光明莊嚴光佛
南无南方樂說佛世界无邊功德寶樂說佛
南无西方光明世界普佛
南无北方一切寶種種莊嚴世界无邊
寶功德自在佛
南无東南方无憂世界離一切憂闇佛
南无西南方善可見世界大悲觀一切衆生佛
南无東北方佳清淨无垢世界虛空无垢佛
南无西北方遠離闇世界光明莊嚴王佛
南无下方盧舍那光明世界寶憂波羅勝佛

斯00590號　佛名經(十六卷本)卷七　(24–08)

南无東北方佳清淨无垢世界虛空无垢佛
南无西北方遠離闇世界光明莊嚴王佛
南无下方盧舍那光明世界寶憂波羅勝佛
南无上方莊嚴世界稱名聲佛
南无无垢劫无垢世界无垢光如来初成佛
彼世界塵沙諸佛出世
南无无垢奮世界名成就善就劫勝讓如
来初成佛彼世界塵沙諸佛出世
南无東方阿閦佛　南无大不迷佛
南无香王佛　南无香上佛
南无南方寶佛　南无寶住佛
南无寶成佛　南无寶藏佛
南无寶月佛　南无金剛堅佛
南无金剛仙佛　南无金剛幢佛
南无東方大彌留佛　南无彌留山佛
南无彌留王佛　南无彌留幢佛
南无彌留積佛　南无善彌留王佛
南无日藏佛　南无前後上佛
南无淨王佛　南无難中幢王佛
南无大難中佛　南无西方阿彌陀佛
南无阿彌幢佛　南无阿彌陀聲佛
南无阿彌稱佛　南无阿彌陀吼佛

斯00590號　佛名經(十六卷本)卷七　(24–09)

南无阿弥幢佛 南无阿弥陁聲佛
南无阿弥稱佛 南无阿弥陁吼佛
南无阿弥稱佛 南无阿弥陁勝上佛
南无阿弥陁師子佛 南无阿弥陁住持佛
南无阿弥陁勝佛 南无西南方日藏佛
南无日光勝佛 南无无憂佛
南无離一切畏佛 南无佛智清淨業佛
南无盡住佛 南无華佛
南无大華佛 南无華王佛
南无華聲佛 南无盧舍那佛
南无妙鼓聲佛 南无妙鼓王佛
南无妙吼聲佛 南无離諸畏佛
南无无畏佛 南无无畏憂佛
南无日香光明佛 南无募陁香佛
南无幢蓋佛 南无西北方上前積佛
從此以上六千二百佛十二部經一切賢聖
南无山勝積佛 南无勝積佛
南无日上佛 南无清淨王佛
南无淨勝佛 南无日面佛
南无智幢王佛 南无光明佛
南无光明王佛 南无光明光佛
南无上方師子佛 南无師子王佛
南无師子上王佛 南无師子積佛

10

南无上方師子佛 南无師子王佛
南无師子上王佛 南无師子積佛
南无師子仙佛 南无仙王佛
南无仙佛 南无仙光佛
南无仙捨敬佛 南无仙仙覺佛
南无大燈佛 南无然燈王佛
南无樂說山佛 南无燈辟喻佛
南无對治仙佛 南无覺諍佛
南无對治佛 南无對恨佛
南无對治山佛 南无愛然燈佛
南无依山佛 南无東方阿閦佛
南无弥留幢佛 南无大弥留佛
南无弥留光佛 南无真聲佛
南无南方月燈佛 南无大大聚佛
南无稱光佛 南无弥留燈佛
南无无邊精進佛 南无西方阿弥陁佛
南无阿弥陁幢佛 南无阿弥陁高佛
南无大大光明佛 南无大照佛
南无寶幢佛 南无香聚佛
南无上方大光大聚佛 南无大聲佛
南无難勝佛 南无日成就佛
南无羅網光佛 南无下方師子佛

11

南无羅網光佛　　南无下方師子佛
南无彌佛　　南无威德佛
南无法佛　　南无法幢佛
南无法住持佛　　南无東方梵聲佛
南无星宿王佛　　南无香香佛
南无香光佛　　南无大炎聚佛
南无寶種種華敷身佛　　南无堅王佛
南无寶蓮華勝佛　　南无見一切義佛
南无須弥劫佛　　南无聲吼佛
南无智自在佛　　南无威德自在佛
南无莎羅自在佛　　南无智勇猛佛
南无光自在佛　　南无堅自在王佛
南无聲德佛　　南无堅奮迅顯佛
南无須弥燈佛　　南无香山佛
南无不可動佛　　南无藥王佛
南无尋光佛　　南无大炎香佛
南无勝藏佛　　南无无心光明佛
南无毗留離佛　　南无蓮華佛
南无喜聚佛　　南无栴檀佛
南无月光佛　　南无驚怖幢佛
南无火循行佛　　南无波頭摩生佛
南无月勝佛　　南无莎羅集佛
南无[illegible]羅[illegible]佛　　南无[illegible]幢佛

斯00590號　佛名經（十六卷本）卷七　（24–12）

南无火循行佛　　南无波頭摩生佛
南无月勝佛　　南无莎羅集佛
南无大莎羅集佛　　南无幢佛
南无淨命佛　　南无金臺佛
從此以上六千三百佛十二部經一切賢聖
南无愛見佛　　南无金色色佛
南无須摩那光佛　　南无妙蓮華劫億
那由他百千万佛同名一切菩提華佛
南无七百同名光莊嚴佛
南无三百同名大幢佛
南无善發勝佛
南无日輪光明佛　　南无普蓋佛
南无三昧奮迅佛　　南无寶華勝佛
南无无邊[illegible]佛　　南无善香香王佛
南无善擇敵佛　　南无須弥劫佛
南无切德王光明佛　　南无普至光佛
南无金剛佛　　南无尼弥佛
南无不可盡世界一色佛
南无袈裟幢世界山自在王佛
南无堅幢世界智山王佛
南无一切香舉世界勝華藏佛
南无金剛摩尼世界金剛藏光明勝佛
南无智成就世界智幢佛
南[illegible]

斯00590號　佛名經（十六卷本）卷七　（24–13）

南无金剛摩尼世界金剛藏光明勝佛
南无智成就世界智幢佛
南无意味世界普眼佛
南无波頭摩首世界佛勝佛
南无鏡輪世界金剛幢佛
南无光明清淨力世界白藏佛
南无安樂世界最力佛
南无阿閦佛　南无寶幢佛
南无无量光佛　南无妙聲佛
南无寶俱蘇摩切德海瑠璃歌那加山真金光明勝佛
南无釋迦牟尼佛　南无寶炎佛
次礼十二部尊經大藏法輪
南无明月童子三昧經　南无櫟狗經
南无大本行經　南无迦葉戒經
南无阿含口解經　南无迦絺偈經
南无迦葉本經　南无般若道行經
南无興顯經　南无多三昧經
南无人所從来如幻經
南无阿須輪子婆羅門經
南无殖衆德本經　南无阿惟越致遮經

斯00590號　佛名經(十六卷本)卷七　(24–14)

南无人所從来如幻經
南无阿須輪子婆羅門經
南无殖衆德本經　南无阿惟越致遮經
南无進學經　南无菩薩法齊經
南无悲心邑經　南无菩薩道地經
南无阿毗曇七經
南无凡人三事愚癡不足經
南无惟羅菩薩經　南无五十校計經
南无為身无反復經　南无惟留經
南无五陰事經　南无雜阿含丹章經
南无慧經　南无五母子經
南无發意忘沒疑經　南无慧上菩薩經
次礼十方諸大菩薩
南无波頭摩華嚴菩薩　南无寶莊嚴菩薩
南无寶路菩薩　南无切德王慧菩薩
南无莊嚴王菩薩　南无斷諸嚴王菩薩
南无深聲菩薩
南无妙鼓聲菩薩　南无尼民陀羅菩薩
南无大自在菩薩　南无諸切德身菩薩
南无光明意菩薩　南无善見菩薩
南无不取諸法菩薩　南无轉女根菩薩
南无思惟大悲菩薩　南无寶蓋山菩薩
南无雲山吼聲菩薩　南无羅網莊嚴菩薩

斯00590號　佛名經(十六卷本)卷七　(24–15)

南无思惟大悲菩薩　南无寶蓋山菩薩
南无雲山吼聲菩薩　南无羅網莊嚴菩薩
南无寶藏菩薩　南无法難見菩薩
次礼聲緣覺一切賢聖
南无善法辟支佛　南无應求辟支佛
南无歸求辟支佛　南无大勢辟支佛
南无脩行不著辟支佛　南无難捨辟支佛
南无歡喜辟支佛　南无喜辟支佛
南无隨喜辟支佛
南无十二婆羅墮辟支佛
從此以上六千四百佛十二部經一切賢聖
礼三寶已次復懺悔
夫欲礼懺必須先敬三寶所以然者三
寶即是一切衆生良友福田若能歸向
者則滅无量罪長无量福能令行者離
生死苦得解脫樂是故弟子某甲等歸
依十方盡虛空界一切諸佛歸依一方盡
虛空界一切尊法歸依十方盡虛空界一切
聖僧弟子今日所以懺悔者正言无始以來在凡
夫地不問貴賤罪自无量或因三業而生罪
或從六根而起過或以內心自耶思惟或藉
外境起於染著如是乃至十惡長八万四千

斯00590號　佛名經(十六卷本)卷七　(24–16)

外境起於染著如是乃至十惡長八万四千
諸塵勞門然其罪相雖復无量大而為語本
出有三何等為三一者煩惱二者是業三者
是果報此三種法能障聖道及以人天勝妙
好事是故經中目為三障所以諸佛菩薩
教作方便懺悔除滅此三滅者則六根十惡
乃至八万四千諸塵勞門皆悉清淨是故
弟子今日運此增上勝心懺悔三障欲滅
此三罪者當用何等心可令此罪滅先當
興七種心以為方便然後此罪乃可得滅
何等為七一者慙愧二者恐怖三者厭離
四者發菩提心五者怨親平等六者念
報佛恩七者觀罪性空　第一慚愧
者自惟我與釋迦如來同為凡夫而今世
尊成道以來已經尒所塵沙劫數而我
等相與耽染六塵流浪生死永无出期
此實天下可慙可愧可羞可恥
第二恐怖者既是凡夫身口意業常與
罪相應以是因緣命終之後應墮地獄畜
生餓鬼受无量苦如此實為可驚可恐
可怖可懼　第三厭離者相與常觀
生死之中唯有无常苦空无我不淨虛

斯00590號　佛名經(十六卷本)卷七　(24–17)

生餓鬼受无量苦如此實為可羞可恥
可怖可懼　第三厭離者相與當觀
生死之中唯有无常苦空无我不淨虛
假如水上泡速起速滅往來流轉猶若
車輪生老病死八苦交煎无時暫息衆
等相與但觀自身從頭至足其中但有卅
六物髮毛爪齒眵淚涕唾生熟二藏大
腸小腸脾腎心肺肝膽脾胃肪膏腦
膜筋脉骨髓大小便利九孔常流是故
經言此身苦所集一切皆不淨何有智慧
者而當樂此身生死既有如此種種惡法
甚可患厭　第四發菩提心者經言當
樂佛身佛身者即法身也從无量功德
智慧生從六波羅蜜生從慈悲喜捨生
從三十七助菩提法生從如是等種種功
德智慧生如來身欲得此身者當發菩
提心求一切種智常樂我淨薩婆若果
淨佛國土成就衆生於身命財无所悋
惜　第五怨親平等者於一切衆生起慈悲
心无彼我相何以故尒若見怨異親即
是分別以分別故起諸相著因緣生諸煩
惱煩惱因緣造諸惡業惡業因緣故得苦果
第六念報佛恩者如來往昔无量劫中捨

18

斯00590號　佛名經(十六卷本)卷七　(24–18)

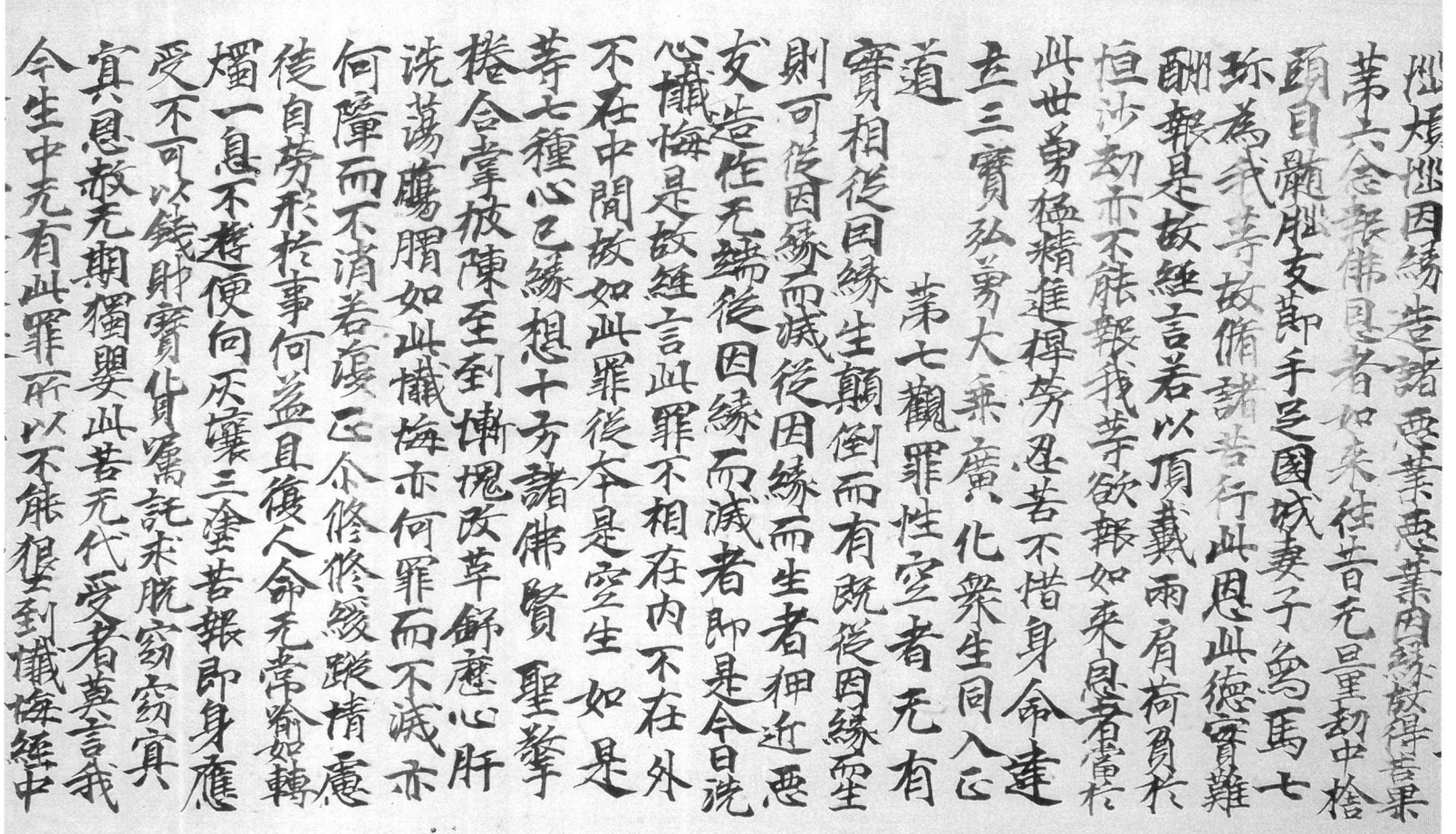

惱煩惱因緣造諸惡業惡業因緣故得苦果
第六念報佛恩者如來往昔无量劫中捨
頭目髓腦支節手足國城妻子象馬七
珎為我等故脩諸苦行此恩此德實難
酬報是故經言若以頂戴兩肩荷負於
恒沙劫亦不能報我等欲報如來恩者當於
此世勇猛精進捍勞忍苦不惜身命建
立三寶弘勇大乘廣化衆生同入正
道　第七觀罪性空者无有
實相從因緣生顛倒而有既從因緣空
則可從因緣而滅從因緣而生者狎近惡
友造作无端從因緣而滅者即是今日洗
心懺悔是故經言此罪不相在內不在外
不在中間故知此罪從本是空生如是
等七種心已緣想十方諸佛賢聖拳
捲合掌披陳至到慚愧改革舒歷心肝
洗蕩腸胃如此懺悔亦何罪而不滅亦
何障而不消若復悠悠緩縱情慮
徒自勞於事何益且復人命无常喻如轉
燭一息不遠便向灰壤三塗苦報即身應
受不可以錢財寶貨囑託求脫窈窈冥
冥息報无期獨嬰此苦无代受者莫言我
今生中无有此罪所以不能很到懺悔經中

19

斯00590號　佛名經(十六卷本)卷七　(24–19)

寘息无期獨嬰此苦无代受者莫言我
今生中无有此罪所以不能猥到懺悔經中
道言凡夫之人舉足動步无非是罪又復過
去生中皆悉成就无量惡業追逐行者如
影隨形若不懺悔罪惡日滋故包藏瑕疵
佛教不許說悔先罪淨名所尚故知長淪
苦海寔由隱覆是故弟子今日發露懺
悔不敢覆藏所言三障者一日煩惱二名爲
業三是果報此三種法更相由藉因煩惱故
以起惡業因惡業故故得苦果是故弟
子今日至心第一先應懺悔煩惱障又
此煩惱諸佛菩薩入理聖人種種呵責
亦說此煩惱以爲怨家何以故能斷衆生
慧命根故亦說此煩惱以之爲賊能劫衆
生諸善法故說此煩惱以爲瀑河能漂
衆生入於生死大苦海故亦因此煩惱以
爲羈鎖能繫衆生於生死獄不能得出
故所以六道牽連四生不絕惡業无窮苦
果不息當知皆是煩惱過患是故弟子
今日運此增上善心歸依佛
南无東方善德佛　南无南方寶相佛
南无西方普光佛　南无北方相德佛
南无東南方紺明佛　南无西南方上智佛

20

斯00590號　佛名經(十六卷本)卷七　(24-20)

南无東方善德佛　南无南方寶相佛
南无西方普光佛　南无北方相德佛
南无東南方紺明佛　南无西南方上智佛
南无西北方華德佛　南无東北方明智佛
南无下方明德佛　南无上方香積佛
如是十方盡虛空界一切三寶
弟子從无始以來至于今日或在人天六
道受報有此心識常懷愚惑繁滿胸衿
或因三毒根造一切罪或因三漏造一切
罪或因三覺造一切罪或因三受造一
切罪或因三苦造一切罪或緣三假造
一切罪或貪三有造一切罪如是等罪
无量无邊惱亂一切六道四生今日慚愧皆
悉懺悔　又復弟子无始以來至於今日或
因四識住造一切罪或因四流造一切罪或
因四取造一切罪或因四執造一切罪或因
四緣造一切罪或因四大造一切罪或因四
縛造一切罪或因四食造一切罪或因四生
造一切罪如是等罪无量无邊惱亂六
道一切衆生今日慚愧皆悉懺悔
又復弟子无始以來至於今日或因五住
地煩惱造一切罪或因五受根造一切罪
或因五蓋造一切罪或因五慳造一切罪

21

斯00590號　佛名經(十六卷本)卷七　(24-21)

又復弟子无始以来至於今日或因五住
地煩惱造一切罪或因五受根造一切罪
或因五蓋造一切罪或因五慳造一切罪
或因五見造一切罪或因五心造一切罪
如是等煩惱无量无邊惱亂六道一切
四生今日發露悉皆懺悔
无始以来至于今日或因六情根造一切
罪或因六識造一切罪或因六想造一切
罪或因六受造一切罪或因六行造一切
罪或因六愛造一切罪或因六疑造一切罪
如是等煩惱无量无邊惱亂六道一切四
生今日慚愧發露皆悉懺悔
又復弟子无始以来至於今日或因七漏
造一切罪或因七使造一切罪或因八到造一切罪
或因八垢造一切罪或因八苦造一切罪惱
亂六道一切四生今日發露皆悉懺悔
又復无始以来至于今日或因九惱造一
切罪或因九結造一切罪或因九上緣造一
切罪或因十煩惱造一切罪或因十纏造
一切罪或因十一遍使一切罪或因十二入
造一切罪或因十六知見造一切罪或因
十八界造一切罪或因廿五我造一切罪或
因六十二見造一切罪或因見諦思惟九十八

斯00590號　佛名經(十六卷本)卷七　(24–22)

一切罪或因十一遍使一切罪或因十二入
造一切罪或因十六知見造一切罪或因
十八界造一切罪或因廿五我造一切罪或
因六十二見造一切罪或因見諦思惟九十八
使百八煩惱晝夜熾然開諸漏門造一切
罪惱亂賢聖及以四生遍滿三界彌亘六
道无處可藏无處可避今日至到向十方
佛尊法聖衆慚愧發露皆悉懺悔
願弟子承是懺悔三毒一切煩惱生生世
世三慧明三達朗三苦滅三願滿
願弟子承是懺四識等一切煩惱一所生
功德生生世世廣四等心立四信業四惡趣
滅得四无畏
願弟子承是懺悔五蓋等諸煩惱度五
道樹五根淨五眼成五分懺悔六受等諸
煩惱一所生功德願生生世世具足六神通滿
足六度業不為六塵或常行妙行
又願弟子承是懺悔七漏八垢九結十纏等
一切諸煩惱一所生功德生生世世坐七淨華
洗塵八水具九斷智成十地行願以懺悔
十一遍使及十二入十八界等一切諸煩惱
所生功德願十一空解常用栖心自在能
轉十二行輪具足十八不共之法无量功德

斯00590號　佛名經(十六卷本)卷七　(24–23)

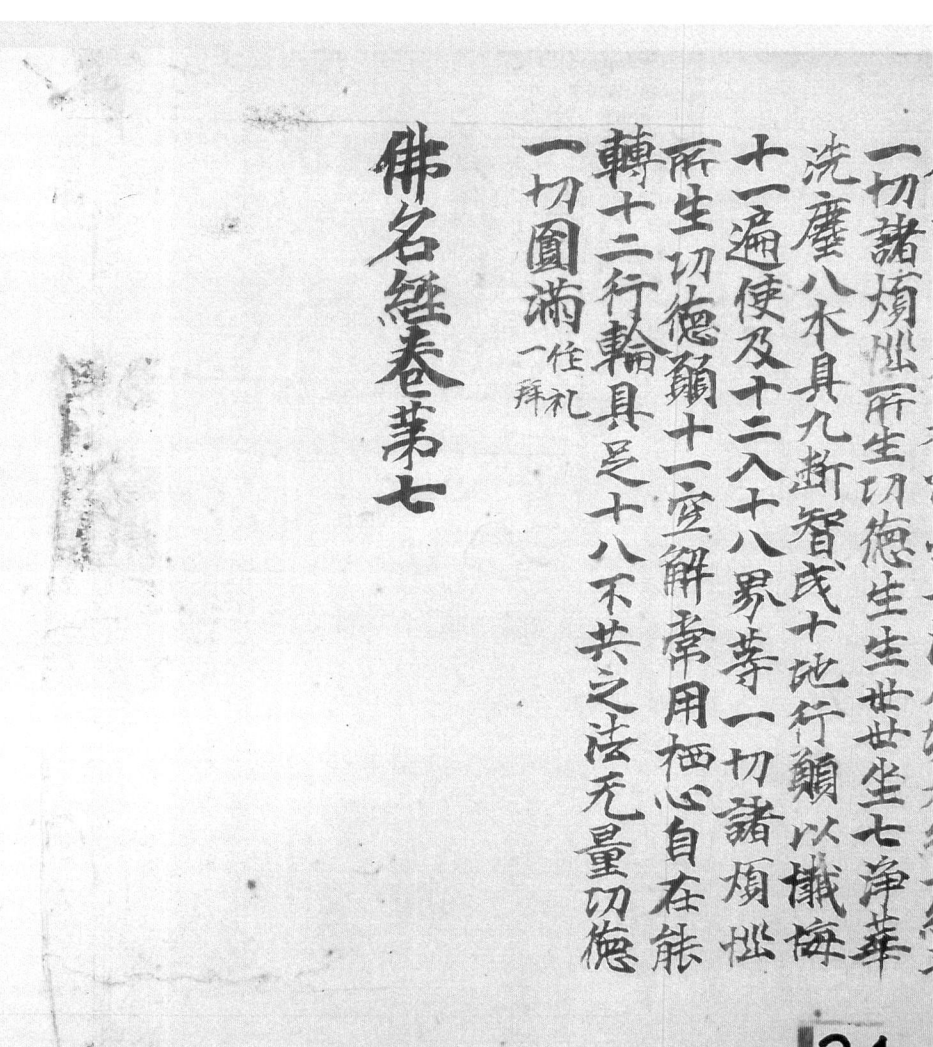

一切諸煩惱所生功德生生世世生七淨華
洗塵八木具九斷智成十地行願以懺悔
十一遍使及十二入十八界等一切諸煩惱
所生功德願十一空解常用栖心自在能
轉十二行輪具足十八不共之法无量功德
一切圓滿 一住礼拜

佛名經卷第七

24

斯00590號　佛名經（十六卷本）卷七　（24–24）

苦集滅道
道支脩行四静
解脫乃至十遍處
門脩行極喜地乃
門三摩地門脩
如來十力乃至十八佛
忘失法恒住捨性脩行一切
智道相智一切相智令得圓滿慶喜當知若
菩薩摩訶薩能於般若波羅蜜多甚深義趣
善達无礙脩行布施淨戒安忍精進靜慮般
若波羅蜜多令得圓滿如是乃至脩行一切
智道相智一切相智令得圓滿是菩薩摩訶
薩若住聲聞或獨覺地不證无上正等菩提
无有是處是故菩薩摩訶薩衆欲證无上正
等菩提應於般若波羅蜜多甚深義趣善
達无礙脩行布施淨戒安忍精進靜慮般若波
羅蜜多令速圓滿如是乃至脩行一切智道
相智一切相智令速圓滿是故慶喜我以般
若波羅蜜多付囑於汝應正受持讀誦通利
无令忘失慶喜當知除此般若波羅蜜多甚
深經典受持所餘我所說法設有忘失其罪
尚輕若於般若波羅蜜多甚深經典不善受

1

斯00591號　大般若波羅蜜多經卷四五八　（21–01）

若波羅蜜多付囑於汝應正受持讀誦通利
无令忘失慶喜當知除此般若波羅蜜多甚
深經典受持所餘我所說法設有忘失其罪
尚輕若於般若波羅蜜多甚深經典不善受
持下至一句有所忘失其罪甚重慶喜當知
若於般若波羅蜜多甚深經典下至一句能
善受持不忘失者獲福无量若於般若波羅
蜜多甚深經典不善受持下至一句有忘失
者所獲重罪量同前福是故慶喜我以般若
波羅蜜多甚深經典殷勤付汝當正受持讀
誦通利如理思惟廣為他說分別開示令聽
受者究竟解了文義意趣復能為他如理演
說慶喜當知若善男子善女人等於此般若
波羅蜜多甚深經典受持讀誦究竟通利如
理思惟廣為他說則為受持攝取過去未來
現在一切如來應正等覺所證无上正等菩
提慶喜當知若善男子善女人等起殷淨心
現於我所欲以種種上妙花鬘塗散等香衣
服瓔珞寶幢幡蓋伎樂燈明供養恭敬尊重
讚歎无猒倦者當於般若波羅蜜多甚深經
典至心聽聞受持讀誦究竟通利如理思惟
廣為他說或復書寫衆寶莊嚴常以種種上
妙花鬘塗散等香衣服瓔珞寶幢幡蓋伎樂

斯00591號　大般若波羅蜜多經卷四五八　（21–02）

典至心聽聞受持讀誦究竟通利如理思惟
廣為他說或復書寫衆寶莊嚴常以種種上
妙花鬘塗散等香衣服瓔珞寶幢幡蓋伎樂
燈明供養恭敬尊重讚歎无得懈怠慶喜
當知善男子善女人等供養恭敬尊重讚歎
甚深般若波羅蜜多則為供養恭敬尊重讚
歎於我亦為供養恭敬尊重讚歎現在十方
世界一切如來應正等覺現說法者及為供養
恭敬尊重讚歎過去未來諸佛慶喜當知
若善男子善女人等聞說如是甚深般若波
羅蜜多起淨信心恭敬愛樂即於過去未來
現在一切如來應正等覺所證无上正等菩
提以淨信心恭敬愛樂慶喜若汝恭敬愛樂
於我不捨於我亦當勇勵倍加恭敬愛樂不
捨甚深般若波羅蜜多下至一句勿令忘失
慶喜我說如是甚深般若波羅蜜多付囑因
緣雖有无量舉要而言如我既是汝等大師
甚深般若波羅蜜多當知亦是汝等大師汝
等天人敬重於我亦當敬重甚深般若波羅
蜜多是故慶喜我以无量方便善巧付汝般
若波羅蜜多甚深經典汝當受持勿令忘失
我今以此甚深般若波羅蜜多對諸天人阿
素洛等无量大衆付囑於汝慶喜我今誠言

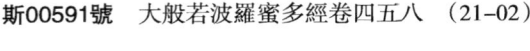

斯00591號　大般若波羅蜜多經卷四五八　（21–03）

我今以此甚深般若波羅蜜多對諸天人阿
素洛等无量大衆付囑於汝慶喜我今誠言
告汝諸有淨信欲不捨佛欲不捨法欲不捨
僧復欲不捨過去未來現在諸佛所證无上
正等菩提必應不捨甚深般若波羅蜜多如
是名為我等諸佛教誡教授諸弟子法慶喜
當知若善男子善女人等愛樂聽聞甚深般
若波羅蜜多受持讀誦究竟通利如理思惟
以无量門廣為他說分別開示施設安立令
其解了精勤修學是善男子善女人等速證
无上正等菩提能近圓滿一切智智何以故
慶喜一切如來應正等覺所得无上正等菩
提皆依如是甚深般若波羅蜜多而得生故
慶喜當知過去未來現在諸佛皆依如是
甚深般若波羅蜜多出生无上正等菩提是故
慶喜若菩薩摩訶薩欲得无上正等菩提當
勤精進修學如是甚深般若波羅蜜多何
以故慶喜甚深般若波羅蜜多是諸菩薩摩訶
薩母生諸菩薩摩訶薩故慶喜當知若菩薩
摩訶薩精勤修學布施淨戒安忍精進靜慮
般若波羅蜜多速證无上正等菩提是故慶
喜我以此六波羅蜜多更付囑汝當正受持
勿令忘失所以者何如是六種波羅蜜多是

4

斯00591號　大般若波羅蜜多經卷四五八　（21–04）

喜我以此六波羅蜜多更付囑汝當正受持
勿令忘失所以者何如是六種波羅蜜多是
諸如來應正等覺无盡法藏一切佛法從此
生故慶喜當知現在過去未來諸佛所說法
要皆是六種波羅蜜多无盡法藏之所流出
慶喜當知現在過去未來諸佛皆依六種波
羅蜜多无盡法藏精勤修學證得无上正等
菩提慶喜當知現在過去未來諸佛聲聞僧
衆皆依六種波羅蜜多无盡法藏精勤修學
於无餘依妙涅槃界而般涅槃
復次慶喜假使汝等為聲聞乘補特伽羅說
聲聞法由此法故三千大千世界有情一切
皆證阿羅漢果猶未為我作佛弟子所應作
事汝等若能為菩薩乘補特伽羅宣說一句
甚深般若波羅蜜多相應之法即名為我作
佛弟子所應作事我於此事深生隨喜勝於
汝等教化三千大千世界一切有情皆令證
得阿羅漢果復次慶喜假使三千大千世界
一切有情由他教力非前非後皆得人身俱
時證得阿羅漢果是諸阿羅漢所有殊勝施
性福業事戒性福業事修性福業事於意云
何彼福業事寧為多不慶喜白佛言甚多世
尊彼福業事无量无數佛告慶喜若有聲聞

5

斯00591號　大般若波羅蜜多經卷四五八　（21–05）

何彼福業事寧為多不慶喜白佛言甚多世
尊彼福業事无量无數佛告慶喜若有聲聞
弟子能為菩薩摩訶薩宣說般若波羅蜜多相
應之法經一日夜所獲福聚甚多於彼慶喜
當知置一日夜但經一日復置一日但經半
日復置半日但經一時復置一時但經食頃
復置食頃但經須臾復置須臾但經俄尒復
置俄尒但瞬息聞是聲人能為菩薩摩訶
薩衆宣說般若波羅蜜多相應之法所獲福
聚甚多於前何以故此聲聞人所獲福聚超
過一切聲聞獨覺諸功德故復次慶喜若菩
薩摩訶薩為聲聞乘補特伽羅宣說種種聲
聞乘法假使三千大千世界一切有情由此
法故悉皆證得阿羅漢果皆具種種殊勝功
德於意云何是菩薩摩訶薩由此因緣所獲
福聚寧為多不慶喜白言甚多世尊是菩薩
摩訶薩所獲福聚无量无邊佛告慶喜若
菩薩摩訶薩為聲聞乘或獨覺乘或无上乘
諸善男子善女人等宣說般若波羅蜜多想應
之法經一日夜所獲福聚甚多於前慶喜當
知置一日夜但經一日復置一日但經半日
復置半日但經一時復置一時但經食頃復
置食頃但經須臾復置須臾但經俄尒復置

16

斯00591號　大般若波羅蜜多經卷四五八　（21–06）

復置半日但經一時復置一時但經食頃復
置食頃但經須臾復置須臾但經俄尒復置
俄尒但瞬息聞是菩薩摩訶薩能為三乘諸
善男子善女人等宣說般若波羅蜜多相應
之法所獲福聚甚多於前无量无數何以故
甚深般若波羅蜜多相應法施超過一切聲
聞獨覺相應法施及彼二乘諸功德故所以
者何是菩薩摩訶薩自求无上正等菩提亦
以大乘相應之法示現教導讚勵慶喜施諸
有情令於无上正等菩提得不退轉慶喜當
知是菩薩摩訶薩自脩布施波羅蜜多乃至
般若波羅蜜多亦教他脩布施波羅蜜多乃
至般若波羅蜜多自脩四念住乃至八聖道
支亦教他脩四念住乃至八聖道支自住內
空乃至无性自性空亦教他住內空乃至无
性自性空自住真如乃至不思議界亦教他
住真如乃至不思議界自住苦集滅道聖諦
亦教他住苦集滅道聖諦自脩四靜慮四无
量四无色定亦教他脩四靜慮四无量四无
色定自脩八解脫乃至十遍處亦教他脩八
解脫乃至十遍處自脩空无相无願解脫門
亦教他脩空无相无願解脫門自脩菩薩地

7

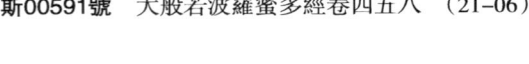

斯00591號　大般若波羅蜜多經卷四五八　（21–07）

亦教他修空无相无願解脫門自脩菩薩地
亦教他脩菩薩地自脩一切陁羅尼門三摩
地門亦教他脩一切陁羅尼門三摩地門自
脩五眼六神通亦教脩五眼六神通自脩
如来十力乃至十八佛不共法亦教他脩如
来十力乃至十八佛不共法自脩三十二大
士相八十隨好亦教他脩三十二大士相八
十隨好自脩无忘失法恒住捨性亦教他脩
无忘失法恒住捨性自脩一切智道相智一
切相智亦教他脩一切智道相智一切相智
自脩一切菩薩摩訶薩行亦教他脩一切菩
薩摩訶薩行自脩諸佛无上正等菩提亦教
他脩諸佛无上正等菩提自脩一切智智亦
教他脩一切智智由是因緣善根增長若於
无上正等菩提有退轉者无有是處
尒時如来四衆圍繞讃説般若波羅蜜多付
囑慶喜令受持已復於一切天龍藥叉廣
説乃至人非人等大衆會前現神通力令衆皆
見不動如来聲聞菩薩前後圍繞爲如海衆
宣説妙法及見彼土嚴淨之相其聲聞僧皆
阿羅漢諸漏已盡无復煩惱得真自在心善
解脫慧善解脫如調慧馬亦如大龍已作所
作已辦所辦棄諸重擔逮得己利盡諸有結

斯00591號　大般若波羅蜜多經卷四五八　（21–08）

解脫慧善解脫如調慧馬亦如大龍已作所
作已辦所辦棄諸重擔逮得己利盡諸有結
正知解脫至心自在第一究竟其菩薩僧一
切皆是衆望所識得陁羅尼獲无礙辯成就功
德智慧猶如大海於是世尊攝神通力令此衆
會天龍藥叉廣説乃至人非人等不復見彼
不動如来聲聞菩薩及餘大衆并彼佛土
嚴淨之相彼佛衆會及嚴淨土皆非此土眼根
所對所以者何佛攝神力於彼遠境无見緣
故尒時佛告具壽慶喜不動如来應正等覺
國土衆會汝更見不慶喜對曰我不復見彼
事非此眼所行故佛告慶喜如彼如来衆會
國土非此土眼所行境界當知諸法亦復如
是非眼根等所行境界法不行法法不見法
法不知法法不證法慶喜當知一切法性无
能行者无能見者无能知者无能證者无動
无作所以者何以一切法皆如虛空无有作
用能取所取性遠離故以一切法不可思議能
所思議性遠離故以一切法皆如幻等衆緣
和合相似有故以一切法无作受者妄現似有
无堅實故慶喜當知若菩薩摩訶薩能如
是行能如是見能如是知能如是證是行般若
波羅蜜多亦不執著此諸法相慶喜當知若

斯00591號　大般若波羅蜜多經卷四五八　（21–09）

是行能如是見能如是知能如是證是行般若
波羅蜜多亦不執著此諸法相慶喜當知若
菩薩摩訶薩如是學時是學般若波羅蜜多
慶喜當知若菩薩摩訶薩欲得一切波羅蜜
多速疾圓滿應學般若波羅蜜多所以者何
如是學者於諸學中為最為勝為尊為高為
妙為微妙為上為无上无等无等等利益安
樂一切有情无依怙者為作依怙无歸依者
為作歸依无投趣者為作投趣无舍宅者為
作舍宅无救護者為作救護諸佛世尊開許
稱讚脩學般若波羅蜜多慶喜當知若諸菩
薩摩訶薩衆及諸如来應正等覺住此學中
能以右手若右足指舉取三千大千世界擲
置他方或還本處其中有情不知不覺无損
无怖所以者何甚深般若波羅蜜多功德威
力不思議故慶喜當知過去未来現在諸佛
及諸菩薩摩訶薩衆學此般若波羅蜜多於
諸无為及三世法悉皆獲得无礙智見是故
慶喜我說學此甚深般若波羅蜜多於諸學
中為最為勝為尊為高為妙為微妙為上為
為上為等无等等慶喜當知諸有欲取甚深
般若波羅蜜多量邊際者如愚癡者欲取虛
空量及邊際何以故甚深般若波羅蜜多功

110

斯00591號　大般若波羅蜜多經卷四五八　（21–10）

般若波羅蜜多量邊際者如愚癡者欲取虛
空量及邊際何以故甚深般若波羅蜜多功
德无量无邊際故慶喜當知我終不說甚深
般若波羅蜜多功德勝利如名身等有量邊
際所以者何一切名身句身文身是有量法
甚深般若波羅蜜多功德勝利非有量法非
諸名身句身文身能量般若波羅蜜多功德
勝利亦非般若波羅蜜多功德勝利是彼所
量尒時慶喜白言世尊何因緣故甚深般若
波羅蜜多說為无量佛告慶喜甚深般若波
羅蜜多性无盡故說為无量性遠離故說為
无量性寂靜故說為无量如實際故說為无
量如虛空故說為无量慶喜當知一切過去
未来現在諸佛世尊皆學般若波羅蜜多究
竟圓滿證得无上正等菩提為諸有情宣說
開示而此般若波羅蜜多常有盡所以者何
甚深般若波羅蜜多譬如虛空不可盡故
諸有欲盡甚深般若波羅蜜多則為欲盡虛
空邊際慶喜當知甚深般若波羅蜜多乃至
布施波羅蜜多非已盡非今盡非當盡內空
乃至无性自性空非已盡非今盡非當盡真
如乃至不思議界非已盡非今盡非當盡苦
集滅道聖諦非已盡非今盡非當盡四念住

111

斯00591號　大般若波羅蜜多經卷四五八　（21–11）

如乃至不思議界非已盡非今盡非當盡苦
集滅道聖諦非已盡非今盡非當盡四念住
乃至八聖道支非已盡非今盡非當盡四靜
慮四无量四无色定非已盡非今盡非當盡
八解脫乃至十遍處非已盡非今盡非當盡
空无相无願解脫門非已盡非今盡非當盡
極喜地乃至法雲地非已盡非今盡非當盡
一切陁羅尼門三摩地門非已盡非今盡非
當盡五眼六神通非已盡非今盡非當盡
如來十力乃至十八佛不共法非已盡非今盡
非當盡三十二大士相八十隨好非已盡非
今盡非當盡无忘失法恒住捨性非已盡非
今盡非當盡一切智道相智一切相智非已
盡非今盡非當盡一切菩薩摩訶薩行非已
盡非今盡非當盡諸佛无上正等菩提非已
盡非今盡非當盡一切智智非已盡非今
盡非當盡所以者何如是等法无生无滅亦无
住異如何可得施設有盡尒時世尊從面門
出廣長舌相遍覆面輪復舌相已還從口入
告慶喜曰於意云何世間若有如是舌相所
發語言有虛妄不慶喜對曰不也世尊佛告
慶喜汝從今去應為四衆廣說如是甚深般
若波羅蜜多分別開示施設

斯00591號　大般若波羅蜜多經卷四五八　（21–12）

慶喜汝從今去應為四衆廣說如是甚深般
若波羅蜜多分別開示施設安立令其易解
慶喜當知如是般若波羅蜜多甚深經中廣
說一切菩提分法及諸法相是故一切求聲
聞乘補特伽羅求獨覺乘補特伽羅求无上
乘補特伽羅皆應依此甚深般若波羅蜜多
所說法門常勤脩學多生猒惓若能如是常
勤脩學速當證得自所求處復次慶喜甚深
般若波羅蜜多是能悟入一切法相是能悟
入一切文字是能悟入陁羅尼門諸菩薩摩
訶薩應於如是陁羅尼門常勤脩學若菩薩
摩訶薩受持如是陁羅尼門速能證得一切
辯才諸无礙解慶喜當知如是般若波羅蜜
多甚深經典乃至過去未來現在諸佛世尊
无盡法藏是故我今分明告汝若有於此甚
深般若波羅蜜多受持讀誦究竟通利如理
思惟則為受持一切過去未來現在諸佛无
上正等菩提慶喜當知我說如是甚深般若
波羅蜜多是能趣菩提道者之堅因是亦
是一切无上佛法大陁羅尼汝等若能受持
如是甚深般若波羅蜜多陁羅尼者則為總
持一切佛法令不忘失與諸有情盡未來際
作大饒益

斯00591號　大般若波羅蜜多經卷四五八　（21–13）

持一切佛法令不忘失與諸有情盡未來際
作大饒益
第二分无盡品第六十六
尒時具壽善現作如是念如是般若波羅蜜
多最為甚深諸佛无上正等菩提亦最甚深
我當問佛二甚深義作是念已即白佛言世
尊甚深般若波羅蜜多即佛无上正等菩提
諸佛无上正等菩提即深般若波羅蜜多如
是般若波羅蜜多及佛无上正等菩提俱最
甚深不可盡故何緣此二說為无盡佛告善
現甚深般若波羅蜜多及佛无上正等菩提
皆如虛空不可盡故說為无盡具壽善現復
白佛言云何菩薩摩訶薩應引發般若波羅
蜜多佛言善現諸菩薩摩訶薩應觀色无
盡故引發般若波羅蜜多應觀受想行識无
盡故引發般若波羅蜜多應觀眼處乃至意處
皆无盡故引發般若波羅蜜多應觀色處
乃至法處皆无盡故引發般若波羅蜜多應觀
眼界乃至意界皆无盡故引發般若波羅蜜
多應觀色界乃至法界皆无盡故引發般若
波羅蜜多應觀眼識界乃至意識界皆无盡
故引發般若波羅蜜多應觀眼觸乃至意觸
皆无盡故引發般若波羅蜜多應觀眼觸為

114

斯00591號　大般若波羅蜜多經卷四五八　（21–14）

故引發般若波羅蜜多應觀眼觸乃至意觸
皆无盡故引發般若波羅蜜多應觀眼觸為
緣所生諸受乃至意觸為緣所生諸受皆无
盡故引發般若波羅蜜多應觀地界乃至識
界皆无盡故引發般若波羅蜜多應觀因緣
乃至增上緣皆无盡故引發般若波羅蜜多
應觀无明乃至老死皆无盡故引發般若波
羅蜜多應觀布施波羅蜜多乃至般若波羅
蜜多皆无盡故引發般若波羅蜜多應觀內
空乃至无性自性空皆无盡故引發般若波
羅蜜多應觀真如乃至不思議界皆无盡故
引發般若波羅蜜多應觀苦集滅道聖諦皆
无盡故引發般若波羅蜜多應觀四念住乃
至八聖道支皆无盡故引發般若波羅蜜多
應觀四靜慮四无量四无色定皆无盡故引
發般若波羅蜜多應觀八解脫乃至十遍處
皆无盡故引發般若波羅蜜多應觀空无相
无願解脫門皆无盡故引發般若波羅蜜多
應觀淨觀地乃至如來地皆无盡故引發般
若波羅蜜多應觀極喜地乃至法雲地皆无
盡故引發般若波羅蜜多應觀一切陀羅尼
門三摩地門皆无盡故引發般若波羅蜜多
應觀五根六神通皆无盡故引發般若波羅

115

斯00591號　大般若波羅蜜多經卷四五八　（21–15）

門三摩地門皆无盡故引發般若波羅蜜多
應觀五眼六神通皆无盡故引發般若波羅
蜜多應觀如來十力乃至十八佛不共法皆
无盡故引發般若波羅蜜多應觀三十二大士
相八十隨好皆无盡故引發般若波羅蜜多應
觀无忘失法恒住捨性皆无盡故引發般
若波羅蜜多應觀一切智道相智一切相智
皆无盡故引發般若波羅蜜多應觀預流果
乃至獨覺菩提皆无盡故引發般若波羅蜜
多應觀一切菩薩摩訶薩行皆无盡故引發
般若波羅蜜多應觀諸佛无上正等菩提皆
无盡故引發般若波羅蜜多應觀一切智智
亦无盡故引發般若波羅蜜多復次善現諸
菩薩摩訶薩摩觀色如虛空无盡故引發般
若波羅蜜多應觀受想行識如虛空无盡故
引發般若波羅蜜多如是乃至應觀一切智
智如虛空无盡故引發般若波羅蜜多復次
善現諸菩薩摩訶薩應觀无明緣行如虛空
无盡故引發般若波羅蜜多應觀行緣識如
虛空无盡故引發般若波羅蜜多應觀識緣
名色如虛空无盡故引發般若波羅蜜多應
觀名色緣六處如虛空无盡故引發般若波
羅蜜多應觀六處緣觸如虛空无盡故引發

116

斯00591號　大般若波羅蜜多經卷四五八　（21–16）

觀名色緣六處如虛空无盡故引發般若波
羅蜜多應觀六處緣觸如虛空无盡故引發
般若波羅蜜多應觀觸緣受如虛空无盡故
引發般若波羅蜜多應觀受緣愛如虛空无
盡故引發般若波羅蜜多應觀愛緣取如虛
空无盡故引發般若波羅蜜多亦應觀取緣有
如虛空无盡故引發般若波羅蜜多應觀有
緣生如虛空无盡故引發般若波羅蜜多應
觀生緣老死愁歎苦憂惱如虛空无盡故引
發般若波羅蜜多善現諸菩薩摩訶薩應如
是引發般若波羅蜜多善現諸菩薩摩訶薩
如是觀察十二緣起遠離二邊是諸菩薩摩
訶薩衆不共妙觀善現諸菩薩摩訶薩菩提
樹下坐金剛座如實觀察十二緣起譬如虛
空不可盡故便能證得一切智智善現若菩
薩摩訶薩以如虛空无盡行住引發般若波羅
蜜多如實觀察十二緣起不墮聲聞及獨覺
地疾證无上正等菩提善現住菩薩乘補特
伽羅若作无上正等菩提有退轉者皆悉不
依引發般若波羅蜜多善巧作意由彼不了
云何菩薩摩訶薩脩行般若波羅蜜多能以
如虛空无盡行住引發般若波羅蜜多如實
觀察十二緣起善現住菩薩乘諸善男子善

117

斯00591號　大般若波羅蜜多經卷四五八　（21–17）

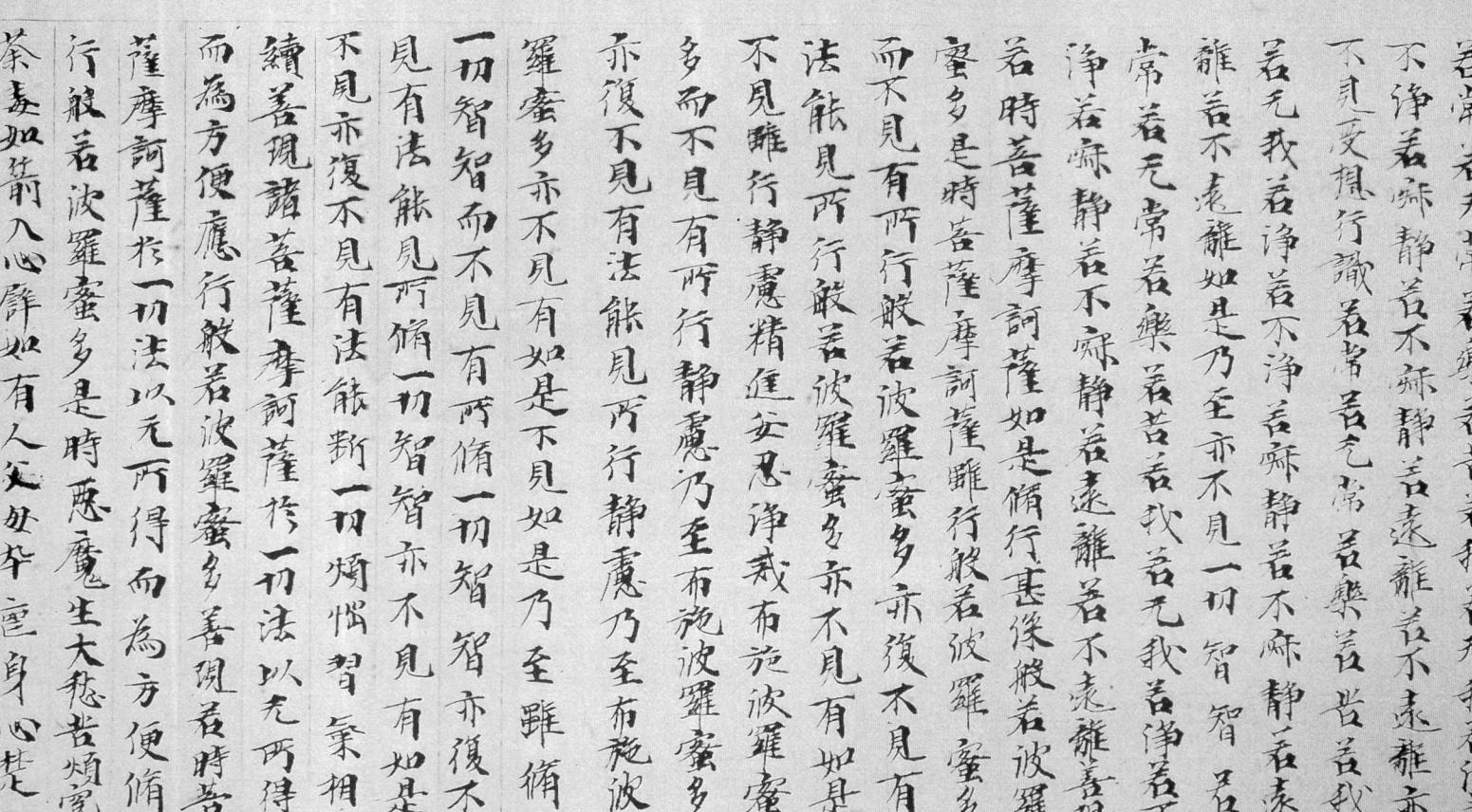

云何菩薩摩訶薩脩行般若波羅蜜多能以
如虛空无盡行住引發般若波羅蜜多如實
觀察十二緣起善現住菩薩乘諸善男子善
女人等若於无上正等菩提而有退轉皆由
遠離引發般若波羅蜜多方便善巧若菩薩
摩訶薩能於无上正等菩提得不退轉一切
皆依引發般若波羅蜜多方便善巧是菩薩
摩訶薩由依如是方便善巧脩行般若波
蜜多以如虛空无盡行住引發般若波羅蜜
多如實觀察十二緣起是菩薩摩訶薩由此
因緣速能圓滿甚深般若波羅蜜多善現諸
菩薩摩訶薩如是觀察緣起法時不見有法
无因而生不見有法无因而滅不見有法性
相常住不生不滅不見有法有我有情廣
說乃至知者見者不見有法若常若无常若
樂若苦若我若无我若淨若不淨若寂靜若不
寂靜若遠離若不遠離善現諸菩薩摩訶薩
應當如是觀察緣起脩行般若波羅蜜多善
現若時菩薩摩訶薩如實觀察緣起法時脩
行般若波羅蜜多是時菩薩摩訶薩不見色
若常若无常若樂若苦若我若无我若淨若
不淨若寂靜若不寂靜若遠離若不遠離亦
不見受想行識若常若无常若樂若苦若我

118

斯00591號　大般若波羅蜜多經卷四五八　（21–18）

若常若无常若樂若苦若我若无我若淨若
不淨若寂靜若不寂靜若遠離若不遠離亦
不見受想行識若常若无常若樂若苦若我
若无我若淨若不淨若寂靜若不寂靜若遠
離若不遠離如是乃至亦不見一切智智若
常若无常若樂若苦若我若无我若淨若不
淨若寂靜若不寂靜若遠離若不遠離善現
若時菩薩摩訶薩如是脩行甚深般若波羅
蜜多是時菩薩摩訶薩雖行般若波羅蜜多
而不見有所行般若波羅蜜多亦復不見有
法能見所行般若波羅蜜多亦不見有如是
不見雖行靜慮精進安忍淨戒布施波羅蜜
多而不見有所行靜慮乃至布施波羅蜜多
亦復不見有法能見所行靜慮乃至布施波
羅蜜多亦不見有如是不見如是乃至雖脩
一切智智而不見有所脩一切智智亦復不
見有法能見所脩一切智智亦不見有如是
不見亦復不見有法能斷一切煩惱習氣相
續善現諸菩薩摩訶薩於一切法以无所得
而為方便應行般若波羅蜜多善現若時菩
薩摩訶薩於一切法以无所得而為方便脩
行般若波羅蜜多是時惡魔生大愁苦煩冤
荼毒如箭入心辟如有人父母卒亡身心楚

119

斯00591號　大般若波羅蜜多經卷四五八　（21–19）

行般若波羅蜜多是時惡魔生大愁苦煩冤
荼毒如箭入心譬如有人父母卒亡身心楚毒
痛惡魔亦尒於是善現白言世尊為一惡魔
見諸菩薩摩訶薩衆於一切法以无所得而
為方便脩行般若波羅蜜多生大愁苦煩冤
荼毒如箭入心為遍三千大千世界一切惡
魔皆亦如是佛告善現遍滿三千大千世界
一切惡魔皆亦如是各於本座不能自安善
現諸菩薩摩訶薩應常安住甚深般若波羅
蜜多微妙行住若菩薩摩訶薩能如是住世
間天人阿素洛等伺求其短終不能得亦復
不能惱亂障礙是故善現若菩薩摩訶薩欲
得无上正等菩提當勤安住甚深般若波羅
蜜多微妙行住善現若菩薩摩訶薩能正安
住甚深般若波羅蜜多微妙行住則能脩滿
布施淨戒安忍精進靜慮般若波羅蜜多若
菩薩摩訶薩能正脩行甚深般若波羅蜜多
便能具足脩滿一切波羅蜜多具壽善現白
言世尊云何菩薩摩訶薩能正脩行甚深般
若波羅蜜多便能脩滿布施淨戒安忍精進
靜慮般若波羅蜜多佛告善現若菩薩摩
訶薩无倒脩行甚深般若波羅蜜多時以一
切智智相應之心而行布施復持如是布施

120

斯00591號　大般若波羅蜜多經卷四五八　（21–20）

言世尊云何菩薩摩訶薩能正脩行甚深般
若波羅蜜多便能脩滿布施淨戒安忍精進
靜慮般若波羅蜜多佛告善現若菩薩摩
訶薩无倒脩行甚深般若波羅蜜多時以一
切智智相應之心而行布施復持如是布施
功德與諸有情同共迴向一切智智善現是為
菩薩摩訶薩能正脩行甚深般若波羅蜜多
脩滿布施波羅蜜多若菩薩摩訶薩无倒脩
行甚深般若波羅蜜多時以一切智智相應
之心而行淨戒安忍精進靜慮般若復持如
是淨戒安忍精進靜慮般若功德與諸有情
同共迴向一切智智善現是為菩薩摩訶薩
能正脩行甚深般若波羅蜜多脩滿淨戒安
忍精進靜慮般若波羅蜜多如是善現諸菩
薩摩訶薩能正脩行甚深般若波羅蜜多便
能脩滿布施淨戒安忍精進靜慮般若波
羅蜜多

大般若波羅蜜多經卷第四百五十八

121

斯00591號　大般若波羅蜜多經卷四五八　（21–21）

大般若波羅蜜多經卷第卌九

S.591

I.V.

斯00591號背　勘記　（01–01）

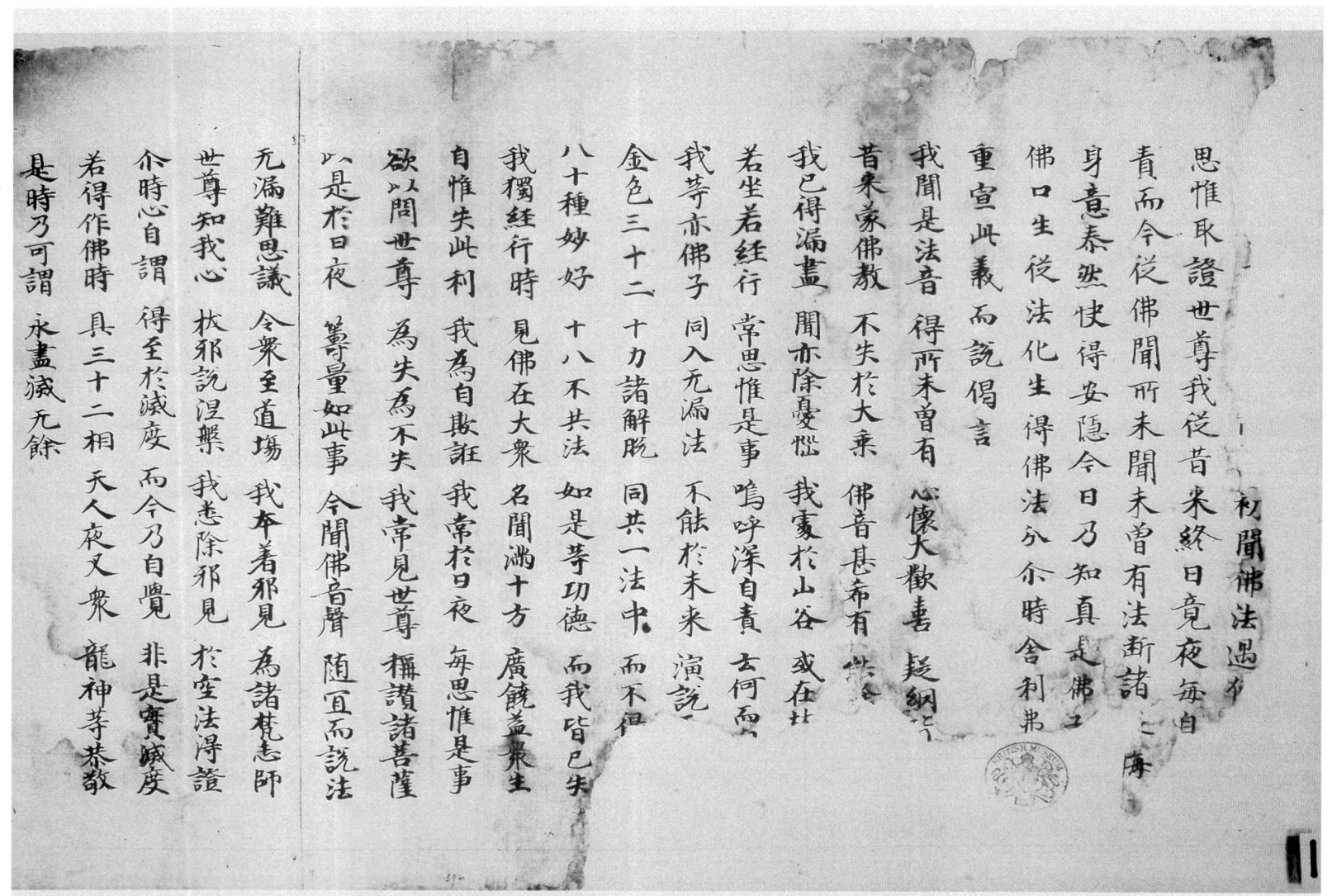

初聞佛法遇
思惟取證世尊我從昔来終日竟夜每自
責而今從佛聞所未聞未曾有法斷諸疑悔
身意泰然快得安隱今日乃知真是佛子
佛口生從法化生得佛法分尒時舍利弗
重宣此義而說偈言
我聞是法音　得所未曾有　心懷大歡喜　疑網
昔来蒙佛教　不失於大乘　佛音甚希有
我已得漏盡　聞亦除憂惱　我處於山谷　或在林
若坐若經行　常思惟是事　嗚呼深自責　云何而
我等亦佛子　同入无漏法　不能於未来　演說
金色三十二　十力諸解脫　同共一法中　而不
八十種妙好　十八不共法　如是等功德　而我皆已失
我獨經行時　見佛在大衆　名聞滿十方　廣饒益衆生
自惟失此利　我為自欺誑　我常於日夜　每思惟是事
欲以問世尊　為失為不失　我常見世尊　稱讚諸菩薩
以是於日夜　籌量如此事　今聞佛音聲　隨宜而說法
无漏難思議　令衆至道場　我本着邪見　為諸梵志師
世尊知我心　拔邪說涅槃　我悉除邪見　於空法得證
尒時心自謂　得至於滅度　而今乃自覺　非是實滅度
若得作佛時　具三十二相　天人夜叉衆　龍神等恭敬
是時乃可謂　永盡滅无餘

II

斯00592號　妙法蓮華經卷二　（30–01）

若得作佛時 具三十二相 天人夜叉衆 龍神等恭敬
是時乃可謂 永盡滅无餘
佛於大衆中 說我當作佛 聞如是法音 疑悔悉已除
初聞佛所說 心中大驚疑 將非魔作佛 惱亂我心耶
佛以種種緣 譬喻巧言說 其心安如海 我聞疑網斷
佛說過去世 无量滅度佛 安住方便中 亦皆說是法
現在未來佛 其數无有量 亦以諸方便 演說如是法
如今者世尊 從生及出家 得道轉法輪 亦以方便說
世尊說實道 波旬无此事 以是我定知 非是魔作佛
我墮疑網故 謂是魔所為 聞佛柔軟音 深遠甚微妙
演暢清淨法 我心大歡喜 疑悔永已盡 安住實智中
我定當作佛 為天人所敬 轉无上法輪 教化諸菩薩
尒時佛告舍利弗 吾今於天人沙門婆羅門
等大衆中說 我昔曾於二万億佛所為无上
道故常教化汝 汝亦長夜隨我受學 我以方
便引導汝故生我法中 舍利弗 我昔教汝志
願佛道 汝今悉忘 而便自謂已得滅度 我今
還欲令汝憶念本願所行道故 為諸聲聞說
是大乘經 名妙法蓮華教菩薩法佛所護念
舍利弗 汝於未來世過无量无邊不可思議
劫供養若干千万億佛 奉持正法 具足菩薩
所行之道 當得作佛 号曰華光如來應供正
遍知明行足善逝世間解无上士調御丈夫

12

斯00592號　妙法蓮華經卷二　（30–02）

劫供養若干千万億佛 奉持正法 具足菩薩
所行之道 當得作佛 号曰華光如來應供正
遍知明行足善逝世間解无上士調御丈夫
天人師佛世尊 國名離垢 其土平正 清淨嚴
飾 安隱豐樂 天人熾盛 瑠璃為地 有八交道
黃金為繩 以界其側 其傍各有七寶行樹 常
有華菓 華光如來亦以三乘教化衆生 舍利
弗 彼佛出時 雖非惡世 以本願故 說三乘法
其劫名大寶莊嚴 何故名曰大寶莊嚴 其國
中以菩薩為大寶故 彼諸菩薩无量无邊不
可思議 筭數譬喻所不能及 非佛智力无能
知者 若欲行時 寶華承足 此諸菩薩非初發
意 皆久殖德本 於无量百千万億佛所淨脩
梵行 恒為諸佛之所稱歎 常脩佛慧 具大神
通 善知一切諸法之門 質直无偽 志念堅固
如是菩薩充滿其國 舍利弗 華光佛壽十二
小劫 除為王子未作佛時 其國人民壽八小
劫 華光如來過十二小劫 授堅滿菩薩阿耨
多羅三藐三菩提記 告諸比丘 是堅滿菩薩
次當作佛 号曰華足安行多陁阿伽度阿羅
訶三藐三佛陁 其佛國土亦復如是 舍利弗
是華光佛滅度之後 正法住世三十二小劫
像法住世亦三十二小劫 尒時世尊欲重宣

13

斯00592號　妙法蓮華經卷二　（30–03）

是華光佛滅度之後正法住世三十二小劫
像法住世亦三十二小劫尒時世尊欲重宣
此義而說偈言
舍利弗來世　成佛普智尊　号名曰華光　當度无量衆
供養无數佛　具足菩薩行　十力等功德　證於无上道
過无量劫已　劫名大寶嚴　世界名離垢　清淨无瑕穢
以瑠璃為地　金繩界其道　七寶雜色樹　常有華菓實
彼國諸菩薩　志念常堅固　神通波羅蜜　皆已悉具足
於无數佛所　善學菩薩道　如是等大士　華光佛所化
佛為王子時　棄國捨世榮　於最末後身　出家成佛道
華光佛住世　壽十二小劫　其國人民衆　壽命八小劫
佛滅度之後　正法住於世　三十二小劫　廣度諸衆生
正法滅盡已　像法三十二　舍利廣流布　天人普供養
華光佛所為　其事皆如是　其兩足聖尊　最勝无倫疋
彼即是汝身　宜應自欣慶
尒時四部衆比丘比丘尼優婆塞優婆夷天
龍夜叉乾闥婆阿脩羅迦樓羅緊那羅摩睺
羅伽等大衆見舍利弗於佛前受阿耨多羅
三藐三菩提記心大歡喜踊躍无量各各脫
身所著上衣以供養佛釋提桓因梵天王等
與无數天子亦以天妙衣天曼陁羅華摩訶
曼陁羅華等供養於佛所散天衣住虛空中

14

斯00592號　妙法蓮華經卷二　(30–04)

與无數天子亦以天妙衣天曼陁羅華摩訶
曼陁羅華等供養於佛所散天衣住虛空中
而自迴轉諸天伎樂百千万種於虛空中一
時俱作雨衆天華而作是言佛昔於波羅柰
初轉法輪今乃復轉无上最大法輪尒時諸
天子欲重宣此義而說偈言
昔於波羅柰　轉四諦法輪　分別說諸法　五衆之生滅
今復轉最妙　无上大法輪　是法甚深奧　少有能信者
我等從昔來　數聞世尊說　未曾聞如是　深妙之上法
世尊說是法　我等皆隨喜　大智舍利弗　今得受尊記
我等亦如是　必當得作佛　於一切世間　最尊无有上
佛道叵思議　方便隨宜說　我所有福業　今世若過世
及見佛功德　盡迴向佛道
尒時舍利弗白佛言世尊我今无復疑悔親
於佛前得受阿耨多羅三藐三菩提記是諸
千二百心自在者昔住學地佛常教化言我
法能離生老病死究竟涅槃是學无學人亦
各自以離我見及有无見等謂得涅槃而今
於世尊前聞所未聞皆墮疑惑善哉世尊願
為四衆說其因緣令離疑悔
尒時佛告舍利弗我先不言諸佛世尊以種
種因緣譬喻言辭方便說法皆為阿耨多羅

15

斯00592號　妙法蓮華經卷二　(30–05)

尒時佛告舍利弗我先不言諸佛世尊以種
種因緣譬喻言辭方便說法皆為阿耨多羅
三藐三菩提耶是諸所說皆為化菩薩故然
舍利弗今當復以譬喻更明此義諸有智者
以譬喻得解舍利弗若國邑聚落有大長者
其年衰邁財富无量多有田宅及諸僮僕其
家廣大唯有一門多諸人衆一百二百乃至
五百人止住其中堂閣朽故墻壁頹落柱根
腐敗梁棟傾危周帀俱時歘然火起焚燒舍
宅長者諸子若十二十或至三十在此宅中
長者見是大火從四面起即大驚怖而作是
念我雖能於此所燒之門安隱得出而諸子
等於火宅內樂著嬉戲不覺不知不驚不怖
火來逼身苦痛切己心不猒患无求出意舍
利弗是長者作是思惟我身手有力當以衣
裓若以几案從舍出之復更思惟是舍唯有
一門而復狹小諸子幼稚未有所識戀著戲
處或當墮落為火所燒我當為說怖畏之事
此舍已燒宜時疾出无令為火之所燒害作
是念已如所思惟具告諸子汝等速出父雖
憐愍善言誘喻而諸子等樂著嬉戲不肯信
受不驚不畏了无出心亦復不知何者是火
何者為舍云何為失但東西走戲視父而已

16

斯00592號　妙法蓮華經卷二　(30–06)

憐愍善言誘喻而諸子等樂著嬉戲不肯信
受不驚不畏了无出心亦復不知何者是火
何者為舍云何為失但東西走戲視父而已
尒時長者即作是念此舍已為大火所燒我
及諸子若不時出必為所焚我今當設方便
令諸子等得免斯害父知諸子先心各有所
好種種珍玩奇異之物情必樂著而告之言
汝等所可玩好希有難得汝若不取後必憂
悔如此種種羊車鹿車牛車今在門外可以
遊戲汝等於此火宅宜速出來隨汝所欲皆
當與汝尒時諸子聞父所說珍玩之物適其
願故心各勇銳互相推排競共馳走爭出火
宅是時長者見諸子等安隱得出皆於四衢
道中露地而坐无復障礙其心泰然歡喜踊
躍時諸子等各白父言父先所許玩好之具
羊車鹿車牛車願時賜與舍利弗尒時長者
各賜諸子等一大車其車高廣衆寶莊校周
帀欄楯四面懸鈴又於其上張設幰蓋亦以
珍奇雜寶而嚴飾之寶繩交絡垂諸華瓔重
敷綩綖安置丹枕駕以白牛膚色充潔形體
姝好有大筋力行步平正其疾如風又多僕
從而侍衛之所以者何是大長者財富无量
種種諸藏悉皆充溢而作是念我財物无極

17

斯00592號　妙法蓮華經卷二　(30–07)

從而侍衛之所以者何是大長者財富无量
種種諸藏悉皆充溢而作是念我財物无極
不應以下劣小車與諸子等今此幼童皆是
吾子愛无偏黨我有如是七寶大車其數无
量應當等心各各與之不宜差別所以者何
以我此物周給一國猶尚不匱何況諸子是
時諸子各乘大車得未曾有非本所望舍利
弗於汝意云何是長者等與諸子珎寶大車
寧有虛妄不舍利弗言不也世尊是長者但
令諸子得免火難全其軀命非為虛妄何以
故若全身命便為已得玩好之具況復方便
於彼火宅而拔濟之世尊若是長者乃至不
與最小一車猶不虛妄何以故是長者先作
是意我以方便令子得出以是因緣无虛妄
也何況長者自知財富无量欲饒益諸子等
與大車
佛告舍利弗善哉善哉如汝所言舍利弗如
來亦復如是則為一切世間之父於諸怖畏
衰惱憂患无明暗蔽永盡无餘而悉成就无
量知見力无所畏有大神力及智慧力具足
方便智慧波羅蜜大慈大悲常无懈惓恒求
善事利益一切而生三界朽故火宅為度衆

18

斯00592號　妙法蓮華經卷二　（30–08）

方便智慧波羅蜜大慈大悲常无懈惓恒求
善事利益一切而生三界朽故火宅為度衆
生生老病死憂悲苦惱愚癡暗蔽三毒之火
教化令得阿耨多羅三藐三菩提見諸衆生
為生老病死憂悲苦惱之所燒煮亦以五欲
財利故受種種苦又以貪著追求故現受衆
苦後受地獄畜生餓鬼之苦若生天上及在
人間貧窮困苦愛別離苦怨憎會苦如是等
種種諸苦衆生沒在其中歡喜遊戲不覺不
知不驚不怖亦不生猒不求解脫於此三界
火宅東西馳走雖遭大苦不以為患舍利弗
佛見此已便作是念我為衆生之父應拔其
苦難與无量无邊佛智慧樂令其遊戲舍利
弗如來復作是念若我但以神力及智慧力
捨於方便為諸衆生讚如來知見力无所畏
者衆生不能以是得度所以者何是諸衆生
未免生老病死憂悲苦惱而為三界火宅所
燒何由能解佛之智慧舍利弗如彼長者雖
復身手有力而不用之但以慇懃方便勉濟
諸子火宅之難然後各與珎寶大車如來亦
復如是雖有力无所畏而不用之但以智慧
方便於三界火宅拔濟衆生為說三乘聲聞

19

斯00592號　妙法蓮華經卷二　（30–09）

方便於三界火宅拔濟衆生爲說三乘聲聞
辟支佛佛乘而作是言汝等莫得樂住三界
火宅勿貪麁弊色聲香味觸也若貪著生愛
則爲所燒汝速出三界當得三乘聲聞辟支
佛佛乘我今爲汝保任此事終不虛也汝等
但當勤脩精進如來以是方便誘進衆生復
作是言汝等當知此三乘法皆是聖所稱歎
自在无繫无所依求乘是三乘以无漏根力
覺道禪定解脫三昧等而自娛樂便得无量
安隱快樂舍利弗若有衆生內有智性從佛
世尊聞法信受慇勤精進欲速出三界自求
涅槃是名聲聞乘如彼諸子爲求羊車出於
火宅若有衆生從佛世尊聞法信受慇勤精
進求自然慧樂獨善寂深知諸法因緣是名
辟支佛乘如彼諸子爲求鹿車出於火宅若
有衆生從佛世尊聞法信受勤脩精進求一
切智佛智自然智无師智如來知見力无所
畏愍念安樂无量衆生利益天人度脫一切
是名大乘菩薩求此乘故名爲摩訶薩如彼
諸子爲求牛車出於火宅舍利弗如彼長者
見諸子等安隱得出火宅到无畏處自惟財
富无量等以大車而賜諸子如來亦復如是
爲一切衆生之父若見无量億千衆生以佛

110

斯00592號　妙法蓮華經卷二　（30–10）

見諸子等安隱得出火宅到无畏處自惟財
富无量等以大車而賜諸子如來亦復如是
爲一切衆生之父若見无量億千衆生以佛
教門出三界苦怖畏險道得涅槃樂如來尒
時便作是念我有无量无邊智慧力无畏等
諸佛法藏是諸衆生皆是我子等與大乘不
令有人獨得滅度皆以如來滅度而滅度之
是諸衆生脫三界者悉與諸佛禪定解脫等
娛樂之具皆是一相一種聖所稱歎能生淨
妙第一之樂舍利弗如彼長者初以三車誘
引諸子然後但與大車寶物莊嚴安隱第一
然彼長者无虛妄之咎如來亦復如是无有
虛妄初說三乘引導衆生然後但以大乘而
度脫之何以故如來有无量智慧力无所畏
諸法之藏能與一切衆生大乘之法但不盡
能受舍利弗以是因緣當知諸佛方便力故
於一佛乘分別說三佛欲重宣此義而說偈
言
譬如長者　有一大宅　其宅久故　而復頓弊
堂舍高危　柱根摧朽　梁棟傾斜　基陛頹毀
牆壁圮坼　泥塗褫落　覆苫亂墜　椽梠差脫
周障屈曲　雜穢充遍　有五百人　止住其中
鵄梟鵰鷲　烏鵲鳩鴿　蚖蛇蝮蠍　蜈蚣蚰蜒

111

斯00592號　妙法蓮華經卷二　（30–11）

周障屈曲 雜穢充遍 有五百人 止住其中
鵄梟鵰鷲 烏鵲鳩鴿 蚖蛇蝮蝎 蜈蚣蚰蜒
守宫百足 狖狸鼷鼠 諸惡虫輩 交橫馳走
屎尿臭處 不淨流溢 蜣蜋諸虫 而集其上
狐狼野干 咀嚼踐蹋 嚌齧死屍 骨肉狼藉
由是羣狗 競來搏撮 飢羸慞惶 處處求食
鬪諍齟掣 啀喍嘷吠 其舍恐怖 變狀如是
處處皆有 魑魅魍魎 夜叉惡鬼 食噉人肉
毒虫之屬 諸惡禽獸 孚乳產生 各自藏護
夜叉競來 爭取食之 食之既飽 惡心轉熾
鬪諍之聲 甚可怖畏 鳩槃茶鬼 蹲踞土埵
或時離地 一尺二尺 往返遊行 縱逸嬉戲
捉狗兩足 撲令失聲 以脚加頸 怖狗自樂
復有諸鬼 其身長大 裸形黑瘦 常住其中
發大惡聲 叫呼求食 復有諸鬼 其咽如針
復有諸鬼 首如牛頭 或食人肉 或復噉狗
頭髮蓬亂 殘害兇險 飢渴所逼 叫喚馳走
夜叉餓鬼 諸惡鳥獸 飢急四向 窺看窻牖
如是諸難 恐畏無量 是朽故宅 屬于一人
其人近出 未久之間 於後舍宅 欻然火起
四面一時 其焰俱熾 棟梁椽柱 爆聲震裂
摧折墮落 墻壁崩倒 諸鬼神等 揚聲大叫
鵰鷲諸鳥 鳩槃茶等 周章惶怖

112

斯00592號　妙法蓮華經卷二　(30-12)

摧折墮落 墻壁崩倒 諸鬼神等 揚聲大叫
鵰鷲諸鳥 鳩槃茶等 周章惶怖 不能自出
惡獸毒虫 藏竄孔穴 毗舍闍鬼 亦住其中
薄福德故 為火所逼 共相殘害 飲血噉肉
野干之屬 並已前死 諸大惡獸 競來食噉
臭烟熢㶿 四面充塞 蜈蚣蚰蜒 毒蛇之類
為火所燒 爭走出穴 鳩槃茶鬼 隨取而食
又諸餓鬼 頭上火然 飢渴熱惱 周章悶走
其宅如是 甚可怖畏 毒害火災 衆難非一
是時宅主 在門外立 聞有人言 汝諸子等
先因遊戲 來入此宅 稚小無知 歡娛樂著
長者聞已 驚入火宅 方宜救濟 令無燒害
告喻諸子 說衆患難 惡鬼毒虫 災火蔓莚
衆苦次第 相續不絕 毒蛇蚖蝮 及諸夜叉
鳩槃茶鬼 野干狐狗 鵰鷲鵄梟 百足之屬
飢渴惱急 甚可怖畏 此苦難處 況復大火
諸子無知 雖聞父誨 猶故樂著 嬉戲不已
是時長者 而作是念 諸子如此 益我愁惱
今此舍宅 無一可樂 而諸子等 躭湎嬉戲
不受我教 將為火害 即便思惟 設諸方便
告諸子等 我有種種 珍玩之具 妙寶好車
羊車鹿車 大牛之車 今在門外 汝等出來
吾為汝等 造作此車 隨意所樂 可以遊戲

113

斯00592號　妙法蓮華經卷二　(30-13)

羊車鹿車 大牛之車 今在門外 汝等出來
吾為汝等 造作此車 隨意所樂 可以遊戲
諸子聞說 如此諸車 即時奔競 馳走而出
到於空地 離諸苦難 長者見子 得出火宅
住於四衢 坐師子座 而自慶言 我今快樂
此諸子等 生育甚難 愚小无知 而入險宅
多諸毒虫 魑魅可畏 大火猛焰 四面俱起
而此諸子 貪樂嬉戲 我已救之 令得脫難
是故諸人 我今快樂 尒時諸子 知父安坐
皆詣父所 而白父言 願賜我等 三種寶車
如前所許 諸子出來 當以三車 隨汝所欲
今正是時 唯垂給與 長者大富 庫藏衆多
金銀琉璃 車渠馬瑙 以衆寶物 造諸大車
莊校嚴飾 周帀欄楯 四面懸鈴 金繩交絡
真珠羅網 張施其上 金華諸瓔 處處垂下
衆綵雜飾 周帀圍繞 柔耎繒纊 以為茵蓐
上妙細疊 價直千億 鮮白淨潔 以覆其上
有大白牛 肥壯多力 形體姝好 以駕寶車
多諸儐從 而侍衛之 以是妙車 等賜諸子
諸子是時 歡喜踊躍 乘是寶車 遊於四方
嬉戲快樂 自在无礙
告舍利弗 我亦如是 衆聖中尊 世間之父

114

斯00592號　妙法蓮華經卷二　（30–14）

嬉戲快樂 自在无礙
告舍利弗 我亦如是 衆聖中尊 世間之父
一切衆生 皆是吾子 深著世樂 无有慧心
三界无安 猶如火宅 衆苦充滿 甚可怖畏
常有生老 病死憂患 如是等火 熾然不息
如來已離 三界火宅 寂然閑居 安處林野
今此三界 皆是我有 其中衆生 悉是吾子
而今此處 多諸患難 唯我一人 能為救護
雖復教詔 而不信受 於諸欲染 貪着深故
是以方便 為說三乘 令諸衆生 知三界苦
開示演說 出世間道 是諸子等 若心決定
具足三明 及六神通 有得緣覺 不退菩薩
汝舍利弗 我為衆生 以此譬喻 說一佛乘
汝等若能 信受是語 一切皆當 得成佛道
是乘微妙 清淨第一 於諸世間 為无有上
佛所悅可 一切衆生 所應稱讚 供養禮拜
无量億千 諸力解脫 禪定智慧 及佛餘法
得如是乘 令諸子等 日夜劫數 常得遊戲
與諸菩薩 及聲聞衆 乘此寶車 直至道場
以是因緣 十方諦求 更无餘乘 除佛方便
告舍利弗 汝諸人等 皆是吾子 我則是父
汝等累劫 衆苦所燒 我皆濟拔 令出三界
我雖先說 汝等滅度 但盡生死 而實不滅

115

斯00592號　妙法蓮華經卷二　（30–15）

汝等累劫衆苦所燒　我皆濟拔　令出三界
我雖先說　汝等滅度　但盡生死　而實不滅
今所應作　唯佛智慧　若有菩薩　於是衆中
能一心聽　諸佛實法　諸佛世尊　雖以方便
所化衆生　皆是菩薩　若人小智　深著愛欲
為此等故　說於苦諦　衆生心喜　得未曾有
佛說苦諦　真實无異　若有衆生　不知苦本
深著苦因　不能暫捨　為是等故　方便說道
諸苦所因　貪欲為本　若滅貪欲　无所依止
滅盡諸苦　名第三諦　為滅諦故　脩行於道
離諸苦縛　名得解脫　是人於何　而得解脫
但離虛妄　名為解脫　其實未得　一切解脫
佛說是人　未實滅度　斯人未得　无上道故
我意不欲　令至滅度　我為法王　於法自在
安隱衆生　故現於世
汝舍利弗　我此法印　為欲利益　世間故說
在所遊方　勿妄宣傳　若有聞者　隨喜頂受
當知是人　阿鞞跋致　若有信受　此經法者
是人已曾　見過去佛　恭敬供養　亦聞是法
若人有能　信汝所說　則為見我　亦見於汝
及比丘僧　并諸菩薩　斯法華經　為深智說
淺識聞之　迷惑不解　一切聲聞　及辟支佛
於此經中　力所不及　汝舍利弗　尚於此經

116

斯00592號　妙法蓮華經卷二　（30–16）

及比丘僧　并諸菩薩　斯法華經　為深智說
淺識聞之　迷惑不解　一切聲聞　及辟支佛
於此經中　力所不及　汝舍利弗　尚於此經
以信得入　況餘聲聞　其餘聲聞　信佛語故
隨順此經　非己智分　又舍利弗　憍慢懈怠
計我見者　莫說此經　凡夫淺識　深著五欲
聞不能解　亦勿為說　若人不信　毀謗此經
則斷一切　世間佛種　或復顰蹙　而懷疑惑
汝當聽說　此人罪報　若佛在世　若滅度後
其有誹謗　如斯經典　見有讀誦　書持經者
輕賤憎嫉　而懷結恨　此人罪報　汝今復聽
其人命終　入阿鼻獄　具足一劫　劫盡更生
如是展轉　至无數劫　從地獄出　當墮畜生
若狗野干　其形頷瘦　黧黮疥癩　人所觸嬈
又復為人　之所惡賤　常困飢渴　骨肉枯竭
生受楚毒　死被瓦石　斷佛種故　受斯罪報
若作駱駝　或生驢中　身常負重　加諸杖捶
但念水草　餘无所知　謗斯經故　獲罪如是
有作野干　來入聚落　身體疥癩　又无一目
為諸童子　之所打擲　受諸苦痛　或時致死
於此死已　更受蟒身　其形長大　五百由旬
聾騃无足　宛轉腹行　為諸小虫　之所唼食
晝夜受苦　无有休息　謗斯經故　獲罪如是

117

斯00592號　妙法蓮華經卷二　（30–17）

聾騃无足 宛轉腹行 為諸小虫之所唼食
晝夜受苦 无有休息 謗斯經故 獲罪如是
若得為人 諸根暗鈍 矬陋攣躄 盲聾背傴
有所言說 人不信受 口氣常臭 鬼魅所著
貧窮下賤 為人所使 多病痟瘦 无所依怙
雖親附人 人不在意 若有所得 尋復忘失
若脩醫道 順方治病 更增他疾 或復致死
若自有病 无人救療 設服良藥 而復增劇
若他反逆 抄劫竊盜 如是等罪 横羅其殃
如斯罪人 永不見佛 衆聖之王 說法教化
如斯罪人 常生難處 狂聾心亂 永不聞法
於无數劫 如恒河沙 生輒聾瘂 諸根不具
常處地獄 如遊園觀 在餘惡道 如己舍宅
駝驢猪狗 是其行處 謗斯經故 獲罪如是
若得為人 聾盲瘖瘂 貧窮諸衰 以自莊嚴
水腫乾痟 疥癩癰疽 如是等病 以為衣服
身常臭處 垢穢不淨 深着我見 增益瞋恚
婬欲熾盛 不擇禽獸 謗斯經故 獲罪如是
告舍利弗 謗斯經者 若說其罪 窮劫不盡
以是因緣 我故語汝 无智人中 莫說此經
若有利根 智慧明了 多聞強識 求佛道者
如是之人 乃可為說 若人曾見 億百千佛

118

斯00592號　妙法蓮華經卷二　（30–18）

若有利根 智慧明了 多聞強識 求佛道者
如是之人 乃可為說 若人曾見 億百千佛
殖諸善本 深心堅固 如是之人 乃可為說
若人精進 常脩慈心 不惜身命 乃可為說
若人恭敬 无有異心 離諸凡愚 獨處山澤
如是之人 乃可為說 又舍利弗 若見有人
捨惡知識 親近善友 如是之人 乃可為說
若見佛子 持戒清潔 如淨明珠 求大乘經
如是之人 乃可為說 若人无瞋 質直柔耎
常愍一切 恭敬諸佛 如是之人 乃可為說
復有佛子 於大衆中 以清淨心 種種因緣
譬喻言辭 說法无礙 如是之人 乃可為說
若有比丘 為一切智 四方求法 合掌頂受
但樂受持 大乘經典 乃至不受 餘經一偈
如是之人 乃可為說 如人至心 求佛舍利
如是求經 得已頂受 其人不復 志求餘經
亦未曾念 外道典籍 如是之人 乃可為說
告舍利弗 我說是相 求佛道者 窮劫不盡
如是等人 則能信解 汝當為說 妙法華經

妙法蓮華經信解品第四

尒時慧命須菩提 摩訶迦旃延 摩訶迦葉 摩
訶目揵連 從佛所聞未曾有法 世尊授舍利
弗阿耨多羅三藐三菩提記 發希有心 歡喜

119

斯00592號　妙法蓮華經卷二　（30–19）

尒時慧命須菩提摩訶迦栴延摩訶迦葉摩
訶目揵連從佛所聞未曾有法世尊授舍利
弗阿耨多羅三藐三菩提記發希有心歡喜
踊躍即從座起整衣服偏袒右肩右膝着地
一心合掌曲躬恭敬瞻仰尊顏而白佛言我
等居僧之首年並朽邁自謂已得涅槃无所
堪任不復進求阿耨多羅三藐三菩提世尊
往昔說法既久我時在座身體疲懈但念空
无相无作於菩薩法遊戲神通淨佛國土成
就衆生心不喜樂所以者何世尊令我等出
於三界得涅槃證又今我等年已朽邁於佛
教化菩薩阿耨多羅三藐三菩提不生一念
好樂之心我等今於佛前聞授聲聞阿耨多
羅三藐三菩提記心甚歡喜得未曾有不謂
於今忽然得聞希有之法深自慶幸獲大善
利无量珎寶不求自得世尊我等今者樂說
譬喻以明斯義譬若有人年既幼稚捨父逃
逝久住他國或十二十至五十歲年既長大
加復窮困馳騁四方以求衣食漸漸遊行遇
向本國其父先來求子不得中止一城其家
大富財寶无量金銀瑠璃珊瑚虎珀頗梨珠
等其諸倉庫悉皆盈溢多有僮僕臣佐吏民
象馬車乘牛羊无數出入息利乃遍他國商

120

斯00592號　妙法蓮華經卷二　（30–20）

等其諸倉庫悉皆盈溢多有僮僕臣佐吏民
象馬車乘牛羊无數出入息利乃遍他國商
估賈客亦甚衆多時貧窮子遊諸聚落經歷
國邑遂到其父所止之城父每念子與子離
別五十餘年而未曾向人說如此事但自思
惟心懷悔恨自念老朽多有財物金銀珎寶
倉庫盈溢无有子息一旦終沒財物散失无
所委付是以慇懃每憶其子復作是念我若
得子委付財物坦然快樂无復憂慮世尊尒
時窮子傭賃展轉遇到父舍住立門側遥見
其父踞師子牀寶几承足諸婆羅門剎利居
士皆恭敬圍繞以真珠瓔珞價直千万莊嚴
其身吏民僮僕手執白拂侍立左右覆以寶
帳垂諸華幡香水灑地散衆名華羅列寶物
出內取與有如是等種種嚴飾威德特尊窮
子見父有大力勢即懷恐怖悔來至此竊作
是念此或是王或是王等非我傭力得物之
處不如往至貧里肆力有地衣食易得若久
住此或見逼迫強使我作作是念已疾走而
去時富長者於師子座見子便識心大歡喜
即作是念我財物庫藏今有所付我常思念
此子无由見之而忽自來甚適我願我雖年
朽猶故貪惜即遣傍人急追將還尒時使者

121

斯00592號　妙法蓮華經卷二　（30–21）

此子无由見之而忽自来甚適我願我雖年
朽猶故貪惜即遣傍人急追將還尒時使者
疾走往捉窮子驚愕稱怨大喚我不相犯何
為見捉使者執之逾急强牽將還于時窮子自
念无罪而被囚執此必定死轉更惶怖悶
絶躃地父遥見之而語使言不須此人勿强
將来以冷水灑面令得醒悟莫復與語所以
者何父知其子志意下劣自知豪貴為子所難
審知是子而以方便不語他人云是我子使
者語之我今放汝随意所趣窮子歡喜得未
曾有從地而起往至貧里以求衣食尒時長
者將欲誘引其子而設方便密遣二人形
色憔悴无威德者汝可詣彼徐語窮子此有
作處倍與汝直窮子若許將来使作若言欲
何所作便可語之雇汝除糞我等二人亦共
汝作時二使人即求窮子既已得之具陳上
事尒時窮子先取其價尋與除糞其父見子
愍而怪之又以他日於窓牖中遥見子身羸
瘦憔悴糞土塵坌汙穢不淨即脫瓔珞細耎
上服嚴飾之具更著麁弊垢膩之衣塵土坌
身右手執持除糞之器狀有所畏語諸作人
汝等勤作勿得懈息以方便故得近其子又
復告言咄男子汝常此作勿復餘去當加汝

122

斯00592號　妙法蓮華經卷二　（30–22）

身右手執持除糞之器狀有所畏語諸作人
汝等勤作勿得懈息以方便故得近其子又
復告言咄男子汝常此作勿復餘去當加汝
價諸有所須瓫器米麪塩酢之屬莫自疑難
亦有老弊使人須者相給好自安意我如汝
父勿復憂慮所以者何我年老大而汝少壯
汝常作時无有欺怠瞋恨怨言都不見汝有
此諸惡如餘作人自今已後如所生子即時
長者更與作字名之為兒尒時窮子雖欣此
遇猶故自謂客作賤人由是之故於二十年
中常令除糞過是已後心相體信入出无難
然其所止猶在本處世尊尒時長者有疾自
知將死不久語窮子言我今多有金銀珍寶
倉庫盈溢其中多少所應取與汝悉知之我
心如是當體此意所以者何今我與汝便為
不異宜加用心无令漏失尒時窮子即受教
勑領知衆物金銀珍寶及諸庫藏而无悕取
一飡之意然其所止故在本處下劣之心亦
未能捨復經少時父知子意漸已通泰成就
大志自鄙先心臨欲終時而命其子并會親
族國王大臣剎利居士皆悉已集即自宣言
諸君當知此是我子我之所生於某城中捨
吾逃走伶俜辛苦五十餘年其本字某我名

123

斯00592號　妙法蓮華經卷二　（30–23）

族國王大臣刹利居士皆悉已集即自宣言
諸君當知此是我子我之所生於某城中捨
吾逃走跉跰辛苦五十餘年其本字某我名
某甲昔在本城懷憂推覓忽於此間遇會得
之此實我子我實其父今我所有一切財物
皆是子有先所出內是子所知世尊是時窮
子聞父此言即大歡喜得未曾有而作是念
我本无心有所悕求今此寶藏自然而至世
尊大富長者則是如來我等皆似佛子如來
常說我等為子世尊我等以三苦故於生死
中受諸熱惱迷惑无知樂著小法今日世尊
令我等思惟蠲除諸法戲論之糞我等於中
勤加精進得至涅槃一日之價既得此已心
大歡喜自以為足便自謂於佛法中勤精進
故所得弘多然世尊先知我等心著弊欲樂
於小法便見縱捨不為分別汝等當有如來
知見寶藏之分世尊以方便力說如來智慧
我等從佛得涅槃一日之價以為大得於此
大乘无有志求我等又因如來智慧為諸菩
薩開示演說而自於此无有志願所以者何
佛知我等心樂小法以方便力隨我等說而
我等不知真是佛子今我等方知世尊於佛
智慧无所悋惜所以者何我等昔來真是佛

124

斯00592號　妙法蓮華經卷二　（30–24）

佛知我等心樂小法以方便力隨我等說而
我等不知真是佛子今我等方知世尊於佛
智慧无所悋惜所以者何我等昔來真是佛
子而但樂小法若我等有樂大之心佛則為
我說大乘法此經中唯說一乘而昔於菩薩
前毀呰聲聞樂小法者然佛實以大乘教化
是故我等說本无心有所悕求今法王大寶
自然而至如佛子所應得者皆已得之尒時
摩訶迦葉欲重宣此義而說偈言
我等今日　聞佛音教　歡喜踊躍　得未曾有
佛說聲聞　當得作佛　无上寶聚　不求自得
譬如童子　幼稚无識　捨父逃逝　遠到他土
周流諸國　五十餘年　其父憂念　四方推求
求之既疲　頓止一城　造立舍宅　五欲自娛
其家巨富　多諸金銀　車𤦲馬瑙　真珠瑠璃
象馬牛羊　輦輿車乘　田業僮僕　人民衆多
出入息利　乃遍他國　商估賈人　无處不有
千万億衆　圍遶恭敬　常為王者　之所愛念
羣臣豪族　皆共宗重　以諸緣故　往來者衆
豪富如是　有大力勢　而年朽邁　益憂念子
夙夜惟念　死時將至　癡子捨我　五十餘年
庫藏諸物　當如之何　尒時窮子　求索衣食
從邑至邑　從國至國　或有所得　或无所得

125

斯00592號　妙法蓮華經卷二　（30–25）

豪富如是 有大力勢 而年朽邁 益憂念子
夙夜惟念 死時將至 癡子捨我 五十餘年
庫藏諸物 當如之何 尒時窮子 求索衣食
從邑至邑 從國至國 或有所得 或无所得
飢餓羸瘦 體生瘡癬 漸次經歷 到父住城
傭賃展轉 遂至父舍 尒時長者 於其門內
施大寶帳 處師子座 眷屬圍繞 諸人侍衛
或有計筭 金銀寶物 出內財產 注記券疏
窮子見父 豪貴尊嚴 謂是國王 若是王等
驚怖自怪 何故至此 覆自念言 我若久住
或見逼迫 強驅使作 思惟是已 馳走而去
借問貧里 欲往傭作 長者是時 在師子座
遙見其子 默而識之 即勑使者 追捉將來
窮子驚喚 迷悶躃地 是人執我 必當見殺
何用衣食 使我至此 長者知子 愚癡狹劣
不信我言 不信是父 即以方便 更遣餘人
眇目矬陋 无威德者 汝可語之 云當相雇
除諸糞穢 倍與汝價 窮子聞之 歡喜隨來
為除糞穢 淨諸房舍 長者於牖 常見其子
念子愚劣 樂為鄙事 於是長者 著弊垢衣
執除糞器 往到子所 方便附近 語令勤作
既益汝價 并塗足油 飲食充足 薦席厚暖
如是苦言 汝當勤作 又以軟語 若如我子

126

斯00592號　妙法蓮華經卷二 （30–26）

念子愚劣 樂為鄙事 於是長者 著弊垢衣
執除糞器 往到子所 方便附近 語令勤作
既益汝價 并塗足油 飲食充足 薦席厚暖
如是苦言 汝當勤作 又以軟語 若如我子
長者有智 漸令入出 經二十年 執作家事
示其金銀 真珠頗梨 諸物出入 皆使令知
猶處門外 止宿草菴 自念貧事 我无此物
父知子心 漸已廣大 欲與財物 即聚親族
國王大臣 剎利居士 於此大眾 說是我子
捨我他行 經五十歲 自見子來 已二十年
昔於某城 而失是子 周行求索 遂來至此
凡我所有 舍宅人民 悉以付之 恣其所用
子念昔貧 志意下劣 今於父所 大獲珍寶
并及舍宅 一切財物 甚大歡喜 得未曾有
佛亦如是 知我樂小 未曾說言 汝等作佛
而說我等 得諸无漏 成就小乘 聲聞弟子
佛勑我等 說最上道 修習此者 當得成佛
我承佛教 為大菩薩 以諸因緣 種種譬喻
若干言辭 說无上道 諸佛子等 從我聞法
日夜思惟 精勤修習 是時諸佛 即授其記
汝於來世 當得作佛 一切諸佛 祕藏之法
但為菩薩 演其實事 而不為我 說斯真要
如彼窮子 得近其父 雖知諸物 心不希取

127

斯00592號　妙法蓮華經卷二 （30–27）

但為菩薩 演其實事 而不為我 說斯真要
如彼窮子 得近其父 雖知諸物 心不悕取
我等雖說 佛法寶藏 自无志願 亦復如是
我等內滅 自謂為足 唯了此事 更无餘事
我等若聞 淨佛國土 教化衆生 都无欣樂
所以者何 一切諸法 皆悉空寂 无生无滅
无大无小 无漏无為 如是思惟 不生喜樂
我等長夜 於佛智慧 无貪无着 无復志願
而自於法 謂是究竟 我等長夜 脩習空法
得脫三界 苦惱之患 住最後身 有餘涅槃
佛所教化 得道不虛 則為已得 報佛之恩
我等雖為 諸佛子等 說菩薩法 以求佛道
而於是法 永无願樂 導師見捨 觀我心故
初不勸進 說有實利 如富長者 知子志劣
以方便力 柔伏其心 然後乃付 一切財物
佛亦如是 現希有事 知樂小者 以方便力
調伏其心 乃教大智 我等今日 得未曾有
非先所望 而今自得 如彼窮子 得无量寶
世尊我今 得道得果 於无漏法 得清淨眼
我等長夜 持佛淨戒 始於今日 得其果報
法王法中 久脩梵行 今得无漏 无上大果
我等今者 真是聲聞 以佛道聲 令一切聞
我等今者 真阿羅漢 於諸世間 天人魔梵

128

斯00592號　妙法蓮華經卷二　(30–28)

我等長夜 持佛淨戒 始於今日 得其果報
法王法中 久脩梵行 今得无漏 无上大果
我等今者 真是聲聞 以佛道聲 令一切聞
我等今者 真阿羅漢 於諸世間 天人魔梵
普於其中 應受供養 世尊大恩 以希有事
憐愍教化 利益我等 无量億劫 誰能報者
手足供給 頭頂禮敬 一切供養 皆不能報
若以頂戴 兩肩荷負 於恒沙劫 盡心恭敬
又以美饍 无量寶衣 及諸卧具 種種湯藥
牛頭栴檀 及諸珎寶 以起塔廟 寶衣布地
如斯等事 以用供養 於恒沙劫 亦不能報
諸佛希有 无量无邊 不可思議 大神通力
无漏无為 諸法之王 能為下劣 忍于斯事
取相凡夫 隨宜為說 諸佛於法 得最自在
知諸衆生 種種欲樂 及其志力 隨所堪任
以无量喻 而為說法 隨諸衆生 宿世善根
又知成熟 未成熟者 種種籌量 分別知已
於一乘道 隨宜說三

妙法蓮華經卷第二

垂拱四年十二月清信佛子王琳妻
高氏奉為亡女敬寫法華一部願
亡者[illegible]遍法界衆生共成佛道

29

斯00592號　妙法蓮華經卷二　(30–29)

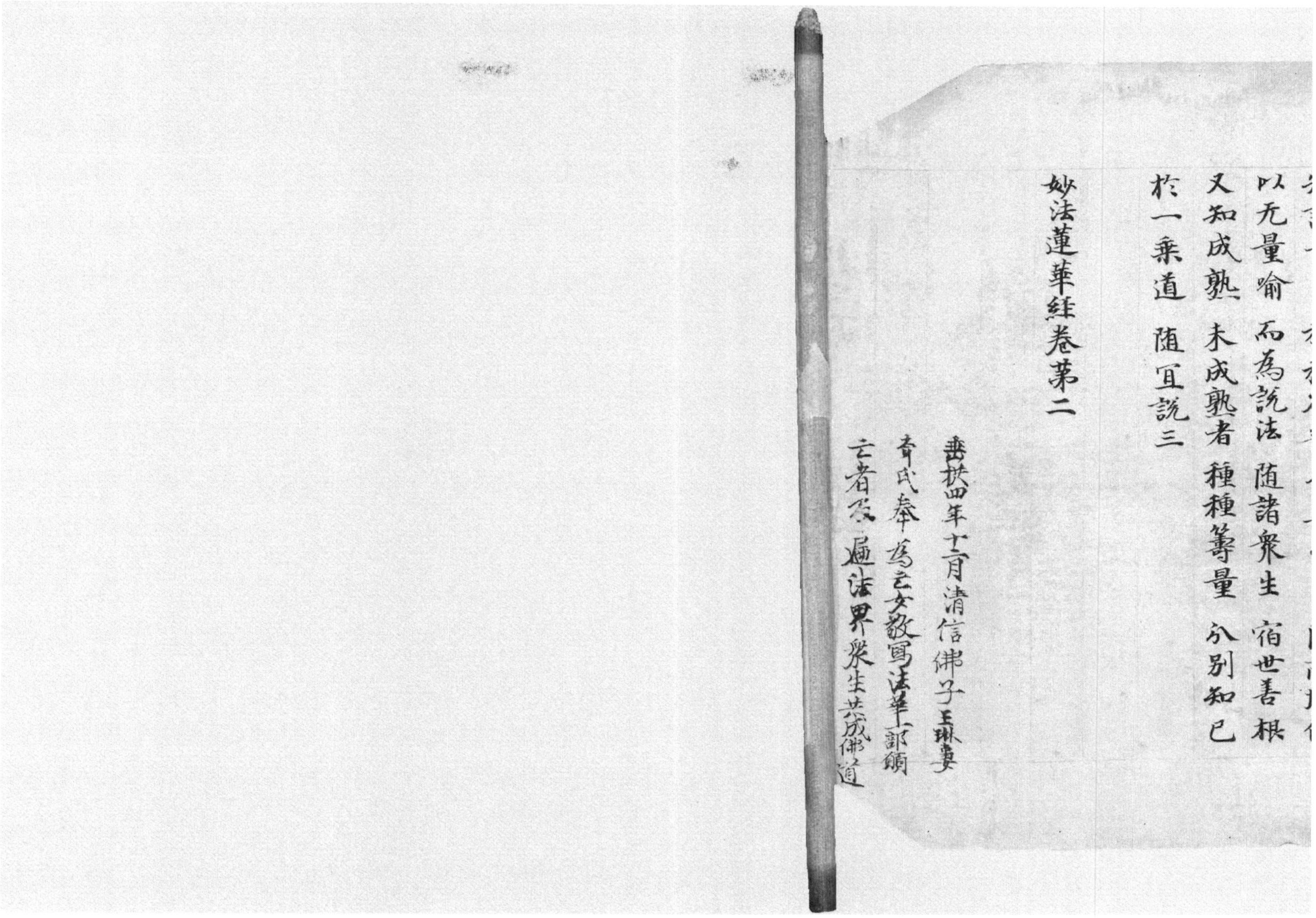

以无量喻　而為說法　随諸衆生　宿世善根
又知成熟　未成熟者　種種籌量　分別知已
於一乘道　随宜說三

妙法蓮華經卷第二

垂拱四年十二月清信佛子王琳妻
齊氏奉　為亡女敬寫法華一部願
亡者及遍法界衆生共成佛道

斯00592號　妙法蓮華經卷二　（30–30）

妙法蓮華經卷二
垂拱四年十二月清信佛子王琳
妻齊氏奉為亡女敬寫一部

1.V.

斯00592號背　勘記　（01–01）

何未住念无生
一切諸佛悉住
住一切諸法平等
諸佛向十種住
悉无有餘何等為
法界悉无有餘一
悉无有餘一切諸　切法界悉无
有餘一切諸佛知一切語言道悉无有餘一
切諸佛知一切世間成壞悉无有餘一切諸
佛知一切衆生及其智慧悉无有餘一切諸
佛知一切菩薩善根上中下相悉无有餘一
切諸佛知一切佛滿足智慧悉无有餘一切
諸佛知一切法皆從緣起悉无有餘一切諸
佛分別了知一切世界悉无有餘一切諸佛
智慧分別一切法界如因陁羅網悉无有餘
佛子是為一切諸佛知十種法悉无有餘佛
子一切諸佛有十種最勝力大力无量力大
功德力尊重力不退轉力堅固力不可壞力
一切世間不能思議力一切衆生不能壞力
大力那羅延幢佛所住法何等為十一切佛
身舉世安擴所不能壞諸佛命根世間諸毒
所不能害一切世界火劫起時不能燒熱水
劫起時不能浸溺風劫起時不能散壞一切
魔軍天龍夜叉乾闥婆阿脩羅迦樓羅緊那
羅摩睺羅伽羅剎毗舍遮人非人等一切衆

1

斯00593號　大方廣佛華嚴經(晉譯五十卷本異卷)卷二七　(28–01)

魔軍天龍夜叉乾闥婆阿脩羅迦樓羅緊那
羅摩睺羅伽羅剎毗舍遮人非人等一切衆
生悉而金剛如須弥山金剛圍山三千大千
世界尒所等雨雨於佛上不能令佛生怖畏
心一毛不竪行住坐卧威儀不改隨諸如來
所住方面金剛雨沛終不得下欲雨不雨隨
如來意佛所住持衆生及佛使命尚不可害
何況如來佛子是為一切諸佛等第一大力那
羅延幢佛所住法佛子一切諸佛一切法界
等世界中須弥山王金剛圍山大金剛圍山
一切大海一切諸山及一切衆生於一毛孔
悉能容持盡未來際劫一切衆生悉不自知
我住何所除佛神力一毛悉持一切衆生遍
遊十方无量世界行住坐卧而諸如來不生
苦惱厭惓之心威儀无異佛子譬如虛空容
持一切法界等世界不生苦惱厭惓之心一
切諸佛亦復如是於一毛孔容持无餘世界
一切衆生不生苦惱厭惓之心佛子是為一
切諸佛第二大力那羅延幢佛所住法佛子
一切諸佛一步能過不可說不可說世界微
塵等佛剎於一念中能行不可說不可說世
界微塵等步以如是步過一切世界微塵等
劫於念念中能過一切世界微塵等劫一金
剛圍山与上諸劫所過世界微塵佛剎等如
是等不可說不可說世界微塵數諸金剛圍

2

斯00593號　大方廣佛華嚴經(晉譯五十卷本異卷)卷二七　(28–02)

剛圍山与上諸劫所逕世界微塵佛刹等如
是等不可說不可說世界微塵數諸金剛圍
山內一毛孔一切毛孔亦復如是如來毛孔
悉与一切衆生毛孔數等以如是毛孔如是
遠步如是速疾遊行十方一切世界一切虛
空界盡過去未來際一切諸劫如是諸劫猶
可窮盡而諸如來身无羸弊心不退沒不捨
三昧一切佛事佛子是爲一切諸佛第三大
力那羅延幢佛所住法佛子一切諸佛一食
結跏趺坐盡過去未來際不可說不可說一
切劫身不傾動住不思議佛住受寂滅樂乃
至不鈇化一衆生以一切世界及一切衆生
安置如來一指端上盡未來際劫彼一一衆
生其身悉如不可說不可說佛刹微塵等世
界彼一一衆生其身重如一切世界而諸如
來身无疲惓心无苦惱如一指端一切指端
亦復如是入一一世界入虛空界入一切方
網如是一切處虛空界悉无有餘究竟法界
以一毛端量一切世界一一毛端處結跏趺
坐盡過去未來際劫佛子是爲一切諸佛第
四大力那羅延幢佛所住法佛子一切諸佛
於一身化不可說不可說佛刹微塵等頭
一一頭化不可說不可說佛刹微塵等舌一
一舌出不可說不可說佛刹微塵等音聲一
切法界衆生无不聞者一一音聲說不可說

3

斯00593號　大方廣佛華嚴經（晉譯五十卷本異卷）卷二七　（28–03）

一舌出不可說不可說佛刹微塵等音聲一
切法界衆生无不聞者一一音聲說不可說
不可說佛刹微塵等法脩多羅一ゝ脩多羅說
不ゝ可ゝ說ゝ佛刹微塵等法一ゝ法中說不
可說不可說佛刹微塵等句身味身如是說
法乃至盡不ゝ可ゝ說ゝ佛刹微塵等劫復
不ゝ可ゝ說ゝ佛刹微塵等劫說異句身味
身盡一切世界微塵等劫一切衆生念等劫
盡未來際一切劫此諸劫數猶可得盡如來
化身說法轉一切法猶如火輪自在智慧說
一切法轉正法輪除滅一切衆生疑惑轉正
法輪照一切法轉正法輪皆悉開發一切法
藏轉正法輪歡喜調伏莊嚴一切衆生轉正
法輪說諸菩薩莊嚴法行轉正法輪令大乘
智日圓滿莊嚴轉正法輪令一切无餘衆生
以大乘智而自莊嚴轉正法輪一切諸非无
畏而自莊嚴如一如來一化身轉如是等不
可辟喻法輪要一切法界虛空界等世界悉
以毛端周遍度量一一毛端處於念ゝ中化不ゝ
可ゝ說ゝ佛刹微塵等身乃至盡未來際劫
一一化佛身有不ゝ可ゝ說ゝ佛刹微塵等頭一
頭有不ゝ可ゝ說ゝ佛刹微塵等舌一一舌出不ゝ
可ゝ說ゝ佛刹微塵等音聲一一音聲說不ゝ可ゝ
說ゝ佛刹微塵等脩多羅一一脩多羅說不ゝ可
ゝ說ゝ佛刹微塵等法一ゝ法中說不ゝ可ゝ說ゝ佛刹

4

斯00593號　大方廣佛華嚴經（晉譯五十卷本異卷）卷二七　（28–04）

説〻佛刹微塵等佛多羅一佛多羅説不〻可
〻説〻佛刹微塵等法一〻法中説不〻可〻説〻佛刹
微塵等句身味身復不〻可〻説〻佛刹微
塵等劫説異句身味身音聲充滿法界一切
衆生无不聞者盡一切未來際劫常轉法輪
如来音聲无異无斷不可窮盡佛子是爲一
切諸佛第五大力那羅延幢佛所住法佛子
一切諸佛成就勝妙大莊嚴句德字相猶如
金剛不可破壞如来坐彼菩提樹下有无量
化魔王軍衆恚与一切衆生數等雜惡形色
甚可怖畏能發狂亂悉能恐怖一切世間如
是等衆充滿虚空法界等一切世界雜惡形
色甚可怖畏能發狂亂能令一切衆生怖畏
能壞一切世間能害一切衆生如来見已心
无恐怖一毛不竪顔无異容乃至不生一念
微畏之相心安不動形色无異遠離覺觀心
常寂靜究竟遠離一切恐怖除滅一切愛恚
煩惱安住佛住具足无等大慈之力住大悲
住諸根寂靜永離恐怖句德字相不可破壞
堅固真實一切諸魔〻天眷屬見如来已皆
悉歸依如来於彼三輪教化皆令調伏發菩
提心悉不退轉乃至令得无上菩提佛子是
爲一切諸佛第六大力那羅延幢佛所住法佛
子一切諸佛出无鄣导微妙音聲皆悉充滿
一切世界隨所應度无不聞者彼諸如来所
出音聲一切衆山所不能鄣須弥山王寶山

15

斯00593號　大方廣佛華嚴經(晉譯五十卷本異卷)卷二七　(28–05)

子一切諸佛出无鄣导微妙音聲皆悉充滿
一切世界隨所應度无不聞者彼諸如来所
出音聲一切衆山所不能鄣須弥山王寶山
小金剛圍山大金剛圍山所不能鄣天宮龍
宮夜叉乾闥婆阿脩羅迦樓羅緊那羅摩睺
羅伽人非人等一切宮殿所不能鄣一切世
界高大音聲〻不能鄣隨其所應皆悉聞之
无所鄣导佛子是爲一切諸佛第七大力那
羅延幢佛所住法佛子一切諸佛心无鄣导
於不〻可〻説〻億那由他劫心常清淨三
世諸佛離垢清淨同一莊嚴離我〻所於一
切法〻无所依非内非外非生非不生離一
切境界寂滅无處无所造作離種〻相除滅
一切虚妄取相自然清淨離諸境界无所憶
念隨順境界无諍之法離欲清淨住真實際
説法界際法界平等而无有盡一切衆生莫
能知者永離一切有爲无爲捨離一切言語
道境界究竟无导无盡法界隨智慧轉十方力莊
嚴淨一切法行巧方便説種〻法相即一法
相一切法相不相違背不壞三世於一切法
界究竟自在到於彼岸具足甚深自在法藏
一切方便離處正念安住十方一切佛刹而
无動轉具不死智盡一切漏究竟諸法證
於无漏心慧解脱究竟實際住无导住常
定无乱於三世法无有鄣导於一念中悉了
三世一切衆生心〻所行佛[illegible]

6

斯00593號　大方廣佛華嚴經(晉譯五十卷本異卷)卷二七　(28–06)

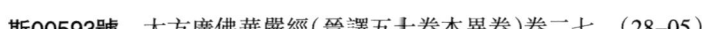

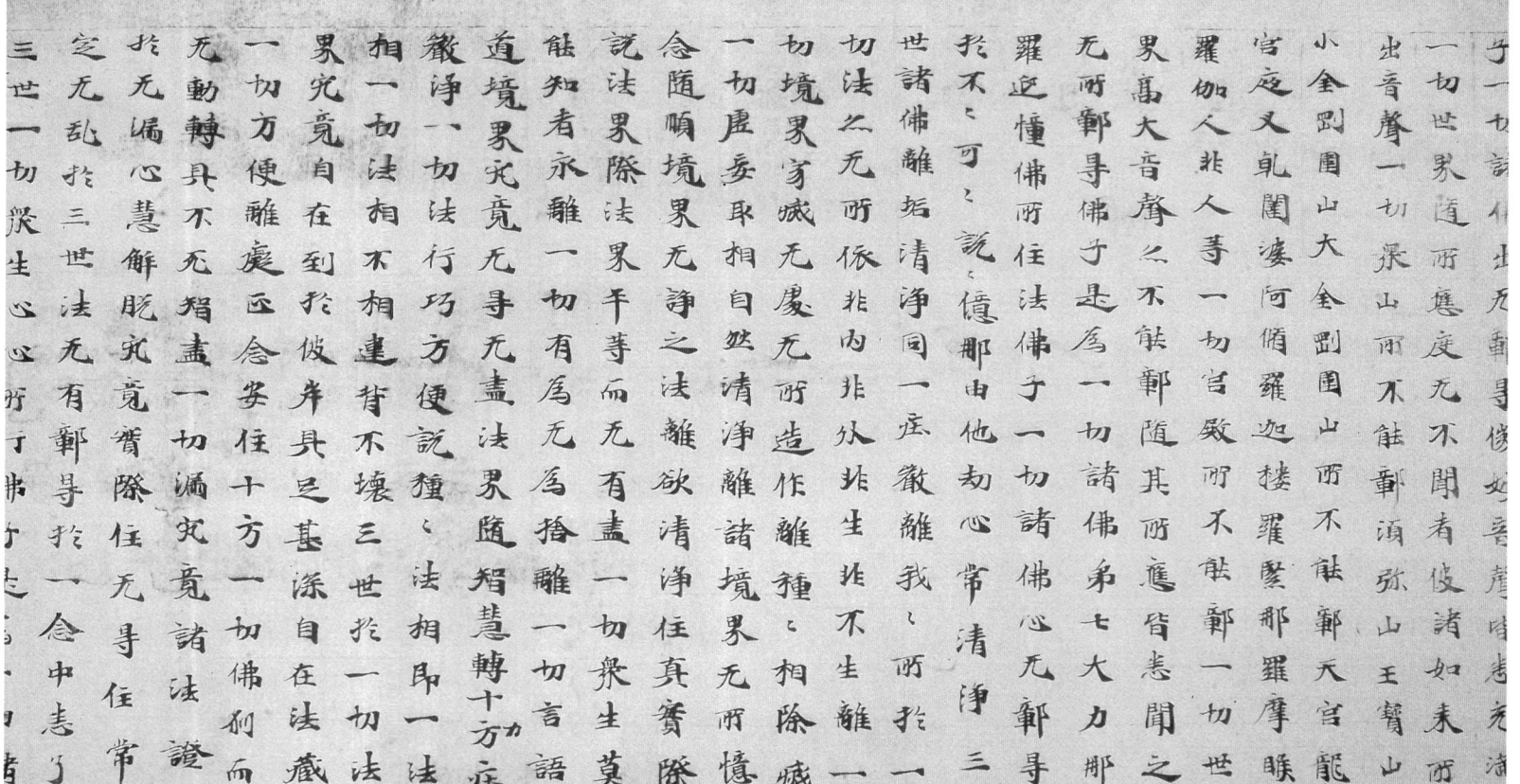

定无亂於三世法无有鄣㝵於一念中悉了
三世一切衆生心心所行佛子是為一切諸
佛第八大力那羅延幢佛所住法佛子一切
諸佛具足成就細密法身諸佛法身境界无
量一切世間所不能知於三界中无所染汙
隨因緣應一切普現非實非虛平等清淨非
去非來无為无壞清淨常住一相无相是法
身相非處非方一切身身自在无量妙色无
量攝一切身作種種身隨方便身普照一切
具足智藏而无種種分別其身充滿无餘世
界說一切法界雖動非動清淨法身非有非
无非方便非不方便隨衆生所應悉能示現
非滅非不滅亦非不現而化衆生一切功德
實所起之身一切法佛法起如如法身自然
寂靜於一切法无所鄣㝵隨順一切法界清
淨一切世間分別一切世間无有動轉无有
境界如來解脫攝一切智隨順一切身佛子
是為一切諸佛第九大力那羅延幢佛所住
法佛子一切諸佛正覺悉等出生一切諸菩
薩行所行不虛滿足深願淨菩薩行具足一
切菩薩行智一切諸佛修菩薩行悉无有異
善分別知一切菩薩行滿足菩薩諸大願海
離一切惡生諸善行修菩薩行皆悉清淨隨
順一切佛寂滅不放逸住一切三昧无量境

斯00593號　大方廣佛華嚴經(晉譯五十卷本異卷)卷二七　(28-07)

離一切惡生諸善行修菩薩行皆悉清淨隨
順一切佛寂滅不放逸住一切三昧无量境
界能教一切勝道速離一切惡道究竟彼岸
具足成就第一智力而无畏法而隨其所聞
悉能善答方便說法智慧平等周遍清淨身
口意業皆悉清淨住諸佛住諸佛種姓佛智
所作悉不退轉一切種智分別无量无邊諸
住一切智諸明隨順智慧不可思議一切世間
所不能解智慧明淨知一切法微細智慧无
量无邊善能分別一切三世智慧微妙覺悟
一切世界具足了知无上道義於一切世間
作不可說佛事智慧不退成就一切諸如來
身入等數智決定了知一切諸法捨離文字
言語道斷而善能說一切文字行淨善法滿
普賢智於一念中悉能覺了一切諸法隨淨
衆生隨所應來悉能法施以明淨智解一切
法境界一切世界境界一切衆生境界於一
念中悉能知見三世法界一切如來出世境
界一切教化境界未曾失時至於一切清淨
境界覺一切境界皆悉究竟於一念中覺悟
三世衆生心意識行諸佛平等衆生无邊世
界无邊法界无邊三世无邊一切諸佛自在
无邊覺如是等无有鄣㝵諸佛智慧諸佛自
在轉无量无邊諸佛所住住无㝵住无㝵心
住住大悲住廣說深法教化衆生心无休息

斯00593號　大方廣佛華嚴經(晉譯五十卷本異卷)卷二七　(28-08)

在轉无量无邊諸佛所住住无㝵住无㝵心
住〻大悲住廣記深法教化衆生心无休息
是爲一切諸佛弟十大力那羅延幢佛所住
法佛子是爲一切諸佛十種大力那羅延幢
佛所住法无量无邊不可思議三世一切衆生
聲聞緣覺皆不能知除佛神力佛子一切諸佛
有十種定法何等爲十一切諸佛定於兜率
天盡其壽命一切諸佛定示現處胎滿十月
生一切諸佛定捨宮館樂行出家一切諸佛
定坐菩提樹下覺一切法一切諸佛定一念
中覺一切佛法於一切世界普現如來神力
自在一切諸佛定隨時教化轉正法輪一切
諸佛定知隨時種諸善根爲彼受記一切諸
佛定隨應時不失佛事一切諸佛定知菩薩
功德具足而爲受記一切諸佛定隨衆生一
切問難於一念中悉能善答佛子是爲一切
諸佛十種定法佛子一切諸佛有十種法若
有衆生見如來者皆悉疾得十種果報何等
爲十若有衆生見如來者疾得遠離一切惡
道若有衆生見如來者疾得長養一切善根
若有衆生見如來者疾得滿足一切善根若
有衆生見如來者疾得住生淨妙天上若有
衆生見如來者疾得除滅一切疑惑若有衆
生見如來者已發菩提心者疾得不退轉未
發心者速發阿耨多羅三藐三菩提心若有

斯00593號　大方廣佛華嚴經(晉譯五十卷本異卷)卷二七　(28–09)

生見如來者已發菩提心者疾得不退轉未
發心者速發阿耨多羅三藐三菩提心若有
衆生見如來者未得離生聖道除滅有見速
令正取離生聖道若有衆生見如來者速令
清淨世間離世間一切諸根若有衆生見如
來者疾得除滅一切鄣㝵若有衆生見如來
者疾得无畏不斷辯才佛子是爲一切諸佛
衆生見者皆悉疾得十種果報佛子一切諸
佛有十種清淨法一切菩薩應常正念何等
爲十一切諸佛過去方便一切菩薩應常正
念一切諸佛清淨妙行一切菩薩應常正念一
切諸佛滿足波羅蜜一切菩薩應常正念一
切諸佛滿足大願一切菩薩應常正念一切
諸佛功德積聚一切菩薩應常正念一切諸
佛過去梵行一切菩薩應常正念一切諸佛
成等正覺一切菩薩應常正念一切諸佛色
身无量无邊一切菩薩應常正念一切諸佛
无量无邊神力境界一切菩薩應常正念一
切諸佛十力无畏一切菩薩應常正念佛子
是爲十一切諸佛十種清淨法一切菩薩應常
正念佛子一切諸佛有十種一切智住何等
爲十一切諸佛於一念中悉知一切法界三
世一切衆生心心所行一切諸佛於一念中
悉善分別三世一切衆生種〻業報一切諸

斯00593號　大方廣佛華嚴經(晉譯五十卷本異卷)卷二七　(28–10)

世一切衆生心心所行一切諸佛於一念中
悉善分別三世一切衆生種種業報一切諸
佛於一念中隨一切衆生所應度者或以神
之或以教誡或以說法而教化之一切諸佛
於一念中悉能善承一切法界十方衆生諸
心心相示現一切世間如來出世一切諸佛
於一念中隨一切法界中一切衆生悕望欲
性所應化度令見如來一切諸佛於一念中
示現一切法界中一切衆生如來住持神力
自在一切諸佛為一切法界中一切衆生說
一切佛離諸熾燃隨其所應化度衆生一切
諸佛於一念中以一切至處道悉知一切法
界中一切衆生彼彼諸趣一切諸佛於一念
中一切法界中一切方處一切衆生念如來
者悉令得見一切諸佛於一念中隨一切法
界中衆生心之所樂如來形色悉令得見佛
子是為一切諸佛十種一切智住佛子一切
諸佛有十種无量不可思議三昧何等為十
一切諸佛於一切法常定不亂於一念中為
一切衆生說一切法一切諸佛於一切法界
一切衆生常定不亂於一念中悉為衆生分
別演說无我實際一切諸佛於一切法界三
世諸法常定不亂於一念中入億三昧一切
諸佛於一切法界十方佛刹常定不亂於一

斯00593號　大方廣佛華嚴經(晉譯五十卷本異卷)卷二七　(28–11)

世諸法常定不亂於一念中入億三昧一切
諸佛於一切法界十方佛刹常定不亂於一
念中悉遍遊行於一切佛刹一切諸佛於一切
法界普現无量无邊佛種種身常定不亂於
一念中一切世界无不遍現一切諸佛身口
意業充滿一切法界常定不亂於一念中分
別演說一切衆生心藏欲性一切諸佛於一
切法界一切法性常定不亂於一念中悉能
究竟離欲實際一切諸佛於一切法界一切
世界緣起常定不亂於一念中分別演說一
切因緣一切諸佛於一切法界一切世間離
世間法常定不亂於一念中无量莊嚴為一
切衆生普現諸佛无有窮盡一切諸佛於一
切衆生一切法界正受无寻常定不亂於一
念中至諸佛趣无量解脫究竟彼岸佛子是
為一切諸佛十種无量无邊不可思議三昧
佛子一切諸佛有十種无寻解脫何等為十
一切諸佛於一微塵中悉能普現不ゝ可ゝ
說ゝ諸佛出世一切諸佛於一微塵中悉能
普現不ゝ可ゝ說ゝ諸佛轉淨法輪一切諸
佛於一微塵中教化調伏不ゝ可ゝ說ゝ衆
生一切諸佛於一微塵中普現不可說不可
說佛刹一切諸佛於一微塵中授不ゝ可ゝ
說ゝ菩薩記一切諸佛於一微塵中普現三

斯00593號　大方廣佛華嚴經(晉譯五十卷本異卷)卷二七　(28–12)

說佛剎一切諸佛於一微塵中授不〻可〻
說菩薩記一切諸佛於一微塵中普現三
世諸佛出世一切諸佛於一微塵中普現三
世一切佛剎一切諸佛於一微塵中普現三
世諸佛自在神力一切諸佛於一微塵中普
現三世一切衆生一切諸佛於一微塵中普
現三世一切諸佛〻〻事佛子是爲一切諸佛
十種无导解脫
大方廣佛華嚴經如來相海品第廿九
尒時普賢菩薩摩訶薩告諸菩薩言佛子諦
聽諦聽善思念之當爲汝說如來相海如來
頂上有大人相名曰明淨世二寶以爲莊嚴
普放无量大光明網遍照一切十方世界如
來頂上有大人相名曰普照佛方便海圓滿
雜寶以爲莊嚴種〻摩尼寶王莊嚴金剛光
明世界所起普照一切法界如來頂上有大
人相名充滿法界雲妙寶光明普照一切法
界一切世界如來功德智慧十方世界海雲
菩薩功德海雲如來頂上有大人相名曰普
照悉現不可思議諸佛世界金剛摩尼妙寶
光明觀无厭之如來寶華聚奮迅普照一切
法界佛寶光明如來頂上有大人相名瑠璃
寶普照一切法界大自在雲摩尼寶王相種
種莊嚴普照一切十方世界嘆佛功德因緣

斯00593號　大方廣佛華嚴經(晉譯五十卷本異卷)卷二七　(28–13)

法界佛寶光明如來頂上有大人相名瑠璃
寶普照一切法界大自在雲摩尼寶王相種
種莊嚴普照一切十方世界嘆佛功德因緣
所起悉放如來大寶光雲普照菩薩於道場
樹結跏趺坐普現菩薩自在神力覺如來力
普照一切十方佛剎六種震動於大法界虛
空中普現无量自在一切焰雲如來頂上有
大人相名曰平等如來音聲燈雲離垢寶海
放諸光明普照一切法界十方世界菩薩功
德海安立三世佛焰幢海如來頂上有大人
相名佛光廣雲伊那羅寶如意王寶摩尼王
寶以爲莊嚴普照一切世界法界菩薩光炎
燈雲普照一切如來妙色音聲海及世界海
淨佛力海如來有大人相名圓滿光明雲種〻
寶華莊嚴瑠璃摩尼寶王光明讚嘆法身及
諸菩薩一切十方世界海中嘆如來地令一
切衆生趣向如來諸力境界普現无量无邊
如來淨地離垢清淨放大光明照一切諸佛
世界如來有大人相名菩薩行藏光明雲无
量世界中如來放无量種〻色寶光明普照
一切法界佛剎出生无量如來妙音皆悉分
別演說如來甚深大法如來有大人相名普
照雲瑠璃伊陁羅金剛寶无量色清淨摩尼
寶莊嚴放瑠璃色光明皆悉遍照一切諸海
出佛无量微妙音聲充滿一切十方世界

斯00593號　大方廣佛華嚴經(晉譯五十卷本異卷)卷二七　(28–14)

寶莊嚴放瑠璃色光明皆悉遍照一切諸海
出佛无量微妙音聲充滿一切十方世界
普現一切佛智慧海无量化身如來有大人
相名日覺雲佛頂石面以雜寶華炎莊嚴於
一切世界莊嚴道場清淨一切法界世界令
一切虛妄皆悉解脫覺淨法界如來有大人
相名光明雲以心海王如意法寶莊嚴如來
頂相普照十方世界諸菩薩雲長養第上智
身法身行於一切如來相海滿足一切菩薩
法界雲如來有大人相名一切莊嚴雲金剛
瑠璃雲華普照莊嚴一切法界海世界衆寶蓮
華以爲莊嚴皆悉充滿一切法界四種菩薩
行自在師子吼充滿一切法界海如來有大
人相名佛三昧海行雲莊嚴一切法界海於
念念中普現无量如來莊嚴充滿一切不可
思議法界世界如來有大人相名化海普照
雲妙寶蓮華如須弥山王出生无量寶光明
海佛意所起盧舍那所化出生无量一切化海
如來有大人相名一切如來解脫雲離垢勝
寶以爲莊嚴普照莊嚴一切如來師子之坐
於其坐内悉現一切如來色像放大寶光明演
說无量佛法大海莊嚴一切諸佛刹海如來
有大人相名覺佛種姓雲於瑠璃華金寶蓮
華放无量寶正法光明雲嚴淨一切如來光
明普現一切清淨法界衆寶光明无壞解脫

15

斯00593號　大方廣佛華嚴經（晉譯五十卷本異卷）卷二七　（28–15）

有大人相名覺佛種姓雲於瑠璃華金寶蓮
華放无量寶正法光明雲嚴淨一切如來光
明普現一切清淨法界衆寶光明无壞解脫
遍入甚深諸法界海普現无量自在力海如
來有大人相名无量寶光明輪示現過去清
淨善根出生清淨智日普照十方智慧法海
如來有大人相名普照日在雲如來頂寶妙
解脫華瑠璃光明普照一切法界海佛悉現
一切諸佛刹海具足圓滿如來智慧如來有
大人相名入一切普照光明如來寶相清淨
莊嚴普照一切无量无邊如來菩薩妙智慧
藏一切法象如來有大人相名明淨雲寶華
瑠璃月放无量百千光明普照一切法界虛
空界一切佛刹普現十方一切如來如來有
大人相名覺光明雲一切寶光明普照一切法
界諸佛轉淨法輪悉放如來妙光明雲普照一
切十方世界如來有大人相名普現一切莊
嚴雲无量寶光明於一念中一切法界普現
一切菩薩坐於道場菩提樹下成等正覺又
能普現一切諸佛如來有大人相名法界日
雲如意妙寶莊嚴見无厭之放大寶光明網
普現一切衆生諸業報海如來有大人相名
日普照淨法輪雲能令如來正法清淨普照
莊嚴一切佛刹深解一切不思議法海普照

16

斯00593號　大方廣佛華嚴經（晉譯五十卷本異卷）卷二七　（28–16）

日普照淨法輪雲能令如來正法清淨普照
庄嚴一切佛刹深解一切不思議法海普照
過去未來現在諸佛法界出生无量如來化
身如來有大人相名普賢照諸佛海雲十方一
切世界海中悉離鄣㝵普見一切如來海雲
如來有大人相名淨燈雲方便深入一切衆
生一切菩薩一切如來不可思議法界海雲
普照一切法界覺雲如來有大人相名分別
法界雲如來智慧廣照佛地一切菩薩衆无
量法海无量佛刹令一切衆生入佛境界具
足普賢菩薩願行佛平等智一切諸明如來
有大人相名一切世界海安住普照雲一切
法界虛空界寶光明雲見无厭足者普現道場
一切菩薩諸如來身出生无量普功德雲如
來有大人相名一切寶光炎雲於佛眉間相
中出生无量淨寶光明普照一切十方世界
淨照一切諸佛菩薩行法王光明普照法界
悉能長養一切光明一切法界光明庄嚴普
照一切諸菩薩海如來力雲普照一切十方
佛刹如來有大人相名一切法界庄嚴雲如
來頂相隨次漸起閻浮檀金衆寶庄嚴放種
種金色光明於念念中普現一切世界諸佛
悉能普照一切佛刹庄嚴一切菩薩諸功德
藏如來頂相悉能庄嚴卅二相又能庄嚴一
切法界如來有大人相名普照法界遍光明

117

斯00593號　大方廣佛華嚴經(晉譯五十卷本異卷)卷二七　(28–17)

藏如來頂相悉能庄嚴卅二相又能庄嚴一
切法界如來有大人相名普照法界遍光明
雲佛眉間相悉能普照一切妙寶一切衆色
一切日月一切佛海出生十方无量光明海
庄嚴一切諸如來身演說一切如來法海如
來有大人相名自在雲佛清淨眼衆寶庄嚴
慧眼清淨於諸法界无所鄣㝵吉光明雲示
現一切如來有大人勝妙鼻相清淨衆寶以
爲庄嚴一切衆寶妙色爲覆佛寶華雲一切
菩薩无能思議悉知一切衆生諸佛法海如
來有大人廣長舌相悉能遍覆十方世界一
切海雲過去脩習善根所得一切寶王清淨
光明普照一切法界尸羅之心又照一切三
世諸佛悉能庄嚴一切法界出生无量微妙
音聲不思議寶以爲庄嚴普照无量諸光明
海佛妙音聲悉遍充滿一切法界諸世界海
如來有大人相名法界地雲舌掌安住一切衆
寶以爲庄嚴安住一切法出生十方諸佛具足
音聲悉能清淨一切佛刹分別一切諸佛不可
思議音聲海雲如來有大人相名順法界雲
舌端妙相金色淨寶以爲庄嚴出生无量金
色光明普照一切諸如來海大師子吼振妙
音聲悉皆遍至一切世界一切衆生无不聞
者於不思議劫脩行所得普現一切諸音聲
海普照一切衆生樂聞无有厭足如來有大

118

斯00593號　大方廣佛華嚴經(晉譯五十卷本異卷)卷二七　(28–18)

者於不思議劫脩行所得普現一切諸音聲
海普照一切衆生樂聞无有猒足如來有大
人相名平等法門雲佛舌端相令无量佛刹
皆如悉清淨如意妙寶以為庄嚴出生无量種
種音聲讚嘆一切諸佛法界普現一切菩薩
法界妙功德雲普覆一切諸佛菩薩深入一
切諸佛菩薩法悉現一切離垢衆寶清淨佛
刹悉能普照一切佛刹如來有大人斷蹤相
伊陁尼羅淨瑠璃寶以為庄嚴諸法界地悉
在其內諸菩薩雲皆悉充滿出生垢離妙寶
光明普照十方種〻香雲種〻燈雲普照菩
薩內諸樓閣分別一切諸佛刹海方便安住
自在神力普現不可思議諸法界雲如來有
大人相名佛大尒雲如來右面下大尒相衆
寶庄嚴放大光明輪普照法界及諸佛身普
放光明網照十方世界海及衆生海妙安隱
輪以為庄嚴如來有大人相名寶炎須弥藏
如來右面上大尒相如意寶王藏勝香炎雲
照以為庄嚴放寶光明與法界等一一光明內
普現一切諸佛自在一切佛刹庄嚴道場如
來有大人相名照一切寶須弥山燈雲如來
左面下大尒相分別解說一切諸相香華衆
寶妙方便輪以為庄嚴放寶光明雲普照一切
世界海普現一切佛蓮華藏師子之坐離垢
菩薩海雲眷屬圍遶如來有大人相名普照

119

斯00593號　大方廣佛華嚴經(晉譯五十卷本異卷)卷二七　(28–19)

寶妙方便輪以為庄嚴放寶光明雲普照一切
世界海普現一切佛蓮華藏師子之坐離垢
菩薩海雲眷屬圍遶如來有大人相名普照
佛雲如來左面上大尒相清淨衆寶及閻浮
檀寶網輪華以為庄嚴出生不可思議微妙
音聲普現一切如來自在神力成就一切
菩薩功德普照一切虛空及語言法无盡法
雲一切法海諸佛音聲及一切寶出生分別
一切諸佛衆妙音聲充滿法界如來有大人
相名金慕耆婆如來一一齒間出无量相海
門雲種〻色寶放大光明海閻浮檀金色普
照法界一切世界一切如〻來〻有大人相
名一切寶地雲如來右肩相一切寶色淨蓮
華色明淨寶色光炎普照一切菩薩內法藏
雲悉照一切如來法海如來右肩平滿大人
相清淨閻浮檀金色普照菩薩法輪法界及
照一切如意寶王如來有大人左肩相閻浮
檀蓮華色如來圓滿諸功德海以為庄嚴普
放无量諸光明網悉照一切世界法界示現
如來无量自在諸神力雲如來有大人相名
周遍普照雲如來左肩相衆寶庄嚴放閻浮
檀金色光明悉能充滿一切法界普照一切
諸如來海種〻寶香庄嚴一切諸佛刹海如
來有大人相名普照庄嚴雲如來右肩无有
動轉出生无量佛燈光明垂法界雲充滿菩

120

斯00593號　大方廣佛華嚴經(晉譯五十卷本異卷)卷二七　(28–20)

於金色光明[illegible][illegible]充滿一切法界普照一切
諸如來海種〻寶香庄嚴一切諸佛刹海如
來有大人相名普照庄嚴雲如來右肩无有
動轉出生无量佛燈光明垂法界雲充滿菩
薩衆普照庄嚴一切法界如來有大人相名
海頂雲如來咽有勝妙相海以為庄嚴柔濡
細滑種〻衆寶炎輪庄嚴周遍清淨開發甚
深法海音聲如來有大人相名勝妙相續普
現雲如來右脇勝妙清淨法界輪地以為庄
嚴清淨寶網而彌覆之出生无量如來化雲
普照一切十方法世界如來有大人相名普現
如來雲勝妙功德藏菩薩功德寶天冠普照
極高雲離垢清淨普現十方无量諸佛自在
神力開示三世一切諸佛法海淨行坐於道
場菩提樹下成等正覺如來有大人相名開
敷華雲如來勝妙功德相續衆妙寶華寶輪
庄嚴放香炎光明普現一切蓮華形色世
界如來有大人相名可悅樂金色雲一切寶
王藏勝妙功德相續一切寶心王藏放摩尼
寶光明輪離垢清淨猶大島頸普照一切諸
佛內方便功德藏普照一切法界如來有大
人相名勝海雲勝上虛空寶放香光明普照
十方一切道場圓滿瑠璃寶香燈𦦨充滿十
方如來有大人相名電光雲下第二勝功德
千等地相蓮華右旋淨菩薩衆生寶蓮華放
佛藏光明普照法界海如來有大人相名普

121

斯00593號　大方廣佛華嚴經(晉譯五十卷本異卷)卷二七　(28–21)

十方一切道場圓滿瑠璃寶香燈𦦨充滿十
方如來有大人相名電光雲下第二勝功德
千等地相蓮華右旋淨菩薩衆生寶蓮華放
佛藏光明普照法界海如來有大人相名普
現法界雲第二勝相海具足成滿一切寶海
刹普照開現无量菩薩法界如來有大人相
名普照寂高雲第四勝相海放離垢衆寶光
明海普照一切法界一切如來一切世界庄
嚴一切衆生海如來有大人相名轉一切法
輪妙音聲雲下分勝相離垢清淨一切正法
道音炎光明照一切佛內心相海一切法界
如來有大人相名庄嚴雲第十勝相宣暢十
方一切諸佛菩薩淨行覺悟離垢清淨光明
三世諸佛一切智海庄嚴一切諸佛刹海如
來有大人手掌相具足千輻寶輪種〻衆寶
以為庄嚴放大光明普照法界轉正法輪普
照一切諸如來海充滿一切佛功德海種〻
妙寶庄嚴法界如來有大人相名海照雲如
來寶手衆寶庄嚴普放淨月光明炎雲庄嚴
虛空如來菩薩諸世界海讚嘆菩薩行海如
來有大人相名普庄嚴雲如來妙手因陁尼
羅瑠璃寶華以為庄嚴普照一切法界一切
世界蓮華藏菩薩安住寶藏庄嚴十方一切
道場普照一切諸佛海雲清淨法身如來有
大人相名離垢燈普照雲淨寶光明放淨光

122

斯00593號　大方廣佛華嚴經(晉譯五十卷本異卷)卷二七　(28–22)

道場普照一切諸佛海雲清淨法身如來有
大人相名離垢燈普照雲淨寶光明放淨光
網普照十方皆悉出生變化網雲莊嚴菩薩
淨寶光明究竟一切諸法行海到於彼岸如
來有大人相名普照現一切衆寶雲寶藏海雲
莊嚴如來蓮華充滿一切衆寶蓮華放寶光
明雲普照一切法界如來有大人相名普照
明淨雲放寶炎光明海照於法界一切衆香
光炎莊嚴普現寶華炎光令一切佛世界網
悉淨莊嚴普照一切道場如來有大人相名
瑠璃燈雲一切世界衆寶色地普照莊嚴皆
放諸佛金色光明以為一切莊嚴而莊挍之於
一念中皆悉示現一切法門如來有大人相
名智慧燈雲金剛寶華以為莊嚴放閻浮檀
金色光明普照一切世界如來有大人相名
安住蓮華光明雲衆寶妙華以為莊嚴放大
光明網覆一切世界諸須弥山如來有大人
相名充滿法界如來雲離垢淨寶以為莊嚴
放大光明普照一切諸佛世界悉見如來坐
蓮華藏師子之坐又復普照一切法界現一
切相如來妙手普現一切自在之相千輻相
輪清淨具足種種衆寶以為莊嚴佛手充滿
一切刹雲普照一切諸法界雲如來有大人
相名日成就佛刹海雲佛右手指寶相清淨

斯00593號　大方廣佛華嚴經(晉譯五十卷本異卷)卷二七　(28–23)

一切刹雲普照一切諸法界雲如來有大人
相名日成就佛刹海雲佛右手指寶相清淨
法界清淨光炎普照如淨水月出衆寶華出
生一切妙寶音聲普現一切諸佛刹海如來
來有大人相名安住一切寶雲普照諸佛寶
藏法界於佛指相出生如意妙寶王雲衆寶
莊嚴放大光明網普照一切法界雲及諸佛
雲普照莊嚴一切菩薩諸功德海出生普賢
菩薩淨行妙音聲海一切佛刹无不聞者又
開發普照諸菩薩心皆悉滿足无量大願摩
尼寶王以為莊嚴種種日光輪皆悉普照一
切法界如來有大人寶馬藏相隱密於右衆
寶莊嚴普照一切法界及虛空界一切衆寶
莊嚴法界海出生一切如來莊嚴微妙音聲
如來有大人相名日一相現一切相海雲如
來安處福田之坐一切衆寶以為莊嚴出生
无量不可思議妙寶光明普照十方一切法
界普現分別一切衆相現一相雲照現一切
諸佛自在神力如來有大人相名一切法界
海雲普照十方諸如來坐及一切法界法輪
法海悉能示現一切相雲如來有大人相名
普示現雲如來右膝衆寶莊嚴放於妙法種
種香光隨順安住出諸音聲一切寶王以為
莊嚴於念念中悉能示現心王海雲如來有
大人相名普照一切迴向海雲如來左膝悉

斯00593號　大方廣佛華嚴經(晉譯五十卷本異卷)卷二七　(28–24)

種香光隨順安住出諸音聲一切寶王以爲
庄嚴於念念中悉能示現心王海雲如來有
大人相名普照一切迴向海雲如來左脇悉
遍充滿一切寶海隨順安住法海庄嚴放一
切光明海悉能普照一切衆生无量佛海如
來有大人相伊尼延右蹲放閻浮檀金色光
明普照一切世界震動无量諸佛刹土出佛
音聲一切普聞出生无量菩薩化身充滿一
切諸佛世界及虛空界放明淨光庄明嚴普
照一切令諸佛刹皆悉清淨菩薩變化藏諸
法界雲猶若虛空如來有大人相伊尼延左
蹲如練金色常放一切妙寶光明充滿无量
諸佛世界開發一切諸佛法化庄嚴无量諸
佛法海如來有大人相名毛端內現一切佛
刹於一毛孔悉放一切寶光明藏普照十方
一切法界於一毛孔示現一切如來自在諸
法界雲如來有大人相名菩薩海庄嚴雲如
來金剛足下閻浮檀金色放一切寶光明綱
充滿十方諸佛刹雲開發一切菩薩法化出
生无量菩薩變化放一切寶香光明住菩薩
海能於一步遍諸佛刹如來有大人相名明
淨雲佛足趺上一切衆寶以爲庄嚴放妙寶
光明示現一切諸佛菩薩大光明藏普照无
量諸如來雲如來有大人相名曰覺雲普覆

斯00593號　大方廣佛華嚴經(晉譯五十卷本異卷)卷二七　(28–25)

淨雲佛足趺上一切衆寶以爲庄嚴放妙寶
光明示現一切諸佛菩薩大光明藏普照无
量諸如來雲如來有大人相名曰覺雲普覆
一切如來指開衆寶王庄嚴放諸寶光於念
念中示現一切諸佛自在普照无量諸佛法
海示現一切道場悉照未來无量際劫如來
有大人相名曰遍照法界海雲如來足下千
輻相輪種種庄嚴放百千衆寶光明普照一
切法界諸世界海衆寶燈炎妙庄嚴藏普照
十方一切諸佛无量音光以爲庄嚴普照一
切淨法界海如來有大人相名示現一切諸
佛海雲清淨如空照諸法海充滿十方發起
一切諸菩薩雲出妙音聲雲衆寶華雲以爲
庄嚴香燈光炎示現普照一切世界如來有
大人相名自在光明雲衆寶庄嚴示現一切
諸佛光明淨法界海及諸道場常放如來焰
慧光明一切衆相悉爲一相法界无雜種
種庄嚴如來有大人相名法界海音聲雲如
來足下後分衆寶庄嚴普照一切諸法界海
一切諸佛自在庄嚴普入化輪覆一切法界
於一身出生法界妙音聲雲如來有大人相
名深寶亘底衆寶庄嚴放閻浮檀金色圓滿
光明普照十方世界法界顯現一切庄嚴道
場如來有大人相名一切寶月光明伊那尼
羅寶藏庄嚴照法界雲於念念中悉能示現

斯00593號　大方廣佛華嚴經(晉譯五十卷本異卷)卷二七　(28–26)

一切諸佛自在莊嚴[illegible]化輪雲一切法界
於一一身出生法界妙音聲雲如來有大人相
名深寶匝底衆寶莊嚴放閻浮檀金色圓滿
光明普照十方世界法界顯現一切莊嚴道
場如來有大人相名一切寶月光明伊那尼
羅寶藏莊嚴照法界雲於念念中悉能示現
如來法海如來有大人名相普雲藏右虛空
寶雲峯高寶光照一切佛道場坐藏金剛伊
那尼羅寶顯現莊嚴如來有大人相名平等
光雲衆寶妙華以爲莊嚴出生甚深法界音
聲遍一切法界及虛空界於一一相普照一
切諸如來海入佛甚深自在菩薩法界海說
不可盡如來有大人相名示現莊嚴雲清淨
閻浮檀金色衆寶莊嚴普放種種妙色光明
遍照一切莊嚴佛剎佛雲充滿无量世界莊
嚴菩薩自在法海普照一切諸佛功德及諸
菩薩解脫之藏莊嚴法界如來有大人相名
諸佛自在普示現雲轉諸寶輪衆寶莊嚴放
不思議如來光明妙香普聞一切世界无量
佛海演出一切佛音聲海於諸世界現菩薩
門佛自在雲佛子於佛身中有如是等十蓮
華藏世界海微塵數佛大人相於諸支節種
種妙寶以爲莊嚴

華嚴經卷第廿七

127

斯00593號　大方廣佛華嚴經(晉譯五十卷本異卷)卷二七　(28–27)

華藏世界海微塵數佛大人相於諸支節種
種妙寶以爲莊嚴

華嚴經卷第廿七

尚生書

十九紙

一校竟

128

斯00593號　大方廣佛華嚴經(晉譯五十卷本異卷)卷二七　(28–28)

斯00593號背　勘記　（01–01）

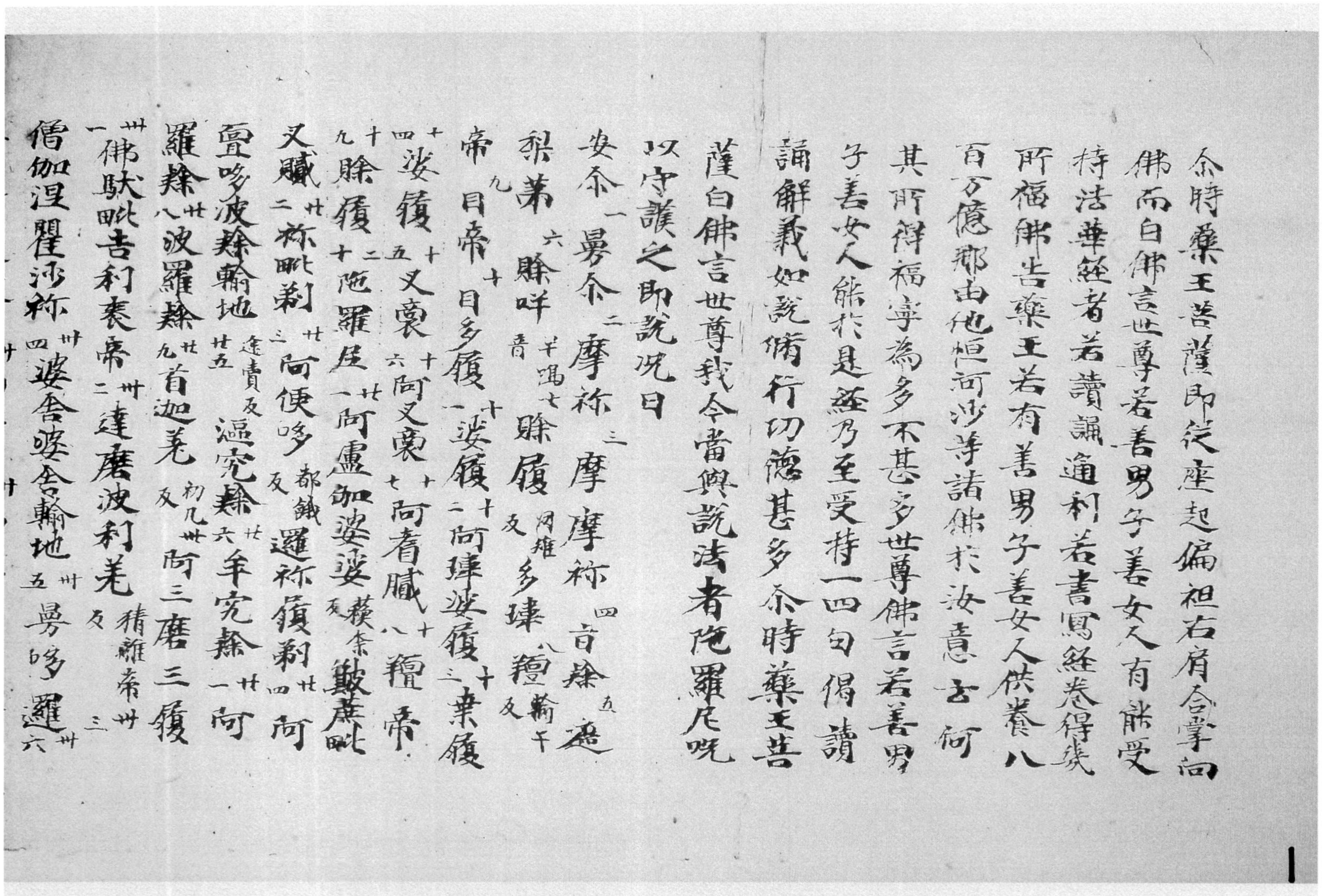

斯00594號　妙法蓮華經卷七　（15–01）

卌一佛䭾毗吉利袠帝 卌二 達磨波利差 猜離反 卌三
僧伽涅瞿沙祢 卌四 婆舍婆舍輸地 卌五 曼哆邏 卌六
曼哆邏叉夜多 卌七 郵樓哆 卌八 郵樓哆僑舍略
卌九 惡叉邏 卌 惡叉治多治 卌一 阿婆盧 卌二 阿摩若
荏蔑反 那多夜 卌三
世尊是陁羅尼神呪六十二億恒河沙等諸
佛所說若有侵毀此法師者則為侵毀是諸
佛已時釋迦牟尼佛讃藥王菩薩言善哉善
哉藥王汝愍念擁護此法師故說是陁羅尼
於諸衆生多所饒益尒時勇施菩薩白佛言
世尊我亦為擁護讀誦受持法華經者說陁
羅尼若此法師得是陁羅尼若夜叉若羅刹
若富單那若吉蔗若鳩槃茶若餓鬼等伺求
其短无能得便即於佛前而說呪曰
痤 揩鏍反 隸 一 摩訶痤隸 二 郁枳 三 目枳 四 阿隸
五 阿羅婆第 六 涅隸第 七 涅隸多婆第 八 伊
緻 猪履反 柅 九 韋緻柅 十 旨緻柅 十一 涅隸墀柅 十二
涅犁墀婆底 十三
世尊是陁羅尼神呪恒河沙等諸佛所說亦
皆隨喜若有侵毀此法師者則為侵毀是諸
佛已尒時毗沙門天王護世者白佛言世尊我

皆隨喜若有侵毀此法師者則為侵毀是諸
佛已尒時毗沙門天王護世者白佛言世尊我
亦為愍念衆生擁護此法師故說是陁羅
尼即說呪曰
阿梨 一 那梨 二 㝹那梨 三 阿那盧 四 那履 五
拘那履 六
世尊以是神呪擁護法師我亦自當擁護持
是經者令百由旬内无諸衰患尒時持國天
王在此會中與千万億那由他乾闥婆衆恭
敬圍繞前詣佛所合掌白佛言世尊我亦以
陁羅尼神呪擁護持法華經者即說呪曰
阿伽祢 一 伽祢 二 瞿利 三 乾陁利 四 旃陁利
五 摩蹬耆 六 常求利 七 浮樓莎柅 八 頞底 九
世尊是陁羅尼神呪四十二億諸佛所說若
有侵毀此法師者則為侵毀是諸佛已尒時
有十羅刹女等一名藍婆二名毗藍婆三名曲
齒四名華齒五名黑齒六名多髮七名无猒
足八名持瓔珞九名睪帝十名奪一切衆生
精氣是十羅刹女與鬼子母并其子及眷屬
俱詣佛所同聲白佛言世尊我等亦欲擁護
讀誦受持法華經者除其衰患若有伺求法
師短者令不得便即於佛前而說呪曰

讀誦受持法華經者除其衰患若有伺求法
師短者令不得便即於佛前而說呪曰
伊提履一 伊提泯二 伊提履三 阿提履四 伊提
履五 泥履六 泥履七 泥履八 泥履九 泥履十
樓醯十一 樓醯十二 樓醯十三 樓醯十四 多醯十五
多醯十六 多醯十七 兜醯十八 㝹醯十九
寧上我頭上莫惱於法師若夜叉若羅剎若
餓鬼若富單那若吉蔗若毗陁羅若揵䭾若
烏摩勒伽若阿䟦摩羅若夜叉吉蔗若人吉
蔗若熱病若一日若二日若三日若四日若
至七日若常熱病若男形若女形若童男形
若童女形乃至夢中亦復莫惱即於佛前而
說偈言
若不順我呪　惱亂說法者　頭破作七分　如阿梨樹枝
如煞父母罪　亦如壓油殃　斗秤欺誑人　調達破僧罪
犯此法師者　當獲如是殃
諸羅剎女說此偈已白佛言世尊我等亦當
身自擁護受持讀誦脩行是經者令得安
隱離諸衰患消衆毒藥佛告諸羅剎女善
哉善哉汝等但能擁護受持法華名者福不可量
何況擁護具足受持供養經卷華香瓔珞末香

斯00594號　妙法蓮華經卷七　（15–04）

哉善哉汝等但能擁護受持法華名者福不可量
何況擁護具足受持供養經卷華香瓔珞末香
塗香燒香幡蓋伎樂然種種燈蘇燈油燈
諸香油燈蘇摩那華油燈瞻蔔華油燈婆師
迦華油燈優鉢羅華油燈如是等百千種供
養者睪帝汝等及眷屬應當擁護如是法師
說是陁羅尼品時六万八千人得无生法忍
妙法蓮華經妙莊嚴王本事品第廿七
尒時佛告諸大衆乃往古世過无量无邊不
可思議阿僧祇劫有佛名雲雷音宿王華智
多陁阿伽度阿羅訶三藐三佛陁國名光明
莊嚴劫名憙見彼佛法中有王名妙莊嚴其
王夫人名曰淨德有二子一名淨藏二名淨
眼是二子有大神力福德智慧久脩菩薩所
行之道所謂檀波羅蜜尸羅波羅蜜羼提波
羅蜜毗梨耶波羅蜜禪波羅蜜般若波羅蜜
方便波羅蜜慈悲喜捨乃至三十七品助道法
皆悉明了通達又得菩薩淨三昧日星宿三
昧淨光三昧淨色三昧淨照明三昧長莊
嚴三昧大威德藏三昧於此三昧亦悉通達
尒時彼佛欲引導妙莊嚴王及愍念衆生故

斯00594號　妙法蓮華經卷七　（15–05）

尒時彼佛欲引導妙莊嚴王及愍念衆生故
說是法華經時淨藏淨眼二子到其母所合
十指爪掌白言願母往詣雲雷音宿王華智
佛所我等亦當侍從親近供養礼拜所以者
何此佛於一切天人衆中說法華經宜應聽
受母告子言汝父信受外道深著婆羅門法
汝等應往白父與共俱去淨藏淨眼合十指
爪掌白母我等是法王子而生此耶見家母
告子言汝等當憂念汝父為現神變若得見
者心必清淨或聽我等往至佛所於是二子
念其父故踊在虛空高七多羅樹現種種神
變於虛空中行住坐卧身上出水身下出火
身下出水身上出火或現大身滿虛空中而
復現小小復現大於空中滅忽然在地入地
如水履水如地現如是等種種神變令其父
王心淨信解時父見子神力如是心大歡喜
得未曾有合掌向子言汝等師為是誰誰之
弟子二子白言大王彼雲雷音宿王華智佛
今在七寶菩提樹下法座上坐於一切世間
天人衆中廣說法華經是我等師我是弟
子父語子言我今亦欲見汝等師可共俱往於

16

斯00594號　妙法蓮華經卷七　（15-06）

子父語子言我今亦欲見汝等師可共俱往於
是二子從空中下到其母所合掌白母父王
今已信解堪任發阿耨多羅三藐三菩提心
我等為父已作佛事願母見聽於彼佛所出
家脩道尒時二子欲重宣其意以偈白母
願母放我等　出家作沙門　諸佛甚難值　我等隨佛學
如優曇波羅　值佛復難是　脫諸難亦難　願聽我出家
母即告言聽汝出家所以者何佛難值故於
是二子白父母言善哉父母願時往詣雲雷
音宿王華智佛所親近供養所以者何佛難
得值如優曇波羅華又如一眼之龜值浮木
孔而我等宿福深厚生值佛法是故父母當
聽我等令得出家所以者何諸佛難值時亦
難遇彼時妙莊嚴王後宮八万四千人皆悉
堪任受持是法華經淨眼菩薩於法華三昧
久已通達淨藏菩薩已於无量百千万億劫
通達離諸惡趣三昧欲令一切衆生離諸惡
趣故其王夫人得諸佛集三昧能知諸佛秘
密之藏二子如是以方便力善化其父令心
信解好樂佛法於是妙莊嚴王與群臣眷屬
俱淨德夫人與後宮婇女眷屬俱其王二子

17

斯00594號　妙法蓮華經卷七　（15-07）

俱淨德夫人與後宮采女眷屬俱其王二子
與四万二千人俱一時共詣佛所到已頭面
礼足遶佛三帀却住一面尒時彼佛為王說
法示教利喜王大歡悅尒時妙莊嚴王及其
夫人解頸真珠瓔珞價直百千以散佛上於
虛空中化成四柱寶臺臺中有大寶牀敷百
千万天衣其上有佛結跏趺坐放大光明尒
時妙莊嚴王作是念佛身希有端嚴殊特成
就第一微妙之色時雲雷音宿王華智佛告
四衆言汝等見是妙莊嚴王於我前合掌立
不此王於我法中作比丘精懃脩習助佛道
法當得作佛号娑羅樹王國名大光劫名大
高王其娑羅王佛有无量菩薩衆及无量
聲聞其國平正功德如是其王即時以國付
弟王與夫人二子并諸眷屬於佛法中出家修
道王出家已於八万四千歲常懃精進脩行
妙法華經過是已後得一切淨功德莊嚴三
昧即昇虛空高七多羅樹而白佛言世尊此
我二子已作佛事以神通變化轉我邪心令
得安住於佛法中得見世尊此二子者是我
善知識為欲發起宿世善根饒益我故來生

18

斯00594號　妙法蓮華經卷七　（15–08）

得安住於佛法中得見世尊此二子者是我
善知識為欲發起宿世善根饒益我故來生
我家尒時雲雷音宿王華智佛告妙莊嚴王
言如是如是如汝所言若善男子善女人種
善根故世世得善知識其善知識能作佛事
示教利喜令入阿耨多羅三藐三菩提大王
當知善知識者是大因緣所謂化導令得見
佛發阿耨多羅三藐三菩提心大王汝見此
二子不此二子已曾供養六十五百千万億
那由他恒河沙諸佛親近恭敬於諸佛所受
持法華經愍念邪見衆生令住正見妙莊嚴
王即從虛空中下而白佛言世尊如來甚希
有以功德智慧故頂上肉髻光明顯照其眼
長廣而紺青色眉間毫相白如珂月齒白
齊密常有光明脣色赤好如頻婆菓尒時妙
莊嚴王讚嘆佛如是等无量百千万億功德已
於如來前一心合掌復白佛言世尊未曾有
也如來之法具足成就不可思議微妙功德
教戒所行安隱快善我從今日不復自隨心
行不生邪見憍慢瞋恚諸惡之心說是語已
礼佛而出佛告大衆於意云何妙莊嚴王豈

19

斯00594號　妙法蓮華經卷七　（15–09）

礼佛而出佛告大衆於意云何妙莊嚴王豈
異人乎今華德菩薩是其淨德夫人今佛前
光照莊嚴相菩薩是哀愍妙莊嚴王及諸眷
屬故於彼中生其二子者今藥王菩薩藥上
菩薩是藥王藥上菩薩成就如此諸大功
德已於无量百千万億諸佛所殖衆德本成
就不可思議諸善功德若有人識是二菩薩
名字者一切世間諸天人民亦應礼拜佛說
是妙莊嚴王本事品時八万四千人遠塵離
垢於諸法中得法眼淨
妙法蓮華經普賢菩薩勸發品第廿八
尒時普賢菩薩以自在神通威德名聞與大
菩薩无量无邊不可稱數從東方來所經
諸國普皆震動雨寶蓮華作无量百千万億種
種伎樂又與无數諸天龍夜叉乾闥婆阿脩
羅迦樓羅緊那羅摩睺羅伽人非人等大衆
圍繞各現威德神通之力到娑婆世界耆闍
崛山中頭面礼釋迦牟尼佛右繞七帀白佛
言世尊我於寶威德上王佛國遙聞此娑婆
世界說法華經與无量无邊百千万億諸
菩薩衆共來聽受唯願世尊當為說之若善

110

斯00594號　妙法蓮華經卷七　（15–10）

世界說法華經與无量无邊百千万億諸
菩薩衆共來聽受唯願世尊當為說之若善
男子善女人於如來滅後云何能得是法華
經佛告普賢菩薩若善男子善女人成就四
法於如來滅後當得是法華經一者為諸佛
護念二者殖衆德本三者入正定聚四者發
救一切衆生之心善男子善女人如是成就
四法於如來滅後必得是經尒時普賢菩薩
白佛言世尊於後五百歲濁惡世中其有受
持是經典者我當守護除其衰患令得安隱
使无伺求得其便者若魔若魔子若魔女若
魔民若為魔所著者若夜叉若羅刹若鳩
槃荼若毗舍闍若吉蔗若富單那若韋陁羅等
諸惱人者皆不得便是人若行若立讀誦此
經我尒時乘六牙白象王與大菩薩俱詣
其所而自現身供養守護安慰其心亦為
供養法華經故是人若坐思惟此經尒時我復
乘白象王現其人前其人若於法華經有所
忘失一句一偈我當教之與共讀誦還令通
利尒時受持讀誦法華經者得見我身甚大
歡喜轉復精進以見我故即得三昧及陁羅

111

斯00594號　妙法蓮華經卷七　（15–11）

利尒時受持讀誦法華經者得見我身甚大
歡喜轉復精進以見我故即得三昧及陁羅
尼名為旋陁羅尼百千万億旋陁羅尼法音
方便陁羅尼得如是等陁羅尼世尊若後世
後五百歲濁惡世中比丘比丘尼優婆塞優
婆夷求索者受持者讀誦者書寫者欲脩習
是法華經於三七日中應一心精進滿三七
日已我當乘六牙白象與无量菩薩而自圍
繞以一切衆生所憙見身現其人前而為說
法示教利喜亦復與其陁羅尼呪得是陁羅
尼故无有非人能破壞者亦不為女人之所
惑亂我身亦自常護是人唯願世尊聽我說
此陁羅尼呪即於佛前而說呪曰
阿檀地 途賣反 檀陁婆地 二 檀陁婆帝 三 檀陁
鳩舍隸 四 檀陁脩陁隸 五 脩陁隸 六 脩陁羅
婆底 七 佛馱波羶祢 八 薩婆陁羅尼阿婆多
尼 九 薩婆婆沙阿婆多尼 十 脩阿婆多尼 十一
僧伽婆履叉尼 十二 僧伽涅伽陁尼 十三 阿僧祇
十四 僧伽波伽地 十五 帝隸阿惰僧伽兜略 盧遮反
阿羅帝波羅帝 十六 薩婆僧伽三摩地伽蘭地
十七 薩婆達磨脩波利剎帝 十八 薩婆薩埵樓馱憍

112

斯00594號　妙法蓮華經卷七　（15–12）

阿羅帝波羅帝 十六 薩婆僧伽三摩地伽蘭地
十七 薩婆達磨脩波利剎帝 十八 薩婆薩埵樓馱憍
舍略阿㝹伽地 十九 辛阿毗吉利地帝 二十
世尊若有菩薩得聞是陁羅尼者當知普賢
神通之力若法華經行閻浮提有受持者應
作此念皆是普賢威神之力若有受持讀誦
正憶念解其義趣如說脩行當知是人行普
賢行於无量无邊諸佛所深種善根為諸
如來手摩其頭若但書寫是人命終當生忉利
天上是時八万四千天女作衆伎樂而來迎之
其人即着七寶冠於釆女中娛樂快樂何況
受持讀誦正憶念解其義趣如說脩行若
有人受持讀誦解其義趣是人命終為千佛
授手令不恐怖不墮惡趣即往兜率天上祢
勒菩薩所祢勒菩薩有三十二相大菩薩衆
所共圍繞有百千万億天女眷屬而於中生有
如是等功德利益是故智者應當一心自書
若使人書受持讀誦正憶念如說脩行世尊
我今以神通力守護是經於如來滅後閻浮
提內廣令流布使不斷絕尒時釋迦牟尼
佛讚言善哉善哉普賢汝能護助是經令

113

斯00594號　妙法蓮華經卷七　（15–13）

佛讚言善哉善哉普賢汝能護助是經令
多所衆生安樂利益汝已成就不可思議
德深大慈悲從久遠來發阿耨多羅三藐三
菩提意而能作是神通之願守護是經我當
以神通力守護能受持普賢菩薩名者普賢
若有受持讀誦正憶念脩習書寫是法華經
者當知是人則見釋迦牟尼佛如從佛口聞此
經典當知是人供養釋迦牟尼佛當知是
人佛讚善哉當知是人爲釋迦牟尼佛手摩
其頭當知是人爲釋迦牟尼佛衣之所覆如
是之人不復貪著世樂不好外道經書手筆
亦復不憙親近其人及諸惡者若屠兒若畜
猪羊雞狗若獵師若衒賣女色是人心意質
直有正憶念有福德力是人不爲三毒所惱
亦不爲嫉妬我慢邪慢增上慢所惱是人少
欲知足能脩普賢之行普賢若如來滅後後
五百歲若有人見受持讀誦法華經者應作
是念此人不久當詣道場破諸魔衆得阿耨
多羅三藐三菩提轉法輪擊法鼓吹法螺雨
法雨當坐天人大衆中師子法座上普賢若
於後世受持讀誦是經典者是人不復貪著

斯00594號　妙法蓮華經卷七　（15–14）

於後世受持讀誦是經典者是人不復貪著
衣服卧具飲食資生之物所願不虛亦於現
世得其福報若有人輕毀之言汝狂人耳空
作是行終无所獲如是罪報當世世无眼若
有供養讚嘆之者當於今世得現果報若復
見受持是經者出其過惡若實若不實此人
現世得白癩病若輕咲之者當世世牙齒踈缺
醜脣平鼻手脚繚戾眼目角睞身體臭穢
惡瘡膿血水腹短氣諸惡重病是故普賢若
見受持是經典者當起遠迎當如敬佛說是
普賢勸發品時恒河沙等无量无邊菩薩得
百千万億旋陁羅尼（復有）三千大千世界微塵等
諸菩薩具普賢道佛說是經時普賢等諸菩
薩舍利弗等諸聲聞及諸天龍人非人等一
切大會皆大歡喜受持佛語作礼而去

妙法蓮華經卷第七

斯00594號　妙法蓮華經卷七　（15–15）

妙法蓮華經第七

斯00594號背　勘記　（01–01）

像法亦住二十小劫
礫荊棘便利不淨其土平正无有高下坑坎
堆阜琉璃為地寶樹行列黃金為繩以界道
側散諸寶華周遍清淨其國菩薩无量千万
諸聲聞衆亦復无數无有魔事雖有魔及
民皆護佛法尒時世尊欲重宣此義而說偈言
告諸比丘　我以佛眼　見是迦葉　於未來世
過无數劫　當得作佛　而於來世　供養奉見
三百万億　諸佛世尊　為佛智慧　淨脩梵行
供養最上　二足尊已　脩習一切　无上之慧
於最後身　得成為佛　其土清淨　琉璃為地
多諸寶樹　行列道側　金繩界道　見者歡喜
常出好香　散衆名華　種種奇妙　以為莊嚴
其地平正　无有丘坑　諸菩薩衆　不可稱計
其心調柔　逮大神通　奉持諸佛　大乘經典
諸聲聞衆　无漏後身　法王之子　亦不可計
乃以天眼　不能數知　其佛當壽　十二小劫
正法住世　二十小劫　像法亦住　二十小劫
光明世尊　其事如是

斯00595號　妙法蓮華經卷三　（25–01）

12

正法住世　二十小劫　像法亦住　二十小劫
光明世尊　其事如是
尒時大目揵連須菩提摩訶迦旃延等皆悉
悚慄一心合掌瞻仰尊顔目不暫捨即共同
聲而說偈言
大雄猛世尊　諸釋之法王　哀愍我等故　而賜佛音聲
若知我深心　見為授記者　如以甘露灑　除熱得清涼
如從飢國來　忽遇大王饍　心猶懷疑懼　未敢即便食
若復得王教　然後乃敢食　我等亦如是　每惟小乘過
不知當云何　得佛无上慧　雖聞佛音聲　言我等作佛
心尚懷憂懼　如未敢便食　若蒙佛授記　尒乃快安樂
大雄猛世尊　常欲安世間　願賜我等記　如飢須教食
尒時世尊知諸大弟子心之所念告諸比丘
是須菩提於當來世奉覲三百万億那由他
佛供養恭敬尊重讚歎常脩梵行具菩薩
道於㝡後身得成為佛号曰名相如來應供正遍
知明行足善逝世間解无上士調御丈夫天
人師佛世尊劫名有寶國名寶生其土平
正頗梨為地寶樹莊嚴无諸丘坑沙礫荊棘
便利之穢寶華覆地周遍清淨其土人民皆

斯00595號　妙法蓮華經卷三　（25-02）

13

便利之穢寶華覆地周遍清淨其土人民皆
處寶臺珎妙樓閣聲聞弟子无量无邊筭
數譬喻所不能知諸菩薩衆无數千万億那
由他佛壽十二小劫正法住世二十小劫像法
亦住二十小劫其佛常處虛空為衆說法度
脫无量菩薩及聲聞衆尒時世尊欲重宣此
義而說偈言
諸比丘衆　今告汝等　皆當一心　聽我所說
我大弟子　須菩提者　當得作佛　号曰名相
當供无數　万億諸佛　隨佛所行　漸具大道
㝡後身得　三十二相　端正姝妙　猶如寶山
其佛國土　嚴淨第一　衆生見者　无不愛樂
佛於其中　度无量衆　其佛法中　多諸菩薩
皆悉利根　轉不退輪　彼國常以　菩薩莊嚴
諸聲聞衆　不可稱數　皆得三明　具六神通
住八解脫　有大威德　其佛說法　現於无量
神通變化　不可思議　諸天人民　數如恒沙
皆共合掌　聽受佛語　其佛當壽　十二小劫
正法住世　二十小劫　像法亦住　二十小劫
尒時世尊復告諸比丘衆我今語汝是大迦
旃延於當來世以諸供具供養奉事八千億

斯00595號　妙法蓮華經卷三　（25-03）

尒時世尊復告諸比丘衆我今語汝是大迦
旃延於當來世以諸供具供養奉事八千億
佛恭敬尊重諸佛滅後各起塔廟高千由旬
縱廣正等五百由旬以金銀琉璃車𤦲馬瑙
真珠玫瑰七寶合成衆華瓔珞塗香末香
焼香繒蓋幢幡供養塔廟過是已後當復供
養二万億佛亦復如是供養是佛已具菩薩道當
得作佛号曰閻浮那提金光如來應供正遍
知明行足善逝世間解无上士調御丈夫天
人師佛世尊其土平正頗梨為地寶樹
荘嚴黄金為繩以界道側妙華覆地周遍
清淨見者歡喜无四惡道地獄餓鬼畜生阿
脩羅道多有天人諸聲聞衆及諸菩薩无量
万億荘嚴其國佛壽十二小劫正法住世二十
小劫像法亦住二十小劫尒時世尊欲重宣
此義而説偈言
諸比丘衆　皆一心聽　如我所説　真實无異
是迦旃延　當以種種　妙好供具　供養諸佛
諸佛滅後　起七寶塔　亦以華香　供養舍利
其冣後身　得佛智慧　成等正覺　國土清淨
度脱无量　万億衆生　皆為十方　之所供養

14

斯00595號　妙法蓮華經卷三　（25-04）

其冣後身　得佛智慧　成等正覺　國土清淨
度脱无量　万億衆生　皆為十方　之所供養
佛之光明　无能勝者　其佛号曰　閻浮金光
菩薩聲聞　斷一切有　无量无數　荘嚴其國
尒時世尊復告大衆我今語汝是大目揵連
當以種種供具供養八千諸佛恭敬尊重諸
佛滅後各起塔廟高千由旬縱廣正等五百
由旬以金銀琉璃車𤦲馬瑙真珠玫瑰七寶
合成衆華瓔珞塗香末香焼香繒蓋幢幡
以用供養過是已後當復供養二百万億諸佛
亦復如是當得成佛号曰多摩羅跋栴檀香
如來應供正遍知明行足善逝世間解无上
士調御丈夫天人師佛世尊劫名喜滿國名
意樂其土平正頗梨為地寶樹荘嚴散真珠
華周遍清淨見者歡喜多諸天人菩薩聲
聞其數无量佛壽二十四小劫正法住世四十
小劫像法亦住四十小劫尒時世尊欲重宣
此義而説偈言
我此弟子　大目揵連　捨是身已　得見八千
二百万億　諸佛世尊　為佛道故　供養恭敬
於諸佛所　常脩梵行　於无量劫　奉持佛法

15

斯00595號　妙法蓮華經卷三　（25-05）

二百万億　諸佛世尊　為佛道故　供養恭敬
於諸佛所　常脩梵行　於无量劫　奉持佛法
諸佛滅後　起七寶塔　長表金剎　華香伎樂
而以供養　諸佛塔廟　漸漸具足　菩薩道已
於意樂國　而得作佛　号多摩羅　栴檀之香
其佛壽命　二十四劫　常為天人　演說佛道
聲聞无量　如恒河沙　三明六通　有大威德
菩薩无數　志固精進　於佛智慧　皆不退轉
佛滅度後　正法當住　四十小劫　像法亦尒
我諸弟子　威德具足　其數五百　皆當授記
於未來世　咸得成佛
我及汝等　宿世因緣　吾今當說　汝等善聽

妙法蓮華經化城喻品第七

佛告諸比丘乃往過去无量无邊不可思議
阿僧祇劫尒時有佛名大通智勝如來應供
正遍知明行足善逝世間解无上士調御丈
夫天人師佛世尊其國名好成劫名大相諸
比丘彼佛滅度已來甚大久遠譬如三千大
千世界所有地種假使有人磨以為墨過於
東方千國土乃下一點大如微塵又過千國土

16

斯00595號　妙法蓮華經卷三　（25–06）

東方千國土乃下一點大如微塵又過千國土
復下一點如是展轉盡地種墨於汝等意
云何是諸國土若筭師若筭師弟子能得邊
際知其數不不也世尊諸比丘是人所經國
土若點不點盡末為塵一塵一劫彼佛滅
度已來復過是數无量无邊百千万億阿
僧祇劫我以如來知見力故觀彼久遠猶若今
日尒時世尊欲重宣此義而說偈言
我念過去世　无量无邊劫　有佛兩足尊　名大通智勝
如人以力磨　三千大千土　盡此諸地種　皆悉以為墨
過於千國土　乃下一塵點　如是展轉點　盡此諸塵墨
如是諸國土　點與不點等　復盡末為塵　一塵為一劫
此諸微塵數　其劫復過是　彼佛滅度來　如是无量劫
如來无导智　知彼佛滅度　及聲聞菩薩　如見今滅度
諸比丘當知　佛智淨微妙　无漏无所导　通達无量劫
佛告諸比丘大通智勝佛壽五百四十万億那
由他劫其佛本坐道場破魔軍已垂得阿
耨多羅三藐三菩提而諸佛法不現在前如
是一小劫乃至十小劫結跏趺坐身心不動
而諸佛法猶不在前尒時忉利諸天先為彼
佛於菩提樹下敷師子座高一由旬佛於此

17

斯00595號　妙法蓮華經卷三　（25–07）

而諸佛法猶不在前。尒時忉利諸天先為彼
佛於菩提樹下敷師子座，高一由旬，佛於此
坐當得阿耨多羅三藐三菩提。適坐此座，時
諸梵天王雨衆天華，面百由旬，香風時來，吹
去萎華，更雨新者。如是不絕，滿十小劫，供養
於佛。乃至滅度，常雨此華。四王諸天為供養
佛，常擊天鼓，其餘諸天作天伎樂，滿十小劫，
至于滅度，亦復如是。諸比丘，大通智勝佛過
十小劫，諸佛之法乃現在前，成阿耨多羅三
藐三菩提。其佛未出家時，有十六王子，其第一
者名曰智積。諸子各有種種珍異玩好之具，
聞父得成阿耨多羅三藐三菩提，皆捨所珍，
往詣佛所。諸母涕泣而隨送之。其祖轉輪聖
王與一百大臣及餘百千万億人民，皆共圍
繞，隨至道場，咸欲親近大通智勝如來，供養
恭敬，尊重讚歎。到已，頭面礼足，繞佛畢已，一
心合掌，瞻仰世尊，以偈頌曰：
大威德世尊　為度衆生故　於无量億劫　尒乃得成佛
諸願已具足　善哉吉无上　世尊甚希有　一坐十小劫
身體及手足　靜然安不動　其心常憺怕　未曾有散亂

斯00595號　妙法蓮華經卷三　（25–08）

身體及手足　靜然安不動　其心常憺怕　未曾有散亂
究竟永寂滅　安住无漏法　今者見世尊　安隱成佛道
我等得善利　稱慶大歡喜　衆生常苦惱　盲瞑无導師
不識苦盡道　不知求解脫　長夜增惡趣　減損諸天衆
從冥入於冥　永不聞佛名　今佛得最上　安隱无漏道
我等及天人　為得最大利　是故咸稽首　歸命无上尊
尒時十六王子偈讚佛已，勸請世尊轉於法
輪，咸作是言：世尊說法，多所安隱，憐愍饒益
諸天人民。重說偈言：
世雄无等倫　百福自莊嚴　得无上智慧　願為世間說
度脫於我等　及諸衆生類　為分別顯示　令得是智慧
若我等得佛　衆生亦復然　世尊知衆生　深心之所念
亦知所行道　又知智慧力　欲樂及脩福　宿命所行業
世尊悉知已　當轉无上輪
佛告諸比丘：大通智勝佛得阿耨多羅三藐
三菩提時，十方各五百万億諸佛世界六種
震動，其國中間幽冥之處，日月威光所不能
照，而皆大明。其中衆生各得相見，咸作是言：
此中云何忽生衆生？又其國界諸天宮殿，乃至
梵宮，六種震動，大光普照，遍滿世界，勝諸天

斯00595號　妙法蓮華經卷三　（25–09）

照而皆大明其中衆生各得相見咸作是言
此中云何忽生衆生又其國界諸天宮殿乃至
梵宮六種震動大光普照遍滿世界勝諸天
光尒時東方五百万億諸國土中梵天宮
殿光明照曜倍於常明諸梵天王各作是念
今者宮殿光明昔所未有以何因緣而現此相
是時諸梵天王即各相詣共議此事時彼衆
中有一大梵天王名救一切為諸梵衆而
說偈言
我等諸宮殿　光明昔未有　此是何因緣　宜各共求之
為大德天生　為佛出世間　而此大光明　遍照於十方
尒時五百万億國土諸梵天王與宮殿俱各
以衣祴盛諸天華共詣西方推尋是相見大
通智勝如來處于道場菩提樹下坐師子座
諸天龍王乾闥婆緊那羅摩睺羅伽人非人
等恭敬圍繞及見十六王子請佛轉法輪即
時諸梵天王頭面禮佛繞百千帀即以天華
而散佛上其所散華如須弥山并以供養佛
菩提樹其菩提樹高十由旬華供養已各以宮
殿奉上彼佛而作是言唯見哀愍饒益我等

110

斯00595號　妙法蓮華經卷三　（25-10）

菩提樹其菩提樹高十由旬華供養已各以宮
殿奉上彼佛而作是言唯見哀愍饒益我等
所獻宮殿願垂納處時諸梵天王即於佛
前一心同聲以偈頌曰
世尊甚希有　難可得值遇　具无量功德　能救護一切
天人之大師　哀愍於世間　十方諸衆生　普皆蒙饒益
我等所從來　五百万億國　捨深禪定樂　為供養佛故
我等先世福　宮殿甚嚴飾　今以奉世尊　唯願哀納受
尒時諸梵天王偈讚佛已各作是言唯願世
尊轉於法輪度脫衆生開涅槃道時諸梵天
王一心同聲而說偈言
世雄兩足尊　唯願演說法　以大慈悲力　度苦惱衆生
尒時大通智勝如來默然許之又諸比丘東
南方五百万億國土諸大梵王各自見宮殿
光明照曜昔所未有歡喜踊躍生希有心即
各相詣共議此事時彼衆中有一大梵天王
名曰大悲為諸梵衆而說偈言
是事何因緣　而現如此相　我等諸宮殿　光明昔未有
為大德天生　為佛出世間　未曾見此相　當共一心求
過千万億土　尋光共推之　多是佛出世　度脫苦衆生
尒時五百万億諸梵天王與宮殿俱各以衣

111

斯00595號　妙法蓮華經卷三　（25-11）

過千万億土 尋光共推之 多是佛出世 度脫苦衆生
尒時五百万億諸梵天王與宮殿俱各以衣
裓盛諸天華共詣西方推尋是相見大通
智勝如來處于道場菩提樹下坐師子座諸
天龍王乾闥婆緊那羅摩睺羅伽人非人等
恭敬圍繞及見十六王子請佛轉法輪時諸
梵天王頭面礼佛繞百千帀即以天華而散
佛上所散之華如須弥山并以供養佛菩提
樹華供養已各以宮殿奉上彼佛而作是言
唯見哀愍饒益我等所獻宮殿願垂納受
尒時諸梵天王即於佛前一心同聲以偈
頌曰
聖主天中王 迦陵頻伽聲 哀愍衆生者 我等今敬礼
世尊甚希有 久遠乃一現 一百八十劫 空過无有佛
三惡道充滿 諸天衆減少 今佛出於世 為衆生作眼
世間所歸趣 救護於一切 為衆生之父 哀愍饒益者
我等宿福慶 今得值世尊
尒時諸梵天王偈讚佛已各作是言唯願世
尊哀愍一切轉於法輪度脫衆生時諸梵天
王一心同聲而說偈言

112

斯00595號　妙法蓮華經卷三　（25–12）

王一心同聲而說偈言
大聖轉法輪 顯示諸法相 度苦惱衆生 令得大歡喜
衆生聞此法 得道若生天 諸惡道減少 忍善者增益
尒時大通智勝如來默然許之又諸比丘南
方五百万億國土諸大梵王各自見宮殿光
明照曜昔所未有歡喜踊躍生希有心即各
相詣共議此事以何因緣我等宮殿有此光
曜而彼衆中有一大梵天王名曰妙法為諸
梵衆而說偈言
我等諸宮殿 光明甚威曜 此非无因緣 是相宜求之
過於百千劫 未曾見是相 為大德天生 為佛出世間
尒時五百万億諸梵天王與宮殿俱各以衣
裓盛諸天華共詣北方推尋是相見大通智
勝如來處于道場菩提樹下坐師子座諸天
龍王乾闥婆緊那羅摩睺羅伽人非人等恭
敬圍繞及見十六王子請佛轉法輪時諸梵
王天頭面礼佛繞百千帀即以天華而散佛
上所散之華如須弥山并以供養佛菩提樹
華供養已各以宮殿奉上彼佛而作是言唯
見哀愍饒益我等所獻宮殿願垂納受尒時

113

斯00595號　妙法蓮華經卷三　（25–13）

華供養已各以宮殿奉上彼佛而作是言唯
見哀愍饒益我等所獻宮殿願垂納受尒時
諸梵天王即於佛前一心同聲以偈頌
曰
世尊甚難見　破諸煩惱者　過百三十劫　今乃得一見
諸飢渴衆生　以法雨充滿　昔所未曾覩　无量智慧者
如優曇鉢華　今日乃值遇　我等諸宮殿　蒙光故嚴飾
世尊大慈悲　唯願垂納受
尒時諸梵天王偈讚佛已各作是言唯願世
尊轉於法輪令一切世間諸天魔梵沙門婆
羅門皆獲安隱而得度脫時諸梵天王一心
同聲以偈頌曰
唯願天人尊　轉无上法輪　擊于大法鼓　而吹大法螺
普雨大法雨　度无量衆生　我等咸歸請　當演深遠音
尒時大通智勝如來默然許之西南方乃至下
方亦復如是尒時上方五百万億國土諸未
有歡喜踊躍生希有心即各相詣共議此
事以何因緣我等宮殿有斯光明時彼衆中
有一大梵天王名曰尸棄為諸梵衆而
說偈言

114

有一大梵天王名曰尸棄為諸梵衆而
說偈言
今以何因緣　我等諸宮殿　威德光明曜　嚴飾未曾有
如是之妙相　昔所未聞見　為大德天生　為佛出世間
尒時五百万億諸梵天王與宮殿俱各以衣裓
盛諸天華共詣下方推尋是相見大通智勝
如來處于道場菩提樹下坐師子座諸天
龍王乾闥婆緊那羅摩睺羅伽人非人等恭
敬圍繞及見十六王子請佛轉法輪時諸梵天
王頭面禮佛繞百千帀即以天華而散佛上
所散之華如須弥山并以供養佛菩提樹
華供養已各以宮殿奉上彼佛而作是言唯
見哀愍饒益我等所獻宮殿願垂納處時
諸梵天王即於佛前一心同聲以偈頌曰
善哉見諸佛　救世之聖尊　能於三界獄　勉出諸衆生
普智天人尊　哀愍群萌類　能開甘露門　廣度於一切
於昔无量劫　空過无有佛　世尊未出時　十方常闇冥
三惡道增長　阿脩羅亦盛　諸天衆轉減　死多墮惡道
不從佛聞法　常行不善事　色力及智慧　斯等皆減少
罪業因緣故　失樂及樂想　住於邪見法　不識善儀則
不蒙佛所化　常墮於惡道　佛為世間眼　久遠時乃出

115

不從佛聞法　常行不善事　色力及智慧　斯等皆減少
罪業因緣故　失樂及樂想　住於邪見法　不識善儀則
不蒙佛所化　常墮於惡道　佛為世間眼　久遠時乃出
哀愍諸衆生　故現於世間　超出成正覺　我等甚欣慶
及餘一切衆　喜歎未曾有　我等諸宮殿　蒙光故嚴飾
今以奉世尊　唯垂哀納受　願以此功德　普及於一切
我等與衆生　皆共成佛道
尒時五百万億諸梵天王偈讚佛已各白佛
言唯願世尊轉於法輪多所安隱多所度脫
時諸梵天王而說偈言
世尊轉法輪　擊甘露法鼓　度苦惱衆生　開示涅槃道
唯願受我請　以大微妙音　哀愍而敷演　无量劫習法
尒時大通智勝如來受十方諸梵天王及十六
王子請即時三轉十二行法輪若沙門婆羅
門若天魔梵及餘世間所不能轉謂是苦是
苦集是苦滅是苦滅道及廣說十二因緣法
无明緣行行緣識識緣名色名色緣六入
六入緣觸觸緣受受緣愛愛緣取取緣有有
緣生生緣老死憂悲苦惱无明滅則行滅行
滅則識滅識滅則名色滅名色滅則六入滅六
入滅則觸滅觸滅則受滅受滅則愛滅愛滅則

116

斯00595號　妙法蓮華經卷三　（25-15）

緣生生緣老死憂悲苦惱无明滅則行滅行
滅則識滅識滅則名色滅名色滅則六入滅六
入滅則觸滅觸滅則受滅受滅則愛滅愛滅則
取滅取滅則有滅有滅則生滅生滅則老死憂
悲苦惱滅佛於天人大衆之中說是法時六
百万億那由他人以不受一切法故而於諸漏
心得解脫皆得深妙禪定三明六通具
八解脫第二第三第四說法時千万億恒河
沙那由他等衆生亦以不受一切法故而於
諸漏心得解脫從是已後諸聲聞衆无量无
邊不可稱數尒時十六王子皆以童子出家
而為沙弥諸根通利智慧明了已曾供養百
千万億諸佛淨脩梵行求阿耨多羅三藐三
菩提俱白佛言世尊是諸无量千万億大德
聲聞皆已成就世尊亦當為我等說阿耨多
羅三藐三菩提法我等聞已皆共脩學世尊
我等志願如來知見深心所念佛自證知尒
時轉輪聖王所將衆中八万億人見十六王
子出家亦求出家王即聽許尒時彼佛受沙
弥請過二万劫已乃於四衆之中說是大乘經
名妙法蓮華教菩薩法佛所護念說是經已

117

斯00595號　妙法蓮華經卷三　（25-17）

弥諸過二万劫已乃於四衆之中說是大乘經
名妙法蓮華教菩薩法佛所護念說是經已
十六沙弥為阿耨多羅三藐三菩提故皆
共受持諷誦通利說是經時十六菩薩沙
弥皆悉信受聲聞衆中亦有信解其餘衆
生千万億種皆生疑惑佛說是經於八千劫
未曾休廢說此經已即入靜室住於禪定八
万四千劫是時十六菩薩沙弥知佛入室寂
然禪定各昇法座亦於八万四千劫為四部衆
廣說分別妙法華經一一皆度六百万億那
由他恒河沙等衆生示教利喜令發阿耨多
羅三藐三菩提心大通智勝佛過八万四千劫
已從三昧起往詣法座安詳而坐普告大衆
是十六菩薩沙弥甚為希有諸根通利智慧
明了已曾供養无量千万億數諸佛於諸佛
所常脩梵行受持佛智開示衆生令入其中
汝等皆當數數親近而供養之所以者何若
聲聞辟支佛及諸菩薩能信是十六菩薩所
說經法受持不毀者是人皆當阿耨多羅
三藐三菩提如來之慧佛告諸比丘是十六

118

斯00595號　妙法蓮華經卷三　（25–18）

說經法受持不毀者是人皆當阿耨多羅
三藐三菩提如來之慧佛告諸比丘是十六
菩薩常樂說是妙華經一一菩薩所化六
百万億那由他恒河沙等衆生世世所生與
菩薩俱從其聞法悉皆信解以此因緣得值
四万億諸佛世尊于今不盡諸比丘我今語
汝彼佛弟子十六沙弥今皆得阿耨多羅三
藐三菩提於十方國土現在說法有无量百
千万億菩薩聲聞以為眷屬其二沙弥
東方作佛一名阿閦在歡喜國二名須彌頂
東南方二佛一名師子音二名師子相南方二
佛一名虛空住二名常滅西南方二佛一名
帝相二名梵相西方二佛一名阿弥陁二
名度一切世間苦惱西北方二佛一名多摩
羅跋栴檀香神通二名須弥相北方二佛一
名雲自在二名雲自在王東北方佛名壞一
切世間怖畏第十六我釋迦牟尼佛於娑婆
國土成阿耨多羅三藐三菩提諸比丘我等
為沙弥時各各教化无量百千万億恒河沙
等衆生從我聞法為阿耨多羅三藐三菩提
此諸衆生于今有住聲聞地者我常教化阿

119

斯00595號　妙法蓮華經卷三　（25–19）

等衆生從我聞法為阿耨多羅三藐三菩提
此諸衆生于今有住聲聞地者我常教化阿
阿耨多羅三藐三菩提是諸人等應以是法
漸入佛道所以者何如來智慧難信難解尒
時所化无量恒河沙等衆生者汝等諸比丘
及我滅度後未來世中聲聞弟子是也我滅
度後復有弟子不聞是經不知不覺菩薩所
行自於所得功德生滅度想當入涅槃我於餘
國作佛更有異名是人雖生滅度之想入於涅
槃而於彼土求佛智慧得聞是經唯以佛乘
而得滅度更无餘乘除諸如來方便說法諸
比丘若如來自知涅槃時到衆又清淨信解
堅固了達空法深入禪定便集諸菩薩及聲
聞衆為說是經世間无有二乘而得滅度唯
一佛乘得滅度耳比丘當知如來方便深入
衆生之性知其志樂小法深著五欲為是等
故說於涅槃是人若聞則便信受譬如五百
由旬險難惡道曠絕无人怖畏之處若有多
衆欲過此道至珎寶處有一導師聦慧明達
善知險道通塞之相將導衆人欲過此難所

120

斯00595號　妙法蓮華經卷三　（25–20）

衆欲過此道至珎寶處有一導師聦慧明達
善知險道通塞之相將導衆人欲過此難所
將人衆中路懈退白導師言我等疲極而復
怖畏不能復進前路猶遠今欲退還導師多
諸方便而作是念此等可愍云何捨大珎寶
而欲退還作是念已以方便力於險道中過
三百由旬化作一城告衆人言汝等勿怖莫
得退還今此大城可於中止隨意所作若入
是城快得安隱若能前至寶所亦可得去是
時疲極之衆心大歡喜歎未曾有我等今者
免斯惡道快得安隱於是衆人前入化城生
已度想生安隱想尒時導師知此人衆既得
止息无復疲惓即滅化城語衆人言汝等去
來寶處在近向者大城我所化作為止息耳
諸比丘如來亦復如是今為汝等作大導師
知諸生死煩惱惡道險難長遠應去應度若
衆生但聞一佛乘者則不欲見佛不欲親近
便作是念佛道長遠久受勤苦乃可得成佛
知是心怯弱下劣以方便力而於中道為止息
故說二涅槃若衆生住於二地如來尒時即

121

斯00595號　妙法蓮華經卷三　（25–21）

知是心怯弱下劣以方便力而於中道為止息
故說二涅槃若衆生住於二地如來尒時即
便為說汝等所作未辦汝所住地近於佛慧
當觀察籌量所得涅槃非真實也但是如來
方便之力於一佛乘分別說三如彼導師為
止息故化作大城既知息已而告之言寶處
在近此城非實我化作耳尒時世尊欲重宣
此義而說偈言
大通智勝佛　十劫坐道場　佛法不現前　不得成佛道
諸天神龍王　阿脩羅衆等　常雨於天華　以供養彼佛
諸天擊天鼓　并作衆伎樂　香風吹萎華　更雨新好者
過十小劫已　乃得成佛道　諸天及世人　心皆懷踊躍
彼佛十六子　皆與其眷屬　千万億圍繞　俱行至佛所
頭面礼佛足　而請轉法輪　聖師子法雨　充我及一切
世尊甚難見　久遠時一現　為覺悟群生　震動於一切
東方諸世界　五百万億國　梵宮殿光曜　昔所未曾有
諸梵見此相　尋來至佛所　散華以供養　并奉上宮殿
請佛轉法輪　以偈而讚歎　佛知時未至　受請默然坐
三方及四維　上下亦復尒　散華奉宮殿　請佛轉法輪
世尊甚難值　願以大慈悲　廣開甘露門　轉无上法輪

122

斯00595號　妙法蓮華經卷三　（25–22）

三方及四維　上下亦復尒　散華奉宮殿　請佛轉法輪
世尊甚難值　願以大慈悲　廣開甘露門　轉无上法輪
无量慧世尊　受彼衆人請　為宣種種法　四諦十二緣
无明至老死　皆從生緣有　如是衆過患　汝等應當知
宣暢是法時　六百万億姟　得盡諸苦際　皆成阿羅漢
第二說法時　千万恒沙衆　於諸法不受　亦得阿羅漢
從是後得道　其數无有量　万億劫算數　不能得其邊
時十六王子　出家作沙弥　皆共請彼佛　演說大乘法
我等及營從　皆當成佛道　願得如世尊　慧眼第一淨
佛知童子心　宿世之所行　以无量因緣　種種諸譬喻
說六波羅蜜　及諸神通事　分別真實法　菩薩所行道
說是法華經　如恒河沙偈　彼佛說經已　靜室入禪定
一心一處坐　八万四千劫　是諸沙弥等　知佛禪未出
為无量億衆　說佛无上慧　各各坐法座　說是大乘經
於佛宴寂後　宣揚助法化　一一沙弥等　所度諸衆生
有六百万億　恒河沙等衆　彼佛滅度後　是諸聞法者
在在諸佛土　常與師俱生　是十六沙弥　具足行佛道
今現在十方　各得成佛道　尒時聞法者　各在諸佛所
其有住聲聞　漸教以佛道　我在十六數　曾亦為汝說
是故以方便　引汝趣佛慧　以是本因緣　今說法華經
令汝入佛道　慎勿懷驚懼　譬如險惡道　迥絕多毒獸

123

斯00595號　妙法蓮華經卷三　（25–23）

是故以方便　引汝趣佛慧　以是本因緣　今說法華經
令汝入佛道　慎勿懷驚懼　譬如險惡道　迥絕多毒獸
又復无水草　人所怖畏處　无數千万衆　欲過此險道
其路甚曠遠　逕五百由旬　時有一導師　強識有智慧
明了心決定　在險濟衆難　衆人皆疲惓　而白導師言
我等今頓乏　於此欲退還　導師作是念　此輩甚可愍
如何欲退還　而失大珍寶　尋時思方便　當設神通力
化作大城郭　莊嚴諸舍宅　周帀有園林　渠流及浴池
重門高樓閣　男女皆充滿　即作是化已　慰衆言勿懼
汝等入此城　各可隨所樂　諸人既入城　心皆大歡喜
皆生安隱想　自謂已得度　導師知息已　集衆而告言
汝等當前進　此是化城耳　我見汝疲極　中路欲退還
故以方便力　權化作此城　汝今勤精進　當共至寶所
我亦復如是　為一切導師　見諸求道者　中路而懈廢
不能度生死　煩惱諸險道　故以方便力　為息說涅槃
言汝等苦滅　所作皆已辦　既知到涅槃　皆得阿羅漢
尒乃集大衆　為說真實法　諸佛方便力　分別說三乘
唯有一佛乘　息處故說二　今為汝說實　汝所得非滅
為佛一切智　當發大精進　汝證一切智　十力等佛法
具三十二相　乃是真實滅　諸佛之導師　為息說涅槃

124

斯00595號　妙法蓮華經卷三　（25–24）

為佛一切智　當發大精進　汝證一切智　十力等佛法
具三十二相　乃是真實滅　諸佛之導師　為息說涅槃
既知是息已　引入於佛慧

妙法蓮華經卷第三

125

斯00595號　妙法蓮華經卷三　（25–25）

斯00595號背　勘記　（01–01）

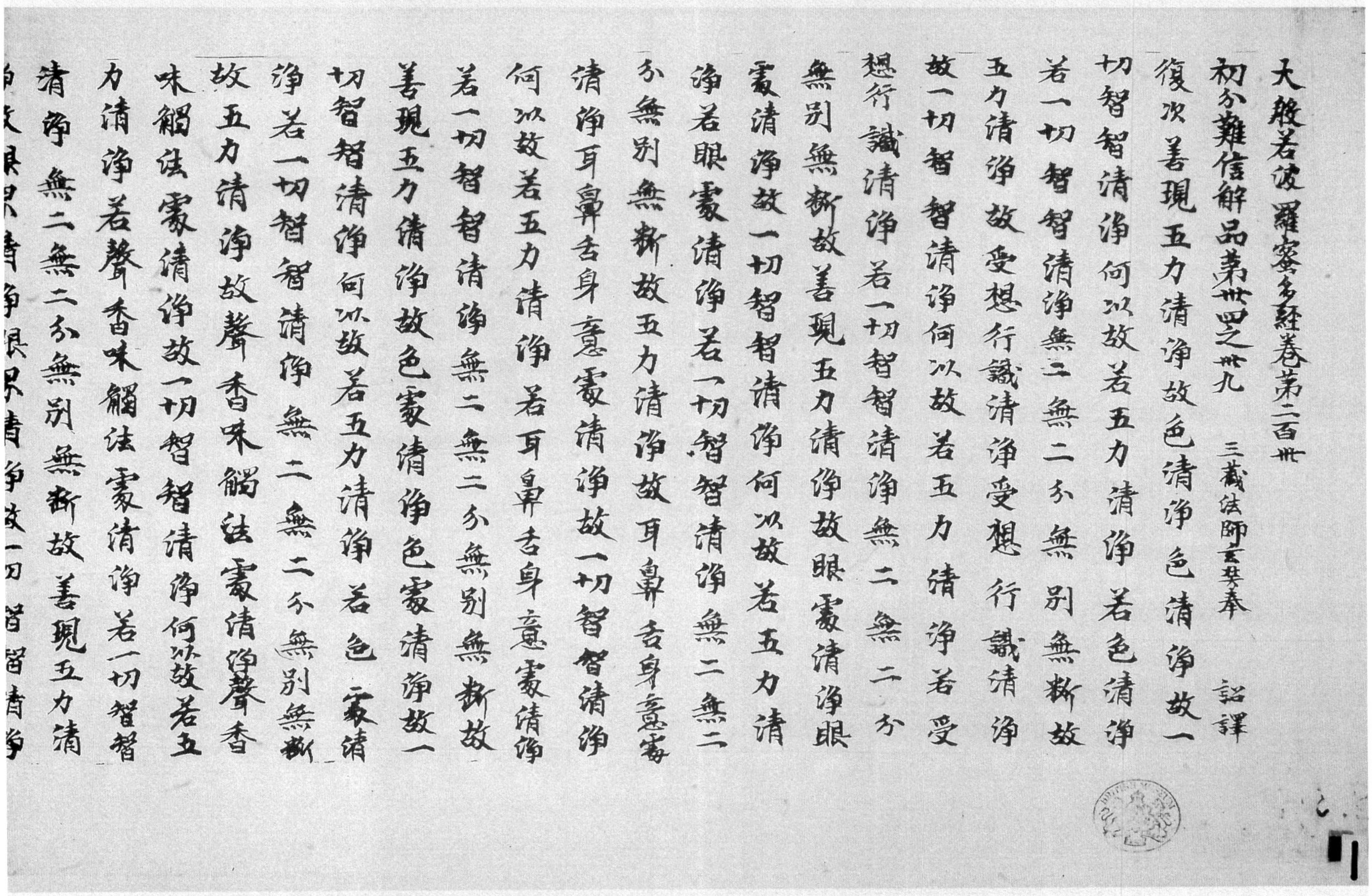
大般若波羅蜜多經卷第二百卅
初分難信解品第卅四之卌九　三藏法師玄奘奉　詔譯
復次善現五力清淨故色清淨色清淨故一
切智智清淨何以故若五力清淨若色清淨
若一切智智清淨無二無二分無別無斷故
五力清淨故受想行識清淨受想行識清淨
故一切智智清淨何以故若五力清淨若受
想行識清淨若一切智智清淨無二無二分
無別無斷故善現五力清淨故眼處清淨眼
處清淨故一切智智清淨何以故若五力清
淨若眼處清淨若一切智智清淨無二無二
分無別無斷故五力清淨故耳鼻舌身意處
清淨耳鼻舌身意處清淨故一切智智清淨
何以故若五力清淨若耳鼻舌身意處清淨
若一切智智清淨無二無二分無別無斷故
善現五力清淨故色處清淨色處清淨故一
切智智清淨何以故若五力清淨若色處清
淨若一切智智清淨無二無二分無別無斷
故五力清淨故聲香味觸法處清淨聲香
味觸法處清淨故一切智智清淨何以故若五
力清淨若聲香味觸法處清淨若一切智智
清淨無二無二分無別無斷故善現五力清
淨故眼界清淨眼界清淨故一切智智清淨

斯00596號　大般若波羅蜜多經卷二三〇　（10–01）

清淨無二無二分無別無斷故善現五力清
淨故眼界清淨眼界清淨故一切智智清淨
何以故若五力清淨若眼界清淨若一切智
智清淨無二無二分無別無斷故五力清淨
故色界眼識界及眼觸眼觸為緣所生諸受
清淨色界乃至眼觸為緣所生諸受清淨故
一切智智清淨何以故若五力清淨若色界
乃至眼觸為緣所生諸受清淨若一切智智
清淨無二無二分無別無斷故善現五力清
淨故耳界清淨耳界清淨故一切智智清淨
何以故若五力清淨若耳界清淨若一切智
智清淨無二無二分無別無斷故五力清淨
故聲界耳識界及耳觸耳觸為緣所生諸受
清淨聲界乃至耳觸為緣所生諸受清淨故
一切智智清淨何以故若五力清淨若聲界
乃至耳觸為緣所生諸受清淨若一切智智
清淨無二無二分無別無斷故善現五力清
淨故鼻界清淨鼻界清淨故一切智智清淨
何以故若五力清淨若鼻界清淨若一切智
智清淨無二無二分無別無斷故五力清淨
故香界鼻識界及鼻觸鼻觸為緣所生諸受
清淨香界乃至鼻觸為緣所生諸受清淨故
一切智智清淨何以故若五力清淨若香界

斯00596號　大般若波羅蜜多經卷二三〇　（10–02）

清淨香界乃至鼻觸為緣所生諸受清淨故
一切智智清淨何以故若五力清淨若香界
乃至鼻觸為緣所生諸受清淨若一切智智
清淨無二無二分無別無斷故善現五力清
淨故舌界清淨舌界清淨故一切智智清淨
何以故若五力清淨若舌界清淨若一切智
智清淨無二無二分無別無斷故五力清淨
故味界舌識界及舌觸舌觸為緣所生諸受
清淨味界乃至舌觸為緣所生諸受清淨故
一切智智清淨何以故若五力清淨若味界
乃至舌觸為緣所生諸受清淨若一切智智
清淨無二無二分無別無斷故善現五力清
淨故身界清淨身界清淨故一切智智清淨
何以故若五力清淨若身界清淨若一切智
智清淨無二無二分無別無斷故五力清淨
故觸界身識界及身觸身觸為緣所生諸受
清淨觸界乃至身觸為緣所生諸受清淨故
一切智智清淨何以故若五力清淨若觸界
乃至身觸為緣所生諸受清淨若一切智智
清淨無二無二分無別無斷故善現五力清
淨故意界清淨意界清淨故一切智智清淨
何以故若五力清淨若意界清淨若一切智

斯00596號　大般若波羅蜜多經卷二三〇　（10–03）

清淨無二無二分無別無斷故善現五力清
淨故意界清淨意界清淨故一切智智清淨
何以故若五力清淨若意界清淨若一切智
智清淨無二無二分無別無斷故五力清淨
故法界意識界及意觸意觸為緣所生諸受
清淨法界乃至意觸為緣所生諸受清淨故
一切智智清淨何以故若五力清淨若法界
乃至意觸為緣所生諸受清淨若一切智智
清淨無二無二分無別無斷故善現五力清
淨故地界清淨地界清淨故一切智智清淨
何以故若五力清淨若地界清淨若一切智
智清淨無二無二分無別無斷故五力清淨
故水火風空識界清淨水火風空識界清淨
故一切智智清淨何以故若五力清淨若水
火風空識界清淨若一切智智清淨無二無
二分無別無斷故善現五力清淨故無明清
淨無明清淨故一切智智清淨何以故若五
力清淨若無明清淨若一切智智清淨無二
無二分無別無斷故五力清淨故行識名色
六處觸受愛取有生老死愁歎苦憂惱清淨
行乃至老死愁歎苦憂惱清淨故一切智智
清淨何以故若五力清淨若行乃至老死愁
歎苦憂惱清淨若一切智智清淨無二無二

14

斯00596號　大般若波羅蜜多經卷二三〇　（10–04）

清淨何以故若五力清淨若行乃至老死愁
歎苦憂惱清淨若一切智智清淨無二無二
分無別無斷故
善現五力清淨故布施波羅蜜多清淨布施
波羅蜜多清淨故一切智智清淨何以故若
五力清淨若布施波羅蜜多清淨若一切智
智清淨無二無二分無別無斷故五力清淨
故淨戒安忍精進靜慮般若波羅蜜多清淨
淨戒乃至般若波羅蜜多清淨故一切智智
清淨何以故若五力清淨若淨戒乃至般若
波羅蜜多清淨若一切智智清淨無二無二
分無別無斷故善現五力清淨故內空清淨
內空清淨故一切智智清淨何以故若五力
清淨若內空清淨若一切智智清淨無二無
二分無別無斷故五力清淨故外空內外空
空空大空勝義空有為空無為空畢竟空無
際空散空無變異空本性空自相空共相空
一切法空不可得空無性空自性空無性自
性空清淨外空乃至無性自性空清淨故一
切智智清淨何以故若五力清淨若外空乃
至無性自性空清淨若一切智智清淨無二
無二分無別無斷故善現五力清淨故真如
清淨真如清淨故一切智智清淨何以故若
五力清淨若真如清淨若一切智智清淨

15

斯00596號　大般若波羅蜜多經卷二三〇　（10–05）

無二分無別無斷故善現五力清淨故真如
清淨真如清淨故一切智智清淨何以故若
五力清淨若真如清淨若一切智智清淨無
二無二分無別無斷故五力清淨故法界法
性不虛妄性不變異性平等性離生性法定
法住實際虛空界不思議界清淨法界乃至
不思議界清淨故一切智智清淨何以故若
五力清淨若法界乃至不思議界清淨若一
切智智清淨無二無二分無別無斷故
善現五力清淨故苦聖諦清淨苦聖諦清淨
故一切智智清淨何以故若五力清淨若苦
聖諦清淨若一切智智清淨無二無二分無
別無斷故五力清淨故集滅道聖諦清淨集
滅道聖諦清淨故一切智智清淨何以故若
五力清淨若集滅道聖諦清淨若一切智智
清淨無二無二分無別無斷故善現五力力清
淨故四靜慮清淨四靜慮清淨故一切智智
清淨何以故若五力清淨若四靜慮清淨若
一切智智清淨無二無二分無別無斷故五
力清淨故四無量四無色定清淨四無量四
無色定清淨故一切智智清淨何以故若五
力清淨若四無量四無色定清淨若一切智
智清淨無二無二分無別無斷故善現五力

斯00596號　大般若波羅蜜多經卷二三〇　(10–06)

無色定清淨故一切智智清淨何以故若五
力清淨若四無量四無色定清淨若一切智
智清淨無二無二分無別無斷故善現五力
清淨故八解脫清淨八解脫清淨故一切智
智清淨何以故若五力清淨若八解脫清淨
若一切智智清淨無二無二分無別無斷故
五力清淨故八勝處九次第定十遍處清淨
八勝處九次第定十遍處清淨故一切智智
清淨何以故若五力清淨若八勝處九次第
定十遍處清淨若一切智智清淨無二無二
分無別無斷故善現五力清淨故四念住清
淨四念住清淨故一切智智清淨何以故若
五力清淨若四念住清淨若一切智智清淨
無二無二分無別無斷故五力清淨故四正
斷四神足五根五力七等覺支八聖道支清
淨四正斷乃至八聖道支清淨故一切智智
清淨何以故若五力清淨若四正斷乃至八
聖道支清淨若一切智智清淨無二無二分
無別無斷故善現五力清淨故空解脫門清
淨空解脫門清淨故一切智智清淨何以故
若五力清淨若空解脫門清淨若一切智智
清淨無二無二分無別無斷故五力清淨故
無相無願解脫門清淨無相無願解脫門清

斯00596號　大般若波羅蜜多經卷二三〇　(10–07)

清淨無二無二分無別無斷故五力清淨故
無相無願解脫門清淨無相無願解脫門清
淨故一切智智清淨何以故若五力清淨若
無相無願解脫門清淨若一切智智清淨無
二無二分無別無斷故善現五力清淨故菩
薩十地清淨菩薩十地清淨故一切智智清
淨何以故若五力清淨若菩薩十地清淨若
一切智智清淨無二無二分無別無斷故
善現五力清淨故五眼清淨五眼清淨故一
切智智清淨何以故若五力清淨若五眼清
淨若一切智智清淨無二無二分無別無斷
故五力清淨故六神通清淨六神通清淨故
一切智智清淨何以故若五力清淨若六神
通清淨若一切智智清淨無二無二分無別
無斷故善現五力清淨故佛十力清淨佛十
力清淨故一切智智清淨何以故若力清
淨若佛十力清淨若一切智智清淨無二無
二分無別無斷故五力清淨故四無所畏四
無礙解大慈大悲大喜大捨十八佛不共法
清淨四無所畏乃至十八佛不共法清淨故
一切智智清淨何以故若五力清淨若四無
所畏乃至十八佛不共法清淨若一切智智
清淨無二無二分無別無斷故善現五力清

斯00596號　大般若波羅蜜多經卷二三〇　（10–08）

所畏乃至十八佛不共法清淨若一切智智
清淨無二無二分無別無斷故善現五力清
淨故無忘失法清淨無忘失法清淨故一切
智智清淨何以故若五力清淨若無忘失法
清淨若一切智智清淨無二無二分無別無
斷故五力清淨故恒住捨性清淨恒住捨性
清淨故一切智智清淨何以故若五力清淨
若恒住捨性清淨若一切智智清淨無二無
二分無別無斷故善現五力清淨故一切智
清淨一切智清淨故一切智智清淨何以故
若五力清淨若一切智清淨若一切智智清
淨無二無二分無別無斷故五力清淨故道
相智一切相智清淨道相智一切相智清淨
故一切智智清淨何以故若五力清淨若道
相智一切相智清淨若一切智智清淨無二
無二分無別無斷故善現五力清淨故一切
陁羅尼門清淨一切陁羅尼門清淨故一切
智智清淨何以故若五力清淨若一切陁羅
尼門清淨若一切智智清淨無二無二分無
別無斷故五力清淨故一切三摩地門清淨
一切三摩地門清淨故一切智智清淨何以
故若五力清淨若一切三摩地門清淨若一
切智智清淨無二無二分無別無斷故
現五力青淨故預流果清淨預流果清淨

斯00596號　大般若波羅蜜多經卷二三〇　（10–09）

智智清淨何以故若五力清淨若一切陁羅
尼門清淨若一切智智清淨無二無二分無
別無斷故五力清淨故一切三摩地門清淨
一切三摩地門清淨故一切智智清淨何以
故若五力清淨若一切三摩地門清淨若一
切智智清淨無二無二分無別無斷故
善現五力清淨故預流果清淨預流果清淨
故一切智智清淨何以故若五力清淨若預
流果清淨若一切智智清淨無二無二分無
別無斷故五力清淨故一來不還阿羅漢果
清淨一來不還阿羅漢果清淨故一切智智
清淨何以故若五力清淨若一來不還阿羅

110

斯00596號　大般若波羅蜜多經卷二三〇　（10–10）

大般若波羅蜜多經卷二百三十

S. 596

11 V.

斯00596號背　勘記　（01–01）

如是我聞一日 [illegible] 巨祇樹給孤
大比丘衆千二百五十人俱尒時世尊食
時著衣持鉢入舍衛大城乞食於其城
中次第乞已還至本處飯食訖收衣鉢
足已敷座而坐時長老須菩提在大衆中即
從座起偏袒右肩右膝著地合掌恭敬而
佛言希有世尊如來善護念諸菩薩善付囑諸
菩薩世尊善男子善女人發阿耨多羅三藐
三菩提心應云何住云何降伏其心佛言善哉
善哉須菩提如汝所說如來善護念諸菩薩
善付囑諸菩薩汝今諦聽當為汝說善男子
善女人發阿耨多羅三藐三菩提心應如是住
如是降伏其心唯然世尊願樂欲聞
佛告須菩提諸菩薩摩訶薩應如是降伏其
心所有一切衆生之類若卵生若胎生若濕
生若化生若有色若无色若有想若无想若
非有想若非无想我皆令入无餘涅槃而滅
度之如是滅度无量无數无邊衆生實无衆
生得滅度者何以故須菩提若菩薩有我
想人相衆生相壽者相即非菩薩

1

斯00597號　金剛般若波羅蜜經　（17–01）

想人相衆生相壽者相即非菩薩
復次須菩提菩薩於法應無所住行於布施
所謂不住色布施不住聲香味觸法布施須
菩提菩薩應如是布施不住於相何以故若
菩薩不住相布施其福德不可思量須菩提
於意云何東方虚空可思量不不也世尊須
菩提南西北方四維上下虚空可思量不不
也世尊須菩提菩薩无住相布施福德亦復
如是不可思量須菩提菩薩但應如所教住
須菩提於意云何可以身相見如來不不也
世尊不可以身相得見如來何以故如來所
說身相即非身相佛告須菩提凡所有相皆
是虚妄若見諸相非相則見如來
須菩提白佛言世尊頗有衆生得聞如是言
說章句生實信不佛告須菩提莫作是說如
來滅後後五百歲有持戒脩福者於此章句
能生信心以此為實當知是人不於一佛二
佛三四五佛而種善根已於无量千萬佛所
種諸善根聞是章句乃至一念生淨信者須
菩提如來悉知悉見是諸衆生得如是无量
福德何以故是諸衆生无復我相人相衆生

2

斯00597號　金剛般若波羅蜜經　（17–02）

種諸善根聞是章句乃至一念生淨信者須
菩提如來悉知悉見是諸衆生得如是无量
福德何以故是諸衆生无復我相人相衆生
相壽者相无法相亦无非法相何以故是諸
衆生若心取相則為著我人衆生壽者若取
法相即著我人衆生壽者何以故若取非法
相即著我人衆生壽者是故不應取法不應
取非法以是義故如來常説汝等比丘知我
説法如筏喻者法尚應捨何況非法
須菩提於意云何如來得阿耨多羅三藐三
菩提耶如來有所説法耶須菩提言如我解
佛所説義无有定法名阿耨多羅三藐三菩
提亦无有定法如來可説何以故如來所説
法皆不可取不可説非法非非法所以者何
一切賢聖皆以无為法而有差別
須菩提於意云何若人滿三千大千世界七
寶以用布施是人所得福德寧為多不須菩
提言甚多世尊何以故是福德即非福德性
是故如來説福德多若復有人於此經中受
持乃至四句偈等為他人説其福勝彼何以
故須菩提一切諸佛及諸佛阿耨多羅三藐

斯00597號　金剛般若波羅蜜經　（17-03）

是故如來説福德多若復有人於此經中受
持乃至四句偈等為他人説其福勝彼何以
故須菩提一切諸佛及諸佛阿耨多羅三藐
三菩提法皆從此經出須菩提所謂佛法者
即非佛法
須菩提於意云何須陁洹能作是念我得須
陁洹果不須菩提言不也世尊何以故須陁
洹名為入流而无所入不入色聲香味觸法
是名須陁洹須菩提於意云何斯陁含能作
是念我得斯陁含果不須菩提言不也世尊
何以故斯陁含名一往來而實无往來是名
斯陁含須菩提於意云何阿那含能作是念
我得阿那含果不須菩提言不也世尊何以
故阿那含名為不來而實无來是故名阿那
含須菩提於意云何阿羅漢能作是念我得
阿羅漢道不須菩提言不也世尊何以故實
无有法名阿羅漢世尊若阿羅漢作是念我
得阿羅漢道即為著我人衆生壽者世尊佛
説我得无諍三昧人中最為第一是第一離
欲阿羅漢我不作是念我是離欲阿羅漢世
尊我若作是念我得阿羅漢道世尊則不説
須菩提是樂阿蘭那行者以須菩提實无所

斯00597號　金剛般若波羅蜜經　（17-C4）

欲阿羅漢我不作是念我是離欲阿羅漢世
尊我若作是念我得阿羅漢道世尊則不說
須菩提是樂阿蘭那行者以須菩提實无所
行而名須菩提是樂阿蘭那行
佛告須菩提於意云何如來昔在然燈佛所
於法有所得不世尊如來在然燈佛所於法
實无所得須菩提於意云何菩薩莊嚴佛土
不不也世尊何以故莊嚴佛土者則非莊嚴
是名莊嚴是故須菩提諸菩薩摩訶薩應如
是生清淨心不應住色生心不應住聲香味
觸法生心應无所住而生其心須菩提譬如
有人身如須彌山王於意云何是身為大不須
菩提言甚大世尊何以故佛說非身是名大身
須菩提如恒河中所有沙數如是沙等恒河
於意云何是諸恒河沙寧為多不須菩提言
甚多世尊但諸恒河尚多无數何況其沙須
菩提我今實言告汝若有善男子善女人以
七寶滿尒所恒河沙數三千大千世界以用
布施得福多不須菩提言甚多世尊佛告須
菩提若善男子善女人於此經中乃至受持
四句偈等為他人說而此福德勝前福德復

斯00597號　金剛般若波羅蜜經　（17-05）

布施得福多不須菩提言甚多世尊佛告須
菩提若善男子善女人於此經中乃至受持
四句偈等為他人說而此福德勝前福德復
次須菩提隨說是經乃至四句偈等當知此
處一切世間天人阿脩羅皆應供養如佛塔
廟何況有人盡能受持讀誦須菩提當知是
人成就最上第一希有之法若是經典所在
之處則為有佛若尊重弟子
尒時須菩提白佛言世尊當何名此經我等
云何奉持佛告須菩提是經名為金剛般若
波羅蜜以是名字汝當奉持所以者何須菩
提佛說般若波羅蜜則非般若波羅蜜須菩
提於意云何如來有所說法不須菩提白佛
言世尊如來无所說須菩提於意云何三千
大千世界所有微塵是為多不須菩提言甚
多世尊須菩提諸微塵如來說非微塵是名
微塵如來說世界非世界是名世界須菩提
於意云何可以三十二相見如來不不也世
尊何以故如來說三十二相即是非相是名
三十二相須菩提若有善男子善女人以恒
河沙等身命布施若復有人於此經中乃至

斯00597號　金剛般若波羅蜜經　（17-06）

尊何以故如來說三十二相即是非相是名
三十二相須菩提若有善男子善女人以恒
河沙等身命布施若復有人於此經中乃至
受持四句偈等為他人說其福甚多
尒時須菩提聞說是經深解義趣涕淚悲泣
而白佛言希有世尊佛說如是甚深經典我
從昔來所得慧眼未曾得聞如是之經世尊
若復有人得聞是經信心清淨則生實相當
知是人成就第一希有功德世尊是實相者
則是非相是故如來說名實相世尊我今得
聞如是經典信解受持不足為難若當來世
後五百歲其有衆生得聞是經信解受持是
人則為第一希有何以故此人无我相人相
衆生相壽者相所以者何我相即是非相人
相衆生相壽者相即是非相何以故離一切
諸相則名諸佛佛告須菩提如是如是若復
有人得聞是經不驚不怖不畏當知是人甚
為希有何以故須菩提如來說第一波羅蜜
非第一波羅蜜是名第一波羅蜜
須菩提忍辱波羅蜜如來說非忍辱波羅蜜
何以故須菩提如我昔為歌利王割截身體
我於尒時无我相无人相无衆生相无壽者

17

斯00597號　金剛般若波羅蜜經　（17-07）

須菩提忍辱波羅蜜如來說非忍辱波羅蜜
何以故須菩提如我昔為歌利王割截身體
我於尒時无我相无人相无衆生相无壽者
相何以故我於往昔節節支解時若有我相
人相衆生相壽者相應生瞋恨須菩提又念
過去於五百世作忍辱仙人於尒所世无我
相无人相无衆生相无壽者相是故須菩提
菩薩應離一切相發阿耨多羅三藐三菩提
心不應住色生心不應住聲香味觸法生心
應生无所住心若心有住則為非住是故佛
說菩薩心不應住色布施須菩提菩薩為利
益一切衆生應如是布施如來說一切諸相
即是非相又說一切衆生則非衆生須菩提
如來是真語者實語者如語者不誑語者不
異語者須菩提如來所得法此法无實无虛
須菩提若菩薩心住於法而行布施如人入
闇則无所見若菩薩心不住法而行布施如
人有目日光明照見種種色須菩提當來之
世若有善男子善女人能於此經受持讀誦
則為如來以佛智慧悉知是人悉見是人皆
得成就无量无邊功德

18

斯00597號　金剛般若波羅蜜經　（17-08）

世若有善男子善女人能於此經受持讀誦
則爲如來以佛智慧悉知是人悉見是人皆
得成就无量无邊功德
須菩提若有善男子善女人初日分以恒河
沙等身布施中日分復以恒河沙等身布施
後日分亦以恒河沙等身布施如是无量百
千萬億劫以身布施若復有人聞此經典信
心不逆其福勝彼何况書寫受持讀誦爲人
解說須菩提以要言之是經有不可思議不
可稱量无邊功德如來爲發大乘者說爲發
最上乘者說若有人能受持讀誦廣爲人說
如來悉知是人悉見是人皆得成就不可量
不可稱无有邊不可思議功德如是人等則
爲荷擔如來阿耨多羅三藐三菩提何以故
須菩提若樂小法者著我見人見衆生見壽
者見則於此經不能聽受讀誦爲人解說須
菩提在在處處若有此經一切世間天人阿
脩羅所應供養當知此處則爲是塔皆應恭
敬作礼圍繞以諸華香而散其處
復次須菩提善男子善女人受持讀誦此經
若爲人輕賤是人先世罪業應墮惡道以今
世人輕賤故先世罪業則爲消滅當得阿耨

9

斯00597號　金剛般若波羅蜜經　（17–09）

復次須菩提善男子善女人受持讀誦此經
若爲人輕賤是人先世罪業應墮惡道以今
世人輕賤故先世罪業則爲消滅當得阿耨
多羅三藐三菩提須菩提我念過去无量阿
僧祇劫於然燈佛前得值八百四千萬億那由
他諸佛悉皆供養承事无空過者若復有
人於後末世能受持讀誦此經所得功德於
我所供養諸佛功德百分不及一千萬億分
乃至筭數譬喻所不能及須菩提若善男子
善女人於後末世有受持讀誦此經所得功
德我若具說者或有人聞心則狂亂狐疑不
信須菩提當知是經義不可思議果報亦不
可思議
尒時須菩提白佛言世尊善男子善女人發
阿耨多羅三藐三菩提心云何應住云何降
伏其心佛告須菩提善男子善女人發阿耨
多羅三藐三菩提者當生如是心我應滅度
一切衆生滅度一切衆生已而无有一衆生
實滅度者何以故若菩薩有我相人相衆生
相壽者相則非菩薩所以者何須菩提實无
有法發阿耨多羅三藐三菩提者須菩提於

10

斯00597號　金剛般若波羅蜜經　（17–10）

實滅度者何以故若菩薩有我相人相衆生
相壽者相則非菩薩所以者何須菩提實无
有法發阿耨多羅三藐三菩提者須菩提於
意云何如來於然燈佛所有法得阿耨多羅
三藐三菩提不不也世尊如我解佛所說義
佛於然燈佛所无有法得阿耨多羅三藐三
菩提佛言如是如是須菩提實无有法如來
得阿耨多羅三藐三菩提須菩提若有法如
來得阿耨多羅三藐三菩提者然燈佛則不
與我受記汝於來世當得作佛号釋迦牟尼
以實无有法得阿耨多羅三藐三菩提是故
然燈佛與我受記作是言汝於來世當得作
佛号釋迦牟尼何以故如來者即諸法如義
若有人言如來得阿耨多羅三藐三菩提須
菩提實无有法佛得阿耨多羅三藐三菩提
須菩提如來所得阿耨多羅三藐三菩提於
是中无實无虛是故如來說一切法皆是佛
法須菩提所言一切法者即非一切法是故
名一切法須菩提譬如人身長大須菩提言世
尊如來說人身長大則為非大身是名大
身須菩提菩薩亦如是若作是言我當滅度
无量衆生則不名菩薩何以故須菩提實无

斯00597號　金剛般若波羅蜜經　（17–11）

尊如來說人身長大則為非大身是名大
身須菩提菩薩亦如是若作是言我當滅度
无量衆生則不名菩薩何以故須菩提實无
有法名為菩薩是故佛說一切法无我无人
无衆生无壽者須菩提若菩薩作是言我當
莊嚴佛土是不名菩薩何以故如來說莊嚴
佛土者即非莊嚴是名莊嚴須菩提若菩薩
通達无我法者如來說名真是菩薩
須菩提於意云何如來有肉眼不如是世尊
如來有肉眼須菩提於意云何如來有天眼
不如是世尊如來有天眼須菩提於意云何
如來有慧眼不如是世尊如來有慧眼須菩
提於意云何如來有法眼不如是世尊如來
有法眼須菩提於意云何如來有佛眼不如
是世尊如來有佛眼須菩提於意云何恒河
中所有沙佛說是沙不如是世尊如來說是
沙須菩提於意云何如一恒河中所有沙有
如是等恒河是諸恒河所有沙數佛世界如
是寧為多不甚多世尊佛告須菩提尒所國
土中所有衆生若干種心如來悉知何以故
如來說諸心皆為非心是名為心所以者何

斯00597號　金剛般若波羅蜜經　（17–12）

如是等恒河是諸恒河所有沙數佛世界如
是寧為多不甚多世尊佛告須菩提尒所國
土中所有衆生若干種心如來悉知何以故
如來說諸心皆為非心是名為心所以者何
須菩提過去心不可得現在心不可得未來
心不可得須菩提於意云何若有人滿三千
大千世界七寶以用布施是人以是因緣得
福多不如是世尊此人以是因緣得福甚多
須菩提若福德有實如來不說得福德多
福以德无故如來說得福德多
須菩提於意云何佛可以具足色身見不不
也世尊如來不應以具足色身見何以故如來
說具足色身即非具足色身是名具足色身
須菩提於意云何如來可以具足諸相見不不
也世尊如來不應以具足諸相見何以故如
來說諸相具足即非具足是名諸相具足須
菩提汝勿謂如來作是念我當有所說法莫
作是念何以故若人言如來有所說法即為
謗佛不能解我所說故須菩提說法者无法
可說是名說法須菩提白佛言世尊佛得阿
耨多羅三藐三菩提為无所得耶如是如是
須菩提我於阿耨多羅三藐三菩提乃至无

13

斯00597號　金剛般若波羅蜜經　（17–13）

耨多羅三藐三菩提為无所得耶如是如是
須菩提我於阿耨多羅三藐三菩提乃至无
有少法可得是名阿耨多羅三藐三菩提復
次須菩提是法平等无有高下是名阿耨多
羅三藐三菩提以无我无人无衆生无壽者
脩一切善法則得阿耨多羅三藐三菩提須
菩提所言善法者如來說非善法是名善法
須菩提若三千大千世界中所有諸須弥山
王如是等七寶聚有人持用布施若人以此
般若波羅蜜經乃至四句偈等受持讀誦為
他人說於前福德百分不及一百千萬億分
乃至筭數譬喻所不能及
須菩提於意云何汝等勿謂如來作是念我
當度衆生須菩提莫作是念何以故實无有
衆生如來度者若有衆生如來度者如來則
有我人衆生壽者須菩提如來說有我者則
非有我而凡夫之人以為有我須菩提凡夫
者如來說則非凡夫須菩提於意云何可以
三十二相觀如來不須菩提言如是如是以
三十二相觀如來佛言須菩提若以三十二
相觀如來者轉輪聖王則是如來須菩提白
佛言世尊如我解佛所說義不應以三十二

14

斯00597號　金剛般若波羅蜜經　（17–14）

相觀如來者轉輪聖王則是如來須菩提白
佛言世尊如我解佛所說義不應以三十二
相觀如來尒時世尊而說偈言
若以色見我 以音聲求我 是人行邪道 不能見如來
須菩提汝若作是念如來不以具足相故得
阿耨多羅三藐三菩提須菩提莫作是念如
來不以具足相故得阿耨多羅三藐三菩提
須菩提汝若作是念發阿耨多羅三藐三菩
提者說諸法斷滅相莫作是念何以故發阿
耨多羅三藐三菩提者於法不說斷滅相須
菩提若菩薩以滿恒河沙等世界七寶布施
若復有人知一切法无我得成於忍此菩薩
勝前菩薩所得功德須菩提以諸菩薩不受
福德故須菩提白佛言世尊云何菩薩不受
福德須菩提菩薩所作福德不應貪著是故
說不受福德須菩提若有人言如來若來若
去若坐若卧是人不解我所說義何以故如
來者无所從來亦无所去故名如來
須菩提若善男子善女人以三千大千世界
碎為微塵於意云何是微塵衆寧為多不甚
多世尊何以故若是微塵衆實有者佛則不
說是微塵衆所以者何佛說微塵衆則非微

15

斯00597號　金剛般若波羅蜜經　（17-15）

碎為微塵於意云何是微塵衆寧為多不甚
多世尊何以故若是微塵衆實有者佛則不
說是微塵衆所以者何佛說微塵衆則非微
塵衆是名微塵衆世尊如來所說三千大千
世界則非世界是名世界何以故若世界實
有者則是一合相如來說一合相則非一合
相是名一合相須菩提一合相者則是不可
說但凡夫之人貪著其事須菩提若人言佛
說我見人見衆生見壽者見須菩提於意云
何是人解我所說義不世尊是人不解如來
所說義何以故世尊說我見人見衆生見壽
者見即非我見人見衆生見壽者見是名我
見人見衆生見壽者見須菩提發阿耨多羅
三藐三菩提心者於一切法應如是知如是
見如是信解不生法相須菩提所言法相者
如來說即非法相是名法相須菩提若有人
以滿无量阿僧祇世界七寶持用布施若有
善男子善女人發菩薩心者持於此經乃至
四句偈等受持讀誦為人演說其福勝彼云
何為人演說不取於相如如不動何以故
一切有為法 如夢幻泡影 如露亦如電 應作如是觀
佛說是經已長老須菩提及諸比丘比丘尼

16

斯00597號　金剛般若波羅蜜經　（17-16）

佛說是經已長老須菩提及諸比丘比丘尼
優婆塞優婆夷一切世間天人阿修羅聞
佛所說皆大歡喜信受奉行
金剛般若波羅蜜經
17

斯00597號　金剛般若波羅蜜經　（17–17）

金剛般若波羅蜜經
S.597
1 V.

斯00597號背　勘記　（01–01）

妙法蓮華經序品第一
如是我聞一時佛住王舍城耆闍崛山中與
大比丘衆万二千人俱皆是阿羅漢諸漏已
盡无復煩惱逮得己利盡諸有結心得自在
其名曰阿若憍陳如摩訶迦葉優樓頻螺迦
葉伽耶迦葉那提迦葉舍利弗大目揵連摩
訶迦旃延阿㝹樓馱劫賓那憍梵波提離波
多畢陵伽婆蹉薄拘羅摩訶拘絺羅難陁孫
陁羅難陁富樓那弥多羅尼子須菩提阿難
羅睺羅如是衆所知識大阿羅漢等復有學
无學二千人摩訶波闍波提比丘尼與眷屬
六千人俱羅睺羅母耶輸陁羅比丘尼亦與眷
屬俱菩薩摩訶薩八万人皆於阿耨多羅
三藐三菩提不退轉皆得陁羅尼樂說辯才
轉不退輪法輪供養无量百千諸佛於諸佛
所殖衆德本常為諸佛之所稱歎以慈脩身
善入佛慧通達大智到於彼岸名稱普聞无
量世界能度无數百千衆生
其名曰文殊師利菩薩觀世音菩薩得大勢
菩薩常精進菩薩不休息菩薩寶掌菩薩

1

斯00598號　妙法蓮華經卷一　（02-01）

其名曰文殊師利菩薩觀世音菩薩得大勢
菩薩常精進菩薩不休息菩薩寶掌菩薩
藥王菩薩勇施菩薩寶月菩薩月光菩薩滿
月菩薩大力菩薩无量力菩薩越三界菩薩颰
陁婆羅菩薩弥勒菩薩寶積菩薩導師菩薩
如是等菩薩摩訶薩八万人俱尒時釋提桓
因與其眷屬二万天子俱復有名月天子普
香天子寶光天子四大天王與其眷屬万天
子俱自在天子大自在天子與其眷屬三万

2

斯00598號　妙法蓮華經卷一　（02-02）

斯00598號背　勘記　（01–01）

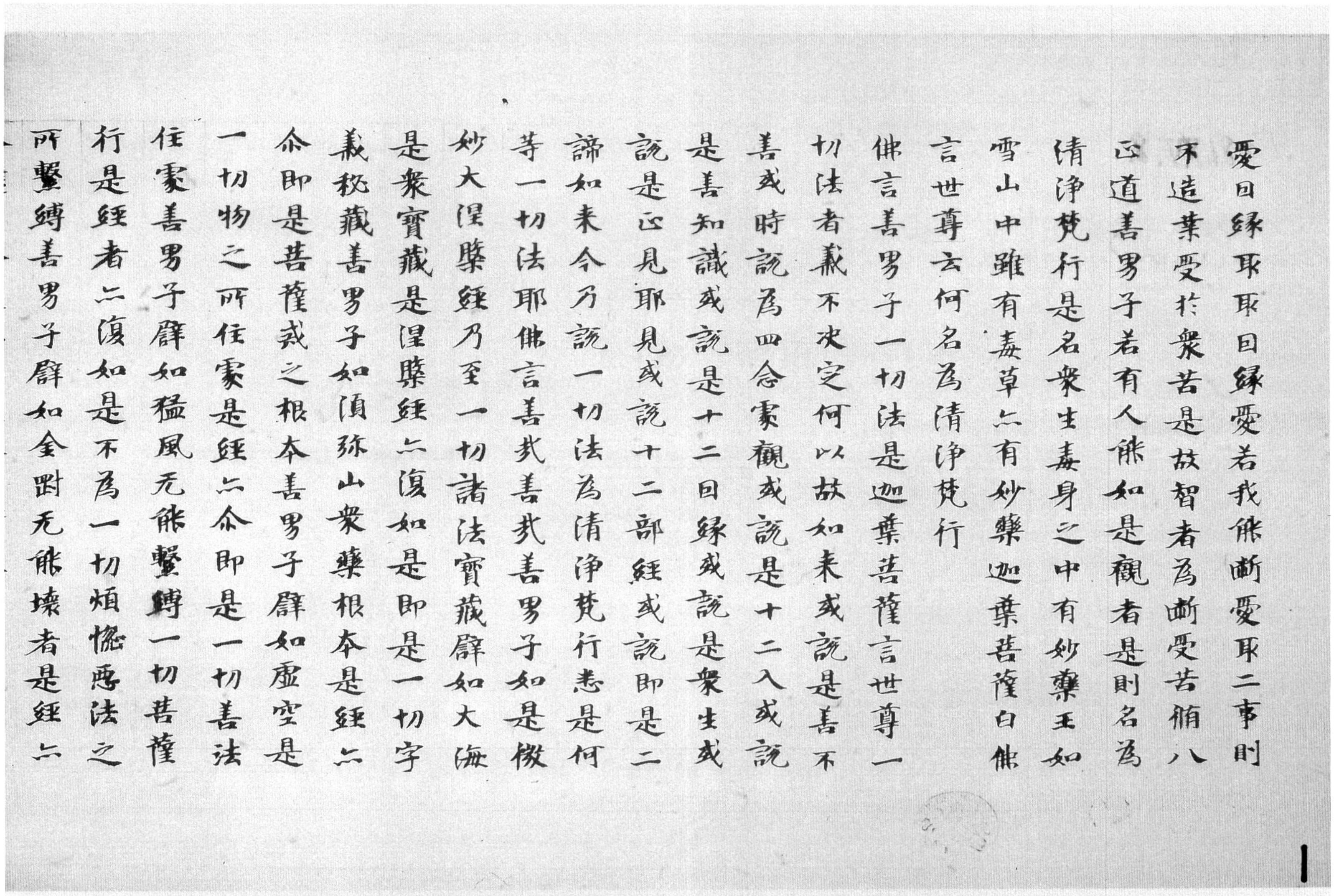

愛因緣取取因緣愛若我能斷愛取二事則
不造業受於衆苦是故智者爲斷愛苦脩八
正道善男子若有人能如是觀者是則名爲
清淨梵行是名衆生毒身之中有妙藥王如
雪山中雖有毒草亦有妙藥迦葉菩薩白佛
言世尊云何名爲清淨梵行
佛言善男子一切法是迦葉菩薩言世尊一
切法者義不决定何以故如來或說是善不
善或時說爲四念處觀或說是十二入或說
是善知識或說是十二因緣或說是衆生或
說是正見耶見或說十二部經或說即是二
諦如來今乃說一切法爲清淨梵行悉是何
等一切法耶佛言善哉善哉善男子如是微
妙大涅槃經乃至一切諸法寶藏辟如大海
是衆寶藏是涅槃經亦復如是即是一切字
義秘藏善男子如須弥山衆藥根本是經亦
尒即是菩薩戒之根本善男子辟如虛空是
一切物之所住處是經亦尒即是一切善法
住處善男子辟如猛風无能繫縛一切菩薩
行是經者亦復如是不爲一切煩惱惡法之
所繫縛善男子辟如金剛无能壞者是經亦

斯00599號　大般涅槃經(北本異卷)卷三七　（04–01）

行是經者亦復如是不為一切煩惱惡法之
所繫縛善男子譬如金剛无能壞者是經亦
尒雖有外道惡邪之人不能破壞善男子如
恒河沙无能數者如是義經亦復如是无能
數者善男子是經典者為諸菩薩而作法幢
如帝釋幢善男子是經即是趣涅槃城之商
主也如大導師引諸商人趣向大海善男子
是經能為諸菩薩等作法光明如世日月能
破諸闇善男子是經能為病苦衆生作大良
藥如香山中微妙藥王能治衆生病善男子
是經能為一闡提杖猶如羸人因之得起善
男子是經能為一切惡人而作橋梁猶如世
橋能度一切善男子是經能為行五有者遇
煩惱熱而作蔭涼如世間蓋遮覆暴熱善男
子是經即是大无畏王能壞一切煩惱惡魔
如師子王降伏衆獸善男子是經即是大神
呪師能壞一切煩惱惡鬼如世呪師能去因
義善男子是經即是无上雹霜能壞一切生
死果報如世雹雨壞諸菓實善男子是經能
為壞戒目者作大良藥猶如世間安闍那藥
善療眼痛善男子是經能住一切善法如世

12

斯00599號　大般涅槃經(北本異卷)卷三七　(04-02)

死果報如世雹雨壞諸菓實善男子是經能
為壞戒目者作大良藥猶如世間安闍那藥
善療眼痛善男子是經能住一切善法如世
間地能住衆物善男子是經即是毀戒衆生
之明鏡也如世間鏡見諸色像善男子是經
能為无慚愧者而作衣服如世衣裳鄣弊形
體善男子是經能為貧善法者作大財寶如
功德天利益貧者善男子是經能為渴之衆
生作甘露漿如八味水充足渴者善男子是
經能為煩惱之人而作法牀如世之人遇安
隱牀善男子是經能為初地菩薩至十住菩
薩而作瓔珞香華塗香末香燒香清淨種性
具足之乘過於一切六波羅蜜受妙樂處如
忉利天波利質多羅樹善男子是經即是對
利智斧能伐一切煩惱大樹即是利刀能割
習氣即是勇健能摧伏魔怨即是智火焚燒
惱薪即因緣藏出辟支佛即是聞藏生聲聞
人即是一切諸天之眼即是一切人之正道
即是一切畜生依處即是餓鬼解脫之處即
是地獄无上之尊即是一切十方衆生无上
之器即是十方過去未來現在諸佛之父母
也善男子是故此經攝一切法如我先說此

13

斯00599號　大般涅槃經(北本異卷)卷三七　(04-03)

之器即是十方過去未来現在諸佛之父毋
也善男子是故此經攝一切法如我先說此
雖攝一切諸法我說梵行即是三十七明道
法

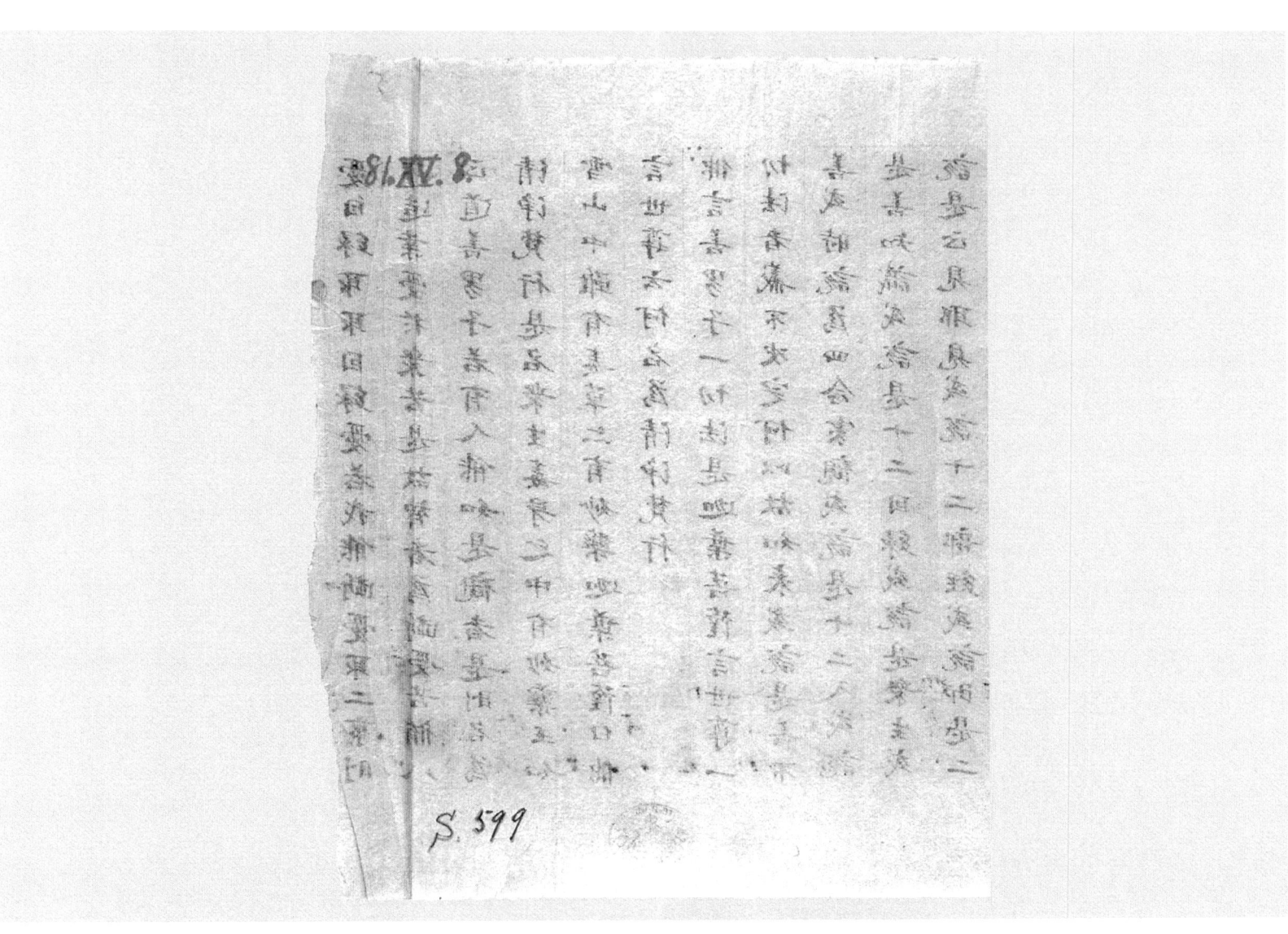

大般涅槃經卷第卅七

14

斯00599號　大般涅槃經(北本異卷)卷三七　(04–04)

S. 599

斯00599號背　勘記　(01–01)

弟比丘尼某

旧犯某甲罪今從

是故 如是三說；已更；懺悔主主一比丘尼前作如尸

一懺悔主受懺者應白已然後受懺

懺者白文　大姊僧聽比丘尼某甲故畜尒許長衣過十

日犯捨墮此衣已捨与僧犯某甲罪今從眾僧乞懺悔若僧時

到僧忍聽我受比丘尼某甲懺悔白如是 作如是白已 應受懺悔

早僧中一人前懺悔文　大姊一心念我比丘尼某甲故畜尒許

長衣過十日犯捨墮此衣已捨与僧有某甲罪今從大姊懺悔

不敢覆藏懺悔則安樂不懺悔不安樂憶念犯發露知而不覆

藏大姊憶念我清淨戒身具足清淨布薩 如是三說；已受懺者應語言

自慎汝心生猒離答言尒　僧還此比丘尼衣羯磨文

長衣捨竟要須經一宿然後還

大姊僧聽比丘尼某甲故畜尒許長衣過十日

犯捨墮此衣已捨与僧；今持此衣還比丘尼某甲 諸大姊忍

僧持此衣還比丘尼某甲者嘿然誰不忍者說 僧已忍還比丘

尼某甲衣竟僧忍嘿然故是事如是持　犯捨墮衣於三人中捨文

大姊僧聽我比丘尼某甲尒許長衣過十日犯捨墮今捨与諸

長老 如是三說捨已 早應三人中懺悔

諸長老聽我某甲比丘尼尒許捨墮衣此衣已捨犯某甲罪

今從諸長老懺悔願諸長老聽我某甲懺悔　三人中懺悔文

如是三說；已早應更請一人懺悔至一比丘尼前作如是言

我某甲請大姊為懺悔主 受懺者應語餘人言長老聽我受某甲懺悔答言聽

早三人中一人前懺悔文　長老一心念我比丘尼某甲畜長衣過

十日犯捨墮此衣已捨犯某甲罪今從長老懺悔不敢覆藏懺悔

則安樂不悔不安樂憶念犯發露知而不覆藏長老憶我

說已受懺悔者應語言

如是三說

七遍

陀羅尼神呪擁護

仒祢 伽祢二 瞿利三 乾陀利四 栴陀利五
摩蹬耆六 常求利七 浮樓莎柅八 頞底九
世尊是陀羅尼神呪四十二億諸佛所說若
有侵毀此法師者則為侵毀是諸佛已
尒時有羅剎女等一名藍婆二名毗藍婆三
名曲齒四名華齒五名黑齒六名多髮七名
无猒足八名持瓔珞九名睪帝十名奪一切
衆生精氣是十羅剎女與鬼子母并其子及
眷屬俱詣佛所同聲白佛言世尊我等亦欲
擁護讀誦受持法華經者除其衰患若有伺
求法師短者令不得便即於佛前而說呪曰
伊提履一伊提泯二伊提履三阿提履四伊提
履五泥履六泥履七泥履八泥履九泥履十
樓醯十一樓醯十二樓醯十三樓醯十四多醯十五多
醯十六多醯十七兜醯十八㝹醯十九
寧上我頭上莫惱於法師若夜叉若羅剎若
餓鬼若富單那若吉遮若毗陀羅若揵䭾若
烏摩勒伽若阿䟦摩羅若夜叉吉遮若人吉
遮若熱病若一日若二日若三日若四日乃

斯00601號　妙法蓮華經卷七　（13-01）

烏摩勒伽若阿䟦摩羅若夜叉吉遮若人吉
遮若熱病若一日若二日若三日若四日乃
至七日若常熱病若男形若女形若童男形
若童女形乃至夢中亦復莫惱即於佛前而
說偈言
若不順我呪　惱亂說法者　頭破作七分　如阿梨樹枝
如煞父母罪　亦如押油殃　斗秤欺誑人　調達破僧罪
犯此法師者　當獲如是殃
諸羅剎女說此偈已白佛言世尊我等亦當
身自擁護受持讀誦脩行是經者令得安隱
離諸衰患消衆毒藥佛告諸羅剎女善哉善
哉汝等但能擁護受持法華名者福不可量
何況擁護具足受持供養經卷華香瓔珞末
香塗香燒香幡蓋伎樂然種種燈蘇燈油燈
諸香油燈蘇摩那華油燈瞻蔔華油燈婆師
迦華油燈優鉢羅華油燈如是等百千種供
養者睪帝汝等及眷屬應當擁護如是法師
說是陀羅尼呪品時六万八千人得无生法忍
妙法蓮華經妙莊嚴王本事品第廿七
尒時佛告諸大衆乃往古世過无量无邊不
可思議阿僧祇劫有佛名雲雷音宿王華智

斯00601號　妙法蓮華經卷七　（13-02）

妙法蓮華經妙莊嚴王本事品第廿七
尒時佛告諸大衆乃往古世過无量无邊不
可思議阿僧祇劫有佛名雲雷音宿王華智
多陁阿伽度阿羅訶三藐三佛陁國名光明
莊嚴劫名憙見彼佛法中有王名妙莊嚴其
王夫人名曰淨德有二子一名淨藏二名淨
眼是二子有大神力福德智慧久脩菩薩所
行之道所謂檀波羅蜜尸波羅蜜羼提波羅
蜜毗梨耶波羅蜜禪波羅蜜般若波羅蜜方
便波羅蜜慈悲憙捨乃至三十七品助道法
皆悉明了通達又得菩薩淨三昧日星宿三
昧淨光三昧淨色三昧淨照明三昧長莊嚴
三昧大威德藏三昧於此三昧亦悉通達尒
時彼佛欲引導妙莊嚴王及愍念衆生故說
是法華經時淨藏淨眼二子到其母所合十
指抓掌白言願母往詣雲雷音宿王華智佛
所我等亦當侍從親覲供養礼拜所以者何
此佛於一切天人衆中說法華經宜應聽受
母告子言汝父信受外道深著婆羅門法汝
等應往白父與共俱去淨藏淨眼合十指抓
掌白母我等是法王子而生此邪見家母告
子言汝等當憂念汝父為現神變若得見者

3

斯00601號　妙法蓮華經卷七　（13-03）

掌白母我等是法王子而生此邪見家母告
子言汝等當憂念汝父為現神變若得見者
心必清淨或聽我等往至佛所於是二子念
其父故踊在虛空高七多羅樹現種種神變
於虛空中行住坐臥身上出水身下出火身
下出水身上出火或現大身滿虛空中而復
現小小復現大於空中滅忽然在地入地如
水履水如地現如是等種種神變令其父王
心淨信解時父見子神力如是心大歡憙得
未曾有合掌向子言汝等師為是誰誰之弟
子二子白言大王彼雲雷音宿王華智佛今
在七寶菩提樹下法座上坐於一切世間天
人衆中廣說法華經是我等師我是弟子父
語子言我今亦欲見汝等師可共俱往於是二
子從空中下到其母所合掌白母父王今已
信解堪任發阿耨多羅三藐三菩提心我
等為父已作佛事願母見聽於彼佛所出
家脩道尒時二子欲重宣意以偈白母
願母放我等　出家作沙門　諸佛甚難值　我等隨佛學
如優曇波羅　值佛復難是　脫諸難亦難　願聽我出家
母即告言聽汝出家所以者何佛難值故於

4

斯00601號　妙法蓮華經卷七　（13-04）

如優曇波羅　值佛復難是　脫諸難亦難　願聽我出家
母即告言聽汝出家所以者何佛難值故於
是二子白父母言善哉父母願時往詣雲雷
音宿王華智佛所親覲供養所以者何佛難
得值如優曇波羅華又如一眼之龜值浮木
孔而我等宿福深厚生值佛法是故父母當
聽我等令得出家所以者何諸佛難值時亦
難遇彼時妙莊嚴王後宮八万四千人皆悉
堪任受持是法華經淨眼菩薩於法華三昧
久已通達淨藏菩薩已於无量百千万億劫
通達離諸惡趣三昧欲令一切衆生離諸惡
趣故其王夫人得諸佛集三昧能知諸佛秘
密之藏二子如是以方便力善化其父令心信
解好樂佛法於是妙莊嚴王與群臣眷屬
倶淨德夫人與後宮綵女眷屬倶其王二子
與四万二千人倶一時共詣佛所到已頭面
礼足遶佛三迊却住一面尒時彼佛為王說
法示教利喜王大歡悅尒時妙莊嚴王及其
夫人解頸真珠瓔珞價直百千以散佛上於
虛空中化成四柱寶臺臺中有大寶林敷百
千万天衣其上有佛結跏趺坐放大光明尒

15

斯00601號　妙法蓮華經卷七　（13–05）

虛空中化成四柱寶臺臺中有大寶林敷百
千万天衣其上有佛結跏趺坐放大光明尒
時妙莊嚴王作是念佛身希有端嚴殊特成
就第一微妙之色時雲雷音宿王華智佛告
四衆言汝等見是妙莊嚴王於我前合掌立
不此王於我法中作比丘精懃脩習助佛道
法當得作佛号娑羅樹王國名大光劫名大
高王其娑羅樹王佛有无量菩薩衆及无量
聲聞其國平正功德如是其王即時以國付
弟與夫人二子并諸眷屬於佛法中出家脩
道王出家已於八万四千歲常懃精進脩行
妙法華經過是已後得一切淨功德莊嚴三
昧即昇虛空高七多羅樹而白佛言世尊此
我二子已作佛事以神通變化轉我邪心令得
安住於佛法中得見世尊此二子者是我善
知識為欲發起宿世善根饒益我故来生我
家尒時雲雷音宿王華智佛告妙莊嚴王言
如是如是如汝所言若善男子善女人種善、
根故世世得善知識其善知識能作佛事示
教利喜令入阿耨多羅三藐三菩提大王當
知善知識者是大因緣所謂化導令得見佛
發阿耨多羅三藐三菩提[illegible]

16

斯00601號　妙法蓮華經卷七　（13–06）

教利喜令入阿耨多羅三藐三菩提大王當
知善知識者是大因緣所謂化導令得見佛
發阿耨多羅三藐三菩提心大王汝見此二
子不此二子已曾供養六十五百千万億那
由他恒河沙諸佛親覲恭敬於諸佛所受持
法華經愍念邪見衆生令住正見妙莊嚴王即
從虛空中下而白佛言世尊如來甚希有以
功德智慧故頂上肉髻光明顯照其眼長廣
而紺青色眉間豪相白如珂月齒白齊密常
有光明脣色赤好如頻婆菓尒時妙莊嚴王
讃歎佛如是等无量百千万億功德已於如
來前一心合掌復白佛言世尊未曾有也如
來之法具足成就不可思議微妙功德教戒
所行安隱快善我從今日不復自隨心行不
生邪見憍慢瞋恚諸惡之心說是語已礼佛
而出佛告大衆於意云何妙莊嚴王豈異人
乎今華德菩薩是其淨德夫人今佛前光
照莊嚴相菩薩是哀愍妙莊嚴王及諸眷屬
故於彼中生其二子者今藥王菩薩藥上菩
薩是是藥王藥上菩薩成就如此諸大功德
已於无量百千万億諸佛所殖衆德本成就

7

斯00601號　妙法蓮華經卷七　（13–07）

薩是是藥王藥上菩薩成就如此諸大功德
已於无量百千万億諸佛所殖衆德本成就
不可思議諸善功德若有人識是二菩薩名
字者一切世間諸天人民亦應礼拜佛說是
妙莊嚴王本事品時八万四千人遠塵離垢於
諸法中得法眼淨

妙法蓮華經普賢菩薩勸發品第廿八

尒時普賢菩薩以自在神通威德名聞與大
菩薩无量无邊不可稱數從東方來所經諸
國普皆震動雨寶蓮華作无量百千万億種
種伎樂又與无數諸天龍夜叉乾闥婆阿脩
羅迦樓羅緊那羅摩睺羅伽人非人等大衆
圍遶各現威德神通之力到娑婆世界耆闍
崛山中頭面礼釋迦牟尼佛右遶七帀白佛
言世尊我於寶威德上王佛國遙聞此娑婆
世界說法華經與无量无邊百千万億諸菩
薩衆共來聽受唯願世尊當為說之若善男
子善女人於如來滅後云何能得是法華經
佛告普賢菩薩若有善男子善女人成就四
法於如來滅後當得是法華經一者為諸佛
護念二者殖諸德本三者入正定聚四者發

8

斯00601號　妙法蓮華經卷七　（13–08）

法於如来滅後當得是法華經一者為諸佛
護念二者殖諸德本三者入正定聚四者發
救一切衆生之心善男子善女人如是成就
四法於如来滅後必得是經尒時普賢菩薩
白佛言世尊於後五百歲濁惡世中其有受
持是經典者我當守護除其衰患令得安隱
使无伺求得其便者若魔若魔子若魔女若
魔民若為魔所著者若夜叉若羅剎若鳩槃
荼若毗舍闍若吉遮若富單那若韋陁羅等
諸惱人者皆不得便是人若行若立讀誦此
經我尒時乘六牙白象王與大菩薩衆俱詣
其所而自現身供養守護安慰其心亦為供
養法華經故是人若坐思惟此經尒時我復
乘白象王現其人前其人若於法華經有所
忘失一句一偈我當教之與共讀誦還令通
利尒時受持讀誦法華經者得見我身甚大
歡喜轉復精進以見我故即得三昧及陁羅
尼名為旋陁羅尼百千万億旋陁羅尼法音
方便陁羅尼得如是等陁羅尼世尊若後世
後五百歲濁惡世中比丘比丘尼優婆塞優
婆夷求索者受持者讀誦者書寫者欲脩
習是法華經於三七日中應一心精進滿三七

斯00601號　妙法蓮華經卷七　（13-09）

後五百歲濁惡世中比丘比丘尼優婆塞優
婆夷求索者受持者讀誦者書寫者欲脩
習是法華經於三七日中應一心精進滿三七
日已我當乘六牙白象與无量菩薩而自圍
遶以一切衆生所喜見身現其人前而為說
法示教利喜亦復與其陁羅尼呪得是陁羅
尼故无有非人能破壞者亦不為女人之所惑
亂我身亦自常護是人唯願世尊聽我說此
陁羅尼即於佛前而說呪曰
阿檀地一檀陁婆地二檀陁婆帝三檀陁鳩
舍隸四檀陁脩陁隸五脩陁隸六脩陁羅婆
底七佛馱波羶禰八薩婆陁羅尼阿婆多尼
九薩婆婆沙阿婆多尼十脩阿婆多尼十一僧
伽婆履叉尼十二僧伽涅伽陁尼十三阿僧祇十四
僧伽波伽地十五帝隸阿惰僧伽兜略盧遮阿羅
帝波羅帝十六薩婆僧伽三摩地伽蘭地十七
薩婆達磨脩波利剎帝十八薩婆薩埵樓馱憍
舍略阿㝹伽地十九辛阿毗吉利地帝二十
世尊若有菩薩得聞是陁羅尼者當知普賢
神通之力若法華經行閻浮提有受持者應
作此念皆是普賢威神之力若有受持讀誦

斯00601號　妙法蓮華經卷七　（13-10）

神通之力若法華經行閻浮提有受持讀誦者應
作此念皆是普賢威神之力若有受持讀誦
正憶念解其義趣如說脩行當知是人行普
賢行於无量无邊諸佛所深種善根為諸如
來手摩其頭若但書寫是人命終當生忉利
天上是時八万四千天女作衆伎樂而來迎之
其人即著七寶冠於婇女中娛樂快樂何
況受持讀誦正憶念解其義趣如說脩行若
有人受持讀誦解其義趣是人命終為千佛
授手令不恐怖不墮惡趣即往兜率天上弥
勒菩薩所弥勒菩薩有三十二相大菩薩衆
所共圍遶有百千万億天女眷屬而於中生
有如是等功德利益是故智者應當一心自
書若使人書受持讀誦正憶念如說脩行世
尊我今以神通力守護是經於如來滅後閻
浮提內廣令流布使不斷絕尒時釋迦牟尼
佛讚言善哉善哉普賢汝能護助是經令多
所衆生安樂利益汝已成就不可思議功德
深大慈悲從久遠來發阿耨多羅三藐三菩
提意而能作是神通之願守護是經我當以
神通力守護能受持普賢菩薩名者普賢若

11

斯00601號　妙法蓮華經卷七　（13–11）

深大慈悲從久遠來發阿耨多羅三藐三菩
提意而能作是神通之願守護是經我當以
神通力守護能受持普賢菩薩名者普賢若
有受持讀誦正憶念脩習書寫是法華經者
當知是人則見釋迦牟尼佛如從佛口聞此
經典當知是人供養釋迦牟尼佛當知是人
佛讚善哉當知是人為釋迦牟尼佛手摩其
頭當知是人為釋迦牟尼佛衣之所覆如是
之人不復貪著世樂不好外道經書手筆亦
復不喜親近其人及諸惡者若屠兒若畜猪
羊雞狗若獵師若衒賣女色是人心意質直
有正憶念有福德力是人不為三毒所惱亦
不為嫉妬我慢邪慢增上慢所惱是人少欲
知足能脩普賢之行普賢若如來滅後後五
百歲若有人見受持讀誦法華經者應作是
念此人不久當詣道場破諸魔衆得阿耨多
羅三藐三菩提轉法輪擊法鼓吹法螺雨法
雨當坐天人大衆中師子法座上普賢若於
後世受持讀誦是經典者是人不復貪著衣
服臥具飲食資生之物所願不虛亦於現世
得其福報若有人輕毀之言汝狂人耳空作
是行終无所獲如是罪報當世世无眼若有

12

斯00601號　妙法蓮華經卷七　（13–12）

後世受持讀誦是經典者是人不復貪著衣
服卧具飲食資生之物所願不虛亦於現世
得其福報若有人輕毀之言汝狂人耳空作
是行終无所獲如是罪報當世世无眼若有
供養讚嘆之者當於今世得現果報若復見
受持是經者出其過惡若實若不實此人現
世得白癩病若有輕笑之者當世世牙齒踈
缺醜脣平鼻手脚繚戾眼目角睞身體臭穢
惡瘡膿血水腹短氣諸惡重病是故普賢若
見受持是經典者當起遠迎當如敬佛說是
普賢勸發品時恒河沙等无量无邊菩薩得
百千万億旋陁羅尼三千大千世界微塵等諸
菩薩具普賢道佛說是經時普賢等諸菩
薩舍利弗等諸聲聞及諸天龍人非人等一
切大會皆大歡喜受持佛語作礼而去

妙法蓮華經卷第七

113

斯00601號　妙法蓮華經卷七　（13–13）

1081

妙法蓮華経第七

1.V.

斯00601號背　勘記　（01–01）

行是以聖人言受國之垢是謂社稷主受國不
祥是謂天下王正言若反 六十四字
和大怨必有餘怨安可以為善是以聖人執左
契不責於人故有德司契无德司徹天道無親
常與善人 卌字
小國寡民使有什伯之器而不用使民重死而
不遠徙有舟輿无所乘之有甲兵无所陳之
使民復結繩而用之甘其食美其服安其處
樂其俗鄰國相望鷄狗之聲相聞使民至老
不相往来 七十三字
信言不美美言不信知者不博博者不知善
者不辯辯者不善聖人无積既以為人已愈有
既以與人已愈多天之道利而不害聖人之道為
而不争 五十七字
道經卅七章二千一百八十四字

斯00602號　老子道德經卷下　（01-01）

辯中邊論頌　弥勒菩薩造　三藏法師玄奘

辯中邊相品第一唯相

唯相障真實及脩諸對治即此脩分位德果无

上乘辯中邊論頌弥勒菩薩造

辯中邊論頌弥勒造　三藏法师玄奘奉　詔譯

辯相品第一　唯相障真實　及修諸對治　即此修
分位德果无　上乘虛妄分別有　於此二都无　此中唯有空
有无及有故　是明契中道　識生變似義　有情我
及了此境實非有　境无故識无　虛妄分別性　由此義得
成非實有全无　許滅解脫故　唯所執依他　及圓成
實性境故分別故　及二空故說
依識有所得　境无所得生　依境无所得　識无所得生
由識有得性　亦成无所得　故知二有得　无得性平等
三界心心所　是虛妄分別　唯了境名心　亦名心所　一則名緣
識第二名受者　此中能受用　分別推心所　覆障及安
立將導攝圓滿

1v.

大般若波羅蜜多經卷第三百一十九　卅三

S.603

1.V.

斯00603號背　護首　（01–01）

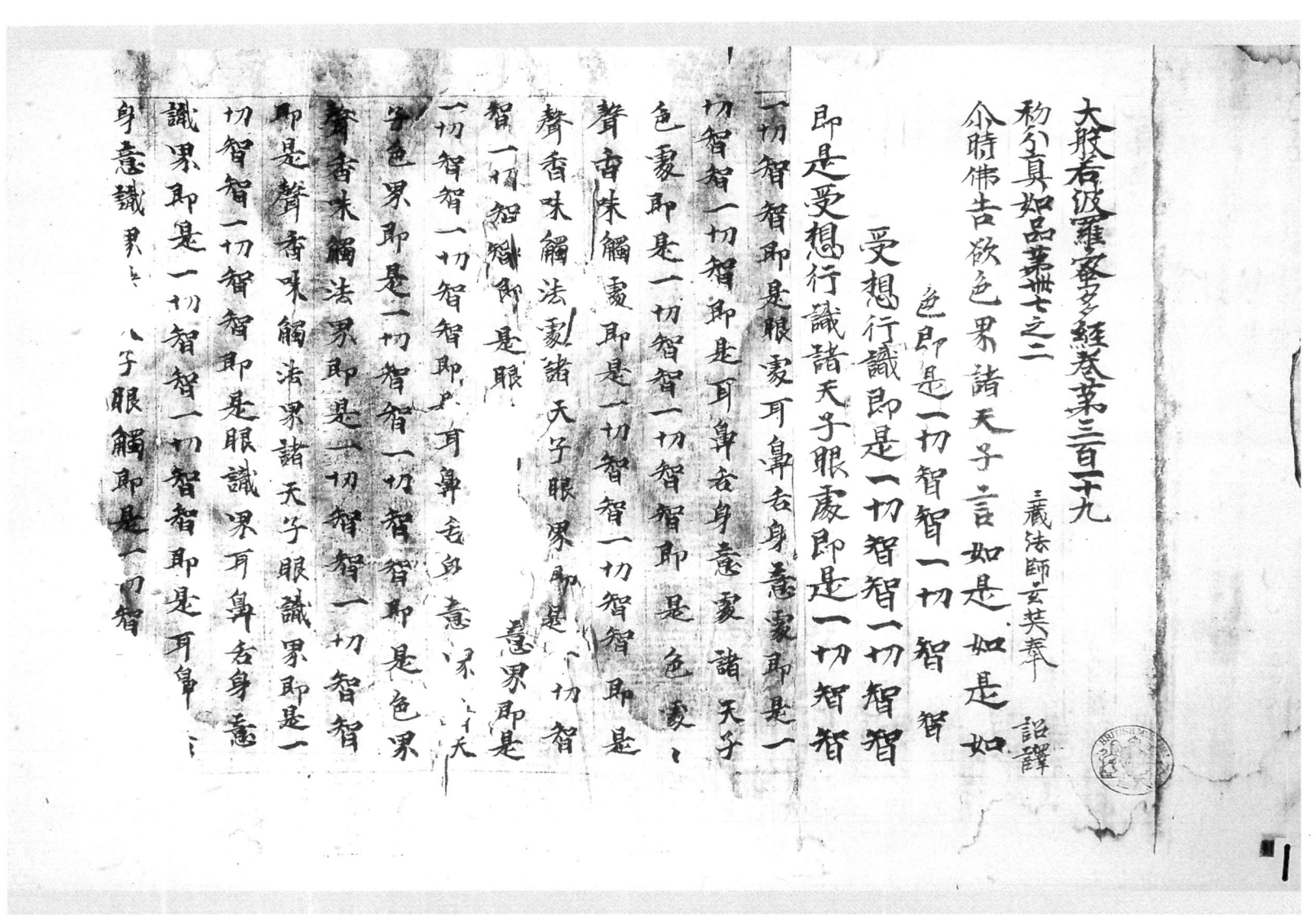

大般若波羅蜜多經卷第三百一十九
初分真如品第卌七之二　　三藏法師玄奘奉　詔譯
尒時佛告欲色界諸天子言如是如是如
色即是一切智智一切智智
受想行識即是一切智智一切智智
即是受想行識諸天子眼處即是一切智智
一切智智即是眼處耳鼻舌身意處即是一
切智智一切智智即是耳鼻舌身意處諸天子
色處即是一切智智一切智智即是色處、
聲香味觸處即是一切智智一切智智即是
聲香味觸法處諸天子眼界即是一切智
智一切智智即是眼　意界即是
一切智智一切智智即是耳鼻舌身意界、、天
子色界即是一切智智一切智智即是色界
聲香味觸法界即是一切智智一切智智
即是聲香味觸法界諸天子眼識界即是一
切智智一切智智即是眼識界耳鼻舌身意
識界即是一切智智一切智智即是耳鼻、、
身意識界、、　八子眼觸即是一切智

1

斯00603號　大般若波羅蜜多經(兑廢稿)卷三一九　（01–01）

大般若波羅蜜多經卷第四百五十六
1062
經頭二張
S.604

斯00604號背　護首　（01–01）

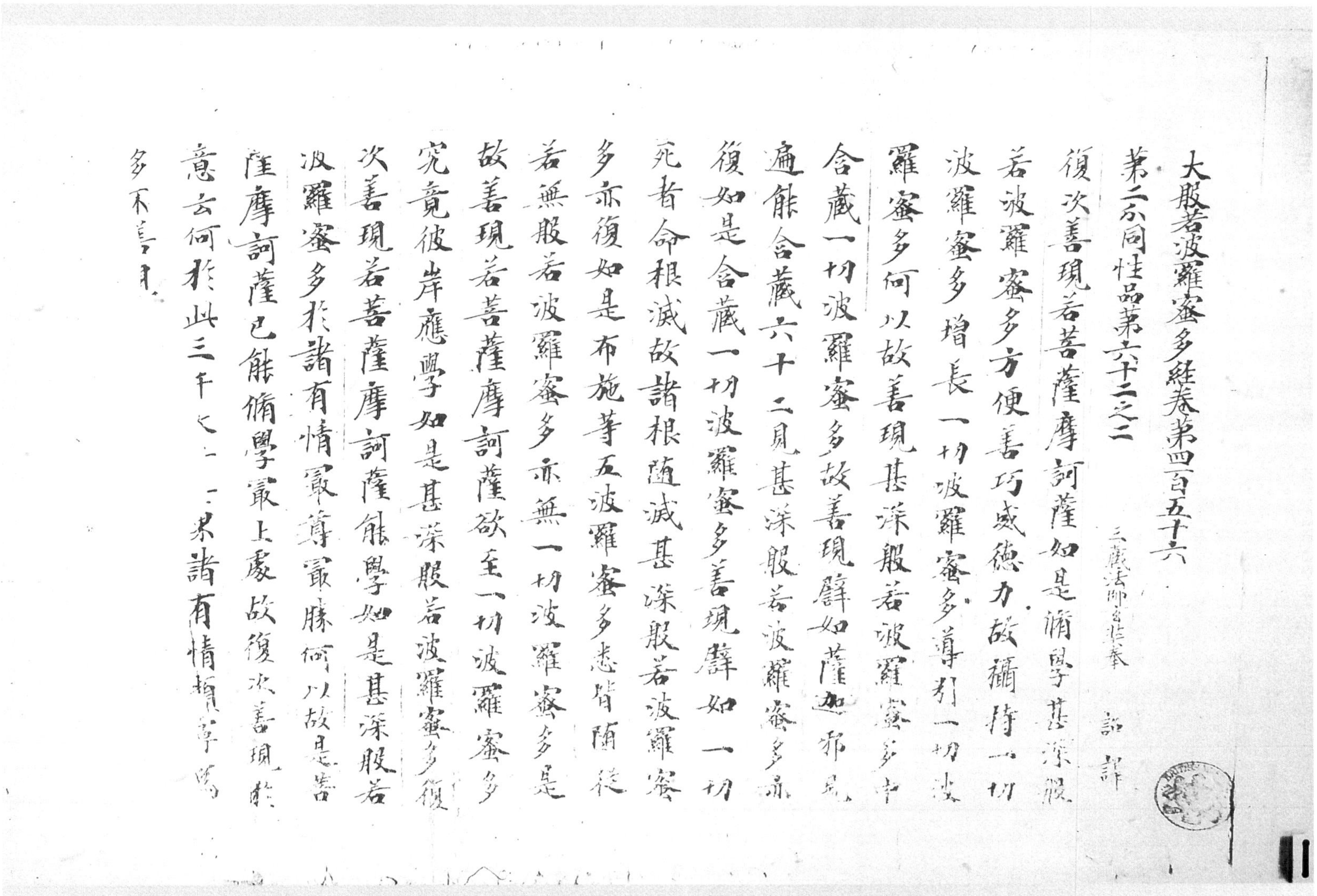
大般若波羅蜜多經卷第四百五十六
三藏法師玄奘奉　詔譯
第二分同性品第六十二之三
復次善現若菩薩摩訶薩如是脩學甚深般
若波羅蜜多方便善巧威德力故攝持一切
波羅蜜多增長一切波羅蜜多導引一切波
羅蜜多何以故善現甚深般若波羅蜜多中
含藏一切波羅蜜多故善現譬如薩迦耶見
遍能含藏六十二見甚深般若波羅蜜多亦
復如是含藏一切波羅蜜多善現譬如一切
死者命根滅故諸根隨滅甚深般若波羅蜜
多亦復如是布施等五波羅蜜多悉皆隨從
若無般若波羅蜜多亦無一切波羅蜜多是
故善現若菩薩摩訶薩欲至一切波羅蜜多
究竟彼岸應學如是甚深般若波羅蜜多復
次善現若菩薩摩訶薩能學如是甚深般若
波羅蜜多於諸有情最尊最勝何以故是菩
薩摩訶薩已能脩學最上處故復次善現於
意云何於此三千大千世界諸有情類寧爲
多不善現

斯00604號　大般若波羅蜜多經卷四五六　（01–01）

捨去不自舉不□

□来於中間敷

迮者自當避我去

波逸提

□僧房中□牽出

若教人牽出者波逸

若比丘尼若在重閣上脫脚繩床若木床若

坐若卧波逸提

若比丘尼知水有虫若用洗泥若草若教人

洗者波逸提

若比丘尼作大房户扉窓牖及餘莊飾具

指授覆苫齊二三節若過者波逸提廿

若比丘尼施一食處無病比丘尼應一食若過

受者波逸提

若比丘尼別衆食除餘時波逸提餘時者病

時作衣時施衣時行道時舩上時大食時沙

門施食時此是時

若比丘尼至檀越家慇懃請與餅麨飯比丘

尼欲須者當二三鉢應受持至寺內分與餘

比丘尼食若比丘尼無病過三鉢受持至寺中

不分與餘比丘尼食者波逸提

斯00605號　四分比丘尼戒本　(24–01)

比丘尼食若比丘尼無病過三鉢受持至寺中

不分與餘比丘尼食者波逸提

若比丘尼非時噉食者波逸提

若比丘尼殘宿食噉者波逸提

若比丘尼不受食及藥著口中除水楊枝波逸提

若比丘尼先受請已若前食後食行詣餘家

不屬餘比丘尼除餘時波逸提餘時者病時

作衣時施衣時此是時

若比丘尼食家中有寶强安坐者波逸提

若比丘尼食家中有寶在屏處坐者波逸提

若比丘尼獨與男子露地一處共坐者波逸提卌

若比丘尼語比丘尼如是語大姊共汝至聚落

當與汝食彼比丘尼竟不教與是比丘尼食

如是言大姊去我與汝一處共坐共語不樂

我獨坐獨語樂以是因緣非餘方便遣去波

逸提

若比丘尼請比丘尼四月與藥無病比丘尼應

受若過受除常請更請分請盡形請

波逸提

若比丘尼往觀軍陣除時因緣波逸提

若比丘尼有因緣至軍中若二宿三宿過者波

逸提

若比丘尼軍中住若二宿三宿或時觀軍陳

斯00605號　四分比丘尼戒本　(24–02)

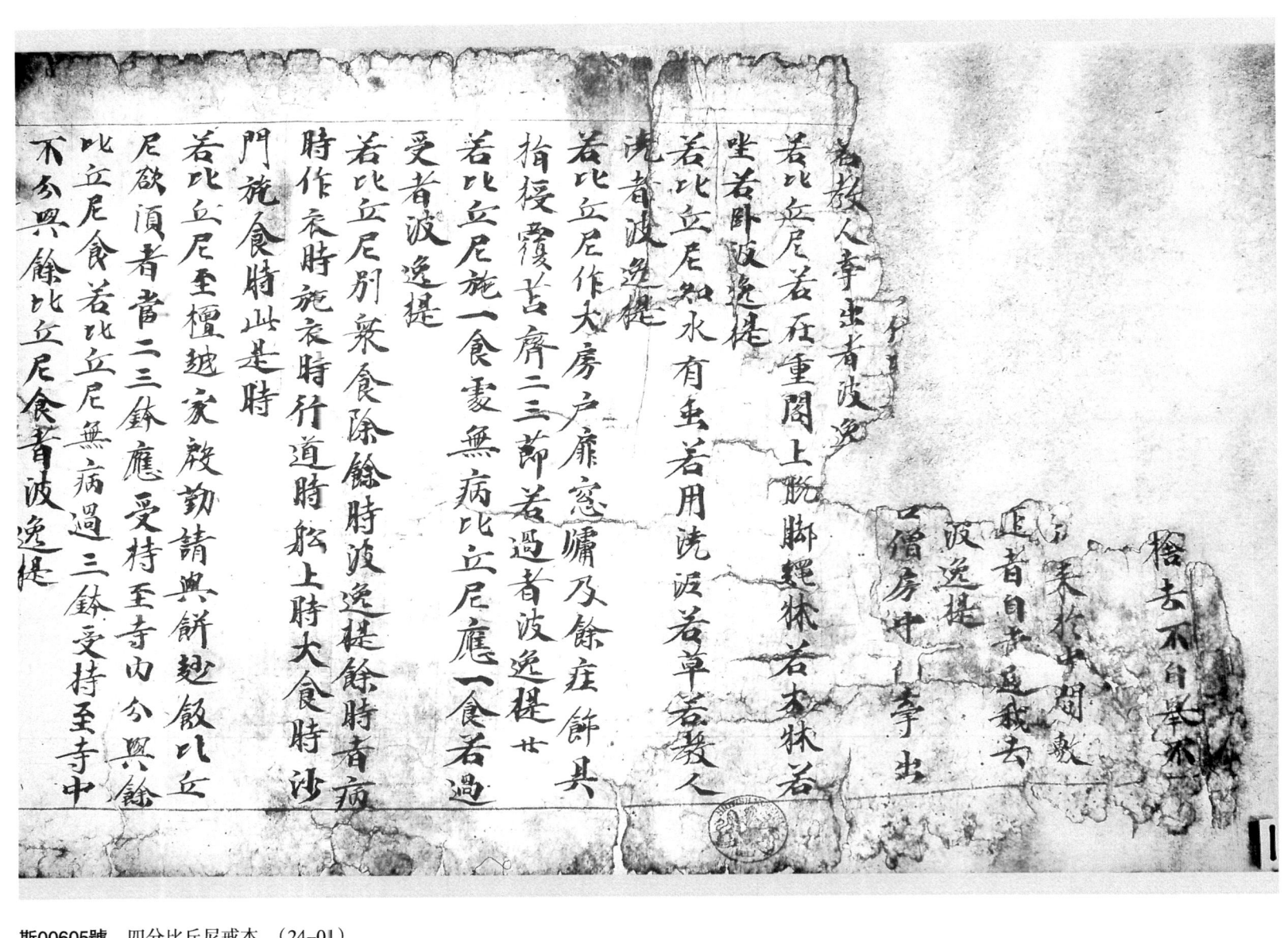

若比丘尼有因緣至軍中若二宿三宿過者波
逸提
若比丘尼軍中住若二宿三宿或時觀軍陳
闘戰若觀遊軍象馬勢力波逸提
若比丘尼飲酒者波逸提
若比丘尼水中戲者波逸提
若比丘尼以指相擊攊者波逸提
若比丘尼不受諫者波逸提
若比丘尼恐怖他比丘尼者波逸提 四十
若比丘尼半月洗浴無病比丘尼應受 若過
受除餘時波逸提餘時者熱時病時作時
風雨時遠行來時此是時
若比丘尼無病為炙身故露地然火若教人
然除餘時波逸提
若比丘尼藏他比丘尼若鉢若衣若坐具針
筒自藏教人藏下至戲笑者波逸提
若比丘尼淨施比丘比丘尼式叉摩那沙弥
沙弥尼衣後不問主取著者波逸提
若比丘尼得新衣當作三種染壞色青黑木
蘭若比丘得衣不作三種染壞色青黑木蘭
新衣持者波逸提
若比丘尼故斷畜生命者波逸提
若比丘尼知水有蟲飲者波逸提

新衣持者波逸提
若比丘尼故斷畜生命者波逸提
若比丘尼知水有蟲飲者波逸提
若比丘尼惱他比丘尼乃至少時不樂波逸提
若比丘尼知比丘尼有麁惡罪覆藏者波逸提
若比丘尼知僧諍事如法懺悔已後更發舉者
波逸提 五十
若比丘尼知是賊伴共期一道行乃至一聚落
波逸提
若比丘尼作如是語我知佛所說法行婬欲非
是障道法彼比丘尼諫此比丘尼言大姉莫作
是語莫謗世尊謗世尊者不善世尊不作
是語世尊无數方便說婬欲是障道法犯
婬者是障道法彼比丘尼諫此比丘尼時堅持
不捨彼比丘尼乃至三諫令捨是事乃至三
諫時捨者善不捨者波逸提
若比丘尼知如是語人未作法如是邪見而不
捨若畜同一羯磨同一止宿波逸提
若比丘尼知沙弥尼作如是語我知佛所說法
行婬欲非障道法彼比丘尼諫此沙弥尼言
汝莫作是語莫誹謗世尊誹謗世尊不善
世尊不作是語沙弥尼世尊無數方便說婬
欲是障道法犯婬欲者是障道法彼比丘尼

汝莫作是語莫誹謗世尊誹謗世尊不善
世尊不作是語沙彌尼世尊無數方便說婬
欲是障道法犯婬欲者是障道法彼比丘尼
諫此沙彌尼時堅持不捨彼比丘尼應乃至三
呵諫捨此事故乃至三諫時若捨者善不捨
者彼比丘尼應語是沙彌尼言汝自今已去
非佛弟子不得隨餘比丘尼行如諸沙彌尼
得與比丘尼二三宿汝今無是事汝去滅去
不須此中住若比丘尼知是被擯沙彌尼若
畜共同止宿者波逸提
若比丘尼如法諫時作如是語我今不學是
戒乃至問有智慧持律者當難問波逸提
若為求解應當難問
若比丘尼說戒時如是語大姊用是雜碎戒
為說是戒時令人惱愧懷疑輕毀戒故波逸
提
若比丘尼說戒時作如是說大姊我今始
知是戒半月半月說戒經中來餘比丘尼知
是比丘尼若二若三說戒中坐何況多彼比
丘尼無知無解若犯罪應如法治更重增無
知法大姊汝無利得不善汝說戒時不用心
念不一心兩耳聽法彼無知故波逸提
若比丘尼共同羯磨已後作如是說諸比丘尼

5

斯00605號　四分比丘尼戒本　（24–05）

知法大姊汝無利得不善汝說戒時不用心
念不一心兩耳聽法彼無知故波逸提
若比丘尼共同羯磨已後作如是說諸比丘尼
隨親厚以衆僧物與者波逸提
若比丘尼僧斷事時不與欲而起去者波逸提
若比丘尼與欲竟後更呵者波逸提六十
若比丘尼比丘尼共鬬諍後聽此語已欲向彼說
者波逸提
若比丘尼瞋恚故不喜打彼比丘尼者波逸提
若比丘尼瞋恚故不喜以手搏比丘尼者波逸
提
若比丘尼瞋恚故不喜以無根僧伽婆尸沙
法謗波逸提
若比丘尼刹利水澆頭王王未出未藏寶
若入宮過門閫者波逸提
若比丘尼若寶及寶莊飾具自捉若教人
捉除僧伽藍中及寄宿處波逸提若僧伽藍
中若寄宿處若寶若以寶莊飾具自捉若教
人捉若識者當取如是因緣非餘
若比丘尼非時入聚落又不屬比丘尼者波
逸提
若比丘尼作繩牀若木牀足應高如來八指
除入梐孔上若截竟過者波逸提

6

斯00605號　四分比丘尼戒本　（24–06）

若比丘尼作繩牀若木牀足應高如來八指
除入陛孔上若截竟過者波逸提
若比丘尼時兜羅綿貯作繩牀木牀若卧具
坐具波逸提
若比丘尼噉蒜者波逸提 七十
若比丘尼剃三處毛者波逸提
若比丘尼以水作淨應齊兩指各一節若過
者波逸提
若比丘尼以胡膠作男根者波逸提
若比丘尼共相拍者波逸提
若比丘尼比丘无病時供給水以扇扇者波逸
提
若比丘尼乞生穀者波逸提
若比丘尼在生草上大小便者波逸提
若比丘尼夜便大小便器中晝不看擿外弃
者波逸提
若比丘尼往觀看伎樂者波逸提
若比丘尼入村內與男子在屏處共立共語
者波逸提 八十
若比丘尼與男子共入屏障處者波逸提
若比丘尼入村內巷陌中遣伴遠去在屏處
與男子共立耳語者波逸提

7

斯00605號　四分比丘尼戒本　（24–07）

若比丘尼入村內巷陌中遣伴遠去在屏處
與男子共立耳語者波逸提
若比丘尼入白衣家內坐不語主人捨去者波
逸提
若比丘尼入白衣家內不語主人輒坐床者波
逸提
若比丘尼入白衣家內不語主人輒自敷坐宿
者波逸提
若比丘尼與男子共入闇室中者波逸提
若比丘尼不審諦受師語便向人說者波逸提
若比丘尼有小因緣事便稱詛墮三惡道不生
佛法中若汝有如是事亦墮三惡道不生佛法
中若我有如是事亦墮三惡道不生佛中者
波逸提
若比丘尼共鬪諍不善憶持諍事推胸啼哭
者波逸提
若比丘尼無病二人共牀卧者波逸提 九十
若比丘尼共同一褥一被卧除時者波逸提
若比丘尼知先住處後至知後至先住為惱
故在前誦經問義教授者波逸提
若比丘尼同活比丘尼病不瞻視者波逸提
若比丘尼安居初聽餘比丘尼在房中安牀後

8

斯00605號　四分比丘尼戒本　（24–08）

若比丘尼同活比丘尼病不瞻視者波逸提
若比丘尼安居初聽餘比丘尼在房中安牀後
瞋恚驅出者波逸提
若比丘尼春夏冬一切時人間遊行除餘因緣
者波逸提
若比丘尼夏安居訖不去者波逸提
若比丘尼邊界有疑恐怖處人間遊行者波
逸提
若比丘尼於界內有疑恐怖處在人間遊行波
逸提
若比丘尼親近居士居士兒共住作不隨順行
餘比丘尼諫此比丘尼言妹汝莫親近居士居
士兒共住作不隨順行大姊可別住若別住於
佛法中有增益安樂住彼比丘尼諫此比丘尼
時堅持不捨彼比丘尼應三諫捨此事故乃
至三諫捨此事者善若不捨者波逸提
若比丘尼往觀王宮文飾畫堂園林浴池者
波逸提 一百
若比丘尼露身形在河水泉流水池水中浴
者波逸提
若比丘尼作浴衣應量作應量作者長佛六
磔手廣二磔手半若過者波逸提
若比丘尼縫僧伽梨過五日者波逸提

19

斯00605號　四分比丘尼戒本　（24－09）

磔手廣二磔手半若過者波逸提
若比丘尼過五日不看僧伽梨波逸提
若比丘尼與衆僧衣作留難者波逸提
若比丘尼不問主便著他衣者波逸提
若比丘尼持沙門衣施與外道白衣者波逸提
若比丘尼作如是意衆僧說如法分衣應令
不分恐弟子不得者波逸提
若比丘尼作如是意令衆僧今不得出迦絺
那衣後當出欲令五事久得放捨者波逸提
若比丘尼作如是意遮比丘尼僧不出迦絺
那衣欲令久得五事放捨者波逸提 一百十
若比丘尼餘比丘尼語言為我滅此諍事而不
與作方便令滅者波逸提
若比丘尼自手持食與白衣及外道食者波逸提
若比丘尼為白衣作使者波逸提
若比丘尼自手紡縷者波逸提
若比丘尼入白衣舍內在小牀大牀上若坐若
卧者波逸提
若比丘尼至白衣舍語主人敷座止宿明日不
辭主人而去者波逸提
若比丘尼自誦習世俗呪術者波逸提
若比丘尼教人誦習世俗呪術者波逸提

19

斯00605號　四分比丘尼戒本　（24－10）

若比丘尼自誦習世俗呪術者波逸提
若比丘尼教人誦習世俗呪術者波逸提
若比丘知女人姙身度與受具足戒者波逸提
若比丘尼知婦女乳兒與受具足戒者波逸提
若比丘尼知年不滿二十與受具足戒者波逸提 百十
若比丘尼年十八童女與二歲學戒年滿二
十便與受具足戒者波逸提
若比丘年十八童女與二歲學戒不與六法
滿二十便與受具足戒者波逸提
若比丘尼年十八童女與二歲學戒與法滿
二十衆僧僧聽便與受具足戒者波逸提
若比丘尼度僧嫁婦女年十歲與二歲學戒
年滿十二聽與受具足戒若減十二與受具足戒
者波逸提
若比丘尼度他小年曾嫁婦女與二歲學戒
年滿十二不白衆僧便與受具足戒波逸提
若比丘尼知如是人與受具足戒者波逸提
若比丘尼多度弟子不不教二歲學戒不以
二法攝取者波逸提
若比丘尼不二歲隨和上尼者波逸提
若比丘尼僧不聽而授人具足戒者波逸提 百二十
若比丘尼年未滿十二歲授人具足戒者波逸提
若比丘尼年滿十二歲衆僧不聽便受人具足

斯00605號　四分比丘尼戒本　（24–11）

若比丘尼僧不聽而授人具足戒者波逸提 百二十
若比丘尼年未滿十二歲授人具足戒者波逸提
若比丘尼年滿十二歲衆僧不聽便授人具足
戒者波逸提
若比丘尼僧不聽授人具足戒便言衆僧有
愛有恚有怖有痴欲聽者便聽不聽者
便不聽如是語者波逸提
若比丘尼父母夫主不聽與受具足戒波逸提
若比丘尼知女人與童男子相敬愛愁憂
瞋恚女人度令出家授具足戒者波逸提
若比丘尼語式叉摩那言汝妹捨是學是當
與汝受具足戒若不方便與受具足戒者波
逸提
若比丘尼語式叉摩那言持衣來與我我當
與汝受具足戒而不方便與受具足戒者波逸提
若比丘尼不滿一歲授人具足戒者波逸提
若比丘尼與人受具足戒已經宿方往比丘僧
中與受具足戒者波逸提
若比丘尼不病不往受教授者波逸提 一百卌
若比丘尼半月應往比丘僧中求教授若不
求者波逸提
若比丘尼僧夏安居竟應往比丘僧中說三
事自恣見聞疑若不往者波逸提

斯00605號　四分比丘尼戒本　（24–12）

若比丘尼僧夏安居竟應往比丘僧中說三
事自恣見聞疑若不往者波逸提
若比丘尼在無比丘處夏安居者波逸提
若比丘尼知有比丘僧伽藍不白而入者波逸提
若比丘尼罵比丘者波逸提
若比丘尼喜鬪諍不善憶持諍事後瞋恚不
喜罵比丘尼衆者波逸提
若比丘尼身生癰及種種瘡不白衆及餘人輙
使男子破若裹者波逸提
若比丘尼先授請若具食已後食飯麨乾飯
魚及肉者波逸提
若比丘尼於食家生嫉妬心者波逸提
若比丘尼以香塗摩身者波逸提 一百五十
若比丘尼以胡麻塗摩身者波逸提
若比丘尼使比丘尼塗摩身者波逸提
若比丘尼使式叉摩那塗摩身者波逸提
若比丘尼使沙弥尼塗摩身者波逸提
若比丘尼使白衣婦女塗摩身者波逸提
若比丘尼著衧䙝衣者波逸提
若比丘尼畜婦女莊嚴身具除時因緣波逸提
若比丘尼著革屣持蓋行除時因緣波逸提
若比丘尼無病乘行除時因緣波逸提
若比丘尼不著僧祇支入村者波逸提 一百六十

斯00605號 四分比丘尼戒本 （24–13）

若比丘尼無病乘行除時因緣波逸提
若比丘尼不著僧祇支入村者波逸提 一百六十
若比丘尼向暮至白衣家先不被喚者波逸提
若比丘尼向暮開僧伽藍門不囑授餘比
丘尼而出者波逸提
若比丘尼日沒開僧伽藍門不囑授而出者
波逸提
若比丘尼不前安居下後安居者波逸提
若比丘尼知女人常漏大小便涕唾常出者与
具足戒者波逸提
若比丘尼知二形人與受具足戒者波逸提
若比丘尼知二道合者與受具足戒波逸提
若比丘尼知有負債難者疾難者與受具
足戒波逸提
若比丘尼學世俗伎術以自活命者波逸提
若比丘尼以世俗伎術教授白衣者波逸提 一百七十
若比丘尼被擯不去者波逸提
若比丘尼欲問比丘義先不求而問者波逸提
若比丘尼知先住後至後至先住欲惱彼故在
前經行若立若坐若卧者波逸提
若比丘尼在有比丘僧伽藍內起塔者波逸提
若比丘尼見新受戒比丘應起迎送恭敬礼
拜問訊請與坐不者除因緣波逸提

斯00605號 四分比丘尼戒本 （24–14）

若比丘尼見新受戒比丘應起迎送恭敬礼
拜問訊請與坐下者除因緣波逸提
若比丘尼為好故搖身趨行者波逸提
若比丘尼作婦女莊嚴香塗摩身者波逸提
若比丘尼使外道女香塗身者波逸提
諸大姊我已說一百七十八波逸提法今問諸
大姊是中清淨不如是至三諸大姊是中清淨默
然故是事如是持
諸大姊是八波羅提提舍尼法半月半月說戒
經中來
若比丘尼無病乞蘇而食者犯應懺悔可呵
法應向餘比丘尼說言大姊我犯可呵法所不
應我今向大姊懺悔是法名悔過法
若比丘尼不病乞油而食者犯應懺悔可呵法
應向餘比丘尼說言大姊我犯可呵法所不應
為我今向大姊懺悔是名悔過法
若比丘尼不病乞蜜食者犯應懺悔可呵法
應向餘比丘尼說言大姊我犯可呵法所不
應為我今向大姊懺悔是名悔過法
若比丘尼不病乞黑石蜜食者犯應懺悔可
呵法應向餘比丘尼說言大姊我犯可呵法
所不應為我今向大姊懺悔是名悔過法
若比丘不病乞乳而食者犯應懺悔可呵

114

斯00605號　四分比丘尼戒本　（24–15）

呵法應向餘比丘尼說言大姊我犯可呵法
所不應為我今向大姊懺悔是名悔過法
若比丘不病乞乳而食者犯應懺悔可呵
法應向餘比丘尼說言大姊我犯可呵法所
不應為我今向大姊懺悔是名悔過法
若比丘尼不病乞酪而食者犯應懺悔可呵
法應向餘比丘尼說言大姊我犯可呵法所
不應為我今向大姊懺悔是名悔過法
若比丘尼不病乞魚食者犯應懺悔可呵法
應向餘比丘尼說言大姊我犯可呵法所不應
為我今向大姊懺悔是名悔過法
若比丘尼不病乞肉食者犯應懺悔可呵法應
向餘比丘尼說言大姊我犯可呵法所不應為
我今向大姊懺悔是名悔過法
諸姊大我已說八波羅提提舍尼法今問諸
大姊是中清淨不如是至三諸大姊是中清淨默
然故是事如是持
諸大姊是衆學戒法半月半月說戒經中來
當齊整著涅槃僧應當學
當齊整著三衣應當學
不得反抄衣入白衣舍應當學
不得反抄衣入白衣舍坐應當學
不得衣纏頸入白衣舍應當學

115

斯00605號　四分比丘尼戒本　（24–16）

不得反抄衣入白衣舍坐應當學
不得衣纏胵入白衣舍應當學
不得衣纏胵入白衣舍坐應當學
不得覆頭入白衣舍應當學
不得覆頭入白衣舍坐應當學
不得跳行入白衣舍應當學
不得跳行入白衣舍坐應當學 一十
不得白衣舍内蹲坐應當學
不得叉腰行入白衣舍應當學
不得叉腰行入白衣舍坐應當學
不得搖身行入白衣舍應當學
不得搖身行入白衣舍坐應當學
不得掉臂行入白衣舍應當學
不得掉臂行入白衣舍坐應當學
好覆身入白衣舍應當學
好覆身入白衣舍坐應當學
不得左右顧視行入白衣舍應當學 二十
不得左右顧視行入白衣舍坐應當學
靜默入白衣舍應當學
靜默入白衣舍坐應當學
不得戲笑行入白衣舍應當學
不得戲笑行入白衣舍坐應當學
用意受食應當學

16

不得戲笑行入白衣舍應當學
不得戲笑行入白衣舍坐應當學
用意受食應當學
平鉢受食應當學
平鉢受羹應當學
以次食應當學 三十
不得挑鉢中而食應當學
不得自為己索羹飯應當學
不得以飯覆羹更望得應當學
不得視比坐鉢中食應當學
當繫鉢想食應當學
不得大摶飯食應當學
不得大張口待飯食應當學
不得含飯語應當學
不得摶飯擲口中應當學
不得遺落飯食應當學 四十
不得頰食食應當學
不得嚼飯作聲食當應學 當
不得大噏飯食應當學
不得舌舐食應當學
不得振手食應當學
不得手把散飯食應當學
不得汙手捉飲器應當學

17

不得手把散飯食應當學
不得汙手捉飲器應當學
不得洗鉢水弃白衣舍內應當學
不得生草菜上大小便涕唾除病應當學
不得淨水中大小便涕唾除病應當學 五十
不得立大小便除病應當學
不得與反抄衣不恭敬人說法除病應當學
不得為衣纏頸者說法除病應當學
不得為覆頭者說法除病應當學
不得為裹頭者說法除病應當學
不得為叉腰者說法除病應當學
不得為著草屣者說法除病應當學
不得為著木屣者說法除病應當學
不得騎乘者說法除病應當學
不得在佛塔中上宿除為守護應當學 六十
不得藏財物置佛塔中除為堅牢應當學
不得著草屣入佛塔中應當學
不得手捉草屣入佛塔中應當學
不得著富羅入佛塔中應當學
不得手捉富羅入佛塔中應當學
不得塔下坐食留草及食汙地應當學
不得擔死屍從塔下過應當學
不得塔下埋死屍應當學

18

斯00605號　四分比丘尼戒本　（24–19）

不得塔下坐食留草及食汙地應當學
不得擔死屍從塔下過應當學
不得塔下埋死屍應當學
不得在塔下燒死屍應當學 七十
不得向塔燒死屍應當學
不得佛塔四邊燒死屍臭氣來入應當學
不得持死人衣及牀從塔下過除浣染香薰應當學
不得佛塔下大小便應當學學除
不得向佛塔大小便應當學
不得遶佛塔四邊大小便使臭氣來入應當學
不得持佛像至大小便處應當學
不得在佛塔下嚼楊枝應當學
不得向佛塔嚼楊枝應當學
不得佛塔四邊嚼楊枝應當學 八十
不得在佛塔下涕唾應當學
不得向佛塔涕唾應當學
不得塔四邊涕唾應當學
不得向塔舒腳坐應當學
不得安佛塔在下房己在上房住應當學
人坐己立不得為說法除病應當學
人臥己坐不得為說法除病應當學
人在坐己在非坐不得為說法除病應當學
人在高在下坐不得為說法除病應當學

19

斯00605號　四分比丘尼戒本　（24–20）

人卧己坐不得為說法除病應當學
人在坐己在非坐不得為說法除病應當學
人在高在下坐不得為說法除病應當學
人在前己在後行不得為說法除病應當學十九
人在高經行處己在下經行處不應為說法除病
應當學
人在道己在非道不應為說法除病應當學
不得携手在道行應當學
不得上樹過人除時因緣應當學
不得絡囊盛鉢貫杖頭著肩上而行應當學
人持杖不恭敬不應為說法除病應當學
人持劍不應為說法除病應當學
人持鉾不應為說法除病應當學
人持刀不應為說法除病應當學
人持蓋不應為說法除病應當學
諸大姊我已說衆學戒法今問諸大姊是
中清淨不如是至三諸大姊是中清淨默然故是
事如是持
諸大姊是七滅諍法半月半月說戒經中來
若比丘尼有諍事起即應除滅
應與現前毗尼　當與現前毗尼
應與憶念毗尼　當與憶念毗尼
應與不癡毗尼　當與不癡毗尼
應與自言治當與自言治

120

斯00605號　四分比丘尼戒本　（24-21）

應與不癡毗尼　當與不癡毗尼
應與自言治當與自言治
應與覓罪相　當與覓罪相
應與多人語　當與多人語
應與如草覆地　當與如草覆地
諸大姊我已說七滅諍法今問諸大姊是中
清淨不如是至三諸大姊是中清淨默然故是
事如是持
諸大姊我已說戒經序已說八波羅夷法已
說十七僧伽婆尸沙法已說三十尼薩耆波
逸提法已說一百七十八波逸提法已說八波
羅提提舍尼法已說衆學戒法已說七滅諍
法此是佛所說戒經半月半月說戒經中
來若更有餘佛法是中皆共和合應當學
忍辱第一道　佛說無為最　出家惱他人　不名為沙門
此是毗婆尸如來無所著等正覺說是戒經
譬如明眼人　能避險惡道　世有聰明人　能遠離諸惡
此是尸棄如來無所著等正覺說是戒經
不謗亦不嫉　當奉行於戒　飲食知止足　常樂在空閑
心定樂精進　是名諸佛教
此是毗葉羅如來無所著等正覺說是戒經
譬如蜂採花　不壞色與香　但取其味去　比丘入聚然
不為彼他事　不觀作不作　但自觀身行　若正若不正

121

斯00605號　四分比丘尼戒本　（24-22）

此是毗葉羅如來无所著等正覺說是戒經
譬如蜂採花 不壞色與香 但取其味去 比丘入聚然
不為戾他事 不觀作不作 但自觀身行 若正若不正
此是拘樓孫如來无所著等正覺說是戒經
心莫作放逸 聖法當勤學 如是无憂愁 心定入涅槃
此是拘那含牟尼如來无所著等正覺說是戒經
一切惡莫作 當奉行諸善 自淨其志意 是則諸佛教
此是迦葉如來无所著等正覺說是戒經
善護於口言 自淨其志意 身莫作諸惡 此三業道淨
能得如是行 是大仙人道
此是釋迦牟尼如來无所著等正覺於十二年
中為无事僧說是戒經 從是已後廣分別說諸
比丘尼自為樂法 樂沙門者 有慚有愧樂學
戒者 當於中學
明人能護戒 能得三種樂 名譽及利養 死得生天上
當觀如是處 有智勤護戒 戒淨有智慧 便得第一道
如過去諸佛 及以未來者 現在諸世尊 能勝一切憂
皆共尊敬戒 此是諸佛法 若有自為身 欲求於佛道
當尊重正法 此是諸佛教 七佛為世尊 滅除諸結使
說是七戒經 諸縛得解脫 已入於涅槃 諸戲永滅盡
尊行大仙說 聖賢稱譽戒 弟子之所行 入寂滅涅槃
世尊涅槃時 興起於大悲 集諸比丘眾 與如是教戒
莫謂我涅槃 淨行者无護 我今說戒經 亦善說毗尼

斯00605號　四分比丘尼戒本　（24-23）

世尊涅槃時 興起於大悲 集諸比丘眾 與如是教戒
莫謂我涅槃 淨行者无護 我今說戒經 亦善說毗尼
我雖般涅槃 當視如世尊 此經久住世 佛法得熾盛
以是熾盛故 得入於涅槃 若不持此戒 如所應布薩
喻如日沒時 世界皆闇冥 當護持是戒 如犛牛愛尾
和合一處坐 如佛之所說 我已說戒經 眾僧布薩竟
我今說戒經 所說諸功德 施一切眾生 皆共成佛道

四分尼戒本

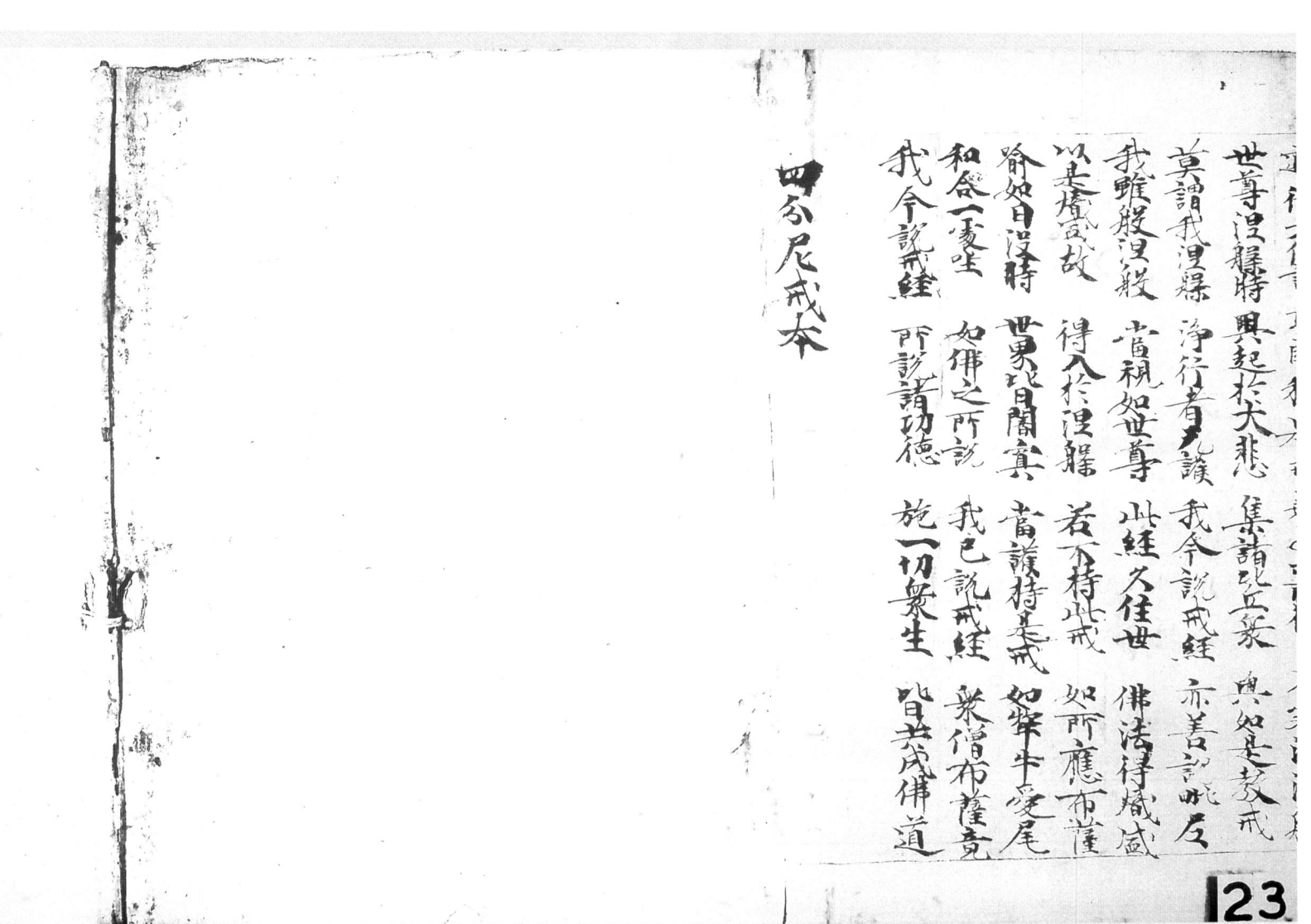

斯00605號　四分比丘尼戒本　（24-24）

四分尼戒本

Ⅱ.V.

斯00605號背　勘記　（01-01）

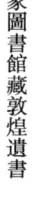

身所著上衣以供養佛釋提
與无數天子亦以天妙衣天曼陀羅華摩訶
曼陀羅華等供養於佛所散天衣住虛空中
而自迴轉諸天伎樂百千万種於虛空中一
時俱作雨衆天華而作是言佛昔於波羅奈
初轉法輪今乃復轉无上最大法輪尒時諸
天子欲重宣此義而說偈言
昔於波羅奈　轉四諦法輪　分別說諸法　五衆之生滅
今復轉最妙　无上大法輪　是法甚深奧
我等從昔來　數聞世尊說　未曾聞如是
世尊說是法　我等皆隨喜　大智舍利弗　今得受尊記
我等亦如是　必當得作佛　於一切世間　最尊无有上
佛道叵思議　方便隨宜說
我所有福業　今世若過世　及見佛功德　盡迴向佛道
尒時舍利弗白佛言世尊我今无復疑悔親
於佛前得受阿耨多羅三藐三菩提記是諸
千二百心自在者昔住學地佛常教化言我
法能離生老病死究竟涅槃是學无學人亦
各自以離我見及有无見等謂得
於世尊前聞所未聞皆墮疑惑善
爲四衆說其因緣令離疑悔尒時
佛我先不言諸佛世尊以種種因
辭方便說法皆爲阿耨多羅三

斯00606號　妙法蓮華經卷二　（24-01）

名自以離我見及有无見等謂得
於世尊前聞所未聞皆墮疑惑善
為四衆說其因緣令離疑悔尒時
佛我先不言諸佛世尊以種種因
辭方便說法皆為阿耨多羅三藐三
是諸所說皆為化菩薩故然舍
以譬喻更明此義諸有智者以譬喻得解舍
利弗若國邑聚落有大長者其年衰邁財富
无量多有田宅及諸僮僕其家廣大唯有一
門多諸人衆一百二百乃至五百人止住其
中堂閣朽故墻壁頹落柱根腐敗梁棟傾危
周迊俱時欻然火起焚燒舍宅長者諸子若
十廿或至卅在此宅中長者見是大火從四
面起即大驚怖而作是念我雖能於此所燒
之門安隱得出而諸子等於火宅內
戲不覺不知不驚不怖火來逼身苦痛切己
心不猒患无求出意舍利弗是長者作是思
惟我身手有力當以衣裓若以机案從舍出
之復更思惟是舍唯有一門而復狹小諸子
幼稚未有所識戀著戲處或當墮落為火所
燒我當為說怖畏之事此舍已燒宜時疾出
无令為火之所燒害作是念已如所思惟具
告諸子汝等速出父雖憐愍善言誘喻而諸
子等樂著嬉戲不肯信受不驚不畏了无出

2

斯00606號　妙法蓮華經卷二　（24–02）

告諸子汝等速出父雖憐愍善言誘喻而諸
子等樂著嬉戲不肯信受不驚不畏了无出
心亦復不知何者是火何者為舍
但東西走戲視父而已尒時長者即作
此舍已為大火所燒我及諸子若不時出必
為所焚我今當設方便令諸子等得免斯害
父知諸子先心各有所好種種珍玩奇異之
物情必樂著而告之言汝等所可玩好希有
難得汝若不取後必憂悔如此種種羊車鹿
車牛車今在門外可以遊戲汝等於此火宅
宜速出來隨汝所欲皆當與汝尒時諸子聞
父所說珍玩之物適其願故心各〻
推排競共馳走諍出火宅是時長
等安隱得出皆於四衢道中露地而坐无復
鄣㝵其心泰然歡喜踊躍時諸子等各白父
言父先所許玩好之具羊車鹿車牛車願時
賜與
舍利弗尒時長者各賜諸子等一大車其車
高廣衆寶莊校周迊欄楯四面懸鈴又於其
上張設幰蓋亦以珍奇雜寶而嚴飾之寶繩
絞絡垂諸華瓔重敷綩綖安置丹枕駕以白
牛膚色充潔形體姝好有大筋力行步平正
其疾如風又多僕從而侍衛之所以者何是
長者財富无量種種諸藏悉皆充溢而作是
念我財物无極不應以下劣小車與諸子等

3

斯00606號　妙法蓮華經卷二　（24–03）

長者財富无量種種諸藏悉皆充溢而作是
念我財物无極不應以下劣小車與諸子等
今此幼童皆是吾子愛无偏黨我有如是七
寶大車其數无量應當等心各各與之不宜
差別所以者何以我此物周給一國猶尚不
匱何況諸子是時諸子各乘大車得未曾有
非本所望舍利弗於汝意云何是長者等與
諸子珎寶大車寧有虛妄不舍利弗言不也
世尊是長者但令諸子得免大難全其軀命
非為虛妄何以故若全身命便為已得玩好
之具況復方便於彼大宅而拔濟之世尊若
是長者乃至不與最小一車猶不虛妄何以
故是長者先作是意我以方便令子得出以
是因緣无虛妄也何況長者自知財富无量
欲饒益諸子等與大車佛告舍利弗善哉善
哉如汝所言舍利弗如來亦復如是則為一
切世間之父於諸怖畏衰惱憂患无明闇蔽
永盡无餘而悉成就无量知見力无所畏有
大神力及智慧力具足方便智慧波羅蜜大
慈大悲常无懈惓恒求善事利益一切而生
三界朽故大宅為度衆生生老病死憂悲苦
惱愚癡闇蔽三毒之火教化令得阿耨多羅
三藐三菩提見諸衆生為生老病死憂悲苦
惱之所燒煮亦以五欲財利故受種種苦又
以貪著追求故現受衆苦後受地獄畜生餓

斯00606號　妙法蓮華經卷二　（24-04）

惱之所燒煮亦以五欲財利故受種種苦又
以貪著追求故現受衆苦後受地獄畜生餓
鬼之苦若生天上及在人間貧窮困苦愛別
離苦怨憎會苦如是等種種諸苦衆生沒在
其中歡喜遊戲不覺不知不驚不怖亦不生
猒不求解脫於此三界大宅東西馳走雖遭
大苦不以為患
舍利弗佛見此已便作是念我為衆生之父
應拔其苦難與无量无邊佛智慧樂令其遊
戲舍利弗如來復作是念若我但以神力及
智慧力捨於方便為諸衆生讚如來知見力
无所畏者衆生不能以是得度所以者何是
諸衆生未免生老病死憂悲苦惱而為三界
大宅所燒何由能解佛之智慧舍利弗如彼長
者雖復身手有力而不用之但以慇懃方便
免濟諸子大宅之難然後各與珎寶大車如
來亦復如是雖有力无所畏而不用之但以
智慧方便於三界大宅拔濟衆生為說三乘
聲聞辟支佛佛乘而作是言汝等莫得樂住
三界大宅勿貪麤弊色聲香味觸也若貪著
生愛則為所燒汝速出三界當得三乘聲聞
辟支佛佛乘我今為汝保任此事終不虛也
汝等但當勤脩精進如來以是方便誘進衆
生復作是言汝等當知此三乘法皆是聖所
稱歎自在无繫无所依求乘是三乘以无漏

斯00606號　妙法蓮華經卷二　（24-05）

汝等但當勤脩精進如来以是方便誘進衆
生復作是言汝等當知此三乘法皆是聖所
稱歎自在无繫无所依求乘是三乘以无漏
根力覺道禪定解脫三昧等而自娛樂便得
无量安隱快樂舍利弗若有衆生内有智性
從佛世尊聞法信受慇懃精進欲速出三界
自求涅槃是名聲聞乘如彼諸子為求羊車
出於火宅若有衆生從佛世尊聞法信受慇
懃精進求自然慧樂獨善寂深知諸法因緣
是名辟支佛乘如彼諸子為求鹿車出於火
宅若有衆生從佛世尊聞法信受勤脩精進
求一切智佛智自然智无師智如来知見
力无所畏愍念安樂无量衆生利益人天度
脫一切是名大乘菩薩求此乘故名為摩訶
薩如彼諸子為求牛車出於火宅舍利弗如
彼長者見諸子等安隱得出火宅到无畏處自
惟財富无量等以大車而賜諸子如来亦復
如是為一切衆生之父若見无量億千衆生
以佛教門出三界苦怖畏險道得涅槃樂如来
尒時便作是念我有无量无邊智慧力无畏
等諸佛法藏是諸衆生皆是我子等與大乘
不令有人獨得滅度皆以如来滅度而滅度
之是諸衆生脫三界者悉與諸佛禪定解脫
等娛樂之具皆是一相一種聖所稱歎能生
淨妙第一之樂舍利弗如彼長者初以三車

16

斯00606號　妙法蓮華經卷二　（24–06）

之是諸衆生脫三界者悉與諸佛禪定解脫
等娛樂之具皆是一相一種聖所稱歎能生
淨妙第一之樂舍利弗如彼長者初以三車
誘引諸子然後但與大車寶物莊嚴安隱第
一然後長者无虛妄之咎如来亦復如是无
有虛妄初說三乘引導衆生然後但以大乘
而度脫之何以故如来有无量智慧力无所
畏諸法之藏能與一切衆生大乘之法但不
盡能受舍利弗以是因緣當知諸佛方便力
故於一佛乘分別說三佛欲重宣此義而說
偈言

譬如長者　有一大宅　其宅久故　而復頓弊
堂舍高危　柱根摧朽　梁棟傾斜　基陛頹毀
墻壁圮坼　泥塗褫落　覆苫亂墜　椽梠差脫
周鄣屈曲　雜穢充遍　有五百人　止住其中
鵄梟鵰鷲　烏鵲鳩鴿　蚖蛇蝮蠍　蜈蚣蚰蜒
守宮百足　狖狸鼷鼠　諸惡蟲輩　交橫馳走
屎尿臭處　不淨流溢　蜣蜋諸蟲　而集其上
狐狼野干　咀嚼踐蹋　嚌齧死屍　骨肉狼藉
由是群狗　競来搏撮　飢羸慞惶　處處求食
鬪諍摣掣　啀喍嘷吠　其舍恐怖　變狀如是
處處皆有　魑魅魍魎　夜叉惡鬼　食噉人宍
毒蟲之屬　諸惡禽獸　孚乳産生　各自藏護
夜叉競来　爭取食之　食之既飽　惡心轉熾

17

斯00606號　妙法蓮華經卷二　（24–07）

毒虫之屬 諸惡禽獸 孚乳產生 各自藏護
夜叉競来 諍取食之 食之既飽 惡心轉熾
鬪諍之聲 甚可怖畏 鳩槃荼鬼 蹲踞土埵
或時離地 一尺二尺 往返遊行 縱逸嬉戲
捉狗兩足 撲令失聲 以脚加頸 怖狗自樂
復有諸鬼 其身長大 裸形黑瘦 常住其中
發大惡聲 叫呼求食 復有諸鬼 其咽如針
復有諸鬼 首如牛頭 或食人肉 或復噉狗
頭髮蓬亂 殘害凶險 飢渴所逼 叫喚馳走
夜叉餓鬼 諸惡鳥獸 飢急四向 窺看窓牖
如是諸難 恐畏无量 是朽故宅 屬于一人
其人近出 未久之間 於後宅舍 忽然火起
四面一時 其炎俱熾 棟梁椽柱 爆聲振裂
摧折墮落 墻壁崩倒 諸鬼神等 揚聲大叫
鵰鷲諸鳥 鳩槃荼等 周章惶怖 不能自出
惡獸毒虫 藏竄孔穴 毗舍闍鬼 亦住其中
薄福德故 為火所逼 共相殘害 飲血噉肉
野干之屬 並以前死 諸大惡獸 競来食噉
臭烟熢㶿 四面充塞 蜈蚣蚰蜒 毒虵之類
為火所燒 諍走出穴 鳩槃荼鬼 隨取而食
有諸餓鬼 頭上火然 飢渴熱惱 周章悶走
其舍如是 甚可怖畏 毒害火災 衆難非一
是時宅主 在門外立 聞有人言 汝諸子等
先因遊戲 来入此宅 稚小无知 歡娛樂着

18

斯00606號　妙法蓮華經卷二　（24–08）

是時宅主 在門外立 聞有人言 汝諸子等
先因遊戲 来入此宅 稚小无知 歡娛樂着
長者聞已 驚入火宅 方便救濟 令无燒害
告喻諸子 說衆患難 惡鬼毒虫 災火蔓延
衆苦次第 相續不絕 毒虵蚖蝮 及諸夜叉
鳩槃荼鬼 野干狐狗 鵰鷲鵄梟 百足之屬
飢渴惱急 甚可怖畏 此苦難處 況復大火
諸子无知 雖聞父誨 猶故樂住 嬉戲不已
是時長者 而作是念 諸子如此 益我愁惱
今此舍宅 无一不可 而諸子等 躭湎嬉戲
不受我教 將為火害 即便思惟 設諸方便
告諸子等 我有種種 珍玩之具 妙寶好車
羊車鹿車 大牛之車 今在門外 汝等出来
吾為汝等 造作此車 隨意所樂 可以遊戲
諸子聞說 如此諸車 即時奔競 馳走而出
到於空地 離諸苦難 長者見子 得出火宅
住於四衢 坐師子座 而自慶言 我今快樂
此諸子等 生育甚難 愚小无智 而入險宅
多諸毒虫 魑魅可畏 大火猛炎 四面俱起
而此諸子 貪着嬉戲 我以救之 令得脫難
是故諸人 我今快樂
尒時諸子 知父安坐 皆詣父所 而白父言
願賜我等 三種寶車 如前所許 諸子出来
當以三車 隨汝所欲 今正是時 唯垂給與

19

斯00606號　妙法蓮華經卷二　（24–09）

願賜我等　三種寶車　如前所許　諸子出来
當以三車　隨汝所欲　今正是時　唯垂給與
長者大富　庫藏衆多　金銀瑠璃　車渠馬瑙
以衆寶物　造諸大車　莊校嚴飾　周匝欄楯
四面懸鈴　金繩絞絡　真珠羅網　張施其上
金華諸瓔　處處垂下　衆綵雜飾　周匝圍遶
柔濡繒纊　以為茵蓐　上妙細疊　價直千億
鮮白淨潔　以覆其上　有大白牛　肥壯多力
形體姝好　以駕寶車　多諸儐從　而侍衛之
以是妙車　等賜諸子　諸子是時　歡喜踊躍
乘是寶車　遊於四方　嬉戲快樂　自在无㝵
告舍利弗　我亦如是　衆聖中尊　世間之父
一切衆生　皆是吾子　深著世樂　无有慧心
三界无安　猶如火宅　衆苦充滿　甚可怖畏
常有生老　病死憂患　如是等火　熾然不息
如来已離　三界火宅　寂然閑居　安處林野
今此三界　皆是我有　其中衆生　悉是吾子
而今此處　多諸患難　唯我一人　能為救護
雖復教詔　而不信受　於諸欲染　貪著深故
是以方便　為說三乘　令諸衆生　知三界苦
開示演說　出世間道　是諸子等　若心決定
具足三明　及六神通　有得緣覺　不退菩薩
汝舍利弗　我為衆生　以此譬喻　說一佛乘
汝等若能　信受是語　一切皆當　成得佛道

110

斯00606號　妙法蓮華經卷二　（24–10）

汝舍利弗　我為衆生　以此譬喻　說一佛乘
汝等若能　信受是語　一切皆當　成得佛道
是乘微妙　清淨第一　於諸世間　為无有上
佛所悅可　一切衆生　所應稱讚　供養礼拜
无量億千　諸力解脫　禪定智慧　及佛餘法
得如是乘　令諸子等　日夜劫數　常得遊戲
與諸菩薩　及聲聞衆　乘此寶乘　直至道場
以是因緣　十方諦求　更无餘乘　除佛方便
告舍利弗　汝諸人等　皆是吾子　我則是父
汝等累劫　衆苦所燒　我皆濟拔　令出三界
我雖先說　汝等滅度　但盡生死　而實不滅
今所應作　唯佛智慧
若有菩薩　於是衆中　能一心聽　諸佛實法
諸佛世尊　雖以方便　所化衆生　皆是菩薩
若人小智　深著愛欲　為此等故　說於苦諦
衆生心喜　得未曾有　佛說苦諦　真實无異
若有衆生　不知苦本　深著苦因　不能暫捨
為是等故　方便說道　諸苦所因　貪欲為本
若滅貪欲　无所依止　滅盡諸苦　名第三諦
為滅諦故　脩行於道　離諸苦縛　名得解脫
是人於何　而得解脫　但離虛妄　名為解脫
其實未得　一切解脫　佛說是人　未實滅度
斯人未得　无上道故　我意不欲　令至滅度
我為法王　於法自在　安隱衆生　故現於世
汝舍利弗　我此法印　為欲利益　世間故說

111

斯00606號　妙法蓮華經卷二　（24–11）

我為法王　於法自在　安隱衆生　故現於世
汝舍利弗　我此法印　為欲利益　世間故說
在所遊方　勿妄宣傳　若有聞者　隨喜頂受
當知是人　阿惟越致
若有信受　此經法者　是人已曾　見過去佛
恭敬供養　亦聞是法　若人有能　信汝所說
則為見我　亦見於汝　及比丘僧　并諸菩薩
斯法華經　為深智說　淺識聞之　迷惑不解
一切聲聞　及辟支佛　於此經中　力所不及
汝舍利弗　尚於此經　以信得入　況餘聲聞
其餘聲聞　信佛語故　隨順此經　非己智分
又舍利弗　憍慢懈怠　計我見者　莫說此經
凡夫淺識　深著五欲　聞不能解　亦勿為說
若人不信　毀謗此經　則斷一切　世間佛種
或復顰蹙　而懷疑惑　汝當聽說　此人罪報
若佛在世　若滅度後　其有誹謗　如斯經典
見有讀誦　書持經者　輕賤憎嫉　而懷結恨
此人罪報　汝今復聽
其人命終　入阿鼻獄　具足一劫　劫盡更生
如是展轉　至无數劫　從地獄出　當墮畜生
若狗野干　其形頓瘦　梨黮疥癩　人所觸嬈
又復為人　之所惡賤　常困飢渇　骨肉枯竭
生受楚毒　死被瓦石　斷佛種故　受斯罪報
若作駱駝　或生驢中　身常負重　加諸杖捶
但念水草　餘无所知　謗斯經故　獲罪如是

112

斯00606號　妙法蓮華經卷二　（24-12）

若作駱駝　或生驢中　身常負重　加諸杖捶
但念水草　餘无所知　謗斯經故　獲罪如是
有作野干　來入聚落　身體疥癩　又无一目
為諸童子　之所打擲　受諸苦痛　或時致死
於此死已　更受蟒身　其形長大　五百由旬
聾騃无足　蜿轉腹行　為諸小虫　之所唼食
晝夜受苦　无有休息　謗斯經故　獲罪如是
若得為人　諸根闇鈍　矬陋攣躄　盲聾背傴
有所言說　人不信受　口氣常臭　鬼魅所著
貧窮下賤　為人所使　多病痟瘦　无所依怙
雖親附人　人不在意　若有所得　尋復忘失
若脩醫道　順方治病　更增他疾　或復致死
若自有病　无人救療　設服良藥　而復增劇
若他反逆　抄劫竊盜　如是等罪　橫羅其殃
如斯罪人　永不見佛　衆聖之王　說法教化
如斯罪人　常生難處　狂聾心亂　永不聞法
於无數劫　如恒河沙　生輒聾瘂　諸根不具
常處地獄　如遊園觀　在餘惡道　如己舍宅
駝驢猪狗　是其行處　謗斯經故　獲罪如是
若得為人　聾盲瘖瘂　貧窮諸衰　以自莊嚴
水腫乾消　疥癩癰疽　如是等病　以為衣服
身常臭處　垢穢不淨　深著我見　增益瞋恚
婬欲熾盛　不擇禽獸　謗斯經故　獲罪如是
告舍利弗　謗斯經者　若說其罪　窮劫不盡

113

斯00606號　妙法蓮華經卷二　（24-13）

婬欲熾盛 不擇禽獸 謗斯經故 獲罪如是
告舍利弗 謗斯經者 若說其罪 窮劫不盡
以是因緣 我故語汝 无智人中 莫說斯經
若有利根 智慧明了 多聞强識 求佛道者
如是之人 乃可為說 若人曾見 億百千佛
殖諸善本 深心堅固 如是之人 乃為可說
若人精進 常脩慈心 不惜身命 乃可為說
若人恭敬 无有異心 離諸凡愚 獨處山澤
如是之人 乃可為說 又舍利弗 若見有人
捨惡知識 親近善友 如是之人 乃可為說
若見佛子 持戒清淨 如淨明珠 求大乘經
如是之人 乃可為說 若人无瞋 質直柔濡
常愍一切 恭敬諸佛 如是之人 乃可為說
復有佛子 於大衆中 以清淨心 種種因緣
譬喻言辭 說法无㝵 如是之人 乃可為說
若有比丘 為一切智 四方求法 合掌頂受
但樂受持 大乘經典 乃至不受 餘經一偈
如是之人 乃可為說 如人至心 求佛舍利
如是求經 得已頂受 其人不復 志求餘經
亦未曾念 外道典籍 如是之人 乃可為說
告舍利弗 我說是相 求佛道者 窮劫不盡
如是等人 則能信解 汝當為說 妙法華經
妙法蓮華經信解品第四

114

斯00606號　妙法蓮華經卷二　（24–14）

如是等人 則能信解 汝當為說 妙法華經
妙法蓮華經信解品第四
尒時慧命須菩提摩訶迦旃延摩訶迦葉摩
訶目揵連從佛所聞未曾有法世尊授舍利
弗阿耨多羅三藐三菩提記發希有心歡喜
踊躍即從座起整衣服偏袒右肩右膝著地
一心合掌曲躬恭敬瞻仰尊顏而白佛言我
等居僧之首年並朽邁自謂已得涅槃无所
堪任不復進求阿耨多羅三藐三菩提世尊
往昔說法既久我時在座身體疲懈但念空
无相无作於菩薩法遊戲神通淨佛國土成
就衆生心不憙樂所以者何世尊令我等出
於三界得涅槃證又今我等年已朽邁於佛
教化菩薩阿耨多羅三藐三菩提不生一念
好樂之心我等今於佛前聞授聲聞阿耨多
羅三藐三菩提記心甚歡喜得未曾有不謂
於今忽然得聞希有之法深自慶幸獲大善
利无量珍寶不求自得世尊我等今者樂說譬
喻以明斯義譬若有人年既幼稚捨父逃
逝久住他國或十廿至五十歲年既長大加
復窮困馳騁四方以求衣食漸漸遊行遇向
本國其父先來求子不得中止一城其家大
富財寶无量金銀瑠璃珊瑚虎珀頗梨珠等
其諸倉庫悉皆盈溢多有僮僕臣佐吏民為

115

斯00606號　妙法蓮華經卷二　（24–15）

富財寶无量金銀琉璃珊瑚虎珀頗梨珠等
其諸倉庫悉皆盈溢多有僮僕臣佐吏民象
馬車乘牛羊无數出入息利乃遍他國商估
賈客亦甚衆多時貧窮子遊諸聚落經歷國
邑遂到其父所止之城父每念子與子離別
五十餘年而未曾向人說如此事但自思惟
心懷悔恨自念老朽多有財物金銀珎寶倉
庫盈溢无有子息一旦終沒財物散失无所
委付是以慇懃每憶其子復作是念我若得
子委付財物坦然快樂无復憂慮世尊尒時
窮子傭賃展轉遇到父舍住立門側遥見其
父踞師子床寶机承足諸婆羅門剎利居士
皆恭敬圍遶以真珠瓔珞價直千万莊嚴其
身吏民僮僕手執白拂侍立左右覆以寶帳
垂諸華旛香水灑地散衆名華羅列寶物出
内取與有如是等種種嚴飾威德特尊窮子
見父有大勢力即懷恐怖悔來至此竊作是
念此或是王或是王等非我傭力得物之處
不如往至貧里肆力有地衣食易得若久住
此或見逼迫強使我作作是念已疾走而去
時富長者於師子坐見子便識心大歡喜即
作是念我財物庫藏今有所付我常思念此
子无由見之而忽自來甚適我願我雖年朽
猶故貪惜即遣傍人急追將還

116

斯00606號　妙法蓮華經卷二　（24–16）

作是念我財物庫藏今有所付我常思念此
子无由見之而忽自來甚適我願我雖年朽
猶故貪惜即遣傍人急追將還
尒時使者疾走往捉窮子驚愕稱怨大喚我
不相犯何為見捉使者執之愈急強牽將還
于時窮子自念无罪而被囚執此必定死轉
更惶怖悶絕躄地父遥見之而語使言不須
此人勿強將來以冷水灑面令得醒悟莫復
與語所以者何父知其子志意下劣自知豪
貴為子所難審知是子而以方便不語他人
云是我子使者語之我今放汝隨意所趣窮
子歡喜得未曾有從地而起往至貧里以求
衣食尒時長者將欲誘引其子而設方便密
遣二人形色憔悴无威德者汝可詣彼徐語
窮子此有作處倍與汝直窮子若許將來使
作若言欲何所作便可語之雇汝除糞我等
二人亦共汝作時二使人即求窮子既已得
之具陳上事尒時窮子先取其價尋與除糞
其父見子愍而怪之又以他日於窓牖中遥
見子身羸瘦憔悴糞土塵坌污穢不淨即脫
瓔珞細軟上服嚴飾之具更著麤弊垢膩之
衣塵土坌身右手執持除糞之器狀有所畏
語諸作人汝等勤作勿得懈息以方便故得
近其子後復告言咄男子汝常此作勿復餘

117

斯00606號　妙法蓮華經卷二　（24–17）

語諸作人汝等勤作勿得懈息以方便故得
近其子後復告言咄男子汝常此作勿復餘
去當加汝價諸有所須瓮器米麵鹽酢之屬
莫自疑難亦有老弊使人須者相給好自安
意我如汝父勿復憂慮所以者何我年老大
而汝少壯汝常作時无有欺怠瞋恨怨言都
不見汝有此諸惡如餘作人自今以後如所
生子即時長者更與作字名之為兒
尒時窮子雖欣此遇猶故自謂客作賤人由
是之故於廿年中常令除糞過是已後心相
體信入出无難然其所止猶在本處世尊尒
時長者有疾自知將死不久語窮子言我今
多有金銀珎寶倉庫盈溢其中多少所應取
與汝悉知之我心如是當體此意所以者何
今我與汝便為不異宜加用心无令漏失
尒時窮子即受教勅領知眾物金銀珎寶及
諸庫藏而无希取一飡之意然其所止故在
本處下劣之心亦未能捨復經少時父知子
意漸已通泰成就大志自鄙先心臨欲終時
而命其子并會親族國王大臣剎利居士皆
悉已集即自宣言諸君當知此是我子我之
所生於某城中捨吾逃走跉跰辛苦五十餘
年其本字某我名某甲昔在本城懷憂推覓
忽於是間遇會得之此實我子我實其父今

118

斯00606號　妙法蓮華經卷二　（24–18）

年其本字某我名某甲昔在本城懷憂推覓
忽於是間遇會得之此實我子我實其父今
我所有一切財物皆是子有先所出內是子
所知世尊是時窮子聞父此言即大歡喜得
未曾有而作是念我本无心有所悕求今此
寶藏自然而至世尊是大富長者則是如來
我等皆似佛子如來常說我等為子世尊我
等以三苦故於生死中受諸熱惱迷惑无知
樂著小法今日世尊令我等思惟蠲除諸法
戲論之糞我等於中勤加精進得至涅槃一
日之價既得此已心大歡喜自以為足而便
自謂於佛法中勤精進故所得弘多然世尊
先知我等心著弊欲樂於小法便見縱捨不
為分別汝等當有如來知見寶藏之分世尊
以方便力說如來智慧我等從佛得涅槃一
日之價以為大得於此大乘无有志求我等
又因如來智慧為諸菩薩開示演說而自於
此无有志願所以者何佛知我等心樂小法
以方便力隨我等說而我等不知真是佛子
今我等方知世尊於佛智慧无所悋惜所以
者何我等昔來真是佛子而但樂小法若我
等有樂大之心佛則為我說大乘法於此經
中唯說一乘而昔於菩薩前毀呰聲聞樂小
法者然佛實以大乘教化是故我等說本无

119

斯00606號　妙法蓮華經卷二　（24–19）

法者然佛實以大乘教化是故我等說本无
心有所希求今法王大寶自然而至如佛子
所應得者皆已得之尒時摩訶迦葉欲重宣
此義而說偈言
我等今日　聞佛音教　歡喜踊躍　得未曾有
佛說聲聞　當得作佛　无上寶聚　不求自得
譬如僮子　幼稚无識　捨父逃逝　遠到他土
周流諸國　五十餘年　其父憂念　四方推求
求之既疲　頓止一城　造立舍宅　五欲自娛
其家巨富　多諸金銀　車𤦲馬瑙　真珠瑠璃
象馬牛羊　輦轝車乘　田業僮僕　人民眾多
出入息利　乃遍他國　商估賈人　无處不有
千万億眾　圍遶恭敬　常為王者　之所愛念
群臣豪族　皆共宗重　以諸緣故　往來者眾
豪富如是　有大力勢　而年朽邁　益憂念子
夙夜惟念　死時將至　癡子捨我　五十餘年
庫藏諸物　當如之何
尒時窮子　求索衣食　從邑至邑　從國至國
或有所得　或无所得　飢餓羸瘦　體生瘡癬
漸次經歷　到父住城　傭賃展轉　遂至父舍
尒時長者　於其門內　施大寶帳　處師子坐
眷屬圍遶　諸人侍衛　或有計筭　金銀寶物
出內財產　注記券疏　窮子見父　豪貴尊嚴
謂是國王　若是王等　驚怖自怪　何故至此

120

出內財產　注記券疏　窮子見父　豪貴尊嚴
謂是國王　若是王等　驚怖自怪　何故至此
覆自念言　我若久住　或見逼迫　強駈使作
思惟是已　馳走而去　借問貧里　欲往傭作
長者是時　在師子坐　遙見其子　嘿而識之
即勑使者　追捉將來　窮子驚喚　迷悶躄地
是人執我　必當見殺　何用衣食　使我至此
長者知子　愚癡狹劣　不信我言　不信是父
即以方便　更遣餘人　眇目矬陋　无威德者
汝可語之　云當相雇　除諸糞穢　倍與汝價
窮子聞之　歡喜隨來　為除糞穢　淨諸房舍
長者於牖　常見其子　念子愚劣　樂為鄙事
於是長者　著弊垢衣　執持糞器　往到子所
方便附近　語令勤作　既益汝價　并塗足油
飲食充足　薦席厚煖　如是苦言　汝當勤作
又以濡語　若如我子
長者有智　漸令入出　經二十年　執作家事
示其金銀　真珠頗梨　諸物出入　皆使令知
猶處門外　止宿草菴　自念貧事　我无此物
父知子心　漸已廣大　欲與財物　即聚親族
國王大臣　剎利居士　於此大眾　說是我子
捨我他行　經五十歲　自見子來　已二十年
昔於某城　而失是子　周行求索　遂來至此
凡我所有　舍宅人民　悉以付之　恣其所用

121

捨我他行 經五十歲 自見子來 已二十年
昔於某城 而失是子 周行求索 遂來至此
凡我所有 舍宅人民 悉已付之 恣其所用
子念昔貧 志意下劣 今於父所 大獲珎寶
并及舍宅 一切財物 甚大歡喜 得未曾有
佛亦如是 知我樂小 未曾說言 汝等作佛
而說我等 得諸无漏 成就小乘 聲聞弟子
佛勅我等 說㝡上道 脩習此者 當得成佛
我承佛教 為大菩薩 以諸因緣 種種譬喻
若干言辞 說无上道
諸佛子等 從我聞法 日夜思惟 精勤脩習
是時諸佛 即授其記 汝於來世 當得作佛
一切諸佛 秘藏之法 但為菩薩 演其實事
而不為我 說斯真要 如彼窮子 得近其父
雖知諸物 心不悕取 我等雖說 佛法寶藏
自无志願 心復如是 我等內滅 自謂為足
唯了此事 更无餘事 我等若聞 淨佛國土
教化衆生 都无欣樂 所以者何 一切諸法
皆悉空寂 无生无滅 无大无小 无漏无為
如是思惟 不生喜樂 我等長夜 於佛智慧
无貪无著 无復志願 而自於法 謂是究竟
我等長夜 脩習空法 得脫三界 苦惱之患
住㝡後身 有餘涅槃 佛所教化 得道不虛
則為已得 報佛之恩 我等雖為 諸佛子等

122

斯00606號　妙法蓮華經卷二　（24–22）

住㝡後身 有餘涅槃 佛所教化 得道不虛
則為已得 報佛之恩 我等雖為 諸佛子等
說菩薩法 以求佛道 而於是法 永无願樂
導師見捨 觀我心故 初不勸進 說有實利
如富長者 知子志劣 以方便力 柔伏其心
然後乃付 一切財物
佛亦如是 現希有事 知樂小者 以方便力
調伏其心 乃教大智 我等今日 得未曾有
非先所望 而今自得 如彼窮子 得无量寶
世尊我今 得道得果 於无漏法 得清淨眼
我等長夜 持佛淨戒 始於今日 得其果報
法王法中 久脩梵行 今得无漏 无上大果
我等今者 真是聲聞 以佛道聲 令一切聞
我等今者 真阿羅漢 於諸世間 天人魔梵
普於其中 應受供養 世尊大恩 以希有事
憐愍教化 利益我等 无量億劫 誰能報者
手足供給 頭頂礼敬 一切供養 皆不能報
若以頂戴 兩肩荷負 於恒沙劫 盡心恭敬
又以美饍 无量寶衣 及諸卧具 種種湯藥
牛頭栴檀 及諸珎寶 以起塔廟 寶衣布地
如斯等事 以用供養 於恒沙劫 亦不能報
諸佛希有 无量无邊 不可思議 大神通力
无漏无為 諸法之王 能為下劣 忍于斯事
取相凡夫 隨宜為說 諸佛於法 得㝡自在
知諸衆生 種種欲樂 及其志力 隨所堪任

123

斯00606號　妙法蓮華經卷二　（24–23）

无漏无為　諸法之王　能為下劣　忍乎斯事
取相凡夫　随宜為說　諸佛於法　得最自在
知諸衆生　種種欲樂　及其志力　随所堪任
以无量喻　而為說法　随諸衆生　宿世善根
又知成熟　未成熟者　種種籌量　分別知已
於一乘道　随宜說三

妙法蓮華經卷第二

24

斯00606號　妙法蓮華經卷二　（24–24）

佛本行

妙法蓮華經第二

S.606

I v.

斯00606號背　勘記　（01–01）

大衆歸依三寶祈賽四王者若不一心虔恭
五體投地同心啓請身表虔誠各各敬心
修口宣請
敬礼十方三世一切諸佛 敬礼十二部尊經甚深藏
敬礼諸大菩薩摩訶薩衆 敬礼聲聞緣覺一切賢聖
如過去諸佛 所有行願 我某甲等
於此脩行 如過去諸佛 諸大菩薩 所有懺悔
不敢覆藏 乃至十惡五逆 麁細等諸煩惱
亦皆懺悔 如過去諸佛 出興於世
轉法輪時 龍天八部 護世四王 來詣佛前
受佛付囑 發大誓願 我等諸王 於三寶前
常生守護 護正法心 若有邪魔 及諸惡鬼
於三寶所 起興害心 我等諸王 速來擁護
令諸災怪 殄滅無餘 有於國境 有佛塔廟
及佛教法 一切人民 能信受者 守護申

斯00607號　賽天王文　（01–01）

歌利王割截身體我於尒時无我相无人相
无衆生相无壽者相何以故我於往昔節節
支解時若有我相人相衆生相壽者相應生
瞋恨須菩提又念過去於五百世作忍辱仙
人於尒所世无我相无人相无衆生相无壽
者相是故須菩提菩薩應離一切相發阿耨
多羅三藐三菩提心不應住色生心不應住
聲香味觸法生心應生无所住心若心有住
則為非住是故佛說菩薩心不應住色布施
須菩提菩薩為利益一切衆生應如是布施
如來說一切諸相即是非相又說一切衆生
則非衆生須菩提如來是真語者實語者如
語者不誑語者不異語者須菩提如來所得
法此法无實无虛須菩提若菩薩心住於法
而行布施如人入闇則无所見若菩薩心不
住法而行布施如人有目日光明照見種種
色須菩提當來之世若有善男子善女人能
於此經受持讀誦則為如來以佛智慧悉知
是人悉見是人皆得成就无量无邊功德
須菩提若有善男子善女人初日分以恒河
沙等身布施中日分復以恒河沙等身布施
後日分亦以恒河沙等身布施如是无量百
千万億劫以身布施若復有人聞此經典信

斯00608號　金剛般若波羅蜜經　（06–01）

後日分亦以恒河沙等身布施如是无量百
千万億劫以身布施若復有人聞此經典信
心不逆其福勝彼何況書寫受持讀誦為人
解說須菩提以要言之是經有不可思議不
可稱量无邊功德如來為發大乘者說為發
最上乘者說若有人能受持讀誦廣為人說
如來悉知是人悉見是人皆得成就不可稱
不可量无有邊不可思議功德如是人等則
能荷擔如來阿耨多羅三藐三菩提何以故
須菩提若樂小法者著我見人見眾生見壽
者見則於此經不能聽受讀誦為人解說須
菩提在在處處若有此經一切世間天人阿脩
羅皆應供養當知此處則為是塔皆應恭敬
教作禮圍遶以諸華香而散其處
復次須菩提善男子善女人受持讀誦此經
若為人輕賤是人先世罪業應墮惡道以今
世人輕賤故先世罪業則為消滅當得阿耨
多羅三藐三菩提須菩提我念過去无量阿
僧祇劫於然燈佛前得值八百四千万億那
由他諸佛悉皆供養承事无空過者若復有
人於後末世能受持讀誦此經所得功德於
我所供養諸佛功德百分不及一千万億分
乃至筭數譬喻所不能及須菩提若善男子
善女人於後末世有受持讀誦此經所得功

2

斯00608號　金剛般若波羅蜜經　（05–02）

乃至筭數譬喻所不能及須菩提若善男子
善女人於後末世有受持讀誦此經所得功
德我若具說者或有人聞心則狂亂狐疑不
信須菩提當知是經義不可思議果報亦不
可思議
尒時須菩提白佛言世尊善男子善女人發
阿耨多羅三藐三菩提心云何應住云何降
伏其心佛告須菩提善男子善女人發阿耨
多羅三藐三菩提心者當生如是心我應滅
度一切眾生滅度一切眾生已而无有一眾
生實滅度者何以故若菩薩有我相人相眾
生相壽者相則非菩薩所以者何須菩提實
无有法發阿耨多羅三藐三菩提心者須菩
提於意云何如來於然燈佛所有法得阿耨
多羅三藐三菩提不不也世尊如我解佛所
說義佛於然燈佛所无有法得阿耨多羅三
藐三菩提佛言如是如是須菩提實无有法
如來得阿耨多羅三藐三菩提須菩提若有
法如來得阿耨多羅三藐三菩提然燈佛則
不與我受記汝於來世當得作佛号釋迦牟
尼以實无有法得阿耨多羅三藐三菩提是
故然燈佛與我受記作是言汝於來世當得
作佛号釋迦牟尼何以故如來者即諸法如
義若有人言如來得阿耨多羅三藐三菩提

3

斯00608號　金剛般若波羅蜜經　（06–03）

作佛号釋迦牟尼何以故如來者即諸法如
義若有人言如來得阿耨多羅三藐三菩提
須菩提實无有法佛得阿耨多羅三藐三菩
提須菩提如來所得阿耨多羅三藐三菩提
於是中无實无虛是故如來說一切法皆是
佛法須菩提所言一切法者即非一切法是
故名一切法須菩提譬如人身長大須菩提
言世尊如來說人身長大則為非大身是名
大身須菩提菩薩亦如是若作是言我當滅
度无量衆生則不名菩薩何以故須菩提无
有法名為菩薩是故佛說一切法无我无人
无衆生无壽者須菩提若菩薩作是言我當
莊嚴佛土是不名菩薩何以故如來說莊嚴
佛土者即非莊嚴是名莊嚴須菩提若菩薩
通達无我法者如來說名真是菩薩須菩提
於意云何如來有肉眼不如是世尊如來有
肉眼須菩提於意云何如來有天眼不如是
世尊如來有天眼須菩提於意云何如來有
慧眼不如是世尊如來有慧眼須菩提於意
云何如來有法眼不如是世尊如來有法眼
須菩提於意云何如來有佛眼不如是世尊
如來有佛眼須菩提於意云何恒河中所有
沙佛說是沙不如是世尊如來說是沙須菩

斯00608號　金剛般若波羅蜜經　（06-04）

須菩提於意云何如來有佛眼不如是世尊
如來有佛眼須菩提於意云何恒河中所有
沙佛說是沙不如是世尊如來說是沙須菩
提於意云何如一恒河中所有沙有如是等
恒河是諸恒河所有沙數佛世界如是寧為
多不甚多世尊佛告須菩提尒所國土中所
有衆生若干種心如來悉知何以故如來說
諸心皆為非心是名為心所以者何須菩提
過去心不可得現在心不可得未來心不可
得須菩提於意云何若有人滿三千大千世
界七寶以用布施是人以是因緣得福多不
如是世尊此人以是因緣得福甚多須菩提
若福德有實如來不說得福德多以福德无
故如來說得福德多須菩提於意云何佛可
以具足色身見不不也世尊如來不應以具
足色身見何以故如來說具足色身即非具
足色身是名具足色身須菩提於意云何
如來可以具足諸相見不不也世尊如來不應
以具足諸相見何以故如來說諸相具足即非
具足是名諸相具足須菩提汝莫謂如來作
是念我當有所說法莫作是念何以故若人言
如來有所說法即為謗佛不能解我所說
故須菩提說法者无法可說是名說法

斯00608號　金剛般若波羅蜜經　（06-05）

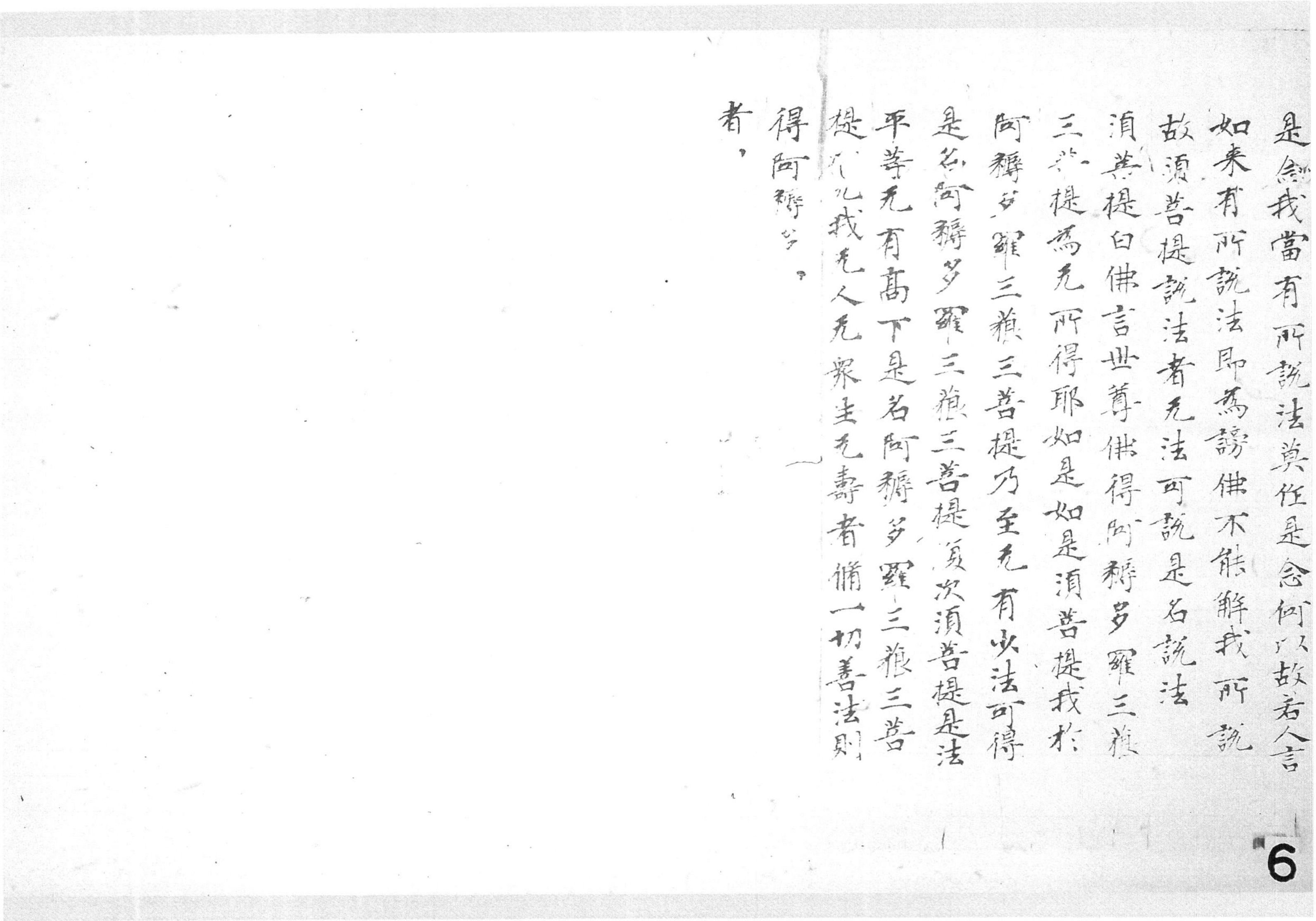
是念我當有所說法莫作是念何以故若人言
如來有所說法即爲謗佛不能解我所說
故須菩提說法者无法可說是名說法
須菩提白佛言世尊佛得阿耨多羅三藐
三菩提爲无所得耶如是如是須菩提我於
阿耨多羅三藐三菩提乃至无有少法可得
是名阿耨多羅三藐三菩提復次須菩提是法
平等无有高下是名阿耨多羅三藐三菩
提以无我无人无衆生无壽者脩一切善法則
得阿耨多羅
者，

6

斯00608號　金剛般若波羅蜜經　（6–06）

般若經

S. 608

I.V.

斯00608號背　勘記　（01–01）

大乘四法經釋一卷

六門陁羅尼經　三藏法師玄奘奉　詔譯

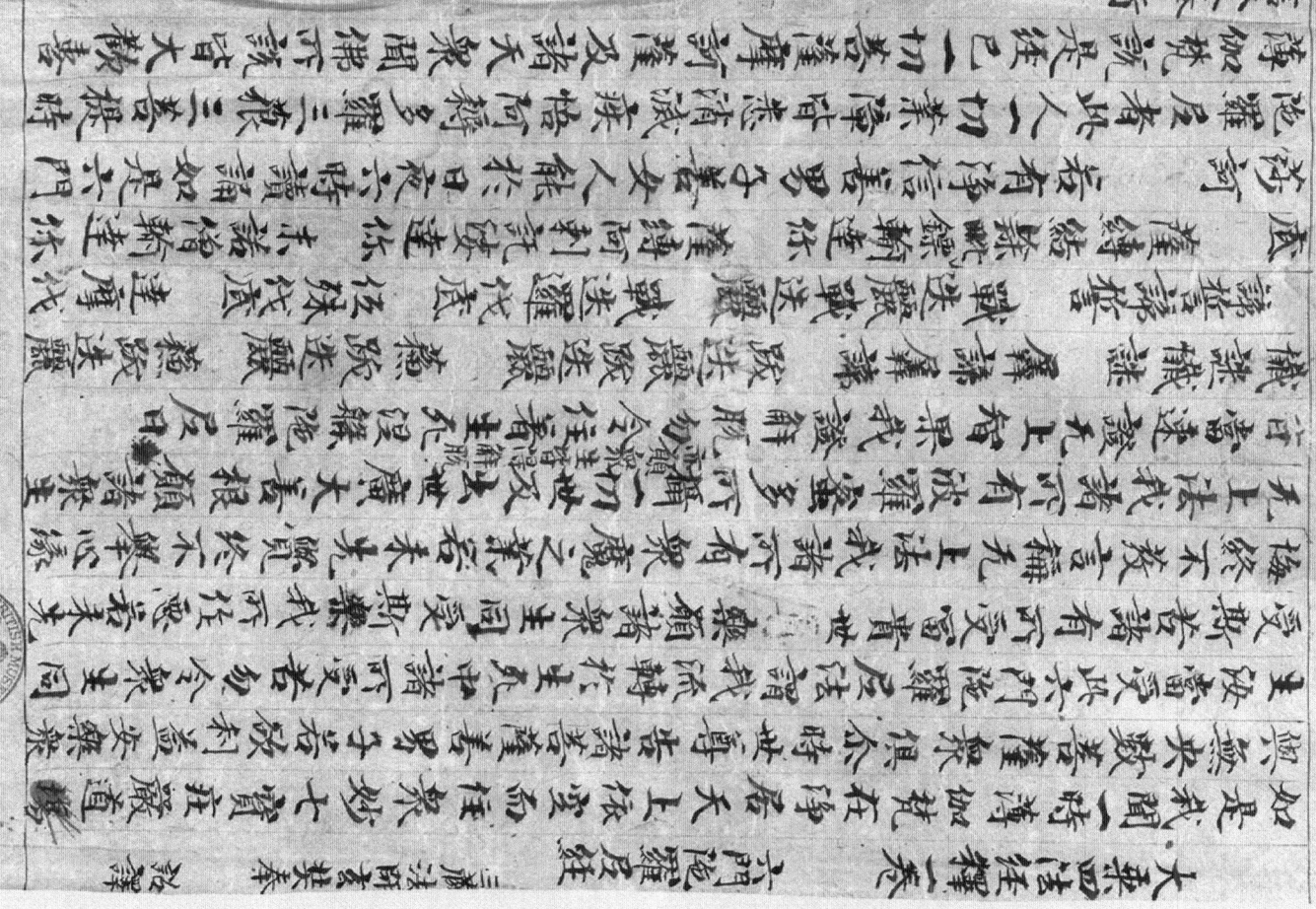

如是我聞一時薄伽梵在淨居天上依空而住衆妙七寶莊嚴道場
與無央數菩薩衆俱尒時世尊告諸菩薩善男子若欲利益安樂衆
生汝當受此六門陁羅尼法謂我流轉於生死中諸所受苦勿令衆生同
受斯苦諸有所受富貴世樂願諸衆生同受斯樂我所作惡若未先
悔終不發言稱无上法我諸所有衆魔之業若未先覺終不舉心緣
无上法我諸所有波羅蜜多所攝一切（亦願衆生皆得解脫）世及出世廣大善根願諸衆生
皆當速證无上智果我證解脫勿令住著生死涅槃陁羅尼曰
懺謎懺謎　羼諦羼諦　跋迭麗跋迭麗　蘇跋迭麗　蘇跋迭麗
諦誓諦誓　戰迭麗戰迭麗　戰迭羅伐底　伍殊伐底　達摩伐
底　薩縛結𨀤毗鏢輸達你　薩縛阿剌訖婆達你　末諾僧輸達你
莎訶　若有淨信善男子善女人能於日夜六時讀誦如是六門
陁羅尼者此人一切業障皆悉消滅疾悟阿耨多羅三藐三菩提時
薄伽梵說是經已一切菩薩摩訶薩及諸天衆聞佛所說皆大歡喜
信受奉行

大乘四法經釋一卷

S.609

1.v.

斯00609號背　勘記　（01-01）

啓顔録　辯捷　論難

北齊高祖嘗以大齋日設聚會時有大德法師開道俗有疑滞
者皆即論難並援引大義廣説法門言議幽深皆存雅正石
動筩最後論義謂法師曰且問法師一箇小義佛常騎何物
法師答曰或坐千葉蓮花或乘六牙白象動筩云法師全不
讀經不知佛所乘騎物法師又即問云檀越讀經佛騎何物動筩
答云佛騎牛法師曰何以知之動筩曰經云世尊甚奇特豈非
騎牛坐皆大咲又謂法師曰法師既不知佛常騎牛今更問法師
一種小事比來每經之上皆云價直百千兩金未知百千兩金總
有幾斤法師遂無以對一坐更咲
高祖又嘗作内道場時有一大德法師先立無一無二無是無非
義高祖乃令法師昇高座講還令立其舊義當時儒
生學士大德名僧義理百端無難得者動筩即請難此
僧必令結舌無語高祖大悦即令動筩往難動筩即於
高座前褰衣闊立問僧曰看弟子有幾箇腳僧曰兩腳
動筩又翹一腳向後一腳獨立問僧曰更看弟子有幾箇
腳僧曰一腳動筩云向有兩腳今有一腳若為得無一無僧即
答云若其二是真不應有一腳既得有一明二即非真動
筩既以僧義不窮無難得之理乃謂僧曰向者劉問法師
未是好義法師既云無一無二無是無非今問法師此義不得
不答弟子聞天無二日土無二王今者天子一人臨御四海法師豈
更得云無一卦有乾坤天有日月皇后配於天子即是二人法師
豈更得云無二今者帝德廣臨無幽不照是亜草木皆得其生

蕭既以僧義不窮無難得之理乃謂僧曰向者剩問法 2
未是好義法師既云無一無二無是無非今問法師此義不得
不答弟子聞天無二日土無二王今者天子一人臨御四海法師豈
更得云無一卦有乾坤天有日月皇后配於天子即是二人法師
豈更得云無二今者帝德廣臨無幽不照是垂草木皆得其生
法師豈更得云無是今既四海爲家万方歸順唯有突黑頼獨
阻皇風法師豈更得云無非於是僧遂嘿然以應高祖
撫掌大咲　高祖又嘗集儒生會講酬難非一動蕭
後来問博士曰先生天有何姓博士曰天姓高動蕭曰天子
姓高天必姓高此乃學他蜀臣秦密本非新義正經之
上自有天姓先生可引正文不須假託舊事博士云不知何
經之上得有天姓動蕭云先生全不讀書孝經久似不見天
本姓也先生可不見孝經云父子之道天性也此豈不是天
姓高祖大咲　動蕭又嘗於國學中看博士論難云孔子
弟子達者有七十二人動蕭因問曰達者七十二人幾人已着
冠幾人未着冠博士曰經傳無文動蕭曰先生讀書豈
合不解孔子弟子著冠有卅人未着冠者有卌二人博士曰
據何文以知之動蕭曰論語云冠者五六人五六卅也童子六七
人六七卌二也豈非七十二人坐中大悅博士無以應對
高祖又嘗以四月八日齋會講論石動蕭時在會中有
大德僧在高座上講道俗論難不能相決動蕭後来
乃問僧曰今是何日僧答云是佛生日動蕭即云日是佛
兒僧即變云今日佛生動蕭又云佛是日兒衆皆大咲
隨盧嘉言嘗就寺礼拜因入僧房有一僧善於論議嘉

高祖又嘗以四月八日齋會講說石動筩時在會中 13
大德僧在高座上講道俗論難不能相決動筩後來
乃問僧曰今是何日僧荅云是佛生日動筩即云日是佛
兒僧即變云今日佛生動筩又云佛是日兒衆皆大咲
隨盧嘉言嘗就寺礼拜因入僧房有一僧善於論議嘉
言即与之談話因相戲弄此僧理屈同座更有二僧即助
此僧酬對往復數迴三僧並屈嘉言乃咲而謂曰三箇阿
師並不解摴蒱何因共弟子論議僧即問曰何意論議須
解摴蒱嘉言即報曰可不聞摴蒱人云三箇兒不敵一箇盧
阿師何由可得弟子觀者大咲三僧更無以應
隨有三藏法師父本商胡法師生於中夏儀容面目猶作胡
人行業極高又有辯捷嘗以四月八日設齋講說當時朝官
及道俗觀者數千餘人大德名僧及官人有辯捷者前後
十餘人論議法師隨難即對義理不窮無難得者事在
後有一小兒姓趙年始十三即於衆人中出衆以法師辯捷既已
過人又復向來論議皆是高名舊德忽即見此小兒形容幼
小欲來論議衆咸咍咲小兒精神自若即來就座大聲語此
僧曰昔野干和尚自有經文未審狐作闍梨出何典誥僧即
語云此郎君子聲高而身小何不以聲而補身小兒即應
聲報云法師以弟子聲高而身小何不以聲而補身法師
既眼深而鼻長何不截鼻而補眼衆皆驚異起立大咲
當時既是夏月法師左手把如意右手搖扇既為衆人咲
聲未定法師又思量荅語即以所搖之扇掩面低頭小兒又
大聲語云圓扇團團形如滿月不藏顏兒翻掩雄狐衆又大
笑法師即去扇以[illegible]

斯00610號1　啓顔録(辯捷、論難)　(16-03)

4

既眼深而鼻長何不截鼻而補眼衆皆驚異起立大
當時既是夏月法師左手把如意右手搖扇既爲衆人嘆
聲未定法師又思量答語即以所搖之扇掩面低頭小兒又
大聲語云圓扇團團形如滿月不藏顧菟翻掩雄狐衆又大
嘆法師即去扇以如意指麾別送關並語未得盡如意
頭遂攞落小兒即起謂法師曰如意既折義鋒亦摧即於
座前長揖而去此僧既怒且慙更無以應衆人無不歡嘆
驚難稱嗟　辯捷　齊徐之才有學辯捷又善醫術
尚書王元景罵之才爲師公之才應聲答曰既爲汝師復
爲汝公在三之義頓居其兩　陳徐陵爲散騎常侍聘
隨文帝時在東都選朝官有辯捷者令對南使當時
初夏微熱又徐是南人隨官一人弄徐陵曰今日之熱總由
徐常侍來徐陵應聲答曰昔王肅入洛爲彼制儀今我
來聘使卿知寒暑衆遂無答徐陵時年七十五復有一人問
曰徐常侍年幾徐陵又即答曰小於如來五歲大於孔子三
年衆人皆嘆又無以報隨文帝既以徐陵辯捷頻有機俊
無人酬對深以爲羞乃更訪朝官有誰可令使當時有
人舉盧思道頗有辯捷堪令對使文帝聞之甚喜即召
思道令對南使朝官俱送往見徐陵徐陵遙見思道年最幼
少嘆曰此公甚小思道遙即應曰以公小臣不勞長者須臾
坐定徐陵謂思道曰昔殷遷頑人本居茲邑今之存者併
是其人思道應聲答曰昔永嘉南度盡居江左今存者
唯君一人衆皆大嘆徐陵遂無以可答　隨薛道衡爲聘
南使南朝無問道俗但是有機辯者即方便引道衡見之
有一僧甚辯捷乃令於寺上仏堂中讀經將道衡向寺禮拜

少嘆曰此公甚小思道遥即應曰以公小臣不勞長者須臾
坐定徐陵謂思道曰昔殷遷頑人本居茲邑今之存者併
是其人思道應聲荅曰昔永嘉南度盡居江左今存者
唯君一人衆皆大嘆徐陵遂無以可荅　隨薛道衡為聘
南使南朝無問道俗但是有機辯者即方便引道衡見之
有一僧甚辯捷乃令於寺上仏堂中讀經將道衡向寺禮拜
至仏堂門邊其僧乃大引聲讀法花經云鳩槃荼鬼今在
門外道衡即應聲還以法花經荅云毗舍闍鬼乃住其中僧
徒愧服更無以相報　隨朝令盧思道聘陳陳主勅在路諸
處不得共語致令失脫思道既度江過一寺中諸僧與思道
設食亦不敢有言但處分喫飲食而已後索蜜湯益智
勸思道思道嘗之思道嘆曰法師久服無効何以勞此勸
人僧既違勅失脫且慙且懼思道至陳手執國信陳主見
見思道曰用觀音經語弄思道曰是何商人賫持重
寶思道應聲還以觀音經報曰忽遇惡風遂漂墮羅
剎鬼國陳主大慙遂無以應　陳朝又嘗令人聘隨隨不知其
人機辯深淺乃密令侯白改變形兒著故弊衣裳詐為賤人
供承客使謂是賤人心甚輕之乃傍卧放氣与之言語白心
甚不平未有方便使人卧問侯白曰汝國馬價貴賤侯白即
報云馬有數等貴賤不同若是伎兩有筋腳好形容直卅貫
已上若形容不惡堪得乘騎者直廿貫已上若形容麁壯雖無
伎兩堪馱物直四五貫已上若彌尾燋蹄絕無伎兩旁卧放氣
一錢不直於是使者大驚問其名姓知是侯白方始慙謝
越公楊素戲弄侯白云山東人多仁義借一而得兩侯白問曰公
若為得知素曰有人從其借弓乃云揭刀去豈非借一而得兩
白應聲曰關中人亦甚聰明問一知二越公問曰何以得知白曰

伎兩堪䭾物直四五貫已上若貓尾㸅蹄絶無伎兩旁卧放氣
一錢不直於是使者大驚問其名姓知是侯白方始愧謝
越公楊素戲弄侯白云山東人多仁義借一而得兩侯白問曰公
若為得知素曰有人從其借弓乃云揭刀去豈非借一而得兩
白應聲曰關中人亦甚聰明問一而知二越公問曰何以得知白曰
有人問比來多雨渭水漲不報曰霸滻豈非問一而二越公於是
服其辯捷昏忘
隨時王德任尚書省員外為人健忘從朝
堂還入省遂錯上尚書〻廳謂為本廳乃大聲喚番官歸
坐尚書床上令取線鞋來㧞靴其省尚書〻人曰此尚書〻廳也尚
書在此德遂狼狽下階而去本廳未坐便向廁付笏与從後
番官把笏立於廁門之側德從廁出見番官把笏而立即驚問
曰公是何官〻番官曰是向者從公人德始覺悟乃取笏上廳
坐頃見向者番官尚立又更問曰若是何人番官
曰是番官德乃執笏近前撿曰公作官來幾番〻官不知所
答掩口而退 鄠縣有一人多忘將斧向田斫柴并婦亦相隨至田
中遂急便轉因放斧地上旁便轉訖忽起見斧大歡喜云得一斧仍
作舞跳躍遂即自踏著大便處乃云只應是有人因大便遺却此斧
其妻見其昏忘乃語之云向者君自將斧斫柴為欲大便故斧地上何
因遂即忘却此人又熟看其妻面乃云娘子何姓不知何處記識此娘子
隨柳真為洛陽令恍忽多忘曾有人把羅合史杖柳真見其罪狀大
嗔索杖欲打即脫祀罪人衣裳於庭中坐訖猶未行杖即有一
客來覓柳〻真〻引客向房中語〻話當時寒月其祀罪人
緣忍寒不得即蹔起向廳屋頭向日取褌子散披蹲地柳真
須臾送客出廳門還遙見此人大叫嗔曰是何勿人敢向我廳邊
負暄此人出門徑走更不尋問 鄠縣董子尚村〻人並癡有老父

嗔棗杖欲打即脱袍罪人衣裳於庭中坐訖猶未行杖即有
客来覓柳〻真〻引客向房中語話當時寒月其袍罪人
緣忍寒〻不得即起〻向廳屋頭向日取襖子散披蹲地柳真
須臾送客出廳門還遥見此人大叫嗔曰是何勿人敢向我廳邊
負暄此人出門徑走更不尋問　鄠縣董子尚村〻人並癡有老父
遣子將錢向市買奴語其子曰我聞長安人賣奴多不使奴顏
知之必藏奴於餘處私相平章論其價直如此者是好奴也其子
至市於鏡行中度行人列鏡於市顧見其影少而且壯謂言市人
欲賣好奴而藏在鏡中因指麾鏡曰此奴欲得幾錢市人知其癡也
誑之曰奴直十千便付錢買鏡懷之而去至家老父迎門問曰買得奴
何在曰在懷中父曰取看好不其父取鏡照之正見鬚鬢皓白面
目黑皺乃大嗔欲打其子曰豈有用十千錢而貴買如此老奴舉
杖欲打其子〻懼而告母〻乃抱一小女走至語其夫曰我請自觀之又
大嗔曰癡老公我兒正用十千錢買得子母兩婢仍自嫌貴老公欣然
釋之餘於處尚不見奴俱謂奴藏未肯出時東隣有師婆村中
皆為出言甚中老父往問之師婆曰翁婆老人鬼神不得食錢財
未聚集故奴藏未出可以吉日多辦食求請之老父因大設酒食請
師〻婆〻至懸鏡於門而作歌舞村人皆共觀之来窺鏡者皆云
此家王相買得好奴也而懸鏡不牢鏡落地分為兩片師婆取照各見
其影乃大喜曰神明与福令一奴而成兩婢也因歌曰合家齊拍掌神
明大歆饗買奴合婢来一箇亦成兩　梁時有人合家俱癡遣其
子向市買帽謂曰吾聞帽擬戍頭汝為吾買帽必須得容頭者其
子至市覓帽〻市人以皂絁帽与之見其疊著未開謂無容頭之
理不顧而去歷諸行鋪覓曰求之不獲最後至瓦器行見大口瓮
子以其腹中寬〻正是好容頭處便言是帽取而歸其父得以戍
頭受而盛頭不復見物每著之而行亦覺研其鼻耳痛

斯00610號1　啓顔録(辯捷、論難)　(16–07)

[illegible]
子向市買帽謂曰吾聞帽擬成頭汝爲吾買帽必須得容頭者其
子至市覓帽市人以皂絁帽与之見其疊著未開謂無容頭之
理不顧而去歷諸行鋪竟日求之不獲冣後至凡器行見大口瓮
子以其腹中宽〻正是好容頭處便言是帽取而歸其父得以成
頭没面至項不復見物每著之而行亦覺研其鼻痛兼擁
其氣悶然謂帽只合如此常忍痛戴之乃至鼻上生瘡項上成
胝亦不肯脫後每著帽常坐而不敢行屬歲朝子孫當拜歲
先語〻家中曰汝子孫欲拜歲者可早來阿公若著帽坐待竟即
不見你去其朝老父欲受家人拜歲不可露頭便戴帽坐待
家人拜歲揔至拜於階下老父已戴帽一無所見長新婦前拜
賀曰呪願公口還得出氣眼還得見明頭還依舊動脚還不癡
行子〻孫俱戴帽長住屋裏坐頭〻　梁時有一書生性癡而微
有詞辯不曾識羊有人餉其一羖羊乃縲繫項牽入市賣之得
價不多頻賣不售市人知其癡鈍衆乃以獼猴來換之書生既
見獼猴還謂是其舊羊唯怪其無角面目頓改又見獼猴手
脚不住只言市人換去其角然爲獼猴頭上無瘡痕不可爲
驗遂隱忍不言乃牽獼猴歸家而詠曰吾有一奇獸能肥
亦能瘦向者寧馨膻今來尔許臭數迴牽入市三朝賣不售
頭上失却皂莢子面孔即佳橘皮皺　隨初有同州人負麦飯
入京糶之至渭水上時氷正合欲食麦飯須得水和乃穿氷作
孔取水而謂氷孔可就中和飯傾飯於孔中傾之揔盡隨傾
即散其人但知歎惜竟不知所以良久水清照見其影因叫曰偷
我麦飯者只是此人此賊猶不知足故自御面看我遂向水打之
水濁不見因大嗔而去云此賊始見在此即向何處至岸見有砂
將去便歸　隨時有一癡人車載烏豆入京糶之至灞頭車翻

孔取水而謂氷孔可就中和飯須飯於孔中傾之㧾盡隨
即散其人但知歎惜竟不知所以良久水清照見其影因叫曰偷
我麦飯者只是此人此賊猶不知足故自仰面看我遂向水打之
水濁不見因大嗔而去云此賊始見在此即向何處至岸見有砂
將去便歸　隨時有一癡人車載烏豆入京糶之至灞頭車翻
覆豆於水便棄而歸欲喚家人入水收取去後灞店上人覓取將
去後灞店上人覓取將去無復遺餘比迴唯有科斗虫數千相
隨游泳其人謂仍是本豆欲入水取之科斗知人欲至一時驚散佐家
良久曰烏豆從你不識我而背我走去可畏我不識你而一時著
尾子　陳長沙王州堅性驕豪暴虐每食常遣倉曹哺飯
每食常遣倉曹哺飯至至食欲飽即問倉曹云可罷未倉
曹若報道可罷便嗔責云汝欲餓煞儂乃与杖一頓若報道未
可罷又責云汝欲脹煞儂復令与杖一頓若報道未可罷又責云
汝欲脹煞儂復令与杖一頓每一食間倉曹未嘗免杖後食生菜
令倉曹作生菜樊至食乃已來更無所問乃索將來水嗽口倉
曹私喜謂得免杖嗽口訖又責倉曹云何因生菜第五楪中
都無蒜味復令与杖一頓　隨鄭元昌山東望族因嫁女与京
下仕人送女入京在禮席上男夫婦女親戚聚會座上有四五
十人元昌寂為尊老坐居第一衆共觀瞻先不識石榴席上令
飣數顆元昌取其一顆并皮食之覺其味極酢澁乃謂主人曰此
著醬餒欲似未熟請更為煑之一坐上莫不大嗤
河東下里風俗至七月七日皆令新婦拜賀阿家似拜歲之禮必須
呪願有一新婦呪阿家云七月七日新節莪兒初子落嗟願阿家
宜兒新婦宜薛（河東人呼豬為薛）　鄠縣有人將錢䋤向市々人覺其精
神愚鈍又見咳顚稍長乃語云何由偷我驢鞍橋將作下頷欲
送官府此人乃悉以錢䋤求充驢鞍橋之直空手還家其妻問之

斯00610號1　啓顏録（辯捷、論難）（16–09）

吮顛有一新婦吮阿家云七月七日新節莰兒豹子落喤顛阿
宜兒新婦宜薛 河東人呼 力薛　鄠縣有人將錢絹向市〻人覺其精
神愚鈍又見喫顛稍長乃語云何曰偷我驢鞍橋之將作下領錢
送官府此人乃患以錢絹求充驢鞍橋之直空手還家其妻問之
具以此報妻語云何物鞍橋之一直空手還家其妻問之具以此
報妻語云何物鞍橋堪作下領送送官府分疎自應得脫何
須浪与他錢絹乃報其妻云癡物儻逢不解事官府遣
併下領檢看我一箇下領豈只直若哥錢絹

絳州錄事姓盧家中有桑新熟乃詣刺史云有新桑
願欲奉公刺史甚喜錄事乃令其弟將桑來送与刺
史宅已通刺史未取桑間其弟乃自喫桑總盡須臾錄
事自來問使君取桑未其弟報云向來已自喫盡錄事
大怒云癡漢他喫你作何物人其弟報云只喫作盧錄事弟
又問公作勿生即喫盡如許桑其弟又報云一顆一顆喫即
盡錄事又嗔云此漢是何分體裏又報云喫桑來體裏
渴勲〻錄事更無以應乃勉謝刺史而歸

絳州湖城人常青奴為娃癡鈍蘭點入軍合養官馬配得
一疋騅馬果發忽令所是養馬衛士並通馬毛色青奴通云養
灰馬一頭果發嗔其不知毛其為勿喚馬作頭決廿語云明日莫遣
不得即處分諸衛士勿令教之此人即歸家嗟歎不食其婢
新産在蓐見其歎恨即問之郎君何所嗟歎青奴即云果
發遣通養馬毛色通云灰馬一頭果發遂打廿婢云此是騅馬
一疋何曰喚作灰灰馬一頭云合喫杖不須悔恨青奴大喜即云果發
猶遣明日更通婢云明日通時果發必應恠問云是誰教
必不得道是婢教可報云是阿兄教青奴到明日通狀云騅

新[illegible]其莫怙目居之頭[illegible]
發遣通養馬毛色通云灰馬一頭果發遂行此婢云此是馬
一疋何曰喚作灰馬一頭亦合喚杖不須悔恨青奴大喜即云果發
猶遣明日更通婢云明日通時果發必應怙問云是誰教
必不得道是婢教可報云是阿兄教青奴到明日通狀云雖
馬一疋果發問云是誰教你青奴云是阿兄教果發云阿兄
何在青奴云阿兄見在屋裏果發又問云阿兄在屋裏作
何物在青奴又報云阿兄在屋裏新生兒見向蓐裏臥在果
果發乃大怙喚尋問始知是阿婢　謝諧
北齊徐之才後封西陽王尚書王元景嘗戲之才曰人名之
才有何義理以僕所解當是乏才之才即應聲謝
景姓曰王之為已在言為誑近犬便狂加頸足而為馬施角
尾而成羊元景遂無以對　徐之才又嘗宴人客時有盧
元明在座戲弄之才姓云徐字乃未入人之才即謝元明姓盧字
曰安丘為虐在丘為虛生男成虜配馬成驢元明嘿然一坐
歡嘆　隨朝有一人姓馬一人姓王二人嘗聚宴談嘆姓馬者遂
謝王字曰王是你元來本姓二為你漫走來將丁釘你鼻姓王
者即謝馬字曰馬是你元來本姓主楊你尾子東北出背上有
王郎遂一時大嘆　隨末劉黑闥據有數州縱其威虐合意者
厚加賞賜違意即便屠割嘗以閑暇訪人解謝者時即進
一人黑闥即喚令入於庭前立須臾有一水惡鳥飛過黑闥
曰謝此水惡其人即謝云水惡頭如鐮柯尾如鑿河裏搦魚無
僻錯黑闥大悅又令謝駱駝項曲綠蹄波他負物多黑闥大
嘆賜絹五十疋其人拜謝訖於左膊上負絹走出未至屏牆
即遂倒臥不起黑闥令問何意倒地其人對云為是偏膊
黑闥更令索五十疋絹令著右膊上將去令明日更來其人將絹
[illegible]寸路上逢一相識人問云可[illegible]尋此絹須其人具說[illegible]

12

僻錯黑闥大悦又令謝駱駝項曲緑蹄波他貨物多黑闥
嘆賜絹五十疋其人拜謝訖於左膊上負絹走出未至屏墻
即遂倒卧不起黑闥令問何意倒地其人對云為是偏墻
黑闥更令案五十疋絹令着右膊上將去令明日更来其人將絹
絹遂村路上逢一相識人問云何處得此綿絹其人具說源由此
人即乞誦此謝語并問倒地由此人問訖歡喜而歸語其婦
日我明日之得綿絹明日平旦即於黑闥門外云極解謝黑
闥大喜即令引入當見一獼猴在庭前黑闥曰謝此人即謝
日獼猴頭如鑲柯尾如鑿河裏搦魚無僻錯黑闥已怪
未責又有老鴟飛過黑闥又令謝老鴟此人又謝云老鴟項曲
緑蹄波他貨物多黑闥大怒令割却一耳走出至屏墻又即
倒地黑闥令問又云偏墻黑闥又令更割一耳此人還家婦迎門
問綿絹何在此人云綿絹割却兩耳只有面
隋張榮亦善謝戲嘗與諸知友聚會乃各相謝有人謝云
謝柚你皮作馬鞭梢張榮即報云嘲剃你皮作被氈人問曰
何曰不韻張榮荅曰會是破你皮析多用韻何為
隋朝有三四共入店飲酒味甚酢又薄三四人乃各共嘲此酒一人云
酒何處湯行来騰騰失却酉諸人問此何義趣荅云有水在
又次一人嘲酒云酒頭似阿濫䭔頭諸人問云何曰酒得似阿濫
䭔頭其人荅曰非鵝頭又次至一人嘲云酒向他籬頭四脚距
地尾稿速諸人問云有何義其人荅云更無餘義諸人共嘆云
此嘲最是無豆其人即荅云我若有豆即歸舍作撘醬何曰
此間飲酢来衆乃大歡嘆　國初有人姓裴宿衛考滿兵
部試判為錯一字落第此人即向僕射溫彦博處披訴彦
博當時共杜如晦坐不理其訴此人即云必小已来自許明

13

[illegible]
此嘲家是無豆其人即荅云我若有豆即歸舍作醬
此間欲酢來衆乃大歡咲　國初有人姓裴宿衛考滿兵
部試判為錯一字落第此人即向僕射温彦博處披訴彦
博當時共杜如晦坐不理其訴此人即云少小已來自許明
辯至於通傳言語堪作通事舍人并解作文章兼能嘲
戲彦博始迴意共語時廳前有竹彦博即令嘲竹此人應
聲嘲曰竹風吹青肅肅凌冬葉不彫經春子不熟虛心未
能待國士皮上何須生節目彦博大喜即云既解通傳言
語可傳語與廳前屏墻此人即走至屏墻大聲語曰方今
聖上聰明闢四門以待士君是何物人在此妨賢路推倒彦
此人去非但着膊亦乃着肚當為杜如晦在故有此言彦
如晦乃大歡咲即令送吏部与官　國初賈元遜王威德
俱有辯捷舊不相識先各知名無因相見元遜驕頊甚多威
德鼻極長大嘗有一人置酒喚客兼喚此二人二人在座各
問知姓名然始相識座上諸客及主人即請此二人言戲威
德即先云千具穀轑皮唯裁一量鞢諸人問云餘皮既多
擬作何用威德荅曰擬作元遜頭元遜即應聲云千[illegible]
木空為一箇梳諸人又問云餘木擬作何用元遜荅云擬作威
德枇子四座莫不大咲　侯白嘗出京城外路逢一富貴公子出
遊自放鷂子負馱極多騎從鮮潔又將酒食野外遨遊白
路上見此公子即語同行伴云我等極飢須得此人飲食
諸人云他是達官兒郎本不相識何緣可得他飲食侯白
即云仰我得之即急行趂及公子問云郎君臂上鷂作何
鳥其人報云喚作鷂子侯白曰堪作何用其人云令提鳥鵲及
[illegible]

於路上見此公子即語同行伴云我等極飢須得此人飲食
諸人云他是達官兒郎本不相識何緣可得他飲食侯白
即云 御我得之即急行趁及公子問云郎君臂上鷹作何
鳥其人報云喚作鷂子侯白曰堪作何用其人云令捉鳥鵲及
鶉侯白乃即佯驚云遂不知此伎兩白往上林中有三四窠
兒欲大怱不紀括既有如此伎兩至莊即須養取此鳥公子大喜
以云莊去此[illegible]此人欲逐侯向莊侯白云只來大餘
未得即往此人即下所駄飲食并侯白同行伴數人皆得飽足
食訖此人鷂子即作聲侯白云白莊上鳥身作大小共公莊鳥相
雜聲不同此人問云公鳥作何聲侯白云莊上鳥聲作求救鳩此人乃
大嗔恨而迴
侯白常共數人同行過村村中一家正有礼廗
人客衆集侯白即至門云白等數人皆是音聲博士聞有
座廗故來相過此家大喜即引入對座与飲食飽主人將
箏及琵琶尺八与白令作音樂侯白云白等並不作此音
聲主人問云客解作何音聲白云並解吹勒邏迴主人既嗔且
唉發遣令去 隨開皇初高祖新受禪意欲上合天心下順
望每諸州奏有祥瑞皆大喜悅有人來獻瑞物皆即得
官後有一人甚富訪諸瑞物若知有處皆不惜錢侯白東
家有一胡患疳銑騷家人每日常灸尾翠侯白即覓富人
云我知有一瑞物你与我幾錢富人大喜即与侯白廿貫錢白
即共作契不得翻悔受錢說即引富人至胡家見胡
騷臥家人正灸富人云瑞物何在侯白指胡云此是九尾胡
富人大嗔云何得是瑞侯白云若不信瑞任汝就胡
令見尾[illegible]

14

即共作券契不得翻悔受錢訖即引胡人至胡家見了
睡卧家人亦炙胡人云端物何在僕白梢胡云此是九尾[illegible]
胡人大嗔云何得是端僕白云若不信瑞任汝就胡[illegible]
今見未覺見胡人即欲索錢僕白出券共爭遂錢索不得
留有一僧忽憶餛飩喫即於寺外作得數十箇餛飩買得一瓶
蜜於房中私食食訖殘餛飩留鉢盂中蜜瓶送床脚下語弟
子云好看我餛飩勿使欠少床底瓶中是極毒藥喫即煞
人此僧即出弟子待僧去後即取瓶寫蜜搵餛飩食之唯殘
兩箇僧來即索所留餛飩蜜見餛飩唯有兩顆蜜又喫盡即
大嗔云何意喫我餛飩蜜弟子云和尚去後聞此餛飩香實忍饑
不得遂即取喫畏和尚來嗔即服瓶中毒藥望得即死
不謂至今平安僧大嗔曰作勿生即喫盡我汝許餛飩弟子
即以手於鉢盂中取兩箇殘餛飩向口連食報云只作如此喫即
盡此僧下床大叫弟子回即走去　有一僧年老孫疾恒共諸
僧於仏堂中轉經即患氣短口干每須一盃熱酒若從堂向房
溫酒恐堂中妨遲即於堂前懸一銅鈴私共弟子作号語云汝
好意聽吾鈴聲即依鈴語弟子不解鈴語乃問之僧曰鈴
云蕩蕩朗朗鐺鐺汝即可依鈴語蕩朗鐺子溫酒待
我弟子聞鈴每即溫酒數日已後弟子貪為戲劇遂忘
溫酒僧動鈴已後求覓酒冷曰[illegible]御意今日不聽鈴
聲為与犢聲有別僧曰鈴聲[illegible]有別荅云今日鈴聲云
但冷冷朾朾所以有別遂不溫酒僧[illegible]而赦之

開元十一年捌月五日寫了
劉丘子於二舅

雜集時用要字壹阡叁伯言

二儀部第一

乾西北方 坤西南方 巽東南方 艮東北方 离西北方 兑西方 震東方 坎

斯00610號1　啓顔録(辯捷、論難)　(16–15)

温酒僧動鈴已後衆見酒冷曰[illegible]衙[illegible]

聲為与舊聲有別僧曰鈴聲　甘別答云今日鈴聲之

但冷冷村村所以有別遂不温酒僧曰　而赦之 開元十一年捌月五日寫了 劉丘子投二舅

雜集時用要字壹阡叁伯言　二儀部第一

乾西北方　坤西南方　巽東南方　艮東北方　离南方　兑西方　震東方　坎北方

雷雹　覩電　霹靂　昏暗　虹霞　暐曜　霧露　霽

晴　霜霰　氷凍　冷暖　暄暑　温凉　澡浴　潔淨　掃灑

廳館　拂拭　埃塵　西園　命友　東閣　延賓　衣服部第二

服飾　袦袱　襤褸　裙帔　裼襖　衵複　襟袖　襟襴　袍被

領紐　罥攀　袜乳　幞裙　幞紗　羅縠　錦綺　綿絮

頭領　襯汗　衫袴　袍肚　半臂　襆襥　背圖　揉膊　袒幘

帶草　針線　補綴　縫綻　縫紉　妨錯　音樂部第三

琵琶　箏笛　箜篌　箄篥　笙簧　笳簫　鍾鈴　鼙鐸

横笛池　擊筑　彈　𢃄絃　剔撥　村柏　琴瑟　皷角

吹竜　讃詠　諷誦　歌舞　叫唤　詠謳　訶嗷

歲日 三陽始布 四序初開 福慶初新 壽祿並長 人王[illegible]
始四序來祥 福[illegible]新[illegible]
立春日 銅渾初暦 [illegible] 三[illegible]
百殃 寶雞能辟惡 瑞燕解呈祥 立春[illegible]
戶上畫[illegible]子孫昌 又三陽始布 四孟初開 [illegible]
故注迎吉新年 年多慶 門[illegible]無[illegible]
降恩鷹復宜[illegible] 門神護衛 [illegible]藏[illegible]
書門左右 [illegible]

斯00610號背 桃符題辭(擬) (01-01)

若能未至
若有聽是　甚深經典　故獲出注　法會之
心生不可　思議正信　供養恭敬　无上法塔
如是大悲　利益衆生　即是无量　深法寶器
能入甚深　无上法性　由以淨心　聽是經典
如是之人　悉以供養　過去无量　百千諸佛
以是善根　无量因緣　應當聽受　是金光明
如是衆生　常為无量　諸天神王　之所愛護
大辯功德　護世四天　无量鬼神　及諸力士
晝夜精懃　擁護四方
釋提桓因　及日月天　閻摩羅王　風水諸神
違馱天神　及毗紐天　大辯天神　及自在天
大神等神　大力勇猛　常護世間　晝夜不離
大力鬼王　那羅延等　摩醯首羅　二十八部
諸鬼神等　散脂為首　百千鬼神　神足大力
擁護是等　令不怖畏
金剛密迹　大鬼神王　及其眷屬　五百徒黨
一切比是　大菩提薩　悉來擁護　聽是法者
摩尼拔陀　大鬼神王　富那拔陀　及金毗羅
阿羅婆帝　賓頭盧伽　黃頭大神　一一諸神
各有五百　眷屬鬼神　悉常擁護　聽是經者
質多斯那　阿脩羅王　及乾闥婆　那羅那闍
祁那沙婆　摩尼乾陀　及尼乾陀　主而大神

斯00611號　金光明經卷三　（03-01）

質多斯那　阿脩羅王　及乾闥婆　那羅那闍
祁那沙婆　摩尼乾陀　及尼乾陀　主而大神
大飲食神　摩訶伽吒　金色髮神　半神鬼神
及半支羅　車鉢羅婆　有大威德　波那利神
曇摩拔羅　摩竭婆羅　針髮鬼神　繡利密多
勒那翅奢　摩訶波那　及軍陀遮　劍摩舍帝
復有大神　奢羅密帝　醯摩拔陀　薩多琦梨
如是等神　皆有无量　神足大力　常懃擁護
聽受如是　微妙典者
阿耨達王　娑伽羅王　目真憐王　伊羅鉢王
難陀龍王　婆難陀王　有如是等　百千龍王
以大神力　常來擁護　聽是經者　晝夜不離
波利羅睺　阿脩羅王　毗摩質多　及以茂脂
睒摩利子　波阿利子　佉羅騫陀　及以揵陀
是等皆是　阿脩羅王　有大神力　常來擁護
聽是經者　晝夜不離　阿利帝南　鬼子母等
及五百神　常來擁護　聽是經者　若睡若悟
旃陀旃陀利　大鬼神女等　鳩羅鳩羅檀提　噉人精氣
如是等鬼　皆有大力　常懃擁護　十方世界
受持經者　大辯天等　无量天女　功德天等
若与眷屬　地神堅牢　種殖園林　菓實大神
如是諸神　心生歡喜　悉來擁護　愛樂親近
是經典者　於諸衆生　增命色力　功德威狼

斯00611號　金光明經卷三　（03-02）

如是諸神　心生歡喜　悉來擁護　愛樂親近
是經典者　於諸衆生　增命色力　功德威狠
莊嚴倍常　五星諸宿　變異災怪　皆悉能滅
无有遺餘　夜臥惡夢　悟則憂悴　如是惡事
皆悉滅盡　地神大力　勢乃甚深　是經力故
能反其味　如是大地　至金剛際　厚十六万
八千由旬　其中氣味　无不遍有　悉令踊出
潤益衆生　是經力故　能令地味　悉出地上

旬　久入

斯00611號　金光明經卷三　(03-03)

大宋國王文坦請司天臺
官本勘定大本曆日
太平興国三年應天具注曆日戊寅歲 納音 凡三百五十五日
新加令年太歲巳下神煞方位各注吉凶

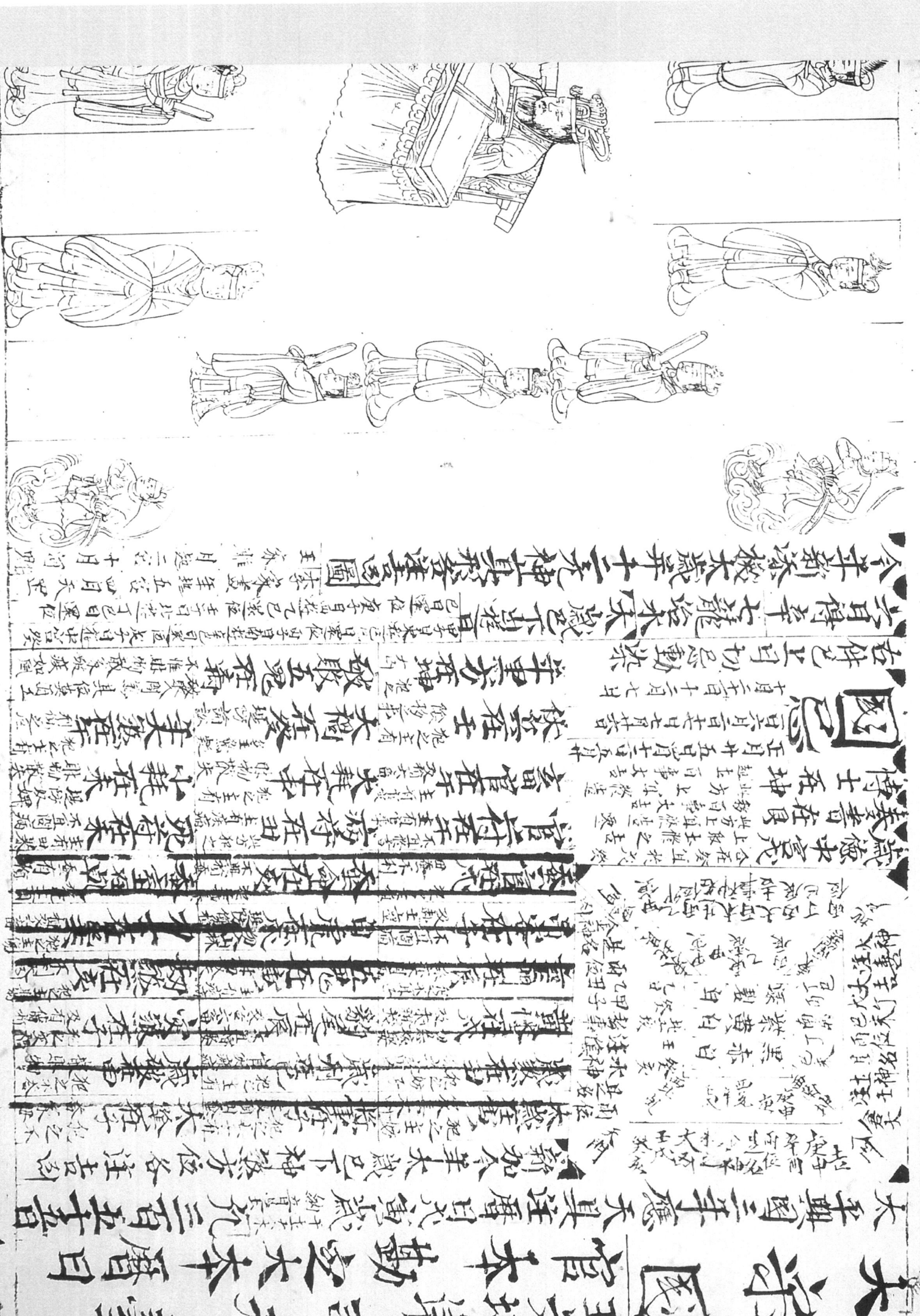

太歲在寅 大將軍在子
歲刑在巳 歲破在申
黃幡在戌 豹尾在辰
喪門在辰 劫煞在亥
白虎在戌 力士在巽
蠶官在戌 蠶命在亥 蠶室在乾
官符在午 病符在丑 死符在未
畜官在午 大耗在申 小耗在未
伏兵在壬 大禍在癸
年里方在坤 破敗五鬼在寅

歲德在丙 奏書在艮 博士在坤
日忌
古件巴上日切忌動染
六月得辛 七龍治水 太歲巳下出行日
今年新添太歲并十二元神真形吉凶圖

斯00612號　大宋太平興國三年(978)應天具注曆日(兑廢稿)　(07–02)

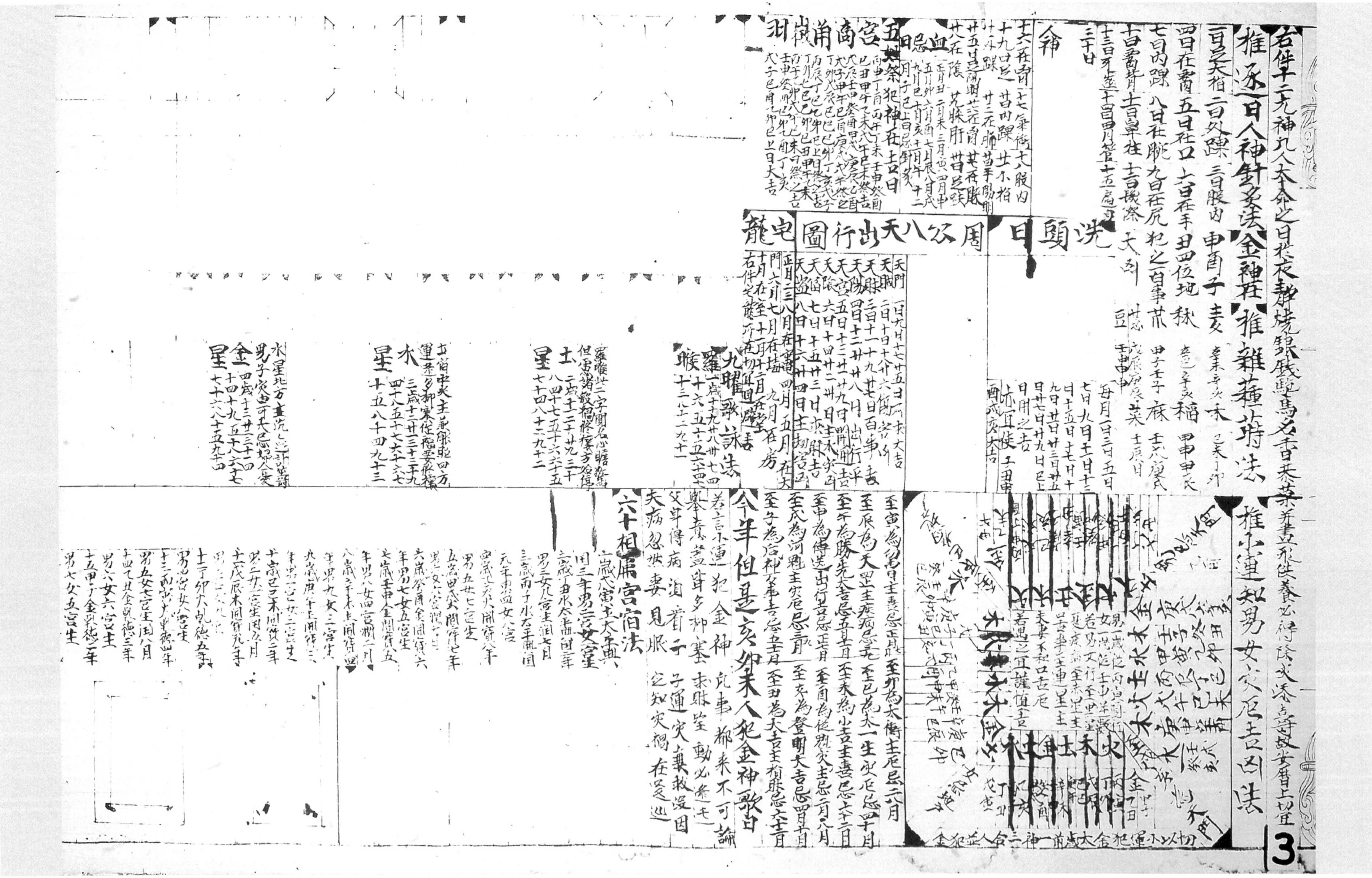

推逐日人神針灸法

推雜種蒔法

洗頭日

周公八天出行圖

五姓祭犯神在吉日

血忌

九曜歌詠法

羅睺

土星

木星

金星

推小運知男女灾厄吉凶法

至寅為功曹主喜忌正月　至卯為太衝主厄忌二月
至辰為天罡主疾病忌三月　至巳為太一生灾厄忌四月
至午為勝先大吉忌五月　至未為小吉主喜忌六月
至申為傳送出行吉忌七月　至酉為從魁灾主忌八月
至戌為河魁主灾厄忌九月　至亥為登明大吉忌十月
至子為神后主喜忌十一月　至丑為大吉主損財忌十二月

今年但是亥卯未人犯金神歌曰

若言小運犯金神　凡事都來不可論
舉意蓋屋多抑塞　求財望動必遭屯
父母得病消魂子　運灾妻救沒因
夫病忽然妻見眠　定知灾禍在返迴

六十相屬宮宿法

斯00612號　大宋太平興國三年(978)應天具注曆日(兑廢稿)　(07-03)

斯00612號　大宋太平興國三年(978)應天具注曆日(兌廢稿)　(07-04)

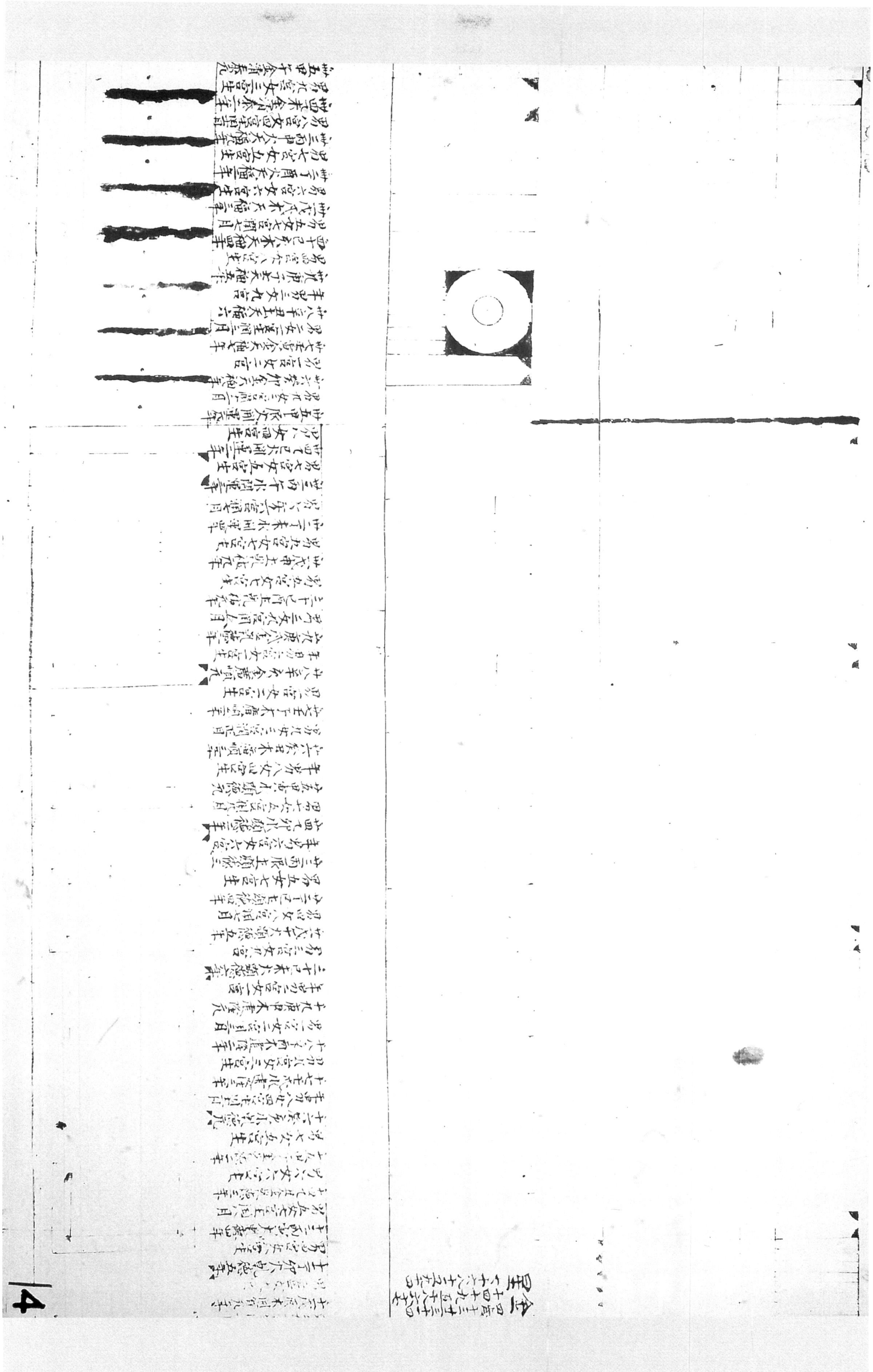

男五女七宮閏七月
卌一戊戌木天福三年
男六宮女六宮生
卌二丁酉火天福二年
男七宮女五宮生
卌三丙申火天福元年
男八宮女四宮生閏十一月
卌四乙未金清泰二年
男九宮女三宮生
卌五甲午金清泰元年
年男一女二宮生閏正月
卌六癸巳水長興四年
男二宮女一宮
卌七壬辰水長興三年
男三宮女九宮
卌八辛卯木長興二年
男四女八宮生閏五月
卌九庚寅木長興元
年男五女七宮生
五十己丑火天成四年
男六宮女六宮生
五十一戊子火天成三年
男七宮女五宮生閏八月
五十二丁亥土天成二年
男八宮女四宮生
五十三丙戌土天成元
年男九宮女三宮生
五十四乙酉水同光三年
男一女二宮生閏十二月
五十五甲申水同光二年
男二宮女一宮生
五十六癸未木同光元
年男三女九宮生閏四月
五十七壬午木天祐十
九年男四女八宮
五十八辛巳金天祐十
八年男五宮女七宮生
五十九庚辰金天祐十
七年男六女六宮生閏六月
六十己卯土天祐十六
年男七宮女五宮生

5

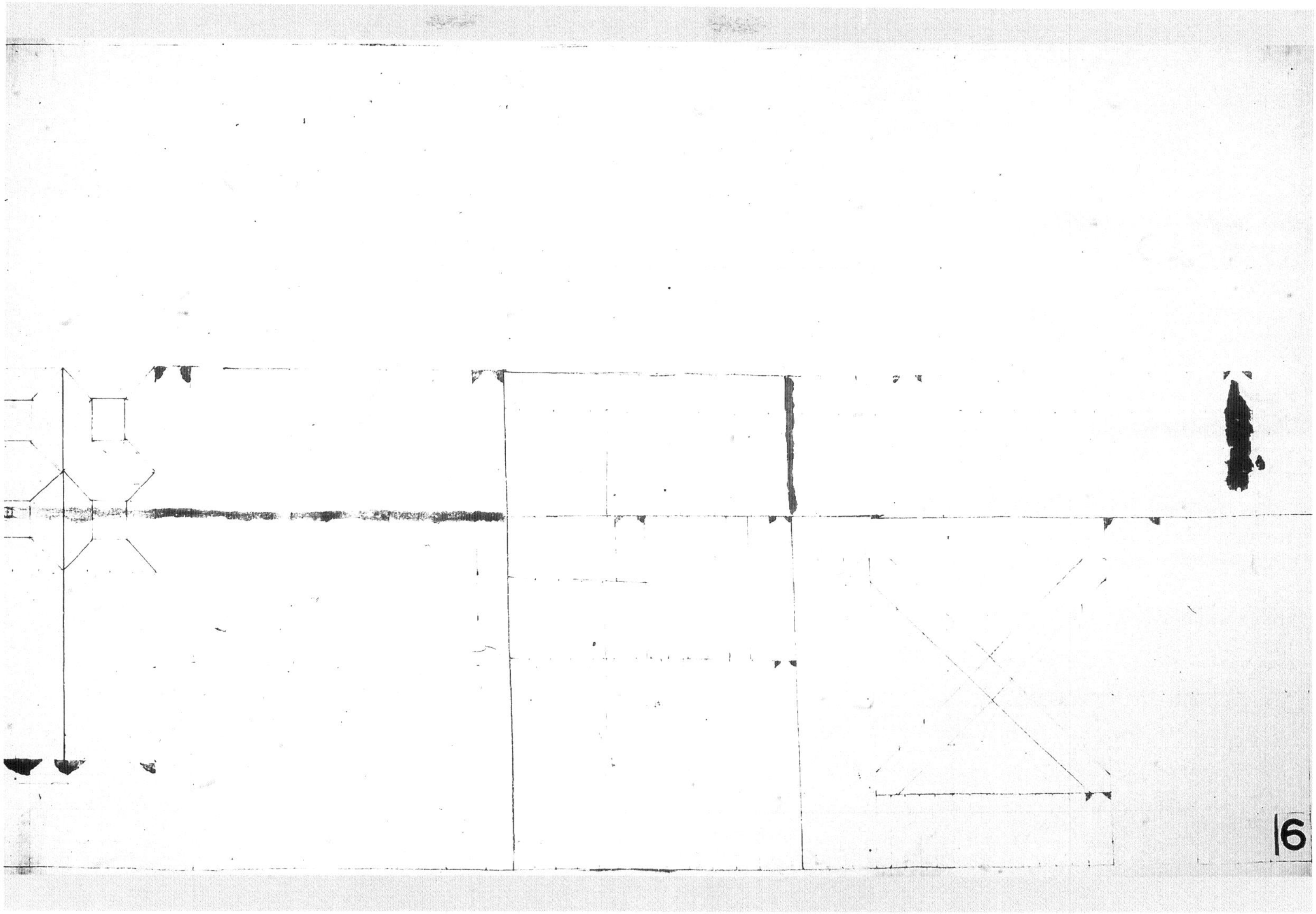

斯00612號　大宋太平興國三年(978)應天具注曆日(兑廢稿)（07–06）

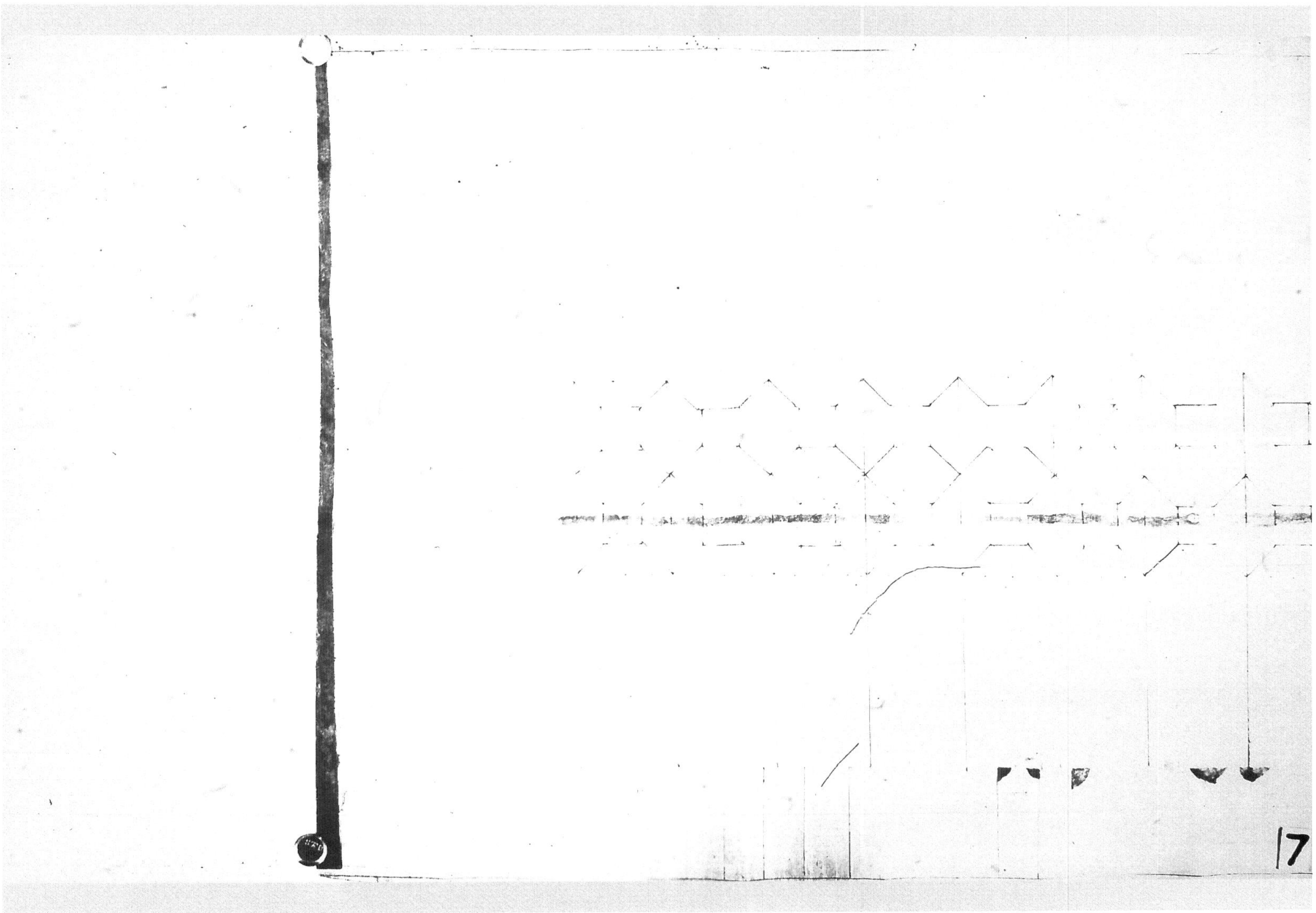

斯00612號　大宋太平興國三年(978)應天具注曆日(兑廢稿)（07–07）

雜五音建除法

	平	定	執	破	危	成	收	開	閉	建	除	滿		
宮姓	六	七	八	九	十	十一	十二	正	二	三	四	五	午年生人二滿	子日生三滿
商姓	三	四	五	六	七	八	九	十	十一	十二	正	二	卯年生人二滿	卯日生三滿
角姓	九	十	十一	十二	正	二	三	四	五	六	七	八	酉年生人一滿	酉日生三滿
徵姓	十二	正	二	三	四	五	六	七	八	九	十	十一	子年生人二滿	子日生三滿
羽姓	六	七	八	九	十	十一	十二	正	二	三	四	五	午年生人一滿	子日生三滿

命值於閉　室主塞難
偏為惡所營不泰
積德財食豐濃
命值於建　建士家
門在衆為人師長
君家合處於尊
命值於除　除惡歸
善善也改往脩來
得君子方能劉
漢多
命值於滿　福祿守
新在於倉君庫豐
溢任公留樂所公
命值於平　平姓本廉
直不假人意態自
守志財食豐乏
命值於定　性便幽
諍貧富守而不
會內外和　而無爭

命值於開　祿食豐
濃在公官榮遷之
達於朝日事皆通
命值於收　龍神歸
湊六畜蕃盛祿食
終日宜後
命值於成　所為皆
就去處百途和
合君祿食長久
命值於危　常不履
艱難進退小人
憂險戒慎君子
方得安
命值於破　為事難
成財祿法宜從武
終身方得功名
命值於執　為事拯
直隨善以路開通
逐惡所為閉塞

命值於土性便出
諍貪富守而不
貪內外和而無爭

命值於秋執爲事務
直隨善必路開通
逐惡所爲閉塞

推雜忌日法　子日不卜問狂語非良　丑日不買牛亡孫不昌　寅日不祭
祀鬼來交殃　卯日不穿井百泉不通　辰日不哭泣有傷重喪
巳日不納婦不宜姑嫜　午日不蓋屋失火多殃　未日不服藥毒氣交傷
申日不裁衣衣生禍殃　酉日不會客客必鬪傷　戌日不養狗狗必
上床　亥日不迎日必憂死亡

推修造月法
宮家　四月五月七月　八月十一月小吉
商家　三月七月十二月大吉　四月十一月中吉
角家　四月五月十月大吉　三月十二月中吉
徵家　正月五月六月大吉　四月七月中吉
羽家　四月七月八月大吉　五月十一月中吉

推修造日法
宮家　用金火日　水木日凶
商家　用水土日　火木日凶
角家　用木火日　金土日凶
徵家　用木土日　金水日凶
羽家　用金木日　火土日凶

推十二禽獸法

	鳳凰	白鶴	麒麟	鷰其	鷄鷄	蒼鷹子	獐祿	鴿鷂	孔雀	鳩鴿	朱雀	鷹鷂
子	正	二	三	四	五	六	七	八	九	十	十一	十二
丑	二	三	四	五	六	七	八	九	十	十一	十二	正
寅	三	四	五	六	七	八	九	十	十一	十二	正	二
卯	四	五	六	七	八	九	十	十一	十二	正	二	三
辰	五	六	七	八	九	十	十一	十二	正	二	三	四
巳	六	七	八	九	十	十一	十二	正	二	三	四	五
午	七	八	九	十	十一	十二	正	二	三	四	五	六
未	八	九	十	十一	十二	正	二	三	四	五	六	七
申	九	十	十一	十二	正	二	三	四	五	六	七	八
酉	十	十一	十二	正	二	三	四	五	六	七	八	九
戌	十一	十二	正	二	三	四	五	六	七	八	九	十
亥	十二	正	二	三	四	五	六	七	八	九	十	十一

鳳凰下生男即孝女
合慈心多居祿位好
理不必夭[illegible]

獐祿下生心意難得
勇健愛文章合
[illegible]

朱雀 十一 十二 正 二 三 四 五 六 七 八 九 十
鷹鷂 十二 正 二 三 四 五 六 七 八 九 十 十一

鳳凰下生男即孝女
合慈心多居祿位好
婢不少大富貴吉
白鶴下生從性貞
絜高心自用意君
子居官食祿小人財食不少
麒麟下生心性聚健有
剛烈之性不信鬼神
貧財千万再嫁
鴻鳥下生合有貧性
只直有官位子孫不少
財貧自足為人
敦厚
鴝鵒下生四海之心財
食不少急性無恩常
慎斟酌女人得貴夫
鵲鳥子下生自用意
利口多端多語變好
出入夫妻好甚
新重

獐祿下生心意難得
勇健愛文章合
有官祿夫妻相貴敬
鴆鳥下生惡列好
煞空得人所畏財食自
如此事不藏情有事直道
孔雀下生寬後有財
多散為人恩善得人
貴敬十八卅向好大吉
鵂鶹下生急列不伏
人欺亦不假人事車
馬自足不行虛
詐
朱雀下生立性敦
厚高心猶記自解
不伏人欺得人欽敬
鷹鷂下生為人
剛列自用財食
日進精神點利
志在凌雲

推胞胎月法
正七月 生男 不娶 四十月 生女
二八月 生男 不娶 五十一月 生女
三九月 生男 不娶 六十二月 生女
四十月 生男 不娶 正七月 生女
五十一月 生男 不娶 二八月 生女
十干法
甲乙丙丁戊己庚辛壬癸 已上干一陽一陰
子丑寅卯辰巳午未申酉戌亥 已上支一陽一陰 又十二支
辯父母兄弟妻財子孫法 又五行相尅法 同

3.V.

甲乙丙丁戊己庚辛壬癸 已上干一陽一陰

子丑寅卯辰巳午未申酉戌亥 已上支一陽一陰 又十二支 又五行相剋法

五 辯父母兄弟妻財子孫法

生我者為父母 我生者為子孫 剋我者為官鬼

我剋是妻財 同類者為兄弟

六 三合法 寅午戌合 火之位 亥卯未 木之位 巳酉丑合 金之位 申子辰 水之位

六害法 酉戌相害 申亥相害 子未相害 丑午相害 卯辰相害 寅巳相害

五子元遁建法

甲己之年丙作首 乙庚之歲戊為頭 丙辛之年庚頭首

丁壬壬須順行流 戊癸就從中位起 正月須向甲寅求

推祿法

十干為祿十二支為命納音是金木水火土其十干五陰五

陽 陽者甲丙戊庚壬 其陰乙丁己辛癸是也

其十二支六陰六陽 其六陽者子寅辰午申戌

亥 其六陰者丑卯巳未酉亥是也 其陽干常隨陽

其陰干常隨陰有亥 其祿者陽祿順行

陰祿逆所 其甲祿寄在寅 乙祿寄在卯 庚祿寄申

丙戊祿寄在巳 丁己祿寄在午

辛祿寄在酉 壬祿寄在亥 癸祿寄在子

遷一壬兩皆 丙空亡 一破五句 推驛馬法

寅午戌驛馬在申 巳酉丑驛馬在亥 申子辰

驛馬在寅 亥卯未驛馬在巳 與陽祿相隨

順所 五行相生法

金生水 水生木 木生火 火生土 土生金

五行相剋法

金剋木 木剋土 土剋水 水剋火 火剋金

五行十干辯方位

東方甲乙寅卯木 南方丙丁巳午火 西方庚辛申酉

斯00612號背 雜占祿命法(擬)(06-04)

五行相尅法

金尅木　木尅土　土尅水　水尅火　火尅金

五行十干雜方位

東方甲乙寅卯木　南方丙丁巳午火　西方庚辛酉

西方庚申辛酉金　北方壬癸亥子水　辰戌丑未并

戊己　四角中方皆是土　五子元例正見建法

甲己之年丙作首　乙庚之歲戊為頭　丙辛之年從庚起

丁壬還作順行流　戊癸即從建位起　正月

直須向甲寅求　十干

甲乙　丙丁戊己　庚辛　壬癸

十二支相衝法　寅申巳亥為四孟　辰戌丑未為四季

子午卯酉衝破

十二支相合法

申子辰合水土位　巳酉丑合金位　亥卯未合木之位　寅午

戌合火之位　六合法

子為丑合　寅為亥合　卯為戌合　辰為酉合　巳為申

合　午未合　又三刑法

子刑卯　卯刑子　丑刑戌　戌刑未　未刑寅　寅刑巳

辰午酉亥各自刑　十二支相衝法

天道依

正丁二坤母　三壬四辛五乾六甲七癸八艮

九丙十歸乙　十一巽宮排　十二從庚　雖此是真

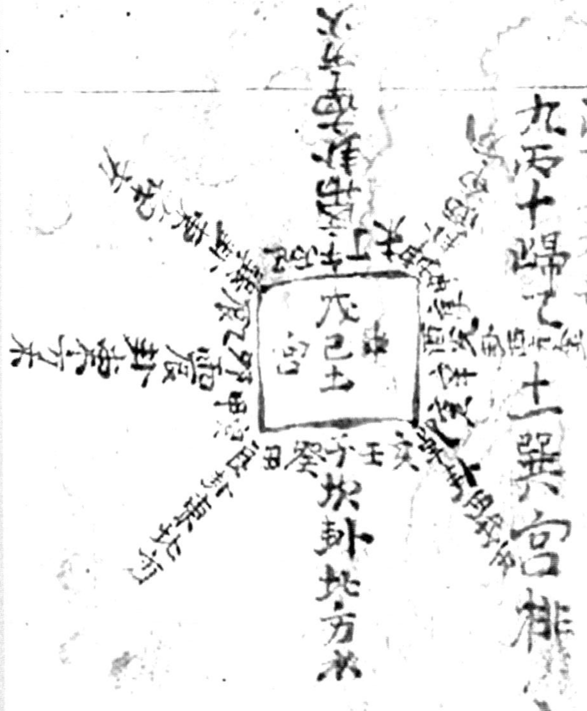

歲德例 陰即取陽辰合為德 歲在丁乙七己辛癸陽年自處
甲丙戊庚壬 已上歲德是吉辰

天德例
丁一坤二壬三辛四乾五甲六癸七艮八丙九乙十巽十一庚十二 已上天德用時益月甲庚丙壬 仲月乾巽
月德例 丙甲壬庚 丙甲壬庚 丙甲壬庚 坤艮癸甲乙辛丁癸 已上月德是大吉辰
月空例 壬庚丙甲 壬庚丙甲 壬庚丙甲 已上月空是吉神向此方取土吉
天恩吉日 甲子乙丑丙寅丁卯戊辰 己卯庚辰辛巳壬午癸未 月空□□生大吉
己酉 庚戌 辛亥 壬子癸丑 已上吉日用百事吉
母倉吉日 春亥子夏寅卯秋辰戌丑未冬申酉 並土王前
季月巳午 並土王後用之 凡辰戌丑未月並用巳午為母
倉日 已上吉日百事大通
天赦吉日 春戊寅 夏甲午 秋戊申 冬甲子 已上吉日起用興功宜 當日了
飛廉惡煞
正戌四未七辰十丑 歲會動傷人 己丑寅八亥酉
三午六卯九子 傍土並行申上從 飛廉土在酉方
其神性惡憎人躡 若犯移名八鬼鄉 飛廉 當犬煞同行宜 避之

16.v.

斯00612號背　雜占祿命法(擬)（06-06）

略通塞隱顯同異放別星

門入之要論耳　今此章言大意者，以其欲明玄通之致，非此四門不入，如能善達四
門者，窮真妙實可以玄提於己心，然由於彼名，名為門，蓋是以詮入教，亦教辨宗，
名名為由，非謂餘也。但明由此四門是識教，教由善識教，故是辨宗，宗由故言由
耳。論教及宗辨旨云何？即下六種入門是其事也。六種正見章玄言淺義深，微密
難解，今略記問答耳。　問曰：據理辨六，備如章中，教教論宗，其相云何？　答曰：
圓音无二，以為本；名无不入，以為末。頓實義均，以為同；詮相差殊，以
為異。非本末則不立，非末則不滿；非同則異无所歸，非異則同不具。頓
悅局相須，共成詮津，故曰成相。各相乖違，以為壞。論一而言一切，一切一為
本；一切一為末，一切一為本一，一為末。本末相融，以為同；各當差殊，以為異；相
資相順，以為成；相違相乖，以為壞也。　問曰：何以不以條別為異，差殊
為末，无之之原為同，義均為本也？　答曰：法喻頓取，況如樹以根原无二為本，
枝條衆別為末，共成一樹為同，麁細長短差殊為異，理之然矣。是以本末枝
幹同異彰，相成壞標用也。　問曰：此之六種法界緣起，非本不末，以本故末，乃至
非成不壞，以成故壞，非壞不以壞故成，是以成不正見壞之是正，若爾亦應得言
非正不即，非即不正，之之是理，即之是理，名為六種即見也。　答曰：如是之得
名為即見，但以於詮相而言，即是世所節名正，是世所美稱，亦從正見以入實，
故樹以正見，名非謂幹不具也。　問曰：若合壞之是世所節，名之應彰成，不
應彰壞也。　答曰：名有二種，一是幹名，二是樹名。今弁本末同異成壞是法
幹，幹之名云言此正皆是正見，此是樹名。若弁八即八正法相，則即正皆是
法幹，幹之名云言此之即正皆是成相，此則成是樹名，是故樹名有於所前
弁六種入門，言正不言節；即弁八即八正法門，言成不言壞也。
佛三種身　　廣如章中所弁，此處略耳。　　三身各有三業，法身三者：意
之幹以為身，妙相頓彰以為口，澄明內朗以為意。報身三者：至德之聚以為身，
義无不彰以為口，明照之息以為意。應身三者：形无不在以為身，无不彰以
為口，彰无不實以為意也。上是依詮分准，非是相也。　問曰：見應身者為見幹，
為見相也？　答曰：應有二種，一者衆生為感，如來為能，之為赴感，之切感為益，情
之會是二相應，便名相起，名曰應身。猶如水月，便名影現，如此影者非月非

々體以為身妙相顯彰以為口澄明内朗以為意報身三者至法々體以為身
義无不彰以為口明照々惠以為意應身三者形无不在以為身在无不彰以
為口彰无不實以為意也亦是依詮方准非是相也　問曰見應身者為見體
為見相也　答曰應有二種一者衆生應感如來應能々應起感々切感應數悟
々會是二相應便應相起名曰應身猶如水月便應影現如此影者非月非
水如此々應者得言見應身二者以不捨世間以為應身此是真實非情所
矚但以體同世間情不在外悟則由々緣不攝實是以但見其相不見其體
猶如就鏡觀像但見其像不見鏡々淨用也　問曰若以緣應見應相亦得緣
法緣報見彼二相以不也　答曰尋名可尒義則不然何以故但以以全趣圓方
以為法身方備能法名為報々身々无為而无不為處世无除名為應々身々
對機可論其緣以觀其相語其餘二自法内實迦施化儀何得有相也
問曰若尒何故說盧舍那以為報相釋迦以為應相也　答曰若以緣心相應
見蓮華藏盧舍那娑婆釋迦此皆是應相但應中緣相是處說應相淨相
是細說以示報　緣淨相麤以示於方也

四自憂檀那　問曰此四依何等辨　答曰隨依何等理教門法　問曰緣用不
實故須實以實々真如正是无為无於何須實也　答曰真如雖无於无
為是平等於今言真如體實者平等无平等於　問曰正以平等故生
死涅槃凡聖斯顯今无平等者則應不均矣　答曰此言平等者
非謂於所除遣蓋是恒平恒實有但平等是實於空實是理於依理所
言備用而常實便實而言起用而義均故經云觀諸法界皆悉平等是
故我說无平等也　問曰无常以苦是世諦无我是第一義諦苦是於別世諦
可得无常无於何等異於離為二諦也　答曰无名雖同義在不類以无常
故生滅不恒第一也　問曰若以无常无非常故便是生滅以為世諦者无我
亦无我故便不自在何故不名為世諦也　答曰不自在者是衆緣々體非无我
體義在不類也　問曰我見々人除我見故便得空非常見々人除非常見
亦得空非竟於何異也　答曰若我見為常見此是常得生滅々非不得
空非也

八識義　問曰七識六識迷各何境　答曰七識迷通境六識迷別境此義
如陽炎名為通境即彼塵境之上解執為水馬名別境語其七識也[illegible]照

非義不離也　問曰我見之人除我見故便得空　非常見之人除於常見
亦得空。作意有何異也　答曰為我見為常見此是常得生滅之作不得
空作也

八識義　　問曰七識六識迷各何境　答曰七識迷通境六識迷別境此義
如陽炎名為通境即彼塵境之上解執為水馬名別境語其七識也照
通故通六識照別故名別是故通境是別境之體通識識是別識之體非
條異也　問曰若是迷境便是相應何故經言心不相應　答曰无明有二種
一者不實知第一義帝名為无明二者闇之於之所之緣之名之為之无之明之者
恒沙惑也前者无始无明住地也此言緣者體性是攀緣迷理而起非作意緣
也是故得名不相應也

五法三自性　問曰五三之義云何　答曰義別非一若據理事三是理五為事若
語詮言三為言五為法若語體狀三為性五為相離而言之三中妄想是內迷
五中妄想是外迷緣起形事之本名相是緣起之末成為如來之藏正智如
之是法身之用虛妄有起盡之殊理實有隱顯之別　問曰此惑盡時為是
有惑金剛无惑金剛　答曰通教中无惑金剛通宗對治有惑金剛良以為之
有為妄想體是闇惑非緣不了名為惑也同相三道通宗亦自有三種金剛
對治有二自略為四　問曰云何名同相　答曰三无別故故曰同相此義云何若
非无導是世間行非同相教无導非窮滅循集即是誑釗非真實道同相之
校義顯然矣

三鄣義　大判有四一就事性二據位別三當體是鄣性惑者之體性如貪
瞋等體性是惑事惑者彼此不同不通斷如得初禪餘禪鄣在知於赤鹽
黑鹽鄣在得於眼通耳通鄣在非性鄣故不曉闇愚循患性鄣理故解通
斷也非為從就據四體性前二鄣於知故名為鄣智第三分別智鄣先分故
名鄣第四分別智體非智故鄣第二同時第三同體第四唯體

同時四相義　問曰若以生滅无自即生即滅之非滅之生非生之以同時者
唯應二相不應有四何以故住有故生之能應生之生不可滅異有動
滅之勢亦應滅之滅不可起同時之相義在何處　答曰正以住故生有
起相既有起相可就之弁滅若住者則无生相之應就論滅語其異
也義如之无別无滅之就誰弁生　地前以无分別斷智分別智論其六地上

3

名章第四名无解非有故章第二同解第三同解第四唯解
同時四相義　問曰若以生滅无自即生即滅〻非滅〻生非生〻以同時者
雖應二相不應有四何以故住有故生之能應生〻生不可滅〻異有助
滅之勢亦應滅〻滅不可起同時之相義在何齊　荅曰正以住故生有
起相既有起相可就之弁滅若住者則无生相〻應就論滅〻語其異
也義如之无則无〔无〕滅〻就誰弁生　地前以无分別斷智分別智論其六地上
息相之智非謂緣无分別理語實而言三鄣俱遣今言初地已上鄣生智
任運滅地前增相未得加者約位之語可生无分別智若如此者猶是增相
智要是成滿熟相者瞳於自解名之為鄣盡則顯真名之為始但
從性別為語名為分別治從通用為語名无分別以用除解与解俱盡是以雖
无先後之義猶得言鄣盡治隨雖无彼此別校猶得言以无分別除分別
然此分別非是地前增相分別智也小乘中无解藉他故曰假名但名但用
名為假名大乘中脩相差別非自解相故曰假名
二諦義　問曰今云二諦為攝何宗　荅曰第四宗　問曰第四二諦既是
真空得云世義二皆實不　荅曰正以第四故不得如此所然者欲明從相推
實真俗二諦二為義用諦為解實以義從實故云二諦　俗得諦實而言
二也是以二恒非實〻恒非二　問曰前之三宗義復云何　荅曰前二宗以有
為解以无為義謂以色心法為解此色心但名但用故名世諦以假名材其解
空寂故云第一義諦以无為所以故亦義也第三宗以有无為解〻以為義以
其妄想既壞法數恒相恒寂有无義均緣起之相解義莫差
故也第四真如莫二為解以遠順為義此无生義如地抄中具釋此
中略耳
十種无生　一无生二无成三无相四无出五无失六无盡七不行八非有
性九初中後平等十真如无分別入一切智〻初七實從緣曰名之為事
第八緣對既息自解義鄣名曰自性第九明解无不苞境通三世斯
皆平等故曰數差別无生第十従業之相淨分中者除妄創
顯於真如種性也本有實者此真本隱今顯非始有也言无生者
顯用之起名之為生顯无所顯故曰无生也新生實者增脩成如道種等
脩无脩相故曰无成相實者十地圓道出世間相既无脩成何相之有後
染[illegible]

顯於真如種性也本有實者此真本隱今顯非始有也言无生者
顯用之起名之為生顯无所顯故曰无生也新生實者增脩成如道種等
脩无脩相故曰无成相實者十地圓道出世間相既无脩成何相之有後
際實者究竟離鄣名之為出出无出相故名无出先際實者明後
際无得故先際无失先際无失故後際无得盡實諸衆者既達得失
窮於自性清淨心為集起之相名為衆生盡无所盡故曰无盡雜染
實者染淨斯融也自性雖非有相體實不无也數差別无生者彰真
實緣起義也依業无生者彰用无不備也此十攝其次第之相即是
漸教俱顯无異无顯而不顯无成而不成即是頓相成就果相言融
无外德行滿足名之為圓也
三種同相觀　空无相无作自性義如實了知妄想緣起成自性離
自性如實了知相因緣第一義自性離自性及世帝如實了知
三空者明諸法體但空性拔彰施設功顯體相与用義在歷然々性本自
寂寧有相用而可存故此三俱寂名為三空自性義者此理實之自性相
故言是自性之義也如實了知者明菩薩觀也此三明體者理為法本故也
第二三種者明理本寂滅云何有相以妄想故相々虛无自名曰緣起虛不
自立起不離真故以如來藏為成此三攝相者第二迷集故相第三脩隱故
相自者此三種性相分齊正如此離自性者各不自守也如實了知者
結其觀也第三々種者以緣起相彰々故轉成事列之用參形事故曰
名相用別內外強弱不等故曰因緣息緣顯真成无為用故曰第一
義自性離自性者无為々相也及世帝者名相因緣義之盡也此
攝實二帝方便觀也若攝法界自體一實帝觀以論時初之三空自
體平等也此體何相真照集々而平等名之為相但般若真照々
无照相无照而照故曰妄想猶如世帝非有々无有相故曰妄想此亦
如是離體不同名義莫殊空惠所生々无生相故曰緣起紛綱所成
々无成相故曰離也如實了知者自體觀也七相何用故次第三无形不
形々无事不事々无不分功力不等不捨有為故曰名相因緣世帝
用也為无所為用而常寂以為第一義用也俱无自相以為離結自體觀
故曰如實了知初三攝體故直言三空平等第二攘相故論般若集成

〻无成相故曰離也如實了知者自躰觀也此相何用故次第三无形不
形〻无事不事〻无不分功力不等不捨有為故曰名相因緣生帝
用也為无所為用而常寂以為第一義用也但无自相以為離結自躰觀
故曰如實了知初三攝躰故宣言三空平等第二攝相故論般若集成
第三攝用故論其殊從二帝之別此三得為同相者欲明論躰无介
於相〻用〻不遺於躰〻不竹相用故寂而踰彰其功弥著相用不遺
於躰故能无弃造彰无異〻增〻而弥寂此三法界斯含義无不周故
經云遍至一切处論主三種同相智常現前故相續解脫經說有九
種明人善達會之以示時　此因緣義如十地抄中所記此中略舉
其相可十二因緣義有三種觀一大悲為首觀自躰因緣法
略說為三分別有十其三者何一因緣有分次第明无自故成因緣
義　第二明因緣虛誑云何得立欲明依相立故次弁第一義帝
第三世帝欲明依而起故使成有為六染依心觀明不離也
因觀明其因緣相攝過明其因果同時護過明其雖復同時不
失因緣次第不散〻觀明其有為之躰莫非是苦因緣生明上來
皆因皆果〻无自起集義成因緣生縛明因緣義成故縛則成縛
故可令解隨順有明猜躍无辭義此是因緣法本悲行之原故
名為首大悲增上者隨觀四種愚癡顛倒衆生不如實知十種因
緣故更諸苦惱菩薩救攝不捨名曰隨順可愍之甚名曰增上一切
相智觀者如實知十種因緣故能離生死得涅槃樂稱菩薩本
願故名大悲滿足知此謂時為首自躰觀增上順觀滿足逆觀更有異
謂義不限此〻因緣有三種一異時二同時三躰自同時者非迷不作非作不
迷十二因緣故立義不孤成如自躰者迷是分別〻是迷畢竟无自性相
因緣義解次謂其名有為之法迷謬闇倒名為无明分別動作為行
覺緣名為識〻相彰故名色〻相順為六入〻相應名為觸相納為受
相染為愛相著為取相集為有起相為生壞壞相為死執一則不立非
有為法虛不自存以真為躰隨緣說真〻之十二真為緣起之實故名性
故經言仏性者謂十二因緣甚〻深〻一切衆生常與十二因緣共行而不見知也
四量義　凡言量者尅隨分善知如來言誠盲趣教門次第

[illegible]
有為法虛不自存以真為體隨緣說真之与十二真為緣起之實故名性
故經言仏性者謂十二因緣甚深之一切眾生常与十二因緣共行而不見知之
四量義　凡言量者藉随分善知如來言誠旨趣教門次第
文字章句名義隱顯部別呈羅取捨通塞各有宗趣理自
開明而不雜亂故曰為量斯乃可謂醒教圓通旨无不在詮提互彰
文理成異故也其猶涇渭同流清濁殊流是以顛倒真實託斯以明
耶正解惑因茲而曉但智非孤興法自了故弁智能詶宜從境之
繁難量寧容碎擬如舉綱以統要唯有二其二者何一是世法二出
世法言世法者謂世間所知學所知法言出世法者謂二乘菩薩所
知法又世法所知見者五識五意識所知見者謂見聞覺知其中或
見淺而知深見深而知淺見知俱淺見知俱深位約區分相別於此
至欲廣而究之隱顯通塞義非一准備之醒語然法相既衆理无並陳
今之所弁者謂以在出世之法通宗為言耳而其中階降淺深量非一
揆略樹宗要位判三謂始顯於先際二終顯於際後若從始顯先際
而言樓之陋建創集善根成就者為教量習種性為信言量性種道
種為皆量初地已上通仏地為現量如就終顯後際而言習種為教量性
種道種為信言量初地已上盡金剛為比量仏地為現量是以諸弁於見
聞昇降上下其撥不顛者莫不皆准於此二即量孙品以為指南之則
而教別塵沙顛倒上下迷慎通塞其途轢為可具宜略擬宗況以表
所明四量如是
三教八相　夫仏來大聖所以興[illegible]得教以已
所得轉法[illegible]
意言闡目然約以弁一化始終要不出三其三者何
一是三乘別教　二是通教　三是通宗教　言別教者
謂聲聞說要可弁經論者是言通教者如法華會
三歸一者是言通宗教者謂涅槃華嚴大集所弁射
枚者是前言通者相融故通今之弁通融融故通
然究之體實旨明教一圓音不二为衆所聞平等體
真一味理[illegible]

三歸一者是言通宗教意謂涅槃華嚴大集所弁躰
杖者是前言通者相融故通令之弁通躰融故通
然究之躰實旨明教一圓音不二為宗所緣平等躰
真一味理唯如〻寔寥異哉但隨根器不別其階深寂
言於三周又就教別之中具弁法界理教行法及以一
切但在事所通教之中備明法界但唯論其相也
就其通宗所弁法界唯據躰實以明旨此難曉且釋
前同異容以顯示何者欲明前之別教宣明二指月捨
相以對通教弁唯據迹詮而顯語其通宗要是迹而
彰躰方是其躰既顯其六入門論一躰〻一切躰〻无不
彰語一義〻一切義〻无不顯一法〻一切法〻无不在一理〻一切理
〻无不窮一道〻一切道〻无不通語一不可以一相弁論以異
不可以異相彰一異所不易而恒一恒異旨超三量五分
莫陳六暇弗擬其跡四執罔知其暇故餘非其況唯躰
是宗故言通宗旨　言一躰即是華嚴一切躰即是涅
槃躰无不彰者即明大集然涅槃據相明漸教行是有
餘无餘華嚴就躰弁頓圓教行是以竟不說竟大集
據无礙以彰圓教行是祕密蓋是頓以弁漸蓋別
而无差別即漸以明頓无差別之差〻別〻无差別如
回陀羅網融同无異者容非圓窮之實哉然如來旨
教雖復數繁難量如躰則識曰要不出此而斯之沖教
理彰絕言豈是情分所量之域蓋是且依回喻之說
玄標宗像可
入道底相　内出家者宜省其事（勿令見心着相 睫其通解也）夫入道迹情非世之
所能達出要清昇豈等中而能闚擬是以封世一豪之見者謂玄徵幽
致可准已情知措心无准者復謂已之解分更无能加斯可乃謂存迷求
解執盡悕通動心俱昇何俣之甚正可知形盜寄側身道門欲令生
善承者實无分豪寸益而可得哉故經說敗種彰自善不生復樹如
賊令他善不起驗在醒言信之明然此皆以趣不淨方致弗昇如是豈

辯執離悕通動心俱尋何惧之甚正可知形盜寄側身道門欲令生
善不者實无分豪寸益而可得苦故經說敗種永自善不生復樹如
賊令他善不起驗在醒言信之明然此皆以趣不淨方等滯尋如是莫
其不備然也若善達取捨者則幽言覺發剖目星分聚而不雜渾
而常斑身玄令執語理斯通進心俱旌仰望寧有造緣而不須者
哉故始於初發終極成熟行窮德備道周圓滿功畢於此故也如
斯茲門要執不思惻擇善而行之者相雖非深其功甚大償能悕
宗葉宣言者會准斷而行之也

菩薩戒義

凡言菩薩戒者蓋是濟苦之神舟出要之正路智惠
之深淵万善之基本論其言也封明无上菩提至極圓道息累為宗
語其枝也則以法界雲集行窮為趣是以凡能於中發心備進者自非曠
積善根利機上達熟能窮神者哉故經云發心畢竟二心難是故
我禮發心斯文驗矣何者原其義功義殊則等於法性圓明則顯窮
真際如隨緣而弁則名繁難計如拳則以統要唯有三三者何也謂律
儀攝善法及攝衆生此是三之名也言律儀戒者明惡无不亡攝善法戒者
欲彰善无不行攝衆生戒者明无衆生而不度然惡雖万荒要唯
十惡善雖衆多寧過六度語化衆生法其唯四攝初之二戒明自勢
佐法後之一戒明成熟衆生俱利行備勤能進道封得菩提會正无
羌然十惡身三口四意三可知論其六度緣无不捨故劍明於檀惡无
防次明於戒愧无不忍次明羼提精无不懈故次明精進乱无不息以
明禪定之心澄明顯照諸法玄鑒朗達如鏡顯像是以第六次明般若莫
惠沖微到盡无所盡而无盡不盡故皆云般波羅蜜也言四攝者謂布愛
施語利益同事布施財攝愛語法攝利益方便攝同事行攝始從
財攝終与己同都意本實等會无生斯之玄趣旨明地
持豈是情分可量之哉又解四攝大判有三一就論三攘
教授說其說四者謂以財攝之以附己或以義妙深言擇
之以附或以害中益之因此以附己或以同害情相親附然
後算以出世之道此等哉一人攝四緣哉四人緣各一如此論
寺四開非道因四齊以入道處有四者皆是于以于故更義之知

教授就具說四者謂以財攝之以附已或以義妙濡言攝
之以附者以害中益之因此以附已或以同害情相親附然
後導以出世之道此等者一又攝四緣或四人緣各一如此論
時四攝非道因四攝以入道捷脩四者皆是行以行教授義竟
之謂脩著捨之行深妙難教愛語之行依教脩行々利之行
成圓通与諸菩薩同利之行此四次第以捨一者故能与一切
脩多羅法々相々應々故稱法成行々圓滿故同諸菩薩此攝
人始令捨著終与已同也　又解四量若據情理以分則情
又解四量　若據情理以分則情有分限以之為量理无分限
名為无量理雖无量為情所封亦有其量此則情先法後若據行
法以論則行心无二隨法故美此是行法憶念教化也若據法自界解智
道以論更无境智之別正以解有四故名為四量其四者何一者解二
者相三者用四者名若就脩入為言者依名而入以為教量得方便
解分之用名為信言此方便現前時可以指斥而論以示於心名之為
言非是玄談故異於教也前用得相比解名為比量正得解時以為現
量若據成就處言四量无先後矣以心隨法教量在先法隨心目現
量在先即以教智現成為現也自解緣起一時備四々相既融隨一比四々
四十六解正四耳語其相也法界實相以之為教實相寂滅以為信
言无鄣无导以之為比窮圓實旨以為現量也
又解菩薩入道　言入道者入於仙道〃仙〃至仙至處然仙道平等
量非分數大心解入亦无限局豈有名相可寄而擬之哉蓋就對治因
緣玄對宗像取然語脩階位乃有无量且據一方之宜略弁六種其六者
何一名為依二名為持三名為鏡四名光明五名轉染六名盡至所言依者
謂四依也持者有三一心持於法二法持於心三心法成行鏡淨顯像心淨顯法
光明者淨治解分方便相也轉染者有四一為倚滲之名為顛六種決定
也二名為戒三名為定四名為惠盡至有三一境界盡器世間也二緣集心盡
衆生世間也三法智盡智正正覺世間也勝善決定中有三道々有二種一自解
真實三道二緣照三道此三道對治三鄣以明一息相智雙治三鄣以為相
違因即成緣照三々道々即是三鄣中消也道亦有二種三果甚因本

衆生世間也三法智盡智正覺世間也勝善決定中有三道三道有二種一自體
真實三道二緣照三道此三道對治三鄣以明一鬼相智雙治三鄣以為相
違回即成緣照三三道三即是三鄣中智也道宗備有三種三寶攝其自體
而并名一體三寶若其方便名別相三寶攝其不捨世間无為不為
而為生滅所還名為住持三寶通教中有三攝真一體義目為一體三寶之
有別相應身一乘三乘也久有住持應相之跡經教遺法弟子二乘中有
二別相三寶及与住持若攝通宗一切比投通教投前及不於後三乘中
不及後二三乘中化色不化心三鄣不可轉投也如神通力无人能作種種化
三无心也而不名應以不知機投如來有一切智投三任種三化應機為益名
為應也化不即仏身者是有漏之鄣故不能无导淨用也通教中應身體
不可化也此中化有實用不同三乘也通宗中自有應相是世間生滅法離
真身而來淨有化心謂六識心第七識鄣體不可化也此中化有實用不同
三乘也通宗中自見自聞攝衆生自化自悲攝仏為語同體大悲也三乘
中功德行有二種法以成川法理法也二帝之理資成无著正成區以川法成也
理法但可作境衆生解不成於川也通教中无一體三寶備相和合衆不通
於果投果時德滿与真帝相故常中道之理不成己德不名一體也
語法時以二帝緣起為法不取中道理也通宗中以理為體三是其
理更別也通宗以淨言以法常故仏亦常通教中言是法住法位
世間相常住也三乘中以僧法為僧寶此僧法已滅矣今所以淨存
是一體三寶住持之力也一體三寶備投三種地經并五住地煩惱義
名亦五住地无明三有四一闇於所緣名為无明此是五住通名也二不如實
知名為无明此是无住地也三鄣分別性名為无明恒沙是也四隨逐
微名三為无明四住地也名數雖五據要唯三謂見愛无明見及隨生十
使雖復衆多莫不以我為本而播故言一處亦相兼著投稱為見此當
體為名也若就對治諱名則四帝不平等為見一處法眼朗照謂之為
見亦相之惑鄣於此道故名見一處也愛能潤業受生三界故橫封為三
无明為一者微細遍通鄣別投仍為一配倒而言无明名為心倒就中然有
想見隱而不說三種愛名為想倒以取相生著轉成於愛之有心倒
隱而不說見一處名為見倒之有心倒隱而不說
乃曰示相三心取性

見示相之惑鄣於此道故名見一處也愛能潤業受生三界故橫封為三
无明為一者微細遍通鄣別故仍為一配倒而言无明名為心倒就中点有
想見隱而不說三種愛名為想倒以取相生著轉成於愛之有心倒
隱而不說見一處名為見倒之有心倒隱而不說　問曰示相三心取性
麁細四使　答曰取性是細々在麁中斷時斷麁不斷細也　又問三
界內外本未相生其趣云何　答曰三種无常共成一體五住煩惱无
常之因果既如此因亦如之斷之分盡名之為出　實非出也是故經言唯
仏一人出界然究仏出亦无異去正以即有非有以之為出耳三界悉處
諸餘煩惱以處而攝以為住地也
經弁十世界海義　言世界海者蓋是衆聖之宗宅群賢之奧境德化
之圓土自相之居處窮通圓極之宅故言世界海也然世界玄曠量非分
數豈有名相可寄而擬之哉蓋就對治因緣玄對宗像耳然者隨緣
弁治義別星羅令海且玄遑真拔據之圓數以樹於十其十者何始從說
世界海終至壞世界海此十之名也言說世界海者凡名生於形相生於事
名相既興起於覺觀蓋是言語之本世間假名之法故稱世界海而事與
有由藉以衆緣集起以成故第二名起具因緣世界海然緣具既就相應
成立故言住世界海其相既斑拔別彼此相有軀分故以之為形世界海
然形拔既分各有自相區分故名體世界海相既具衆德圓備故言莊
嚴世界海嚴儀光顯離諸垢穢故言清淨世界海德累既淨義顯真本
稱如實相顯之覺道之德故言如來出世界海覺道既成自在无尋衆
相所不還易運所不攺備顯限以无窮之量故言劫世界海衆相既移言存
實滅而滅无所滅功顯窮實施用殊能其跡妙絶故言壞世界海然初明
說世界海以彰始顯於先際末樹壞世界海者以彰終顯於後際中間
八世界海以彰世界海體相差別義故經譯前一後一宣列名而不分
別明顯之真本二際妙絶衆相圓寂莫二之義中八各廣彰其相者以弁
世界衆相備嚴具足无尋相无不相形无不形妙極難惻義顯於茲以樹
斯八別之於此然此十世界海又中間八世界皆廣弁其相而前七先以長行
宣表後以偈顯而第八唯以長行宣表而闕於偈頌者當以前七義顯方
便功在不顯故前後兩弁第八事擧前資義顯後成功畢於此故缺之

世界衆相備義是芝无等相无不相形无不形妙極難惻義顯於茲以樹
斯八刹之於此然此十世界海又中間八世界皆廣弁其相而前七先以長刂
宣表後以偈頌而弟八唯以長刂宣表而闡於偈頌者當以前七義顯方
便巧在不頓故前後兩弁弟八事藉前資義顯後成功畢於此故録之
之於後耳故前七是方便行弟八是无礙論刂也若據備相入實即
是其漸若據刂相一无不窮即是顯相若據餘實果位成就滿融无
外即是圓相然漸相是集起之本即衆生世間顯相是无宅不宅即器
世間圓相是无覺不覺即是智正覺世間十世界海音深窮奧豈是
情分可量之域蓋是且尋詮況以表所明耳又世界海義者就事名三種
世間若據體皆名自相也然此中論世界何故廣明身刂欲明言趣斯融身
土莫二故土无異身之土苞含无外曠周法界妙極塵通自在无等以明
國土身即是法身報之然也然斯之沖趣其相玄絶如随縁而弁則名
繁難計今且據一宗故云世界海義耳
三仏益物　法仏化惡衆生報化仏善衆生應仏化入道衆生前二令
惡思反令善起心署其根機耳而此衆生不自覺知所以然者此是
同體大悲微細神通根機既立勘能入道或報漸開真相應心
示其妙軌ゝ成心用覺知中益与情相應名之為相應相在見聞
名為麁神通如此論時法先報中應後若據備相始縁未融以為
應益入行未窮名為報益静窮真際名為法益若據縁起而
言俱无先後縁照行成名為應益名為報益自類刂俱名為
法益　菩薩无量歡喜莊嚴法門備行十妙法故得何等為十所
謂菩薩備刂布施令一切衆生海皆遠歡喜備行淨戒成滿諸功
德大海備刂忍辱了知一切諸法真性備刂精進於薩婆若堅固
不退備刂禪定除滅一切衆生煩惱備行知惠分別刂知一切法海備
行方便化教一切衆生成就一切衆生海備大願於一切仏剎海盡未
來劫備菩薩刂備刂諸力於念ゝ中一切剎成等正覺備刂无盡知
刂三世法无所郭閡
第八識随縁而説得名有四姤前名為藏識以煩惱隱故之名家識一

13

行方便行[illegible]
来劫脩菩薩行脩行諸力於念念中一切剎成等正覺脩行无盡知
了三世法无所鄣閡
第八識隨緣而說得名有四地前名為藏識以煩惱隱故之名家識一
切諸佛起自其中也亦名本識是生死之本也亦名阿梨耶識就其
胡名也此四之中初相也初地已上名為轉識以其分證慎用故八地
以上名報識以其脩相淨熟也如來地究竟明顯名為現識此是大三藏出
也
　一乘之相无量義經中明教一圓音无二故也大品中明理一莫
性般若也法華中明行一此是道澤法師說也弁三教相當分義无
不盡是法界等行住於一地是一地行名為餘无究終彌不有餘
以其明昧之異故也此是漸之自相也先後際一切諸地緣起共成一致
成一切成一斷一切斷是為畢竟即此一切行中恒有因果次第名不
畢竟此是頓之自相也一即是一一切一切即名為祕密一正是一切正是
一切義在无隱名不祕密此是圓相也漸據相頓當解圓據无鄣
是以弁也漸據之自相之相是昧次第十種十地差差別別若即頓之漸
无差別之差別不得言有明昧之異據頓之自相无差差別別即之頓差
別而无差別圓則平等頓漸斯融矣
不繫業義　一切凡夫於四住起煩惱中集種種善惡業以事別之
或闇於事別之業為三界所繫不得自在後以聞說大乘通旨理无事
別之异於是思惟正觀脩道前鄣事別之或相与都盡事別之業
皆亦隨亡唯有微細善惡業在此非三報所攝名為不定住此業性不
能牽菩薩更生但以菩薩在十住中時隨理觀感識有三業善入習種
以去此善性成与道相應向者微細之惡亦性成就与此善相應以道力
故此善惡二業念念消盡至初地永盡在卅心中時以願力故以此二業人
過六道受生以業未亡生便則是實報以自在力故生則寄妙在於地
獄過三禪樂廣說此生有種五差別三種意生身在初地已上以无漏業
為因无明住為緣以其有漏不繫業及四住根本或盡故也地前以不
道力因以其有業故也又人問言昔日造事別善惡業時何以不
有微細業以為不繫業也　答曰未有通解何得有也惡性成故不
之

14

為因无明住為緣以其有漏不繫業及四住根本或盡故也地地前以不
道力因以其有業故也　又人問言昔日造事別善惡業時何以不
有微細業以為不繫業也　答曰未有通解何得有也惡性成故不
顯於善也
十二空義　內外二法空第三相應相空此三事法相也有為者此
諸相云何而集有為起作故集故次耳弁也有為既空无為亦空无始
者向有為无為何由而起及也本於妄想妄想為諸法之原名之為始妄
想非有何有相可存性空者雖无妄〻想〻之与真相〻應儀不可
敗以之為性此性家滅故言性空此性空故名无所有所无既空无所有亦
空也第一義空者以向窮盡情故真相義顯勝出於偽名為第一理相絕
對勝出家滅故曰第一義空空〻者涅槃解義性相家滅故曰空〻也不
名大者以不通除後大空者真性般若解通除淨更莫能過故曰大也
二鄣顯自種自類因果二鄣對治則有漸次顯彼二因如明入月解
无二故不相捨離因果皆常但有明昧之異也除解鄣顯自解
因果鄣无二差除无先後但妄想迷便有解〻便是无不待遣
而自除故先後而遣所顯因果圓滿之无所訣斷則俱盡顯則俱
故得名為初發心便成正覺　問曰若如此頓斷煩惱發心正覺因
果頓備自種自類中更何所遣名為漸斷若介便應別人如其
別人云何得言三教共成一致也　答曰此非一異而恒一恒異是以三教
共成一致非一〻也何者發心若不徹於後際業〻不成即是別相之〻
既徹於後際自種等〻何外之有語行相備常有次第語其自解即
先後而无異正是自解之先〻後〻而无二故之有差別之无差別語其鄣
也攘妄想之解无有先後之差二時頓盡語或異之因果擬智而說下
〻斷上〻隨相〻對便有次第此是无次第之次〻第〻而无次第故得恒
頓恒漸會之為不二若是別頓之漸即是三乘經中事何關大乘也此
猶是三阿僧祇劫成仏復言阿僧祇劫即是一念此中何故不疑聞言
一時頓斷便依聞三阿僧祇劫斷鄣便喜也是此時与法俱法与時俱何
得疑一而不疑一也據自解因果弁六種正見初發心時便成正覺發心
[illegible]

15

猶是三阿僧祇劫成仏後言阿僧祇劫即是一念此中何故不疑聞言
一時頓斷便怯聞三阿僧祇劫斷鄣便喜也是此時与法俱法与時俱何
得疑一而不疑一也據自體因果弁六種正見初發心時便成正覺發心
為本正覺為末以因攝果〻是因果故名自體因三大乘自體果住大涅
槃不捨初心以果為本以因為末以果攝因〻是果因故曰自體果也因果勢
融以之為同因果差殊以之為異相傾相資以之為成相遠相背以之為
壞卅二賢聖二相攝義之如之通中教之有相義謂發心緣果〻相應心
而果相非行資發於〻撥因成果〻攝於因〻成於果〻沒因稱不名因
行先後體别因時非果〻時非因是故不得弁六種正見
三種无常法義　　刑寄之鄣是分段相前後生滅乃至六百
但使未是同時以來皆分段四相同時增微流轉名為變易言
增微者生相時異餘三但生相增滅相時雖異餘三而滅相
增自體不成實无常无有增微是故名為流注此三无常〻種
釋生滅本无今有為生已有還无為滅此是分段也相顯為生起
隱為滅此是變易也　　從名号品略說之品次第上弁於果今
明果成由因故從此已下廣明因行〻起由於信〻心〻由於聞法〻起
由於如來〻施化乃有无量要略有三初名号品彰方便身随宜
之化四帝品明口業教化光明覺品意業教化〻被有心除難起
信故次弁明難品信心備〻離染故明淨〻品〻集善頓次明賢
首善趣淨理相應故次明

S. 613

16

一段十畝麻　舍西五步　東至舍　西至渠　南至廣世　北至何奴孫

右件一段户主廣世分　麻田足　正未受

一段五畝　舍北十五步　東至道　西至渠　南至廣世　北至雙和□

右件應受田參頃參拾柒畝

二　七□畝　□

頃　廿五畝　未受

户　一　壹　田

口　一　老　女

右件應受田廿五畝九壹

I.v.

右件應受田伍頃叁拾壹畝
三頃八十五畝已受
一頃廿五畝麻
二頃五十畝正
六畝蘆
一頃卅六畝未受

户 十 三 二 丸 朱 足
口十八 下
口十九男
口卅五良
口 一 隆 鬼
口 十 五 下 女
口 一 賤 婢
牛 二 頭

右件應受田捌頃肆拾捌畝
四頃廿三畝已受
三頃五十畝麻
一頃七十畝正
十三畝蘆
四頃二十五畝未受

户 七 一 丸 大 足
口卅四良
口 八 丁 男
口 六 廿 女
六拾七[illegible]良
九 斷 上
廿 九 丁 中

2.v.

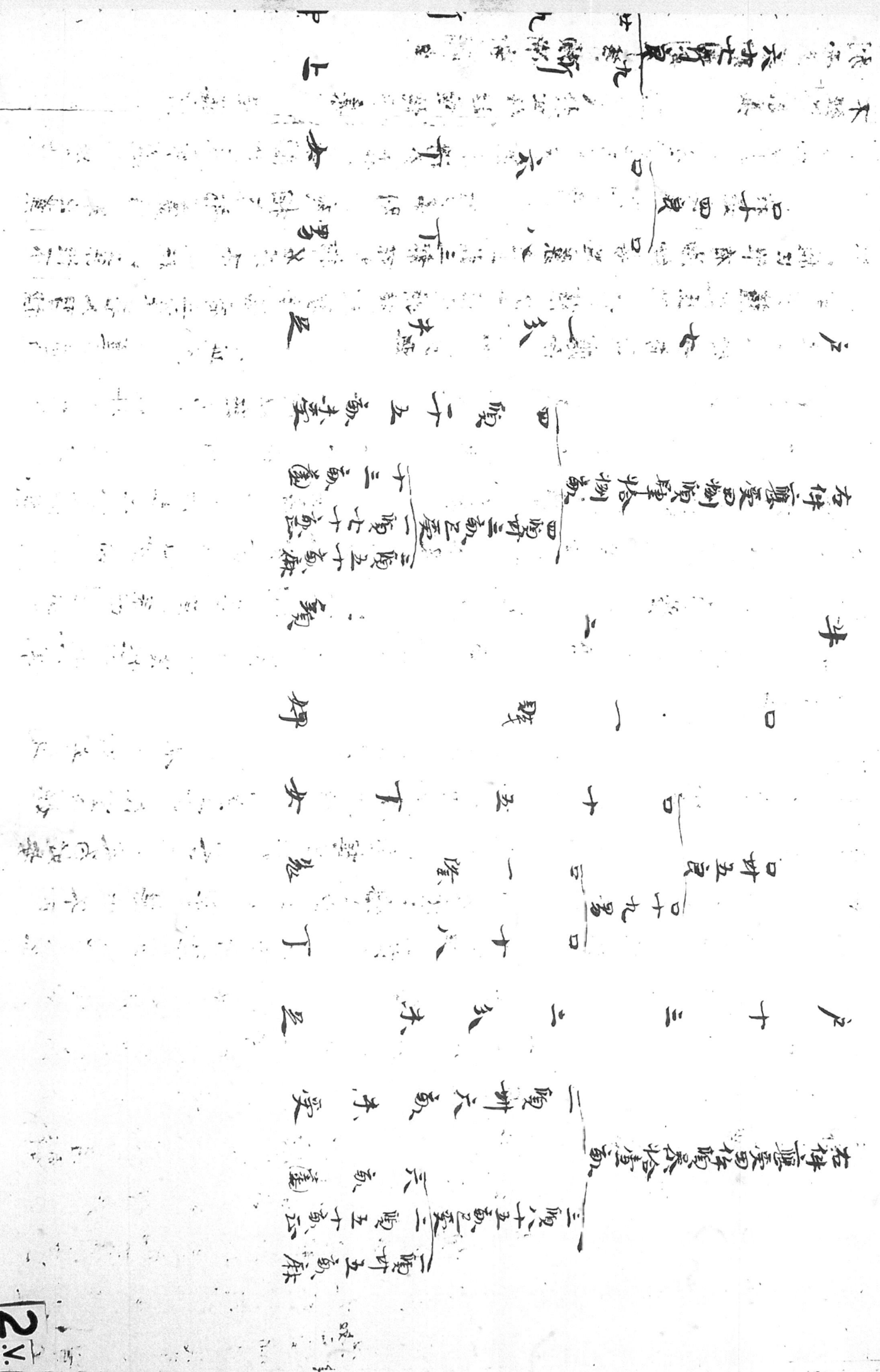

斯00613號背　西魏大統十三年(547)瓜州賬籍(擬)　(15–02)

六　大女

六十七斤良　廿九　上

廿　九　斤　中

卅　九　斤　下

八　兩　賤

都

都合租捌拾捌斛叁斛　斛

伍拾斛叁新輸　租

十石七斗五升　上

計九石二斗五升良　廿九　石　中

九　石　五　斗　下

四　斗　五　升　賤

六　斗　斗

叁拾捌石新輸草陸拾　陸　圍

六石七斗五升新輸草十三圍半　上

廿一石七斗五升新輸草卅三圍半中

都合租兩拾肆斛斛　斛

3.v.

都合税租西拾肆斛　斛
拾陸石伍斗輸租
九石五斗上　四石五斗不課戶上税
五石臺資口計丁床税
六石中
一石不課戶下税租
柒斛伍斗折輸草拾伍圍
三石折輸草六圍上
四石五斗折輸草九圍中
都合課丁男叁拾柒人
五人雜任役
一人殘帥
口九下
口一賤婢新

口　一　賤婢　新
牛　　隨　　頭
四　頭　受田　課
二　頭未受田不課
都合調布麻拾麻疋麻大制人
五　疋　臺　　覽
卌三疋二丈良
四　疋　二　丈　上
十　四　疋　三　太　中
九　疋　　二　大　下
一　　大　　　　賤
八　　尺　　一　半
都合麻隨拾漆斤制　　兩
口卌一女年一已上
口一寡妻年六十六
口寡妻妾六十四已下

5 v.

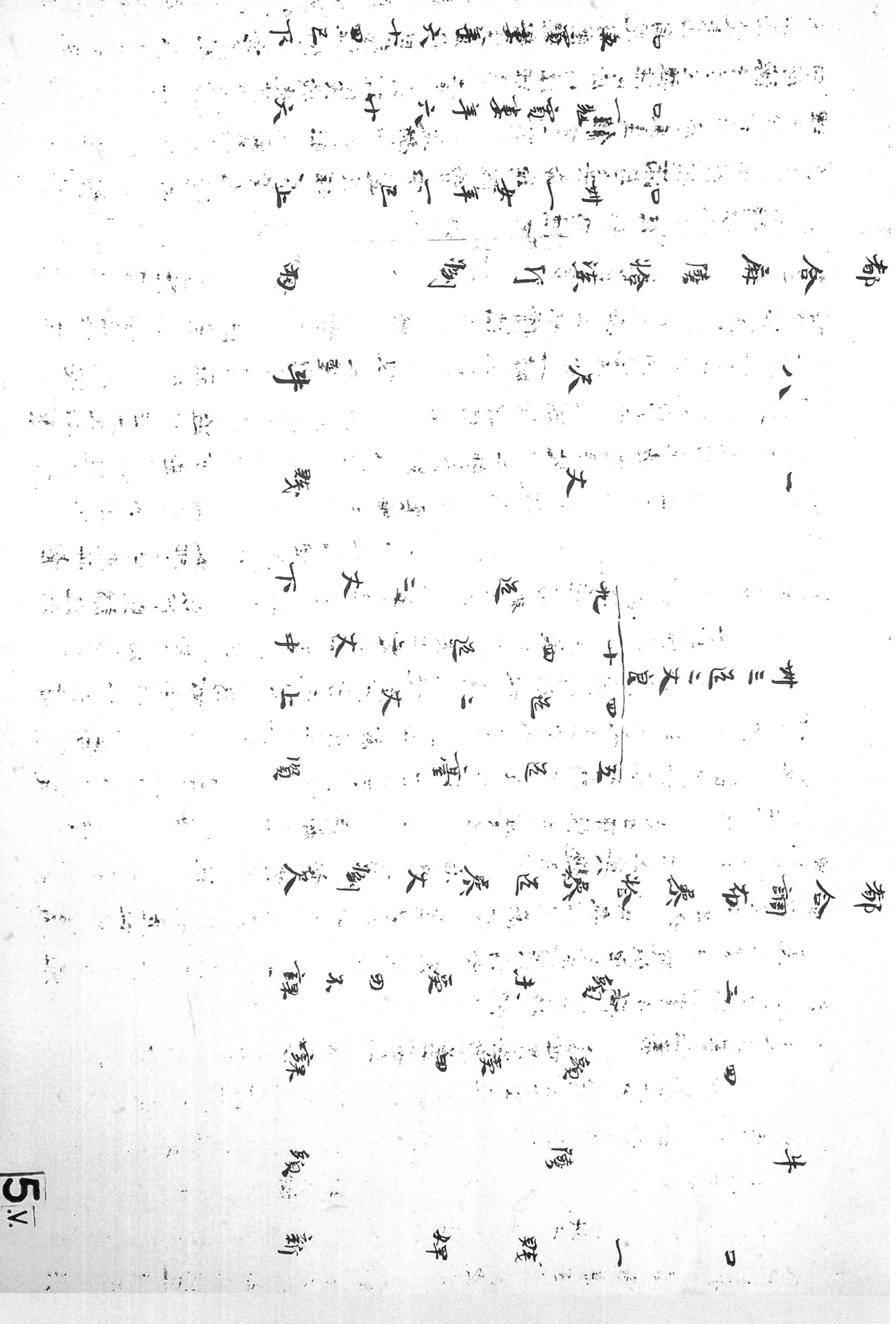

口 息買妻姜 六十四 已下

口 二 賤 小 婢 年 九

口 保洛鞠課見輸 口 五十三 舊

五 新

口 廿二男 口 廿一 舊

口 一 新

口 六 上

口 十 六 中

口 十 下

下 下小 叫

口 西洛保妻妾 口 廿二 舊

口 三 上

一段五畝 舍東北步 東北至渠 西至道 南至舍

右件二段兼永業 麻受 所五畝

一段一畝 居住園宅

應受田天下壬辰生年泉拾陸畝 息 課戶中

6.v.

妻郝延天富壬辰生年叄拾陸 丁妻
母白丑女乙亥生年陸拾肆 死
妻劉吐歸丁酉生年叄拾壹 丁妻
息男黄口甲子生年肆 黄男
息男黄口甲子生年壹 黄男
課戶中
口五
口一出除不課老女死
口四見在
口二不課 二男小
口二課見輸 二男 二妻
計布一匹
計麻二斤
計租二石五斗
二石 輸租
一石五斗折輸草三圍
計受田口三 二男 二妻
應受田卅六畝
卅六畝已受 廿六畝麻 十畝正 一畝園
二 未足
一段十畝正 舍東二步 東至渠 西至智猴 南至渠 北至渠
右件二段 戶主天富分 麻足 正十畝
一段五畝麻 舍西廿步 東至天富 西至渠 南至白醜地猴 北至渠
右件一段妻吐歸分 麻足 正未足
一段一畝 居住園宅

7 V.

斯00613號背 西魏大統十三年(547)瓜州賬籍(擬) (15-07)

一段一畝　居住園宅

戶主王皮亂　乙巳生年肆拾玖　白丁　課戶中

妻那雷處姬　辛酉生年肆拾柒　丁妻

息女女親　辛丑生年貳拾伍　中女　出嫁受昌郡民泣陵安

息女醜婢　丙辰生年拾貳　中女　出嫁効穀縣斛斯已奴黨王奴子

息男買得　丁巳生年拾壹　[illegible]

息女女子　乙未生年寅　小女

口六
　口二出嫁不課　中女年廿已下出嫁
　口四見在
　　口二不課
　　　口一男年十二
　　　口一女年九
　　口二課見輸
　　　一丁男
　　　一丁妻

十石三

計租三石五斗
　三石　輸租
　二石五斗折輸草三圍

計受田口三
　一丁男
　一丁妻

應受田卅六畝
　廿三畝已受
　　十五畝麻
　　七畝正
　　一畝園
　廿三畝未受

二分　未足

一段十畝麻　舍東二步　東至舍　西至渠　南至渠　北至元興

一段十畝麻　舍東二步　東至安周　二　西至舍　南至渠　北至元興
一段七畝正　舍西二步　東至舍　西至元興　南至渠　北至元興
右件二段戶主醜奴分　麻足　正少十畝
一段五畝麻　舍西一里　東至白胡朱　西至天升　南至婆落門　北至□帀
右件一段妻處姬分　麻足　正未受
一段一畝居住園宅
戶主白醜奴丁亥生年肆拾壹　白丁　課戶中
母霍阿女壬寅生年捌拾陸　老寡
妻張醜女丙申生年叁拾貳　丁妻
息男顯受庚戌生年拾捌　白丁　進丁
息男阿屣丙辰生年拾貳　中男
息男安慶己巳生年拾壹　小男
息女來容壬戌生年陸　小女
息女來醜戊午生年拾　中女
息女羣庚申生年捌　小女
弟武興壬寅生年叁拾陸　白丁
興妻房英乙巳生年廿叁　丁妻
興息女阿羣甲子生年肆　小女
興息男實甲子生年肆　小女

口十五
口大課
口五課見輸
口三男
口二妻
口一不課
口一老寡
口一中男
口六小

9 v.

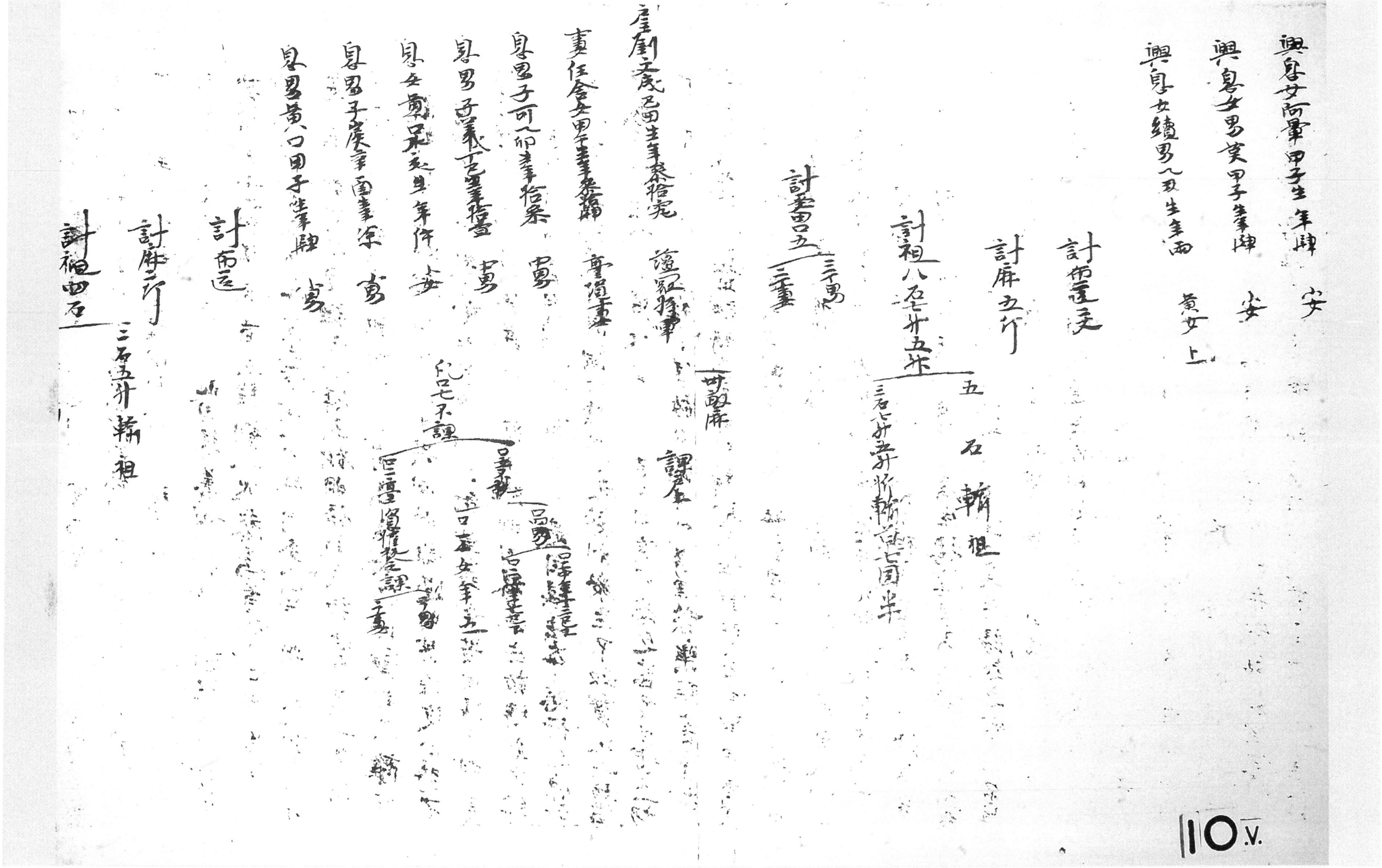

斯00613號背　西魏大統十三年（547）瓜州計帳籍（擬）　（15–10）

計麻二斤 三石五升 䅹 租
計租四石 三石卅斤 䅹草三圍
計麦田四畝 一丁男 一丁妻
應受田六十六畝 卅畝已受 十五畝麻 十五畝正 卅六畝未受 廿畝正 十畝麻 二六未受之
一段十五畝麻 舍西步 東至舍 西至渠 南至白醜奴
一段十五畝正 舍東步 東至侯老生 西至舍 南北至渠
右件一段妻舍女乂 麻足 正未受
一段一畝居住園宅
戶主侯老生水國生年肆拾伍 白丁 課戶
妻叩延腊腊丙子生年叁拾壹 丁妻 一口陳不課 小男
息男阿顗丁未生年兩 白丁
息男醜祖辛亥生年叁拾 小男
息女醜媚乙卯生年拾柒 中女
息女胡女戊午生年拾 中女
息男恩乙甲子生年肆 小男
牛一頭黑特大

息男恩〻　甲子叄歲　小男

十一頭黑特大

計布叄丈

計麻三斤

計租六石　三石七斗五升作祖　二石一斗二升五合草四圍半

計受田口三　丁男　二妻

一叶六畝未受　一段五畝麻

一段十畝麻　舍南步　東至書匹猲扱　西至侯老生　南至渠　北至渠

一段廿畝正　舍西步　東至麻　西至劉文成　南至元興　北至道

右件二段戶主老生分　麻正足

一段三十畝麻　舍東廿步　東至老生　西至文成　南至老生　北至渠

一段十畝正　舍南里　東至書扱　西至文成　南至斤　北至老生

右件二段妻勝〻分　麻正足

一段廿畝麻　舍西步　東至舍　西至渠　南至石若孫　北至書弟仁

一段八畝正　舍南步　東至渠　西至唐　南至教書　北至渠

右件二段息阿顯〻分　麻足　正少十二畝

2 V.

右件二段息向鄧乙　麻足　四十畝

一段一畝居住園宅

戶主其天婆羅門戊辰陸拾　阜　課戶上　天誰為以何奴東求男也

妻白醜女辛巳生年肆拾柒　丁妻

息男陽奴丑生年拾陸　中男

息女鮑笑丙午生年拾　小女

息男四安乙未生年究　黃

丁男一　丁妻一　二丁課　計課布一丈五尺

二人不課

三課見輸　一丁男　一丁妻

階

二人　虞候

參拾　兩人　定見

六　下　兵　廿人

二人

都合應受田戶參拾參

戶　六　之

課戶六　男隆丸　中　小

一

牛　一　頭

13.V.

牛　一　頭

右件應受田壹頃壹拾陸畝　足　卅畝　麻
八十畝　正
六畝　園

戶六　三　[illegible]　[illegible]　之

口廿　良
口　十　一　丁　男

息男衆僧八卯生年拾柒　實年九

息男神和甲子生年肆　小男

婢來花乙未生年　寬　實年十八進丁

息男黃口　甲子生年[illegible]　黃男上

凡口六
口三不課　口三課見
口一黃男　口一丁男年[illegible]
口二良　口一小男
口一賤丁婢

計布二丈　丈賤　[illegible]良

計麻三斤　絹　三斤良
絹賤

計租六石四斗五升
四石二斗租　三石二斗五升良
四斗　五升賤
三石二斗五升折［折］草四圍半

三丈　三斤男

114V.

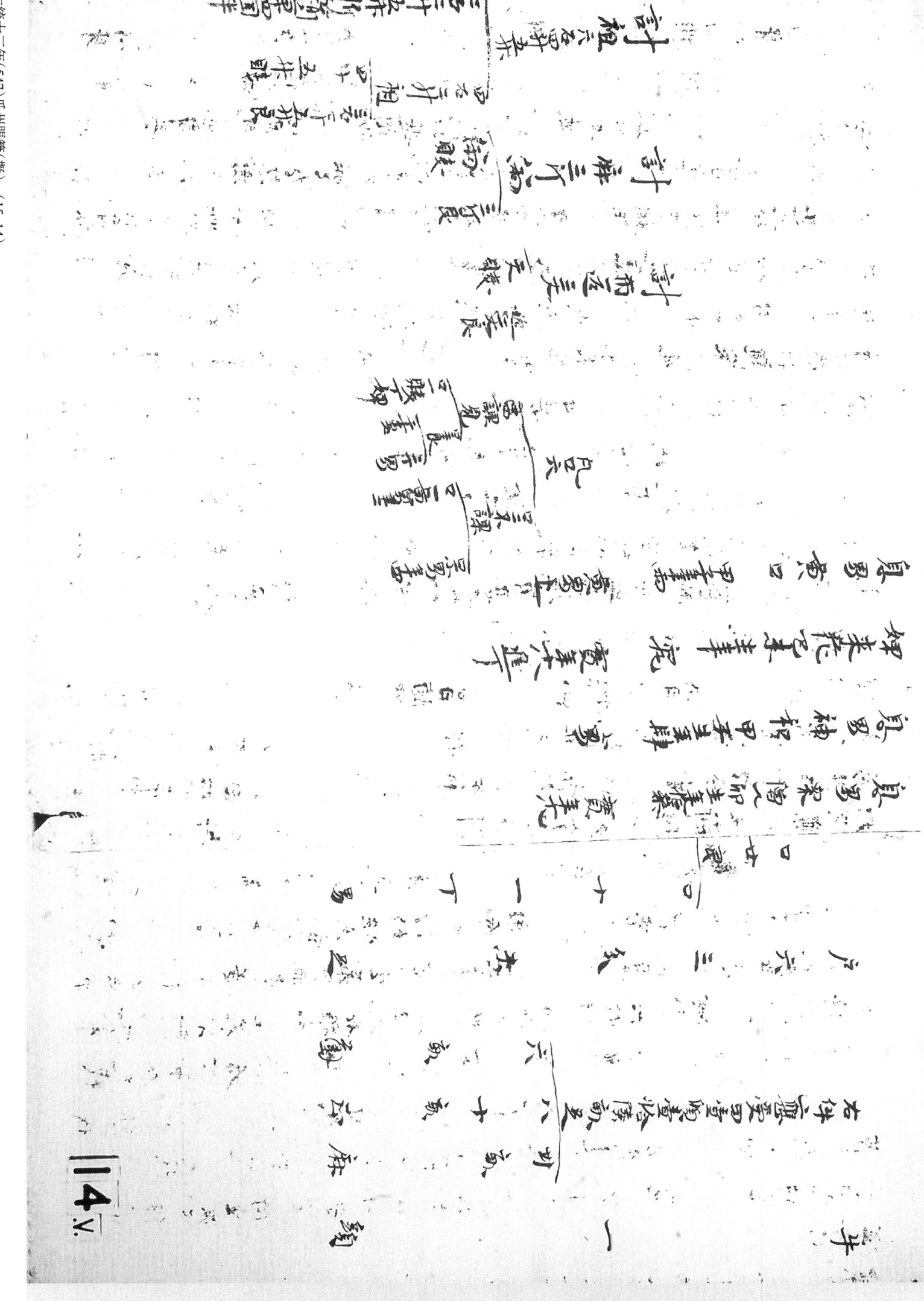

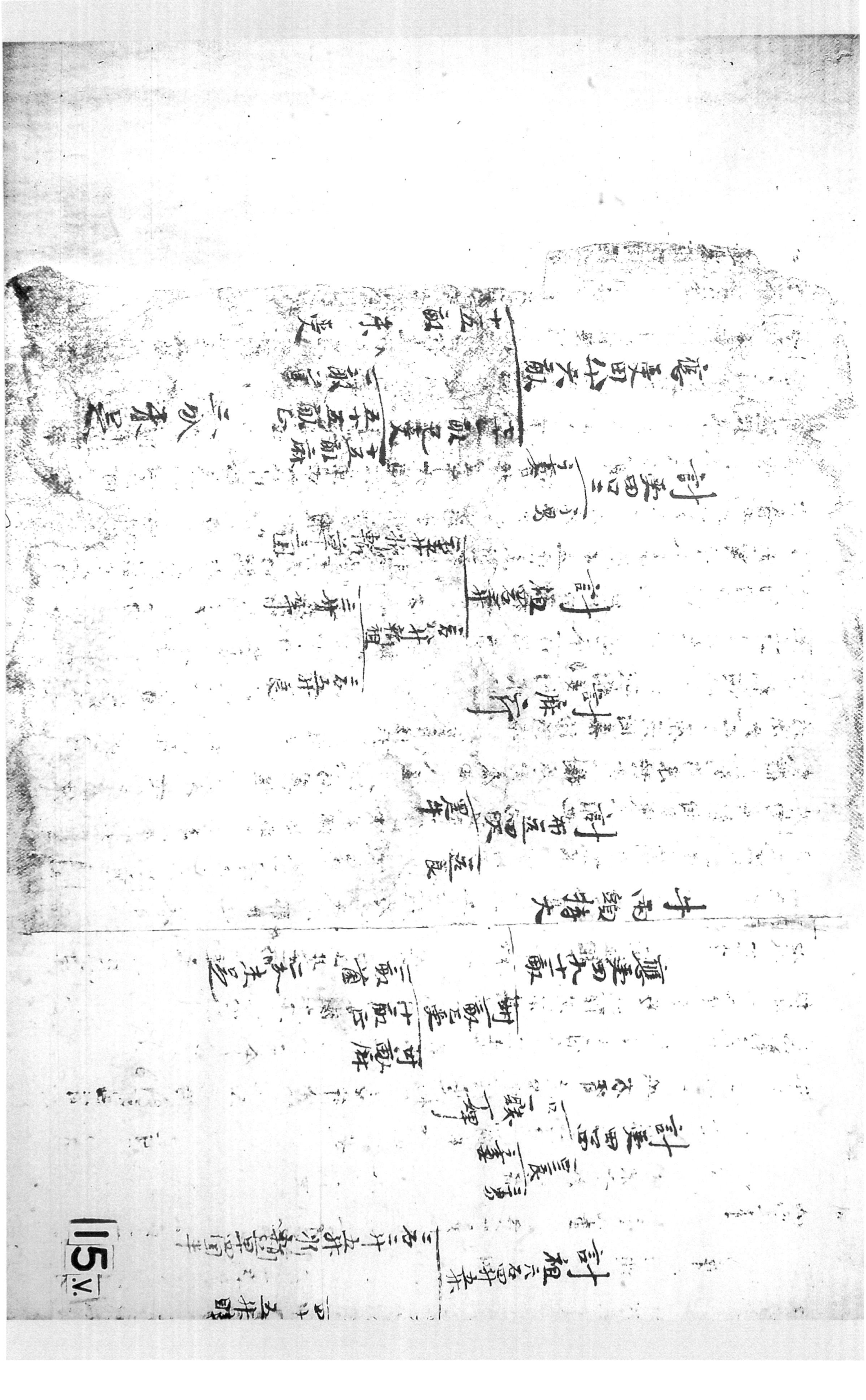

二

精則桂林之響發自周敘造士也

甯懸甲科而入士劉君詒問吐河洛之詞什舒抗荅引陰陽

義孫弘則約文而切理扯欽點指事以陳謨曾平以雅素申

規馬融以儒宗獻可斯乃對問之大體詢孝之良圖求之者

期於濟時言之者期於適務使文不滯理理必會文　論

以政政辭蔚浮言而體要非夫宏才博古達政通機無以登入

室之科徒用踐高門之一地以日之後藻麗漸煩齊梁以

還文華競軼摛虛詞而鑄巧穿異辭以邀能文皆理外之

言理失文中之意將陳政道掩巢燧於豪端欲叙界平濆

唐虞於字末境繞臻於九服遠術幽冥之荒德未静共式生

動雲雷之氣奏肤言而竊位假繁論以豊辭逞窮理之大猷

乖得賢之雅訓大唐舊甯庶绩翼亮鴻基挵道圯於滋川納

蘭圖於榮浦淹中碩藝並列三篋之官平府遺編咸歸七門之

史執禹麾而進善生堯衢以訪賢故事有南宫之賓詩詔郎吏

方之容夸具之焉正羃長宴之龍孝讓之嵌俱振先庭之驚

蘭圖於策浦淹中頤藝並列三邕之官平府遺編咸歸七門之
史執禹麾而進善坐充衞以訪賢故事有南宮之賓侍詔即東
方之客秀異之鷹並躡長逵之龍孝廉之嶶俱振充庭之鷺
故得能官同於濟巨多士茂於基邦草澤靡遺莫奇必進伙
惟大王分華星樹轭瓠慶雲柯固盤石以開基列維城而作鎮中山
文摛獨振蟠龍之詞淮岫芳蕤先警騰駕之韻奏金箱之典
禮藏於從梁面試銅臺文高於入魏東平碧之雅望北海靜
停日璺於昆吾坐陳丹聾之篇下月輪於清夜驂駕駟馬
之莫聲湛楚軀於芳逆餞燕金於駿骨由是徐陳並列沐
鳧凡治以趍歡牧馬爭歸望鴻臺而漸翼頓惟虚賤謀奉
恩光昔曰耕鑿之勤頻覽詩書之訓登學山而覆遺簣
文何以濫觴爰從羈貫之年肇應揚庭之問以滋下肄來
陪上藩遵赴長居之門更對於皇之菟瑣灰晏變緹襲
空琢忝遊梁之一班同背懷之千里忽垂恩教令於新策今乃勒
成十卷名曰菟園策府并引經史為之訓注雖則膠言斐論無取貴於油
緗然而野識荒辭理雜同於翰墨傳之君子有慙[illegible]圖之言懸

2

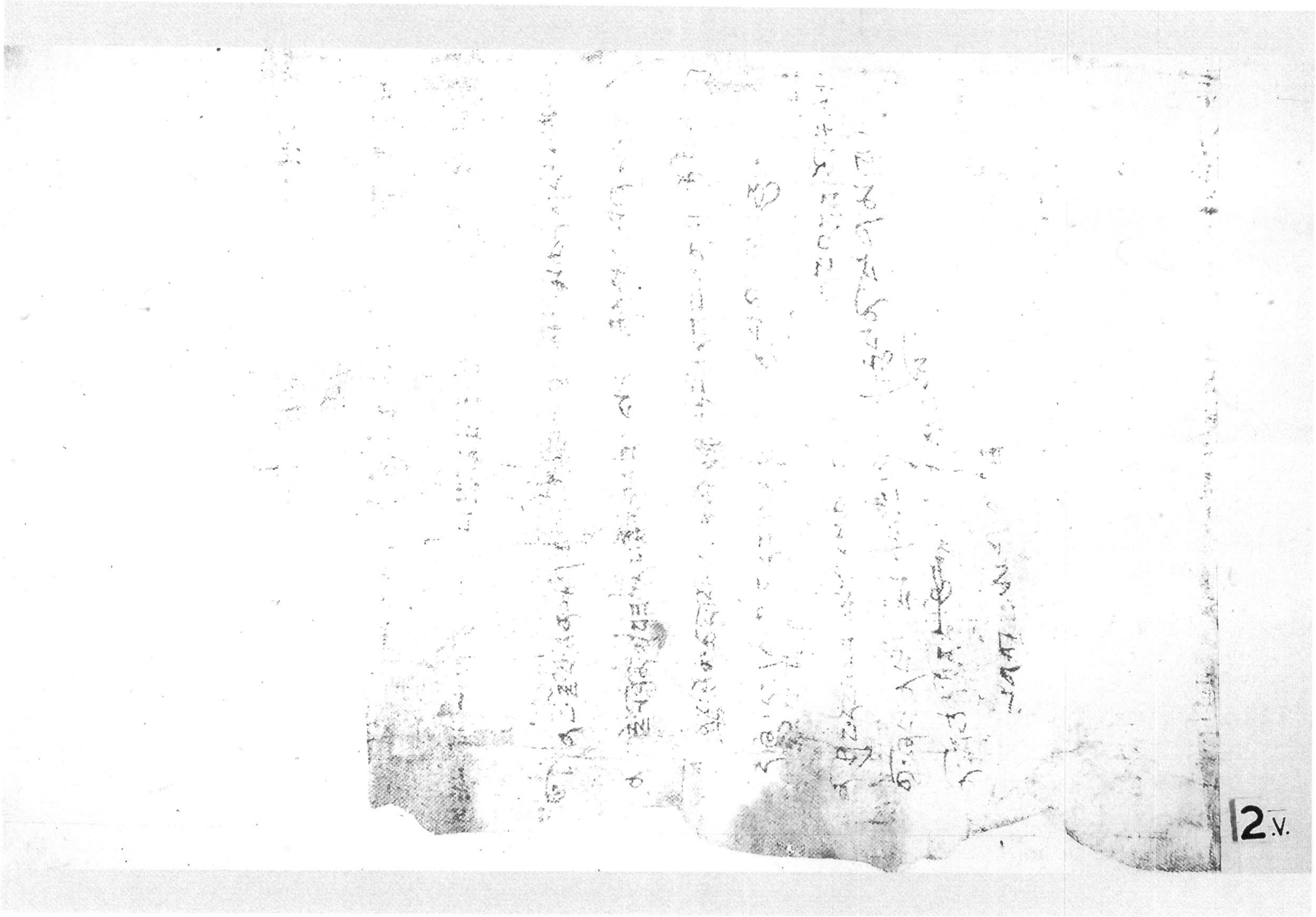

斯00614號A背　藏文文獻(擬)　(01–01)

成十卷名曰菟園策府并引經史爲之訓注雖則□言斐論無取貴於油
緗然而野識膚鋒理難同於翰墨傳之君子有慙□國之言懸
之市人深乖呂覽之旨前件篇目題之如左
辯天地　正曆數　議封禪　征東夷　均州壤
問氣象初開形質始萌裔於□分□下容迴輪運□之數
然則駕雲軋海鍊石補維徒聞奇說之林空紆大章之筭圭
若玄黃定體珠璧聯輝列九野於纏房疏五潢於清漢觀其正
色有惑於蒙莊覽其要終則多疑於鄭竈子既攝莘周藝
懃紬緗對霄景以馳芳槩秋旻而發譽登耕入辟必俟英賢騁秘
鈎深理宜昭晰　竊以玄□未判蠢兆混淪萌芽素質未
分四遊定其昇降然則十端座廓元道立迴仰之者莫測其源
言之者罕詳其要或明其載水或說以浮空地若卵中之黃
天如山外之色揭泉覆載陽大窮廣大之容仰蓋之
談詎識同流之象當令璇璣衡而臨撫運玉斗以司辰上括
乾樞傍吞坤地　抱珥陰彩戴輪星披五老之圖雪□
神之轄執天臺於南極闢□於北斗□□□□□文
踰於鼇龜之營珠囊靡失□燭咸調億兆律以來庭賠雲
而入□猶復窮精四術覽奧三家欲明觀爛之篇思聞□□之
說傍羅大象側訪庸扶雖異談天聊陳管見夫以玄黃□判
纔伏形殊元氣輕而上騰陰氣濁而下薄方之若大則運覆而
灰沉譬之若□則□□而□□天網既化坤道方成八極之
肇分五材因而並運至若騰光麗象稟陽氣以成形燦辰
耀感陰靈而爲質日星照白榆之影憑於萬物之精河疏拆木之
津假以百川之氣至若金臺混兆蓬山降莫鏤芳桂以飛輪掃
□□□□□□□□天網□□□□衣星者浦淮

肇分五材曰石並澤……
煙感陰靈而為質曰星照白揭之象憑於萬物之精河疏捋太一
津假以百川之氣至若金臺混熱靈山降英鏗芳桂以飛輪掃
若華而追景真人負劍遠造天關浮客乘查遙依星渚補維
立極化杖成林理■婷睛之端事隱■言之際嗽乳遊鈞之說雄
聞託夢之人懸鉤破鏡之談空傳■訶之客夫以東遊天縱終逆
對曰之言西蜀含章■詘蓋天之論前賢壯哲猶且為疑末學
庸能良難備述　謹對　正歷數
合緯之首銑樞提象容成著命■初五德遞遷三微驟變　問出震開元首■■
賤之職人貴於曠人吐納之儀參差於鋼史司縣占■……沃謀
■而難祥洛下陵渠之言推尋而窮究今欲刑嶽杓違改正攝
提必使璧彩交纏珠光叶縟登臺候朔占以雲而不差入幕窺灰
應四氣而無爽欲致斯道有■■由成秉雖步之方以應調來之猶
竊以立天立地四遊與六氣交馳為帝為王五德與三微遞運若不
窮精數象推步陽陰則龍蝕有影度之嫉水火成相沴之變由
是黃神馭宇既命歷於容成丹陵膺圖亦欽象於羲仲自專人顓頊曰
御璣宮亂者承亂紀之誅熱■■■之刻端錢莫辯晦朔不分
九章之要罕傳六歷之流罕作■■■若昔制尚興臺之言鄧平創規
猶煩壽王之奏　聖上以欽明御運歷數在躬踐翼基承圖■
孕象帝得崇其天文發然■■　■■編囊瑞光數燭彩雲重發澤
露懸甘翼蔦㦸於霄論■■■■若乃統三正播六■■■■
浮籙之祥黃樞降靈之運四可漂■■驥之跡陶甄■■之物徵復
發綴陰陽宣孝天地窮十端之界■■五紀循環若使懸炭窺衡瞻
緹候管明推三乘十之變得損一會九之宜然後魏箭金壺迴杓玉叶
正太初之歷窮大衍之數唐都■■法採之而功遺劉氏定譜存之
而取則自然璧有雀黃道無差珠璧連■之文金木叶五行之次
議封禪　問省方成典壯中既昇遂聽前古空覽裹吾之詞發揮中
茱唯傳茂陵之札然則君臨大寶駕馭熱元混車書而總八方會玉
[illegible]……鑾……象……蓋時常龍之岫當

斯00614號B　菟園策府並序　（05-02）

英國國家圖書館藏敦煌遺書

而取則自然臺有省茸道無弄珪璧□□之文金李以五行之液
議封禪　問省方戒典，中既昇，逖聽前古，空覽襃吾之詞，發揮中
莱唯傳茂陵之札，然則君臨大寶，駕馭熱充，混車書而揔八方，會玉
帛而朝萬國，莫不崇大禮，登介丘，鑾移翠象之嶽，蓋轉常龍之岫，當
金□風化洽道穆，時豈方欲崇采仙閭，揭藏日觀，玄紀鑿蒼龍□
時班瑞諸侯，告成山岳，討論圖籍，□封禮經，當陳搢紳之詞，用補莫
之略　謹對　竊以肆覲群后，府翻以時巡，告成方岳，陵天極而紀
号，是知探玉策，結金繩，蒲駕登丘，芝泥觀列，璧撰議者多人，逖覽
前王，成功者罕，就良以政，逢末廣，天位猶艱，徒想宏儀，空陳大礼
由是齊桓有問，耻符瑞之未臻，秦帝將昇，□風雨之為弊，雖復仁翔
濟鳳，覽張奏以為疑，運啓譙龍，對詩書而流汗，我國家之創□
統天正紐地，鈴駕昊騰，莫飛軒跱，錄御龍圖，而承景命，搖□□
而揔禎符，聲陶混元之鄉，教漸無明之國，朗三光於乹蓋，飛
五色於雲柯，麦鑿馴素之翬，蘆引翻朱之鷹，榮濤湛閣，書路
凝華鳳栖，籆□之桐，龍遊五花之樹，仁儀鸞略，瑞鯨呈鱗，登奉合其
一辯靈第，藉其三脊，協風遙扇，景化潛流，榮鏡八荒，財成萬有，夫
以軒皇駕象，揔會百靈，夏禹登山，朝宗萬國，若使觀風辰，彩鳴鸞□朱
獸之叢，發号揭翹，麾玉金鷄之岫，翠華西轉，蒼駕東巡，創射牟之
儀，起訖□之祭，祗肅天地，答神人開□中之白雲，望嶺側之青氣
作範前古，垂格後昆，奉氣之慶既流，萬歲之音可發　謹對　紀東嶽
闡風文，未清月營，頻偃明組之俗，長纓罕羈，雖挂遊魂，未除結
鑾今欲重飛雲鳥，再動環龜，擴行遼王之知，拓地損琴之貉，何
使占□之俗，草化而內遷，肩拥之軍，揚威而外□，萬方壽正之術，聽
有二攉，攻取之方，佇聞三略　謹對　竊以蹈圖奉義，□□□□□，擴
俗雖陶辰，韓弁韓之鄉，狼心易摽，綿歷既久，職貢靡脩，成其猿距之
弘，識其飛走之路，遂使荒城狡蔥未挂，良弓絕島奔鯨屢迷，疏網觀
其向背之趣，議其姦宄之由，良以前王無懷遠之威，歷代寡窮龍
之略，雖窮豎亥之筭，未越青丘，空問海人之衣，唯臨滄沿，若使聲馳
日城，化洽天崖，則落隼之貢可徵，獻犺之賓自至，伏惟聖上飛天
□□□□先□之帝□玉鏡，帝羅圖，踐三

16

仿葉陀斤卑千卑、紉猶此者杯弖屋白少身貢有作大三神既

弘熾其飛走路遂使荒城挍蒐未佳良弓絶島奔鯨屢迷踪絹約

其向背之趣議其姦宄之由良以前王無懷遠之威歷代寡寧龍

之略雖窮壂夷之筭未越青丘空問海人之衣唯臨滄泊若使聲馳

日域化洽天崖則落隼之貢可徵獻狖之賓自至伏惟聖上飛天

御歷括地開家風清執象之君化軼統樞之帝懸玉鏡席羅圖踐三

英登九望操環握鑾之俗秉蚕卷鼓之鄉一辟一目之酋毛人羽人之国

莫不踐珠澤跨桑津嚮仁義之風盡捧航之獻頟慈遂礪獨阻荒

隅未戢五兵猶勞再駕夫以化梨虐政猶興中冀之誅三苗不龔爰

動姚墟之代今既兵承廟略將禀神謀黃鳥降旗玄狐授籙命度天

將興轉石之師地陳籠山大舩蓋海蒙艟方隊飴鐵千群旆捷

鳴雷骨翻日東於樓雪縱烈火於秋原鼇山無作固之基鯨海息群

飛之浪鼉頭既截龍膝方迴先除瀞蕩之兇却掃除樹之[illegible]靜帶

方之安氛浸安肅慎之封於元不勞箭之謀詎待涉河之說然後黑[illegible]

之尉朝東海之君衛以扶桑洗兵海島止戈戢馬放珥弋復韜刊不耐之城

勒丸都之岫視六合其如指掌何一隅之足介哉

謹對　　均州讓

問高麗王正至範前經地利必分騰規往訓由是張衡摛賦辯沃瘠於二

京裴秀制圖審高卑於六體然則窮隆異等勞逸不同將均貢篚之

羌寔表京塬之積至乃人稀土曠滄瀛有弥望之郊擇汗啊

洽晉無立錐之地今欲均其土宇任以遷居使戶剖膏腴家豐菽粟猶

恐首丘難戀懷土易安食水多悉讀之謠涉河無辭從之誥可否之理

當有令圖勸導之宜威敷厥旨　　竊聞人惟邦本之固邦寧務本

必於安人基邦在於私衆譬[illegible]鳥巢林茂鳥歸山[illegible]

湅家國必資於冒實最者疏網紊緒天下分崩荊棘棲於皆庭狐兔

踐於城邑我國家[illegible]期膺曆握運受終遂五老而受圖書攬雙童而

基霸業澄清六合鎣鏡八荒庖讓而天下自歸一戎而兵戈已偃聖上

以大明統撫提象御辰景化溢於幽遐神功暢於動植駕雲甄海盛地開

圖羲里恒空閑田莫覓猶恐州如馬齒疎密不同地若龍鱗膏腴兼倍將

欲平分土宇申畫郊圻以為汾晉黎甿邑居湫隘涇渭郊野耕鑿未周

方寄論之禮国歷郢汎谷齊寺畢引而行之

踐於城邑。我國家……撫運受終……老而受圖書，撫……童而
基霸業，澄清六合，榮鏡八荒，再讓而天下自歸，一戎而兵戈已偃。聖上
以大明統極，提象御辰，景化溢於幽遐，神功暢於動植，駕雲瓢海，益地
圖義，里恒空閑，田莫覽猶，廻州如馬齒，踈密不同，地若龍鱗，膏腴兼倍。將
欲平分土宇，申畫郊圻，以為汾晉黎甿，邑居湫隘，洛濵郊野，耕鑿未周，
五土之利尚荒，四人之務猶褊。若夫體國經野，訓俗濟時，擇利而行，應
權而動，若使廣開敦喻，各任遷居，咸遂樂土之詩，共解薰風之慍，
使其環桑起宅，荷鍤趍疇，龍梭电蠶妾之機，鳳粟滿田夫之積，然後
崇禮節，務耕耘，政令絕蒼鷹之威，聚斂無耕之裹，乃可千倉
起詠，万賦咸均，繈貫滿於康莊，雜太聞於郊境。
菟園策第一

冝了亡高 月巳年四月……一日……

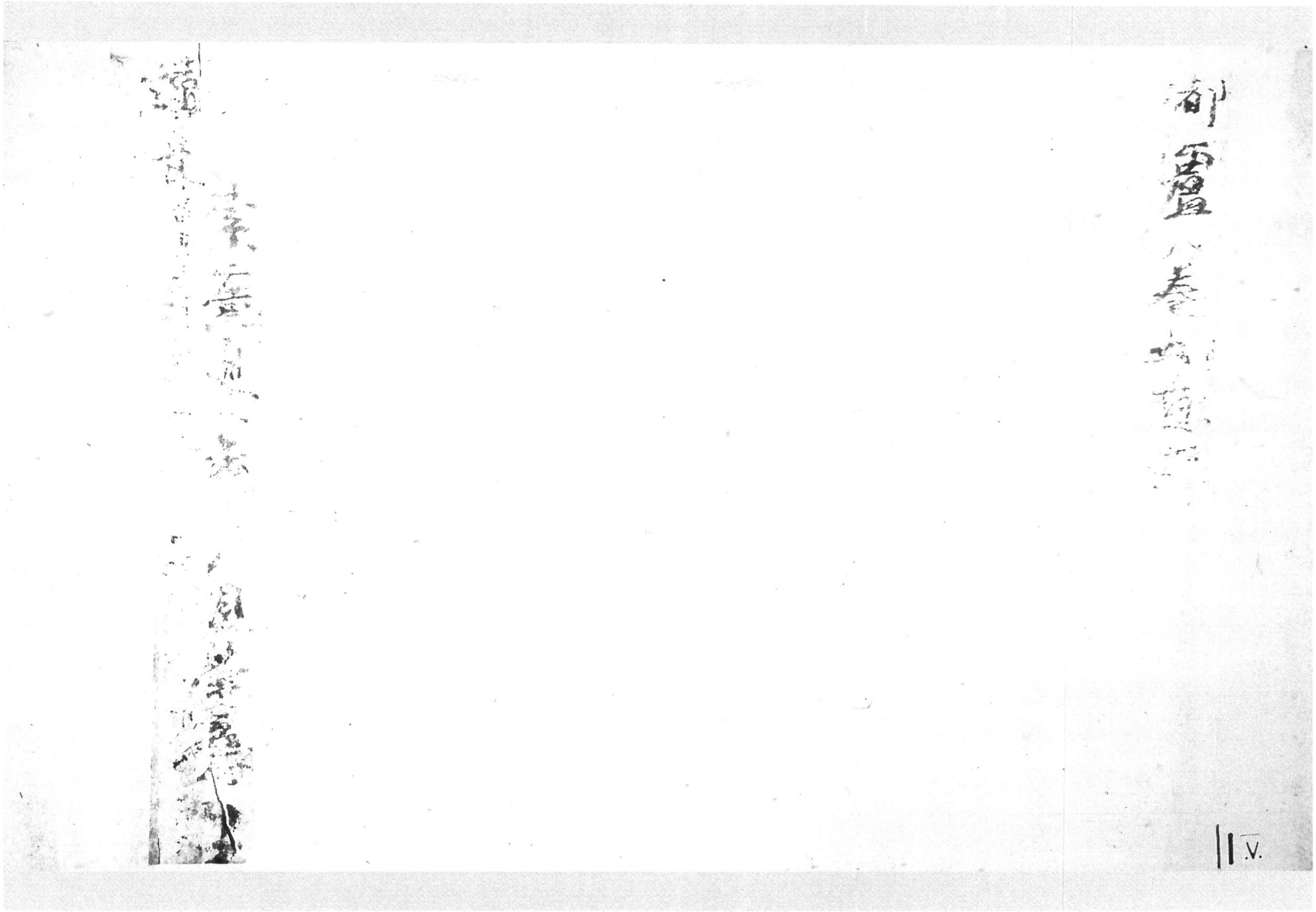

斯00614號B背　雜寫　(01–01)

南華真經達生品第十九

達生之情者不務生之所無以為（生之所無以為者分外物耳）達命之情者不務知之所無奈何（知之所無奈何者命表事耳）養形必先以物物有餘而形不得養者有之矣（知止其分物稱其生生斯足矣有餘則傷也）有生必先無離形形不離而生亡者有之矣（守形大甚故亡也）生之来不能卻其去不能止也（非我所制則無為有懷於其間矣）悲夫世之人以為養形足以存生（故彌養之彌失之也）而養形果不足以存生（養之彌厚則死地彌至也）則世奚足為哉（莫若放而任之也）雖不足為而不可不為者其為不免矣（性分自為者皆在理中来故不可免也是以善養生者從而任之也）夫欲免為形者莫如棄世棄世則無累無累則正平正平則與彼更生更生則幾矣（更生者日新之謂也付之日新則性命盡矣）事奚足棄而生奚足遺棄事則形不勞遺生則精不虧（所以遺棄之也）夫形全精復與天為一（俱不為也）天地者萬物之父母也（無所偏為故能子萬物也）合則成體散則成始（所在皆成無常處也）形精不虧是謂能移（與化俱也）精而又精反以相天（還輔其自然也）

子列子問關尹曰至人潛行不窒（其心虛故能御羣實）蹈火不熱行乎萬物之上而不慄（至適故無不可耳非物往可之也）請問何以至於此關尹曰是純氣之守也非知巧果敢之所居予語汝凡有

物往可之也請問何以至於此關尹曰是純氣
之守也非知巧果敢之所居予語汝凡有
貌象聲色者皆物與何以相遠唯無心者獨遠耳
夫奚足以至乎先是色而已同是形色之物耳未足以
相先也則物之造乎不形而止乎無所化常遊於極
也夫得是而窮之者物焉得為正焉夫至極者
非物之所制也彼將處乎不淫之度止於所受之分也而藏
乎無端之紀冥然與變日新也遊乎萬物之所終始
終始者物之極者也壹其性飾則二也養其氣不以心使之也合其
德不以物離性也以通乎物之所造物莫皆造於自分也夫
若是者其天守全其神無郤物奚自
入焉夫醉者之墜車雖疾不死骨節與人
同而犯害與人異其神者全也乘亦不知
也墜亦不知也死生驚懼不入乎其胸是
故遻物而不慴彼得全於酒而猶若是醉故
失其所知耳非自然無心也而況得全於天乎聖人藏於
天故莫之能傷也不闚性分之外故曰藏也
復讎者不折鏌干夫干將鏌鋣雖與讎為用然報讎者不事折之以其
無心雖有忮心者不怨飄凡飃落之凡雖復中人人莫之怨者由
其無情也是以天下平均凡不平者由有情也故無攻戰之
亂無殺戮之形也者由此道也無情之道大也不開
人之天而開天之天不慮而知開天者也知而後感開人者也然則開天者性
之動也開人者知之用也開天者德生性動者遇物而當足則無餘斯德生者也
開人者賊生知用者從感而求勌不厭其天

人之天而開天之天（不慮而知開天者也知而後感開人者也然則開天者性之動也開人者知之用也）
開天者德生（性動者遇物而當足則無餘斯德生者也）
開人者賊生（知用者從感而求勑而不已斯賊生者也）不厭其天不
忽於人（任其天性而動則人理自然全矣）民幾乎以其真（民之
所患僞之所生常在於知用不在於性動也）
仲尼適楚出於林中見痀僂者承蜩猶掇
之也仲尼曰巧乎有道也曰我有道也五
六月累丸二而不墜則失者錙銖（累二丸於竿頭是用手之
停審也故其承蜩所失者不過錙銖之閒耳）累三而不墜則失者
十一（所失愈少也）累五而不墜猶掇之也（停審之至
故乃無所復失也）吾處也若橛株拘吾執臂也若槁
木之枝（不動之至也）天地之大萬物之多而唯蜩
翼之知吾不反不側不以萬物易蜩之翼
何爲而不得（遺彼故得此者也）孔子顧謂弟子曰用
志不分乃疑於神其痀僂丈人之謂乎
顏淵問仲尼曰吾嘗濟乎觴深之淵津人
操舟若神吾問焉曰操舟可學邪曰可善
游者數能（言物雖有性亦須數習而後能耳）乃若夫沒人
則未嘗見舟而便操之者也（沒人謂能鷩沒於水底者也）
吾問焉而不吾告敢問何謂也仲尼曰善游
者數能忘水也（習以成性遂若自然者也）乃若夫沒人之
未嘗見舟而便操之也彼視淵若陵視舟
之覆猶其車卻也（視淵若陵故視舟之覆於淵猶車之卻退於坂也）
覆卻萬方陳乎前而不得入其舍（覆卻雖……）

未嘗見舟而便操之也彼視淵若陵視舟
之覆猶其車卻也視淵若陵故視舟之覆於淵猶車之卻退於坂也
覆卻萬方陳乎前而不得入其舍覆卻雖多而猶
不以經懷以其性便故也惡往而不暇所遇皆閑暇也以瓦注
者巧以鉤注者憚以黃金注者惛所要愈重則其
心愈矜也巧一也而有所矜則重外也凡重外者
內拙夫欲養生全內者其唯無所矜重乎
田開之見周威公威公曰吾聞祝腎學生
學生者務中適者也吾子與祝腎遊亦何聞焉田開
之曰開之操拔篲以侍門庭亦何聞夫子
威公曰田子無讓寡人願聞之開之曰聞之
夫子曰善養生者若牧羊者然視其後者
而鞭之威公曰何謂也田開之曰魯有單豹
者巖居而水飲不與民共利行年七十而
猶有嬰兒之色不幸遇餓虎餓虎殺而食
之有張毅者高門懸薄無不走也行年卌
而有內熱之病以死豹養其內而虎食其
外毅養其外而病攻其內此二子者皆不鞭
其後者也夫守一方之事至於過理者不及於會通之適者也鞭其後者去其不及
仲尼曰無入而藏藏既內矣而又入之此過於入者也無出而
陽陽既外矣而又出之此過於出者也柴立其央若槁木之無心而中適是立也
三者若得其名必極名極而實當也
夫畏塗者十殺一人則父子兄弟相戒也必盛
卒走而後敢出焉不亦知乎人之所畏者

三者若得其名必極名極而實當也
夫畏塗十殺一人則父子兄弟相戒也必盛
卒徒而後敢出焉不亦知乎人之所畏者
袵席之上飲食之閒而不知為之戒者過也
十殺一耳便大畏之至於色欲之害動皆之死地而莫不冒之斯過之甚者也
祝宗人玄端以臨牢筴說彘曰汝奚惡死吾
將三月犧汝十日戒三日齋藉白茅加汝肩
尻乎彫俎之上則汝為之乎為彘謀不如
食以糟糠而錯之牢筴之中自為謀則苟生
有軒冕之尊死得於腞楯之上聚僂之中則
為之為彘謀則去之自為謀則取之所異彘
者何也欲贍則身亡理常俱耳不問人獸也
桓公田於澤管仲御見鬼焉公撫管仲之
手曰仲父何見對曰臣無見也公反誒詒
為病數日不出齊士有皇子告敖者曰公
則自傷鬼惡能傷公夫忿滀之氣散而不
反則為不足上而不下則使人善怒下而不
上則使人善忘不上不下中身當心則為病
桓公曰然則有鬼乎曰有沈有履竈有
髻戶內之煩壤雷霆處之東北方之下者倍
阿鮭蠪躍處之西北方之下者則泆陽處
之水有罔象丘有峷山有夔野有彷皇
澤有委蛇公曰請問委蛇之狀何如皇子
曰委蛇其大如轂其長若轅紫衣而朱冠

之水有罔象丘有莘山有夔野有方皇
澤有委虵公曰請問委虵之狀何如皇子
曰委虵其大如轂其長若轅紫衣而朱冠
其為物也惡聞車聲拜其首而立見之
者殆乎霸桓公辴然而笑曰此寡人之所
見者也於是正衣冠與之坐不終日而不知
病之去也此章言憂來能累生者不明者也患去而性得者達理也
紀渻子為王養鬬雞十日而問雞已乎曰
未也方虛憍而恃氣十日又問曰未也猶應
景嚮十日又問曰未也猶疾視而盛氣十日
又問曰幾矣雞雖有鳴者已無變矣望之
似木雞矣其德全矣異雞無敢應者反
走耳矣此章言養之以至於全者猶無敵於天下也況自全乎
孔子觀於呂梁懸水卅仞流沫卌里黿鼉
魚鱉之所不能遊也見一丈夫遊之以為有
苦而欲死者也使弟子並流而拯之數百
步而出被髮行歌而遊於堂下孔子從而
問焉曰吾以子為鬼察子則人也請問蹈水
有道乎曰亡吾無道吾始乎故長乎性成
乎命與齊俱入與汩偕出磨翁而旋入者齊也迴伏而涌
出者汩也從水之道而不為私焉任水而不任己也此
吾所以蹈之也孔子曰何謂始乎故長乎
性成乎命曰吾生於陵而安於陵故也長
[illegible]

吾所以蹈之也孔子曰何謂始乎故長乎
性成乎命曰吾生於陵而安於陵故也長
於水而安於水性也不知吾所以然而然命
也（此章言人有偏能得其所能而任之則天下無難矣用夫無難以涉乎生生之道何往而不通）
梓慶削木為鐻鐻成見者驚猶鬼神（不似人所作也）
魯侯見而問焉曰子何術以為焉對曰
臣工人何術之有雖然有一焉臣將為鐻
未嘗敢以耗氣也必齊以靜心齊三日而
不敢懷慶賞爵祿齊五日不敢懷非譽
巧拙齊七日輒然忘吾有四枝形體也當
是時也無公朝（視公朝若無則企之心絕矣）其巧專而
外滑消（性外之事去也）然後入山林觀天性形體至
然後成見鐻者然後加手焉不然則已（必取材中者也）
則以天合天也（不離其自然也）器之所以疑神者
其是與（盡因物之妙故乃疑是鬼神所作耳）
東野稷以御見莊公進退中繩左旋中規
莊公以為文弗過也使之鉤百而反顏闔
遇之入見曰稷之馬將敗公密而弗應少
焉果敗而反公曰子何以知之曰其馬力竭
矣而猶求焉故曰敗也（斯明至當之不可過也）
工倕旋而蓋規矩指與物化而不以心稽故其
靈臺而不桎（雖倕之巧猶任規矩此言因物之易也）忘足屨之
適者也忘要帶之適者也（百體皆適則都忘其身矣）知
忘是非心之適者也（是非生於不適耳）不內變不外

7

靈臺而不桎 雖倕之巧猶任規矩此言因物之易也 忘足屨之
適者也忘要帶之適者也 百體皆適則都忘其身矣 知
忘是非心之適者也 是非生於不適耳 不內變不外
從事會之適者也 所遇而安故無所變從也 始乎適而
未嘗不適者忘適之適者也 識適者猶未適也
有孫休者踵門而詫子扁慶子曰休居鄉
不見謂不脩臨難不見謂不勇然而田原
不遇歲事君不遇世賓於鄉里逐於州
部則胡罪乎天哉休惡遇此命也扁子曰
子獨不聞夫至人之行邪忘其肝膽遺其
耳目 闇付自然也 芒然傍徨乎塵垢之外 凡非真性皆塵垢也
逍遙乎無事之業 凡自為者皆無事之業也 是謂為而
不恃 率性自為耳非恃而為之者也 長而不宰 任其自長耳非宰而長之者也
今汝飾知以驚愚脩身以明汙昭昭乎若
揭日月而行也汝得全而形軀具而九竅
無道夭於聾盲跛蹇而比於人數亦幸矣
又何暇乎天之怨哉子往矣孫子出扁子入
坐有閒仰天而歎弟子問曰先生何為歎乎
扁子曰向者休來吾告之以至人之德吾恐
其驚而遂至於惑也弟子曰不然孫子之所
言是也先生所言非也非固不能惑是孫子
所言非邪先生所言是邪彼固惑能來矣又
奚罪焉扁子曰不然昔者有鳥止於魯郊
說之為具太牢以饗之奏九韶以

其驚而遂至於惑也弟子曰不然孫子之所
言是也先生所言非也非固不能惑是孫子
所言非邪先生所言是邪彼固惑能來矣又
奚罪焉扁子曰不然昔者有鳥止於魯郊
君說之為具大牢以饗之爲奏九韶以
乃始憂悲眩視不敢飲食此之謂
若夫以鳥養養鳥者宜棲之
食之以委蛇則平陸而已矣
寡聞之民也
人至

……問事　四者當看……取手
閉戶　上廁有五事　一者到廁門看有人……
著架上　三者大小便訖如法用水洗淨　四者……
……勿汙衣裳　澡灌等復有三事　一者應具廁上草……
……大小便各別不得雜和　二者須澡槨令淨　三者看師上廁所須
一物　非眾僧直日有五事　一者當隨知事人言教　二者當洗釜從口
邊洗次腹裹　三者去中惡水更著新水　四者擇從令淨當看作
食器物好不　五者當好擇菜令淨青黃各別淨令僧中行食當
知法次第從上坐待心平等待眾僧食訖當還具諸物付後次直
人令乃出去∴入僧眾有五事　一者當隨師後過受所須　二者
知自次第坐不得語咲於四威儀皆如法齊勉　三者不得貪心
受食食不得使有聲不得噬半食　四者食訖當看師取物
五者當看諸師同學威儀庠序　事和尚有卄事　一者當早起
洗手盥已前　二者當三彈指在脚入戶　三者當出大小便器　四者當授
楊枝揀豆　五者當灑戶內　六者當疊衣敷臥具　七者當送食　八者當問
法　九者當和上教戒時專念奉行　十者行出戶沙彌事闍梨亦如是∴
事和上復有五事　一者當敬如佛想　二不得和尚前調戲語咲　三和上
呵責嘿受之　四和上前不得羅頭肩　五者當藥摩事闍梨亦如是
事和尚後有五事　一和尚入聚落當揆僧伽梨　二持尼師檀隨
後　三行時去和尚一錦手　四和尚却還至住處受常所著衣　五疊

呵責嘿受之　四和上前不得羅頭肩　五當案摩事闍梨亦
事和尚後有五事　一和尚入衆后當棲僧伽梨　二持尼師檀隨
後　三行時去和尚一歸手　四和尚却退至住處受常所著衣　五整
僧伽梨置常處　事闍梨亦如是　所行事有五　一不得輕呵大比丘
二不得卧大比丘床褥　三不得調弄大比丘　四不得在大比丘前行
五見比丘當起立　沙弥應行有十事　一者若有所造要當白師
二當受經戒亦須白師　三若棲他經戒亦當白師　四若與他共行亦當
白師　五他請共行亦當白師　六與他近食亦當白師　七請他近
食亦白師　八薰鉢時亦當白師　九與他薰鉢亦白師　十洗染衣自
他俱白師　沙弥應行事有五　一與師洗鉢　二與師薰鉢　三與師
洗滌衣服　四朝旦中晡請棲教坐　五若師有患當竭力瞻視
沙弥洗鉢有七事　一者鉢有殘食不得棄擲　二者若餘殘食當
以水瀉取置淨地上　三不得在屋檐樹下　四不德危險處
五雜地一櫟手　六不得以水捍空中棲取　七者當向屏處不
得衆前洗　沙弥入衆有七事　一者當偏袒右肩頭面
礼僧　二者大比丘未坐不得先坐　三者隨次第坐　四不得跨譺
坐　五不得高聲語唼　六上座來當容坐處不得共爭
七若无患不得數起除僧使　當直有八事　一護持僧物不得
敍受用　二不得當路作　三所作未竟不得捨置　四和尚闍梨

坐　五不得高聲語笑　六上座未當容坐處不得共爭
七若无患不得數起除僧使　當直有八事　一護持僧物不得
私受用　二不得當路作　三所作未竟不得捨置　四和尚闍梨
教令不得違處　五當善知淨法　六器物令淨　七當塞鼠孔
八當覆蓋　沙弥道行有五事　一不得左右顧視　若有
所覩當迴身向所看處　二不得高視不得仰視當平行如
擔人法視前七步內　三當迴時當右旋不得左旋　四不得大急
大行除難事不得大緩當不急不緩　五不得掉臂行
沙弥住有七事　一不得當前立當在傍邊　二不得當和尚闍
梨長老比丘前立　五不得屠肆前立　六不得樗蒲人邊立
三不得獄卒前立　四不得寡女處女寡婦前立　五不得屠肆
前立　六不得樗蒲人邊立　七不得鬥雞鬪人鬪邊立
沙弥坐有五事　一不得背佛塔像前坐　二不得當像坐　三不得
放逸大坐當令如法　四上座在下不得在上坐　五不得與比丘相逼坐
沙弥卧有五事　一不得如受欲人左脅卧　二不得似死屍偃卧
三不得如餓鬼仗卧　四當如師子王右脅而卧　五當累兩腳屈右手
為枕曳左手頓身閑口舌柱上齶　沙弥入浴室有十事　一當著
舍羅　二經唄　三不得亂語　四當咒願　五次第用水　六不得久妨
後人　七當用澡豆　八當為和尚闍梨揩摩身體　九當為上座
長老比丘揩摩身體　十不得妄有所說多棄水漿　沙弥所行
食有五事　一不得染污心傳衣著　二不得染污心共食器　三不

3 V.

斯00615號背　沙彌威儀（擬）（05–03）

後人　七當用澡豆　八當爲和尚闍梨揩摩身體　九當爲上座
長老比丘揩摩身體　十不得妄有所說多棄水漿　沙彌所行
後有五事　一不得染污心傳衣著　二不得染污心共食器　三不
得染污心共床卧　四不得染污心非法言語　五卧時不得並頭若對卧
中脚不得過膝　沙彌大小便有十事　一當三彈指作聲　二不得
高褰衣當須下　三不得卒起來坐　四不得澆污四邊　五不
得濺廁上　六不得廁上嚼齒木　七不得坐禪誦經　八不得
覆頭覆肩　九不得低頭視身坐　十大小便訖當用水洗
沙彌應行又五事　一不得欲心動身生　二不得欲心視身生　三不得
令他觸　四不得手觸身生　五若夢中出不淨尋當淨心
沙彌礼師有七事　一師禪坐不應礼　二閤中不應礼　三經行不
應礼　四師食不應礼　五師向舍後不應礼　沙彌嚼齒
木有五事　一不得向塔　二不得和尚闍梨前嚼　三不得向衆
嚼　四不得屏處嚼　五嚼頭破刮訖藏著軟土中　沙彌所
行有二事　一不得盜聽比丘所說　二不得說比丘是非　若沙彌
受十戒竟已當如文受持莫令有犯若无慚愧犯其戒者
當墮地獄經劫受罪何以故違佛語故行住坐卧於佛法中慈是
大賊木　乃至不得受他四輩一毫麄供養又復說戒受籌布薩
時若有恐懼堅持不犯當知是人於佛法中得須陀洹果乃至
阿羅漢果漸漸積功進可成佛是故偈言
持戒爲實樂　身不犯衆惡　具持是禁戒　速登涅槃道

4.V.

當墮地獄經云受罪何以故違佛說故行住坐臥於佛法中於慈是
大賊本 乃至不得受他四輩一錢塵供養又復說戒受籌布薩
時若有怨讎 堅持不犯當知是人於佛法中得須陁洹果 乃至
阿羅漢果漸漸積功進可成佛是故偈言
持戒實為樂 身不犯衆惡 具持是禁戒 速登涅槃道
持戒淨身口 攝心正憶念 多聞生實智 斯由戒根本
戒慎除恐懼 福報三界尊 鬼龍邪毒害 不犯有戒人
衆山須弥最 衆流海為最 衆經億百千 戒經為上最
是故智人堅持禁戒乃至喪失身命終不毀犯 故經云大惡
病中戒為良藥 大黑闇中戒為燈明 生死海中戒為橋樑
遊諸天堂戒為梯隥 為壞魔軍戒為勇將 持心精聖道持戒
必到戒有如是功德不可思議 努力專心受持讀誦如說修行

5 v.

聽法故三來集山王
何如來作一於　我未曾聞是諸天子
脩行具足六波羅蜜之未曾聞捨於手足頭
目髓腦可愛妻子財寶絛帛金銀瑠璃車璖
馬瑙真珠珊瑚珂貝碧玉甘饌飲食衣服床
卧病瘦醫藥象馬車乘殿堂屋宅薗林泉池
奴婢僕使如餘无量百千菩薩以種種資生
供養之具恭敬供養過去无量百千万億那
由他等諸佛世尊如是菩薩於未來世之捨
无量可重之物頭目髓腦可愛妻子財寶絛
帛乃至僕使次第脩行成就具足六波羅蜜
成就是已脩備苦行動經无量无邊劫數然
後方得受菩薩記世尊是天子等何因何緣
脩行何等勝妙善根從彼天來暫得聞法便
得受記唯願世尊為我解說斷我疑網
尒時佛告樹神善女天皆有因緣有妙善根
已隨相脩何以故以是天子於所住處捨五
欲樂故來聽是金光明經既聞法已於是經
中淨心慇重如說脩行復得聞此三大菩薩
受於記莂之以過去本昔發心誓願因緣是
故我今皆与授記於未來世當得阿耨多羅
三藐三菩提
金光明經除病品第十五
佛告道場菩提樹神善女天諦聽諦聽善持

三藐三菩提
金光明經除病品第十五
佛告道場菩提樹神善女天諦聽諦聽善持
憶念我當為汝演說往昔誓願因緣過去无
量不可思議阿僧祇劫尒時有佛出現於世
名曰寶勝如來應供正遍知明行足善逝世
間解无上士調御丈夫天人師佛世尊善女
天尒時是佛般涅槃後正法滅已於像法中
有王名曰天自在光脩行正法如法治世人
民和順孝養父母是王國中有一長者名曰
持水善知醫方救諸病苦方便巧知四大增
損善女天尒時持水大長者家中後生一子
名曰流水體狠殊勝端政第一形色微妙威
德具足受性聰敏善解諸論種種伎藝書疏
筭計无不通達是時國內天降疫病有无量
百千諸眾生等皆无免者為諸苦惱之所逼
切善女天尒時流水長者子見是无量百千
眾生受諸苦惱故為是眾生發大悲心作是
思惟如是无量百千眾生受諸苦惱我父長
者雖善醫方能救諸苦方便巧知四大增損
年已衰邁老耄枯悴皮緩面皺羸瘦戰掉行
來往返要因机杖困頓疲乏不能至彼城邑
聚落而是无量百千眾生復遇重病无能救
者我今當至大醫父所諮問治病醫方秘法

聚落而是无量百千衆生復遇重病无能救
者我今當至大醫父所 諮問治病醫方秘法
諸稟知已當至城邑聚落村舍治諸衆生種
〻重病悉令得脫无量諸苦時長者子思惟
是已即至父所頭面著地爲父作礼叉手却
住以四大增損而問於父即說偈言
云何當知 四大增損 衰損代謝 而得諸病
云何當知 飲食時節 若食〻已 身火不滅
云何當知 治風及熱 水過肺病 及以等分
何時動風 何時動熱 何時動水 以害衆生
時父長者 即以偈頌 解說醫方 而荅其子
三月是夏 三月是秋 三月是冬 三月是春
是十二月 三〻而說 從如是數 一歲四時
若二〻說 足滿六時 三〻本攝 二〻現時
隨是時節 消息飲食 是能益身 醫方所說
隨是歲中 諸根四大 代謝增損 令身得病
有善醫師 隨順四時 三月將養 調和六大
隨病飲食 及以湯藥 多風病者 夏則發動
其熱病者 秋則發動 等分病者 冬則發動
其肺病者 春則增劇 有風病者 夏則應服
肥膩醎酢 及以熱食 有熱病者 秋服冷甜
等分冬服 甜酢肥膩 肺病春服 肥膩辛熱
飽食然後 則發肺病 於食消時 則發熱病

斯00616號　金光明經(五卷本)卷四　(10–03)

等分冬服 甜酢肥膩 肺病春服 肥膩辛熱
飽食然後 則發肺病 於食消時 則發熱病
食消已後 則發風病 如是四大 隨三時發
風病羸損 補以蘇膩 熱病下藥 服呵梨勒
等分應服 三種妙藥 所謂甜辛 及以蘇膩
肺病應服 隨能吐藥 若風熱病 肺病等分
違時而發 應當任師 籌量隨病 飲食湯藥
善女天尒時流水長者子問其父醫四大增
損因是得了一切醫方時長者子知醫方已
遍至國內城邑聚落在在處〻隨有衆生病
苦者所濡言慰喻作如是言我是醫師我是
醫師善知方藥今當爲汝療治救濟悉令除
愈善女天尒時衆生聞長者子濡言慰喻許
爲治病心生歡喜踊躍无量時有百千无量
衆生遇極重病直聞是言心歡喜故種〻所患
即得除差平服如本氣力充實善女天復有
无量百千衆生病苦深重難除差者即共来
至長者子所時長者子即以妙藥授之令服
服已除差〻已得平復善女天是長者子於是
國內治諸衆生所有病苦悉得除差
金光明經流水長者子品第十六
佛告樹神尒時流水長者子於天自在光王
國內治一切衆生无量苦患已令其身體平

斯00616號　金光明經(五卷本)卷四　(10–04)

金光明經流水長者子品第十六
佛告樹神尒時流水長者子於天自在光王
國內治一切衆生无量苦患已令其身體平
服如本受諸快樂以除病故多設福業脩行
布施尊重恭敬是長者子作如是言善哉長
者能大增長福德之事能益衆生无量壽命
汝今真是大醫之王善治衆生无量重病
必是菩薩善解方藥善女天時長者子有妻
名曰水空龍藏而生二子一名水空二名水藏
時長者子將是二子次苐遊行城邑聚落家
後到一大空澤中見諸虎狼狗犬鳥獸多食
宍血悉皆一向馳奔而去時長者子作是念
言是諸禽獸何因緣故一向馳走我當隨後
逐而觀之時長者子遂便隨逐見有一池其
水枯涸於其池中多有諸魚時長者子見是
魚已生大悲心時有樹神示現半身作如是
言善哉善哉大善男子此魚可愍汝可与水
是故号汝名為流水復有二緣名為流水一能
流水二能与水汝今應當隨名定實時長者
子問樹神言此魚頭數為有幾何樹神荅言其
數具足足滿十千善女天尒時流水聞是數
已倍復增益生大悲心善女天時此空池為
日所曝唯少水在是十千魚將入死門四向
婉轉見是長者心生恃賴隨是長者所至方

5

斯00616號　金光明經(五卷本)卷四　(10–05)

已倍復增益生大悲心善女天時此空池為
日所曝唯少水在是十千魚將入死門四向
婉轉見是長者心生恃賴隨是長者所至方
面隨逐瞻視目未曾捨是時長者馳趣四方
推求索水了不能得便四顧望見有大樹尋
取枝葉還到池上与作蔭涼作蔭涼已復更
推求是池中水本從何來即出四向周遍求
覓莫知水處復更疾走遠至餘處見一大河
名曰水生尒時復有諸餘惡人為捕此魚故
於上流玄嶮之處決棄其水不令下過然其
決處懸嶮難補計當脩治經九十日百千人
功猶不能成況我一身時長者子速疾還
返至大王所頭面礼拜却坐一面合掌向王
說其因緣作如是言我為大王國土人民治
種種病漸漸遊行至彼空澤見有一池其水
枯涸有十千魚為日所曝令日困厄將死不
久唯願大王借廿大象令得負水濟彼魚命
如我与諸病人壽命尒時大王即勅大臣速
疾供給尒時大臣奉王告勅語是長者善
哉大士汝今自可至象廐中隨意選取利益
衆生令得快樂是時流水及其二子將廿大
象從治城人借索皮囊疾至河所上流決處
盛水象負馳疾奔還至空澤池從象背上下
其囊水寫置池中水遂弥滿還服如本時長

6

斯00616號　金光明經(五卷本)卷四　(10–06)

盛水鳥負馳奔疾還至空澤池從鳥背上下
其囊水寫置池中水遂弥滿還服如本時長
者子於池四邊傍佯而行是魚尒時亦復隨
逐循岸而行時長者子復作是念是魚何緣
随我而行是魚必為飢火所惱復欲從我求
索飲食我今當与善女天尒時流水長者子
告其子言汝取一鳥最大力者速至家中啓
父長者家中所有可食之物乃至父母飲噉
之分及以妻子奴婢之分一切聚集悉載鳥
上急速来還尒時二子如父教勅乘最大鳥
往至家中白其祖父說如上事尒時二子杈
取家中可食之物載鳥背上疾還父所至空
澤池時長者子見其子還心生歡喜踊躍无
量從子邊取飲食之物散著池中与魚食已
即自思惟我今已能与此魚食令其飽滿未
来之世當施法食復更思惟曾聞過去空閑
之處有一比丘讀誦大乘方等經典其經中
說若有衆生臨命終時得聞寶勝如来名号
即生天上我今當為是十千魚解說甚深十二
因緣亦當稱說寶勝佛名時閻浮提中有二
種人一者深信大乘方等二者毀呰不生信
樂時長者子作是思惟我今當入池水之中
為是諸魚說深妙法思惟是已即便入水作

17

斯00616號　金光明經（五卷本）卷四　（10-07）

樂時長者子作是思惟我今當入池水之中
為是諸魚說深妙法思惟是已即便入水作
如是言南无過去寶勝如来應正遍知明行
足善逝世間解无上士調御丈夫天人師佛
世尊寶勝如来本往昔時行菩薩道作是誓
願若有衆生於十方界臨命終時聞我名
者當令是輩即命終已尋得上生三十三天
尒時流水復為是魚解說如是甚深妙法所
謂无明緣行〻緣識〻緣名色〻〻緣六入
六入緣觸〻緣受〻緣愛〻緣取〻緣有〻
緣生〻緣老死憂悲苦惱善女天尒時流水
長者子及其二子說是法已即共還家是長
者子復於後時賓客聚會醉酒而臥尒時其
地卒大震動時十千魚同日命終即命終已
生忉利天既生天已作是思惟我等以何善
業因緣得生於此忉利天中復相謂言我等
先於閻浮提内墮畜生中受於魚身流水長
者与我等水及以飲食復為我等解說甚深
十二因緣并稱寶勝如来名号以是因緣令
我等輩得生此天是故我等今當往至長者
子所報恩供養尒時十千天子從忉利天下
閻浮提至流水長者子大醫王家時長者子
在樓屋上露臥眠睡是十千天子以十千真珠

18

斯00616號　金光明經（五卷本）卷四　（10-08）

子而乃見佛眷屬尒時十千天子從忉利天下
閻浮提至流水長者子大醫王家時長者子
在樓屋上露臥眠睡是十千天子以十千真珠
天妙瓔珞置其頭邊復以十千置其足邊復
以十千置右脅邊復以十千置左脅邊雨
曼陀羅華摩訶曼陀羅華積至于膝種種天
樂出妙音聲閻浮提中有睡眠者皆悉覺悟
流水長者子亦從眠悟是十千天子於上空
中飛騰遊行天自在光王國內處處皆雨天
妙蓮華是諸天子復至本處空澤池所復雨
天華便從此沒還忉利宮隨意自在受天五
欲時閻浮提過是夜已天自在光王問諸大
臣今夜何緣亦現如是淨妙瑞相有大光明
大臣答王大王當知忉利諸天於流水長者
子家雨卌千真珠瓔珞及不可計曼陀羅華
王即告臣卿可往彼長者子家善言誘喻喚
令使來大臣受勅即至其家宣王教令喚是
長者是時長者尋至王所王問長者何緣亦
現如是瑞相長者子言我必定知是十千魚
其命已終時大王言今可遣人審實是事尒
時流水尋遣其子至彼池所看是諸魚死活
定實尒時其子聞是語已向於彼池既至池
已見其池中多有摩訶曼陀羅華積聚成積
其中諸魚悉皆命終見已即還白其父言彼
諸魚等悉已命終尒時流水知是事已復詣

9

斯00616號　金光明經(五卷本)卷四　(10-09)

已見其池中多有摩訶曼陀羅華積聚成積
其中諸魚悉皆命終見已即還白其父言彼
諸魚等悉已命終尒時流水知是事已復往
王所作如是言是十千魚悉皆命終王聞是
已心生歡喜尒時世尊告道場菩提樹神善
女天欲知尒時流水長者子今我身是長子
水空今羅睺羅是次子水藏今阿難是時十
千魚者今十千天子是是故我今為其受阿
耨多羅三藐三菩提記尒時樹神現半身
者今汝身是

金光明經卷第四

弟子比丘龍泉窟主永保敬寫金光明一部勝鬘一
部方廣一部　願亡者託生佛國西奉慈顏
長辭三塗永與苦別生生之處遇善知識發菩
提心普及含生早成佛道
大和三年歲次戊子五月廿一日

10

斯00616號　金光明經(五卷本)卷四　(10-10)

呵責反 [illegible]
丁感反 鑵 水鑵也 古乱反 蕩 木蕩也 他郎反 桶 他孔反 枮 [illegible] 知林反
帚 糞之別名 物屋反 掃帚 下之酉反 到音蘇老反 簸箕 上補[illegible] 下居
青 筐 音 笸籮 音羅 籃籠 郎孔反 又落洪反 篩 音[illegible]
老 筐 [illegible]
杴欏 上側洽反 下音羅 箄 甑箄也 竦 箒 上[illegible] 之酉
與 余慮反 飲食者 楊 偈梨反 滔甖 上蒲各反 下音烏 槺
礦 [illegible]反 碓 五對反 碓 對臼 集[illegible]反 磨 莫餓反 [illegible] 莫賴反
杵 昌呂反 鍬 七遥反 [illegible] 加居 鑺 俱縛反 鑱 士[illegible]
䦆 方[illegible]反 鑿 藏各反 鋸 [illegible] 鍇 限 [illegible] 普郎反 [illegible]
錐 識惟反 錯 祖乱反 砧 打鐵砧 如林反 [illegible]反 鉗 巨嚴反 [illegible]
音 [illegible] 桐 音[illegible] 枸 音[illegible] 柯 音歌 斧 析 橘 巨京反 鑿 檳也 橦 鋤 音[illegible]
上奴駼反 下臬安反 鞴 [illegible] 鞴靳 [illegible] 樓 縣[illegible] 竪 [illegible]反 界 音介 鼓 木[illegible]
削 相略反 剗 以[illegible] 初限反 剔 苦勒反 鏤 郎豆反 鏨 [illegible]石 [illegible]
劘 廿削也 爲九反 劀 [illegible]縁反 鏃 作[illegible] 居[illegible]反 [illegible] 刀 [illegible] 普歷反
秦 列反 剸 截全 祖本反 拾 山[illegible]反
田農部
地 田壃 田界 居郎反 畔 蒲半反 畝 二百卌步為一畝 頃 百畝為一頃 闔 頰 [illegible]
町 地狭長 他丁反 圢 地廣平 他[illegible]反 [illegible] 耕 耕[illegible]各 [illegible] [illegible] 良 又 [illegible]
[illegible] 薄加[illegible] [illegible] 耕[illegible] [illegible] [illegible] 很反

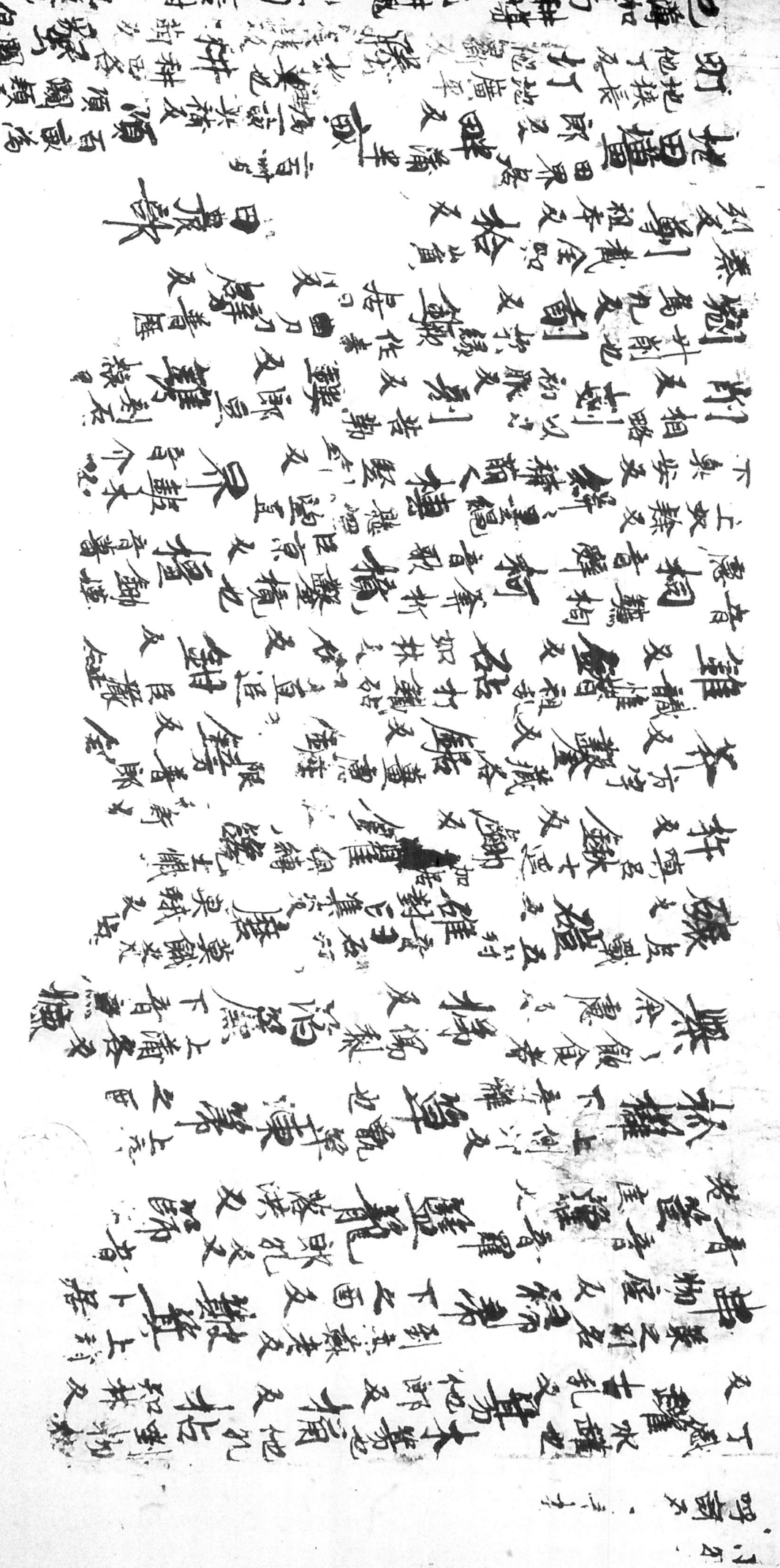

斯00617號　俗務要名林　（14-01）

畝 田反 頃 項 闕頭反 壟

町 地狹長 他丁反 打 地廣平 塍 耕 墾 圃田 康很反

杷 蒲加反 場 耕場 音場 代 塊 土團也 苦對反 坺 地墢也 胡卓反 掃 卧反 鍬

磉 杵田木 上音 六下音逐 耬 下種具 落侯反 犂 小犂也 音諧 稀 鋤 種 鏵 麻反 鏟

上音 種 下子也 章用反 又音 穜 種 田也 栽 種樹 則 苗 穀苗也 明驕反 秧

餅 良反 亦作 丙反 苗

肥 穮 田薄苗 滋 穗 苗自生 調 勾 盧上 康逵 又下 羊倫反 稠 苗多也 直流反 稀 亦故多也 居義反 稀 苗

刈 魚沛反 芟 所銜反 發 普末反 稞 十束為稞 胥七反 薅 以手除草 呼高反 耡 余反 又音助 鋤 胡郭反 雜

堆 敦堆也 丁回反 堅 聚粒 喻反 隔 小壁也 丁戈反 場 上音素 下音布 積 亦 積 大積 利反

穳 又 當盧 椿 之兩頭 大者 蘿 打麥杖 上音 羅 下音 敢

穀 莖 浦 又 穗 音 透 粒 音 魏 糯 音 又 粘 也 音 似 黍 之 刃 名 麥 麻 粟 也 饑 飢 粟 麥

種 稍晚熟 直容反 豆 又 豆莖 黃 機 穄 豆 稗 豆 音 胡 反 踏 磨 豆 麥 反 麥

稞 青稞 麥 積 之 反 麩 麥 穀 麩 也 豆 麥 穄 乍 刀

胡 沒反 黍 高呂 秋 鋤 麥 麥 糠 音 麵 莫見 麩 芳 于 麴 麥 麩 也 蘇 骨 反 麩 頭

桼 麻 桑 古曲 反 漚 水中 麻 烏侯 反 雜 麻 穄 黍 麻 音 祭 麥 上音 渠 一名 麥 渠 驕 反

柳 棗 也 颺 之 穀 也 音 羊 歸 師 音 櫓 當 盧 芭 楳 紅 蒲 麻 胥 也 素 又 初

可 殊 蓖 卜 又 囤 小 圓 也 辭 反 篩 音 檸 音 槌 音 檮 渠 謁 屬 府 又

緣 反 囷 徒 本 又 舂 容 又 春 離 又 輸 又 橿 杵 舂 都 杵 老 反 碓 郎 反 下 音 代

𦥑 羊 治 反 𩞄 嗚 反 眼 音 溪 又 中 又 同 中 字 可 又 胡 音 叉 聚 亦 觀 物 也 汎 大 上 乾 物

2

緣反 匜 徒大反 香 容反
檮 杵舂都 杵也反 碭練 走弄舂也上扶 郎反下音代
曬 出日中 羊治反 曬 所懈反 眼 寄反下 逆日中 音良反 曝 赤曬物也 晥 大上乾物 薄報反 火也康很
又 𥼛 䊪 去糠粃上博戈反 下資曲反 餺 餽
蠶及機杼部
蠶 昨含反 梃 直頰反 萡 音薄 椊 昨葉反 萡 櫓也 雜 在協反 草薦也 籠 曾紅反 棶桒籠 鈎
楝 桒鈎也 古侯反 綵 絲蠶反 移蠶就簇 簇 槭蠶聚也 蠒 公田反 繰 蘇勞反 軭 繅車也 渠王反
機 居衣反 杼 直与反 筬 杼之別名 音成 筬 筬笙 音遙 綜 祖宋反 䌓 書證反 樧 藉和
䉁 王縛反 維子 上藴 對反 筥 木下音南 上音福 筵 篗 機筵也 居輾反 屎 篗柄也 且利反 桯 絡桯也 余照反
桔槔井 上居列反下古刀反 井上汲水機
女工部
責 績麻為布 祖狄反 緝 績之別 七入反 縈 繞縈也 於營反 紡 芳往反 所加反 纑
紡之別名 青盧反 緊 紡緊也 居忍反 緯 橫絲也 云貴反 縚 諸戎反 絓 郎各反 絓 絲絓也 古等反
絡 葉為絡 力圭反 纏 餘繡 纏頭 位反 剪刀 上資 練反 尺 量物 虞赤反 針 之林反 線
私見反 縷 線縷也 力圭反 萠 剪資 裁 裁衣也 割 割上 楮 縫 枝容反 刺 清 刺反 補 博古反
小縫也 紩 補紩也 徒會反 綴 連綴也 縝 貞說反 䌷 縫也 何益反 緶 縫緣也 緶 婢延反 繚 繚續 縛 二專反 劉縫 紬
居反 褚 裝衣 呂反 緣 緣謹反 綴 緣緊也 約 納 補納也 納 奴荅反 紩 縫紫直 宗 栗反 綻 縫解更縫 除諫反
總 對縫也 楽記反 襹 衣襹 蓋反 䘴 抽衣 帕 指帕也 苦濩反 𧙗 千 居展衣 各滿反 巧判 上苦卯反 下黃 衩
章安反 緆 紡緆 麻諫反 竽 紉竽 胡路反 絲 息救反 約 絲約也 貞遇反 綖 從絲 音遙
絲帛綵布部
孫 雜色帛 繒 絲之別名 綺 輕妙綵 ⋯ 繡 錯綵 纈 胡結 縠 紅

又 ……絹 ……反 ……胡路反……

絲帛絹布部

紬 ……絁 ……反 絓 音進

綵 雜色帛 千待反 繒 繒也 囙陵反 綺 輕紗綵 祛倚反 纈 錯綵 縷 纈 胡結反 縠 紅穀

又 綾 力蒸反 紋 音文 小綾 獨窠 綾名下 苦和反 雙紃 上音 ……巨 龜甲 上俱 ……反 雀眼 上將 ……

心 上音田 己上五種綾名 羅 盧何反 孔雀 羅名下 將略反 瓜子 許春 己上三種羅名 錦 居飲反

波斯 錦名也 下音私 鹿 上音 下音祿 鴨子 上烏甲反 對鳳 己上田種錦名 絹 ……又 練

熟練 郎見反 帛 帛練 音白 紟 絹紟色 淹反 ……絁 舒支反 紬 直由反 繳 絹密 直智反

紗 上 踈惡也 ……綿 緜連 絮 息據反 單繡 ……下力之反 布 補路反 筒布 細布名上

音 高機布 上細布 杜 極布 上音博 ……反 綀布 上音私 葛布 上古 ……紵布

上直 練 青絲布 色 ……葛 布名 ……氎 毛布 細毛布 徒協反 毲 赤毛布 胡葛反 蕉布 絹蕉為布

珍寶部 金銀 上魚巾反 玉 璧 下卑亦反 瑪瑙 上音馬 下奴老反 珊瑚

上蘇……反 下音胡 琥珀 上呼古反 下音普……反 頗梨 上普禾反 下郎奚反 琉璃 上音流 下音離 玳瑁 上音代 下莫代反

鍮石 上湯樓反 ……墨也 銅 音同 鉛 與專反 錫 先歷 白鑞 下郎答反 鐵 天結反 鈔 銀金

……鉒 鐵也 ……所京反 ……所敖反 ……古郎反 ……鑄 ……

香部

牛頭栴檀香 栴 諸然反 檀 ……千反 薰陸香 ……

零陵香 上郎 下又 藿香 上火郭反 ……香 中則見反 丁子香 蘭澤

香 單香也 麝 大香氣 蒲沒反 彩色部

黃 光 白 ……紅 ……紫 ……緋 ……絳 黃 ……綠 良玉反 碧 ……

……丁子香　蘭澤

香 草香也　馞 大香氣 蒲沒反　彩色部　青 倉經反　黃 胡光反　赤

白 數革反　紅 戶工反　紫 津爾反　緋 甫非反　絳 古巷反　綠 良玉反　碧 彼逆反　烏

任始反　皂 藏者反　蘇芳 上桑反　盧反　黤 上於甘反 下烏閑反　艶 淺色 敷力反　爛 色不鮮也

上布壹反 下力閼反　黯 色不真 五晏反　黤 色濃 歌反　黯　數部 上所矩反

數 起於一二三四五六七八九十廿卅卌五十六十

一 七八十九十 一百 百十 百為一千 十千為一万 十万為一億 下於力反

十億為一兆 趙　雙 下音 所江反　隻 之亦反　兩 力掌反　奇 居宜反 一隻也

度部 上徒路反　度 起於忽 蠶口出絲 名為忽　十忽為

一絲 十絲為一毫 下胡高反　十毫為一氂 下力之反　十氂為一分 下府云反

十分為一寸 十寸為一尺 十尺為一丈 十丈為引　量 音亮

部　量 起於圭 下古迷反　六十粟為一圭　十圭為一抄 下楚交反　十抄

為一撮 下七活反　十撮為一勺 下章略反　十勺為一合 下古荅反　十合為一升

十升為一斛　秤部 上處證反

秤 起於黍 名為絫　十黍為絫 下力委反　十絫為一銖 下殊反　廿四銖為兩

三兩為一斤　卅斤為鈞 下規反　四鈞為一石　市部

市 辰里反　鄽 市之別名 直連反　行 胡郎反　肆 行之別名 音四　店 丁念反　店 丁念反

商 行者為商 音傷　賈 坐者為賈 音古 亦作估字　賣 莫懈反　買 莫蟹反　鞋 徒歷

……貴 匱也……賤……

市 反 廛 反 行 反 肆 音四 店 反 居 反
商 行者為商音傷 賈 坐者為賈音古亦作估字 賣 莫懈反 買 莫解反 糶 糴 徒歷反
酤 買酒也古胡反 沽 賣酒也古路反 賒 買物未与錢式遮反 賺 買物稱少錢徒紺反 賤 賊
貰 賣上方 質 以物知錢之栗反 贖 還錢取物 償 貸 借与人物他愛反 貣 假取物 唐勒反

菓子部

菓 古火反 李 音里 柰 奴蓋反 柑 音甘 橘 反 棗 音早 椑 上而
栗 七反 桃 徒高反 梨 力之反 林檎 上其 下 杷 梅 草杯反 杏 幸音 梓
柿 土音 石榴 下音流 蒲萄 上蒲 下 桲 木瓜 下古華反 櫻 桃 上烏耕反
藕 上薄姑反 陶 下徒高反 菱 水草實 力蒸反 蓮 郎顛反 荷 蓮 藕 蓮根五口反 蔥 蒜
甘蔗 之夜反 瓠子 上胡 芋子 上于付反 瓜 古華反 青瓜 人名下地

菜蔬部

苜 蓿 上音目 下音宿
葵 菘 瓜 名下 胡蘆 上音胡 下音盧 匏 馬匏子 蒲角反 菴 種瓜坎 烏敢反
菜蔬部
韭 韮 音九 蒜 蘇亂反 薤 胡戒反 蔓菁 上莫 下子丁反 芥 音戒 葫 蒜之別名 蔥 藿 荒 蔦 反
胡荽 下息 蘿 蔔 上音羅 下蒲北反 蘭 香 上音 干 反 香 菜 下而由反
紫 蘇 上音 蓼 盧反 薄 荷 上而羊反 下音何 苜 蓿 上音目 下音宿 蕓 臺 上音
苦 萵 苣 上烏和反 下音巨 芹 音勤 莧 胡諫反 茼 蒿 枸杞 下音起
蕨 山上菜 音橛 蕨 亦山上菜 居月反 葫 蘆 一名倉耳 上音胡 下音徒 藜 蓁 上落 下徒 藿 豆葉也
郎 … 音 … 上豆止 … 上野豆 … 芙蕖 … 菡 … 萏

肯倫反 薺[illegible]反 苜蓿下音[illegible] 芹勤覓反 茖木赵
薇山上菜音薇 蕨亦山上菜居月反 葫蒠一名倉耳上音胡下音徒 蒢蔾上落兮反下徒兮反 藿豆葉也
郎 茄子上音伽 𧄍豆䝁上豆止古顯反 營一野豆一音勞 芙若芙鳥老反 酒津酉反 麹丘六反
糵魚列反 醞造酒也於問反 釀女亮反 醻古孝反 酘再安米 醲厚酒女龍反 醇並厚酒時
倫 醨白酒郎之反 醑薄酒力之反 酳酒一酘普遍反 酮酒壞徒揔反 糟酒滓作刀反 粕糟安水音各反
秉心 漉ㄥ酒音祿 濾去酒滓良穎反 押押酒具甲反 榨槽押酒具嫁反下音曹 肉食部
羊腔全羊也苦江反 豬𦞦羊豬也上呼魚反下補眼反 鹿膎上音祿下戶皆反 腩羊腹中脂奴感反 膫牛脂郎刀反
血呼穴反 肪豬腹中脂音方 脭豬腹中息肉音成 䐈羊頭中脂奴老反 脾胵雞雉腹內食府上頻移反下處脂反
飲食部 泔以水泔米也杜勞反 淅ㄥ米之列反 炊爨之別名昌惟反 餐饋飲未熟上音脩下府
去 粃ㄥ米也側亮反 餾ㄥ飯也力救反 酥從牛羊乳素胡反 酪郎各反 蜜彌栗反 油ㄥ麻脂羊周反 焦ㄥ菜也音
棗奴咸反 餅炒米為餅符万反 飡夕食以水沃飯也蘇旱反 溲ㄥ麵所九反 煎ㄥ餅也資連反 煮ㄥ物也之
呂 瀹ㄥ菜也羊灼反 燖沸湯 羹古衡反 臛呼各反 糜老小食音眉 粥薄糜之六反 饘糜
黏米糜 黍䴷黏米餅也上舒呂反下呼各反 餛飩上胡昆反下杜昆反 餄餅上音甲下早領反 䭓䬪
上音兩 下部雷反 龍餅上洛東反下早領反 饆饠上音必下音羅 餢飳上音浮下湯茍反 膏餘餢飳之別名下音葉 餺
杜郎 餳薄饘辭盈反 饊桑嬾反 餑饊以饘饊為團也 麮麴上勒賢反下郎反 糫餅
又具也北人 胃糫下音還 粔籹上巨下音汝高糫之別名 䴵䴺上所加反下音其 糖餦上杜郎反下杜
迴 𥻗粽下音宗 糧鳥結反 粉碎米為麵不准反 麨昌少反 糒音步 豆餅豆末和麵下 扸月反
胲 餅餜下音果 䬪去番為一麮 糕羹又糕素 菹ㄥ菜菹也 [illegible]側魚反 [illegible]食路

斯00617號 俗務要名林 （14-07）

瞪 勝

迷上 米還 米中上臣下音汝 上 下音其 粉 并及下扯

通 及 粰粖 下資美及 䊪 鳥結及 粉 碎米為麵 麨 昌少及 糒 音備 豆䬪 豆末和饘下 扸月及

餅䬾 下音𩜹 淡 麩 一麩也 婢早及 糕 美糕 素 菹 菜菹也 側魚及 醬 即亮及 酢 倉路及

塩 移廉及 豉 辰利及 酸 酥丸及 醎 鹽多 音咸 辛 音新 辣 辛也 郎割及 苦 康曾及 甘 古及

括 甘也 唐 灒 淡 及 饙 餅饙 食 衣及 餸 餅有汾 餗 也而及 餉 日西食 餉 送食也 饟 亮及 麨

所以糕物 麵 黏也 䵒 黏 縛 羹 為 䵒

黄 盧及 黏 女廉及 䵒 也 則秋及

聚會部

鋪設 上普洛及 下普盧及 飯飣 上丁豆及 下丁定及 飲宴 上於錦及 下烏見及 言語 下胡覇及 飡膳 餐飯 食也

上倉安及 下奇善 嘗 少染 餟 細餟也 音常 悦及 喫 苦歷 及 啜 徒龍 唯 嚼 上秦悦及 下秦略及 飲 遲也 甲

及 歠 細飲也 昌說及 餿 五巧 及 餲 五結 饕 饞 饞 嗜食而 嫌 也 上 士衛 及 下 蜀 容 及 鬼食 倉 貪也 上 烏倒 及 饕

餮 貪財為饕 貪食為餮 上士高及 下湯 切及 貪婪 下郎甘及 不知 上 足 去 含 及 舐 舌取食 神氏及 吮 神兗 及 啥

以掌進食 鳥感 及 咶嗽 上 祖 蒼 及 下 所 角 也 嚀 嗔 上 補 各 及 下 子 入 及 歠 啥 上 烏 苟 及 下 音 究 吐 嗢 上 吐

路及 下 半制及 䶵 懷 上 盧 義 及 下 渠 逞 及 藊 䈷 上 蒲 姑 及 下 湯 乎 及 [illegible] 釈 上 烏 角 及 下 踈 角 及 圍 碁

上 干 非 及 下 渠 衣 及 偊 賒 不 事 生 業 上 士 盡 及 下 郭 康 及 叫 噪 上 古 弔 及 下 蘇 鈙 及 嫽 咪 上 郎 鄹 及 下 郎 貢 及 嘲

隣 交 謎 隱 語 也 莫 計 及 酩 酊 酩 也 上 莫 冷 及 下 丁 冷 及 醉 子 類 及 醒 醉 歇 也 蘇 零 及 又 蘇 鼾 及 解 酲

上 姑 買 及 下 居 許 及 署 覆 物 烏 感 及 罩 亦 覆 也 所 教 及 輗 亦 覆 也 奠 干 及 洗 盪 上 星

下 直 蓋 及 杈 舉 上 早 敫 及 下 當 朗 及 筀 以 灰 海 也 蒲 本 及 奎 除 奮 也 府 云 及 㫺

私 及 下 唐 朗 及 机 刷 上 音 武 下 所 劣 及 榻 檔

淨 潔 也

鳥 猥 及

雜畜部 雜

力 謗 馬 家 賈 及 牛 魚 留 及 騾 盧 和 及 驢

䮁駞 上 郎 各 及 下 羅 及 騸 馱 上 丁 草 及 下 駏 驉 上 音 巨 羊 余 良 省 陟

乱反下
唐朗反　栻刷上音式下所劣反　榍橧上早敬反下當朗反　坌蒲本反　以灰淹也
淨潔也　除査也　府云反　瞥

雜畜部

鳥榅反　馬家賈反　牛魚留反　騾盧和反　驢
力豬反　駞駝上郎各反下唐羅反　騧駁上丁草反下音麦　駏驢上音巨下音盧　羊余良反　牸胏
反　駒古厚反　犢兒上肩驕反下音兒　馬駒下舉虞反　犢子上音獨反　馬有駿下音宗
尾亡鬼反　毛色騧下力周反　赤騮紫騮　驄青忩反　騅白上音　連錢驄馬也　驃秦連反　驃
騂息營反　騅音隹　駮補角反　騟以朱反　駱郎各反　騧古華反　騍都昆反　草馬　騲
之馬耳　所留反　卭蓄卭伊刀反　韁衜上疏利反下胡監反　排沫上蒲皆反下音末　韁鞚上居郎反下空
弄反　鞍韉上音安下則蓮反　鞦秋音　鐙丁鄧反　鞍懸鐙皮之列　鞴連鞍皮　勒蘊雷反　鞭
早返反　鞘鞭皮也所交反　鞍鞘也　屧脊上他吏反下紅積　籠頭各反上　所劣反　鞁鞁馬
也次　卸馬去鞍司夜反　鞴馬疋扇反　騾　槽櫪上音曹下音歷　䊹具月反　鋑食馬
義反
粟多雜　驏馬多惡　驪莫歷反　驢毛色有青黃烏白　驄下音唐　騎
亂反
駄物具　胡草反　尉　鞍　直圖反　牛有特　撲　捷居言反　牸字音　牯
小牛也　犑牛毛色　犢亦牛色　力知反　犗以角上廣　牸加反　牲牛無角　苦和反　牣牛鼻中
音故　犅　以角上廣　加反　犠
虞　秦物之別名　居窓反　剁牛　直刃反　犠　叔繩於頭也音卜　觔斛上丁礼反下昌欲反　齝中吐食刀
之
反　羊有羔羊子音高　羯羖上居謁反下當孫反　羯羝上音古下音歷　羺羊鬼羔万反　羶
羊鬼　羊鬼裁　羶連反　豬有猪　猪子也　猳亦大豬也音加　㹠豬角反　稯子宋反
閏反
陵小豬子　㹠豬子也　欄圈　所也　豬上音　豬子曲也　豕　豬

羊臭 閏反 羶 羊臭或 連反 豬 有猪 大豬 猳 亦大豬也音加 猔 子也音角 反

豯 小豬 奚反 豘 豬子也 徒渾反 欄圈 所也 上音 蘭 下求遠反 𤢲 豬牙曲也 臣貞反 豚 豬 稱

地 呼 潲 豬食也 所教反 泔 米泔也 昔監反 滓 側擬反 澱 唐見反 籸 麻油籸也 所巾反 以上並音豬食

猲獢 音取大 垂丁兼反 聑 耳小垂著頭 丁兆反 音劓半宗 以力去 趑 音走病也 蘊和反 趙 走遲也 音本反

獸部

傳教反 豺 野音也 士皆反 狼 似家狗而 火音郎 犀 野牛也 音西 兕 徐雨反 熊 音雄 羆 音悲 虎 音 豹

麖 京音 麃 似鹿而小也 薄交反 麕 野羊也 郎丁反 麋 眉音 鹿 祿音 麞 章音 麂 几音 麈

呼九反 狢 胡各反 狐 孤 野狸 力之反 獮猴 上音彌 下音侯 猨 似猴而火也 爰音 鼯鼪 野 麝香 上神夜反 㹼 士路反 獾

也 上古熒反 鼲 食竹根鼠 小野鼠 麚 雄鹿名 音憂 麑 麑兒也 眼雞反

反 下郎丁反 鼬也音脊 …狩 … 叔反

罝 取獸網也 即加反 槍 刺獸用也 七羊反 諒 射獸也 胡瓦反 穽 穿地陷獸 情郢反 鳥部

鵝 我羅反 鴨 烏甲反 雞 古奚反 雉 陳里反 鷂 鷂之類也 音姚 鶏 鴟

上房干反 下九劉反 白鴿 下古答反 鴉 老鴉也 于之反 鴉 老鴉反 烏加反 鵲 親略反 鷦 烏見反 雀

鵂 鶹 上具俱反 下音激 鷃 鷃 上烏晏反 下音晏 鷢 布穀 一名戴勝 隊也 鷹

五晏反 鸚 鵡 戶工反 鵠 戶不 鸛 戶各反 鸛雀 上古亂反 鷹 一騢 鸇 鸇之 上

連反 下羊照反 鶻 胡骨反 鵪鶉 上音烏 下音零 鵜鶘 上徒奚反 下音胡 鸕鷀 上音盧 下音慈

鉤鵅 上古侯反 下音格 梟 下音堯反 鳥有毛羽 付反 翅 下于刑反 翮 戶革 長毛也

…毛落曰 … 口也 … 強 …

10

連反下……
羊照反 鷂 旅音……反 鸐鴒 下音零 雝 雉 下音朋 鸕鷀 下音……
鈎鵅 上古侯反 下音格 土梟 下音堯反 鳥有毛羽 下于付反 翅 尸刑 翮 長毛也 戶革
毢 毛垂白也 毿 蘇含反 毻 毛落也 湯卧反 毨 毛落曰毨 撫玄反 嘴 鳥口也 津水反 距 强呂反 嗉 音素 臆
鳥胷前 失力反 喊 啅 鳥食物也 上昔咸反 下丁角反 那 鳥卵也 郎短反 菢 鳥伏那也 薄報反 毈 卵壞也 徒
亂反 羅 所以黏鳥也 田知反

虫部

虵 毒虫名 而占反 蚺 大虵名 而占反 蟒 赤大虵 莫朋反 土虺 亦虵名 下董鬼反 黃蠍
亦毒虫也 具謂反 蜈蚣 上音吳 下音公 蝦蟇 上戶加反 下莫加反 螳蜋 上音唐 下音郎 蟭蟟
上即遥反 下郎凋反 蝘蜓 上烏見反 下唐見反 蚸蜴 上光歷反 下音亦 蝀蜆 上千歷反 下音覓 曲
蝩 下音善 蝸牛 上故花反 蜣蜋 上丘良反 下音良 蚍蜉 上音頻 下音浮 蟻 螻蛄
上音樓 下音姑 蚰蜒 上音由 下音延 蠐螬 上音齊 下音曹 蝎虫 上紅 産反 蜘蛛 上音知 下音朱
青蜓 下徒丁反 蛺蝶 上雋牒反 下音牒 蜂 撫容反 蠮螉 上烏結反 下烏公反 蚝 蝹
上猪草反 下莫耿反 蠅 余陵反 蚊子 上音 主 蝝子 上莫勒反 蝱 莫耕反 蠳 猶蝇 惰雞
蚤 猶蚤也 音早 虱 踈訖反 蟣 居意反 蠷螋 上音求 下所由反 蠛蝀 上音蔑 下音東
蝪子 上嬰向反 蠳 上嬰向反 蛆 虫在因 七余反 鼠 舒呂反 蝙蝠 飛鼠 上音邊 下音福

魚部

魴 符王反 鯿 魴之別也 早連反 鯉 良以反 鰿 積之
鯽 鮒 鰿之別名 音附 鱒 藏本反 鯇 文板反 鱑 音橫 鮊 音白 鰳 音力 魺
蘇反 鮎 奴兼反 鮹 所交反 鱧 音禮 鮦 音同 鱧之別名 直勇反 鱅 蜀容反 鱖 居衛反 鱹
音權 鰱 鰱 音連 鰱之別名 音叙 鱘 音尋 鰄 苦戒反 鯪 蔆如反 鰨 鯙 上音草 下五草反

反 魚 魚 魚 魚反 魚 [illegible]

稚音 鱗連鏈之別名音叙 鱘音尋反 鯎 䱜 鯆 上音草下五草反

鯇五回反 鰋 鰟上音郎下蒲郎反 鰌音秋 鰎蘊如反 鱨常演反 鼈居為反 鼇

上甲列反 下音元 黿唐羅反 獺 蟹上蒲郎反下胡買反 鮮蒲諧反 蛤古合反

螺郎和反 蝦呼加反 蜆音顯 䰲所以取魚也 罾小網音曾 罩陟教反 釣丁叫反

篙音筍 梁音良 魚䱇乾魚鯫也 音偃反 醃塩漬魚也 鱖魚名也 鯖小魚 頻反 鯖巨移反

鱍魚掉尾也 惇末反 鯹魚臭 音星 鮮生魚 音仙

木部

松翔龍反 柏音百 橿勅盈反 杉所銜反 楸音秋 梓音秋 荊音荊 檀

徒蘭反 槐音懷 檟 也音 別名 桐音同 榆 柳良久反 櫟柳之別名音歷

音羊 椿褚倫反 杆五千反 樟勅居反 槵無患子 胡慣反 楓音風 柟音南 樟音章 柞音作

櫪柞之別名也音歷 槲胡祿反 楢以周反 檮直由反 楝所責反 楝若株也 郎見反 楨

女貞 音貞 檡灰可染也 李郢反 根樹根也 莖大耕反 蘇 菌滿反 柯音歌 條音遼

枝章移反 葉羊陟反 楔 木里叉 音甲 枸戶崑反 大木別也

竹部

節竹節 高堪作杖 子也 巨龍反 董音 竹所六反 筆竹上古惠反 篠細竹也 桑了反 笋 箏

也私 尹反 篺 筥 沃也 易洛反 蕬 中箭 等也 各旱反 箬 音若 蘇葉也 菹之熱反 [redacted] 竹筍也 笭 蒸 筲

益本

草部

反 逢歷反 蒿呼噶反 蔛 蒿 上音斂 艾五蓋反 蘆 郎胡反 葦 云鬼反 蓬蒲紅反 蘆 細蘆也 荻 莫交反 菅

第之別名 也古顛反 薊 第之類 五 蓿 黃蓿也 專反 荖 可為屬 也音三 薡 郎對 蒯

反　反　反　反　反　反

第之別名也古頹反　蘭第之頹五角忠反　蒼黄蒼也倉郎反　蒉可作履也音三　蘱郎對反　蒯

蘱之別名也古懐反　藺良信反　蔗平表反可為席　菅亦可為席古玄反　菰光胡反　蔣即良反

蒲薄姑反　蒹羊九反　稗度皆反　稗蒲拜反　蕕音由　蕛口迴反麻屬也　藤音騰

蔄菌達反　茵根可染也倉見反　蓀春取葉可為飯也宅加反　蘆蘆死草也乎古反　蔦草死

也於言反　若乱草也人者反　芒穀草也音亡

船部

舩神專反　舸可蜀江中船也姑我反　大船同音　艇舸之別名亭令反　舶海中大船音白　艖鉤魚

小船也　艘船數也蘇刀反　舷船舷也音賢　帆進船也音凡　篙進船竹音高　棹入櫂反

纜大撓也時兩反　櫓音魯　棹陳教反　舟廾也上荒台反船中水　檣帆竿秦羊反　艀

舩上大繩　䌙亦大繩古恒反　牂戒反　駐船大栓上作郎下古羅反　槳竹橕也尊皆反　杙大杙也音代

音律

車部

輮車輮也音表　轂居木反　輞音罔　軸音逐　輻音福　軏

轂中鐵也音工　輨軸上鐵古晏反　轄軸鐵頭行八反　箱車身也音襄　當箱前後欄也音當　軫

前後柱音士　鞅車鞅也胡郎反　肇之別名也彷遠反

火部

柴士佳反　薪柴之別名也私鄰反　灰呼迴反　炭土旦反　燒舒遥反　燃而連反　萁之燃

別名存表反　䕸北人呼燃也而甚反　熂急燒也許反　炙諸石反　熏許之反　熬五高反　熘物

反　爐灰埋令熟也烏刀反　炮薄交反　烙郎各反　燋燎上即遥反下郎彫反　爁二字力盡　焦氣

含反　爆火裂也又著角反　焯博教　煙火聲也士詞反　炵火盛也徒冬反　熘熘頭也祖高反　灺火地也松

燼火水餘也秦刃反　爛以熂反亦作焱　熛隻所反亦作烟　焥　熴下鳥因反　也上徒郎　𤑔

113

合反
爆 火裂也 博教反 又着角反 灹 火聲也 火歩𠛮反 烙 火威也 徒各反 熷 燒頭也 祖高反 炪 火也 松 𤈦 火地 大盡
燼 火水餘也 秦刃反 爓 以爓反 亦作焰 熛 烏斫反 火亦作熛 熼熨 灰也 上徒郎反 下烏回反 爨
爐 扇 蒲介反 炱煤 竈中墨也 上徒來反 下莫杯反 塵埃 上直隣反 下烏來反 熏 燒瓦所也 余招反 冶 鑄金
所也 盈(?) 者反 垸 骨灰和漆 胡段反 爐 鍛金所也 落胡反 韛 皮袋吹火也 亦鞴 鍛 杅鐵也 當亂反 鎔 貴(?) 金
也 羊 鐺反 鑄 瀉金為器 也之喻反 鋻 水鋻 尹也 古電反 釬 燒金相着 也胡旦反 鍋 以鐵鑄物 居玉
反

水部

泗 音四 在泗州 人名在洮州 沁 七禁反 在沁州 潁 營屏反 在豫州 漢 呼半反 霸(?)渭 方貴反 已上 四水在雍州
漳 諸羊反 淇 勒衣反 已上 二水在河北 汶 無運反 在兗州
伊 田夷反 洛 郎各反 湹 直連反 澗 呼限反 汚 孫流反 滍 於元反 已上 三水在襄州 洲
水中可居 也 音州 渚 諸馬反 中高地 岸 五旦反 水畔地也 灘 弋丈干反 水流急處 湍 灘之別名
太官反 磧 水流淺處 也 千歷反 波 風搖水也 補羅反 浪 水波也 郎向反 潮 海水潮也 直遥反 灣 水曲處 烏(?)
還反 潭 水停處 徒南反 淰 水流緩也 奴簟反 渦 水迴也 烏和反 洄洑 水迴急也 上音回 下音伏 汎 下水也 裹(?)
泝 水上也 先路反 洗 以水洗物 先礼反 澆 洗之別名也 朝管反 澗(?) 少浣也 昨先反 濯 亦洗也 徒角反 沐
洗髮 音木 浴 洗身也 余蜀反 淹 於(?)反 漬 秦二反 而後 浸 資禁反 濺 水傍射也 津見反
瀵 秋進(?) 散也 但且反 泥 泥着物也 集(?)反 灑 物內水也 泥 奴契反 溼 深泥也 蕕(?) 父(?)藏(?)作並
泃 也之藥反 橫木度水 橋 巨驕反

疾部

黶 面上有黑子 吃 語難 居乙(?) 瞤 目動也 目連(?)

14

好而奪正色也惡鄭聲之亂雅樂包鄭聲淫聲之哀者惡
其邪好而奪雅樂惡利口之覆邦家孔曰利口之人多言少
實苟能悅媚時君覆傾國家子曰予欲無言子貢曰
子如不言則小子何述焉言之為益少故欲無言
子曰天何言哉四時行焉百物生焉
天何言哉孺悲欲見孔子孔子辭以
疾將命者出戶取瑟而歌使之聞之孺悲魯人也孔子不欲見故辭以疾為其
將命不已故歌令將命者悟所以令孺悲
思之宰我問三年之喪期已久矣君子
三年不為禮禮必壞三年不為樂樂
必崩舊穀既沒新穀既升鑽燧改
期可已矣馬曰周書令有更火春取榆柳之火夏取棗杏之火季夏取
桑柘之火秋取柞楢之火冬取槐檀之火一年之中鑽火各異木故曰改火子曰
食夫稻衣夫錦於汝安乎曰安則
為之夫君子居喪食旨不甘聞樂
不樂居處不安故不為也今汝安

爲之。夫君子居喪，食旨不甘，聞樂

不樂，居處不安，故不爲也。今汝安，

則爲之。孔曰：旨，美也。責其無仁恩於親，故再言汝安則爲之。宰我

出。子曰：予之不仁也。子生三年，然後

免於父母之懷。孔曰：子未三歲，爲父母懷抱。子曰：飽食

終日，無所用心，難矣哉！不有博弈者

乎？爲之猶賢乎已。爲其無所據樂，善生淫欲也。子路

曰：君子尚勇乎？子曰：君子義

以爲上。君子有勇而無義爲亂，小人

有勇而無義爲盜。子貢問曰：君子

亦有惡乎？子曰：有惡。惡稱人之惡者，孔曰：好稱

說人之惡，以爲惡。惡居下流而訕上者，孔曰：訕，謗毀。惡

勇而無禮者，惡果敢而窒者。馬曰：窒，窒塞也。

曰：賜也亦有惡乎？惡徼以爲智者，孔曰：徼，抄

人之意以爲己有。惡不遜以爲勇者，惡訐以爲

直者。孔曰：訐，謂攻發人之陰私也。子曰：唯女子與小人爲難

養，近之則不遜，遠之則怨。子曰：年卌而

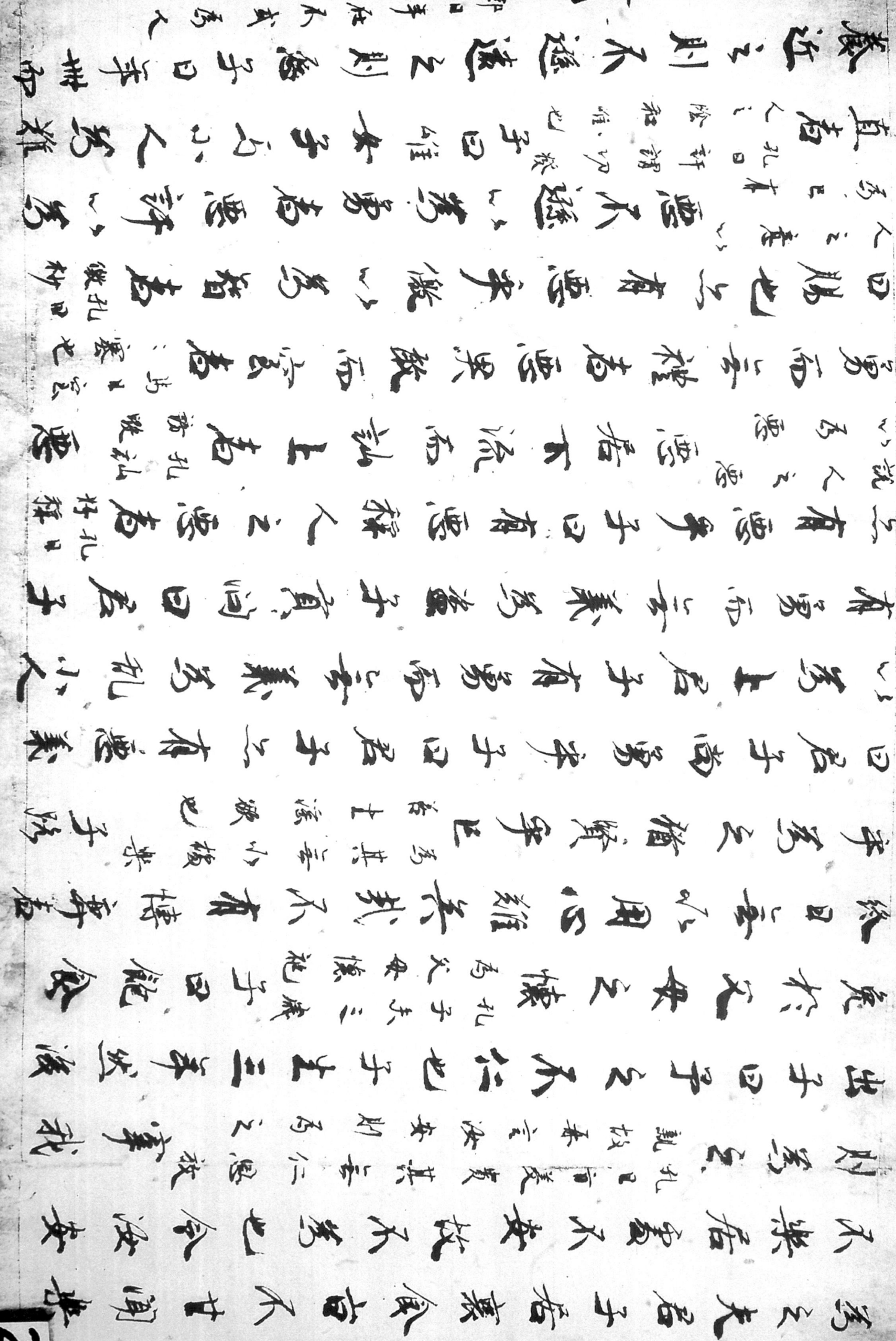

鄭曰：年在不惑而爲人

養近之則不遜遠之則怨子曰年卌而
見惡焉其終也已 鄭曰年在不惑而爲人所惡終無善行
微子第十八 微子去之箕子爲之
奴比干諫而死 馬曰微箕二國名子爵也微子紂之庶兄箕子比干紂之諸父微子見紂無道早去之箕子佯狂爲之奴比干以諫見煞也 孔子
曰殷有三人焉 仁者愛人三人者行異而同稱仁以其俱在憂亂寧民 柳下惠爲士師 孔曰士師典獄之官 三黜人曰
子未可以去乎曰直道而事人焉人
往而不三黜 孔曰苟直道而事人所至之國俱當復三黜也 枉
道而事人何必去父母之邦齊景
公待孔子曰若季氏則吾不能以季孟
之間待之 孔曰魯三卿季氏爲上卿最貴孟氏爲下卿不用事言欲待之以二者之間 曰老吾矣不能用也孔子行 以聖道難成故云老不用也
齊人歸女樂季桓子受之三日不
孔子行 孔曰桓子季孫斯也使定公受齊人之女樂君臣相與觀之廢朝禮三日 楚
狂接輿歌而過孔子 孔曰接輿楚人佯狂而來歌欲以感切孔子
曰鳳兮〻何德之衰往者不可諫

…桓子觀之廢朝禮三日

狂接輿歌而過孔子 孔曰接輿楚人佯狂而來歌欲以感切孔子

曰鳳兮〻〻何德之衰往者不可直

來者猶可追今之從政殆 孔曰而者言也孔言之宿已

其不可復於無偽〻流 孔子欲下與之言趨而避

之不得與之言長沮桀溺耦而耕 孔曰長沮桀溺隱者也耜廣

五寸二耜為耦 孔子過之使子路問津焉

津濟渡處 長沮曰夫執輿者為誰子

路曰為孔丘曰是魯孔丘之徒與對曰然

曰是知津矣 孔曰言數周〻流自知津處也 問於桀溺〻〻

曰子為誰曰為仲由曰是魯孔丘之徒與

對曰然滔〻者天下皆是也而誰易之

孔曰滔〻者周流之皃言當今天下治亂同空舍此適彼故曰而誰以易之也 且而

與其從避人之士豈若從避世之士

士有避人之法有避世之法長沮桀溺謂孔子為士從避人之法魯

哉耰而不輟 子路行以告夫子憮然 為其不達己意而非己也

曰鳥獸不可與同群 孔曰隱於山林是同群 吾非

意亦非已也
曰鳥獸不可與同羣 孔曰隱於山林是同羣 吾非
斯人之徒與而誰與 孔曰吾自當與此天下人同羣安能去人徒鳥獸居天下有 天下有道丘不與易也 孔言凡
天下有道者丘皆不與易也己大而人小故魯也 子路從而後遇
丈人以杖荷蓧 包曰丈人老者也蓧竹器名魯 子路問
曰子見夫子乎丈人曰四體不勤五
穀不分孰為夫子 苞氏曰丈人云不勤勞四體不殖五穀誰為夫
子而索之邪也 植其杖而芸 孔曰植倚也除草曰芸 子路拱之
而立 未知所以答也 子路宿殺雞為黍而食之
見其二子焉明日子路行以告子曰
隱者也使子路反見之至則行矣 孔曰子路反至其家丈人出行不在也魯 子路曰不仕無義
鄭曰留言以丈之二子「長切之 長幼之節不可廢也君
臣之義如之何其可廢也 孔曰言汝父子相養不可
廢也反可廢君臣之義邪「欲潔其也 欲絜其身而亂大倫
苞氏曰倫道理也 君子之仕也行其義也道

有養不可
廢也反可廢君臣
之義邪欲潔其身也欲絜其身而乱大倫
苞氏曰倫
道理也君子之仕也行其義也道
不行已知之矣
也孔子道不見用
苞曰言君子之仕不以行
君臣之義不自為道德行
逸民伯已自知也
逸民伯夷叔齊虞仲
逸民者節行
超逸苞氏曰
義逸朱張柳下恵少連

論語卷第九

讀史編年詩卷上 并序

編年者十三代史間自孩生至百歲其詩以編紀
古人百年之跡其有不盡舉一年之事而複雜
釋老者盡唯詩句之所在七言八句九百一十
將翁帝王之忠有異也倫之帝……
如故略

一歲二首 羽人遺我繡衣裹五
客兒已去夢亭在芳島忽橫煙水手人未蘇
為天上異字徵蘭有國中香車知首冠金
蟬者曾是吼吼記踴陽帝無極句代垂休年
玉衣覆體飄飄然伯奇忍死待其解鎮惡不
忘由祖賢樸戶香氣端降拂雲鈴與緣旗晉
高僧笑指月生處……別有……

二歲一首 漢中路作悼悼然太后抱高臨
許年郭山歸國外依在齋戒熟遺嗣金立
長文昌識自致悲深難欲誰憐當時留
懷多思藉藉高為一代

三歲一首 孝成幼
沐帝祖恩眉宇疏疏真王雅剪桐早識定陰
剪裂土更覺中山尊不自長安知日近獨依
肅寺致身存儲君果自垂休問初在孩提

四歲一首 滕東太子白非之臣晉安
詩論
臣□年襄□□士雅封至性兒誰與

斯00619號 讀史編年詩卷上並序 (07-01)

肅宗致身存儲君果自垂休問初在孩提
詩論　　四歲一首　　勝衆自非一臣晉安
者宜悲亡年讓孟處士雖封至性小兒誰与
縣垣盡宮闈懷抱淚諷來詞賦結斂身謝公早
從桓尊識終作請朝折履人　　五歲二首
衛玠風姿秀入神鍾繇小子非常倫曾倫昌
學舍義流筆不惜金環与丈人袖儞諸读初執
硯書論忠孝類終身此時東漢賢皇自楚翻
含情不自陳陸雲誦詩讓鸕前魏主學射春
風遷春衣太子信多趣棒雉豎牛胡足傑
黄氏夢留書鎮日羊公探德弄鐶年悲鄰拜語
寒者歸薦高堂不偶然　　六歲一首
著卿梢梢能留賓鳳鶚暗駐江年春繁星戲認瓊
處片雪作識雕龍人獨喻刻舟求濺
女閣閨國瑗横巾　　七歲二首
乳齔幼女毀齒年引頸就戮忻忻然謝莊父
子擅文雅項橐師資推聖賢吟處碧天雲
暮合拜時真像淚長懸仍問别有張曾子禮樂
上知世共憐日諷千言不足欽孝子魯謝天機
沐浴來風月見詩癖歸去隄封拔襟鍾氏竟垂
天代訓野主還合素王心誰知此日造門客一對兒童

2

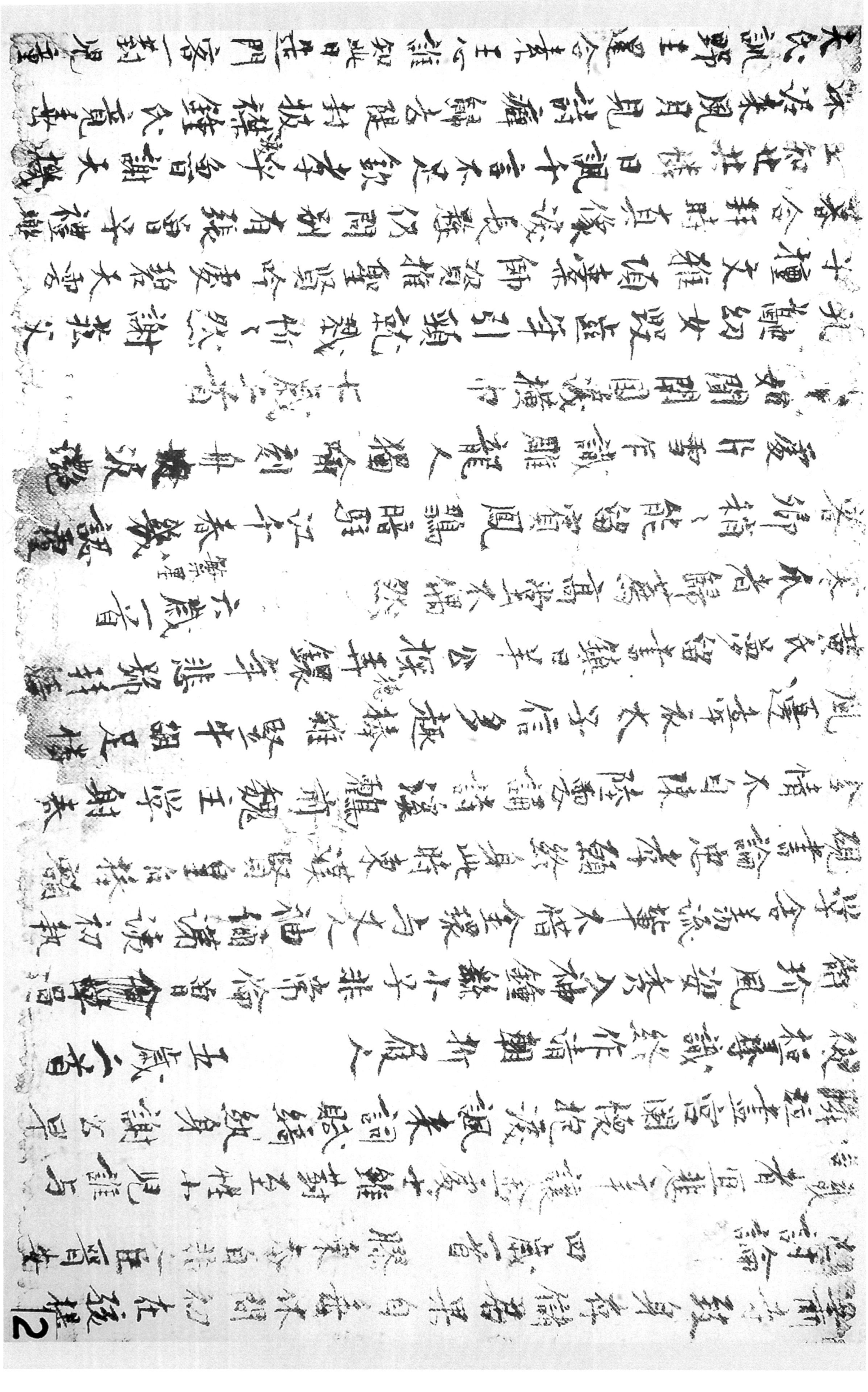

上知廿共[illegible]日誦千言不足欽孝乎魯謝天[illegible]
深沼來風月見詩癖歸去隄封拔襟鍾氏竟[illegible]
夫人訓野主還合素王心誰知此日在門客一對兒童
媿獨尋歲 八歲二首 虞夏奇童帝者
師齊梁小子皆能詩何人雅与素琴合有容本
自迴文知不獨彥龍稱幼異須憐孝嗣好風姿
武侯有子亦聰惠褒国古家安用為漢興昭立
在儲宮初魏祖酷愛通其書當時善討竟自
致一旦被猜終何如遺籍蒲懷休妝家殘券
燕地賊閑居時聞不寐徵鷄鶴並鋒天文意有
銜 九歲二首 鹿鳴相呼精義存為郎
童子興儒門已知襲爵非鬬力豈望孤兒酬帝
恩乍敎禮經傳甲子寧尋章句樹蘭蓀臨風
遐哭揚玄就冥漠誰招折臂魂小碑曉刻詞搥擬
卯歲夜習挑殘釭吳中自許顏子比日下執与黃
童雙解問參商燕國重能精篆篆籀漢降
玄文會盡同鳥在休沼春秋坐稱密
十歲二首 阿連宅邊雲物愁謝胡笋下芝
蘭秋徵詞並撫孺子[illegible]泣箭坐報鮮果
雛[illegible]書者[illegible]東去曹青簡坐絕興他鑠
一見者童如自失初尋說子欲相師園知嗜
學為儒者前代曾稱聖兒子草從征鞭馬去
伋伋望国負書遊閭門別有生知者千古長存
[illegible]

一見聿董如自失初尋詮孚欲相師因知書
學為儒者前代曾稱聖兒孚草 從征鞭馬
依〻望國賀書遊閨門別有生知者千古長存
如一流 先生幼學令請貞俯御諮畫青襟
塵輕霞未降蠹風 翼片玉之是神仙人歎
毬花宣傷手地風生桓氏刃仇晨 軒轅自戮生
花枝藉〻神明萬國寶 十一歲一首
吐衣中散智群寧遠一拜真將軍妙年無
力事弓馬禁爾何處生風雲金帛盡推誠自畀
衣裳不攙 趣來闘伯奇倚寺連朝暮慟哭
期解文紛 十二歲二首 問年河上戲
沙隨有女夜弦咏〻時尺書赤若扣貞生青簡
坐絕興他辯一見之童如自失初尋詮孚欲相
師因知嗜學為儒者前代曾稱聖兒孚雲
奮筆持侯初沈文立辯辭軺車翠華自駐門
外日絲袂不掇窓中書早達逍遙心自得閑窮
篇詠日無餘 十三歲 外黃小子詞縱横奮
翩不顧師徒驚姓字分明秋月在眉鬚髯歸瑞
雲生應緣不忘王充語漢史高懸万古精
十四歲 花襟飄〻爛柯仙絲袂楚〻東床賢
臨水玉見師袁豈播喉舌生雲烟自喜升郎春
照地誰論為而月横天才高不就西書遥選万
清風趣別遂 十五歲 錦帳歸來儒業通

照地誰論為百日擔天十高不就再遭遇方
清風趂別筵　十五歲　錦帳歸來儒業通
門旗鼓懸清風芳襟靜照射策歲縟節志
浮丘翁暗欲拂除懷遠略潛依變理建殊切
雕鞏擊劍皆莫特獨自牽　勤太學中
十六歲　聲名坐自音新東馬日擁揩明
鷄鶩鷲果是相門子雖大幾迴天路春邵國
經推小吏弟兄多死見殊倫烟霞滿袖吟詩何
閑題芳藥人　十七歲　冠軍轉闕平江東所向
敢當其雄鮮皆自有四方志此駿並駈千里風
襲芳香齊妙墨遠寒蘭綠綫檀檀儒宗欲將
極崇儒冠文皇提劍誅凶殘絃再哥堂鼓滿阿
死酬師道慟哭獄中書照中　十八歲　漢宣帝
色濟始請議為長安自著[illegible]星斗正因綿
禮客寬一開舉義稱兵[illegible]之酷似難
鵬鶚迎莫群此日路下初鑑太玄剖析
陵若月仙步纜眇輕要責佩虎符稱善陵
榮冠貂尾立殊勳寧知宋氏蕭公子健筆
方慈司馬軍　十九歲　晏倩嘅諧非一所
年妙已擅[illegible]家派蹤朝欲効[illegible]用誓死
賜宗社憂詔詔武昭相繼立翩翩朱馬紙同遊
此時負扆章皇帝應想重心筮魯侯
朝迴金谷羅嘉賓廿四友臨[illegible]
廿歲

斯00619號　讀史編年詩卷上並序　（07-05）

此時負扆章皇帝應想重心笑魯侯
廿歲　朝迴金谷羅嘉賓廿四友之隱者
歷星星痴騃坐垂領疊疊清談如遍之玄星
伯鸞為學晚祢生方喜定交新一從太史深
書後江上相逢免問律　廿一歲　中原除
於羊腸深棘糺吾道投儒簪白面士長初出
第青襟公理獨幽尋議曹從事知名後應歲
當時沈冷心　廿二歲　星車遇遇暮歷鑾
於思蠲蠲秋波擴素琴暗更鳴咽寄別鞮覆
設詫秋風征閑樹蕭跡秦塞遠遠手樓迢遞風
鈫輕可憐明月滿迷缺應見空闈庭庭情
廿三歲　孔子弟子達者誰曹郵誤被諸生推
名謁謁拜司馬驪驪思寵移臨淄陳物自
天外影穠花空艷火中枝此時有客初迴首
衡置龍泉學詠詩　廿四歲　天星隨江之亂
流擊劍意氣風雲秋祢衡徒欲比一鸚鵡不
之誇封侯月冷石窗依廬高山擴松寺任荊州
如遊盡諸生渡易道蕭條錦悵愁
廿五歲　桂陽林葉持中權南康帝子哀維
歸韻孫東帶候賓客支遁扣寂披雲泉吳會
著書羅宿彥齊梁筆廿見初年不言百歲半
中年寧覲當時曲水篇　廿六歲　似待□來

者書羅甯彥齊渠笙士見初年不言百歲半
中半寧靚當時曲水篇　廿六歲　任補未
易爭鋒鋩許窘歎起擢其良賓階受命見□
趁石高千掌教指鄙集　正在元年　□岳日月仞
憐青史照縑緗王堂仙吏附蟬貴氣下風摇
稱唄長　廿七歲　赤縣弋鋋照水来武侯適
為舟師回南陽丞相禮自重北府中郎人共哀
桃李一生積滿溢夢魂何處遶瑰瑰玉京看蕪沒
□述始覺蓬壺有夜臺　廿八歲　光□□
鋤□趁冤時卜商適作文侯師請朝元□□
□□□□□□城悲位長百寮衛
送金鏞大晉

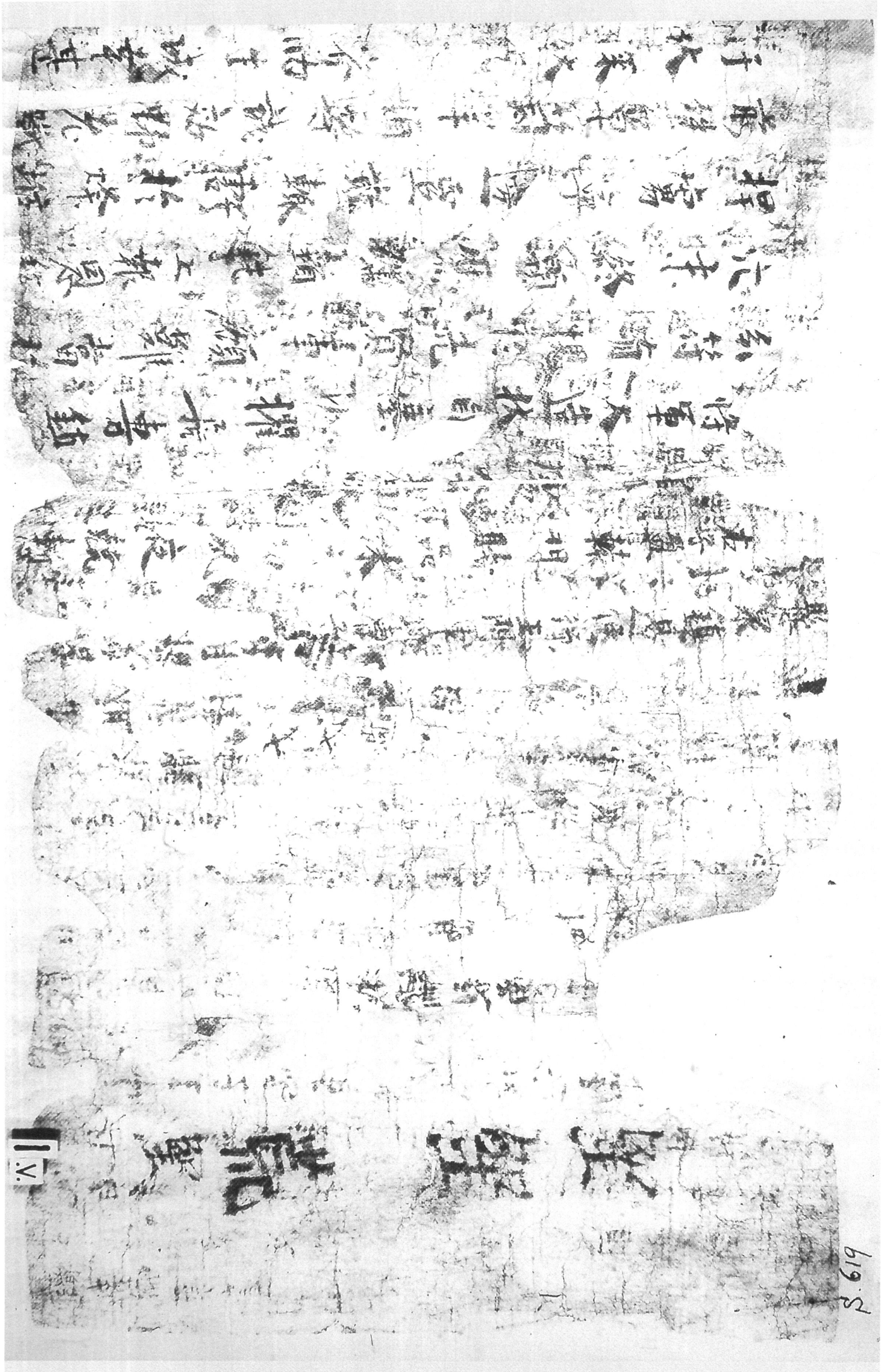

斯0619號背1 懸泉鎮遏使行玉門軍使曹子盈狀稿(擬) (07-01)

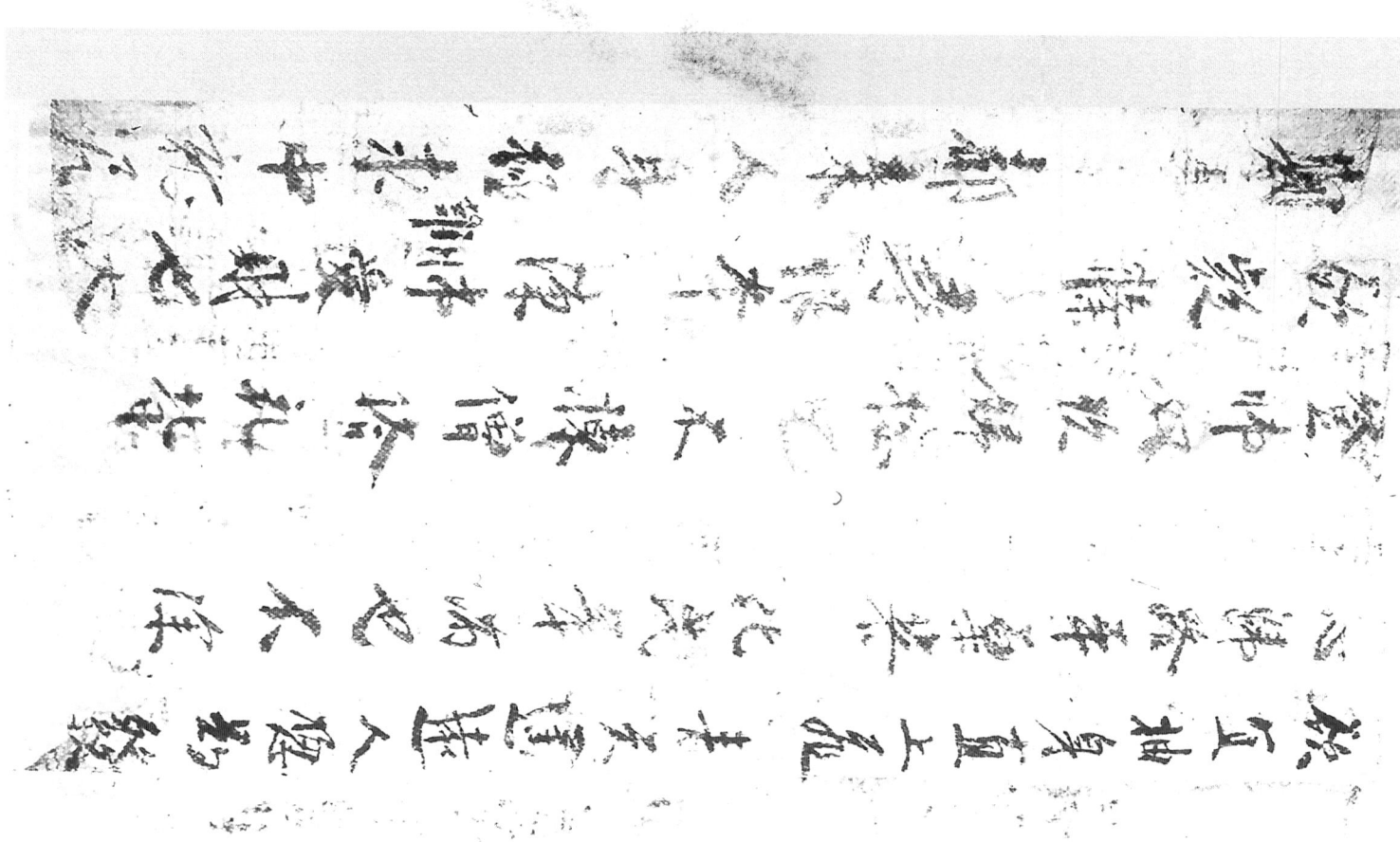

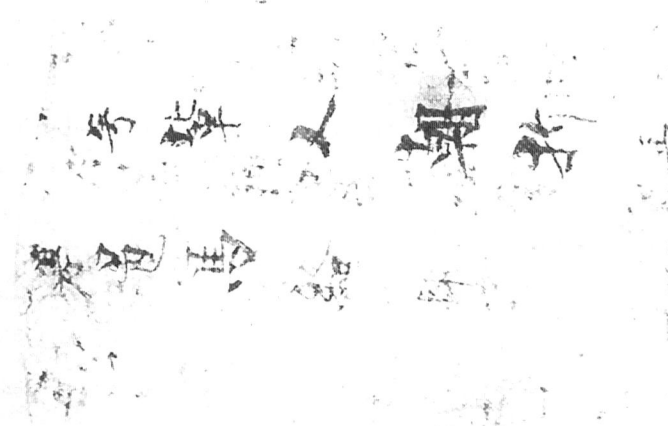

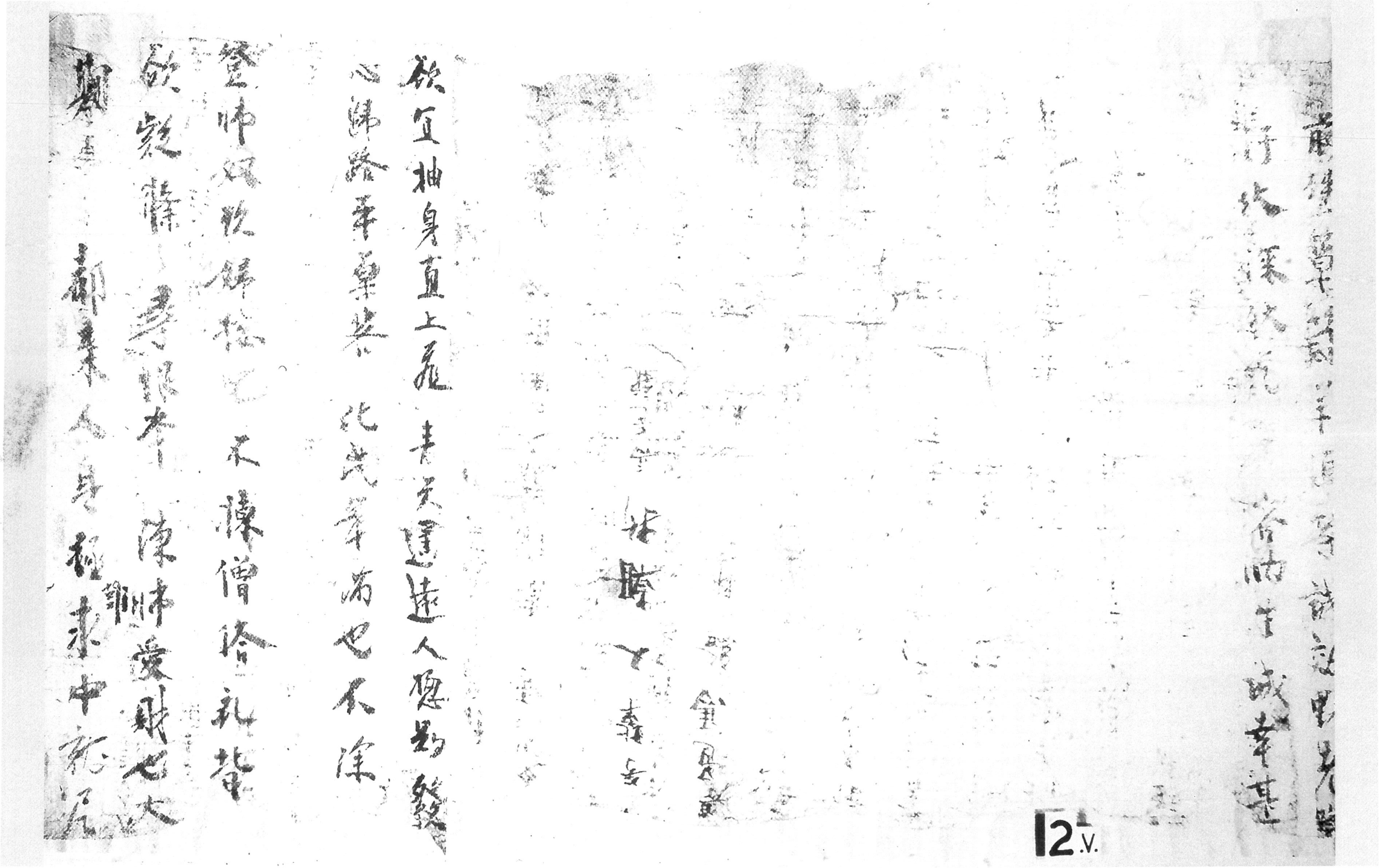

斯00619號背2　七言詩（欲宜抽身直上飛）四首（擬）　（07–02）

斯00619號背3　都虞侯安懷恩追勘趙奴兄弟諍論事由牒稿(擬)　(07–03)

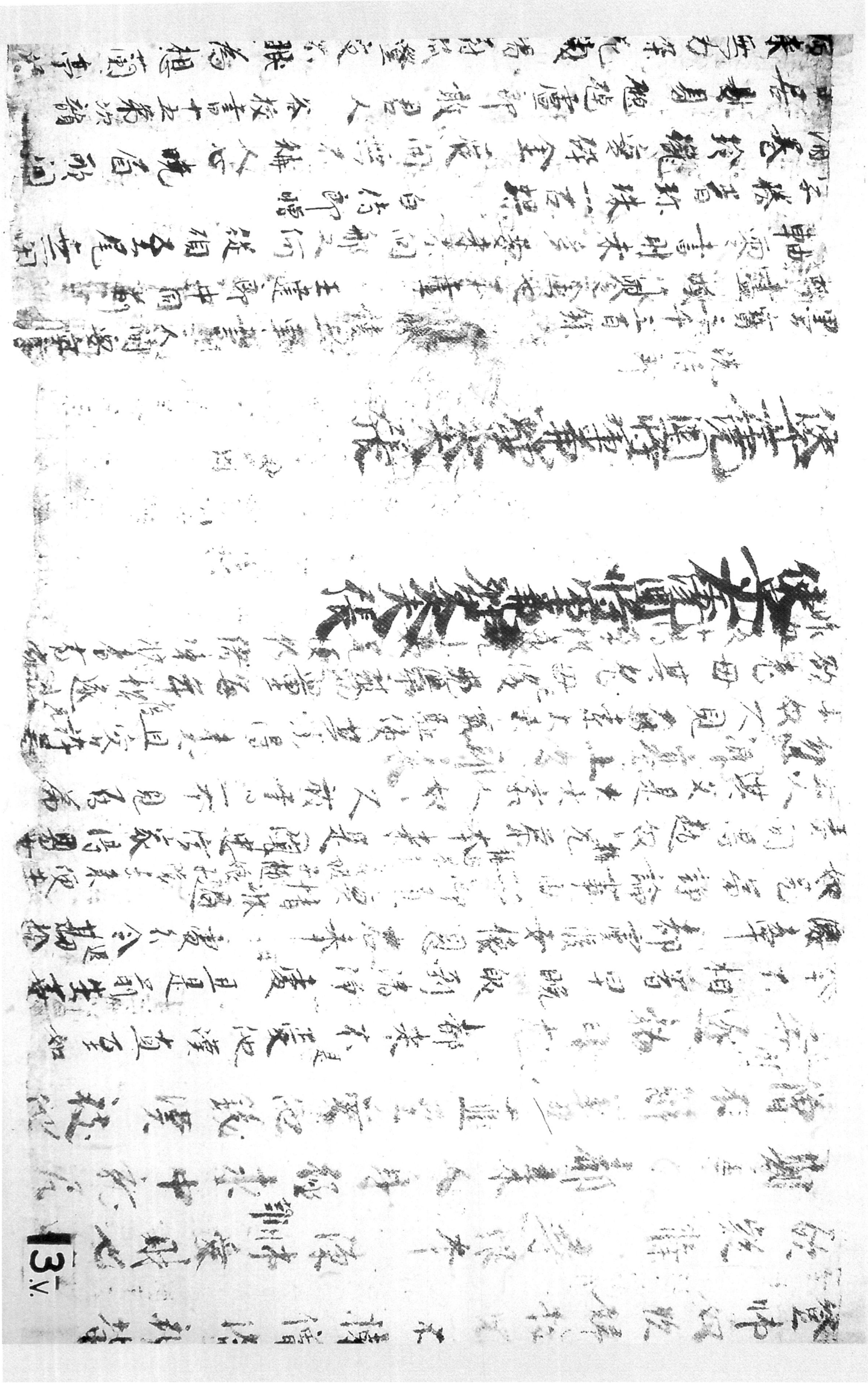

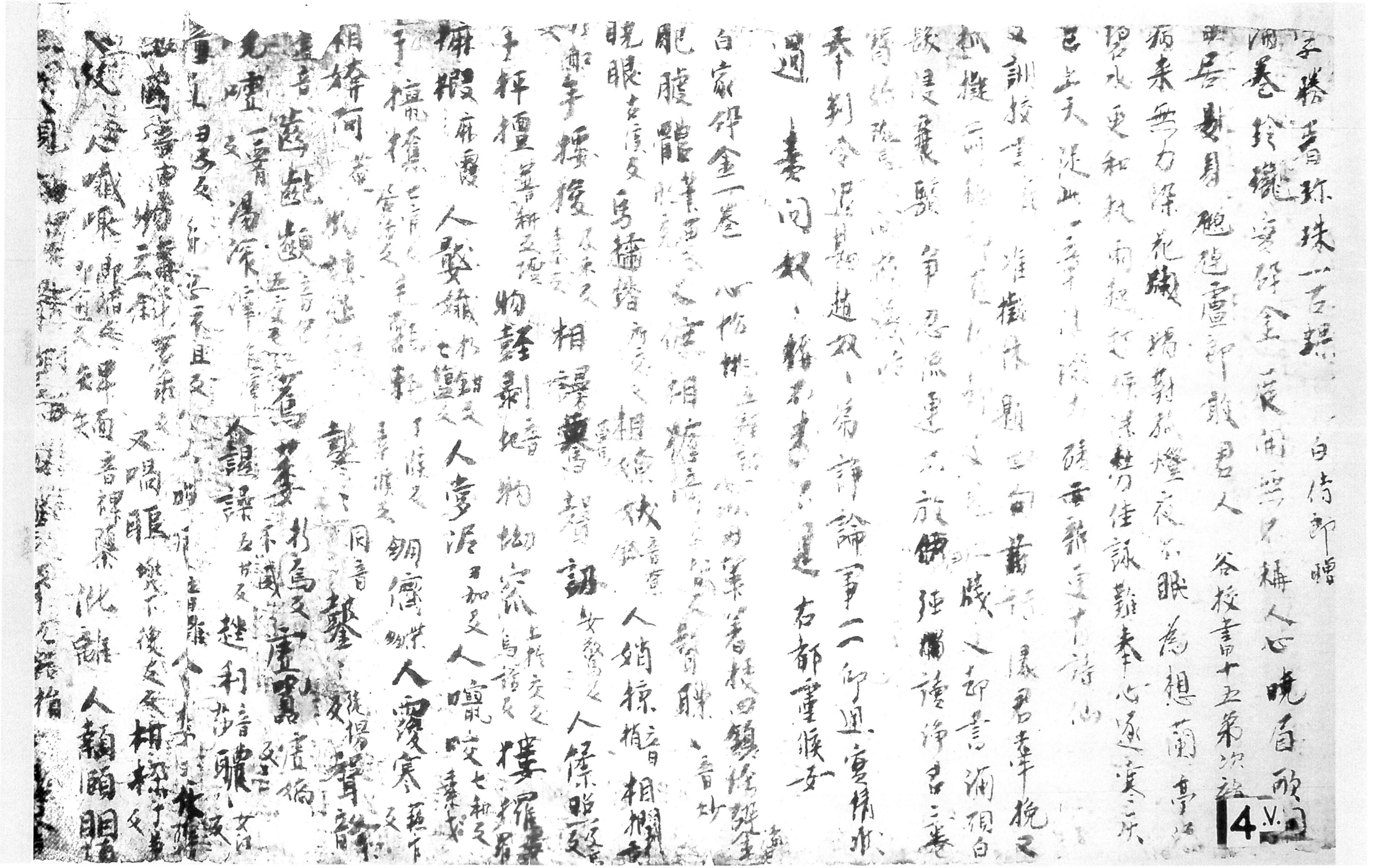

斯00619號背4　讀《白家碎金》詩鈔（擬）（07–04）

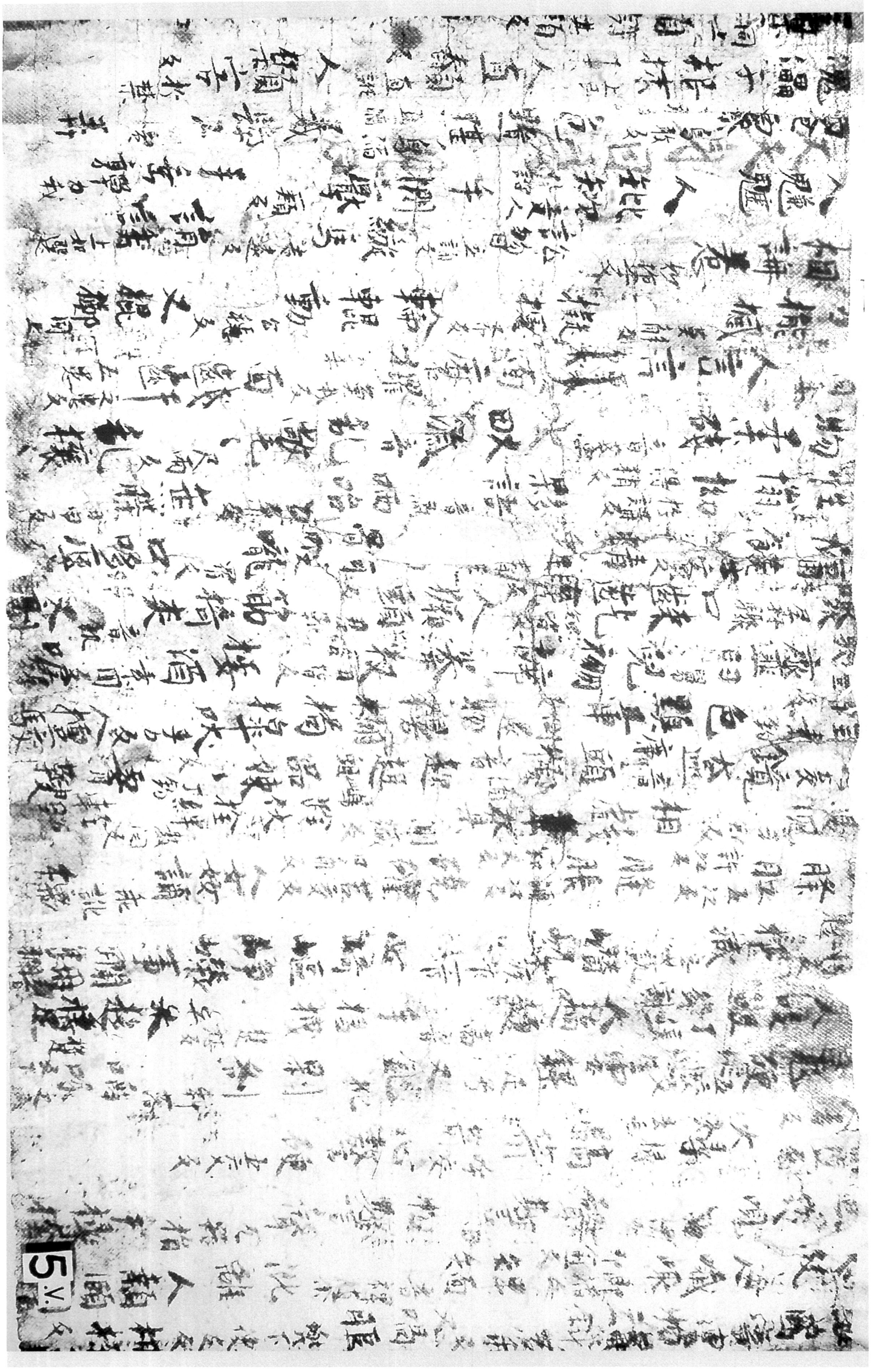

斯00619號背5　白家碎金　(07–05)

斯00619號背5　白家碎金　（07-06）　　斯00619號背6　五言詩（丈夫須立身）一首（擬）（07-06）

斯00619號背5 白家碎金（07-07）

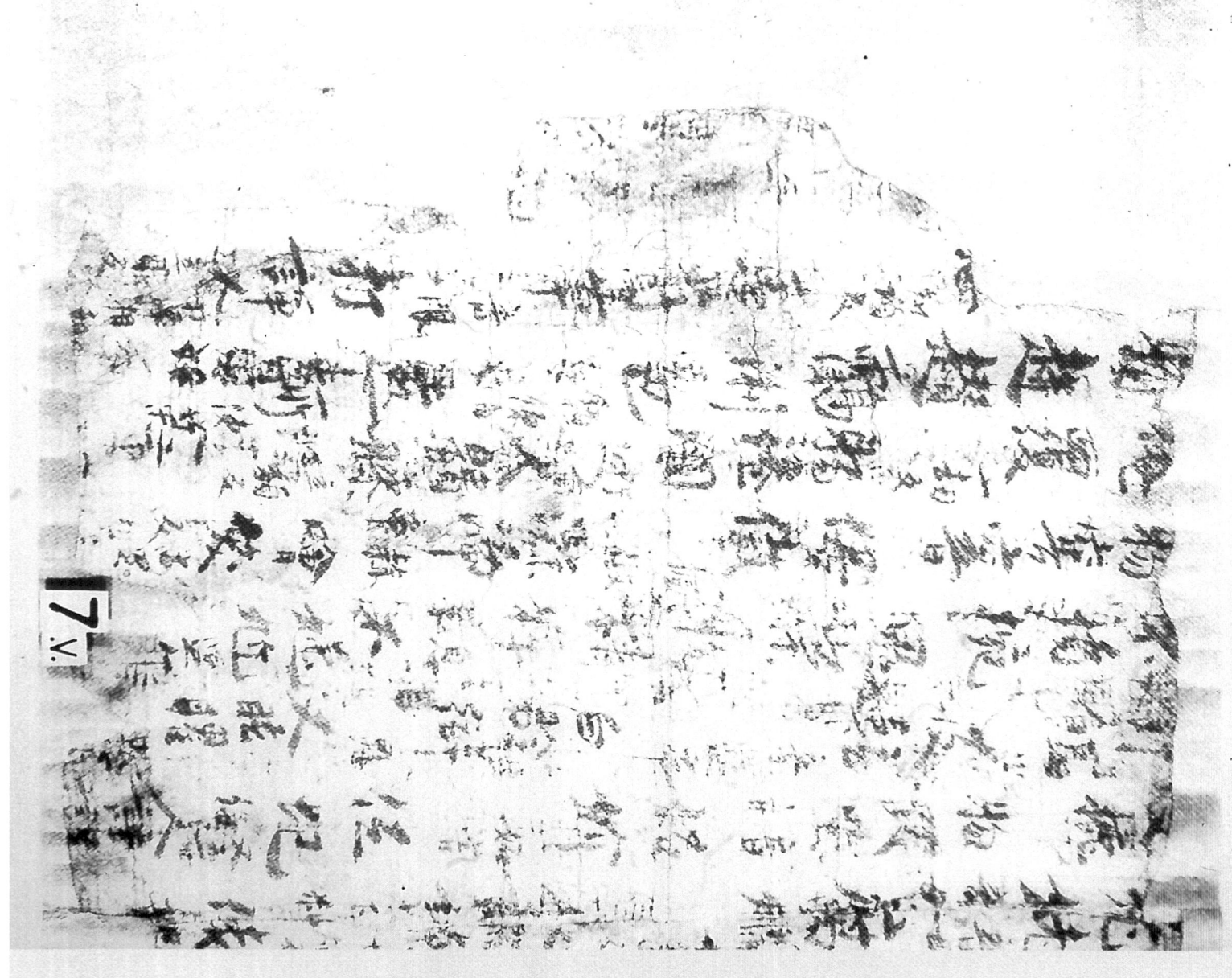

堂中有棺才欲富　夢見舍梁廢麗家遷之　夢見入官位中居當王公
依　夢見舉土上宅者大吉　夢見起新舍吉入者得財　夢見舍十口亡恩
敕　夢見治理故屋大者家吉　夢見居小屋敗漏凶　夢見屋棟動家
長官病　夢見大屋中富貴　夢見居北堂者有喜事　夢見燈崩
屋大吉　夢見大人造宅者病人凶　夢見屋漏敗死官事凶　夢見
遷職人富　夢見屋棟折死落凶瀆者凶　夢見屋中有貴人大者
夢見蒼田一云當有　吕　夢見一宅吏遷官及人吉　夢見柱折壞
家　夢見宅内穴凶　夢見屋下中大吉　夢見宅内生竹林大吉
夢見宅中鍾動者移死　水篇第卅四　夢見江海大水富貴　夢
見水流吉所訟得理　夢見大水者大富　夢見澤水來財偃蘭
夢見大水波浪起伏者不安　夢清湛漢城　夢見臨白水憂涂
夢見被溺不出凶　夢見赤水入宅中官事起　夢見度江海被害
吉　夢見屋中水出凶　夢見共衆人同臨清水吉　夢見水上行藏
必安富貴得官榮　夢見水長大吉　夢見浮度大水行
速吉速隱之事　夢見床上有水懸官起　夢見床上水憂財及貴　夢見
飲水所思必至　夢見婦人水厲憂子女生貴子　夢見水來入宅
老门官位至　夢見清水吉濁凶　夢見入赤水者有官事　夢見
天地大者事起　夢見沒水中者憂病夜妻亡懸官　夢見水
出得財吉　夢見居水上坐大富貴　夢見水入宅得官位至
夢見指浮水中者酒宍　夢見水上歌凶　夢見江河塞大吉　夢
見入中獻者大吉　夢見黄水百事和合　火篇第卅五
夢見火載富貴　夢見林中火有喜事　夢見抱火夜行身必光
榮　夢見火燒门戶安穩必至　夢見持火与妻子多口舌　夢見
[illegible]堂皇有災病　夢見持火大盛大憂除　夢見大舍有喜事　夢

夢見栢浮水中者酒宍　夢見水上歌凶　夢見江河塞大吉　夢
見入中獄者大吉　夢見黃衣百事和合　火篇第廿五
夢見火爇富貴　夢見林中火有喜事　夢見抱火夜行身必先
榮　夢見火燒门戶安禍必至　夢見持火与妻子多口舌　夢見
火氣煙里有疫病　夢見持火大盛大憂除　夢見大舍有喜事　夢
見神樹債見黑　夢見火浮圖大富貴　夢見火燒地當天下稱揚
夢見火燃水富貴亦光万里　夢見火燃天為國相　夢見火炭灰
身吉榮貴　夢見火從地中出憂患　夢見屋上火燒屋凶或遷徙
夢見火入人家大富貴　夢見火至天兵事起　橋道門戶篇第廿六
夢見卧道中不得財　夢見行道中百事開通所求皆得　夢
見四道交通達四方之義　夢見迷所求不成　夢見莊大吉慶
夢見门開婦有外心一云百事不安　夢見新門貴欲至　夢見
徒財橋死過　夢見门戶燒燔大旱　夢見門中生樹生貴子　夢見
門中有樹大富貴　夢見门戶壞者憂子孫　夢見作门戶者大吉
夢見傍门前大吉　夢見飄入門大吉　夢見表门必五品已上官至
夢見天龍趣得財　夢見車來入门有舌口　夢見築門者欲捍
夢見半當門三公位　夢見當戶絕大富　夢見避逃入者門得財　夢見
屏門戶前立者大吉　夢見门戶人者大吉　夢見脩入門者吉貴　夢見從戶
出門婦外心　夢見道平直者大吉　夢見鄉者凶　夢見掘地下
阡陌有辱　夢見阡陌他人當失刀　夢見度橋梁大吉　夢見橋上過兼厄
當度　夢見臥起橋者必貴　夢見擇道路百事吉　夢見大路生樹木者
吉　夢見道中得財　夢見大道憂財物　夢見從破橋上過者厄難免下
過凶　飛鳥篇第廿七　夢見鳳凰當王位賢或為駕　夢見烏鵲遠行
夢見雀官位至　夢見鵲子大吉　夢見乘白鶴得先道　夢見雞必有
筆求皆得　夢見鷹鵲遠行欲　夢見鵲銜果必生貴子見鵲子大吉
夢見鵝鳴有口舌　夢見鳥巢安書大吉　夢見鵲對地得官大上之　夢見

斯00620號　占夢書(擬)　(08-02)

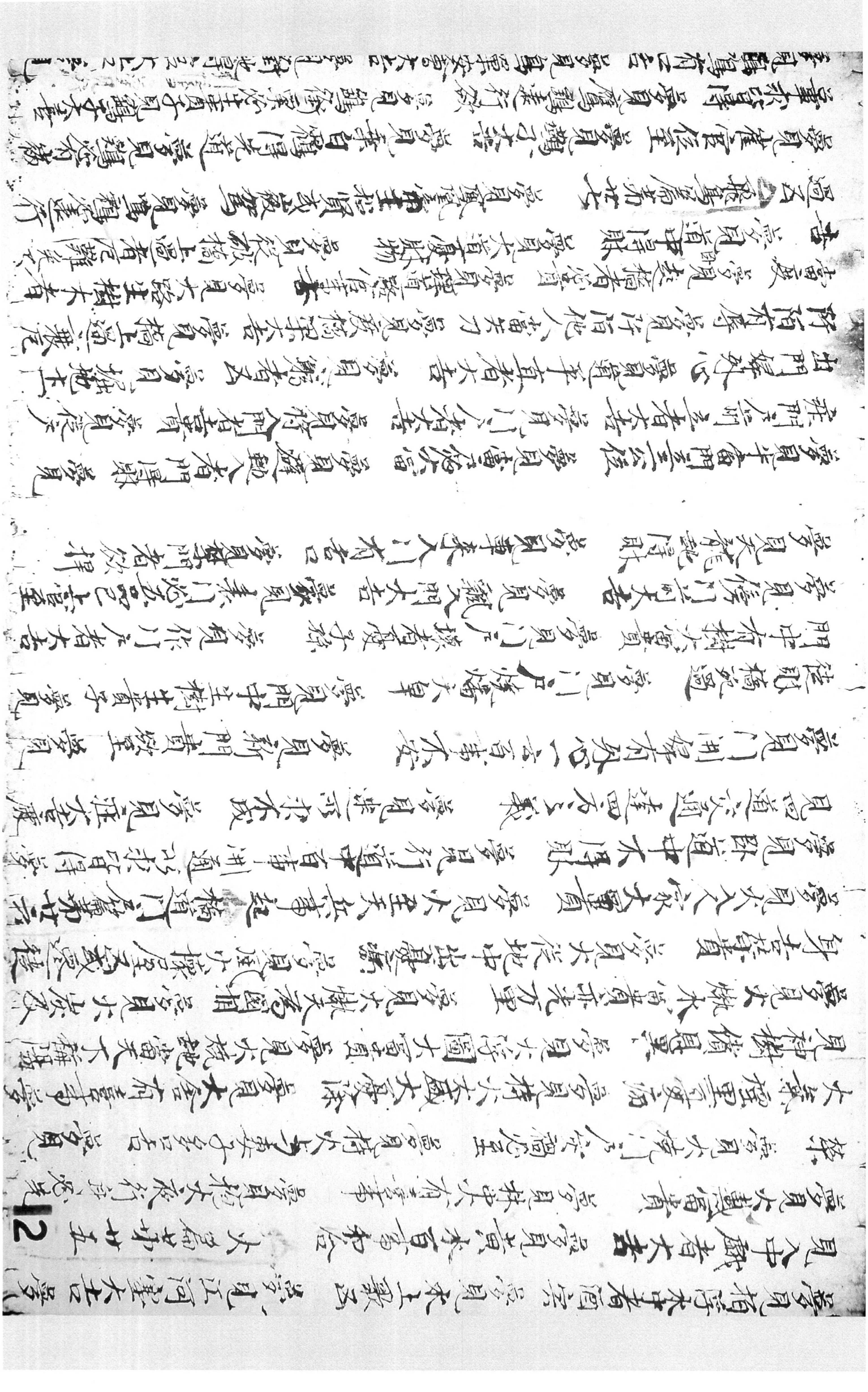

阡陌有辱　夢見阡陌他人當失刀　夢見度橋渠大吉　夢見橋上過一賊宅
當度　夢見起橋者必貴　夢見理道路官事吉　夢見大路生樹木者
吉　夢見道中得財　夢見大道憂財物　夢見從破橋上過者厄難災
過去　飛鳥篇第廿七　夢見鳳凰在宮中王相賢或歲駕　夢見白鶴必遠行
夢見雀官位至　夢見鷄子大吉　夢見乘白鶴得先道　夢見鷄必有務
筆求皆得　夢見鷹鷂遠行欲　夢見鷂銜粟必生貴子　夢見鷂子大吉
夢見鷂鳴有口舌　夢見鳥巢安居大吉　夢見雀銜蛇得官大吉　夢見
自鶴存堂有喜　夢見燕鳥吉有行事　夢見雀有官祿吊喪事
見鵝在栖中百官事　夢見飛鳥羽翼者　夢見鳥人屋不食者憂死亡　夢見
鷹者妻傳信事　夢見抱者有上官嫁娶之事　夢見鶴為鬼魅所藏
夢見鴨卵必得財　夢見鳥鳴鬪有離別之事　夢見鳥銜物贈遺事　夢
魚鼈篇第廿八　夢見魚當天必有大口丁　夢見大魚凶小魚吉　夢見
得魚甥生有利捕取魚者得利　夢見捕魚縣縣吉　夢見鼈魚在井貴人
有好得財　夢見鯉魚必有喜事　夢見乾魚大旱　夢見鉗鉢事難　夢
見蝦長命　夢見小魚大富貴　夢見飛魚必有富貴　夢見蜂蛩之人
有官事必解散　夢見魚飛出浪百事散　夢見生魚龜得官位
夢見釣魚有憂事　夢見龜鼈入門大富吉　夢見大魚不多吉小魚大吉
夢龜者天者大吉　猪羊篇第廿九　夢見月遊夏刀兵　夢見犬所死一
云家欲從　夢見殺犬猪所求皆得達　夢見群洋有客　夢見牽羊有
宴樂酒食事　夢見黑犬竈作倉食　夢見犬子有喜樂事　夢見
騎羊得奴婢一云好婦　夢見羊車夫有恩進位民凶　夢見犬傷大吉事
夢見黃犬喜事　夢見捉犬有病從犬客來　夢見為犬咬解事　夢
赤犬口舌散　夢見猪日夜官事　夢見放犬子有急事病　夢見猪
吠者先人索食　夢見殺猪惟者凶　夢見犬走大利　夢見黃犬所求皆得
龍蛇篇第卅　夢見乘龍王天三代富貴　夢見乘龍大富得官　夢見
乘龍富市貴主位吉　夢見龜蛇相向為逢劫殺　夢見蛇入人穀道生富貴　夢
見蛇遠人西安富　夢見天魚落大富貴　夢見得龜万人愛敬　夢見

者先人索食　夢見㹠猪吠者亡　夢見虎大子有急事　夢見猪
夢見交走大利　夢見黃犬所求皆得
龍蛇篇第卅　夢見乘龍王天下位富貴　夢見乘龍大富得官　夢見
乘龍富而貴主位吉　夢見龍蛇相向㓂劫盜　夢見蛇入人穀道富貴　夢
見蛇走入要害　夢見天魚吉大富貴　夢見得龍万人愛敬　夢見
龜鼈必得官　夢見蛟龍必被貴人災　夢見得生魚大吉利　夢見
魚飛天必雨　夢見大蛇過得財吉　夢見王生貴子大吉　夢見龍必富
貴一云生貴子　夢見赤龍者憂官口舌　夢見出宅者憂疾病
一云移徙　夢見蛇在懷中有男女　夢見蛇在床上吉　夢見蛇逐人
妻必子　夢見蛇繞腰遷貴王　夢見黃蛇有善事
六畜篇第卅一　夢見乘麥馬有急事　夢見乘赤馬主文書大吉一云口舌
夢見乘黑馬財散　夢見乘驢騾有賤者　夢見駞及乘大富貴一云
植　夢見群羊百事皆吉　夢見乘青馬有憂事　夢見青牛喜事　夢
見玄牛上大富貴　夢見牛解冤家得食　夢見乘紫馬大吉　夢見牛
入家有宦福來　夢見牛產所求皆得　夢見豬犬忌縣官起　夢見
女坐家冤得食　夢見六畜共人言語大吉　夢見黃牛宜田蠶　夢見
乘馬走大富貴或遠行　夢見生出門主喪事殃救　夢見牛馬堂上女
子有外意　夢見黑牛失物還得　夢見騎驢乘馬吉　夢見乘白馬
或有憂事　夢見來騎馬被賺誤　夢見牛羊大吉求如意　夢見鞍
牛官事不解　夢見牛馬產者吉或有畜亦得財　夢見馬出行家神
不安　夢見牛出門好事散　夢見為馬所作福有祿　夢見牛角向
人者所求皆得　夢見牛解翻人憂官　夢見馬若乘行大富　夢見
赤牛口舌散吉　夢見白牛兵行還　夢見駒馬者凶　夢見乘黃馬
口舌散　夢見煞牛官事還　夢見大牛大吉所求得　夢見青牛吉船
舟船行宅勝　□篇第卅二　夢見男女同船行　夢見乘船渡

不安 夢見牛出門好事散 夢見乘馬所作福有祿 夢見牛角向
人者所求皆得 夢見牛解鬬人憂官 夢見馬長乘行大富 夢見
赤牛口舌散吉 夢見白牛兵行遲 夢見騎馬者凶 夢見乘黃馬
口舌散 夢見煞牛官事惡 夢見大牛大吉所求得 夢見青牛吉船
車趍行死勝 [redacted] 篇第卌二 夢見男女同船行 夢見乘船渡
永得財 夢見群車行大富 夢見乘船過 大吉 夢見乘船界日月位
帝事 夢見乘船行家欲安隱 夢見乘車死得江會大富貴 夢見
乘車臨官吉 夢見乘車入市大富貴 夢見乘船上城大富吉 夢
見將病人車內凶 夢見車行得財 夢見在車上頭大富貴 夢見乘
船水中大富貴 夢見從高向下更失位凶 夢見車必碓移運事 夢見
駕車過人家大凶 夢見車群行得財大富貴 夢見上車土順嫁娶吉
夢見車破必憂愁 夢見病內乘車必死 夢見乘死得從大富
見在上卅頭牛大富貴 夢見乘車上城大富貴 夢見乘駕大吉 夢
見乘船者或職位轉移遠行 夢見若有疾者吉 夢見是濟憂事
消以意理事矣 野禽獸篇第卌三 夢見師子入家必凶 夢見騏驎大
富貴 夢見虎狼身侍興官 夢見猛虎鬬大吉利 夢見騎虎行大富
貴 夢見騎祿之居位事 夢見被虎食大凶 夢見被所由捕縣官起 夢見
猴兔與貴人合貴 夢見 居人上大吉 夢見猿猴必可喚事成有鬼事
夢見白馬必有貴人所接 夢見兔大富 夢見鹿兔行有官 夢見獼猴
官貴 夢見騎 群聚必征討事 夢見鴛鴦大吉利 夢見虎狼不動必見
赦 夢見虎所逐必疾病凶 夢見虎咋人縣官口舌事 夢見白鹿者得
宜金銀 夢見騎虎吉或官事 夢見得鹿章吉在官者得印綬
雜蟲篇第卌四 夢見蛇咬者得財物 夢見蜂螫者憂病或盜賊凶
夢見蜈蚣者遇賊 夢見解蟲者無憂事 夢見蜈蚣咬人解神不吉

5

斯00620號 占夢書(擬) (08-05)

官貴 夢見學群聚必征行事 夢見群魚大吉利 夢見屠猪不重凶
五字 夢見虎所逐必疾病凶 夢見虎咋人縣官口舌事 夢見白鹿者得
至金銀術 夢見騎虎吉或官事 夢見得黑章者吉在官者得印綬
雜蟲篇第卅四 夢見毒虵咬者得財物 夢見蜂螫者憂病或盜賊
夢見魚者遇財 夢見解蟲者無憂事 夢見吴蚣咬人解神不吉 凶
見蛇承者被人謹惡事 夢見織子作群行大吉 夢見蠶為富貴王怪 夢
見小蟲吉 大蟲凶 塚墓棺槨篇第卅五 夢見入棺槨中者得高大吉
夢見死人棺槨在堂得財 夢見七棺有縣官 夢見棺木民吏遷官
大吉 夢見共棺槨与人語吉一云得財 夢見斫棺材欲有死亡 夢見
塚墓上雲氣大吉 夢見苗墓大富貴 夢見塚墓上樹林凶 夢見墓
上有衣門大吉 夢見塚墓門開大吉 夢見塚墓穴連衣更官 夢見昔墓頽大惡
夢見內棺槨其富貴 夢見塚上生樹大富貴 夢見澗凶 夢見塚墓門指露
事 夢見新塚喪貴 夢見塚墓高大富貴 夢見禪文書大吉 夢見塚墓崩
夢見塚大吉 夢見燒棺吉 夢見棺臨死人得財 夢見出官上有棺木大富
夢見棺破有死亡 夢見棺穴連官大雜吉 夢見拜棺木大吉得財 夢見棺
官刑事 文武職官篇第卅六 夢見教書資敬至 夢見文書所求得皆 夢見
封書消息通事 夢見披簾從得人者從人吉或辱 食飲沐浴篇第卅七 夢
飲食為人富貴 夢見貴人坐飲食 夢見與人共飲食得會 夢見壺觴大吉
夢見身死得長命 夢見病人咋飯必憂 夢見得有喜事 夢見共死人食有凶
一云大吉 夢見病重大吉利 夢見臨喪不凶事 夢見食雞子大吉 夢見病人
為出得官 夢見長病大富貴 夢見沐浴妻病解除吉 夢見与人酒食口舌 夢
夢見於淥水沐浴大吉富貴 夢見洛者病愁病疾除喜事 夢見水洛沐大吉
鬼魅單篇第卅八 夢見与鬼頭並盃見者衣鬼無人將情吉 夢見鬼
妻失財 夢見語當令富貴 夢見童育柰汗衣得財 夢見厠汙衣得財 夢見
單行哭殃魅魍除吉利 夢見好將兵言吉起事 夢見佐人行數病忌 夢見大病
鬼入欲解 夢見解神者不成事 夢見神廟大富貴 夢見与鬼神語者富貴
夢見種得財 夢見祠官者夫婦大吉 夢見家有祠者福德 夢見群鬼

夢見於涂水沐浴大吉宜官 夢見浴者病人愁病疾除吉事 夢見水浴洗大吉
鬼魅軍旅衍厭篇第卅八 夢見与鬼須臾並見著衣鬼神逃避者吉 夢見動
妻失財 夢見語當今宜貴 夢見童青秦衍求得財 夢見前衍衣得財 夢見
畢行兵殃魅魍除吉利 夢見好將兵出石起事 夢見從人行欺病亡 夢見大病
先入欲解 夢見解神者不成事 夢見神前大富貴 夢見与鬼神語者富貴
夢見種得財 夢見祠祀者大得大吉 夢見家有祠者福德 夢見群鬼
殷妻大富貴吉 夢見家有祭喪祭事 夢見農種五穀篇第卅九 夢見田復
諸行行凶 夢見居山野種大富貴 夢見耕地有處終事吉 夢見依田種大
富貴 夢見種得財 夢見種五谷開得官 夢見田中生草得財 夢見數
人依田富貴 夢見種長故大吉 夢見種桑皆得財 夢見種穀者皆得富貴
夢見五穀苗盛得財吉 夢見禾已身欲貴 夢見收禾有貴六適 夢見
諸禾有貴數事 夢見歸禾有集聚會吉 夢見灌田種大吉 夢見田刈禾
要吉 夢見耕田胡麻事 夢見道者大吉 夢見菜得財 夢見拔田
史草夏熟夜事 夢見牙入上百草吉 夢見屋土衍衣者必有辱 夢見
夢見麥衍衣夏富事 夢見粟必有奇別事 夢見狗肘自來大吉
夢見得五穀大富貴一云多病 夢見得飯放大吉 夢見麵者必有
居住吉 夢見生麥必吉昌 夢見胡麻豆富起事
佛法仙篇第卌 夢見在外呼喚者大吉 夢見年少桂者吉 夢見仏微善
微吉 夢見神廟必富貴 夢見形像有喜事大吉 夢見造播福德吉利 夢見
孝子為人所念 夢見被呼家鬼欲得食 夢見相呼集會跪拜事 夢見寶會
祿事 夢見家有相祀福至 夢見社宮必得婦大吉 夢見師僧諸仏 讓吉
夢見居所為不成 夢見君子行斬煞害鬭傷篇第卌一 夢見煞人必有
吉事如意得酒肉 夢見被煞一必有吉事 夢見煞人血汙衣漁獵吉 夢見
者煞必得財 夢見煞大所求皆得 夢見煞雞鬼三大吉 夢見煞他人大吉利
夢見行煞人必有酒爭 夢見打人凶 夢見兼相打 夢見以刀相傷有
喜事 夢見身被傷流血大吉 夢見將中當官事 夢見足下濺血出樂至
夢見煞斗屠得財 夢見煞犯宅大吉人不無謝謝吉 夢見龜將屬文事 夢見

夢見足所為不成　夢見君子行新煞宮閣傷篇第卌一　夢見煞人必有
吉事如意得酒肉　夢見被煞亦必有吉事　夢見煞人血汙衣濕大吉　夢見
者煞亦得財　夢見煞六畜皆得　夢見煞雞鬼亦大吉　夢見煞他人大吉利
夢見煞人必有酒食　夢見行人凶　夢見兄弟相打吉　夢見以力相傷有
喜事　夢見身被傷流血大吉　夢見腎中喜官事　夢見足下濃血出與至
夢見煞牛屠得財　夢見煞死宅大吉人不安謝之吉　夢見龜將禹文事　夢見
夢見為刀所傷大吉得財　夢見被人剌大吉剌人亦吉　夢見煞龍者大吉利
夢見斬煞物命必決　夢見截牛頭血出得財　夢見斬傷血出大吉見牛剌
外鬼求食捕桀刑罰篇第卌二　夢見吏人祿有神事者了　夢見自飯及人
必有文書事　夢見減節必有得官財物　夢見得罰加身必大富　夢
夢見留加鑲得官　夢見歸人走官有事得散　夢
被杖見罰罪吉　夢見行
行大赦事　夢見加撰
百大吉　夢見被青罰
夢見打行人著亡失財
飲食篇第卌三　夢見
夢見大聚會

斯00620號背1　七言殘詩(□自纔年二十□)一首(擬)（02-01）

斯00620號背2　殘狀(擬)　(02-02)

[illegible]良后[illegible]

[illegible]纂集舊儀[illegible]閏移節隨時達泊乎月朔[illegible]事資革弊允屬欽明　陛下懸法授人順時[illegible]用刑言觀降聖謨重有刪定乃依拘達爰准攝提舉正於中匪胸於積閏履端於始不爽候於上元節氣由是合宜刑政以之序遂使金木各得其性水火無相奪倫蓋所謂順乎天而應乎人者也乃命集賢院學士尚書左僕射兼右相吏部尚書李林甫門下侍郎陳希烈中書侍郎徐安貞直學士起居舍人劉光謙宣城郡司馬齊光人河南府倉曹參軍陸善經修撰官家令寺丞兼知太史監事史元晏待制官安定郡別駕梁令瓚等為之注解臣等虔奉綸音極思研精愧無演暢之能謬承討論之寄義深學淺難周莫副天心空塵聖鑒

正月之節日在虛（立春為正月之節說在春秋傳曰履端於始謂節也舉正於中謂氣也歸餘於終謂閏也既有閏則立春進退不恆在正月朔日故不定為孟春之月理有得立春則是正月之節可以行春令矣）昏昴中曉心中（昴西方宿也日入後二刻半為昏日未出前二刻半為曉也凡記察昏曉中星者將以人君南面聽天下觀時候以授人事也）斗建寅位之初（斗杓十二辰斗柄所指指地故立春正月之節則建寅位之初書云璿璣玉衡以齊七政此之謂矣）其日甲乙（春秋傳曰天有十日謂甲乙景丁戊己庚辛壬癸甲乙屬木主春故云其日甲乙）其帝太皞其神句芒（皆太皞以木德繼天而王故為春帝高辛氏有天下置五行之官木正句芒故句芒為木神佐太皞佐春）其蟲鱗（方東蒼龍鱗蟲之長凡有鱗之類皆屬於木故曰其蟲鱗）其音角（謂樂器之聲也三分損益一以生角角之數六十四屬木其清濁中人之象也春氣和則角聲調樂記曰角亂則憂其人怨）律中大蔟（律者候氣之管以竹為之中猶應也孟月氣至則大蔟之律應應謂灰飛也大蔟者林鍾之所生三分益一管長八寸以律三分圍九分也）其數八（木生數三成數八但言八者舉其成數）其狴仁其事貌（洪範五行傳曰東方木其牲仁二其事貌貌曰恭恭作肅王者貌恭於仁則鳳凰來儀）其祀戶祭先脾（春陽氣出於戶內順陽氣也祭先脾春為陽中於藏直脾凡祀戶為俎先進脾也）立春之日東風解凍後五日蟄蟲始振後五日魚上冰（昔在周公作時訓定廿四氣每候相去各日以明天時時驗人事言聖人皆順天時則萬物各節候）天子居青陽左个乘青輅駕蒼龍載青旂衣青衣服蒼玉食麥與羊其器疏達（青陽謂明堂東面右个當寅上之室正月位也十二月各居其堂個月與室位則閏門左）

斯00621號　御刊禮記月令並序　（01-01）

入小念百口阿彌陀佛五百身中不入
菩薩說今年八匪九匪太山崩須九万億
亦須九千億牛第一患死第二卒死第三產
坐死第四不持齋死第五腸肚熱死第六自
絞死今年禾豆熟恐無主收度今年即好
信者寫一通免身寫二通免合家寫三通免
一村若聞不寫即滅門若有轉讀此經者皆
度若難不信即身滅經從西涼州縣來在
彼城東門口四匪雷鳴雨下一石如斗破兩片
遂是此經轉示衆生得福无量

長安四年五月十五日

善生希有心而諸人等謂是嬰兒而我此身
无量劫來久離是法如來身者即是法身非
是宍血筋脈骨髓之所成立隨順世間衆生
法故亦為嬰兒南行七步亦現欲為无量衆
生作上福田西行七步亦現生盡永斷老死
是㝡後身北行七步亦現已度諸有生死東
行七步亦為衆生而作導首四維七步亦現
斷滅種種煩惱四魔種姓成於如來應正遍
知上行七步亦現不為不淨之物之所染汙
猶如虛空下行七步亦現法雨滅地獄火令
彼衆生受安隱樂毀禁戒者亦作霜雹於閻
浮提生七日已又亦剃髮諸人皆謂我是嬰
兒初始剃髮一切人天魔王波旬沙門婆羅
門无有能見我頂相者況有持刀臨之剃髮
若有持刀至我頂者无有是處我久已於无
量劫中剃除鬚髮為欲隨順世間法故亦現
剃髮我既生已父母將我入天祠中以我示
於摩醯首羅摩醯首羅即見我時合掌恭敬
立在一面我已久於无量劫中捨離如是入
天祠法為欲隨順世間法故亦現如是我於
閻浮提亦現穿耳一切衆生實无有能穿我

斯00623號　大般涅槃經（北本）卷四　（02－01）

立在一面我已久於无量劫中捨離如是入
天祠法為欲隨順世間法故亦現如是我於
閻浮提亦現穿耳一切衆生實无有能穿我
耳者隨順世間衆生法故亦現如是復以諸
寶作師子璫用莊嚴耳然我已於无量劫中
離莊嚴具為欲隨順世間法故作是示現亦
入學堂脩學書疏然我已於无量劫中具足
成就遍觀三界所有衆生无有堪任為我師
者為欲隨順世間法故亦入學堂故名如來
應正遍知習學乘象鞍馬捔力種種伎藝亦
復如是於閻浮提而復亦現為王太子衆生
皆見我為太子於五欲中歡娛受樂然我已
於无量劫中捨離如是五欲之樂為欲隨順
世間法故亦如是相相師占我若不出家當
為轉輪聖王王閻浮提一切衆生皆信是言
然我已於无量劫中捨轉輪王位為法輪王
於閻浮提現離婇女五欲之樂見老病死及
沙門已出家脩道衆生皆謂悉達太子初始
已於无量劫中出家脩道順世法
[illegible]見出家受具足

斯00623號　大般涅槃經（北本）卷四　（02－02）

无慧方便縛
恚耶見等諸……羅
三藐三菩提是名有……
文殊師利彼有疾菩薩應如是觀諸法又復
觀身无常苦空非我是名為慧雖身有疾
常在生死饒益一切而不厭倦是名方便又
復觀身身不離病……病是身非新
非故是名為慧設身有疾而不永滅是名方便
文殊師利有疾菩薩應如是調伏其心不住
其中亦復不住不調伏心所以者何若住不調
伏心是愚人法若住調伏心是聲……菩
薩不當住於調伏心不調……此二法
是菩薩行在於生死不為汙行住於涅槃不
永滅度是菩薩行非凡夫行非賢聖行是菩
薩行非垢行非淨行是……行雖過魔行而
現降眾魔是菩薩行求一切智无非時求是菩
薩行雖觀諸法不生而不入正位是菩薩行雖
觀十二緣起而入諸耶見是菩薩行雖攝一切
眾生而不愛著是菩薩行雖樂……不依
身心盡是菩薩行雖行三界……是菩

1

斯00624號　維摩詰所説經卷中　（06-01）

衆生而愛著是菩薩行雖……
身心盡是菩薩行雖行三界……是菩
薩行雖行於空而殖眾德本是菩薩行雖行
无相而度眾生是菩薩行雖行无作而現受身
是菩薩行雖行无起而起一切善行是菩
薩行雖行六波羅蜜而遍知眾生心心數
法是菩薩行雖行六通而不盡漏是菩薩
行雖行四无量心而不貪著生於梵世是菩
薩行雖行禪定解脫三昧而不……是菩
薩行雖行四念處而不畢竟……受心法是
菩薩行雖行四正勤而不捨身心精進是菩
薩行雖行四如意足而得自在神通是菩薩
行雖行五根而分別眾生諸根利鈍是菩
薩行雖行五力而樂求佛十力是菩薩行雖
行七覺分而分別佛之智慧是菩薩行雖行
八正道而樂行无量佛道是菩薩行雖行止
觀助道之法而不畢竟墮於寂……薩行
雖行諸法不生不滅而以相好莊……身是菩
薩行雖現聲聞辟支佛威儀而不捨佛法是
薩行雖隨諸法究竟淨相而隨所應為現
其身是菩薩行雖觀諸佛國土永寂如空
而現種種清淨佛土是菩薩行雖得佛道轉

2

斯00624號　維摩詰所説經卷中　（06-02）

3

菩薩行雖現聲聞辟支佛威儀而不捨佛法是
薩行雖隨諸法究竟淨相而隨所應為現
其身是菩薩行雖觀諸佛國土永寂如空
而現種種清淨佛土是菩薩行雖得佛道轉
于法輪入於涅槃而不捨於菩薩之道是菩
薩行說是語時文殊師利所將大眾其中八
千天子皆發阿耨多羅三藐〻〻提心
不思議品第六
尒時舍利弗見此室中无有牀座作是念
斯諸菩薩大弟子眾當於何坐長者維摩詰
知其意語舍利弗言云何仁者為法來耶求
牀座耶舍利弗言我為法來非為牀座維摩
詰言唯舍利弗夫求法者不貪軀命何況牀座
夫求法者非有色受想行識之求非有界入
之求非有欲色无色之求唯舍利弗夫求法
者不著佛求不著法求不著眾求夫求法者
无見苦求无斷集求无造盡證脩道之求所
以者何法无戲論若言我當見苦斷集證滅
脩道是則戲論非求法也唯舍利弗法名寂
滅若行生滅是求生滅非求法也法名无染
若染於法乃至涅槃是則染著非求法也法无
行處若行於法是則行處非求法也法无處

斯00624號　維摩詰所說經卷中　（06–03）

4

滅若行生滅是求生滅非求法也法名无染
若染於法乃至涅槃是則染著非求法也法无
行處若行於法是則行處非求法也法无處
所若著處所是則著處非求法也法名无相
若隨相識是則求相非求法也法不可住若
住於法是則住法非求法也法不可見聞覺知
若行見聞覺知是則見聞覺知非求法也法
名无為若行有為是求有為非求法也是故
舍利弗若求法者於一切法應无所求說是
語時五百天子於諸法中得法眼淨
尒時長者維摩詰問文殊師利仁者遊於无
量千万億阿僧祇國何等佛土有好上妙功
德成就師子之座文殊師利言居士東方度
卅六恒河沙國有世界名須彌相其佛號須
彌燈王今現在彼佛身長八万四千由旬其
師子座高八万四千由旬嚴飾第一於是長
者維摩詰現神通力即時彼佛遣三万二
千師子座高廣嚴好來入維摩詰室諸菩
薩大弟子釋梵四天王等昔所未見其室
廣博悉包容三万二千師子座无所妨礙於
毗耶離城及閻浮提四天下亦不迫迮悉見如
故尒時維摩詰語文殊師利就師子座與諸

斯00624號　維摩詰所說經卷中　（06–04）

5

薩大弟子釋梵四天王等昔所未見其室
廣博悉苞容受三万二千師子座无所妨礙於
毗耶離城及閻浮提四天下亦不迫迮悉見如
故尒時維摩詰語文殊師利就師子座與諸
菩薩上人俱坐當自立身如彼坐像其得神
通菩薩即自變身為四万二千由旬坐師子
座諸新發意菩薩及大弟子皆不能昇尒時
維摩詰語舍利弗就師子座舍利弗言居士
此座高廣吾不能昇維摩詰言唯舍利弗為
須弥燈王作礼乃可得坐於是新發意菩
薩及大弟子即為須弥燈王如來作礼便
得座師子座舍利弗言居士未曾有也如是
小室乃容受此高廣之座於毗耶離城无所妨
礙又於閻浮提聚落城邑及四天下諸天龍王
鬼神宮殿亦不迫迮維摩詰言唯舍利弗諸
佛菩薩有解脫名不可思議若菩薩住是
解脫者以須弥之高廣內芥子中无所增減
須弥山王本相如故而四天王忉利諸天不覺
不知己之所入唯應度者乃見須弥入芥子中
是名不可思議解脫法門又以四大海水入一
毛孔不嬈魚鱉黿鼉水性之屬而彼大海本
相如故諸龍鬼神阿脩羅等不覺不知己之

斯00624號　維摩詰所説經卷中　（06–05）

6

是名不可思議解脫法門又以四大海水入一
毛孔不嬈魚鱉黿鼉水性之屬而彼大海本
相如故諸龍鬼神阿脩羅等不覺不知己之
所入於此衆生亦无所嬈又舍利弗住不可
思議解脫菩薩斷取三千大千世界如陶家
輪著右掌中擲過恒河沙世界之外其中衆
生不覺不知己之所往又復還置本處都不
使人有往來想而此世界本相如故又舍利
弗或有衆 …… 者菩薩即演
二十又

斯00624號　維摩詰所説經卷中　（06–06）

時我身
阿耨多羅三藐三菩提
佛告尊者阿難汝可開塔取中舍利示
此大衆是舍利者乃是无量六波羅蜜功德
所熏尒時阿難聞佛教勅即往塔所禮拜供
養開其塔戶見其塔中有七寶函以手開函
見其舍利色妙紅白佛言世尊是中舍
利其色紅白佛告阿難汝可持來此是大士
真身舍利尒時阿難即舉寶函還至佛所持
以上佛尒時告一切大衆汝等今可禮是舍利
者是戒定慧之所熏脩甚難可
得最上福田尒時大衆聞是語已心懷歡喜
即從坐起合掌恭敬頂禮菩薩大士舍利尒
尒時世尊欲為大衆斷疑網故說是舍利往
昔因緣阿難過去之世有王名曰摩訶羅陁
脩行善法治國土无有怨敵時有三子端政
微妙形色殊特威德第一第一太子名摩訶
波那羅次子名曰摩訶提婆小子名曰摩訶
薩

斯00625號　金光明經卷四　（10-01）

脩行善法治國土无有怨敵時有三子端政
微妙形色殊特威德第一第一太子名摩訶
波那羅次子名曰摩訶提婆小子名曰摩訶
薩埵是三王子於諸園林遊戲觀看次第漸
我於今日心甚怖懼於是中特无衰損第
二王子復作是言我於今日不自惜身但
離所愛心憂愁耳第三王子復作是我於今
日獨无怖懼亦无愁惱山中空寂神仙所讚
是處閑靜能令行人安隱受樂時諸王子說
說是語已轉復前行見有一虎產七日而
有七子圍遶周匝飢餓窮悴身體羸損命將
欲絕第一王子見虎已作如是言怪哉此虎
產來七日七子圍遶不得求食若為飢逼必
還噉子第二王子言此虎經常所食何物第
一王子言此虎唯食新熱肉血第三王子言
君等誰能與此虎食第二王子言此虎飢餓
身體羸瘦窮困頓乏餘命无幾不容餘處為
其求食設餘求者命必不濟誰能為此不惜
身命第一王子言一切難捨不過己身第三
王子言我等今者以貪惜故於今此身命不

斯00625號　金光明經卷四　（10-02）

其求食設餘求者余為不濟誰能為此不惜
身命第一王子言一切難捨不過己身第二
王子言我等今者以貪惜故於此身命不能
放捨智慧薄少故於是事而生驚怖若諸大
士欲利益他生大悲心為衆生者捨此身命
不足為難時諸王子心大愁憂久住視之目
未曾捨作是觀已尋便離去尒時第三王子
作是念言我今捨身時已到矣何以故我從
昔來多棄是身都无所為亦常愛護處之屋
宅又復供給衣服飲食卧具醫藥象馬車乘
隨時將養令无所乏而不知恩反生怨害然
復不免无常敗壞復次是身不堅无所利益
可惡如賊猶若行廁我於今日當使此身作
无上業於生死海中作大橋梁復次若此捨
身則无量癰疽癩疾百千怖畏是身唯有大
小便利是身不堅如水上沫是身不淨多
諸虫戶是身可汙筋纏血塗皮骨髓腦共相
蓮持如是觀察甚患可猒是故我今應當捨
離以求寂滅无上涅槃永離憂患无常變異
生死休息无諸塵累无量禪定智慧功德具足
成就微妙法身百福莊嚴諸佛所讚證成
如是无上法身与諸衆生无量法樂是時王
子猛勇堪任作大是願以上大悲熏脩其心

斯00625號　金光明經卷四　（10–03）

成就微妙法身百福莊嚴諸佛所讚證成
如是无上法身与諸衆生无量法樂是時王
子猛勇堪任作大是願以上大悲熏脩其心
慮其二兄心懷怖懅或恐故固遮為作留難尋
便語言兄等今者可与眷屬還其所止尒時
王子摩訶薩埵還至虎所脫身衣裳置竹枝
上作是誓言我今為利諸衆生故證於最勝
无上道故大悲不動捨難捨故為求菩提智
所讚故欲度三有諸衆生故滅生死怖衆惱
熱故是時王子作是誓已尋自放身卧餓虎
前是時王子以大悲力故虎无能為王子復
作是念言虎今羸瘦身无勢力不能得我身
血肉食尋起求刀周遍求之了不能得尋
以干竹刺頸出血於高山上投身虎前是時
大地六種震動日无精光如羅睺羅阿脩羅王
捉持鄣蔽又而雜華種種妙香時虛空中有
諸餘天見是事已心生觀歡喜嘆未曾有讚
言善哉善哉大士汝今真是行大悲者為衆
生故能捨難捨於諸學人第一勇健汝已為
得諸佛所讚常樂住處不久當證无惱无熱
清淨涅槃是虎尒時見血流出汙王子身尋
便舐血噉食其肉唯留餘骨尒時第一王子
見地大動為第二王子而說偈言

斯00625號　金光明經卷四　（10–04）

清淨涅槃是佛尒時見血流出汙王子身即
便舐血噉食其宍唯留餘骨尒時第一王子
見地大動為第二王子而說偈言
振動大地　及以大海　日无精光　如有覆弊
於上虛空　雨諸華香　必是我弟　捨所愛身
第二王子　復說偈言
彼虎產來　已經七日　七子圍遶　窮无飲食
氣力羸損　命不云遠　小弟大悲　知其窮悴
懼不堪忍　還食其子　恐定捨身　救彼命
時二王子心大愁怖啼泣悲歎容狠憔悴復
共相將還至虎所見弟所著被服衣裳皆悉
在一竹枝之上骸骨髮抓布散狼藉流血處
處遍汙其地見已悶絕不自勝持投身骨上
良久乃悟即起舉手呼天而哭我弟幼稚才
能過人特為父母之所愛念奄忽捨身以飴
餓虎我今還宮父母設問當云何答我寧在
此并命一處不忍見是骸骨髮抓何心捨離
還見父母妻子眷屬朋友知識時二王子悲
號懊惱漸捨而去時小王子所將侍從各散
諸方互相謂言今者我天為何所在尒時王
妃於睡夢中夢乳被割牙齒墮落得三鴿鷚
一為鷹食尒時王妃大地動時即便驚悟心
大愁怖而說偈言

5

斯00625號　金光明經卷四　（10-05）

諸方互相謂言今者我天為何所在尒時王
妃於睡夢中夢乳被割牙齒墮落得三鴿鷚
一為鷹食尒時王妃大地動時即便驚悟心
大愁怖而說偈言
今日何故　大地大水　一切皆動　物不安所
日无精光　如有覆弊　我心憂苦　目瞤瞤動
如今我目　所見瑞相　必有災異　不詳苦惱
於是王妃說是偈已時有青衣在外已聞王
子消息心驚惶怖尋即入內啟白大王妃作如
是言向者在外聞諸侍從推覓王子不知所
在王妃聞已生大憂惱涕泣滿目至大王所
我於向者傳聞外人失我最小所愛之子大
王聞已而復悶絕悲哽苦惱拭淚而言如是
今日失我心中所愛重者尒時世尊欲重宣
此義而說偈言
我於往昔　无量劫中　捨所重身　以求菩提
若為國王　及作王子　常捨難捨　以求菩提
我念宿命　有大國王　其王名曰　摩訶羅陀
是王有子　能大布施　其子名曰　摩訶薩埵
復有二兄　長者名曰　大波羅那　次名大天
三人同遊　至一空山　見新產虎　飢窮无食
時勝大士　生大悲心　我今當捨　所重之身

6

斯00625號　金光明經卷四　（10-06）

三人同遊　至一空山　見新產乕　飢窮无食
時勝大士　生大悲心　我今當捨　所重之身
此乕或為　飢餓所逼　儻能還食　自所生之
即上高山　自投乕前　為令乕子　得全性命
是時大地　及諸大山　皆震悉動　驚諸虫獸
乕狼師子　四散馳走　世間皆闇　无有光明
是時二兄　故在竹林　心懷憂惱　愁苦啼泣
漸漸推求　遂至乕所　見乕乕子　血汙其口
又見骸骨　髮毛爪齒　處處迸血　狼藉在地
是二王子　見是事已　心更悶絕　自躄於地
以灰塵土　自塗坌身　忘失正念　生狂癡心
所將侍從　覩見是事　亦生悲慟　失聲號哭
爭以冷水　共相噴灑　然後穌息　而復得起
是時王子　當捨身時　正值後宮　妃后婇女
眷屬五百　共相娛樂　王妃是時　兩乳汁出
一切支節　痛如針刺　心生愁惱　以喪愛子
於是王妃　疾至王所　其聲微細　悲泣而言
大王今當　諦聽諦聽　憂愁感火　今來燒我
我今二乳　俱時汁出　身體苦切　如被針刺
我見如是　不祥瑞相　恐更不復　見所愛子
今以身命　奉上大王　願速遣人　求覓我子
夢三鴿鶵　在我懷抱　其最小者　可適我心

今以身命　奉上大王　願速遣人　求覓我子
夢三鴿鶵　在我懷抱　其最小者　可適我心
有鷹飛來　奪我而去　夢是事已　即生憂惱
我今愁怖　恐命不濟　願速遣人　推求我子
是時王妃　說是語已　即時悶絕　而復躄地
王聞是語　復生憂惱　以不得見　所愛子故
其王大臣　及諸眷屬　悉皆聚集　在王左右
哀哭悲號　聲動天地　爾時城內　所有人民
聞是聲已　驚愕而出　各相謂言　今是王子
為活來耶　為已死亡　如是大士　常出濡語
為衆所愛　今難可見　已有諸人　入林推求
不久自當　得定消息　諸人爾時　憧惶如是
而復悲號　哀動神祇
爾時大王　即從坐起　以水灑妃　良久乃穌
還得正念　微聲問王　我子今者　為死活耶
爾時王妃　念其子故　倍復懊惱　心无暫捨
可惜我子　形色端政　如何一旦　捨我終亡
云何我身　不先萎沒　而見如是　諸苦惱事
善子妙色　猶淨蓮華　誰壞汝身　使令分離
將是非我　昔日怨讎　挾本業緣　而煞汝耶
我子面目　淨如滿月　不圖一旦　遇斯禍對
寧使我身　破悴如塵　不令我子　喪失身命
我所見夢　已為得報　值我无情　能堪是苦

寧使我身　破碎如塵　不令我子　喪失身命
我所見夢　已為得報　值我无情　能堪是苦
如我所夢　牙齒墮落　二乳一時　汁自流出
必定是我　失所愛子　夢三鴿鶵　鷹奪一去
三子之中　必定失一
尒時大王　即告其妃　我今當遣　大臣使者
周遍東西　推求覓子　汝今且可　莫大憂愁
大王如是　慰喻妃已　即便嚴駕　出其宮殿
心生愁惱　憂苦所切　雖在大眾　顏貌憔悴
即出其城　覓所愛子　尒時亦有　无量諸人
哀號動地　尋從王後
是時大王　既出城已　四向顧望　求覓其子
煩冤心亂　靡知所在　最後逢見　有一信來
頭蒙塵土　血汙其衣　灰坌塗身　悲號而至
尒時大王　摩訶羅陁　見是使已　倍生懊惱
舉手號叫　仰天而哭　先所失遣臣　尋復來至
既至王所　作如是言　願王莫愁　諸子猶在
不久當至　令王得見　須臾得見之頃　復有臣來
見王愁苦　顏貌憔悴　身所著衣　垢膩塵污
大王當知　一子已終　二子雖存　哀悴无賴
第三王子　見虎新產　飢窮七日　恐還食子
見是虎已　深生悲心　發大誓願　當度眾生
於未來世　證成菩提　即高上山　自投虎前

斯00625號　金光明經卷四　（10–09）

見是虎已　深生悲心　發大誓願　當度眾生
於未來世　證成菩提　即高上山　自投虎前
虎飢所逼　便起噉食　一切血肉　已為都盡
唯有骸骨　狼藉在地　是時大王　聞臣語已
轉復悶絕　失念躄地　憂愁感火　熾燃其身
諸臣眷屬　亦復如是　以水灑王　良久乃穌
復起舉手　號天而哭　復有臣來　白帝王言
向於林中　見王二子　愁憂苦毒　悲號啼哭
迷悶失志　自投於地　臣即求水　灑其身上
良久之頃　乃還穌息　妄見四方　大火熾燃
持扶還起　尋復躄地　舉手悲哀　號天而哭
上復讚嘆　其弟功德　是時大王　以離愛子
其心沒迷　氣力惙燃　憂惱啼泣　普復思惟
是冢小子　我所愛重　无常大鬼　奄復吞食
其餘二子　今雖存在　而為憂火　之所焚燒
或能為是　喪失命根　我宜速往　至彼林中
也載諸子　急還宮殿　其母在後　憂苦逼切
心肝分裂　或能失命　若見二子　慰喻其心
可使終保　餘年壽命　尒時大王　駕乘名鳥
与諸侍從　欲至彼林　即於中路　見其二子
字　時王即前　抱持二子
宮　速令二子　觀見其母
王子　摩訶薩埵

斯00625號　金光明經卷四　（10–10）

无為无漏无有无果報无导常住善男子如
今具足是二莊嚴是故能問甚深妙義我亦
具足是二莊嚴能荅是義師子吼菩薩摩訶
薩言世尊若有菩薩具足如是二
不應問一種二種云何世尊説言能荅
二種所以者何一切諸法无一二種一種二
種者是凡夫相佛言善男子若有菩薩无二
種莊嚴則不能知一種二種若有菩薩具二
莊嚴則能解知一種二種若言諸法无一二
者是義不然何以故若无一二云何得説一
切諸法无一无二善男子若言一二是凡夫
相是乃名為十住菩薩非凡夫也何以故一
者名為涅槃二者名為生死何故一者名為
涅槃以其常故何故二者名為生死愛无明
故常涅槃者非凡夫相生死二者亦非凡夫
相以是義故具二莊嚴者能問能荅善男子
汝問云何為佛性者諦聽諦聽吾當為汝分
別解説善男子佛性者名第一義空第一義
空名為智慧所言空者不見空與不空智者
見空及與不空常與无常苦之與樂我與无
我空者一切生死不空者謂大涅槃乃至无
我者即是生死我者謂大涅槃見一切空不

斯00626號　大般涅槃經(北本)卷二七　(09-01)

我空者一切生死不空者謂大涅槃乃至无
我者即是生死我者謂大涅槃見一切空不
見不空不名中道乃至見一切无我不見我
者不名中道中道者名為佛性以是義故佛
性常恒无有變易无明覆故令諸衆生不能
得見聲聞緣覺見一切空不見不空乃至見
一切无我不見於我以是義故不得第一義
空不得第一義空故不行中道无中道故不
見佛性善男子不見中道者凡有三種一定
樂行二定苦行三苦樂行定樂行者所謂菩
薩摩訶薩憐愍一切諸衆生故雖復處在阿
鼻地獄如三禪樂定苦行者謂諸凡夫苦樂
行者謂聲聞緣覺聲聞緣覺行於苦樂作中
道想以是義故雖有佛性而不能見如汝所
以何義故名佛性者善男子佛性者即是
一切諸佛阿耨多羅三藐三菩提中道種子
復次善男子道有三種謂下上中下者梵天
无常謬見是常上者生死无常謬見是常三
寶是常横計无常何故名上能得最上阿耨多
羅三藐三菩提故中者名第一義空无常見
无常常見於常第一義空不名為下何以故一
切凡夫所不得故不名為上何以故即是上
故諸佛菩薩所脩之道不上不下以是義故

斯00626號　大般涅槃經(北本)卷二七　(09-02)

切凡夫所不得故不名為上何以故即是上
故諸佛菩薩所脩之道不上不下以是義故
名為中道復次善男子生死本際凡有二種
一者明无二者有愛是二中間則有生老病
死之苦是名中道如是中道能破生死故名
為中以是義故中道之法名為佛性是故佛
性常樂我淨以諸衆生不能見故无常无樂
无我无淨佛性實非无常无樂无我无淨善
男子譬如貧人家有寶藏是人不見以不見
故无常无樂无我无淨有善知識而語之言
汝舍宅中有金寶藏何故如是貧窮困苦无
常无樂无我无淨即以方便令彼得見以得
見故是人即得常樂我淨佛性亦尒衆生不見
以不見故无常无樂无我无淨有善知識
諸佛菩薩以諸方便種種教告令彼得見以
得見故衆生即得常樂我淨復次善男子衆
生起見凡有二種一者常見二者斷見如是
二見不名中道无常无斷乃名中道无常无
斷即是觀照十二緣智如是觀智是名佛性
二乘之人雖觀因緣猶亦不得名為佛性佛
性雖常以諸衆生无明覆故不能得見又未
能渡十二緣河猶如兔馬何以故不見佛性

斯00626號　大般涅槃經(北本)卷二七　(09–03)

性雖常以諸衆生无明覆故不能得見又未
能渡十二緣河猶如兔馬何以故不見佛性
故善男子是觀十二因緣智慧即是阿耨多
羅三藐三菩提種子以是義故十二因緣名
為佛性善男子譬如胡瓜名為熱病何以故
能為熱病作因緣故十二因緣亦復如是善
男子佛性者有因有因因有果有果果有因
者即是十二因緣因因者即是智慧有果者
即是阿耨多羅三藐三菩提果果者即是无上
大般涅槃善男子譬如无明為因諸行為果
行因識果以是義故彼无明體亦因亦因
因識亦果亦果果佛性亦尒善男子以是義
故十二因緣不出不滅不常不斷非一非二
不來不去非因非果善男子是因非果如佛
性是果非因如大涅槃是因是果如十二因
緣所生之法非因非果名為佛性非因果故
常恒无變以是義故我經中說十二因緣其
甚義深无知无見不可思惟乃是諸佛菩薩
境界非諸聲聞緣覺所及以是義故甚深甚深
衆生業行不常不斷而得果報雖念念滅而
无所失雖无作者而有作業雖无受者而
有果報受者雖滅果不敗亡无有慮知和合

斯00626號　大般涅槃經(北本)卷二七　(09–04)

〻衆生業行不常不斷而得果報雖念〻滅而
无所失雖无作者而有作業雖无受者而
有果報受者雖滅果不敗亡无有慮知和合
而有一切衆生雖与十二因緣共行而不見
知不見知故无有終始十住菩薩唯見其終
不見其始諸佛世尊見始見終以是義故諸
佛了了得見佛性善男子一切衆生不能見
於十二因緣是故輪轉善男子如蠶作繭自
生自死一切衆生亦復如是不見佛性故自
造結業流轉生死猶如拍毱善男子是故我
於諸經中說若有人見十二緣者即是見法
見法者即是見佛佛者即是佛性何以故一
切諸佛以此為性善男子觀十二緣智凡有
四種一者下二者中三者上四者上上下智
觀者不見佛性以不見故得聲聞道中智觀
者不見佛性以不見故得緣覺道上智觀者
見不了了不了了故住十住地上上智者見
了了故得阿耨多羅三藐三菩提道以是義
故十二因緣名為佛性佛性者即第一義空
第一義空名為中道中道者即名佛〻性〻
者名為涅槃
尒時師子吼菩薩摩訶薩白佛言世尊若佛
与佛性无差別者一切衆生何用脩道佛言

5

斯00626號　大般涅槃經(北本)卷二七　(09-05)

尒時師子吼菩薩摩訶薩白佛言世尊若佛
与佛性无差別者一切衆生何用脩道佛言
善男子如汝所問是義不然佛与佛性雖无
差別然諸衆生悉未具足善男子譬如有人
惡心害母害已生悔三業雖善是人故名地
獄人也何以故是人定當墮地獄故是人雖
无地獄陰界諸入猶故得名為地獄人善男
子是故我於諸經中說若見有人脩行善
者名見天人脩行惡者名見地獄何以故定受
報故善男子一切衆生定得阿耨多羅三藐
三菩提故是故我說一切衆生悉有佛性一
切衆生真實未有三十二相八十種好以是
義故我於此經而說偈言
本有今无　本无今有　三世有法　无有是處
善男子有者凡有三種一未來有二現在有
三過去有一切衆生未來之世當有阿耨多
羅三藐三菩提是名佛性一切衆生現在悉
有煩惱諸結是故現在无有三十二相八十
種好一切衆生過去之世有斷煩惱是故現
在得見佛性以是義故我常宣說一切衆
生悉有佛性乃至一闡提等亦有佛性一闡提
等无有善法佛性亦善以未來有故一闡提

6

斯00626號　大般涅槃經(北本)卷二七　(09-06)

生悉有佛性乃至一闡提等亦有佛性一闡提
等无有善法佛性亦善以未來有故一闡提
等悉有佛性何以故一闡提等定當得成阿
耨多羅三藐三菩提故善男子譬如有人家
有乳酪有人問言汝有蘇耶答言我有酪實
非蘇以巧方便定當得故故言有蘇衆生亦
尒悉皆有心凡有心者定當得成阿耨多羅
三藐三菩提以是義故我常宣說一切衆生
悉有佛性善男子畢竟有二種一者莊嚴畢
竟二者究竟畢竟一者世間畢竟二者出世
畢竟莊嚴畢竟者六波羅蜜究竟畢竟者一
切衆生所得一乘一乘者名爲佛性以是義
故我說一切衆生悉有佛性一切衆生悉有
一乘以无明覆故不能得見善男子如欝單
曰卅三天果報覆故此間衆生不能得見佛
性亦尒諸結覆故衆生不見復次善男子佛
性者即首楞嚴三性昧如提湖即是一切諸
佛之母以首楞嚴三昧力故而令諸佛常樂
我淨一切衆生悉有首楞嚴三昧以不脩行
故不得見是故不能得成阿耨多羅三藐三
菩提善男子首楞嚴三昧者有五種名一者
首楞嚴三昧二者般若波羅蜜三者金剛三

菩提善男子首楞嚴三昧者有五種名一者
首楞嚴三昧二者般若波羅蜜三者金剛三
昧四者師子吼三昧五者佛性隨其所作處
處得名善男子如一三昧得種種名如禪名
四禪根名定根力名定力覺名定覺正名正
定八大人覺名爲定覺首楞嚴定亦復如是
善男子一切衆生具足三定謂上中下上者
謂佛性也以是故言一切衆生悉有佛性中
者一切衆生具足初禪有因緣時則能脩集
若无因緣則不能脩因緣二種一謂火災二
謂破欲界結以是故言一切衆生悉具中定
下定者十大地中心數定也以是故言一切
衆生悉具下定一切衆生悉有佛性煩惱覆
故不能得見十住菩薩雖見一乘不知如來
是常住法以是故言十地菩薩雖見佛性而
不明了善男子首楞者名一切事竟嚴者名
堅一切畢竟而得堅固名首楞嚴以是故言
首楞嚴定名爲佛性善男子我於一時住尼
連禪河告阿難言我今欲洗汝可取衣及以
澡豆我既入水一切飛鳥水陸之屬悉來觀
我尒時復有五百梵志來在河邊因到我所
各相謂言云何而得金剛之身若使瞿曇不
說斷見我當從其受齋法善男子我以他心智

我尒時復有五百梵志来在河邊𢌞到我所
各相謂言云何而得金剛之身若使瞿曇不
說斷見我當從其啓受齋法善男子我於尒時
以他心智知是梵志心之所念告梵志言云
何謂我說於斷見彼梵志言瞿曇先於處處
經中說諸衆生悉无有我既言无我云何而
言非斷見耶若无我者持戒者誰破戒者誰
佛言我亦不說一切衆生悉无有我我常宣
說一切衆生悉有佛性佛性者豈非我耶以
是義故我不說斷一切衆生不見佛性故无
常无我无樂无淨如是則名說斷見也尒
梵志聞說佛生
粮三

9

所
八法
一者脩集八
五者具八解脫六者具八勝
處七者專念菩提八者斷煩惱習復有九法
菩薩具足淨是三昧何等為九一者不失念
心二者解甚深義三者破壞魔業四者具佛
三昧五者具身口意六者具足方便七者威
儀純善八者行精進具六波羅蜜九者遠離
聲聞辟支佛道復有十法菩薩具足淨是三
昧何等為十一者具足佛智二者具足法界
无分別智三者於真實性无有動轉四者具
足三世平等智慧五者具足衆生心平等智
六者具知諸根上中下智七者具足四无导
智八者具足三解脫門九者具足諸法同一
味智十者具足諸法无生撚者說是法時三
万二千菩薩摩訶薩淨是三昧尒時須菩提
語不眴菩薩言是大乘中三万二千諸菩薩
等皆悉獲淨如是三昧善男子汝今淨也不
眴菩薩言大德乃至无有一法可淨名為三
昧我云何淨凡言淨者即是顛倒夫顛倒者

1

等皆悉獲得如是三昧善男子汝今得也不
眴菩薩言大德乃至无有一法可得名為三
昧我云何得凡言得者即是顛倒夫顛倒者
即我我所菩薩若著我我所者則不能得如
是三昧須菩提言菩薩摩訶薩住於何處得
是三昧不眴菩薩言須菩提所住之法得解
脫者我如是住得是三昧須菩提言我實不
住一切法中而得解脫大德菩薩摩訶薩亦
復如是不住諸法得是三昧須菩提言善男
子菩薩摩訶薩將不住於空无想願得三昧
也不眴菩薩言空无想願可得住耶不也善
男子大德是故空无想願所住之處得是三
昧善男子如是三昧住在何處不眴菩薩言
一切法真實性住住是三昧者亦如是住一
切諸法真實性者名聖解脫聖解脫者名无
所住无住之住住一切法一切諸法不住煩
惱不住解脫大德得解脫者為具煩惱不具
煩惱善男子我亦不具非不具也大德若仁
不具非不具者為何所得言解脫也須菩提
言善男子若使法界有繫縛者我則解脫而
法界性无縛解相非相非相相相非種種相非

2

言善男子若使法界有繫縛者我則解脫而
法界性无縛解相非相非相相相非種種相非
一相非多相如法界相解脫亦尒時須菩提
說是法時八千比丘得阿羅漢果須菩提語
不眴菩薩言善男子如佛所說若能具足如
是等法得是三昧汝今具足是三昧不不眴
菩薩言大德一切諸法无有根住若法无根
即是无處夫无住者名為无作若无作者云
何可住須菩提言若无住者何故如來常作
是言住如是法得无生忍不眴菩薩言大德
无所住者亦名為住是故如來亦說住貪而
得解脫而智慧性不能壞貪作於解脫若有
菩薩能知如是不住之住是名无生智慧住
是无生智慧中已則能獲得无生法忍復次
大德若有菩薩不離凡夫能知聖法以凡夫
心觀察聖法以聖法性觀察於忍忍性觀忍
復以是忍觀一切法知如是等名无生法忍
復次大德若有菩薩觀二種界一眾生界二
者法界以法界性觀眾生性以眾生性觀法
界性若離法界无眾生界眾生界无生
无滅若能如是通達智者名无生智无生智

3

界性若離法界无衆生界法界衆生界无生
无滅若能如是通達智者名无生智无生智
者即无生忍復次大德菩薩摩訶薩知從十
二因緣生法從六境界作六因緣若善不善
是善不善即无生滅何以故境界之性不能
生法六入亦尒不能生法何以故无生性故
如其六入能生法者則應常生不須外緣若
外境界性能生者亦應常生不假於内若俱
生者則有二相二相之法性无真實通達了
知如是等者名无生忍若淨如是真智慧者
是名菩薩淨无生忍復次大德若有菩薩具
足成就二種莊嚴功德智慧觀是二事平等
无二雖如是知不言我知亦於此知不生貪
著是名无生忍復次大德菩薩摩訶薩身意
寂静觀法寂静法寂静已觀菩提静菩提静
已觀忍寂静亦不隨他不著内外是名菩薩
无生法忍説是法時不眴菩薩等五百菩薩
得无生法忍尒時世尊讃不眴菩薩言善哉
善哉善男子次所演説无生法忍即是真實
如先佛説復次善男子菩薩若淨心自在者
即淨諸法自在三昧云何名爲心自在耶善

如先佛説復次善男子菩薩若淨心自在者
即淨諸法自在三昧云何名爲心自在耶善
男子若有菩薩遠離貪愛淨帝釋身或轉輪
王身雖爲无量諸衆生等説五欲樂而其内
心實不貪著是名菩薩心淨自在復次善男
子若有菩薩脩集三昧四无量心求諸有時
不以有心以智慧心雖生欲界不染欲心其
心常不遠離三寶脩集莊嚴諸波羅蜜以四
攝法攝取衆生調伏衆生脩卅七助道之法
是名菩薩心淨自在復次善男子若有菩薩
脩空无想願自不證於空无相願亦爲衆生
説如是法爲調聲聞辟支佛等入於无生正
定之衆而爲説法彼既聞已即淨解脱自不
證之亦念衆生不捨菩提是名菩薩心淨自
在復次善男子若有菩薩爲調聲聞辟支佛
故入无生滅正定之衆而淨滅定又能通達
一切三昧出入相行雖淨如是通達自在亦
不證於滅盡三昧何以故亦具佛法故是名
菩薩心淨自在復次善男子若有菩薩以平
等智觀於法界種種世間種種衆生種種説
法種種方便是名菩薩心淨自在復次善男

菩薩心淨自在復次善男子若有菩薩以平
等智觀於法界種種世間種種衆生種種說
法種種方便是名菩薩心淨自在復次善男
子若有菩薩生長壽天未盡天壽其身亦生
短命之中爲欲調伏諸衆生故是名菩薩心
淨自在復次善男子若有菩薩具足快樂捨
是樂已爲諸衆生受大苦惱護衆生故護菩
捨是名菩薩心淨自在復次善男子若有菩
薩同於聲聞辟支佛行而心護念菩提之道
亦脩菩提微妙之行爲諸聲聞緣覺之人隨
意說法而亦不證是名菩薩心淨自在復次
善男子若有菩薩解八万四千法門亦復通
達煩惱行處爲斷衆生諸煩惱故處中說法
亦不爲諸煩惱所汙是名菩薩心淨自在復
次善男子若有菩薩具足神通若有衆生盲
聾跛躄菩薩摩訶薩自變其身示同其像而
爲說法是名菩薩心淨自在復次善男子若
有菩薩具足智慧通達外典善解脫耶論而
其內心不爲耶見爲欲調伏諸衆生故脩集
其道是名菩薩心淨自在善男子菩薩具足
如是等事名心自在亦名淨一切法自在三

〔16〕

斯00627號　大方等大集經卷七　（07-06）

爲說法是名菩薩心淨自在復次善男子若
有菩薩具足智慧通達外典善解脫耶論而
其內心不爲耶見爲欲調伏諸衆生故脩集
其道是名菩薩心淨自在善男子菩薩具足
如是等事名心自在亦名淨一切法自在三
昧須菩提言世尊不瞬菩薩淨是三昧爲久
近也佛言過去无量阿僧祇劫尒時有佛号
遍知明行足善逝世間解

〔17〕

斯00627號　大方等大集經卷七　（07-07）

其勢力不能遮鄣日月之道一切魔衆亦復
十法无非菩提舍利
如言天下所力
如是盡其勢力不能遮导懃行菩薩脩菩提
道舍利弗如色界天宮殿屋宅依空而住懃
行菩薩所得菩提亦復如是依空而住舍利
弗譬如虛空悉能容受一切万物而是虛空
初无增減无量佛法亦復如是雖有菩薩發
心推求而是佛法亦无增減舍利弗譬如有
人任力遊空而虛空性无增无減菩薩亦尒
任其信力行於佛智而是佛智亦无增減舍
利弗譬如陶師未成器時不得器名菩薩善
法亦復如是未發心時亦不得名舍利弗如
人已見轉輪聖王則不求見諸餘小王菩薩
亦尒若已發起菩提之心則不更發聲聞緣
覺心舍利弗如餘家中不出衆寶衆寶要出
於大海中舍利弗聲聞寶中不出三寶三寶
要從菩薩寶出舍利弗譬如太子不名為王
非不名王菩薩摩訶薩亦復如是非名為佛
非不名佛舍利弗譬如小寶亦不可輕何以

11

斯00628號　大方等大集經(聖本)卷九　(03-01)

要從菩薩寶出舍利弗譬如太子不名為王
非不名王菩薩摩訶薩亦復如是非名為佛
非不名佛舍利弗譬如小寶亦不可輕何以
故如是小寶能作大事多所利益菩薩亦尒
初發心時亦不可輕舍利弗我今為諸菩薩
摩訶薩說如是喻若有菩薩聞是諸喻即得
安樂尒時世尊即說頌曰

若欲證得於佛道　應當除滅疑因心
懃脩无上信心者　即能獲得於菩提
若脩淨印三昧者　宣說諸法皆如夢
无量世中淨其心　即能得調正覺道
佛所得道非身業　亦非口意二業等
无為真寶性如尒　是故不可以喻說
佛道无對不可見　非眼識界如虛空
非是一切諸情根　又非諸根之境界
非相非薩非入界　非是心意受想識
非知非智之境界　是故佛境不可知
諸佛大悲難思議　无盡无邊无鄣导
无字无聲不可說　是故无能如佛界
若有衆生无量世　親近善友聽江
聞已即得大福德　常受妙樂如先佛

2

斯00628號　大方等大集經(聖本)卷九　(03-02)

无字无聲不可説　是故无能如佛界
若有衆生无量世　親近善友聽江
聞已即得大福德　常受妙樂如先佛
一切諸魔不得便　諸根調伏行樂冢
能以方便壞四魔　如法而住行佛界
若行如是菩提道　即得菩提爲人説
能度衆生生死海　能破一切大邪見
即得无上相好等　成就十力四无畏
能知衆生煩惱行　能壞一切諸有道
若有菩薩懃精進　即能破壞諸煩惱
如火能焚乾草木　菩提心能燒煩惱

大集經卷第九

3

斯00628號　大方等大集經(聖本)卷九　(03-03)

[illegible]
爲言偈故得此食我不食也
羅門言是食當與誰佛言我不見天及人能
消是食者汝持去置少草地若无虫水中即
如佛教持食著无虫水中水即大沸煙火俱
出如投大熱鐵婆羅門見已驚怖言未曾有
也乃至食中神力如是還到佛所頭面礼佛
足懺悔乞出家受戒佛言善來即時鬚髮自
墮便成沙門漸漸得阿羅漢道復有摩訶憍
曇弥以金色上下衣寶奉佛佛知衆僧堪能
受用告憍曇弥以此上下衣與衆僧以是故
知佛寶僧寶福无多少檀越言若爲佛布施
僧能消能受何以故婆羅堙逝婆羅門食佛
不教令僧食諸沙弥荅爲顯僧大力故若不
見食在水中有大神力者无以知僧力爲大
若爲佛施物而僧得受使知僧力爲大辟如
藥師欲試毒藥先以與鷄鷄即時死然後自
服乃知藥師威力爲大是故檀越當知
若人愛敬佛　亦當愛敬僧　不當有分別　同皆爲寶故
[illegible]

1

斯00629號　大智度論卷二二　(11-01)

藥師診妻藥先以與雞雞即時死然後自
服乃知藥師威力為大是故檀越當知
若人愛敬佛　亦當愛敬僧　不當有分別　同皆為實故
尒時檀越聞說是事歡喜言我某甲從今日
若有入僧數中若小若大一心信敬不敢分
別諸沙弥言汝心信敬於无上福田不久當
得真道何以故
多聞及持戒　智慧禪定者　皆入僧數中　如万川歸海
譬如衆草藥　依止於雪山　百穀諸草木　皆依止於地
一切諸善人　皆在僧數中
復次汝等當聞佛為長鬼神將軍讚三善男
子阿泥盧陁難提迦翅弥羅不佛言若一切
世間天及人一心念三善男子長夜得无量
利益以是事故倍當信敬僧是三人不名僧
佛說念三人有如是果報何况一心清淨念
僧是故檀越當任力念僧僧名如說偈
是諸聖人衆　別為雄猛軍　摧破魔王賊　是伴至涅槃
諸沙弥為檀越種種說僧聖功德檀越聞已
舉家大小皆見四諦得須陁洹道以是因緣
故應當一心念僧念戒者有二種有漏戒无
漏戒有漏復有二種一者律儀戒二者定共

2

斯00629號　大智度論卷二二　（11-02）

故應當一心念僧念戒者有二種有漏戒无
漏戒有漏復有二種一者律儀戒二者定共
戒行者初學念是三種戒學三種已但念无
漏戒是律儀戒能令諸惡不得自在枯朽折
减禪定戒能遮諸煩惱何以故得内樂故不
求世間樂无漏戒能拔諸惡煩惱相本問曰
云何念戒答曰如先說念僧中佛如醫王法
如良藥僧如瞻病人戒如服藥禁忌行者自
念我若不隨禁忌三寶於我為无所益又如導
師指示好道行者不用導師无咎以是故我
應念戒復次是戒一切善法之所住處譬如
百穀藥木依地而生持戒清淨能生長諸深禪
定實相智慧亦是出家人之初門一切出家人
之所依杖到涅槃之初因緣如說持戒故心不
悔乃至得解脫涅槃行者念清淨戒不缺戒
不破戒不穿戒不雜戒自在戒不著戒智者
所讚戒无諸瑕隙名為清淨戒云何名不缺
戒五衆戒中除四重戒犯諸餘重者是名缺
犯餘罪是為破復次身罪名缺口罪名破復
次大罪名缺小罪名破善心迴向涅槃不令
吉吏重重惡覺見得人之[illegible]

3

斯00629號　大智度論卷二二　（11-03）

次大罪名㪘小罪名破善心迴向涅槃不令
結使種種惡覺觀得入是名不穿為涅槃為
世間向二處是名為雜隨戒不隨外緣如自
在人无所繫屬持是淨戒不為愛等所拘是
為自在戒於戒中不生愛慢等諸結使知戒
實相亦不取是戒若取是戒譬如人在囹圄
桎梏所拘雖得蒙赦而復為金鏁所繫人為
恩愛煩惱所繫如在牢獄雖得出家愛著禁
戒如著金鏁行者若知戒是无漏戒因緣而
不生著是則解脫无所繫縛是名不著戒諸
佛菩薩辟支佛及聲聞所讚戒若行是戒用
是戒是名智所讚戒外道戒者牛戒鹿戒狗
戒羅剎鬼戒啞戒聾戒如是等戒智所不讚
苦无善報復次智所讚者於三種戒中无漏
戒不破不壞依此戒得實智慧是聖所讚戒
无漏戒有三種如佛說正語正業正命是三
業義如八聖道中說是中應廣說問曰若持
戒是禪定因緣禪定是智慧因緣八聖道中
何以慧在前戒在中定在後答曰行路之法
應先以眼見道而後行行時當精懃精懃行
時常念如導師所教念已一心進路不慎非

何以慧在前戒在中定在後答曰行路之法
應先以眼見道而後行行時當精懃精懃行
時常念如導師所教念已一心進路不慎非
道正見亦如是先以正智慧觀五受眾皆苦
是名苦苦從愛等諸結使和合生是名集愛
等結使滅是名涅槃如是等觀八分名為道
是名正見行者是時心定知世間虛妄可捨
涅槃實法可取決定是事是名正見知是事
心力未大未能發行思惟籌量發動正見令
得力是名正思惟智慧既發欲以言宣故次
正語正業正命戒行時精進不懈不令住色
无色定中是名正方便用是正見觀四諦常
念不忘念一切煩惱是賊應當捨正見等是
我真伴應當隨是名正念於四諦中攝心不
散不令向色无色定中一心向涅槃是名正
定是初得善有漏名為煖法頂法忍法中義
具无有前後分別次第正見相應正思惟正
方便正念正定三種戒隨是五分行正見分
別好醜利益為事正思惟發動正見為事正
語等持是智慧諸功德不令散失正方便遍

刑好醜利益為事正思惟發動正見為事正
語等持是智慧諸功德不令散失正方便驅
策令速進不息正念七事所應行者憶而不
忘正定令心清淨不濁不乱令正見七分得
成如无風房中燈照明了了如是无漏戒在
八聖道中六為智者所讚問曰无漏戒應為
智者所讚有漏戒何以讚答曰有漏戒以无
漏隨无漏同行因緣是故智者合讚如賊中
有人叛来歸我彼雖是賊今来向我我當由
之可以破賊何以可不念諸煩惱賊在三界
城中住有漏戒善根若煖法頂法忍法世間第
一法與餘有漏法異故行者受用以是因緣
故破諸結使賊得苦法忍无漏法財以是故
智者所讚是名念戒念捨者有二種捨一者
施捨二者捨諸煩惱施捨有二種一者財施
二者法施三者種捨和合為捨財施是一切
善法根本故行者作是念上四念因緣故得
差煩惱病今以何因緣故得是四念則是先
世今世於三寶中少有布施因緣故所以者
何衆生於无始世界中不知於三寶中布施
故福皆盡滅是三寶

斯00629號　大智度論卷二二　（11-06）

世今世於三寶中少有布施因緣故所以者
何衆生於无始世界中不知於三寶中布施
故福皆盡滅是三寶有无量法是故施亦不
盡必得涅槃復次過去諸佛初發心時皆以
少多布施為因緣如佛說是布施是初助道
因緣復次人命无常財物如電若人不乞猶
尚應與何況乞而不施以是應施作助道因
緣復次財物是種種煩惱罪業因緣若持戒
禪定智慧種種善法是涅槃因緣以是故財
物常應自棄何況好福田中不布施辟如有
兄弟二人各擔十斤金行道中更无餘伴兄
作是念我何以不煞弟取金此曠路中人无
知者弟復生念欲煞兄取金兄弟各有惡心
語言視瞻皆異兄弟即自悟還生悔心我等
非人與禽獸何異同生兄弟而為少金故而
生惡心兄弟共至深水邊兄以金投著水中
弟言善哉善哉弟尋復棄金水中兄復言善
哉善哉兄弟更互相問何以言善哉各相答
言我以此金故生不善心欲相危害今得棄
之故言善哉二辭各爾以是故知財為惡心
因緣常應自捨何況施得大福而不布施如

斯00629號　大智度論卷二二　（11-07）

之故言善哉二辟各尒以是故知財為惡心
因緣常應自捨何況施得大福而不布施如
說偈言
施名行寶藏　亦為善親友　終始相利益　无有能壞者
施為好密蓋　能遮飢渴雨　施為堅牢舩　能度貧窮海
慳為凶衰相　為之生憂畏　洗之以施水　則為生福利
慳惜不衣食　終身无歡樂　雖云有財物　與貧困无異
慳人之室宅　譬如丘塚墓　求者遠避之　終无有向者
如是慳貪人　智者所儐棄　命氣雖未盡　與死等无異
慳人无福慧　於施无堅要　臨當墮死坑　戀惜生懊恨
涕泣當獨去　憂悔火燒身　好施者安樂　終无有是苦
人脩布施者　名聞滿十方　智者所愛敬　入衆无所畏
命終生天上　久必得涅槃
如是等種種訶慳貪讚布施是名念財施云
何念法施行者作是念法施利益甚大法施
因緣故一切佛弟子等得道復次佛說二種
施中法施為第一何以故財施果報有量法
施果報无量財施欲界報法施三界報亦出
三界報若不求名聞財利力勢但為學佛道
弘大慈悲度衆生老病死苦是名清淨法施
若不尒者為如市易法復次財施施多財物

斯00629號　大智度論卷二二　（11–08）

三界報若不求名聞財利力勢但為學佛道
弘大慈悲度衆生老病死苦是名清淨法施
若不尒者為如市易法復次財施施多財物
戝少法施施多法更增益財施是无量世中
舊法法施聖法初來難得名為新法財施但
能救諸飢渴寒熱等病法施能除九十八諸
煩惱等病如是等種種因緣分別財施法施行
者應念法施問曰何等是法施荅曰佛所說
十二部經清淨心為福德與他說是名法施
復有以神通力令人得道亦名法施如明網
菩薩經中說有人見佛光明得道者生天者
如是等雖口不說令他得法故亦名法施是
法施應觀衆生心性煩惱多少智慧利鈍應
隨所利益而為說法譬如隨病服藥則有益
有人婬欲重有瞋恚重有愚癡重有兩兩雜
三三雜婬重者為說不淨觀瞋重者為說慈
心癡重者為說深因緣兩雜者說兩觀三雜
者說三觀若人不知病相錯投藥者病則為
增若著衆生相為說但有五衆此中无我若
言无衆生相即為說五衆相續有不令墮斷
滅故求富樂者為說布施欲生天者為說持

斯00629號　大智度論卷二二　（11–09）

言无衆生相即爲說五衆相續有不令囹斷
滅故求富樂者爲說布施欲生天者爲說持
戒人中多所貪之者爲說天上事惚患居家
者爲說出家法著錢財居家者爲說在家五
戒法若不樂世間爲說三法印无常无我涅
槃依隨經法自演作義理辟喻莊嚴法施爲
衆生說如是等種種利益故當念法施捨煩
惚者三結乃至九十八使等皆斷除却是名
爲捨念捨是法如捨毒蛇如捨桎梏得安隱
歡喜復次念捨煩惚亦入念法中問曰若入
念法中今何以更說荅曰捨諸煩惚是法微
妙難得无上无量是故更别說復次念法與
念捨異念法念佛法微妙諸法中第一念捨
念諸煩惚罪惡捨之爲快行相别是爲異如
是等種種因緣行者當念捨念捨者是初學
禪智中畏生憎上慢念天者有四天王天乃
至他化自在天問曰佛弟子應一心念佛及
佛法何以念天荅曰知布施業因緣果報故
受天上富樂以是因緣故念天復次是八念
佛自說因緣念天者應作是念有四天王天

是天五善法因緣故生彼中信罪福受持戒

110

斯00629號　大智度論卷二二　（11-10）

受天上富樂以是因緣故念天復次是八念
佛自說因緣念天者應作是念有四天王天
是天五善法因緣故生彼中信罪福受持戒
聞善法脩布施學智慧我亦有是五法以是
故歡喜言天以是五法故生富樂處我亦有
是我欲生彼亦可得生我以天福无常故不
受乃至他化自在天亦如是問曰三界中清
淨天多何以故但念欲天荅曰聲聞法中說
念欲界天摩訶衍中說念一切三界天行者
未得道時或心著人間五欲以是故佛說念
天若能斷婬欲則生上二界天中若不能斷
婬欲生六欲天中是中有妙細清淨五欲佛
雖不欲令人更生受五欲有衆生不任入
涅槃爲是衆生故說念天如國王子在高危
處立不可救護欲自投地王使人敷厚綿薜
墮則不死差於墮地故復次有四種天名天
生天淨天生淨天名天者如今國王名天子生
天者從四天王乃至非有想非无想天淨天
者人中生諸聖人生淨天者三界天中生
諸聖人所謂須陁洹家家斯陁含一種或於
那含阿羅漢道生淨天色界中有

111

斯00629號　大智度論卷二二　（11-11）

已見世尊見諸如　養又見諸佛大身
諸大眾人天所奉獻
莊嚴所生之處如一針鋒多眾圍遶不相鄣
閡復見大眾悉發誓願說十三偈之知大眾
各心念言如來今者獨受我供假使此所
奉獻食碎如微塵一塵一佛猶不周遍以佛
神力悉皆充足一切大眾唯諸菩薩摩訶薩
文殊師利法王子等能知如是希有事耳悉
是如來方便示現聲聞大眾及阿脩羅等皆
知如來是常住法尒時世尊告純陀言汝今
所見為是希有奇特事不實尒世尊我先所
見无量諸佛卅二相八十種好莊嚴其身今
悉見為菩薩摩訶薩臣身殊異顏貌无比唯
見佛身譬如藥樹為諸菩薩摩訶薩等之所
圍遶佛告純陀汝先所見无量佛者是我所
化為欲利益一切眾生令得歡喜如是菩薩
摩訶薩等所可脩行不可思議能作无量諸
佛之事純陀汝今皆已成就菩薩摩訶薩行
得十住地菩薩所行具足成辦迦葉菩薩白
佛言世尊如是如是如佛所說純陀所脩成
菩薩行我之隨喜今者如來欲為未來无量
眾生作大明故說是大乘大涅槃經

1

斯00630號　大般涅槃經（北本）卷一〇　（09–01）

佛言世尊如是如是如佛所說純陀所脩成
菩薩行我之隨喜今者如來欲為未來无量
眾生作大明故說是大乘大涅槃經
世尊一切契經說有餘義、无餘義耶善男子
我所說者亦有餘義亦无餘義純陀白佛言
世尊如佛所說
所有之物布施一切　唯可讚歎　无可毀犯
世尊是義云何持戒毀戒有何差別佛言唯
除一人餘一切施皆可讚歎純陀問言云何
名為唯除一人佛言如此經中所說破戒純
陀復言我今未解唯願說之佛告純陀言破
戒者謂一闡提其餘在所一切布施皆可讚
歎獲大果報純陀復問一闡提者其義云何
佛告純陀若有比丘及比丘尼優婆塞優婆
夷發麤惡言誹謗正法造是重業永不改悔
心无慚愧如是等人名為趣向一闡提道若
犯四重作五逆罪自知定犯如是重事而心
初无怖畏慚愧不肯發露於佛正法永无護
惜建立之心毀呰輕賤言多過咎如是等人
亦名趣向一闡提道若復說言无佛法眾如
是等人亦名趣向一闡提道唯除如此一闡
提輩施其餘者一切讚歎
尒時純陀復白佛言世尊所言破戒其義云
何佛[illegible]

2

斯00630號　大般涅槃經（北本）卷一〇　（09–02）

提輩施其餘者一切讚歎
爾時純陀復白佛言世尊所言破戒其義云
何佛告純陀若犯四重及五逆罪誹謗正法
如是等人名為破戒純陀復問如是破戒可
拔濟不佛告純陀有因緣故則可拔濟若披
法服猶未捨遠其心常懷慙愧恐怖而自剋
責咄哉何為犯斯重罪何其怪哉造斯苦業
深自改悔生護法心欲建正法有護法者我
當供養若有讀誦大乘典者我當諮問受持
讀誦既通利已復當為他分別廣說我說是
人不為破戒何以故善男子譬如日出能除
一切塵翳闇瞑是大涅槃微妙經典出興於
世亦復如是能除眾生無量劫中所作眾罪
是故此經說護正法得大果報拔濟破戒若
有毀謗是正法者能自改悔還歸於法自念
所作一切不善如人自害心生恐怖驚懼慙
愧除此正法更無救護是故應當還歸正法
若能如是如說歸依布施是人得福無量亦
若世間應受供養若犯如上惡業之罪若經
一月或十五日不生歸依發露之心若施是
人果報甚少犯五逆者亦復如是能生悔心
內懷慙愧今我所作不善之業甚為大苦我
當建立護持正法是則不名五逆罪也若施
是人得福無量犯逆罪已不生護法歸依之

3

斯00630號　大般涅槃經(北本)卷一〇　(09–03)

當建立護持正法是則不名五逆罪也若施
是人得福無量犯逆罪已不生護法歸依之
心有施是者福不足言又善男子犯重罪者
汝今諦聽我當為汝分別廣說應生是心謂
正法者即是如來微密之藏是故我當護持
建立施是人者得勝果報善男子譬如女人
懷任垂產值國荒亂遠至他土在一天廟即
便產育後聞舊邦安隱豐熟攜持其子欲還
本土路經恒河水長暴急荷負是兒不能得
度即自念言我寧與子一處并命終不捨棄
而獨濟也作是念已與子俱沒命終之後尋
生天中以慈念子欲令得度而是女人本性
弊惡以愛子故得生天中犯四重禁五無間
罪生護法心亦復如是雖復先為不善之業
以護法故得為世間無上福田是護法者有
如是等無量果報純陀復言世尊若一闡提
能自改悔恭敬供養讚歎三寶施如是人得
大果不佛言善男子汝今不應作如是說善
男子譬如有人食菴羅菓吐核置地而復念
言是菓核中應有甘味即復還取破而嘗之
其味極苦心生悔恨恐失菓種即還收拾種
之於地懃加脩治以蘇油乳隨時溉灌於
意云何寧可生不不也世尊假使天降無上
甘雨猶亦不生善男子彼一闡提亦復如是

4

斯00630號　大般涅槃經(北本)卷一〇　(09–04)

意云何寧可生不不也世尊假使天降无上
甘雨猶亦不生善男子彼一闡提亦復如是
燒滅善根當於何所而得除罪善男子若生
善心是則不名一闡提也善男子以是義故
一切所施所得果報非无差別何以故施諸
聲聞所得報異施辟支佛得報亦異唯施如
來獲无上果是故說言一切所施非无差別
純陀復言何故如來而說此偈佛告純陀有
因緣故我說此偈王舍城中有優婆塞心无
淨信奉事尼揵而來問我布施之義以是因
緣故說斯偈亦為菩薩摩訶薩等說祕藏義
如斯偈者其義云何一切者少分一切當知
菩薩摩訶薩人中之雄攝取持戒施其所須
捨棄破戒如除稊稗
復次善男子如我昔日所說偈言
一切江河　必有迴曲　一切叢林　必名樹木
一切女人　必懷諂曲　一切自在　必受安樂
尒時文殊師利菩薩摩訶薩即從坐起偏袒
右肩右膝著地前白佛言如佛所說偈言
非一切河　必有迴曲　非一切林　悉名樹木
非一切女　必懷諂曲　一切自在　不必受樂
佛所說偈其義有餘唯垂哀愍說其因緣何
以故世尊於此三千大千世界有洲名拘耶
尼其洲有河端直不曲名娑婆耶猶如直繩

5

斯00630號　大般涅槃經(北本)卷一〇　(09–05)

以故世尊於此三千大千世界有洲名拘耶
尼其洲有河端直不曲名娑婆耶猶如直繩
入於西海如是河相於餘經中佛未曾說唯
願如來因此方等阿含經中說有餘義令諸
菩薩深信解之世尊譬如有人先識金礦後
不識金如來之尒盡知法已而所演說有餘
不盡如來雖作如是餘說應當方便解其意
趣一切叢林必是樹木是亦有餘何以故種
種金銀流璃寶樹是亦名林一切女人必懷
諂曲是亦有餘何以故亦有女人善持禁戒
功德成就有大慈悲一切自在必受安樂是
亦有餘何以故有自在者轉輪聖帝如來法
王不屬死魔不可滅盡梵釋諸天雖得自在
悉是无常若得常住无變易者乃名自在所
謂大乘大般涅槃佛言善男子汝今善得樂
說之辯且止諦聽文殊師利譬如長者身嬰
病苦良醫診之為合膏藥是時病者貪欲多
服醫語之言若能消者則可隨意汝今體羸
不應多服當知是膏亦名甘露亦名毒藥若
多服不消則名為毒善男子汝今勿謂是醫
所說違於義理損失膏勢善男子如來之尒
為諸國王后妃太子王子大臣因波斯匿王
王子后妃憍慢心故為欲調伏示現恐怖如
彼良醫故說此偈

6

斯00630號　大般涅槃經(北本)卷一〇　(09–06)

王子后妃愊悷心故爲欲調伏示現恐怖如
彼良醫故說此偈
一切江河　必有迴曲　一切叢林　必名樹木
一切女人　必懷諂曲　一切自在　必受安樂
文殊師利汝今當知如來所說无有漏失如
此大地可令反覆如來之言終无漏失以是
義故如來所說一切有餘尒時佛讚文殊善
哉善哉善男子汝已久知如是之義愍哀一
切欲令衆生得智慧故廣問如來如是偈義
尒時文殊師利法王子復於佛前而說偈言
於他語言　隨順不逆　亦不觀他　作以不作
但自觀身　善不善行
世尊如是說此法藥非爲正說於他語言隨
順不逆者唯願如來善哀正說何以故世尊
常說一切外學九十五種皆趣惡道聲聞弟
子皆向正路若護禁戒攝持威儀守慎諸根
如是等人深樂大法趣向善道如來何故於
九部中見有毀他則便呵責如是偈義爲何
所趣佛告文殊師利善男子我說此偈亦不
盡爲一切衆生尒時唯爲阿闍世王諸佛世
尊若无因緣終不逆說有因緣故乃說之目
善男子阿闍世王害其父已來至我所欲折
伏我作如是問云何世尊是一切智非一切
智耶若一切智調達[illegible]

伏我作如是問云何世尊是一切智非一切
智耶若一切智調達往昔无量世中常懷惡
心隨逐如來欲爲逆害云何如來聽其出家
善男子以是因緣我爲是王而說此偈
於他語言　隨順不逆　亦不觀他　作以不作
但自觀身　善不善行
佛告大王汝今害父已作逆罪最重无間應
當發露以求清淨何緣乃更見他過咎善男
子以是義故我爲彼王而說是偈復次善男
子亦爲護持不毀禁戒成就威儀見他過者
而說是偈若復有人受他教誨遠離衆惡復
教他人令遠衆惡如是之人則我弟子
尒時世尊爲文殊師利復說偈言
一切畏刀杖　无不愛壽命　恕己可爲喻　勿殺勿行杖
尒時文殊師利復於佛前而說偈言
非一切畏杖　非一切愛命　恕己可爲喻　懃作善方便
如來說是法句之義亦是未盡何以故如阿
羅漢轉輪聖王玉女象馬主藏大臣若諸天
人及阿脩羅執持利劍能害之者无有是處
勇士烈女馬王獸王持戒比丘雖復對至而
不恐怖以是義故如來說偈亦是有餘若言
恕己可爲喻者是亦有餘何以故若使羅漢
以己喻彼則有我想及以命想若有我想及
以命想則應[illegible]凡夫之人[illegible]

恕已可為譬者是之有餘何以故若使羅漢
以已命依則有我想及以命想若有我想及
以命想則應擁護凡夫之應見阿羅漢悉是
行人若如是者即是邪見若有邪見命終應
生阿鼻地獄又阿羅漢設於衆生生害心者
无有是處无量衆生之復无能害羅漢者佛
言善男子言我想者謂於衆生生大悲心无
殺害想謂阿羅漢平等之心勿謂世尊无有
因緣而逆說也昔日於此王舍城中有大獦
師多殺羣鹿請我食肉我於是時雖受彼請
於諸衆生生慈悲心如羅睺羅而說偈言
當今汝長壽　久久住於世　受持不害法　猶如諸佛壽
是故我說此偈
一切畏刀杖　无不愛壽命　恕已可為譬　勿殺勿行杖
佛言善哉善哉文殊師利為諸菩薩摩訶薩
故諮問如來如是密藏
尒時文殊師利復說是偈
云何敬父母　隨順而尊重　云何脩此法　墮於无間獄
於是如來復以偈荅
若以貪愛母　无

9

斯00630號　大般涅槃經(北本)卷一〇　(09-09)

嚴佛土是不名菩薩何以故如來說
土者即非莊嚴是名莊嚴須菩提若菩薩通
達无我法者如來說名真是菩薩
須菩提於意云何如來有肉眼不如是世尊
如來有肉眼須菩提於意云何如來有天眼
不如是世尊如來有天眼須菩提於意云何
如來有慧眼不如是世尊如來有慧眼須菩
提於意云何如來有法眼不如是世尊如來
有法眼須菩提於意云何如來有佛眼不如
是世尊如來有佛眼須菩提於意云何恒河
中所有沙佛說是沙不如是世尊如來說是
沙須菩提於意云何如一恒河中所有沙有
如是等恒河是諸恒河所有沙數佛世界如
是寧為多不甚多世尊佛告須菩提尒所國
土中所有衆生若干種心如來悉知何以故如
來說諸心皆為非心是名為心所以者何須
菩提過去心不可得現在心不可得未來
心不可得須菩提於意云何若有人滿三千
大千世界七寶以用布施是人以是因緣得
福多不如是世尊此人以是因緣得福甚多

1

斯00631號　金剛般若波羅蜜經　(04-01)

心不可得須菩提於意云何若有人滿三千
大千世界七寶以用布施是人以是因緣得
福多不如是世尊此人以是因緣得福甚多
須菩提若福德有實如來不說得福德多
以福德无故如來說得福德多
須菩提於意云何佛可以具足色身見不不
也世尊如來不應以具足色身見何以故如
來說具足色身即非具足色身是名具足色
身須菩提於意云何如來可以具足諸相見
不不也世尊如來不應以具足諸相見何以故
如來說諸相具足即非具足是名諸相具足
須菩提汝勿謂如來作是念我當有所說法
莫作是念何以故若人言如來有所說法即
為謗佛不能解我所說故須菩提說法者无
法可說是名說法
須菩提白佛言世尊佛得阿耨多羅三藐三
菩提為无所得耶如是如是須菩提我於阿
耨多羅三藐三菩提乃至无有少法可得是
名阿耨多羅三藐三菩提復次須菩提是法
平等无有高下是名阿耨多羅三藐三菩提
以无我无人无衆生无壽者脩一切善法則
得阿耨多羅三藐三菩提須菩提所言善法
者如來說非善法是名善法

斯00631號　金剛般若波羅蜜經　（04-02）

以无我无人无衆生无壽者脩一切善法則
得阿耨多羅三藐三菩提須菩提所言善法
者如來說非善法是名善法
須菩提若三千大千世界中所有諸須弥山
王如是等七寶聚有人持用布施若人以此
般若波羅蜜經乃至四句偈等受持讀誦為
他人說於前福德百分不及一百千万億分
乃至筭數譬喻所不能及
須菩提於意云何汝等勿謂如來作是念我
當度衆生須菩提莫作是念何以故實无有
衆生如來度者若有衆生如來度者如來則
有我人衆生壽者須菩提如來說有我者則
非有我而凡夫之人以為有我須菩提凡夫
者如來說則非凡夫
須菩提於意云何可以卅二相觀如來不須
菩提言如是如是以卅二相觀如來佛言須
菩提若以卅二相觀如來者轉輪聖王則是
如來須菩提白佛言世尊如我解佛所說義
不應以卅二相觀如來尒時世尊而說偈言
若以色見我　以音聲求我　是人行邪道　不能見如來
須菩提汝若作是念如來不以具足相故得阿
耨多羅三藐三菩提須菩提莫作是念如來
不以具足相故得阿耨多羅三藐三菩提須
菩提汝若作是念發阿耨多羅三藐三菩

斯00631號　金剛般若波羅蜜經　（04-03）

[illegible]
不以具足相故得阿耨多羅三藐三菩提須
菩提汝若作是念發阿耨多羅三藐三菩
提者說諸法斷滅莫作是念何以故發阿耨
多羅三藐三菩提者於法不說斷滅相須菩
提若菩薩以滿恒河沙等世界七寶布施若

斯00631號　金剛般若波羅蜜經　（04-04）

須菩提忍辱[illegible]如來說非忍辱[illegible]
何以故須菩提如我昔為歌利王割截身體
我於尒時无我相无人相无眾生相无壽者
相何以故我於往昔節節支解時若有我相
人相眾生相壽者相應生瞋恨須菩提又念
過去於五百世作忍辱仙人於尒所世无我相
无人相无眾生相无壽者相是故須菩提菩
薩應離一切相發阿耨多羅三藐三菩提
心不應住色生心不應住聲香味觸法生心
應生无所住心若心有住則為非住是故佛
說菩薩心不應住色布施須菩提菩薩為利
益一切眾生應如是布施如來說一切諸相
即是非相又說一切眾生則非眾生須菩提
如來是真語者實語者如語者不誑語者不
異語者須菩提如來所得法此法无實无虛
須菩提若菩薩心住於法而行布施如人入
闇則无所見若菩薩心不住法而行布施如
人有目日光明照見種種色須菩提當來之
世若有善男子善女人能於此經受持讀誦
則為如來以佛智慧悉知是人悉見是人皆

斯00632號　金剛般若波羅蜜經　（05-01）

2

世若有善男子善女人能於此經受持讀誦
則為如來以佛智慧悉知是人悉見是人皆
得成就无量无邊功德
須菩提若有善男子善女人初日分以恒河
沙等身布施中日分復以恒河沙等身布施
後日分亦以恒河沙等身布施如是无量百
千万億劫以身布施若復有人聞此經典信
心不逆其福勝彼何況書寫受持讀誦為人
解說須菩提以要言之是經有不可思議不
可稱量无邊功德如來為發大乘者說為發
最上乘者說若有人能受持讀誦廣為人說
如來悉知是人悉見是人皆得成就不可量
不可稱无有邊不可思議功德如是人等則
為荷擔如來阿耨多羅三藐三菩提何以故
須菩提若樂小法者著我見人見衆生見壽
者見則於此經不能聽受讀誦為人解說須
菩提在在處處若有此經一切世間天人阿
脩羅所應供養當知此處則為是塔皆應恭
敬作礼圍繞以諸華香而散其處
復次須菩提若善男子善女人受持讀誦此
經若為人輕賤是人先世罪業應墮惡道以

斯00632號　金剛般若波羅蜜經　(05-02)

3

敬作礼圍繞以諸華香而散其處
復次須菩提若善男子善女人受持讀誦此
經若為人輕賤是人先世罪業應墮惡道以
今世人輕賤故先世罪業則為消滅當得阿
耨多羅三藐三菩提須菩提我念過去无量
阿僧祇劫於然燈佛前得值八百千万億那
由他諸佛悉皆供養承事无空過者若復
有人於後末世能受持讀誦此經所得功德
於我所供養諸佛功德百分不及一千万億
分乃至筭數譬喻所不能及須菩提若善男
子善女人於後末世有受持讀誦此經所得
功德我若具說者或有人聞心則狂亂狐疑
不信須菩提當知是經義不可思議果報亦
不可思議
尒時須菩提白佛言世尊善男子善女人發
阿耨多羅三藐三菩提心云何應住云何降
伏其心佛告須菩提善男子善女人發阿耨
多羅三藐三菩提者當生如是心我應滅度
一切衆生滅度一切衆生已而无有一衆生
實滅度者何以故若菩薩有我相人相衆生
相壽者相則非菩薩所以者何須菩提實无

斯00632號　金剛般若波羅蜜經　(05-03)

多羅三藐三菩提者當生如是心我應滅度
一切衆生滅度一切衆生已而无有一衆生
實滅度者何以故若菩薩有我相人相衆生
相壽者相則非菩薩所以者何須菩提實无
有法發阿耨多羅三藐三菩提者須菩提於
意云何如來於然燈佛所有法得阿耨多羅
三藐三菩提不不也世尊如我解佛所說義
佛於然燈佛所无有法得阿耨多羅三藐三
菩提佛言如是如是須菩提實无有法如來
得阿耨多羅三藐三菩提
須菩提若有法如來得阿耨多羅三藐三菩
提者然燈佛則不應與我受記汝於來世當
得作佛号釋迦牟尼以實无有法得阿耨多
羅三藐三菩提是故然燈佛與我受記作是
言汝於來世當得作佛号釋迦牟尼何以故
如來者即諸法如義若有人言如來得阿耨
多羅三藐三菩提須菩提實无有法佛得阿
耨多羅三藐三菩提須菩提如來所得阿耨
多羅三藐三菩提於是中无實无虛是故如
來說一切法皆是佛法須菩提所言一切法
者即非一切法是故名一切法須菩提譬如
[illegible]

4

斯00632號　金剛般若波羅蜜經　（05-04）

耨多羅三藐三菩提須菩提如來所得阿耨
多羅三藐三菩提於是中无實无虛是故如
來說一切法皆是佛法須菩提所言一切法
者即非一切法是故名一切法須菩提譬如
人身長大須菩提言世尊如來說人身長大
則為非大身是名大身須菩提菩薩亦如是
若作是言我當滅度无量衆生則不名菩薩
何以故須菩提實无有法名為菩薩是故佛
說一切法无我无人无衆生无壽者須菩提
若菩薩作是言我當莊嚴佛土是不名菩薩
何以故如來說莊嚴佛土者即非莊嚴是名莊
嚴須菩提若菩薩通達无我法者如來說名
真是菩薩須菩提於意云何如來有肉眼不
如是世尊如來有肉眼須菩提於意云何如來
有天眼不如是世尊如來有天眼須菩提於意
云何如來有慧眼不如是世尊如來有慧眼須
菩提於意云何如來有法眼不如是世尊如來
有法眼須菩提於意云何如來有佛眼不如
是世尊如來有佛眼須菩提於意云何恒河
中所有沙佛說是沙不如是世尊如來說是
須菩提於意云何如一恒河中所有沙有

5

斯00632號　金剛般若波羅蜜經　（05-05）

緣故名之　故殘難識
故是故名重如是三結難可斷故能為一切
煩惱因故是三對治之怨敵故謂戒定慧善
男子有諸衆生聞須陁洹能斷如是无量煩
惱則生退心便作是言衆生云何能斷如是
无量煩惱是故如來方便說三如汝所問何
因緣故須陁洹人喻觀四方善男子須陁洹
人觀於四諦獲得四事一者住堅固道二者
能遍觀察三者能如實見四者能壞大怨堅
固道者是須陁洹所有五根无能動者是故
名為住堅固道能遍觀者悉能呵責内外煩
惱如實見者即是忍智壞大怨者謂四顛倒
如汝所問何因緣故名須陁洹者善男子須
名无漏陁洹脩集脩集无漏名須陁洹善男
子復有須者名流流有二種一者順流二者
逆流以逆流故名須陁洹迦葉菩薩言世尊
若從是義何因緣故斯陁含人阿那含人阿
羅漢人不得名為須陁洹耶善男子從須陁
洹乃至諸佛亦得名為須陁洹若斯陁含乃
至諸佛无須陁洹云何得名斯陁含乃至佛
一切衆生名有二種一者舊二者客凡夫之
時有世名字既得道已更為道立名名須陁
洹以先得故名須陁洹以後得故名斯陁含

1

斯00633號A　大般涅槃經(北本)卷三六　(06–01)

一切衆生名有二種一者舊二者客凡夫之
時有世名字既得道已更為道立名名須陁
洹以先得故名須陁洹以後得故名斯陁含
是人亦名須陁洹亦名斯陁含乃至佛亦復
如是善男子流有二種一者解脫二者涅槃
一切聖人皆有是二亦可得名須陁洹亦名
斯陁含乃至佛亦復如是善男子須陁洹者
亦名菩薩何以故菩提者即是盡智及无生
智須陁洹人亦復求索如是二智是故當知
須陁洹人得名菩薩須陁洹人亦得名覺何
以故正覺見道斷煩惱故正覺因果故正覺
共道及不共道故斯陁含乃至阿羅漢亦復
如是善男子是須陁洹凡有二種一者利根
二者鈍根鈍根之人人天七反是鈍根人復
有五種或有六五四三二種利根之人現在
獲得須陁洹果至阿羅漢果善男子如汝所
問何因故緣須陁洹人喻以錯魚善男子錯
魚有四事一者骨細故輕二者有翅故輕三
者樂見光見四者銜物堅持須陁洹人亦有
四事言骨細者喻煩惱微言有翅者喻舍摩
他毗婆舍那樂見光明喻於見道銜物堅持
喻聞如來說无常苦无我不淨堅持不捨猶
如魔王化作佛像首羅長者見已心驚魔見

2

斯00633號A　大般涅槃經(北本)卷三六　(06–02)

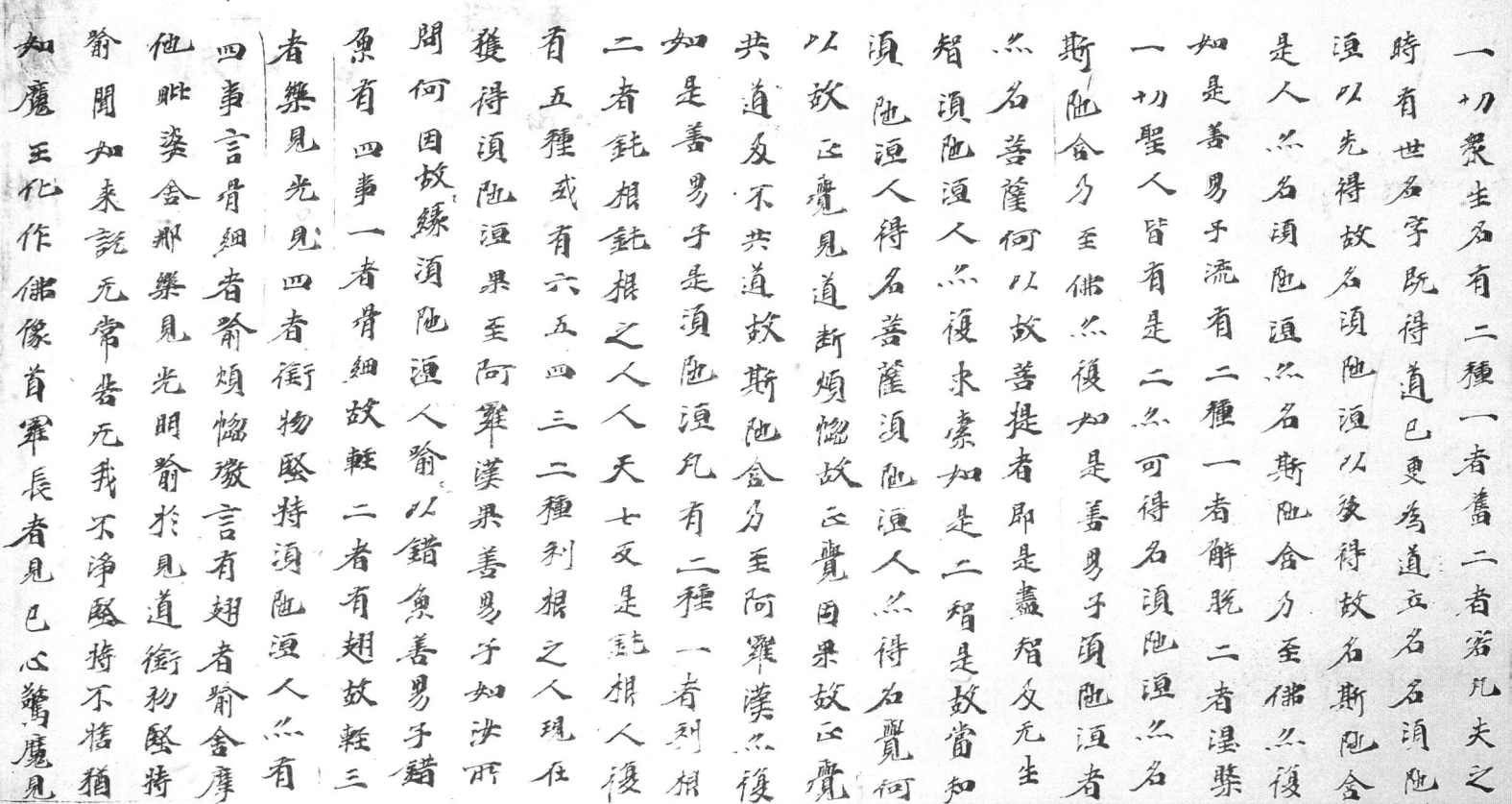

他毗婆舍那樂見光明喻於見道衛初堅持
喻聞如來説无常苦无我不淨堅持不捨猶
如魔王化作佛像首羅長者見已心驚魔見
長者其心動已即語長者我先所説四真諦
者是説不真今當為汝更説五諦六陰十三
入十九界長者聞已尋觀法相都无此理是
故堅持其心〻〻
須
薩白佛言世尊是
彼果故名須
是故初果名
以錯魚遍觀已行者即
繫心脩道為斷貪欲瞋癡憍慢
鈍魚遍觀方已為貪故行行已復住喻
阿那含得貪已住是阿那含凡有二種一者
現在得阿那含進脩即得阿羅漢果二者貪
著色界无色界中寂靜三昧是人不受欲界
身故名阿那含是阿那含復有五種一中者
般涅槃二者受身般涅槃三者行般涅槃四
者无行般涅槃五者上流般涅槃復有六種
五種如上加現在般涅槃復有七種如上加
无色界般涅槃行般涅槃復有二種或受二
身或受四身若受二身是名利根若受四身
是名鈍根復有二種一者精進无自在定二
者懈怠有自在定復有二種一者具精進定

斯00633號A　大般涅槃經(北本)卷三六　(06–03)

身或受四身若受二身是名利根若受四身
是名鈍根復有二種一者精進无自在定二
者懈怠有自在定復有二種一者具精進定
二者不具是二善男子欲色界生有二種業
一者作業二者受生業中涅槃者雖有作業
无受生業是故於中而般涅槃捨欲界身亦
至色界以利根故於中涅槃是中涅槃阿那
含人有四種心一者非學非无學二者學
三者无學四者非學非无學入於涅槃云何
復名中般涅槃善男子是阿那含四種心中
二是涅槃二非涅槃是故名為中般涅槃受
身涅槃復有二種一者作業二者生業是人捨欲
界身受色界身精懃脩道盡其壽命入於涅
槃迦葉菩薩言世尊若言盡命入涅槃者云
何而言受身涅槃佛言善男子是人受身然
後乃斷三界煩惱是故名為受身涅槃善男
子行般涅槃者常脩行道有為三昧力故能
斷煩惱入於涅槃是名行涅槃无行涅槃者
是人定知當得涅槃是故懈怠然以有為三
昧力故壽盡即得入於涅槃是名无行般涅
槃上流般涅槃者若有人得第四禪已是人
生於初禪愛心以是因緣退生初禪是有二
流一煩惱流二者道流以道流故是人壽盡

斯00633號B　大般涅槃經(北本)卷三六　(06–04)

槃上流般涅槃者若有人得第四禪已是人
生於初禪愛心以是因緣退生初禪是有二
流一煩惱流二者道流以道流故是人壽盡
生二禪愛以愛因緣生於二禪至第四禪亦
復如是是四禪中復有二種一者入无色界
二者入五淨居如是二人一樂三昧二樂智慧
樂智慧者入五淨居樂三昧者入无色界如
是二人一者脩第四禪有五階差二者不脩
云何為五下中上上中上上脩上上者處无
小天脩上中者處善見天脩上品者處善可
見天脩中品者處无熱天脩下品者處小廣
天如是二人一樂論議二樂寂靜樂寂靜者
入无色界樂論議者處五淨居復有二種一
者脩動禪不二者不脩々勳禪者入五淨居
不脩勳者生无色果盡其壽命而般涅槃是
名上流般涅槃若欲入於无色果者則不能
脩四禪五差若脩五差則能呵責无色果之
迦葉菩薩白佛言世尊中涅槃者則是利根
若利根者何不現在入涅槃耶何故欲界有
中涅槃色果則无佛言善男子是人現在四
大羸劣不能脩道雖有比丘四大康健无有
房舍飲食衣服臥具醫藥衆緣不具是故不
得現在涅槃善男子我昔一時在舍衛國阿

斯00633號B　大般涅槃經（北本）卷三六　（06–05）

房舍飲食衣服臥具醫藥衆緣不具是故不
得現在涅槃善男子我昔一時在舍衛國阿
那邠坻精舍有一比丘來至我所作如是言
世尊我常脩道而不能得須陁洹果至阿羅
漢果我時即告阿難言汝今當為如是比丘
諸所須尒時阿難將是比丘至祇陁林
是時比丘語阿難言大德唯願為我
潔脩治七寶嚴麗懸繒幡蓋阿
有乃名沙門我當云何能辦是
若能為我作者善哉善哉
至世尊所尒時阿難即
者比丘從我求索
事當々

斯00633號B　大般涅槃經（北本）卷三六　（06–06）

際
[illegible]散一切
護法師未曾輟
生作安隱正法法師
[illegible]隨菩薩一切願力菩薩摩訶薩以此善根
如是迴向不選擇業故迴向不選擇報故迴
向不選擇願故迴向不選擇法故迴向不選
擇事故迴向不選擇因故迴向不選擇成法
故迴向不選擇名身味身句身故迴向不選
擇迴向故迴向不選擇義故迴向菩薩摩訶
薩以此善根如是迴向不著色故迴向不著
聲香味觸法故迴向不求生天故迴向不求
欲樂故迴向不著欲境界故迴向不求眷屬
故迴向不求自在故迴向不求生死樂故迴
向不著生死故迴向不著死此生彼故迴向
不求三有樂故迴向不求欲想應故迴向不
求樂處故迴向不毒心故迴向不壞善根故
迴向不依三界故迴向不味著諸禪解脫三
昧正受故迴向不求住聲聞緣覺乘故迴向
但欲調伏一切眾生滿足薩婆若究竟无㝵
智故迴向欲令一切善根清淨无㝵故迴向欲

但欲調伏一切眾生滿足薩婆若究竟无㝵
智故迴向欲令一切善根清淨无㝵故迴向欲
令一切眾生出生死得大乘智故迴向欲
滿足金剛菩提心故迴向欲究竟成就不死
法故迴向欲无量莊嚴諸佛種性示現一切
智自在故迴向欲具足菩薩一切法明神力
自在故迴向欲於法界虛空界等一切佛剎
行普賢行而不退轉以離癡金剛大莊嚴而
自莊嚴安住普賢菩薩地故迴向欲盡未來
劫行菩薩行度脫眾生示現一切諸佛莊嚴
行地安住不斷故迴向菩薩摩訶薩如是平
等心迴向平等法心迴向一切眾生无量心
迴向无諍心迴向无所有心迴向不亂心迴
向普入三 心迴向於三世諸佛種性心迴
向得不死神通迴向得如來涅槃心迴向令
一切眾生離地獄餓鬼畜生閻羅王處故迴
向令一切眾生除滅鄣道法故迴向令一切
眾生悉具善根歡喜故迴向欲不失轉法輪
時故迴向〻〻一切眾生成十力輪到彼岸
故 令滿足无量无邊菩薩清淨法願
故迴向欲令成就善知識器隨順一切善知識
教具菩提心寶故迴向欲令一切住佛深法

故廻向欲令成就善知識器隨順一切善知識
教具善提心寶故廻向欲令一切住佛深法
足真脩習一切佛法具足无上智慧光明故
廻向欲令一切菩薩无㝵慧明常現在前故廻
向欲令一切 他諸佛現在前故廻向欲令一
切 法門故廻向欲令一切離諸恐怖具无
所畏善提之心門故廻向欲令一切得善薩不
可思議諸住智門故廻向欲令一切大悲救護
悉得清淨故廻向欲令一切无餘佛刹皆悉
莊嚴故廻向欲令一切除滅一切魔業鉤餌
及魔巧術故廻向欲令一切脩善薩行不善
一切佛刹故廻向欲令一切度一切佛法得
一切智廣大心故廻向善薩摩訶薩以此善
根欲令足念清淨故廻向欲決定故廻向欲
攝取一切佛法分別了知故廻向欲得无量
无邊无㝵知故廻向欲得清淨正直心故廻
向欲令一切衆生脩習大慈心故廻向脩習
大悲心故廻向脩習善心故廻向脩習捨心
故廻向得二種无㝵解脫安住善根故廻向
欲分別一切緣起法故廻向欲分別緣起法
得法化生心故廻向欲得勇猛幢心故廻向
欲得不壞幢藏故廻向欲壞一切魔故廻向
欲得一切清淨无㝵法心故廻向欲行一切

斯00634號　大方廣佛華嚴經(晉譯五十卷本宮本)卷一八　(05-03)

得法化生心故廻向欲得勇猛幢心故廻向
欲得不壞幢藏故廻向欲壞一切魔故廻向
欲得一切清淨无㝵法心故廻向欲行一切
善薩行得不退轉心故廻向欲得樂求勝妙
心故廻向欲得一切功德法自在智樂求一
切智故廻向欲滿一切願滅一切患憂離垢
記得佛自在為一切衆生轉不退法輪故廻
向欲令如來諸妙勝法无量智慧日光莊嚴
大智光明普照一切衆生法界故廻向欲調
伏一切衆生皆悉歡喜成就大願盡未來劫
行善薩行滅諸惱煩離垢清淨壞裂愛網除
愚癡闇具足離垢无㝵之法脩行善薩不退
轉行得一切種智故廻向欲令一切衆生得
无㝵无上妙智慧身示現无量諸佛身故廻
向善薩摩訶薩善根如是廻向不著五欲不
依三界何以故善薩摩訶薩以无染汙善根
廻向遠離瞋恚善根廻向捨離愚癡善根廻
向不可沮壞善根廻向遠離憍慢善根廻向
除滅諂曲善根廻向以正直心善根廻向精
懃脩習善根廻向善薩摩訶薩如是廻向時
得大歡喜於善薩行得正怖逆趣摩訶薩道
具佛種性得佛智慧離一切惡除伏衆魔悉
能調伏一切衆生令善知識皆悉歡喜之所

斯00634號　大方廣佛華嚴經(晉譯五十卷本宮本)卷一八　(05-04)

具佛種性得佛智慧離一切惡降伏衆魔悉
能調伏一切衆生令善知識皆悉歡喜已所
脩願皆悉成滿請一切衆生設大施會復次
菩薩摩訶薩以此法施善根如是迴向令一
切衆生皆悉具足清淨法音得柔濡音得知
悦音得不可思議音得可愛樂音得充滿一切
佛剎音得不可思議功德莊嚴音得滅高大
散亂音得充滿法界淨妙音得攝一切衆生
音令一切衆生得无量音智令一切衆生得
清淨妙音令一切衆生悉得音聲妙自在智
令一切衆生得一切莊嚴音令一切衆生悉
得妙音衆生樂聞无有厭足令一切衆生得
解脫音悉到彼岸令一切衆生得歡喜音令
一切衆生得佛清淨語言音令一切衆生得
佛音聲具足離過癡令一切衆生得

5

斯00634號　大方廣佛華嚴經(晉譯五十卷本宮本)卷一八　(05–05)

勝佛
南无現一切衆生色佛
南无脩光明佛
遮勝佛
南无風疾行勝佛
南无曇无竭佛
南无妙蓋勝佛
南无清淨幢佛
南无敬像堅佛
南无三世鏡像勝佛
南无金剛勝佛
南无鏡像勝佛
南无金幢王佛
南无身堅莊嚴須彌勝佛
南无智慧燃燈光明勝佛
南无身法慧佛
南无法行世智意佛
南无廣智勝佛
南无海意智勝佛
南无法巾意智勝佛
南无寶財佛
南无法財佛
南无轉法輪勝佛
南无福德功德佛
南无忍辱燈佛
南无雲佛
南无光明速穿聲佛
南无勝威德意佛
南无不可降伏幢佛
南无大頭速勝佛
南无成就勝佛
南无智炎佛
南无不可成就意佛
南无法自在佛
南无一切聲出聲勝佛
南无世間言語堅固聲光佛
南无成就自在意佛
南无自在功德佛
南无不面捨佛
南无方天佛
南无平等身佛
南无衆生心佛
南无行勝佛
南无身勝佛

1

斯00635號　佛名經(十二卷本)卷五　(03–01)

南无世間言語堅固聲光佛　南无一切聲出聲勝佛
南无自在功德佛　南无成就自在意佛
南无方天佛　南无不面捨佛
南无衆生心佛　南无平等身佛
南无身佛勝佛　南无行勝佛
南无自性佛　南无山王佛
南无智光佛　南无千億寶莊嚴佛
南无寶勝佛　南无信王佛
南无寶積佛　南无香自在佛
南无降伏怨佛　南无安隱佛 四千九百
南无能興依山佛　南无无邊威德佛
南无金色光佛　南无師子奮迅佛
南无甘露光佛　南无能聖成佛
南无普光佛　南无功德勝積王佛
南无善住摩尼積王佛　南无遠離諸畏樹安隱佛
南无飲甘露佛　南无无邊光佛
南无寶高佛　南无无邊莊嚴王佛
南无離怨佛　南无金色光佛
南无寶作佛　南无无塵勝佛
南无師子聲王佛　南无寶幢佛
南无善心佛　南无高住佛
南无華王佛　南无智作佛
南无海智佛　南无歡喜佛

2

斯00635號　佛名經(十二卷本)卷五　(03-02)

南无善心佛　南无高住佛
南无華王佛　南无智作佛
南无海智佛　南无歡喜佛
南无樂莊嚴佛　南无離闇佛

佛說佛名經卷第五

開皇十六年五月八日比
丘尼明暉供養。

3

斯00635號　佛名經(十二卷本)卷五　(03-03)

是名莊嚴是故須菩提諸菩薩
是生清淨心不應住色生心
觸法生心應无所住而生其心
有人身如須弥山王於意云何是身
須菩提言甚大世尊何以故佛說非
大身須菩提如恒河中所有沙數如是沙
恒河於意云何是諸恒河沙寧為多不須菩
提言甚多世尊但諸恒河尚多无數何況其
沙須菩提我今實言告汝若有善男子善女
人以七寶滿尒所恒河沙數三千大千世界
以用布施得福多不須菩提言甚多世尊佛
告須菩提若善男子善女人於此經中乃至
受持四句偈等為他人說而此福德勝前福
德復次須菩提隨說是經乃至四句偈等當
知此處一切世間天人阿脩羅皆應供養如
佛塔廟何況有人盡能受持讀誦須菩提當
知是人成就最上第一希有之法若是經典
所在之處則為有佛若尊重弟子
尒時須菩提白佛言世尊當何名此經我等
云何奉持佛告須菩提是經名為金剛般若
波羅蜜以是名字汝當奉持所以者何須菩

1

斯00636號　金剛般若波羅蜜經　（03-01）

所在之處則為有佛若尊重弟子
尒時須菩提白佛言世尊當何名此經我等
云何奉持佛告須菩提是經名為金剛般若
波羅蜜以是名字汝當奉持所以者何須菩
提佛說般若波羅蜜則非般若波羅蜜須菩
提於意云何如來有所說法不須菩提白佛
言世尊如來无所說須菩提於意云何三千
大千世界所有微塵是為多不須菩提言甚
多世尊須菩提諸微塵如來說非微塵是名
微塵如來說世界非世界是名世界須菩提
於意云何可以三十二相見如來不不也世尊
不可以三十二相得見如來何以故如來說三
十二相即是非相是名三十二相須菩提若
有善男子善女人以恒河沙等身命布施若
復有人於此經中乃至受持四句偈等為他
人說其福甚多
尒時須菩提聞說是經深解義趣涕淚悲泣
而白佛言希有世尊佛說如是甚深經典我
從昔來所得慧眼未曾得聞如是之經世尊
若復有人得聞是經信心清淨則生實相當
知是人成就第一希有功德世尊是實相者
則是非相是故如來說名實相世尊我今得

2

斯00636號　金剛般若波羅蜜經　（03-02）

若復有人得聞是經信心清淨則生實相當
知是人成就第一希有功德世尊是實相者
則是非相是故如來說名實相世尊我今得
聞如是經典信解受持不足為難若當來世
後五百歲其有衆生得聞是經信解受持是
人則為第一希有何以故此人无我相人相
衆生相壽者相所以者何我相即是非相人
相衆生相壽者相即是非相何以故離一切
諸相則名諸佛
佛告須菩提如是如是若復有人得聞是經
不驚不怖不畏當知是人甚為希有何以故
須菩提如來說第一波羅蜜非第一波羅蜜
是名第一波羅蜜
須菩提忍辱波羅蜜如來說非忍辱波羅
蜜何以故須菩提如我昔為歌利王割截身
體我於尒時无我相无人相无衆生相无壽者
相何以故我於往昔節節支解時若有我相
人相衆生相壽者相應生瞋恨須菩提又念
過去於五百世作忍辱仙人於尒所世无我
相无人相无衆生相无壽者相是故須菩提

13

斯00636號　金剛般若波羅蜜經　（03-03）

斯00636號背　勘記　（01-01）

1

若人遭苦 猒老病死 為說涅槃
若人有福 曾供養佛 志求勝法
若有佛子 脩種種行 求无上慧
文殊師利 我住於此 見聞若斯
如是衆多 今當略說 我見彼土
種種因緣 而求佛道 或有行施
真珠摩尼 車𤦲馬瑙 金剛諸珎 奴婢車乘
寶飾輦轝 歡喜布施 迴向佛道 願得是乘
三界第一 諸佛所嘆 或有菩薩 駟馬寶車
欄楯華蓋 軒飾布施 復見菩薩 身肉手足
及妻子施 求无上道 又見菩薩 頭目身體
欣樂施與 求佛智慧 文殊師利 我見諸王
往詣佛所 問无上道 便捨樂土 宮殿臣妾
剃除鬚髮 而被法服 或見菩薩 而作比丘
獨處閑靜 樂誦經典 又見菩薩 勇猛精進
入於深山 思惟佛道 又見離欲 常處空閑
深脩禪定 得五神通 又見菩薩 安禪合掌
以千万偈 讚諸法王 復見菩薩 智深志固
能問諸佛 聞悉受持 又見佛子 定慧具足

斯00637號 妙法蓮華經卷一 （25-01）

2

能問諸佛 聞悉受持 又見佛子 定慧具足
以无量喻 為衆講法 欣樂說法 化諸菩薩
破魔兵衆 而擊法鼓 又見菩薩 寂然宴默
天龍恭敬 不以為喜 又見菩薩 處林放光
濟地獄苦 令入佛道 又見佛子 未嘗睡眠
經行林中 勤求佛道 又見具戒 威儀无缺
淨如寶珠 以求佛道 又見佛子 住忍辱力
增上慢人 惡罵捶打 皆悉能忍 以求佛道
又見菩薩 離諸戲咲 及癡眷屬 親近智者
一心除亂 攝念山林 億千万歲 以求佛道
或見菩薩 餚饍飲食 百種湯藥 施佛及僧
名衣上服 價直千万 或无價衣 施佛及僧
千万億種 旃檀寶舍 衆妙臥具 施佛及僧
清淨園林 華菓茂盛 流泉浴池 施佛及僧
如是等施 種種微妙 歡喜无猒 求无上道
或有菩薩 說寂滅法 種種教詔 无數衆生
或見菩薩 觀諸法性 无有二相 猶如虛空
又見佛子 心无所著 以此妙慧 求无上道
文殊師利 又有菩薩 佛滅度後 供養舍利
又見佛子 造諸塔廟 无數恒沙 嚴飾國界

斯00637號 妙法蓮華經卷一 （25-02）

又見佛子　心无所著　以此妙慧　求无上道
文殊師利　又有菩薩　佛滅度後　供養舍利
又見佛子　造諸塔廟　无數恒沙　嚴飾國界
寶塔高妙　五千由旬　縱廣正等　二千由旬
一一塔廟　各千幢幡　珠交露幔　寶鈴和鳴
諸天龍神　人及非人　香華伎樂　常以供養
文殊師利　諸佛子等　為供舍利　嚴飾塔廟
國界自然　殊特妙好　如天樹王　其華開敷
佛放一光　我及衆會　見此國界　種種殊妙
諸佛神力　智慧希有　放一淨光　照无量國
我等見此　得未曾有　佛子文殊　願決衆疑
四衆欣仰　瞻仁及我　世尊何故　放斯光明
佛子時荅　決疑令喜　何所饒益　演斯光明
佛坐道場　所得妙法　為欲說此　為當授記
示諸佛土　衆寶嚴淨　及見諸佛　此非小緣
文殊當知　四衆龍神　瞻察仁者　為說何等
是時文殊師利語弥勒菩薩摩訶薩及諸大
士善男子等如我惟忖今佛世尊欲說大法
雨大法雨吹大法螺擊大法鼓演大法義諸
善男子我於過去諸佛曾見此瑞放斯光

士善男子等如我惟忖今佛世尊欲說大法
雨大法雨吹大法螺擊大法鼓演大法義諸
善男子我於過去諸佛曾見此瑞放斯光
已即說大法是故當知今佛現光亦復如是
欲令衆生咸得聞知一切世間難信之法故
現斯瑞諸善男子如過去无量无邊不可思
議阿僧祇劫尒時有佛号日月燈明如來應
供正遍知明行足善逝世間解无上士調御
丈夫天人師佛世尊演說正法初善中善後
善其義深遠其語巧妙純一无雜具足清白
梵行之相為求聲聞者說應四諦法度生老
病死究竟涅槃為求辟支佛者說應十二因緣
法為諸菩薩說應六波羅蜜法令得阿耨多
羅三藐三菩提成一切種智次復有佛亦名
日月燈明次復有佛亦名日月燈明如是二
万佛皆同一字号日月燈明又同一姓姓頗
羅墮弥勒當知初佛後佛皆同一字名日月
燈明十号具足所可說法初中後善其冣後
佛未出家時有八子一名有意二名善意三

燈明十号具足所可說法初中後善其㝡後
佛未出家時有八子一名有意二名善意三
名无量意四名寶意五名增意六名除疑意
七名嚮意八名法意是八王子威德自在各
領四天下是諸王子聞父出家得阿耨多羅
三藐三菩提悉捨王位亦隨出家發大乘意
常脩梵行皆為法師已於千万億佛所殖諸
善本是時日月燈明佛說大乘經名无量義
教菩薩法佛所護念說是經已即於大衆中
結跏趺坐入於无量義處三昧身心不動是
時天雨曼陁羅華摩訶曼陁羅華曼殊沙華
摩訶曼殊沙華而散佛上及諸大衆普佛世
界六種震動尒時會中比丘比丘尼優婆塞
優婆夷天龍夜叉乹闥婆阿脩羅迦樓羅緊
那羅摩睺羅伽人非人等及諸小王轉輪聖
王等是諸大衆得未曾有歡喜合掌一心觀
佛尒時如來放眉間白毫相光照東方万八
千佛土靡不周遍如今所見是諸佛土弥勒
當知尒時會中有二十億菩薩樂欲聽法是
者菩薩[illegible]

千佛土靡不周遍如今所見是諸佛土弥勒
當知尒時會中有二十億菩薩樂欲聽法是
諸菩薩見此光明普照佛土得未曾有欲知
此光所為因緣時有菩薩名曰妙光有八百弟
子是時日月燈明佛從三昧起因妙光菩薩
說大乘經名妙法蓮華教菩薩法佛所護念
六十小劫不起于坐時會聽者亦坐一處六十
小劫身心不動聽佛所說謂如食頃是時衆
中无有一人若身若心而生懈倦日月燈明
佛於六十小劫說是經已即於梵魔沙門婆
羅門及天人阿脩羅衆中而宣此言如來於
今日中夜當入无餘涅槃時有菩薩名曰德
藏日月燈明佛即授其記告諸比丘是德藏
菩薩次當作佛号曰淨身多陁阿伽度阿羅
呵三藐三佛陁佛授記已便於中夜入无餘
涅槃佛滅度後妙光菩薩持妙法蓮華經滿
八十小劫為人演說日月燈明佛八子皆師
妙光妙光教化令其堅固阿耨多羅三藐三
菩提是諸王子供養无量百千万億佛已皆
成佛道其㝡後成佛者名曰然燈八百弟子

7

菩提是諸王子供養无量百千万億佛已皆
成佛道其最後成佛者名曰燃燈八百弟子
中有一人号曰求名貪著利養雖復讀誦衆
經而不通利多所忘失故号求名是人亦以
種諸善根因緣故得值无量百千万億諸佛
供養恭敬尊重讃嘆弥勒當知尒時妙光菩
薩豈異人乎我身是也求名菩薩汝身是也
今見此瑞與本无異是故惟忖今日如來當
說大乘經名妙法蓮華教菩薩法佛所護念
尒時文殊師利於大衆中欲重宣此義而說
偈言
我念過去世　无量无數劫　有佛人中尊　号日月燈明
世尊演說法　度无量衆生　无數億菩薩　令入佛智慧
佛未出家時　所生八王子　見大聖出家　亦隨脩梵行
時佛說大乘　經名无量義　於諸大衆中　而為廣分別
佛說此經已　即於法坐上　跏趺坐三昧　名无量義處
天雨曼陁華　天皷自然鳴　諸天龍鬼神　供養人中尊
一切諸佛土　即時大震動　佛放眉間光　現諸希有事
此光照東方　万八千佛土　示一切衆生　生死業報處

斯00637號　妙法蓮華經卷一　（25–07）

8

一切諸佛土　即時大震動　佛放眉間光　現諸希有事
此光照東方　万八千佛土　示一切衆生　生死業報處
又見諸佛土　以衆寶莊嚴　琉璃頗梨色　斯由佛光照
又見諸天人　龍神夜叉衆　乾闥婆那羅　各供養其佛
又見諸如來　自然成佛道　身色如金山　端嚴甚微妙
如淨琉璃中　內現真金像　世尊在大衆　敷演深法義
一一諸佛土　聲聞衆无數　因佛光所照　悉見彼大衆
或有諸比丘　在於山林中　精進持淨戒　猶如護明珠
又見諸菩薩　行施忍辱等　其數如恒沙　斯由佛光照
又見諸菩薩　深入諸禪定　身心寂不動　以求无上道
又見諸菩薩　知法寂滅相　各於其國土　說法求佛道
尒時四部衆　見日月燈佛　現大神通力　其心皆歡喜
各各自相問　是事何因緣　天人所奉尊　適從三昧起
讃妙光菩薩　汝為世間眼　一切所歸信　能奉持法藏
如我所說法　唯汝能證知　世尊既讃嘆　令妙光歡喜
說是法華經　滿六十小劫　不起於此坐　所說上妙法
是妙光法師　悉皆能受持　佛說是法華　令衆歡喜已
尋即於是日　告於天人衆　諸法實相義　已為汝等說
我今於中夜　當入於涅槃　汝一心精進　當離於放逸
諸佛甚難值　億劫時一遇　世尊諸子等　聞佛入涅槃

斯00637號　妙法蓮華經卷一　（25–08）

我今於中夜　當入於涅槃　汝一心精進　當離於放逸
諸佛甚難值　億劫時一遇　世尊諸子等　聞佛入涅槃
各各懷悲惱　佛滅一何速　聖主法之王　安慰无量衆
我若滅度時　汝等勿憂怖　是德藏菩薩　於无漏實相
心已得通達　其次當作佛　号曰爲淨身　亦度无量衆
佛此夜滅度　如薪盡火滅　分布諸舍利　而起无量塔
比丘比丘尼　其數如恒沙　倍復加精進　以求无上道
是妙光法師　奉持佛法藏　八十小劫中　廣宣法華經
是諸八王子　妙光所開化　堅固无上道　當見无數佛
供養諸佛已　随順行大道　相継得成佛　轉次而授記
最後天中天　号曰燃燈佛　諸仙之導師　度脫无量衆
是妙光法師　時有一弟子　心常懷懈怠　貪著於名利
求名利无猒　多遊族姓家　棄捨所習誦　廢忘不通利
以是因緣故　号之爲求名　亦行衆善業　得見无數佛
供養於諸佛　随順行大道　具六波羅蜜　今見釋師子
其後當作佛　号名曰弥勒　廣度諸衆生　其數无有量
彼佛滅度後　懈怠者汝是　妙光法師者　今則我身是
我見燈明佛　本光瑞如此　以是知今佛　欲說法華經
今相如本瑞　是諸佛方便　今佛放光明　助發實相義
諸人今當知　合掌一心待　佛當雨法雨　充足求佛者

A 9

斯00637號　妙法蓮華經卷一　（25-09）

我見燈明佛　本光瑞如此　以是知今佛　欲說法華經
今相如本瑞　是諸佛方便　今佛放光明　助發實相義
諸人今當知　合掌一心待　佛當雨法雨　充足求佛者
諸求三乘人　若有疑悔者　佛當爲除斷　令盡无有餘

妙法蓮華經方便品第二

尒時世尊從三昧安詳而起告舍利弗諸佛智慧甚深无量其智慧門難解難入一切聲聞辟支佛所不能知所以者何佛曾親近百千万億无數諸佛盡行諸佛无量道法勇猛精進名稱普聞成就甚深未曾有法随宜所說意趣難解舍利弗吾從成佛以来種種因緣種種譬喻廣演言教无數方便引導衆生令離諸著所以者何如来方便知見波羅蜜皆以具足舍利弗如来知見廣大深遠无量无㝵力无所畏禪定解脫三昧深入无際成就一切未曾有法舍利弗如来能種種分別巧說諸法言辝柔濡悅可衆心舍利弗取要言之无量无邊未曾有法佛悉成就止舍利弗不須復說所以者何佛所成就第一希有難解之法唯佛與佛乃能究盡諸法實相所

B 9

斯00637號　妙法蓮華經卷一　（25-10）

佛不須復說所以者何佛所成就第一希有
難解之法唯佛與佛乃能究盡諸法實相所
謂諸法如是相如是性如是體如是力如是
作如是因如是緣如是果如是報如是本末
究竟等尒時世尊欲重宣此義而說偈言
世雄不可量　諸天及世人　一切衆生類　无能知佛者
佛力无所畏　解脫諸三昧　及佛諸餘法　无能測量者
本從无數佛　具足行諸道　甚深微妙法　難見難可了
於无量億劫　行此諸道已　道場得成果　我以悉知見
如是大果報　種種性相義　我及十方佛　乃能知是事
是法不可示　言辭相寂滅　諸餘衆生類　无有能得解
除諸菩薩衆　信力堅固者　諸佛弟子衆　曾供養諸佛
一切漏以盡　住是最後身　如是諸人等　其力所不堪
假使滿世間　皆如舍利弗　盡思共度量　不能測佛智
正使滿十方　皆如舍利弗　及餘諸弟子　亦滿十方剎
盡思共度量　亦復不能知　辟支佛利智　无漏最後身
亦滿十方界　其數如竹林　斯等共一心　於億无量劫
欲思佛實智　莫能知少分　新發意菩薩　供養无數佛
了達諸義趣　又能善說法　如稻麻竹葦　充滿十方剎

110

了達諸義趣　又能善說法　如稻麻竹葦　充滿十方剎
一心以妙智　於恒河沙劫　咸皆共思量　不能知佛智
不退諸菩薩　其數如恒沙　一心共思求　亦復不能知
又告舍利弗　无漏不思議　甚深微妙法　我今以具得
唯我知是相　十方佛亦然　舍利弗當知　諸佛語无異
於佛所說法　當生大信力　世尊法久後　要當說真實
告諸聲聞衆　及求緣覺乘　我今脫苦縛　逮得涅槃者
佛以方便力　示以三乘教　衆生處處著　引之令得出
尒時大衆中有諸聲聞漏盡阿羅漢阿若憍
陳如等千二百人及發聲聞辟支佛心比丘比
丘尼優婆塞優婆夷各作是念今者世尊
何故慇懃稱歎方便而作是言佛所得法甚
深難解有所言說意趣難知一切聲聞辟支
佛所不能及佛說一解脫義我等亦得此法
到於涅槃而今不知是義所趣尒時舍利弗
知四衆心疑自亦未了而白佛言世尊何因
何緣慇懃稱歎諸佛第一方便甚深微妙難
解之法我自昔來未曾從佛聞如是說今者
四衆咸皆有疑唯願世尊敷演斯事世尊何

111

解之法我自昔來未曾從佛聞如是說今者
四衆咸皆有疑唯願世尊敷演斯事世尊何
故慇懃稱嘆甚深微妙難解之法尒時舍利
弗欲重宣此義而說偈言
慧日大聖尊　久乃說是法　自說得如是　力无畏三昧
禪定解脫等　不可思議法　道場所得法　无能發問者
我意難可測　亦无能問者　无問而自說　稱嘆所行道
智慧甚深妙　諸佛之所得　无漏諸羅漢　及求涅槃者
今皆墮疑網　佛何故說是　其求緣覺者　比丘比丘尼
諸天龍鬼神　及乾闥婆等　相視懷猶豫　瞻仰兩足尊
是事為云何　願佛為解說　於諸聲聞衆　佛說我第一
我今自於智　疑惑不能了　為是究竟法　為是所行道
佛口所生子　合掌瞻仰待　願出微妙音　時為如實說
諸天龍神等　其數如恒沙　求佛諸菩薩　大數有八万
又諸万億國　轉輪聖王至　合掌以敬心　欲聞具足道
尒時佛告舍利弗止止不須復說若說是事
一切世間諸天及人皆當驚疑舍利弗重白
佛言世尊唯願說之唯願說之所以者何是
會无數百千万億阿僧祇衆生曾見諸佛諸

12

斯00637號　妙法蓮華經卷一　（25-13）

佛言世尊唯願說之唯願說之所以者何是
會无數百千万億阿僧祇衆生曾見諸佛諸
根猛利智慧明了聞佛所說則能敬信尒時
舍利弗欲重此義而說偈言
法王无上尊　唯說願勿慮　是會无量衆　有能敬信者
佛復止舍利弗若說是事一切世間天人阿
脩羅皆當驚疑增上慢比丘將墜於大坑尒
時世尊重說偈言
止止不須說　我法妙難思　諸增上慢者　聞必不敬信
尒時舍利弗重白佛言世尊唯願說之唯願
說之今此會中如我等比百千万億世世已
曾從佛受化如此人等必能敬信長夜安隱
多所饒益尒時舍利弗欲重宣此義而說偈
言
无上兩足尊　願說第一法　我為佛長子　唯垂分別說
是會无量衆　能敬信此法　佛已曾世世　教化如是等
皆一心合掌　欲聽受佛語　我等千二百　及餘求佛者
願為此衆故　唯垂分別說　是等聞此法　則生大歡喜
尒時世尊告舍利弗汝已慇勤三請豈得不
說汝今諦聽善思念之吾當為汝分別解說

13

斯00637號　妙法蓮華經卷一　（25-14）

114

尒時世尊告舍利弗汝已慇勤三請豈得不
說汝今諦聽善思念之吾當爲汝分別解說
說此語時會中有比丘比丘尼優婆塞優婆
夷五千人等即從坐起礼佛而退所以者何
此輩罪根深重及憎上慢未得謂得未證謂
證有如此失是以不住世尊嘿然而不制止尒
時佛告舍利弗我今此衆无復枝葉純有
貞實舍利弗如此憎上慢人退亦佳矣汝今
善聽當爲汝說舍利弗言唯然世尊願樂欲
聞佛告舍利弗如是妙法諸佛如來時乃說
之如優曇鉢華時一現耳舍利弗汝等當信
佛之所說言不虛妄舍利弗諸佛隨宜說法
意趣難解所以者何我以无數方便種種因
緣辟喻言辭演說諸法是法非思量分別之
所能解唯有諸佛乃能知之所以者何諸佛世
尊唯以一大事因緣故出現於世舍利弗云
何名諸佛世尊唯以一大事因緣故出現
於世諸佛世尊欲令衆生開佛知見使得清
淨故出現於世欲示衆生佛知見故出現於
世欲令衆生悟佛知見故出見之世欲令衆

斯00637號　妙法蓮華經卷一　（25–15）

115

於世諸佛世尊欲令衆生開佛知見使得清
淨故出現於世欲示衆生佛知見故出現於
世欲令衆生悟佛知見故出現於世欲令衆
生入佛知見道故出現於世舍利弗是爲諸
佛以一大事因緣故出現於世佛告舍利弗
諸佛如來但教化菩薩諸有所作常爲一事
唯以佛之知見示悟衆生舍利弗如來但以
一佛乘故爲衆生說法无有餘乘若二若三
舍利弗一切十方諸佛法亦如是舍利弗過
去諸佛以无量无數方便種種因緣辟喻言
辭而爲衆生演說諸法是法皆爲一佛乘故
是諸衆生從諸佛聞法究竟皆得一切種智
舍利弗未來諸佛當出於世亦以无量无數
方便種種因緣辟喻言辭而爲衆生演說諸
法是法皆爲一佛乘故是諸衆生從佛聞法
究竟皆得一切種智舍利弗現在十方无量
百千万億佛土中諸佛世尊多所饒益安樂
衆生是諸佛亦以无量无數方便種種因緣
辟喻言辭而爲衆生演說諸法是法皆爲一
佛乘故是者衆生之佛聞法究竟皆得一切

斯00637號　妙法蓮華經卷一　（25–16）

衆生是諸佛亦以无量无數方便種種因緣
譬喻言辭而爲衆生演說諸法是法皆爲一
佛乘故是諸衆生從佛聞法究竟皆得一切
種智舍利弗是諸佛但教化菩薩欲以佛之
知見示衆生故欲以佛之知見悟衆生故欲
令衆生入佛知見故舍利弗我今亦復如是
知諸衆生有種種欲深心所著隨其本性以
種種因緣譬喻言辭方便力而爲說法舍利
弗如此皆爲得一佛乘一切種智故舍利弗
十方世界中尚无二乘何況有三舍利弗諸
佛出於五濁惡世所謂劫濁煩惱濁衆生濁
見濁命濁如是舍利弗劫濁亂時衆生垢重
慳貪嫉妒成就諸不善根故諸佛以方便力
於一佛乘分別說三舍利弗若我弟子自謂
阿羅漢辟支佛者不聞不知諸佛如來但教
化菩薩事此非佛弟子非阿羅漢非辟支佛
又舍利弗是諸比丘比丘尼自謂已得阿羅
漢是最後身究竟涅槃便不復志求阿耨多
羅三藐三菩提當知此輩皆是增上慢人所

16

斯00637號　妙法蓮華經卷一　（25-17）

漢是最後身究竟涅槃便不復志求阿耨多
羅三藐三菩提當知此輩皆是增上慢人所
以者何若有比丘實得阿羅漢若不信此法
无有是處除佛滅度後現前无佛所以者何
佛滅度後如是等經受持讀誦解義者是人
難得若遇餘佛於此法中便得決了舍利弗
汝等當一心信解受持佛語諸佛如來言无
虛妄无有餘乘唯一佛乘尒時世尊欲重宣
此義而說偈言

比丘比丘尼　有懷增上慢　優婆塞我慢　優婆夷不信
如是四衆等　其數有五千　不自見其過　於戒有缺漏
護惜其瑕疵　是小智已出　衆中之糟糠　佛威德故去
斯人尠福德　不堪受是法　此衆无枝葉　唯有諸貞實
舍利弗善聽　諸佛所得法　无量方便力　而爲衆生說
衆生心所念　種種所行道　若干諸欲性　先世善惡業
佛悉知是已　以諸緣譬喻　言辭方便力　令一切歡喜
或說脩多羅　伽陁及本事　本生未曾有　亦說於因緣
譬喻并祇夜　優波提舍經　鈍根樂小法　貪著於生死
於諸无量佛　不行深妙道　衆苦所惱亂　爲說涅槃

17

斯00637號　妙法蓮華經卷一　（25-18）

或說修多羅 伽陀及本事 本生未曾有 亦說於因緣
譬喻并祇夜 優波提舍經 鈍根樂小法 貪著於生死
於諸无量佛 不行深妙道 衆苦所惱亂 爲是說涅槃
我設是方便 令得入佛慧 未曾說汝等 當得成佛道
所以未曾說 說時未至故 今正是其時 決定說大乘
我此九部法 隨順衆生說 入大乘爲本 以故說是經
有佛子心淨 柔濡亦利根 无量諸佛所 而行深妙道
爲此諸佛子 說此大乘經 我記如是人 來世成佛道
以深心念佛 脩持淨戒故 此等聞得佛 大喜充遍身
佛知彼心行 故爲說大乘 聲聞若菩薩 聞我所說法
乃至於一偈 皆成佛无疑 十方佛土中 唯有一乘法
无二亦无三 除佛方便說 但以假名字 引導於衆生
說佛智慧故 諸佛出於世 唯此一事實 餘二則非真
終不以小乘 濟度於衆生 佛自住大乘 如其所得法
定慧力莊嚴 以此度衆生 自證无上道 大乘平等法
若以小乘化 乃至於一人 我則墮慳貪 此事爲不可
若人信歸佛 如來不欺誑 亦无貪嫉意 斷諸法中惡
故佛於十方 而獨无所畏 我以相嚴身 光明照世間
无量衆所尊 爲說實相印 舍利弗當知 我本立誓願

118

斯00637號　妙法蓮華經卷一　（25–19）

故佛於十方 而獨无所畏 我以相嚴身 光明照世間
无量衆所尊 爲說實相印 舍利弗當知 我本立誓願
欲令一切衆 如我等无異 如我昔所願 今者以滿足
化一切衆生 皆令入佛道 若我遇衆生 盡教以佛道
无智者錯亂 迷惑不受教 我知此衆生 未曾脩善本
堅著於五欲 癡愛故生惱 以諸欲因緣 墜墮三惡道
輪迴六趣中 備受諸苦毒 受胎之微形 世世常增長
薄德少福人 衆苦所逼迫 入邪見稠林 若有若无等
依止此諸見 具足六十二 深著虛妄法 堅受不可捨
我慢自矜高 諂曲心不實 於千万億劫 不聞佛名字
亦不聞正法 如是人難度 是故舍利弗 我爲設方便
說諸盡苦道 示之以涅槃 我雖說涅槃 是亦非真滅
諸法從本來 常自寂滅相 佛子行道已 來世得作佛
我有方便力 開示三乘法 一切諸世尊 皆說一乘道
今此諸大衆 皆應除疑惑 諸佛語无異 唯一无二乘
過去无數劫 无量滅度佛 百千万億種 其數不可量
如是諸世尊 種種緣譬喻 无數方便力 演說諸法相
是諸世尊等 皆說一乘法 化无量衆生 令入於佛道
又諸大聖主 知一切世間 天人羣生類 深心之所欲

119

斯00637號　妙法蓮華經卷一　（25–20）

如是諸世尊 種種緣譬喻 無數方便力 演說諸法相
是諸世尊等 皆說一乘法 化无量衆生 令入於佛道
又諸大聖主 知一切世間 天人群生類 深心之所欲
更以異方便 助顯第一義 若有衆生類 值諸過去佛
若聞法布施 或持戒忍辱 精進禪智等 種種脩福德
如是諸人等 皆已成佛道 諸佛滅度已 若人善濡心
如是諸衆生 皆已成佛道 諸佛滅度已 供養舍利者
起萬億種塔 金銀及頗梨 車𤦲與馬瑙 玫瑰瑠璃珠
清淨廣嚴餝 莊校於諸塔 或有起石廟 栴檀及沈水
木櫁并餘材 塼瓦泥土等 若於曠野中 積土成佛廟
乃至童子戲 聚沙為佛塔 如是諸人等 皆已成佛道
若人為佛故 建立諸形像 刻雕成衆相 皆已成佛道
或以七寶成 鍮石赤白銅 白鑞及鈆錫 鐵木及與泥
或以膠漆布 嚴飾作佛像 如是諸人等 皆已成佛道
綵畫作佛像 百福莊嚴相 自作若使人 皆已成佛道
乃至童子戲 若草木及筆 或以指爪甲 而畫作佛像
如是諸人等 漸漸積功德 具足大悲心 皆已成佛道
但化諸菩薩 度脫无量衆 若人於塔廟 寶像及畫像
以華香幡蓋 敬心而供養 若使人作樂 擊鼓吹角貝

120

斯00637號 妙法蓮華經卷一 （25-21）

但化諸菩薩 度脫无量衆 若人於塔廟 寶像及畫像
以華香幡蓋 敬心而供養 若使人作樂 擊鼓吹角貝
簫笛琴箜篌 琵琶鐃銅鈸 如是衆妙音 盡持以供養
或以歡喜心 歌唄頌佛德 乃至一小音 皆已成佛道
若人散亂心 乃至以一華 供養於畫像 漸見无數佛
或有人礼拜 或復但合掌 乃至舉一手 或復小低頭
以此供養像 漸見无量佛 自成无上道 廣度无數衆
入无餘涅槃 如薪盡火滅 若人散亂心 入於塔廟中
一稱南无佛 皆已成佛道 於諸過去佛 在世或滅後
若有聞是法 皆已成佛道 未來諸世尊 其數无有量
是諸如來等 亦方便說法 一切諸如來 以无量方便
度脫諸衆生 入佛无漏智 若有聞法者 无一不成佛
諸佛本誓願 我所行佛道 普欲令衆生 亦同得此道
未來世諸佛 雖說百千億 无數諸法門 其實為一乘
諸佛兩足尊 知法常无性 佛種從緣起 是故說一乘
是法住法位 世間相常住 於道場知已 導師方便說
天人所供養 現在十方佛 其數如恒沙 出現於世間
安隱衆生故 亦說如是法 知第一寂滅 以方便力故

121

斯00637號 妙法蓮華經卷一 （25-22）

諸佛兩足尊　知法常无性　佛種從緣起　是故說一乘
是法住法位　世間相常住　於道場知已　導師方便說
天人所供養　現在十方佛　其數如恒沙　出現於世間
安隱衆生故　亦說如是法　知第一寂滅　以方便力故
雖示種種道　其實爲佛乘　知衆生諸行　深心之所念
過去所集業　欲性精進力　及諸根利鈍　以種種因緣
譬喻亦言辭　隨應方便說　今我亦如是　安隱衆生故
以種種法門　宣示於佛道　我以智慧力　知衆生性欲
方便說諸法　皆令得歡喜　舍利弗當知　我以佛眼觀
見六道衆生　貧窮无福慧　入生死嶮道　相續苦不斷
深著於五欲　如犛牛愛尾　以貪愛自蔽　盲冥无所見
不求大勢佛　及與斷苦法　深入諸邪見　以苦欲捨苦
爲是衆生故　而起大悲心　我始坐道場　觀樹亦經行
於三七日中　思惟如是事　我所得智慧　微妙最第一
衆生諸根鈍　著樂癡所盲　如斯之等類　云何而可度
尒時諸梵王　及諸天帝釋　護世四天王　及大自在天
并餘諸天衆　眷屬百千万　恭敬合掌礼　請我轉法輪
我即自思惟　若但讚佛乘　衆生沒在苦　不能信是法
破法不信故　墜於三惡道　我寧不說法　疾入於涅槃

122

斯00637號　妙法蓮華經卷一　（25-23）

并餘諸天衆　眷屬百千万　恭敬合掌礼　請我轉法輪
我即自思惟　若但讚佛乘　衆生沒在苦　不能信是法
破法不信故　墜於三惡道　我寧不說法　疾入於涅槃
尋念過去佛　所行方便力　我今所得道　亦應說三乘
作是思惟時　十方佛皆現　梵音慰喻我　善哉釋迦文
第一之導師　得是无上法　隨諸一切佛　而用方便力
我等亦皆得　最妙第一法　爲諸衆生類　分別說三乘
少智樂小法　不自信作佛　是故以方便　分別說三乘
雖復說三乘　但爲教菩薩　舍利弗當知　我聞聖師子
深淨微妙音　喜稱南无佛　復作如是念　我出濁惡世
如諸佛所說　我亦隨順行　思惟是事已　即趣波羅奈
諸法寂滅相　不可以言宣　以方便力故　爲五比丘說
是名轉法輪　便有涅槃音　及以阿羅漢　法僧差別名
從久遠劫來　讚示涅槃法　生死苦永盡　我常如是說
舍利弗當知　我見佛子等　志求佛道者　无量千万億
咸以恭敬心　皆來至佛所　曾從諸佛聞　方便所說法
我即作是念　所以出於世　爲說佛慧故　今正是其時
舍利弗當知　鈍根樂小法　著相憍慢者　不能信是法
今我喜无畏　於諸菩薩中　正直捨方便　但說无上道
菩薩聞是法　疑網皆已除　千二百羅漢　悉亦當作佛

123

斯00637號　妙法蓮華經卷一　（25-24）

今我喜无畏　於諸菩薩中　正直捨方便　但說无上道
菩薩聞是法　疑網皆已除　十二百羅漢　悉亦當作佛
如三世諸佛　說法之儀式　我今亦如是　說无分別法
諸佛興出世　懸遠值遇難　正使出於世　說是法復難
无量无數劫　聞是法亦難　能聽是經者　斯人亦復難
譬如優曇華　一切皆愛樂　天人所希有　時時乃一出
聞法歡喜讚　乃至發一言　則為已供養　一切三世佛
是人甚希有　過於優曇華　汝等勿有疑　我為諸法王
普告諸大眾　但以一乘道　教化諸菩薩　无聲聞弟子
汝等舍利弗　聲聞及菩薩　當知是妙法　諸佛之祕要
以五濁惡世　但樂著諸欲　如是等眾生　終不求佛道
當來世惡人　聞佛說一乘　迷惑不信受　破法墮惡道
有慚愧清淨　志求佛道者　當為如是等　廣讚一乘道
舍利弗當知　諸佛法如是　以万億方便　隨宜而說法
其不習學者　不能曉了此　汝等既已知　諸佛世之師
隨宜方便事　无復諸疑惑　心生大歡喜　自知當作佛

妙法蓮華經卷第一

124

斯00637號　妙法蓮華經卷一　（25–25）

S.I.XV.1.

S. 637

斯00637號背　勘記　（01–01）

无所畏四无
乃至十八佛不共法本
性空故若法本性空則不可施設若生若滅
若住若異由此緣故若畢竟不生則不名 四
无所畏乃至十八佛不共法舍利子一切智
本性空故若法本性空則不可施設若生若
滅若住若異由此緣故若畢竟不生則不名
一切智舍利子道相智一切相智本性空故
若法本性空則不可施設若生若滅若住若
異由此緣故若畢竟不生則不名道相智一
切相智舍利子无忘失法本性空故若法本性
空則不可施設若生若滅若住若異由此緣故
若畢竟不生則不名无忘失法舍利子恒
住捨性本性空故若法本性空則不可施設若
生若滅若住若異由此緣故若畢竟不生
則不名恒住捨性舍利子一切陀羅尼門本性
空故若法本性空則不可施設若生若滅若
住若異由此緣故若畢竟不生則不名一切陀
羅尼門舍利子一切三摩地門本性空故若法
本性空則不可施設若生若滅若住若異由
此緣故若畢竟不生則不名一切三摩地門

1

斯00638號　大般若波羅蜜多經卷七〇　（25-01）

性空則不可施設若生若滅若住若異由
此緣故若畢竟不生則不名一切三摩地門
舍利子極喜地本性空故若法本性空則不
可施設若生若滅若住若異由此緣故若畢
竟不生則不名極喜地舍利子離垢地發光
地焰慧地極難勝地現前地遠行地不動地
善慧地法雲地本性空故若法本性空則不
可施設若生若滅若住若異由此緣故若畢
竟不生則不名離垢地乃至法雲地舍利子異
生地本性空故若法本性空則不可施設若
生若滅若住若異由此緣故若畢竟不生則
不名異生地舍利子種姓地第八地具見地
薄地離欲地已辦地獨覺地菩薩地如來地
本性空故若法本性空則不可施設若生若
滅若住若異由此緣故若畢竟不生則不名
種姓地乃至如來地舍利子聲聞乘本性空
故若法本性空則不可施設若生若滅若住
若異由此緣故若畢竟不生則不名聲聞乘
舍利子獨覺乘大乘本性空故若法本性空
則不可施設若生若滅若住若異由此緣故
若畢竟不生則不名獨覺乘大乘舍利子由
此緣故我作是說若畢竟不生則不名色等
空无生法不可說故

2

斯00638號　大般若波羅蜜多經卷七〇　（25-02）

此緣故我作是說名畢竟不生則不名色等
空无生法不可說故
尒時具壽善現復荅舍利子言如尊者所云
何緣故說我起能以畢竟不生般若波羅蜜
多教誡教授畢竟不生諸菩薩摩訶薩者
舍利子畢竟不生即是般若波羅蜜多般
若波羅蜜多即是畢竟不生何以故畢竟不生與
般若波羅蜜多无二无二分故舍利子畢竟
不生即是菩薩摩訶薩菩薩摩訶薩即是畢
竟不生何以故畢竟不生與菩薩摩訶薩无
二无二分故舍利子由此緣故我作是說我
起能以畢竟不生般若波羅蜜多教誡教授
畢竟不生諸菩薩摩訶薩
尒時具壽善現復荅舍利子言如尊者所云
何緣故說離畢竟不生亦无菩薩摩訶薩
能行无上正等菩提者舍利子諸菩薩摩
訶薩脩行般若波羅蜜多時不見般若波羅
蜜多異畢竟不生亦不見菩薩摩訶薩異畢竟
不生何以故般若波羅蜜多若菩薩摩訶
薩與畢竟不生无二无二分故舍利子諸菩
薩摩訶薩脩行般若波羅蜜多時亦不見色
異畢竟不生亦不見受想行識異畢竟不生

3

斯00638號　大般若波羅蜜多經卷七〇　（25–03）

薩與畢竟不生无二无二分故舍利子諸菩
薩摩訶薩脩行般若波羅蜜多時亦不見色
異畢竟不生亦不見受想行識異畢竟不生
何以故色乃至識與畢竟不生无二无二分
故舍利子諸菩薩摩訶薩脩行般若波羅蜜
多時亦不見眼處異畢竟不生亦不見耳鼻
舌身意處異畢竟不生何以故眼處乃至意
處與畢竟不生无二无二分故舍利子諸菩
薩摩訶薩脩行般若波羅蜜多時不見色
處異畢竟不生亦不見聲香味觸法處異畢
竟不生何以故色處乃至法處與畢竟不生
无二无二分故舍利子諸菩薩摩訶薩脩
行般若波羅蜜多時亦不見眼界異畢竟不生
亦不見色界眼識界及眼觸眼觸為緣所生
諸受異畢竟不生何以故眼界乃至眼觸為
緣所生諸受與畢竟不生无二无二分故舍利
子諸菩薩摩訶薩脩行般若波羅蜜多時亦
不見耳界異畢竟不生亦不見聲界耳識界
及耳觸耳觸為緣所生諸受異畢竟不生何
以故耳界乃至耳觸為緣所生諸受與畢竟
不生无二无二分故舍利子諸菩薩摩訶薩
脩行般若波羅蜜多時亦不見鼻界異畢竟

4

斯00638號　大般若波羅蜜多經卷七〇　（25–04）

不生无二无二分故舍利子諸菩薩摩訶薩
脩行般若波羅蜜多時亦不見鼻界異畢竟
不生亦不見香界鼻識界及鼻觸鼻觸為緣
所生諸受異畢竟不生何以故鼻界乃至鼻
觸為緣所生諸受與畢竟不生无二无二分
故舍利子諸菩薩摩訶薩脩行般若波羅蜜
多時亦不見舌界異畢竟不生亦不見味界
舌識界及舌觸舌觸為緣所生諸受異畢竟
不生何以故舌界乃至舌觸為緣所生諸受
與畢竟不生无二无二分故舍利子諸菩薩
摩訶薩脩行般若波羅蜜多時亦不見身界
異畢竟不生亦不見觸界身識界及身觸身
觸為緣所生諸受異畢竟不生何以故身界
乃至身觸為緣所生諸受與畢竟不生无二
无二分故舍利子諸菩薩摩訶薩脩行般若
波羅蜜多時亦不見意界異畢竟不生亦不
見法界意識界及意觸意觸為緣所生諸受
異畢竟不生何以故意界乃至意觸為緣所
生諸受與畢竟不生无二无二分故舍利子
諸菩薩摩訶薩脩行般若波羅蜜多時亦不
見地界異畢竟不生亦不見水火風空識界
異畢竟不生何以故地界乃至識界與畢竟

5

斯00638號　大般若波羅蜜多經卷七〇　(25–05)

見地界異畢竟不生亦不見水火風空識界
異畢竟不生何以故地界乃至識界與畢竟
不生无二无二分故舍利子諸菩薩摩訶薩
脩行般若波羅蜜多時亦不見苦聖諦異畢
竟不生亦不見集滅道聖諦異畢竟不生何
以故苦聖諦乃至道聖諦與畢竟不生无二
无二分故舍利子諸菩薩摩訶薩脩行般若
波羅蜜多時亦不見无明異畢竟不生亦不
見行識名色六處觸受愛取有生老死愁歎
苦憂惱異畢竟不生何以故无明乃至老死
愁歎苦憂惱與畢竟不生无二无二分故舍
利子諸菩薩摩訶薩脩行般若波羅蜜多時
亦不見內空異畢竟不生亦不見外空內外
空空空大空勝義空有為空无為空畢竟空
无際空散空无變異空本性空自相空共相
空一切法空不可得空无性空自性空无性
自性空異畢竟不生何以故內空乃至无性
自性空與畢竟不生无二无二分故
舍利子諸菩薩摩訶薩脩行般若波羅蜜多
時亦不見布施波羅蜜多異畢竟不生亦不
見淨戒安忍精進靜慮般若波羅蜜多異畢竟
不生何以故布施乃至般若波羅蜜多與畢

6

斯00638號　大般若波羅蜜多經卷七〇　(25–06)

[illegible]
不生何以故布施乃至般若波羅蜜多與畢
竟不生无二无二分故舍利子諸菩薩摩訶
薩脩行般若波羅蜜多時亦不見四靜慮
異畢竟不生亦不見四无量四无色定異畢
竟不生何以故四靜慮四无量四无色定與
畢竟不生无二无二分故舍利子諸菩薩摩
訶薩脩行般若波羅蜜多時亦不見八解脫
異畢竟不生亦不見八勝處九次第定十遍
處與畢竟不生何以故八解脫乃至十遍處
與畢竟不生无二无二分故舍利子諸菩薩
摩訶薩脩行般若波羅蜜多時亦不見四念
住異畢竟不生亦不見四正斷四神足五根
五力七等覺支八聖道支異畢竟不生何以
故四念住乃至八聖道支與畢竟不生无二
无二分故舍利子諸菩薩摩訶薩脩行般若
波羅蜜多時亦不見空解脫門異畢竟不生
亦不見无相无願解脫門異畢竟不生何以
故空解脫門无相无願解脫門與畢竟不生
无二无二分故舍利子諸菩薩摩訶薩脩行
般若波羅蜜多時亦不見五眼異畢竟不生
亦不見六神通異畢竟不生何以故五眼六
[illegible]

斯00638號　大般若波羅蜜多經卷七〇　（25–07）

亦不見六神通異畢竟不生何以故五眼六
神通與畢竟不生无二无二分故舍利子諸
菩薩摩訶薩脩行般若波羅蜜多時亦不見
佛十力異畢竟不生亦不見四无所畏四无
礙解大慈大悲大喜大捨十八佛不共法異
畢竟不生何以故佛十力乃至十八佛不共
法與畢竟不生无二无二分故舍利子諸菩
薩摩訶薩脩行般若波羅蜜多時亦不見一切
智異畢竟不生亦不見道相智一切相智異
畢竟不生何以故一切智道相智一切相
智與畢竟不生无二无二分故舍利子諸菩
薩摩訶薩脩行般若波羅蜜多時亦不見无
忘失法異畢竟不生亦不見恒住捨性異畢
竟不生何以故无忘失法恒住捨性與畢竟
不生无二无二分故舍利子諸菩薩摩訶薩
脩行般若波羅蜜多時亦不見一切陁羅尼
門異畢竟不生亦不見一切三摩地門異
畢竟不生何以故一切陁羅尼門一切三摩
地門與畢竟不生无二无二分故舍利子諸菩
薩摩訶薩脩行般若波羅蜜多時亦不見
極喜地異畢竟不生亦不見離垢地發光地
焰慧地極難勝地現前地遠行地不動地善

斯00638號　大般若波羅蜜多經卷七〇　（25–08）

薩摩訶薩脩行般若波羅蜜多時亦不見
極喜地異畢竟不生亦不見離垢地發光地
焰慧地極難勝地現前地遠行地不動地善
慧地法雲地異畢竟不生何以故極喜地乃至
法雲地與畢竟不生无二无二分故舍利子
諸菩薩摩訶薩脩行般若波羅蜜多時亦不
見異生地異畢竟不生亦不見種姓地第八地
具見地薄地離欲地已辦地獨覺地菩薩地
如來地異畢竟不生何以故異生地乃至如
來地與畢竟不生无二无二分故舍利子
諸菩薩摩訶薩脩行般若波羅蜜多時亦不
見聲聞乘異畢竟不生亦不見獨覺乘大乘
異畢、竟不生何以故聲聞乘獨覺乘大乘與
畢竟不生无二无二分故舍利子由此緣故我
作是說離畢竟不生亦无菩薩能行无上正
等菩提
尒時具壽善現復荅舍利子言如尊者所云
何緣故說若菩薩摩訶薩聞作是說其心不
驚不恐不怖不沉不沒亦不憂悔當知是菩
薩摩訶薩能行般若波羅蜜多者舍利子諸
菩薩摩訶薩脩行般若波羅蜜多時不見諸
法有覺有用見一切法如幻事如夢境如像
如響如光影如陽焰如空花如尋香城如變

9

斯00638號　大般若波羅蜜多經卷七〇　(25–09)

菩薩摩訶薩脩行般若波羅蜜多時不見諸
法有覺有用見一切法如幻事如夢境如像
如響如光影如陽焰如空花如尋香城如變
化事都非實有聞說諸法本性皆空深心歡
喜舍利子由此緣故我作是說若菩薩摩訶
薩聞作是說其心不驚不恐不怖不沉不沒
亦不憂悔當知是菩薩摩訶薩能行般若波
羅蜜多
初分觀行品第十九
尒時具壽善現白佛言世尊諸菩薩摩訶薩
脩行般若波羅蜜多觀諸法時於色不受不
取不執不著亦不施設為色於受想行識不
受不取不執不著亦不施設為受想行識世
尊諸菩薩摩訶薩脩行般若波羅蜜多觀諸
法時於眼處不受不取不執不著亦不施設
為眼處於耳鼻舌身意處不受不取不執不
著亦不施設為耳鼻舌身意處世尊諸菩薩
摩訶薩脩行般若波羅蜜多觀諸法時於色
處不受不取不執不著亦不施設為色處於
聲香味觸法處不受不取不執不著亦不施
設為聲香味觸法處世尊諸菩薩摩訶薩脩
行般若波羅蜜多觀諸法時於眼界不受不

10

斯00638號　大般若波羅蜜多經卷七〇　(25–10)

設為聲香味觸法處世尊諸菩薩摩訶薩脩
行般若波羅蜜多觀諸法時於眼界不受不
取不執不著亦不施設為眼界於色界眼識
界及眼觸眼觸為緣所生諸受不受不取不
執不著亦不施設為色界乃至眼觸為緣所
生諸受世尊諸菩薩摩訶薩脩行般若波羅
蜜多觀諸法時於耳界不受不取不執不著亦
不施設為耳界於聲界耳識界及耳觸耳觸
為緣所生諸受不受不取不執不著亦不施設
為聲界乃至耳觸為緣所生諸受世尊諸
菩薩摩訶薩脩行般若波羅蜜多觀諸法
時於鼻界不受不取不執不著亦不施設為
鼻界於香界鼻識界及鼻觸鼻觸為緣所生
諸受不受不取不執不著亦不施設為香界
乃至鼻觸為緣所生諸受世尊諸菩薩摩訶
薩脩行般若波羅蜜多觀諸法時於舌界不
受不取不執不著亦不施設為舌界於味
界舌識界及舌觸舌觸為緣所生諸受不受
不取不執不著亦不施設為味界乃至舌觸
為緣所生諸受世尊諸菩薩摩訶薩脩行般
若波羅蜜多觀諸法時於身界不受不取不
執不著亦不施設為身界於觸界身觸界及

111

斯00638號　大般若波羅蜜多經卷七〇　（25–11）

為緣所生諸受世尊諸菩薩摩訶薩脩行般
若波羅蜜多觀諸法時於身界不受不取不
執不著亦不施設為身界於觸界身觸界及
身觸身觸為緣所生諸受不受不取不執不
著亦不施設為觸界乃至身觸為緣所生諸
受世尊諸菩薩摩訶薩脩行般若波羅蜜多
觀諸法時於意界不受不取不執不著亦不施
設為意界於法界意識界及意觸意觸為緣
所生諸受不受不取不執不著亦不施設為
法界乃至意觸為緣所生諸受世尊諸菩薩
摩訶薩脩行般若波羅蜜多觀諸法時於地
界不受不取不執不著亦不施設為地界於
水火風空識界不受不取不執不著亦不施
設為水火風空識界世尊諸菩薩摩訶薩脩
行般若波羅蜜多觀諸法時於苦聖諦不受
不取不執不著亦不施設為苦聖諦於集滅
道聖諦不受不取不執不著亦不施設為集
滅道聖諦世尊諸菩薩摩訶薩脩行般若波
羅蜜多觀諸法時於无明不受不取不執不
著亦不施設為无明於行識名色六處觸受
愛取有生老死愁歎苦憂惱不受不取不執
不著亦不施設為行乃至老死愁歎苦憂惱
世尊諸菩薩摩訶薩脩行般若波羅[illegible]

112

斯00638號　大般若波羅蜜多經卷七〇　（25–12）

愛取有生老死愁歎苦憂惱不受不取不執
不著亦不施設爲行乃至老死愁歎苦憂惱
世尊諸菩薩摩訶薩脩行般若波羅蜜多觀
諸法時於內空不受不取不執不著亦不施
設爲內空於外空內外空空空大空勝義空
有爲空无爲空畢竟空无際空散空无變異
空本性空自相空共相空一切法空不可得
空无性空自性空无性自性空不受不取不
執不著亦不施設爲外空乃至无性自性空
世尊諸菩薩摩訶薩脩行般若波羅蜜多觀
諸法時於布施波羅蜜多不受不取不執不
著亦不施設爲布施波羅蜜多於淨戒安忍
精進靜慮般若波羅蜜多不受不取不執不
著亦不施設爲淨戒安忍精進靜慮般若波
羅蜜多世尊諸菩薩摩訶薩脩行般若波羅
蜜多觀諸法時於四靜慮不受不取不執不
著亦不施設爲四靜慮於四无量四无色定
不受不取不執不著亦不施設爲四无量四无
色定世尊諸菩薩摩訶薩脩行般若波羅蜜
多觀諸法時於八解脫不受不取不執不著
亦不施設爲八解脫於八勝處九次第定
十遍處不受不取不執不著亦不施設爲八

13

斯00638號　大般若波羅蜜多經卷七〇　（25–13）

多觀諸法時於八解脫不受不取不執不著
亦不施設爲八解脫於八勝處九次第定
十遍處不受不取不執不著亦不施設爲八
勝處九次第定十遍處世尊諸菩薩摩訶薩
脩行般若波羅蜜多觀諸法時於四念住不
受不取不執不著亦不施設爲四念住於四
正斷四神足五根五力七等覺支八聖道支
不受不取不執不著亦不施設爲四正斷乃
至八聖道支世尊諸菩薩摩訶薩脩行般若
波羅蜜多觀諸法時於空解脫門不受不取
不執不著亦不施設爲空解脫門於无相无
願解脫門不受不取不執不著亦不施設爲
无相无願解脫門世尊諸菩薩摩訶薩脩行
般若波羅蜜多觀諸法時於五眼不受不取
不執不著亦不施設爲五眼於六神通不受
不取不執不著亦不施設爲六神通世尊諸
菩薩摩訶薩脩行般若波羅蜜多觀諸法時
於佛十力不受不取不執不著亦不施設爲
佛十力於四无所畏四无礙解大慈大悲大
喜大捨十八佛不共法不受不取不執不著
亦不施設爲四无所畏乃至十八佛不共法
世尊諸菩薩摩訶薩脩行般若波羅蜜多觀

14

斯00638號　大般若波羅蜜多經卷七〇　（25–14）

喜大捨十八佛不共法不受不取不執不著
亦不施設為四无所畏乃至十八佛不共法
世尊諸菩薩摩訶薩脩行般若波羅蜜多觀
諸法時於真如不受不取不執不著亦不施
設為真如於法界法性不虛妄性不變異性
平等性離生性法定法住實際虛空界不思
議界不受不取不執不著亦不施設為法界
乃至不思議界世尊諸菩薩摩訶薩脩行般
若波羅蜜多觀諸法時於无上正等菩提不
受不取不執不著亦不施設為无上正等菩
提於一切智道相智一切相智不受不取不
執不著亦不施設為一切智道相智一切相
智世尊諸菩薩摩訶薩脩行般若波羅蜜多
觀諸法時於无忘失法不受不取不執不著
亦不施設為无忘失法於恒住捨性不受不
取不執不著亦不施設為恒住捨性世尊諸
菩薩摩訶薩脩行般若波羅蜜多觀諸法時
於一切陁羅尼門不受不取不執不著亦不
施設為一切陁羅尼門於一切三摩地門不
受不取不執不著亦不施設為一切三摩
地門
世尊諸菩薩摩訶薩脩行般若波羅蜜多時

15

斯00638號　大般若波羅蜜多經卷七〇　（25–15）

地門
世尊諸菩薩摩訶薩脩行般若波羅蜜多時
不見色何以故以色性空无生滅故不見受想
行識何以故以受想行識性空无生滅故世尊
諸菩薩摩訶薩脩行般若波羅蜜多時
不見眼處何以故以眼處性空无生滅故不
見耳鼻舌身意處何以故以耳鼻舌身意處
性空无生滅故世尊諸菩薩摩訶薩脩行般
若波羅蜜多時見色處何以故以色處性
空无生滅故不見聲香味觸法處何以故以
聲香味觸法處性空无生滅故世尊諸菩薩
摩訶薩脩行般若波羅蜜多時不見眼界何
以故以眼界性空无生滅故不見色界眼識
界及眼觸眼觸為緣所生諸受何以故以色界
乃至眼觸為緣所生諸受性空无生滅故世
尊諸菩薩摩訶薩脩行般若波羅蜜多時
不見耳界何以故以耳界性空无生滅故不見
聲界耳識界及耳觸耳觸為緣所生諸受何以
故以聲界乃至耳觸為緣所生諸受性空
无生滅故世尊諸菩薩摩訶薩脩行般若
波羅蜜多時不見鼻界何以故以鼻界性空
无生滅故不見香界鼻識界及鼻觸鼻觸為

16

斯00638號　大般若波羅蜜多經卷七〇　（25–16）

无生滅故世尊諸菩薩摩訶薩脩行般若
波羅蜜多時不見鼻界何以故以鼻界性空
无生滅故不見香界鼻識界及鼻觸鼻觸為
緣所生諸受何以故以香界乃至鼻觸為緣
所生諸受性空无生滅故世尊諸菩薩摩訶
薩脩行若波羅蜜多時不見舌界何以故
以舌界性空无生滅故不見味界舌識界
及舌觸舌觸為緣所生諸受何以故以味界
乃至舌觸為緣所生諸受性空无生滅故世
尊諸菩薩摩訶薩脩行般若波羅蜜多時
不見身界何以故以身界性空无生滅故不
見觸界身識界及身觸身觸為緣所生諸受何
以故以觸界乃至身觸為緣所生諸受性空
无生滅故世尊諸菩薩摩訶薩脩行般若波
羅蜜多時不見意界何以故以意界性空无
生滅故不見法界意識界及意觸意觸為緣
所生諸受何以故以法界乃至意觸為緣所
生諸受性空无生滅故世尊諸菩薩摩訶薩
脩行般若波羅蜜多時不見地界何以故以地
界性空无生滅故不見水火風空識界 何以
故以水火風空識界性空无生滅故世尊諸
菩薩摩訶薩脩行般若波羅蜜多時不見苦

17

界性空无生滅故不見水火風空識界何以
故以水火風空識界性空无生滅故世尊諸
菩薩摩訶薩脩行般若波羅蜜多時不見苦
聖諦何以故以苦聖諦性空无生滅故不見
集滅道聖諦何以故以集滅道聖諦性空无
生滅故世尊諸菩薩摩訶薩脩行般若波羅
蜜多時不見无明何以故以无明性空无生
滅故不見行識名色六處觸受愛取有生老
死愁歎苦憂惱何以故以行乃至老死愁歎
苦憂惱性空无生滅故世尊諸菩薩摩訶薩
脩行般若波羅蜜多時不見内空何以故以
内空性空无生滅故不見外空内外空空空
大空勝義空有為空无為空畢竟空无際空
散空无變異空本性空自相空共相空一切
法空不可得空无性空自性空无性自性空
何以故以外空乃至无性自性空性空无生
滅故
世尊諸菩薩摩訶薩脩行般若波羅蜜多時
不見布施波羅蜜多何以故以布施波羅蜜
多性空无生滅故不見淨戒安忍精進靜慮
般若波羅蜜多何以故以淨戒安忍精進靜慮
般若波羅蜜多性空无生滅故世尊諸菩薩
摩訶薩脩行般若波羅蜜多時不見淨

18

般若波羅蜜多何以故以淨戒安忍精進靜慮
般若波羅蜜多性空无生滅故世尊諸菩薩
摩訶薩脩行般若波羅蜜多時不見四靜慮
何以故以四靜慮性空无生滅故不見四
无量四无色定何以故以四无量四无色定
性空无生滅故世尊諸菩薩摩訶薩脩行般
若波羅蜜多時不見八解脫何以故以八解
脫性空无生滅故不見八勝處九次第定十
遍處何以故以八勝處九次第定十遍處性
空无生滅故世尊諸菩薩摩訶薩脩行般
若波羅蜜多時不見四念住何以故以四念住
性空无生滅故不見四正斷四神足五根　五
力七等覺支八聖道支何以故以四正斷乃
至八聖道支性空无生滅故世尊諸菩薩摩
訶薩脩行般若波羅蜜多時不見空解脫門
何以故以空解脫門性空无生滅故不見无
相无願解脫門何以故以无相无願解脫門
性空无生滅故世尊諸菩薩摩訶薩脩行般
若波羅蜜多時不見五眼何以故以五眼性
空无生滅故不見六神通何以故以六神通
性空无生滅故世尊諸菩薩摩訶薩脩行般
若波羅蜜多時不見佛十力何以故以佛十

19

斯00638號　大般若波羅蜜多經卷七〇　（25–19）

空无生滅故不見六神通何以故以六神通
性空无生滅故世尊諸菩薩摩訶薩脩行般
若波羅蜜多時不見佛十力何以故以佛十
力性空无生滅故不見四无所畏四无礙解
大慈大悲大喜大捨十八佛不共法何以故
以四无所畏乃至十八佛不共法性空无生
滅故世尊諸菩薩摩訶薩脩行般若波羅蜜
多時不見真如何以故以真如性空无生滅
故不見法界法性不虛妄性不變異性平等
性離生性法定法住實際虛空界不思議界
何以故以法界乃至不思議界性空无生滅
故世尊諸菩薩摩訶薩脩行般若波羅蜜多
時不見无上正等菩提何以故以无上正等菩
提性空无生滅故不見一切智道相智一切
相智何以故以一切智道相智一切相智性
空无生滅故世尊諸菩薩摩訶薩脩行般
若波羅蜜多時不見无忘失法何以故以无忘
失法性空无生滅故不見恒住捨性何以故
以恒住捨性性空无生滅故世尊諸菩薩摩
訶薩脩行般若波羅蜜多時不見一切陁羅
尼門何以故以一切陁羅尼門性空无生滅
故不見一切三摩地門何以故以一切三摩
地門性空无生滅故

20

斯00638號　大般若波羅蜜多經卷七〇　（25–20）

尼門何以故以一切陀羅尼門性空无生滅
故不見一切三摩地門何以故以一切三摩
地門性空无生滅故
世尊色不生則非色受想行識不生則非受
想行識所以者何色與不生无二无二分受
想行識與不生无二无二分何以故以不生
法非一非二非多非異是故色不生則非色
受想行識不生則非受想行識世尊眼處不
生則非眼處耳鼻舌身意處不生則非耳鼻
舌身意處所以者何眼處與不生无二无二
分耳鼻舌身意處與不生无二无二分何以
故以不生法非一非二非多非異是故眼處
不生則非眼處耳鼻舌身意處不生則非耳
鼻舌身意處世尊色處不生則非色處聲
香味觸法處不生則非聲香味觸法處所以者
何色處與不生无二无二分聲香味觸法處與
不生无二无二分何以故以不生法非一
非二非多非異是故色處不生則非色處
聲香味觸法處不生則非聲香味觸法處
世尊眼界不生則非眼界色界識界及眼觸
眼觸為緣所生諸受不生則非色界乃至眼觸
為緣所生諸受所以者何眼界與不生无二

21

斯00638號　大般若波羅蜜多經卷七〇　（25–21）

聲香味觸法處不生則非聲香味觸法處
世尊眼界不生則非眼界色界識界及眼觸
眼觸為緣所生諸受不生則非色界乃至眼觸
為緣所生諸受所以者何眼界與不生无二
无二分色界乃至眼觸為緣所生諸受與
不生无二无二分何以故以不生法非一非
二非多非異是故眼界不生則非眼界色界
乃至眼觸為緣所生諸受不生則非色界乃
至眼觸為緣所生諸受世尊耳界不生則非
耳界聲界耳識界及耳觸耳觸為緣所生諸
受不生則非聲界乃至耳觸為緣所生諸受
所以者何耳界與不生无二无二分聲界乃至
耳觸為緣所生諸受與不生无二无二分何
以故以不生法非一非二非多非異是故
耳界不生則非耳界聲界至耳觸為緣所
生諸受不生則非聲界乃至耳觸為緣所生
諸受世尊鼻界不生則非鼻界香界鼻識界
及鼻觸鼻觸為緣所生諸受不生則非香界
乃至鼻觸為緣所生諸受所以者何鼻界與
不生无二无二分香界乃至鼻觸為緣所生
諸受與不生无二无二分何以故以不生法
非一非二非多非異是故鼻界不生則非鼻
界香界乃至鼻觸為緣所生諸受不生則非

22

斯00638號　大般若波羅蜜多經卷七〇　（25–22）

諸受與不生无二无二尒何以故以不生法
非一非二非多非異是故鼻界不生則非鼻
界香界乃至鼻觸為緣所生諸受不生則非
香界乃至鼻觸為緣所生諸受世尊舌界不
生則非舌界味界舌識界及舌觸舌觸為緣
所生諸受不生則非味界乃至舌觸為緣所
生諸受所以者何舌界與不生无二无二尒味
界乃至舌觸為緣所生諸受與不生无二无
二尒何以故以不生法非一非二非多非異
是故舌界不生則非舌界味界乃至舌觸為
緣所生諸受不生則非味界乃至舌觸為緣
所生諸受世尊身界不生則非身界觸界身
識界及身觸身觸為緣所生諸受不生則非
觸界乃至身觸為緣所生諸受所以者何身
界與不生无二无二尒觸界乃至身觸為緣
所生諸受與不生无二无二尒何以故以不生
法非一非二非多非異是故身界不生則非
身界觸界乃至身觸為緣所生諸受不生則
非觸界乃至身觸為緣所生諸受世尊意界
不生則非意界法界意識界及意觸意觸為
所生諸受所以者何意界與不生无二无二
尒法界乃至意觸為緣所生諸受與不生无

23

所生諸受所以者何意界與不生无二无二
尒法界乃至意觸為緣所生諸受與不生无
二无二尒何以故以不生法非一非二非多非
異是故意界不生則非意界法界乃至意
觸為緣所生諸受不生則非法界乃至意觸為
緣所生諸受世尊地界不生則非地界水火
風空識界不生則非水火風空識界所以者
何地界與不生无二无二尒水火風空識界
與不生无二无二尒何以故以不生法非一
非二非多非異是故地界不生則非地界水
火風空識界不生則非水火風空識界世尊
苦聖諦不生則非苦聖諦集滅道聖諦不生
則非集滅道聖諦所以者何苦聖諦與不生
无二无二尒集滅道聖諦與不生无二无二
尒何以故以不生法非一非二非多非異是
故苦聖諦不生則非苦聖諦集滅道聖諦不
生則非集滅道聖諦世尊无明不生則非无
明行識名色六處觸受愛取有生老死愁歎
苦憂惱不生則非行乃至老死愁歎苦憂惱
所以者何无明與不生无二无二尒行乃至
老死愁歎苦憂惱與不生无二无二尒何以
故以不生法非一非二非多非異是故无明

24

所以者何无明與不生无二无二分行乃至
老死愁歎苦憂惱與不生无二无二分何以
故以不生法非一非二非多非異是故无明
不生則非无明行乃至老死愁歎苦憂惱不生
則非行乃至老死愁歎苦憂惱世尊內空不
生則非內空外空內外空空空大空勝義
空有為空无為空畢竟空无際空散空无
變異空本性空自相空共相空一切法空不
可得空无性空自性空无性自性空不生則
非外空乃至无性自性空所以者何內空與不
生无二无二分外空乃至无性自性空與不生
无二无二分何以故以不生法非一非二非多
非異是故內空不生則非內空外空乃至无
性自性空不生則非外空乃至无性自性空

大般若波羅蜜多經卷第七十

25

斯00638號　大般若波羅蜜多經卷七〇　(25–25)

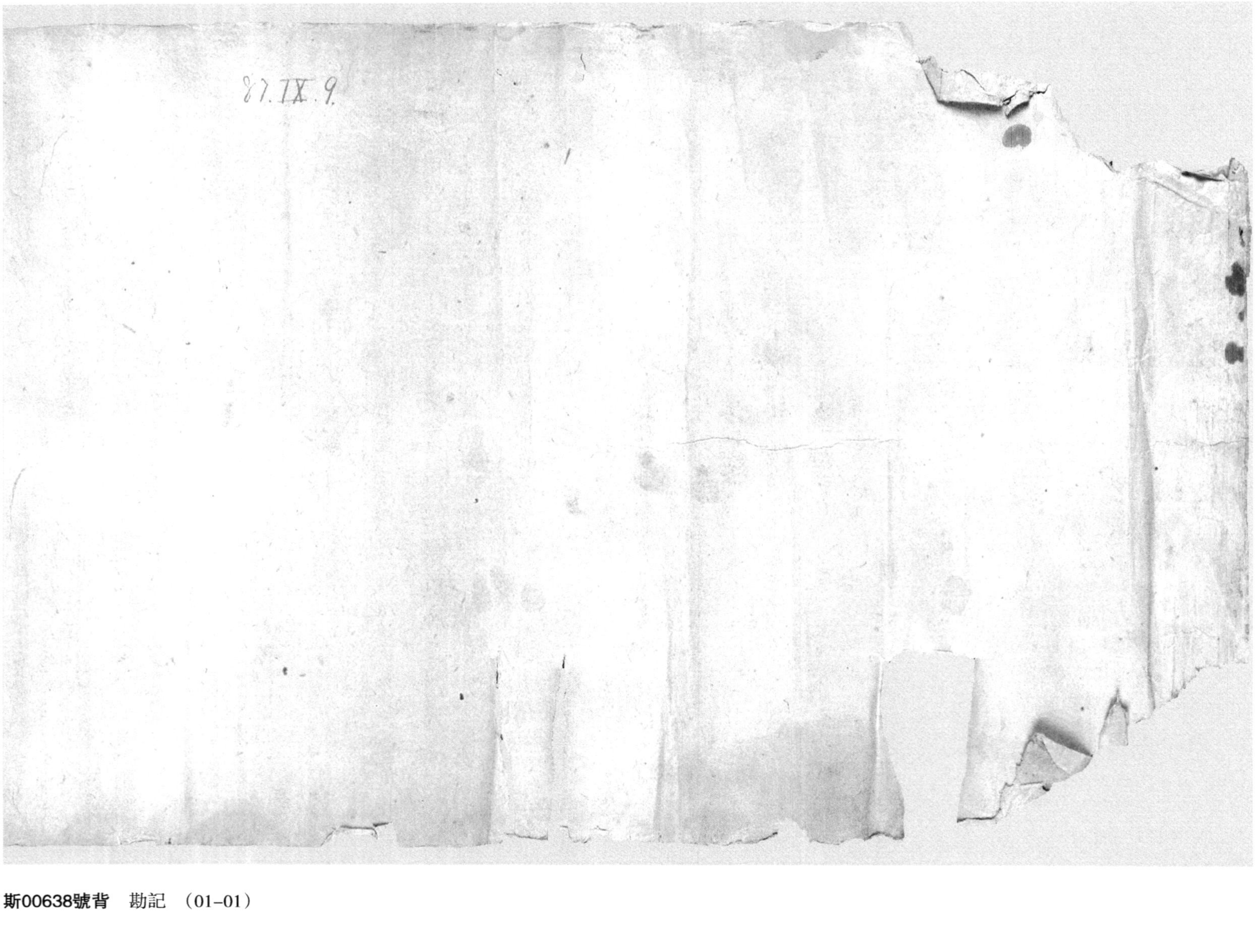

斯00638號背　勘記　(01–01)

婆世界施作佛事使此
亦使如來名聲普聞彼
未曾有今此上人從何所來
何許云何名爲樂小法者即以問
曰下方度如卌二恒河沙佛土有
婆佛号釋迦牟尼今現在於五濁世爲
法樂生敷演道教彼有菩薩名維摩詰
可思議解脫爲諸菩薩說法故遣化來稱揚
我名并讃此土令彼菩薩增益功德彼菩薩
言其人何如乃作是化德力无畏神足若斯
佛言甚大一切十方皆遣化往施作佛事饒
益衆生於是香積如來以衆香鉢盛滿香飯
與化菩薩時彼九百万菩薩俱發聲言我欲
詣娑婆世界供養釋迦牟尼佛并欲見維摩
詰等諸菩薩衆佛言可往攝汝身香无令彼
諸衆生起惑著心又當捨汝本形勿使彼國
求菩薩者而自鄙恥又汝於彼莫懷輕賤而
作閡想所以者何十方國土皆如虛空又諸
佛爲欲化諸樂小法者不盡現其清淨土耳
時化菩薩既受鉢飯與彼九百万菩薩俱承
佛威神及維摩詰力於彼世界忽然不現須
臾之間至維摩詰舍維摩詰即化作九百

1

斯00639號A　維摩詰所説經卷下　（21–01）

作閡想所以者何十方國土皆如虛空又諸
佛爲欲化諸樂小法者不盡現其清淨土耳
時化菩薩既受鉢飯與彼九百万菩薩俱承
佛威神及維摩詰力於彼世界忽然不現須
臾之間至維摩詰舍維摩詰即化作九百万
師子之坐嚴好如前諸菩薩皆坐其上化菩
薩以滿鉢香飯與維摩詰飯香普薰毗耶離
城及三千大千世界時毗耶離婆羅門居士
等聞是香氣身意快然嘆未曾有於是長者
主月蓋從八万四千人來入維摩詰舍見其
室中菩薩甚多諸師子坐高廣嚴好皆大歡
喜礼衆菩薩及大弟子却住一面諸地神虛
空神及欲色界諸天聞此香氣亦皆來入維
摩詰舍時維摩詰語舍利弗等諸大聲聞仁
者可食如來甘露味飯大悲所薫无以限意
食之使不消也有異聲聞念是飯少而此大
一當食化菩薩曰勿以聲聞小德小智
八无量福慧四海有竭此飯无盡使
而若須弥乃至一劫猶不能盡所
戒定智慧解脫解脫知見功德
之餘終不可盡於是鉢飯悉飽
賜其諸菩薩聲聞天人食此飯
下如一切樂莊嚴國諸菩薩也

2

斯00639號A　維摩詰所説經卷下　（21–02）

…能服能服…見功德
之餘終不可盡於是鉢飯悉飽
賜其諸菩薩聲聞天人食此飯
十 如一切樂莊嚴國諸菩薩也
爪 如衆香國土諸樹之
日 如来以何說
但以衆香
樹下聞
亏
得[illegible]是
道是正道是有為
難化之人心如猨
心乃可調伏辟如
乃至徹骨然後調
以一切苦切之言及
是已皆曰未曾有也
其无量自在之力乃
斯諸菩薩亦能勞謙
維摩詰言此土菩薩
如所言然其一世饒益
劫行所以者何此娑婆世
餘淨土之所无有何等為十
以淨戒攝毀禁以忍辱攝瞋恚
怠以禪定攝乱意以智慧攝愚癡說除難
度八難者以大乘法度樂小乘者以諸善根濟
无德者常以四攝成就衆生是為十彼菩薩
曰菩薩成就幾法於此世界行无瘡疣生于
淨土維摩詰言菩薩成就八法於此世界行

3

斯00639號B　維摩詰所説經卷下　（21–03）

以淨戒攝毀禁以忍辱攝瞋恚
怠以禪定攝乱意以智慧攝愚癡說除難
度八難者以大乘法度樂小乘者以諸善根濟
无德者常以四攝成就衆生是為十彼菩薩
曰菩薩成就幾法於此世界行无瘡疣生于
淨土維摩詰言菩薩成就八法於此世界行
无瘡疣生于淨土何等為八饒益衆生而不
望報代一切衆生受諸苦惱所作功德盡以
施之等心衆生謙下无閡於諸菩薩視之如
佛所未聞經聞之不疑不與聲聞而相違背
不嫉彼供不高已利而於其中調伏其心常
省已過不訟彼短恒以一心求諸功德是為
八維摩詰文殊師利於大衆中說是法時百
千天人皆發阿耨多羅三藐三菩提心十千
菩薩得无生法忍
菩薩行品第十一
是時佛說法於菴羅樹園其地忽然廣博嚴
事一切衆會皆作金色阿難白佛言世尊以
何因緣有此瑞應是處忽然廣博嚴事一切
衆會皆作金色佛告阿難是維摩詰文殊師
利與諸大衆恭敬圍繞發意欲来故先為此
瑞應於是維摩詰語文殊師利可共見佛與
諸菩薩礼事供養文殊師利言善哉行矣今

4

斯00639號B　維摩詰所説經卷下　（21–04）

5

瑞應於是維摩詰語文殊師利可共見佛與
諸菩薩礼事供養文殊師利言善哉行矣今
正是時維摩詰即以神力持諸大衆并師子
坐置於右掌往詣佛所到已著地稽首佛足
右遶七匝一心合掌在一面立其諸菩薩即
皆避坐稽首佛足亦遶七匝於一面立諸大
弟子釋梵四天王等亦皆避坐稽首佛足在
一面立於是世尊如法慰問諸菩薩已各令
復坐即皆受教衆坐已定佛語舍利弗汝見
菩薩大士自在神力之所為乎唯然已見汝於
意云何世尊我覩其為不可思議非意所圖
非度所測尒時阿難白佛言世尊今所聞香
自昔未有是為何香佛告阿難是彼菩薩毛
孔之香於是舍利弗語阿難言我等毛孔亦
出是香阿難言此所從來曰是長者維摩詰
從衆香國取佛餘飯於舍食者一切毛孔皆
香若此阿難問維摩詰是香氣住當久如維
摩詰言至此飯消曰此飯久如當消曰此飯
勢力至乎七日然後乃消又阿難若聲聞人
未入正位食此飯者得入正位然後乃消已
入正位食此飯者得心解脫然後乃消若未
發大乘意食此飯者至發意乃消已發意食
此飯者得无生忍然後乃消已得无生忍食

6

發大乘意食此飯者至發意乃消已發意食
此飯者得无生忍然後乃消已得无生忍食
此飯者至一生補處然後乃消譬如有藥名
曰上味其有服者身諸毒滅然後乃消此飯
如是滅除一切諸煩惱毒然後乃消阿難白
佛言未曾有也世尊如此香飯能作佛事佛
言如是如是阿難或有佛土以佛光明而作
佛事有以諸菩薩而作佛事有以佛所化人
而作佛事有以菩提樹而作佛事有以佛衣
服臥具而作佛事有以飯食而作佛事有以
園林臺觀而作佛事有以卅二相八十隨形
好而作佛事有以佛身而作佛事有以虛空
而作佛事衆生應以此緣得入律行有以夢
幻影響鏡中像水中月熱時炎如是等喻而
作佛事有以音聲語言文字而作佛事或有
清淨佛土寂寞无言无說无示无識无作无
為而作佛事如是阿難諸佛威儀進止諸所
施為无非佛事阿難有此四魔八万四千諸
煩惱門而諸衆生為之疲勞諸佛即以此法
而作佛事是名入一切諸佛法門菩薩入此
門者若見一切淨妙佛土不以為喜不貪不
高若見一切不淨佛土不以為憂不閡不沒
但於諸佛生清淨心歡喜恭敬嘆未曾有也

高若見一切不淨佛土不以為憂不閡不沒
但於諸佛生清淨心歡喜恭敬嘆未曾有也
諸佛如來功德平等為教化衆生故而現佛
土不同阿難汝見諸佛國土地有若干而虛
空无若干也如是見諸佛色身有若干耳其
無閡慧无若干也阿難諸佛色身威相種姓
戒定智慧解脫解脫知見力无所畏不共之
法大慈大悲威儀所行及其壽命說法教化
成就衆生淨佛國土具諸佛法悉皆同等
是故名為三藐三佛陁名為多陁阿伽度名為
佛陁阿難若我廣說此三句義汝以劫壽不
能盡受正使三千大千世界滿中衆生皆如
阿難多聞第一得念總持此諸人等以劫之
壽亦不能受如是阿難諸佛阿耨多羅三藐
三菩提无有限量智慧辯才不可思議阿難
白佛言我從今已往不敢自謂以為多聞佛
告阿難勿起退意所以者何我說汝於聲聞
中為最多聞非謂菩薩且止阿難其有智者
不應限度諸菩薩也一切海淵尚可測量菩
薩禪定智慧總持辯才一切功德不可量也
阿難汝等捨置菩薩所行是維摩詰一時所
現神通之力一切聲聞辟支佛於百千劫盡
力變化所不能作

7

斯00639號B　維摩詰所説經卷下　（21–07）

阿難汝等捨置菩薩所行是維摩詰一時所
現神通之力一切聲聞辟支佛於百千劫盡
力變化所不能作
尒時衆香世界菩薩來者合掌白佛言世尊
我等初見此土生下劣想今自悔責捨離是
心所以者何諸佛方便不可思議為度衆生
故隨其所應現佛國異唯然世尊願賜少法
還於彼土當念如來佛告諸菩薩有盡无盡
解脫法門汝等當學何謂為盡謂有為法何
謂无盡謂无為法如菩薩者不盡有為不住
无為何謂不盡有為謂不離大慈不捨大悲
深發一切智心而不忽忘教化衆生終不厭
惓於四攝法常念順行護持正法不惜軀命
種諸善根无有疲厭志常安住方便迴向求
法不懈說法无悋懃供諸佛故入生死而无
所畏於諸榮辱心无憂喜不輕未學敬學如
佛墮煩惱者令發正念於遠離樂不以為貴
不著己樂慶於彼樂在諸禪定如地獄想於
生死中如園觀想見來求者為善師想捨諸
所有具一切智想見毀戒人起救護想諸波
羅蜜為父母想道品之法為眷屬想發行善根
无有齊限以諸淨國嚴飾之事成己佛土開
門大施具足相好除一切惡淨身口意生死
无數劫意而有勇聞佛无量德志而不倦

8

斯00639號B　維摩詰所説經卷下　（21–08）

无有齊限以諸淨國嚴飾之事成已佛土開
閅大施具足相好除一切惡淨身口意生死
无數劫意而有勇聞佛无量德志而不惓以
智慧劒破煩惱賊出陰界入荷負衆生永使
解脫以大精進摧伏魔軍常求无念實相智
慧行少欲知足而不捨世法不壞威儀而能
隨俗起神通慧引導衆生得念揔持所聞不
忘善別諸根斷衆生疑以樂說辯演法无
閡淨十善道受天人福脩四无量開梵天道
勸請說法隨喜讚善得佛音聲身口意善得
佛威儀深脩善法所行轉勝以大乘教成菩
薩僧心无放逸不失衆善行如此法是名菩
薩不盡有為何謂菩薩不住无為謂脩學空
不以空為證脩學無相无作不以无相无作
為證脩學無起不以無起為證觀於無常而
不猒善本觀世間苦而不惡生死觀於無我
而誨人不惓觀於寂滅而不永寂滅觀於遠
離而身心脩善觀無所歸而歸趣善法觀於
無生而以生法荷負一切觀於無漏而不斷
諸漏觀無所行而以行法教化衆生觀於空
无而不捨大悲觀正法位而不隨小乘觀諸
法虛妄无牢无人无主无相本願未滿而不
虛福德禪定智慧脩如此法是名菩薩不住

9

无而不捨大悲觀正法位而不隨小乘觀諸
法虛妄无牢无人无主无相本願未滿而不
虛福德禪定智慧脩如此法是名菩薩不住
无為又具福德故不住无為具智慧故不盡
有為大慈悲故不住无為滿本願故不盡有
為集法藥故不住无為隨授藥故不盡有為
知衆生病故不住无為滅衆生病故不盡有
為諸正士菩薩已脩此法不盡有為不住无
為是名盡无盡解脫法門汝等當學尒時彼
諸菩薩聞說是法皆大歡喜以衆妙華若干
種色若干種香散遍三千大千世界供養於
佛及此經法并諸菩薩已稽首佛足嘆未曾
有言釋迦牟尼佛乃能於此善行方便言已
忽然不現還到彼國

見阿閦佛品第十二

尒時世尊問維摩詰汝欲見如來為以何等
觀如來乎維摩詰言如自觀身實相觀佛亦
然我觀如來前際不來後際不去今則不住
不觀色不觀色如不觀色性不觀受想行識
不觀識如不觀識性非四大起同於虛空六
入无積眼耳鼻舌身心已過不在三界三垢
已離順三脫門三明與无明等不一相不異
相不自相不他相非无相非取相不此岸不
彼岸不中流而化衆生觀於寂滅亦不永滅

10

已具□三脫門三明與无明等不一相不異
相不自相不他相非无相非取相不此岸不
彼岸不中流而化衆生觀於寂滅亦不永滅
不此不彼不以此不以彼不可以智知不可
以識識无晦无明无名无相无强无弱非淨
非穢不在方不離方非有為非无為亦无
説不施不慳不戒不犯不忍不恚不進不怠
不定不亂不智不愚不誠不欺不来不去不
出不入一切言語道斷非福田非不福田非
應供養非不應供養非取非捨非有相非无
相同真際等法性不可稱不可量過諸稱量
非大非小非見非聞非覺非知離衆結縛等
諸智同衆生於諸法无分别一切无失无濁
无惱无作无起无生无滅无畏无憂无喜无
厭无著无已有无當有无今有不可以一切
言説分别顯示世尊如来身為若此作如是
觀以斯觀者名為正觀若他觀者名為耶觀
尒時舍利弗問維摩詰汝於何没而来生此
維摩詰言汝所得法有没生乎舍利弗言无
没生也若諸法无没生相云何問言汝於何
没而来生此於意云何譬如幻師幻作男女
寧没生耶舍利弗言无没生耶汝豈不聞佛
説諸法如幻相乎答曰如是若一切法如幻
相者云何問言汝於何没而来生此舍利弗

寧没生耶舍利弗言无没生耶汝豈不聞佛
説諸法如幻相乎答曰如是若一切法如幻
相者云何問言汝於何没而来生此舍利弗
没者為虛誑法壞敗之相生者為虛誑法相
續之相菩薩雖没不盡善本雖生不長諸惡
是時佛告舍利弗有國名妙喜佛号无動是
維摩詰於彼國没而来生此舍利弗言未曾
有也世尊是人乃能捨清淨土而来樂此多
怒害處維摩詰語舍利弗於意云何日光出
時與冥合乎答曰不也日光出時則无衆冥
維摩詰言夫日何故行閻浮提答曰欲以明
照為之除冥維摩詰言菩薩如是雖生不淨
佛土為化衆生不與愚闇而共合也但滅衆
生煩惱闇耳
是時大衆渴仰欲見妙喜世界无動如来及
其菩薩聲聞之衆佛知一切衆會所念告維
摩詰言善男子為此衆會現妙喜國无動如
来及諸菩薩聲聞之衆衆皆欲見於是維摩
詰心念吾當不起于坐接妙喜國鐵圍山川
溪谷江河大海泉源須弥諸山及日月星宿
天龍鬼神梵天等宮并諸菩薩聲聞之衆城
邑聚落男女大小乃至无動如来及菩提樹
諸妙蓮華能於十方作佛事者三道寶階從
閻浮提至忉利天以此寶階諸天来下悉為

天龍鬼神梵天等宮并諸菩薩聲聞之衆城
邑聚落男女大小乃至无動如来及菩提樹
諸妙蓮華能於十方作佛事者三道寶階從
閻浮提至忉利天以此寶階諸天来下悉為
礼敬无動如来聽受經法閻浮提人亦登其
階上昇忉利見彼諸天妙喜世界成就如是
无量功德上至阿迦膩吒天下至水際以右
手斷取如陶家輪入此世界猶持華鬘示一
切衆作是念已入於三昧現神通力以其右
手斷取妙喜世界置於此土彼得神通菩薩
及聲聞衆并餘天人俱發聲言唯然世尊誰
取我去願見救護无動佛言非我所為是維
摩詰神力所作其餘未得神通者不覺不知
已之所往妙喜世界雖入此土而不增減於
是世界亦不迫隘如本无異
尒時釋迦牟尼佛告諸大衆汝等且觀妙喜
世界无動如来其國嚴飾菩薩行淨弟子清
白皆曰唯然已見佛言若菩薩欲得如是清
淨佛土當學无動如来所行之道現此妙喜
國時娑婆世界十四那由他人發阿耨多羅
三藐三菩提心皆願生於妙喜佛土釋迦牟
尼佛即記之曰當生彼國時妙喜世界於此
國土所應饒益其事訖已還復本處舉衆皆
見佛告舍利弗汝見此妙喜世界及无動佛

尼佛即記之曰當生彼國時妙喜世界於此
國土所應饒益其事訖已還復本處舉衆皆
見佛告舍利弗汝見此妙喜世界及无動佛
不唯然已見世尊願使一切衆生得清淨土
如无動佛獲神通力如維摩詰世尊我等快
得善利得見是人親近供養其諸衆生若今
現在若佛滅後聞此經者亦復善利況復聞
已信解受持讀誦解說如法脩行若有手得
是經典者便為已得法寶之藏若有讀誦解
釋其義如說脩行則為諸佛之所護念其有
供養如是人者當知則為供養於佛其有書
持此經卷者當知其室則有如来若聞是經
能隨喜者斯人則為取一切智若能信解此
經乃至一四句偈為他說者當知此人即是
受阿耨多羅三藐三菩提記

法供養品第十三

尒時釋提桓因於大衆中白佛言世尊我雖
從佛及文殊師利聞百千經未曾聞此不可
思議自在神通決定實相經典如我解佛所
說義趣若有衆生聞是經法信解受持讀誦
之者必得是法不疑何況如說脩行斯人則
為閉衆惡趣開諸善門常為諸佛之所護念
降伏外學摧滅魔怨脩菩提道安處道場履
踐如来所行之跡世尊若有受持讀誦如說

之者必得是法不疑何況如說脩行斯人則
為閉衆悪趣開諸善門常為諸佛之所護念
降伏外學摧滅魔怨脩治菩提道安處道場履
踐如來所行之跡世尊若有受持讀誦如說
脩行者我當與諸眷屬供養給事所在聚落
城邑山林曠野有是經處我亦與諸眷屬聽
受法故共到其所其未信者當令生信其已
信者當為作護佛言善哉善哉天帝如汝所
說吾助汝喜此經廣說過去未來現在諸佛
不可思議阿耨多羅三藐三菩提是故天帝
若善男子善女人受持讀誦供養是經者則
為供養去來今佛天帝正使三千大千世界
如來滿中譬如甘蔗竹葦稻麻叢林若有善
男子善女人或以一劫或減一劫恭敬尊重
讚歎供養奉諸所安至諸佛滅後以一一全
身舍利起七寶塔縱廣一四天下高至梵天
表剎莊嚴以一切華香瓔珞幢幡伎樂微妙
第一若一劫若減一劫而供養之於天帝意
云何其人殖福寧為多不釋提桓因言多矣
世尊彼之福德若以百千億劫說不能盡佛
告天帝當知是善男子善女人聞是不可思
議解脫經典信解受持讀誦脩行福多於彼
所以者何諸佛菩提皆從是生菩提之相不
[illegible]

115

斯00639號B　維摩詰所説經卷下　（21–15）

[illegible]
議解脫經典信解受持讀誦脩行福多於彼
所以者何諸佛菩提皆從是生菩提之相不
可限量以是因緣福不可量佛告天帝過去
無量阿僧祇劫時世有佛号曰藥王如來應
供正遍知明行足善逝世間解无上士調御
丈夫天人師佛世尊世界曰大莊嚴劫曰莊
嚴佛壽廿小劫其聲聞僧卅六億那由他菩
薩僧有十二億天帝是時有轉輪聖王名曰
寶蓋七寶具足王四天下王有千子端政勇
健能伏怨敵尒時寶蓋與其眷屬供養藥王
如來施諸所安至滿五劫過五劫已告其千
子汝等亦當如我以深心供養於佛於是千
子受父王命供養藥王如來復滿五劫一切
施安其王一子名曰月蓋獨坐思惟寧有供
養殊過此者以佛神力空中有天曰善男子
法之供養勝諸供養即問何謂法之供養天
曰汝可往問藥王如來當廣為汝說法之供
養即時月蓋王子行詣藥王如來稽首佛足
却住一面白佛言世尊諸供養中法供養勝
云何為法供養佛言善男子法供養者諸佛
所說深經一切世間難信難受微妙難見清
淨无染非但分別思惟之所能得菩薩法藏
所攝陀羅尼印印之至不退轉成就六度善

116

斯00639號B　維摩詰所説經卷下　（21–16）

淨无染非但分別思惟之所能得菩薩法藏
所攝陁羅尼印印之至不退轉成就六度善
分別義順菩提法衆經之上入大慈悲離衆
魔事及諸耶見順因緣法无我无衆生无壽
命空无相无作无起能令衆生坐於道場而
轉法輪諸天龍神乾闥婆等所共歎譽能令
衆生入佛法藏攝諸賢聖一切智慧說衆菩
薩所行之道依於諸法實相之義明宣无常
苦空无我寂滅能救一切毀禁衆生諸魔外
道及貪著者能使怖畏諸佛賢聖所共稱歎
背生死苦示涅槃樂十方三世諸佛所說若
聞如是等經信解受持讀誦以方便力為諸
衆生分別解說顯示分明守護法故是名法
之供養又於諸法如說脩行隨順十二因緣
離諸耶見得无生忍決定无我无有衆生而
於因緣果報无違无諍離諸我所依於義不
依語依於智不依識依了義經不依不了義
經依於法不依人隨順法相无所入无所歸
无明畢竟滅故諸行亦畢竟滅乃至生畢竟
滅故老死亦畢竟滅作如是觀十二因緣无
有盡相不復起見是名最上法之供養
佛告天帝王子月蓋從藥王佛聞如是法得
柔順忍即解寶衣嚴身之具以供養佛白佛

17

斯00639號B　維摩詰所說經卷下　（21–17）

佛告天帝王子月蓋從藥王佛聞如是法得
柔順忍即解寶衣嚴身之具以供養佛白佛
言世尊如來滅後我當行法供養守護正法
願以威神加哀建立令我得降魔怨脩菩薩
行佛知其深心所念而記之曰汝於末後守
護法城天帝時王子月蓋見法清淨聞佛授
記以信出家脩集善法精進不久得五神通
通菩薩道得陁羅尼无斷辯才於佛滅後以
其所得神通總持辯才之力滿十小劫藥王
如來所轉法輪隨而分布月蓋比丘以護持
法勤行精進即於此身化百万億人於阿耨
多羅三藐三菩提立不退轉十四那由他人
深發聲聞辟支佛心无量衆生得生天上天
帝時王寶蓋豈異人乎今現得佛号寶炎如
來其王千子即賢劫中千佛是也從迦羅鳩
孫大為始得佛最後如來号曰樓至月蓋比
丘則我身是如是天帝當知此要以法供養
於諸供養為上為最第一无比是故天帝當
以法之供養供養於佛

囑累品第十四

於是佛告弥勒菩薩言弥勒我今以是无量
億阿僧祇劫所集阿耨多羅三藐三菩提付
囑於汝如是輩經於佛滅後末世之中汝等

18

斯00639號B　維摩詰所說經卷下　（21–18）

於是佛告弥勒菩薩言弥勒我今以是无量
億阿僧祇劫所集阿耨多羅三藐三菩提付
囑於汝如是輩經於佛滅後末世之中汝等
當以神力廣宣流布於閻浮提无令斷絶所
以者何未來世中當有善男子善女人及天
龍鬼神乾闥婆羅刹等發阿耨多羅三藐三
菩提心樂于大法若使不聞如是等經則失
善利如此輩人聞是等經必多信樂發希有
心當以頂受隨諸衆生所應得利而為廣說
弥勒當知菩薩有二相何謂為二一者好於
雜句文飾之事二者不畏深義如實能入若
好雜句文飾事者當知是為新學菩薩若於
如是无染无著甚深經典无有恐畏能入其
中聞已心淨受持讀誦如說脩行當知是為
久脩道行弥勒復有二法名新學者不能決
定於甚深法何等為二一者所未聞深經聞
之驚怖生疑不能隨順毀謗不信而作是言
我初不聞從何所來二者若有護持解說如
是深經者不肯親近供養恭敬或時於中
說其過惡有此二法當知是新學菩薩為自
毀傷不能於深法中調伏其心弥勒復有二法
菩薩雖信解深法猶自毀傷而不能得无生
法忍何等為二一者輕慢新學菩薩而不教

119

斯00639號B　維摩詰所說經卷下　（21–19）

說其過惡有此二法當知是新學菩薩為自
毀傷不能於深法中調伏其心弥勒復有二法
菩薩雖信解深法猶自毀傷而不能得无生
法忍何等為二一者輕慢新學菩薩而不教
誨二者雖解深法而取相分別是為二法弥
勒菩薩聞說是已白佛言世尊未曾有也
如佛所說我當遠離如斯之惡奉持如來无
數阿僧祇劫所集阿耨多羅三藐三菩提
法若未來世善男子善女人求大乘者當令手得
如是等經與其念力使受持讀誦為他廣說
世尊若後末世有能受持讀誦為他人說者
當知是弥勒神力之所建立佛言善哉善哉
弥勒如汝所說佛助尔喜於是一切菩薩合掌
白佛我等亦於如來滅後十方國土廣宣
流布阿耨多羅三藐三菩提復開導諸
說法者令得是經
尔時四天王白佛言世尊在在處處城邑聚
落山林曠野有是經卷讀誦解說者我當率
諸官屬為聽法故往詣其所擁護其人面百
由旬令无伺求得其便者是時佛告阿難受
持是經廣宣流布阿難言唯然我已受持要
者世尊當何名斯經佛言阿難是經名為維
摩詰所說亦名不可思議解脫法門如是受

120

斯00639號B　維摩詰所說經卷下　（21–20）

持是經廣宣流布阿難言唯然□已受持要
者世尊當何名斯經佛言阿難是名為維
摩詰所說亦名不可思議解脫法□如是受
持佛說是經已長者維摩詰文殊師利舍
利弗阿難等及天人阿脩羅一切□眾聞佛
所說皆大歡喜作礼而去

維摩詰經第四
維摩詰經第三

21

斯00639號B　維摩詰所說經卷下　（21–21）

有等距離蟲蛀殘洞。有燕尾。有烏絲欄。

3.1 首殘→大正0220,05/0394A03。

3.2 尾全→大正0220,05/0399C04。

4.2 大般若波羅蜜多經卷第七十(尾)。

8 8~9世紀。吐蕃統治時期寫本。

9.1 楷書。

9.2 有行間校加字。

10 卷首下邊鈐有英國博物館1號印。卷尾背用紅色鋼筆寫"81.Ⅸ.9"。

11 圖版:《寶藏》,005/245B~257B。其中252B圖版誤爲反字。

13 《翟林奈目録》著録:"大般若波羅蜜多經,卷七〇品十八,品十九之一。好寫卷。紙張黄色,紙質厚。28英尺。"

1.1 斯00639號A ······································ 367

1.3 維摩詰所説經卷下

1.4 翟3475

1.6 ch.87.15.04

2.1 76.9×24.7釐米;2紙;共47行,行17字。

2.2 01:41.6,26; 02:35.3,21。

2.3 卷軸裝。首殘尾殘。經黄打紙。卷首右下殘缺,卷面有破裂,有等距離水漬。有烏絲欄。

3.1 首7行下殘→大正0475,14/0552B06~14。

3.2 尾12行上殘→大正0475,14/0552C12~24。

6.4 與斯00639號B紙張相同,字體相同,原爲同卷。但現中間有殘缺經文13行,文字不相銜接。

8 7~8世紀。唐寫本。

9.1 楷書。

9.2 有硃筆行間校加字、校改及刮改。

10 卷首下鈐有英國博物館1號印。卷首背面有斯坦因紅鋼筆寫早期編號"87.ⅩⅤ.4"。

11 圖版:《寶藏》,005/258A~259A。

13 《翟林奈目録》著録:"維摩詰經,卷三,品一〇至品一四。首殘,品一〇中間有一片遺失。非常好的寫卷。紙張黄色到淺黄色。22.33英尺。"

1.1 斯00639號B ······································ 368

1.3 維摩詰所説經卷下

1.4 翟3475

1.6 ch.87.15.04

2.1 615.8×24.7釐米;15紙;共370行,行17字。

2.2 01:34.0,21; 02:46.0,28; 03:45.9,28; 04:46.0,28; 05:46.0,28; 06:45.9,28; 07:46.0,28; 08:46.2,28; 09:46.1,28; 10:46.0,28; 11:46.0,28; 12:46.2,28; 13:03.4,02; 14:46.5,28; 15:25.6,11。

2.3 卷軸裝。首殘尾全。經黄打紙。卷面有破裂,有等距離水漬,尾兩紙上下斷開,卷尾有蟲繭。有燕尾。卷背有鳥糞。有烏絲欄。

3.1 首15行下殘→大正0475,14/0553A10~25。

3.2 尾全→大正0475,14/0557B26。

4.2 維摩詰經第四/維摩詰經第三/(尾)。

5 與《大正藏》本對照,尾題不同。

6.4 與斯00639號A紙張相同,字體相同,原爲同卷。但現中間有殘缺經文13行,文字不相銜接。

8 7~8世紀。唐寫本。

9.1 楷書。

9.2 有硃筆行間校加字、校改及刮改。

11 圖版:《寶藏》,005/259A~268A。

13 《翟林奈目録》著録:參見斯00639號A。

本遺書所抄爲玄奘譯《維摩詰所説經》。該經衹有三卷,不存在"卷四"。估計抄寫者不經意地將尾題錯寫成"維摩詰經卷四",發現後,加寫"維摩詰經卷三",以示糾正。

2.3 卷軸裝。首殘尾殘。砑光上蠟。有烏絲欄。
3.1 首殘→大正0374,12/0577B28。
3.2 尾8行上殘→大正0374,12/0578A18。
6.4 與斯00633號B紙張相同,字體相同,原爲同卷。但現中間有殘缺,文字不相銜接。
8 5～6世紀。南北朝寫本。
9.1 隸楷。
9.2 有行間校加字。有倒乙。
10 卷端正面鈐有英國博物館1號印。卷首背面有斯坦因紅鋼筆寫早期編號"81.ⅩⅤ.38"。背面有黑鋼筆編號,作"S.633",加鉛筆"(1)"。又有紅鋼筆編號"S669"。亦即此件編號曾有多次改動。
11 圖版:《寶藏》,005/224B～225B。
13 《翟林奈目録》著録:"大般涅槃經,兩不連續殘片。六世紀好寫卷。紙張黄褐色,紙質薄。2.5+3.5英尺。"

1.1 斯00633號B ······························ 333
1.3 大般涅槃經(北本)卷三六
1.4 翟1911
1.6 ch.81.15.38
2.1 66×26.1釐米;4紙;共66行,行17字。
2.2 01:16.0,09;　02:42.8,26;　03:47.2,29;　04:03.0,02。
2.3 卷軸裝。首殘尾殘。砑光上蠟。通卷殘破嚴重。有烏絲欄。
3.1 首殘→大正0374,12/0578B05。
3.2 尾8行上殘→大正0374,12/0579A05～13。
6.4 與斯00633號A紙張相同,字體相同,原爲同卷。但現中間有殘缺,文字不相銜接。
8 5～6世紀。南北朝寫本。
9.1 隸楷。
9.2 有行間校加字。有重文號。
10 第二紙下邊鈐有英國博物館1號印。背面有黑鋼筆編號"S.633(2)"。
11 圖版:《寶藏》,005/225B～227A。
13 《翟林奈目録》著録:參見斯00633號A。

1.1 斯00634號 ······························ 335
1.3 大方廣佛華嚴經(晉譯五十卷本宮本)卷一八
1.4 翟1664
1.6 ch.81.15.17
2.1 165.6×25.8釐米;4紙;共96行,行17字。
2.2 01:32.6,19;　02:51.3,30;　03:52.0,31;　04:29.7,16。
2.3 卷軸裝。首殘尾殘。卷首右上殘缺,卷面有水漬及等距離黴爛,卷尾左下殘缺。有烏絲欄。現代已修整,通卷硬紙托裱,接出護首、拖尾。
3.1 首4行上殘→大正0278,09/0535B26～C01。
3.2 尾殘→大正0278,09/0536C17。
5 與《大正藏》本對照,分卷不同。相當於《大正藏》本卷二一後部份及卷二二前部份。與日本宮内寮本(五十卷本)及《聖語藏》本(六十卷本)分卷相同。如爲宮本,本遺書爲卷十八;如爲聖本,本遺書爲卷二四。暫作宮本,詳情待考。
8 5～6世紀。南北朝寫本。
9.1 隸書。
9.2 有行間校加字。
10 卷首後部下邊鈐有英國博物館1號印。卷首背面有斯坦因紅鋼筆寫早期編號"81.ⅩⅤ.17"。
11 圖版:《寶藏》,005/227B～229B。
13 《翟林奈目録》著録:"華嚴經,部份殘破。六世紀好寫卷。紙張淡黄色。5英尺。"

1.1 斯00635號 ······························ 337
1.3 佛名經(十二卷本)卷五
1.4 翟4707
1.6 ch.81.15.27
2.1 81.8×25.6釐米;3紙;共45行,行13～19字。
2.2 01:05.3,03;　02:50.5,31;　03:26.0,11。
2.3 卷軸裝。首殘尾全。紙色泛紅。卷面有破裂。尾題上有經名號。有烏絲欄。
3.1 首3行上殘→大正0440,14/0142A13～14。
3.2 尾全→大正0440,14/0142B19。
4.2 佛説佛名經卷第五(尾)。
7.1 尾有題記2行:"開皇十六年(596)五月八日,比丘尼明暉供養。"
8 596年。隋寫本。
9.1 隸楷。
10 第二紙下邊鈐有英國博物館1號印。卷首背面有斯坦因紅鋼筆寫早期編號"81.ⅩⅤ.27"。
11 圖版:《寶藏》,005/230A～231A。
13 《翟林奈目録》著録:"佛説佛名經,卷五(僅尾)。題記:'開皇十六年五月八日[596年6月9日]比丘尼明暉供養。'六世紀早期的好寫卷。題記筆跡較晚。紙張亮黄色。2.5英尺。"

1.1 斯00636號 ······························ 339
1.3 金剛般若波羅蜜經
1.4 翟0926
1.6 ch.75.15.41
2.1 98.5×24.9釐米;2紙;共56行,行17字。
2.2 01:49.2,28;　02:49.3,28。
2.3 卷軸裝。首脱尾脱。經黄打紙。卷首右下殘缺,卷面有水漬及殘破。有烏絲欄。
3.1 首5行下殘→大正0235,08/0749C20～26。
3.2 尾殘→大正0235,08/0750B20。
8 7～8世紀。唐寫本。
9.1 楷書。
10 卷尾下邊鈐有英國博物館1號印。卷尾背面有斯坦因紅鋼筆寫早期編號"75.ⅩⅤ.41"。
11 圖版:《寶藏》,005/231B～232B。
13 《翟林奈目録》著録:"金剛般若波羅蜜經,紙張淺黄色,褪色。3英尺。"

1.1 斯00637號 ······························ 341
1.3 妙法蓮華經卷一
1.4 翟2277
1.6 ch.81.15.01
2.1 851.9×26.5釐米;18紙;共431行,行17字。
2.2 01:34.1,18;　02:48.5,25;　03:48.6,24;　04:48.5,25;
05:48.5,25;　06:48.2,26;　07:48.5,25;　08:48.5,25;
09:48.5,26;　10:48.5,25;　11:48.2,25;　12:48.3,25;
13:48.3,25;　14:48.3,24;　15:48.3,25;　16:48.3,25;
17:48.3,24;　18:43.5,14。
2.3 卷軸裝。首殘尾全。經黄打紙,砑光上蠟。卷首右下殘缺,卷面有水漬。尾有原軸,兩端塗硃漆,軸頭已壞。有烏絲欄。
3.1 首6行下殘→大正0262,09/0002C23～0003A08。
3.2 尾全→大正0262,09/0010B21。
4.2 妙法蓮華經卷第一(尾)。
8 7～8世紀。唐寫本。
9.1 楷書。
9.2 有倒乙。
10 第二紙下邊鈐有英國博物館1號印。第二紙背面有斯坦因紅鋼筆寫早期編號"81.ⅩⅤ.1"。
11 圖版:《寶藏》,005/233A～245A。
13 《翟林奈目録》著録:"妙法蓮華經,卷一,品一、二。首殘。七世紀非常好的寫卷。紙張黄色。尾有原軸。28.5英尺。"

1.1 斯00638號 ······························ 354
1.3 大般若波羅蜜多經卷七〇
1.4 翟0085
1.6 ch.81.11.09
2.1 857×27釐米;18紙;共485行,行17字。
2.2 01:31.0,18;　02:48.5,28;　03:48.5,28;　04:48.6,28;
05:48.6,28;　06:48.5,28;　07:48.6,28;　08:48.7,28;
09:48.5,28;　10:48.5,28;　11:48.7,28;　12:48.5,28;
13:48.8,28;　14:48.8,28;　15:48.5,28;　16:48.8,28;
17:48.7,28;　18:48.2,19。
2.3 卷軸裝。首殘尾全。厚麻紙,未染潢。卷面有油污。卷尾上下殘破,編號“81.ⅩⅤ.16”,托裱時被遮蓋,但尚可辨認。
11 圖版:《寶藏》,005/200B ~ 204B。
13 《翟林奈目録》著録:“大般涅槃經,[卷二七,品一一之一]。七世紀早期好寫卷。紙張金黄色,紙質薄(部份褪色)。9英尺。”

1.1 斯00627號 …… 312

1.3 大方等大集經卷七
1.4 翟0601
1.6 ch.81.15.05
2.1 204.2×25.3釐米;5紙;共116行,行17字。
2.2 01:31.0,21;　02:51.4,28;　03:51.3,28;　04:51.3,28;
05:19.2,11。
2.3 卷軸裝。首殘尾殘。卷面有撕裂,有水漬及殘洞。有劃界欄針孔。有烏絲欄。
3.1 首殘→大正0397,13/0043A22。
3.2 尾殘→大正0397,13/0044B24。
8 6世紀。南北朝寫本。
9.1 隸楷。
10 卷首下邊鈐有英國博物館1號印。卷首背面有斯坦因紅鋼筆寫早期編號“81.ⅩⅤ.5”。
11 圖版:《寶藏》,005/205A ~ 208A。
13 《翟林奈目録》著録:“大般若波羅蜜多經,好寫卷。紙張黄色,紙質軟。6英尺。”

1.1 斯00628號 …… 316

1.3 大方等大集經(聖本)卷九
1.4 翟1586
1.6 ch.81.15.18(?)
2.1 110.2×25.7釐米;3紙;共47行,行17字。
2.2 01:22.2,12;　02:51.5,28;　03:36.5,07。
2.3 卷軸裝。首殘尾全。打紙,砑光上蠟。卷首上下殘缺,卷面有水漬。上下邊有殘破。有燕尾。有烏絲欄。現代已修整,通卷硬紙托裱,接出護首。
3.1 首殘→大正0397,13/0054C29。
3.2 尾全→大正0397,13/0055B16。
4.2 大集經卷第九(尾)。
5 與《大正藏》對照,分卷不同。與日本《聖語藏》本分卷相同。
8 6世紀。南北朝寫本。
9.1 楷書。
10 第二紙下邊鈐有英國博物館1號印。卷尾背面有斯坦因紅鋼筆寫早期編號“81.ⅩⅤ.18(?)”,被遮裱,勉强可以辨認。
11 圖版:《寶藏》,005/208B ~ 209B。
13 《翟林奈目録》著録:“大集經,卷九。相當於《大正藏》卷九,中間結束。部份撕破。好寫卷。紙張金黄色,紙質薄。3.67英尺。”

1.1 斯00629號 …… 317

1.3 大智度論卷二二
1.4 翟4357
1.6 ch.81.15.28
2.1 370.5×26.2釐米;8紙;共204行,行17字。
2.2 01:14.0,08;　02:50.8,28;　03:51.1,28;　04:51.0,28;
05:51.1,28;　06:51.0,28;　07:51.0,28;　08:50.5,28。
2.3 卷軸裝。首殘尾殘。下邊有等距離殘缺。有劃界欄針孔。有烏絲欄。
3.1 首殘→大正1059,25/0225B01。
3.2 尾行上殘→大正1059,25/0227C26 ~ 27。
8 6 ~ 7世紀。隋寫本。
9.1 楷書。
9.2 有硃筆點標。
10 卷首下邊鈐有英國博物館1號印。卷首背面有斯坦因紅鋼筆寫早期編號“81.ⅩⅤ.28”。
11 圖版:《寶藏》,005/210A ~ 215A。
13 《翟林奈目録》著録:“與《南條目録》23(13)類似的一部經的殘片。沿底邊殘破。七世紀非常好的寫卷。紙張黄色,紙質薄。12英尺。”

1.1 斯00630號 …… 323

1.3 大般涅槃經(北本)卷一〇
1.4 翟1719
1.6 ch.81.15.34
2.1 309×25.9釐米;9紙;共193行,行17字。
2.2 01:15.0,09;　02:41.3,26;　03:41.5,26;　04:42.0,27;
05:42.0,26;　06:41.8,26;　07:41.8,26;　08:41.2,26;
09:02.4,01。
2.3 卷軸裝。首殘尾殘。卷端破碎嚴重。制式抄寫。有劃界欄針孔。有烏絲欄。現代已修整,通卷硬紙托裱,接出護首、拖尾。
3.1 首殘→大正0374,12/0424C28。
3.2 尾殘→大正0374,12/0427B01。
5 與《大正藏》本相比,文字略有異同,可供校勘。
8 5 ~ 6世紀。南北朝寫本。
9.1 隸楷。
10 卷首下邊鈐有英國博物館1號印。第二紙背面有斯坦因紅鋼筆寫早期編號“81.ⅩⅤ.34”。
11 圖版:《寶藏》,005/215B ~ 219B。
13 《翟林奈目録》著録:“大般涅槃經,[卷一〇品五之一]。五世紀好寫卷。紙張淺黄褐色。9英尺。”

1.1 斯00631號 …… 327

1.3 金剛般若波羅蜜經
1.4 翟0924
1.6 ch.81.15.55
2.1 105.7×25.1釐米;3紙;共64行,行17字。
2.2 01:13.2,08;　02:46.3,28;　03:46.2,28。
2.3 卷軸裝。首殘尾脱。經黄打紙,砑光上蠟。有水漬、油污。有烏絲欄。
3.1 首2行下殘→大正0235,08/0751B09 ~ 11。
3.2 尾殘→大正0235,08/0752A26。
5 與《大正藏》本相比,本文獻無冥司偈,參見大正0235,08/0751C16 ~ 19。
8 7 ~ 8世紀。唐寫本。
9.1 楷書。
10 第二紙首部下邊鈐有英國博物館1號印。卷首背面有斯坦因紅鋼筆寫早期編號“81.ⅩⅤ.55”。
11 圖版:《寶藏》,005/220A ~ 221B。
13 《翟林奈目録》著録:“金剛般若波羅蜜經,非常好的寫卷。紙張黄色。3.5英尺。”

1.1 斯00632號 …… 329

1.3 金剛般若波羅蜜經
1.4 翟0925
1.6 ch.81.15.53
2.1 166.7×27釐米;4紙;共91行,行17字。
2.2 01:31.7,16;　02:45.5,25;　03:45.0,25;　04:44.5,25。
2.3 卷軸裝。首殘尾殘。上下邊多有破裂,卷尾尤甚。背有鳥糞。有烏絲欄。
3.1 首行下殘→大正0235,08/0750B13 ~ 14。
3.2 尾殘→大正0235,08/0751B21 ~ 22。
8 7 ~ 8世紀。唐寫本。
9.1 楷書。
10 卷首下邊鈐有英國博物館1號印。卷背面有斯坦因紅鋼筆寫早期編號“81.ⅩⅤ.53”。
11 圖版:《寶藏》,005/222A ~ 224A。
13 《翟林奈目録》著録:“金剛般若波羅蜜經,非常好的粗體寫卷。紙張淡黄色。5.5英尺。”

1.1 斯00633號A …… 332

1.3 大般涅槃經(北本)卷三六
1.4 翟1911
1.6 ch.81.15.38
2.1 78×26.1釐米;3紙;共47行,行17字。
2.2 01:23.0,14;　02:47.5,28;　03:07.5,05。

1.1 斯00620號背2 ……………………………… 296

1.3 殘狀(擬)
1.4 翟6978
2.4 本遺書由3個文獻組成,本號爲第3個,3行。餘參見斯00620號。
3.3 録文:
(前缺)
□…□首(?)任持(?)□…□
□…□ム乙更不徵□…□
□…□色(邑?)價(懷))都□…□
(下缺)
(録文完)
録文參見郝春文(2003:02)。
8 9~10世紀。歸義軍時期寫本。
9.1 楷書。
11 圖版:《寶藏》,005/189B。《英藏》,02/110A。
13 《翟林奈目録》著録:參見斯00620號。

1.1 斯00621號 ……………………………… 297

1.3 御刊禮記月令並序
1.4 翟7120
1.8 索書號:SF01。
2.1 35.5×30.3釐米;1紙;共23行,行25~26字。
2.3 殘片。首殘尾脱。卷首右下殘缺,卷面有污漬,上下邊多破裂,有殘缺。有烏絲欄。現代已修整,並夾在硬塑片中。
3.1 首殘→《英藏敦煌社會歷史文獻釋録》,03/451A04。
3.2 尾全→《英藏敦煌社會歷史文獻釋録》,03/452A09。
8 9~10世紀。歸義軍時期寫本。
9.1 楷書。
9.2 有硃筆校改。有硃筆章節號。
10 卷首下邊鈐有英國博物館1號印。
11 圖版:《寶藏》,005/190B。《英藏》,02/110B。
13 《翟林奈目録》著録:"與《吕氏春秋》相關的一部文獻,文有省略和變更,第一章開頭部份和'禮記月令'的開頭部份。前有序或提及李林甫(752年去世)的導言局部。有雙行註。工整寫卷。紙張淡黄色。30平方釐米。"

1.1 斯00622號 ……………………………… 298

1.3 新菩薩經
1.4 翟5477
2.1 34.6×28.4釐米;1紙;共13行,行17字。
2.3 殘片。首殘尾斷。卷首及上下邊有破裂殘缺。
3.1 首殘→大正2917B,85/1462B14。
3.2 尾全→大正2917B,85/1462B24。
7.1 尾有題記2行:"長安四年(704)五月十五日。/五□…□。/"題記墨色雖與正文略有不同,但爲同一人同一時期所寫。
8 704年。唐寫本。
9.1 楷書。有武周新字"年"、"月"、"人"、"日",使用周遍。
10 卷首現代托裱紙下部鈐有英國博物館1號印。
11 圖版:《寶藏》,005/191A。
13 《翟林奈目録》著録:"一部僞經尾部,經文與《新菩薩經》(第5349號系列)和《勸善經》(第5298號系列)略似。首殘。卷尾:'長安四年五月十五日[公元704年6月21日]'。有武周新字形式的'年'、'月'、'人'和'日'。間距適當的好寫卷。紙張黄色,紙質軟。28.5×34.5釐米。"

1.1 斯00623號 ……………………………… 299

1.3 大般涅槃經(北本)卷四
1.4 翟4356
1.6 ch.81.15.06
2.1 62×25.1釐米;2紙;共38行,行17字。
2.2 01:33.0,21; 02:29.0,17。
2.3 卷軸裝。首殘尾殘。卷面有水漬。有烏絲欄。現代已修整,通卷托裱,接出護首、拖尾。
3.1 首殘→大正0374,12/0388C01。
3.2 尾2行上殘→大正0374,12/0389A08~10。
8 6世紀。南北朝寫本。
9.1 隸楷。
10 第二紙下邊鈐有英國博物館1號印。卷背面有斯坦因紅鋼筆寫早期編號"81.ⅩⅤ.6"。
11 圖版:《寶藏》,005/190B~192A。
13 《翟林奈目録》著録:"與《南條目録》23(13)類似的一部經的殘片。含佛傳。六世紀很好的寫卷。紙張桔黄色,紙質薄。2英尺。"

1.1 斯00624號 ……………………………… 300

1.3 維摩詰所説經卷中
1.4 翟3376
1.6 ch.81.15.45
2.1 182.9×27.6釐米;6紙;共103行,行17字。
2.2 01:02.6,02; 02:44.0,25; 03:45.0,25; 04:45.5,25; 05:44.5,25; 06:01.3,01。
2.3 卷軸裝。首殘尾殘。卷面多水漬。通卷有等距離火燒殘洞。有烏絲欄。
3.1 首殘→大正0475,14/0545B15~17。
3.2 尾殘→大正0475,14/0546C09。
8 9~10世紀。歸義軍時期寫本。
9.1 楷書。
9.2 有行間校加字。有刮改。
10 第五紙下邊鈐有英國博物館1號印。卷首背面有斯坦因紅鋼筆寫早期編號"81.ⅩⅤ.45"。
11 圖版:《寶藏》,005/192B~195A。
13 《翟林奈目録》著録:"維摩詰所説經,品五(尾),品六。卷中有幾個火燒殘洞。字體相當大的好寫卷。紙張黄色。6英尺。"

1.1 斯00625號 ……………………………… 303

1.3 金光明經卷四
1.4 翟2205
1.6 ch.81.15.33
2.1 336.4×27釐米;11紙;共196行,行17字。
2.2 01:08.0,04; 02:13.5,07; 03:38.0,19; 04:08.0,04; 05:39.8,24; 06:40.0,24; 07:40.0,24; 08:40.0,24; 09:40.1,24; 10:39.8,24; 11:29.2,18。
2.3 卷軸裝。首殘尾殘。薄紙,砑光上蠟。通卷殘損、破裂嚴重。卷首有鳥糞,卷面有水漬。有劃界欄針孔。前四紙南北朝修補,紙幅大小不一,且未染潢。有烏絲欄。
3.1 首殘→大正0663,16/0354A05。
3.2 尾2行上殘→大正0663,16/0356C02~C04。
8 5~6世紀。南北朝寫本。
9.1 楷書。
9.2 有行間校加字。有校改。有倒乙。
10 第三紙下邊鈐有英國博物館1號印。卷背面有斯坦因紅鋼筆寫早期編號"81.ⅩⅤ.33"。
11 圖版:《寶藏》,005/195B~200A。
13 《翟林奈目録》著録:"金光明經,卷四,品一七。六世紀好寫卷。紙張黄色。(首有三張白紙)。11英尺。"

1.1 斯00626號 ……………………………… 308

1.3 大般涅槃經(北本)卷二七
1.4 翟1822
1.6 ch.81.15.16
2.1 292.9×26釐米;6紙;共175行,行17字。
2.2 01:32.7,20; 02:52.1,31; 03:52.0,31; 04:52.0,31; 05:52.2,31; 06:51.9,31。
2.3 卷軸裝。首殘尾殘。卷前部上下邊有殘缺,卷面有水漬。有烏絲欄。現代已修整,硬紙通卷托裱,接出護首、拖尾。
3.1 首殘→大正0374,12/0523A22。
3.2 尾2行下殘→大正0374,12/0525A25~26。
8 6世紀。南北朝寫本。
9.1 隸楷。
9.2 有行間校加字。有倒乙。有重文號。
10 第二紙下邊鈐有英國博物館1號印。卷背面有斯坦因紅鋼筆寫早期

2.4 本遺書由7個文獻組成,本號爲第3個,10行半。餘參見斯00619號。
3.1 首全→《英藏敦煌社會歷史文獻釋録》,03/414A09。
3.2 尾全→《英藏敦煌社會歷史文獻釋録》,03/415A03。
3.4 説明:
此詩乃敦煌無名氏作,反映敦煌尼衆生活的若干現實,最後歸結爲佛教教理。考察内容,似有互答之意,情況待考。
7.3 詩前有雜寫2行,不録文。參見《英藏敦煌社會歷史文獻釋録》,03/414A03~04。
8 9~10世紀。歸義軍時期寫本。
9.1 楷書。
11 圖版:《寶藏》,005/182B~183A。《英藏》,02/103B。
13 《翟林奈目録》著録:參見斯00619號。

1.1 斯00619號背3 ………………………… 282
1.3 都虞侯安懷恩追勘趙奴兄弟諍論事由牒稿(擬)
1.4 翟7191
2.4 本遺書由7個文獻組成,本號爲第4個,10行半。餘參見斯00619號。
3.3 録文:
都虞侯安懷恩右奉 處分,令追勘趙奴兄弟諍論事由,一一仰通實情狀過。
責問得趙奴奴稱:兄弟本來是稱母是趙家婢子。趙娘子隨去來便生陰忠信家,得男女二人。其父是大大(夫)家人。奴奴一人,放書一本。見在弟小奴一人,見在索大夫家驅使。其家得人,未且容許差欲(役)老母。其老母亡後,兄弟商量,每年度(?)帖遂兄出。昨奴復小得至帖遂兄小奴,兄便帖借,陳狀者。有家(下缺)
(録文完)
録文參見郝春文(2003:02)。
7.3 有雜寫3行:"忽聞塞上有誰來"1行,"使守左驍圍(衛)將軍兼御史大夫張"2行。
8 9~10世紀。歸義軍時期寫本。
9.1 楷書。
9.2 有行間校加字。有重文號。有倒乙。
11 圖版:《寶藏》,005/183A。《英藏》,02/103B。
13 《翟林奈目録》著録:參見斯00619號。

1.1 斯00619號背4 ………………………… 283
1.3 讚《白家碎金》詩鈔(擬)
1.4 翟7191
2.4 本遺書由7個文獻組成,本號爲第5個,16行。餘參見斯00619號。
3.1 首全→《英藏敦煌社會歷史文獻釋録》,03/418A01。
3.2 尾全→《英藏敦煌社會歷史文獻釋録》,03/418A12。
3.4 説明:
乃洗(沈)侍郎、王建等人對《白家碎金》的讚頌詩歌。
7.3 有雜寫2行。乃前《都虞侯安懷恩追勘趙奴兄弟諍論事由牒稿》(擬)之另一稿本,不録文。參見《英藏敦煌社會歷史文獻釋録》,03/420A04~05。
8 9~10世紀。歸義軍時期寫本。
9.1 楷書。
9.2 有墨筆塗抹。
11 圖版:《寶藏》,005/183A~B。《英藏》,02/104A。
13 《翟林奈目録》著録:參見斯00619號。

1.1 斯00619號背5 ………………………… 284
1.3 白家碎金
1.4 翟7191
2.4 本遺書由7個文獻組成,本號爲第6個,58行。餘參見斯00619號。
3.1 首全→《英藏敦煌社會歷史文獻釋録》,03/421A03。
3.2 尾全→《英藏敦煌社會歷史文獻釋録》,03/423A02。
3.4 説明:
敦煌遺書中保存《白家碎金》寫本多號,形態互有差異。張涌泉(2008:01)斟酌諸本録爲一本,但未能充分反映出本號的差異。故此處採用郝春文(2003:02)爲對照項。
4.1 白家碎金一卷(首)。
8 9~10世紀。歸義軍時期寫本。
9.1 楷書。
11 圖版:《寶藏》,005/183B~185A。《英藏》,02/104A~105B。
13 《翟林奈目録》著録:參見斯00619號。

1.1 斯00619號背6 ………………………… 285
1.3 五言詩(丈夫須立身)一首(擬)
1.4 翟7191
2.4 本遺書由7個文獻組成,本號爲第7個,3行。餘參見斯00619號。
3.3 録文:
丈夫須立身,莫供(共)酒家親。君[不]見生生鳥,謂(爲)酒送其身。
(録文完)
3.4 説明:
本詩歌寫在《白家碎金》行間。筆跡甚淡。
另有淡墨"丈夫身自處"云云。亦應爲勵志詩,筆跡甚淡,難以辨認。
8 9~10世紀。歸義軍時期寫本。
9.1 楷書。
9.2 有重文號。
11 圖版:《寶藏》,005/184B。《英藏》,02/105A。
13 《翟林奈目録》著録:參見斯00619號。

1.1 斯00620號 ………………………… 287
1.3 占夢書(擬)
1.4 翟6978
2.1 269.7×30釐米;7紙;正面151行,行約24字。背面6行,行14字。
2.2 01:17.8,10; 02:45.0,25; 03:44.1,27; 04:42.8,22;
05:45.2,26; 06:33.8,20; 07:41.0,21。
2.3 卷軸裝。首斷尾殘。卷尾左上殘缺,卷面有污穢,上下邊有殘破。通卷背有古代裱補。卷尾脱落,用5塊透明膠布粘貼。通卷展開如扇形。
2.4 本遺書包括3個文獻:(一)《占夢書》(擬),151行,抄在正面,補註文字1行,抄寫在背面,今編爲斯00620號。(二)《七言殘詩(□自纔年二十□)一首》(擬),2行,抄在背面,今編爲斯00620號背1。(三)《殘狀》(擬),3行,抄寫在背面古代裱補紙上,今編爲斯00620號背2。
2.5 本遺書原本抄寫《占夢書》(擬)。其後在其背面雜寫《七言殘詩(□自纔年二十□)一首》(擬)。因殘破,粘貼裱補紙,由此形成正反面共三個文獻。
3.1 首殘→《敦煌寫本解夢書録校研究》,01/262A04。
3.2 尾殘→《敦煌寫本解夢書録校研究》,01/269A30。
3.4 説明:
卷背有補註文字1行:"有好惡夢者,必須不□□□吉凶。"中間三字被古代裱補紙遮裱,無法辨認。
8 9~10世紀。歸義軍時期寫本。
9.1 楷書。
9.2 有硃點,硃筆校改補正,硃筆勾劃。有間隔號。
10 卷首背面下部鈐有英國博物館1號印。"S.620"編號上方,鉛筆標註《翟目》編號"6978"。
11 圖版:《寶藏》,005/185B~190A。《英藏》,02/106A~109A。
13 《翟林奈目録》著録:"解夢書。按類排列:第二十三至第四十三章。尾殘。卷子損毀並裱補。普通寫卷。背面:雜寫三行。紙張淡黄色。9英尺。"

1.1 斯00620號背1 ………………………… 295
1.3 七言殘詩(□自纔年二十□)一首(擬)
1.4 翟6978
2.4 本遺書由3個文獻組成,本號爲第2個,2行。餘參見斯00620號。
3.3 録文:
□自纔年二十□,□出閨門學讀詩。
□將寬慢修□□,□日誅將也未知。
(録文完)
録文參見郝春文(2003:02)。
3.4 説明:
首部及中部被古代裱補紙遮裱,無法辨認。
8 9~10世紀。歸義軍時期寫本。
9.1 楷書。
11 圖版:《寶藏》,005/189B。《英藏》,02/109B。
13 《翟林奈目録》著録:參見斯00620號。

4.2 金光明經卷第四(尾)。
5 與《大正藏》對照,分卷不同。相當於《大正藏》本卷三後部份及卷四前部份。屬於闍那崛多譯二十品五卷本。
尾附音義。
7.1 尾有題記:"爲亡比丘龍泉窟主永保敬寫《金光明》一部,《勝鬘》一/部。《方廣》一部。願亡者託生佛國,面奉慈顔。/莨(長)乖三塗,永與苦别。生生之處,遇善知識。發菩/提心,普及含生,早成佛道。/[天]和三年(568)歲次戊子五月廿八日。/"
8 568年。南北朝寫本。
9.1 楷書。
9.2 有行間校加字。有重文號。
10 尾題下部空白處鈐有英國博物館1號印。第二紙背面有斯坦因紅鋼筆寫早期編號"81.XV.10"。
11 圖版:《寶藏》,005/163B~168A。
13 《翟林奈目録》著録:"金光明經,卷四,品一四(僅尾)至品一六。題記(不同筆跡):'爲亡比丘龍泉窟主永保敬寫金光明一部勝鬘一部方廣一部願亡者託生佛國面奉慈顔莨永[?爲'永離']三塗永與苦别生生之處遇善知識發菩提心普及含生早成佛道<天>和三年歲次戊子五月廿一日[公元568年7月1日]。'好寫卷。非常黑的墨跡。紙張黄色,紙質優。11英尺。"

1.1 斯00617號 ………………………………… 253
1.3 俗務要名林
1.4 翟7800
2.1 475.5×25.3釐米;15紙;共216行,行約18字。
2.2 01:02.6,02; 02:34.3,16; 03:33.7,15; 04:34.0,16;
05:34.2,16; 06:34.2,16; 07:34.5,15; 08:34.5,16;
09:35.0,16; 10:34.9,15; 11:34.2,15; 12:34.8,16;
13:34.9,16; 14:34.4,15; 15:25.3,11。
2.3 卷軸裝。首殘尾殘。前三紙下部殘缺,通卷多横裂及破損,上邊有等距離殘缺。有横欄,無竪欄。現代已修整,通卷托裱,接出護首。
3.1 首殘→《敦煌經部文獻合集》,07/3620A01。
3.2 尾殘→《敦煌經部文獻合集》,07/3635A08。
6.4 與伯5001號、伯5579號原爲同卷。但中間有殘缺,不能直接綴接。
8 7~8世紀。唐寫本。
9.1 楷書。避諱字參見張涌泉(2008:01)。
9.2 有行間校加字。有墨筆塗抹。有校改。有重文號。
10 卷首現代托裱紙下部鈐有英國博物館1號印。
11 圖版:《寶藏》,005/168B~175A。《英藏》,02/092A~097B。
13 《翟林奈目録》著録:"發音字典,偶爾包括含義,按類排列,存:(1)[缺字]工具和器具;(2)田農;(3)養蠶及機杼;(4)女工;(5)彩帛絹布;(6)珍寶;(7)香;(8)彩色;(9)數;(10)度;(11)量;(12)秤;(13)市;(14)菓子;(15)菜蔬;(16)肉食;(17)飲食;(18)聚會;(19)雜畜;(20)獸;(21)鳥;(22)蟲;(23)魚鱉;(24)木;(25)竹;(26)草;(27)船;(28)車;(29)火;(30)水;(31)疾(僅存開頭)。七世紀(?)相當好的粗體寫卷。紙張淡灰黄色,紙質薄。15.75英尺。"

1.1 斯00618號 ………………………………… 267
1.3 論語集解卷九
1.4 翟7104
1.6 ch.被遮裱
2.1 183.7×27.6釐米;5紙;共80行,行13~14字。
2.2 01:37.4,16; 02:36.4,17; 03:36.8,16; 04:36.5,16;
05:36.6,15。
2.3 卷軸裝。首脱尾全。下邊有等距離黴爛殘缺,卷尾上下有黴爛殘缺。有燕尾。有烏絲欄。現代已修整,通卷托裱。
3.1 首殘→《敦煌經部文獻合集》,04/1800A01。
3.2 尾殘→《敦煌經部文獻合集》,04/1803A06。
4.2 論語卷第九(尾)。
8 7~8世紀。唐寫本。
9.1 楷書。
9.2 有硃筆斷句及行間校加字。有硃、墨筆校改。有重文號。
10 卷背面有斯坦因紅鋼筆寫早期編號被托裱遮蓋。
11 圖版:《寶藏》,005/175B~178A。《英藏》,02/098A~099B。
13 《翟林奈目録》著録:"論語,卷九[第十七節之十八(惡鄭聲)至第十八節之八(1)]。題名在卷尾。含託名孔安國和其他人註。七世紀草書,字品佳。紙張淡灰黄色,紙質薄。6.25英尺。"

1.1 斯00619號 ………………………………… 273
1.3 讀史編年詩卷上並序
1.4 翟7191
2.1 254×26.7釐米;7紙;正面131行,行16字。背面109行,行約19字。
2.2 01:27.5,15; 02:41.1,19; 03:41.3,22; 04:42.0,22;
05:39.8,21; 06:41.1,21; 07:21.2,11。
2.3 卷軸裝。首全尾殘。未染潢。現代已修整,除第四紙外,通卷絲網加固,接出護首、拖尾。
2.4 本遺書包括7個文獻:(一)《讀史編年詩卷上並序》,131行,抄在正面,今編爲斯00619號。(二)《懸泉鎮遏使行玉門軍使曹子盈狀稿》(擬),11行,抄在背面,今編爲斯00619號背1。(三)《七言詩(欲宜抽身直上飛)四首》(擬),10行半,抄在背面,今編爲斯00619號背2。(四)《都虞侯安懷恩追勘趙奴兄弟諍論事由牒稿》(擬),10行半,抄在背面,今編爲斯00619號背3。(五)《讚〈白家碎金〉詩鈔》(擬),16行,抄在背面,今編爲斯00619號背4。(六)《白家碎金》,58行,抄在背面,今編爲斯00619號背5。(七)《五言詩(丈夫須立身)一首》(擬),3行,抄在背面,今編爲斯00619號背6。
2.5 本遺書原抄《讀史編年詩卷上並序》。其後利用其背面抄寫各種雜文獻或用作草稿。其中《讚〈白家碎金〉詩鈔》(擬)與《白家碎金》兩種相互關聯,其餘背面文獻相互均無關係。今著録爲七個文獻。
3.1 首全→《敦煌詩集殘卷輯考》,01/522A06。
3.2 尾殘→《敦煌詩集殘卷輯考》,01/533A12。
4.1 讀史編年詩卷上並序(首)。
8 9~10世紀。歸義軍時期寫本。
9.1 楷書。
9.2 有行間校加字。有校改。有墨筆塗抹。有重文號。
10 卷首現代托裱紙下部鈐有英國博物館1號印。
11 圖版:《寶藏》,005/178B~181B。《英藏》,02/100A~102B。
13 《翟林奈目録》著録:"讀史編年詩,一卷。並序。一到百歲一或兩節八行詩。通卷殘破嚴重。僅存1–28歲。相當好的寫卷。背面:(1)書信抄本。兩封信間有大字(重複):'使守左滂園將軍兼御史大夫張。'(2)白[百]家碎金,一卷。詩意著作短句集,含音註,前有頌揚性詩。[與7812號相同,略有遺漏]。拙劣寫卷,部份字跡勉强可以辨認。紙張淡黄色。8.5英尺。"

1.1 斯00619號背1 ………………………………… 280
1.3 懸泉鎮遏使行玉門軍使曹子盈狀稿(擬)
1.4 翟7191
2.4 本遺書由7個文獻組成,本號爲第2個,11行。餘參見斯00619號。
3.1 首全→《英藏敦煌社會歷史文獻釋録》,03/343A13。
3.2 尾全→《英藏敦煌社會歷史文獻釋録》,03/350A03。
3.3 録文:
懸泉鎮遏使行玉門軍使曹子盈
右子盈轅門賤品,未立功,夙夜兢惕。
□惶緣處分者,伏蒙
將軍大造,拔自塵流,擢居專鎮。
分符有愧於先賢,軍額難當於
穴末。終願磨礪穎鈍,上報恩私。
捍虜寧邊,豈敢輒虧於烽堠。前
件箪笥羊酒等,誠效野老。戰
汗伏深,伏乞容納。生(?)誠幸甚。
(録文完)
録文參見郝春文(2003:02)。
7.3 此文獻有雜寫2行,無意義,不録文。
8 9~10世紀。歸義軍時期寫本。
9.1 楷書。
11 圖版:《寶藏》,005/181A~B。《英藏》,02/103A。
13 《翟林奈目録》著録:參見斯00619號。

1.1 斯00619號背2 ………………………………… 281
1.3 七言詩(欲宜抽身直上飛)四首(擬)
1.4 翟7191

7.2 背面兩紙騎縫處有橘紅色騎縫殘印,?×4釐米,印文難辨。
8 547年。南北朝寫本。
9.1 楷書。
9.2 有重文號。
11 圖版:《寶藏》,005/144B ~ 151B。《英藏》,02/078B ~ 085A。
13 《翟林奈目録》著録:參見斯00613號。

1.1 斯00614號A ………………………………… 225
1.3 苑園策府並序
1.4 翟7280
2.1 78.3×29釐米;2紙;正面27行,行23字。背面11行,行約30字母。
2.2 01:34.5,12; 02:43.8,15。
2.3 卷軸裝。首殘尾殘。卷首下邊及右下殘缺,通卷多破裂,有殘洞,上下邊有殘缺。有折叠欄。現代已修整,與斯00614號B鑲裱成一個手卷。裝入木盒、紙套。
2.4 本遺書包括2個文獻:(一)《苑園策府並序》,27行,抄寫在正面,今編爲斯00614號A。(二)《藏文文獻》(擬),11行,抄寫在背面,今編爲斯00614號A背。
2.5 本遺書原抄《苑園策府並序》,其後殘破,被人利用背面空白紙抄寫藏文。今著録爲兩個文獻。
3.1 首殘→《英藏敦煌社會歷史文獻釋録》,03/342A04。
3.2 尾殘→《英藏敦煌社會歷史文獻釋録》,03/343A14。
3.4 説明:
本遺書與斯00614號B所抄雖然均爲《苑園策府並序》,但紙張不同,時代不同,筆跡不同,内容也不連綴,故並非同一部遺書。今分别著録。
8 8世紀。唐寫本。
9.1 楷書。
9.2 有硃筆行間校加字、校改、斷句。有硃筆分段及倒乙。有重文號。
11 圖版:《寶藏》,005/152A ~ 155B。《英藏》,02/085B ~ 086A。
13 《翟林奈目録》著録:"苑園策,第一。内五個標題:(1)辯天地;(2)正歷數;(3)議封禪;(4)征東夷;(5)均州壤;含間距適當抄寫工整的序(開頭部份不完整)。題名在卷尾。通卷殘破。題記(一種非常笨拙、不熟練的筆跡):'巳年四月六日學生索廣翼寫了文(?)'後有其他雜寫。普通寫卷。[詳細内容參見《辭海》第一卷第301頁]背面:藏語文獻十一行,字跡相當模糊。紙張淡黄褐色。8.25英尺。"

1.1 斯00614號A背 ………………………………… 227
1.3 藏文文獻(擬)
1.4 翟7280
2.4 本遺書由2個文獻組成,本號爲第2個,11行。餘參見斯00614號A。
3.4 説明:
本文獻爲藏文,抄寫潦草、雜亂。墨色較淡。内容待考。
8 8 ~ 9世紀。吐蕃統治時期寫本。
9.1 草書。
11 圖版:《寶藏》,005/156A。
13 《翟林奈目録》著録:參見斯00614號A。

1.1 斯00614號B ………………………………… 228
1.3 苑園策府並序
1.4 翟7280
2.1 176.4×29釐米;5紙;共107行,行23 ~ 25字。
2.2 01:27.0,16; 02:42.8,25; 03:42.8,27; 04:42.5,26; 05:21.3,13。
2.3 卷軸裝。首殘尾全。通卷殘碎,多殘洞,上下邊有殘缺,卷面斷成兩截,可以綴接。有折叠欄。現代已修整,與斯00614號A一起鑲裱成手卷,但本號之兩段未曾綴接。裝入木盒、紙套。
3.1 首殘→《英藏敦煌社會歷史文獻釋録》,03/343A13。
3.2 尾全→《英藏敦煌社會歷史文獻釋録》,03/350A03。
3.4 説明:
本遺書雖然殘爲兩段,但因可以綴接,且已經編爲一號,故依然作爲一個文獻著録。
4.2 苑園策[府]第一(尾)。
7.3 卷尾有類似題記的文字:"巳年四月六日,學生索廣翼書寫了。"但字體拙劣,與原文筆跡不同。故索廣翼並非本遺書的抄寫者,該題記實際應視同雜寫。
卷末另有雜寫,與前索廣翼筆跡相同:"高門出貴子,好木不(出)良才(材)。男兒不學問。"
背面有雜寫"清"、"都盧、八卷出員◇"、"索廣通、◇德恩、榮愿◇,讀◇"。
8 8 ~ 9世紀。吐蕃統治時期寫本。
9.1 楷書。
9.2 有硃、墨筆行間校加字、校改及斷句。
11 圖版:《寶藏》,005/152A ~ 155B。《英藏》,02/086A ~ 088B。
13 《翟林奈目録》著録:參見斯00614號A。

1.1 斯00615號 ………………………………… 234
1.3 南華真經郭象註達生品(擬)
1.4 翟6816
2.1 288.7×25.6釐米;8紙;正面175行,行17字。背面79行,行23 ~ 25字。
2.2 01:04.6,00; 02:41.8,25; 03:45.0,28; 04:45.2,28; 05:45.2,28; 06:45.2,28; 07:45.3,28; 08:16.4,10。
2.3 卷軸裝。首全尾殘。經黄打紙,砑光上蠟。有護首,已殘。卷下有殘損,後部多水漬,卷尾多污漬及黴爛,左上殘缺。註雙行小字。有烏絲欄。現代已修整。
2.4 本遺書包括2個文獻:(一)《南華真經郭象註達生品》(擬),175行,抄寫在正面,今編爲斯00615號。(二)《沙彌威儀》(擬),79行,抄寫在背面,今編爲斯00615號背。
2.5 本遺書原抄《南華真經郭象註達生品》(擬),後被廢棄。被人利用其背面空白紙抄寫《沙彌威儀》(擬)。正反面文獻没有關係,今著録爲兩個文獻。
3.1 首全→《中華道藏》,13/327B04。
3.2 尾殘→《中華道藏》,13/339A13 ~ 23。
4.1 南華真經達生品第十九(首)。
5 與《中華道藏》本相比,有註而無疏。又,從"今汝飾"(《中華道藏》,13/338C02)起未抄註文。
8 7 ~ 8世紀。唐寫本。
9.1 楷書。避"民"諱。
9.2 有倒乙。
10 卷首下邊鈐有英國博物館1號印。
11 圖版:《寶藏》,005/156B ~ 160B。《英藏》,02/089A ~ 091B。
13 《翟林奈目録》著録:"南華真經,《莊子》第十九章(達生),含郭象註。尾僅缺數句。七世紀相當好的寫卷。背面:詳述沙彌行爲的戒律著作殘片。未完成。普通寫卷。紙張暗黄色。9.75英尺。"

1.1 斯00615號背 ………………………………… 243
1.3 沙彌威儀(擬)
1.4 翟6816
2.4 本遺書由2個文獻組成,本號爲第2個,79行。餘參見斯00615號。
3.4 説明:
本文獻所述均爲沙彌威儀,未爲歷代大藏經所收,故擬此名。
8 9 ~ 10世紀。歸義軍時期寫本。
9.1 行楷。
9.2 有行間校加字。
11 圖版:《寶藏》,005/161A ~ 163A。
13 《翟林奈目録》著録:參見斯00615號。

1.1 斯00616號 ………………………………… 248
1.3 金光明經(五卷本)卷四
1.4 翟2195
1.6 ch.81.15.10
2.1 335.6×25.1釐米;9紙;共201行,行17字。
2.2 01:23.5,15; 02:42.0,26; 03:43.5,26; 04:42.0,26; 05:42.0,26; 06:42.0,26; 07:41.7,26; 08:41.0,26; 09:17.9,04。
2.3 卷軸裝。首殘尾全。卷首殘破嚴重,尾部有焦脆處。背有古代裱補。有烏絲欄。現代已修整,通卷托裱,接出護首。
3.1 首殘→大正0663,16/0351B01。
3.2 尾全→大正0663,16/0353C20。

9.1 行書。
9.2 有行間校加字。有重文號。
11 圖版:《寶藏》,005/128A。《英藏》,02/071A~071B。
13 《翟林奈目録》著録:參見斯00610號1。

1.1 斯00611號 ······························· 180

1.3 金光明經卷三
1.4 翟2193
1.5 蔣0794
2.1 79.1×26.5釐米;2紙;共50行,行16字(偈頌)。
2.2 01:37.0,24; 02:42.1,26。
2.3 卷軸裝。首殘尾殘。有烏絲欄。現代已修整,通卷硬紙托裱,接出護首、拖尾。
3.1 首2行下殘→大正0663,16/0349C22~23。
3.2 尾殘→大正0663,16/0350C01。
8 5~6世紀。南北朝寫本。
9.1 楷書。
10 卷正面鈐有英國博物館1號印。卷首背面有蔣孝琬硃筆蘇州碼子"794",旁註藍鉛筆阿拉伯數字"794"。
11 圖版:《寶藏》,005/128B~129B。
13 《翟林奈目録》著録:"金光明經,品一三(僅偈句)。六世紀非常好的寫卷。2.67英尺。"

1.1 斯00612號 ······························· 182

1.3 大宋太平興國三年(978)應天具注曆日(兑廢稿)
1.4 翟7045
2.1 255.8×30釐米;5紙;正面158行,行約23字。背面139行,行約22字。
2.2 01:53.8,未計; 02:50.8,未計; 03:50.3,未計; 04:50.5,未計; 05:50.4,未計。
2.3 卷軸裝。首全尾全。紙張極厚,未染潢。第一紙接出3.5釐米厚紙爲護首,紙端用橘紅色紙包裹鑲邊。尾紙末端用藍紙鑲邊。尾有餘空。圖文相間,大小字不等,行款特殊。有烏絲欄。
2.4 本遺書包括2個文獻:(一)《大宋太平興國三年應天具注曆日(兑廢稿)》,抄寫形態特殊,158行,未按紙計算行數,抄在正面,今編爲斯00612號。(二)《雜占禄命法》(擬),139行(未計圖畫),抄寫在背面,今編爲斯00612號背。
2.5 本遺書原本抄寫《大宋太平興國三年(978)應天具注曆日(兑廢稿)》,未曾抄完,即便放棄。其後利用其背面的空白紙抄寫《雜占禄命法》(擬),今著録爲兩個文獻。
3.1 首全→《英藏敦煌社會歷史文獻釋録》,03/282A02。
3.2 尾全→《英藏敦煌社會歷史文獻釋録》,03/301A05。
3.4 説明:
文内有圖,名爲"今年新添換太歲並十二元神真形各註吉凶圖"。下註"李家畫"、"王家雕"字樣。可見原本爲木刻本。
8 978年。歸義軍時期寫本。
9.1 楷書。
11 圖版:《寶藏》,005/130A~133A。《英藏》,02/072A~075A。
13 《翟林奈目録》著録:"大宋國……大平興國三年[978]應天具注曆日戊寅歲……凡三百五十五日。含有太歲精美圖畫,繞以12元神和四天王(守護四方),衆元神頭帶十二生肖(鼠、牛、虎、兔、龍、蛇、馬、羊、猴、鷄、狗、猪)頭飾。曆日名以一正方形形式排列。參見7042號。曆日不完整,儘管整個輪廓已描畫出來。相當好而清晰的寫卷。背面(擴大至7.5英尺):占卜,吉凶日等記録。普通寫卷。紙張淡黄色,紙質厚、粗糙。8.5英尺。"

1.1 斯00612號背 ····························· 188

1.3 雜占禄命法(擬)
1.4 翟7045
2.4 本遺書由2個文獻組成,本號爲第2個,139行(未計圖畫)。餘參見斯00612號。
3.1 首全→《英藏敦煌社會歷史文獻釋録》,03/305A03。
3.2 尾全→《英藏敦煌社會歷史文獻釋録》,03/315A02。
3.4 説明:
本文獻内容比較雜亂,包括:
(一)6條推算禄命的内容,有"推五音建除法"、"推雜忌日法"、"推修造月法"、"推修造日法"、"推十二禽獸法"、"推胞胎月法"。
(二)27條有關推算禄命的基礎知識,有"十干法"、"十二支法"、"辯(辨)父母兄弟妻財子孫法"、"三合法"、"六害法"、"五子元正建法"、"推禄法"、"推驛馬法"、"五行相生法"、"五行相剋法"、"五行十干辯(辨)方位"、"五子元例正建法"、"十干"、"十二支相衝法"、"十二支相合法"、"六合法"、"三刑法"、"十二支相衝法"、"天道例"、"歲德例"、"天德例"、"月德例"、"月空例"、"天恩吉日"、"母倉吉日"、"天赦吉日"、"飛廉惡煞"。
黄正建(2001:01)認爲:此件文書内容雖雜,但就主要部份説,屬於推禄命術的性質,而且年代較晚。衹是它又並没有直接涉及八字,可見還没有發展成爲後代的八字算命術,還衹處於一種過渡的階段。
8 9~10世紀。歸義軍時期寫本。
9.1 楷書。
11 圖版:《寶藏》,005/113B~136A。《英藏》,02/075B~078A。
13 《翟林奈目録》著録:參見斯00612號。

1.1 斯00613號 ······························· 194

1.3 地論玄義(擬)
1.4 翟7872
2.1 645.6×28.7釐米;18紙;正面419行,行約30字。背面325行,行16~24字。
2.2 01:24.0,16; 02:38.0,25; 03:38.1,25; 04:38.2,25; 05:38.1,25; 06:38.1,25; 07:38.2,25; 08:38.5,25; 09:38.2,25; 10:38.2,25; 11:38.0,25; 12:38.0,25; 13:38.3,25; 14:38.4,25; 15:38.5,25; 16:38.8,25; 17:38.5,25; 18:09.5,03。
2.3 卷軸裝。首殘尾全。卷中有油污。有劃界欄針孔。有烏絲欄。現代已修整,卷端接出護首,並有絲綢加固。
2.4 本遺書包括2個文獻:(一)《地論玄義》(擬),419行,抄在正面,今編爲斯00613號。(二)《西魏大統十三年(547)瓜州賬籍》(擬),325行,抄寫在背面,今編爲斯00613號背。
2.5 本遺書爲利用作廢的官文書抄寫佛教論著。所用官文書爲《西魏大統十三年(547)瓜州賬籍》(擬),有騎縫官印,共包括17個斷片,且被打亂次序,重新粘接。雖經山本達郎等學者努力復原,但因諸斷片之間仍有殘缺,故無法恢復原狀。
今以《地論玄義》(擬)作爲正面,而以《西魏大統十三年(547)瓜州賬籍》(擬)作爲背面。
3.4 説明:
本文獻論述諸多佛教主題,存文包括:佛三種身、四憂檀那、八識義、五法三自性、三障義、同時四相義、二帝(諦)義、十種無生、三種同相觀、四量義、三教行相、入道粗相、菩薩戒義、四量、菩薩入道、經辯十世界海義、三佛益物、第八識隨緣而説、不繫業義、十一空義等。察其内容,應爲南北朝地論宗的著作,未爲歷代經録所著録,未爲歷代大藏經所收。釋義頗精,當出大家之手。作者待考,今擬此名。
8 6世紀。南北朝寫本。
9.1 楷書。
9.2 有行間校加字。有倒乙。有重文號。有删除符號。
10 卷端正面鈐有英國博物館1號印。
11 圖版:《寶藏》,005/136B~144A。
13 《翟林奈目録》著録:"徵税用户、財産(敦煌縣?)簿。與7871號一樣,紙被任意地粘在一起以構成一個空白卷子,方便在背面抄寫佛教著作。五世紀間距適當而清晰的寫卷。背面:華嚴宗某部著作疏。未完成。大約公元500年二整好寫卷。紙張淡黄色,紙質優。20英尺。"

1.1 斯00613號背 ····························· 210

1.3 西魏大統十三年(547)瓜州賬籍(擬)
1.4 翟7872
2.4 本遺書由2個文獻組成,本號爲第2個,325行。餘參見斯00613號。
3.1 首殘→《英藏敦煌社會歷史文獻釋録》,03/317A04。
3.2 尾殘→《英藏敦煌社會歷史文獻釋録》,03/338A12。
3.4 説明:
原遺書爲17張次序錯亂的紙張粘接而成。郝春文(2003:02)上述録文依據錯亂的原卷次序進行。山本達郎力圖恢復原次序,並進行釋文,參見日本東洋文庫:*Tun-Huang And Turfan Documents Concerning Social And Economic History*,Ⅱ,B,第3頁到第14頁。

2.1 35.5×30釐米;1紙;共15行,行16~20字。
2.3 殘片。首全尾斷。卷面有糨糊痕跡,上部略有殘缺,有油污。
3.4 說明:
與斯00453號《賽天王文》爲同一文獻,但本遺書尾部殘缺,存文相當於斯00453號録文卷首"夫欲歸依三寶"到第八個自然段的"我等龍神"。個別文字可供校勘。
從表面糨糊痕跡看,本遺書曾經被用爲裱補紙。
8 9~10世紀。歸義軍時期寫本。
9.1 楷書。
11 圖版:《寶藏》,005/115A。《英藏》,02/064A。
13 《翟林奈目録》著録:"懺悔文,大字好寫卷。紙張淡黄色,紙質粗糙。30×36釐米。"

1.1 斯00608號 ………………………………… 157

1.3 金剛般若波羅蜜經
1.4 翟0923
1.5 蔣1018
2.1 199.8×24.7釐米;5紙;共116行,行17字。
2.2 01:43.3,21; 02:50.7,31; 03:50.5,31; 04:50.8,31; 05:04.5,02。
2.3 卷軸裝。首斷尾殘。經黄打紙。通卷殘破較嚴重。有烏絲欄。
3.1 首殘→大正0235,08/0750B15。
3.2 尾2行下殘→大正0235,08/0751C26~27。
5 與《大正藏》本相比,本文獻無冥司偈,參見大正0235,08/0751C16~19。
8 7~8世紀。唐寫本。
9.1 楷書。
10 卷首下邊鈐有英國博物館1號印。卷首背面有蔣孝琬硃筆蘇州碼子"1018",下有墨筆註記"缺名經"。
11 圖版:《寶藏》,005/115B~118B。
13 《翟林奈目録》著録:"金剛般若波羅蜜經,好寫卷。紙張暗黄色,紙質柔軟。6英尺。"

1.1 斯00609號1 ………………………………… 161

1.3 大乘四法經釋
1.4 翟5650
1.5 蔣1015
2.1 16.8×26.6釐米;1紙;共15行,行28字。
2.3 殘片。首斷尾斷。卷面髒污。有烏絲欄。
2.4 本遺書包括2個文獻:(一)《大乘四法經釋》,半行,今編爲斯00609號1。(二)《六門陀羅尼經》,14行半,今編爲斯00609號2。
2.5 首行有經名"大乘四法經釋一卷",寫在本文獻首題"六門陀羅尼經"之上。筆跡與本文獻相同,爲同一人所寫。從形態看,應爲前一個文獻的尾題。按照體例,今著録爲兩個文獻。
故本遺書原本至少抄寫兩部文獻:《大乘四法經釋》及《六門陀羅尼經》。其後廢棄,前後被剪斷,僅殘剩《六門陀羅尼經》,但尾行經文也被剪殘。前一篇文獻《大乘四法經釋》僅保留其尾題。
3.4 說明:
本文獻僅剩尾題"大乘四法經釋一卷"。
4.2 大乘四法經釋一卷(尾)。
8 8~9世紀。吐蕃統治時期寫本。
9.1 楷書。
10 卷面下邊鈐有英國博物館1號印。卷背面有蔣孝琬硃筆蘇州碼子"1015",下有墨筆註記"大乘四法經釋一卷"。
11 圖版:《寶藏》,005/119A~B。
13 《翟林奈目録》著録:"(1)大乘四法經釋,一卷。僅尾題。(2)《六門陀羅尼經》(《南條目録》493)。普通寫卷。紙張淡黄色。27×17釐米。"

1.1 斯00609號2 ………………………………… 161

1.3 六門陀羅尼經
1.4 翟5650
1.5 蔣1015
2.4 本遺書由2個文獻組成,本號爲第2個,14行半。餘參見斯00609號1。
3.1 首全→大正1360,21/0878A03。
3.2 尾全→大正1360,21/0878A27。
4.1 六門陀羅尼經,三藏法師玄奘奉　詔譯(首)。
8 8~9世紀。吐蕃統治時期寫本。
9.1 楷書。
9.2 有行間校加字。有校改。有倒乙。
11 圖版:《寶藏》,005/119A~B。
13 《翟林奈目録》著録:參見斯00609號1。

1.1 斯00610號1 ………………………………… 163

1.3 啓顔録(辯捷、論難)
1.4 翟7239
2.1 595.4×28.9釐米;15紙;正面317行,行約22字。背面8行,行16~20字。
2.2 01:13.5,00; 02:42.2,24; 03:42.3,23; 04:43.2,23; 05:42.4,23; 06:42.4,23; 07:42.5,24; 08:42.5,24; 09:42.7,23; 10:42.7,24; 11:42.6,24; 12:42.6,23; 13:42.6,22; 14:42.4,23; 15:28.8,14。
2.3 卷軸裝。首全尾殘。有護首,上下有殘缺破損。尾部上邊有等距離殘缺,下邊污穢變色並有殘洞。有折叠欄。現代已修整,通卷托裱,接出護首、拖尾。
2.4 本遺書包括3個文獻:(一)《啓顔録(辯捷、論難)》,305行,抄寫在正面,今編爲斯00610號1。(二)《雜集時用要字壹千三百言》,12行,抄寫在正面,今編爲斯00610號2。(三)《桃符題辭》(擬),8行,抄寫在背面,今編爲斯00610號背。
2.5 本遺書正面兩個文獻筆跡相同,雖係同一人所抄,但内容並無有機聯繫。依題記,正面抄寫於開元十一年(723)。背面文獻的字體、風格,則應爲歸義軍時期所寫,内容與正面文獻亦無關係。今著録爲三個文獻。
3.1 首全→《英藏敦煌社會歷史文獻釋録》,03/259A03。
3.2 尾全→《英藏敦煌社會歷史文獻釋録》,03/275A05。
4.1 啓顔録,辯捷,論難(首)。
7.1 卷末有題記:"開元十一年(723)捌月五日寫了。劉丘子於二舅家。"
7.4 護首有經名"啓顔録一卷"。
8 723年。唐寫本。
9.1 楷書。
9.2 有行間校加字。有倒乙。有校改。有重文號。
11 圖版:《寶藏》,005/120A~127B。《英藏》,02/064B~070B。
13 《翟林奈目録》著録:"(1)啓顔録,一卷。短篇幽默故事集。[這部著作似乎出現在《太平廣記》開頭列出的文獻目録中]。卷尾題記:'開元十一年捌月五日[723年9月9日]寫了。'另一種筆跡寫:'劉丘子於[與?]二舅。'(2)'雜集時用要字壹阡參伯言。'此處少於200字,有三個標題:'(a)二儀(陰陽);(b)衣服;(c)音樂。'卷尾輕微殘破。相當好到普通的寫卷。背面:一年中吉日簡録。紙張黄褐色。19英尺。"

1.1 斯00610號2 ………………………………… 178

1.3 雜集時用要字壹千三百言
1.4 翟7239
2.4 本遺書由3個文獻組成,本號爲第2個,12行。餘參見斯00610號1。
3.1 首全→《敦煌經部文獻合集》,08/4144A01。
3.2 尾缺→《敦煌經部文獻合集》,08/4145A08。
4.1 雜集時用要字壹阡叁佰言,二儀部第一(首)。
8 723年。唐寫本。
9.1 楷書。
11 圖版:《寶藏》,005/127B。《英藏》,02/070B。
13 《翟林奈目録》著録:參見斯00610號1。

1.1 斯00610號背 ………………………………… 179

1.3 桃符題辭(擬)
1.4 翟7239
2.4 本遺書由3個文獻組成,本號爲第3個,8行。餘參見斯00610號1。
3.1 首全→《英藏敦煌社會歷史文獻釋録》,03/279A08。
3.2 尾全→《英藏敦煌社會歷史文獻釋録》,03/280A04。
3.4 說明:
譚蟬雪(1990:01)考證爲桃符題辭,今從之。
7.3 有雜寫"大諸(誌?)"。
8 9~10世紀。歸義軍時期寫本。

2.1 27.7×24.8釐米;1紙;正面15行,行18字。背面16行,行約22字。
2.3 殘片。首脱尾殘。經黄打紙。下邊有撕裂。有烏絲欄。
2.4 本遺書包括2個文獻:(一)《老子道德經》卷下,15行,抄寫在正面,今編爲斯00602號。(二)《辯中邊論頌》,16行,抄寫在背面,今編爲斯00602號背。
2.5 本遺書原抄《老子道德經》卷下,後廢棄。被佛教徒利用其背面空白紙雜抄《辯中邊論頌》。正反面文獻無關聯。今著録爲兩個文獻。
3.1 首殘→《中華道藏》,09/034C22。
3.2 尾殘→《中華道藏》,09/035A18。
6.4 與斯02267號原爲同卷,但中間有缺失,不能直接綴接。
7.3 正面行間有《老子道德經》本行經文雜寫,不録文。
8 7~8世紀。唐寫本。
9.1 楷書。
10 卷首上邊鈐有英國博物館1號印。
11 圖版:《寶藏》,005/088A。《英藏》,02/063B。
13 《翟林奈目録》著録:"[道德經]第七十八章(行是以聖人言受國之垢)至末尾。章節以段示之。每章末尾標有字數。卷尾:'道經卅七章二千一百八十四字。'下面一行撕去,它大概記述了《德經》的類似内容。好寫卷。背面:辯中邊論頌(《南條目録》1245)。僅存卷首。一般寫卷。紙張黄色,紙質軟。25×28釐米。"

1.1 斯00602號背 ······ 129

1.3 辯中邊論頌
1.4 翟6811
2.4 本遺書由2個文獻組成,本號爲第2個,16行。餘參見斯00602號。
3.1 首全→大正1601,31/0477C01。
3.2 尾殘→大正1601,31/0477C25。
4.1 辨中邊論頌,彌勒菩薩造,三藏法師玄奘(首)。
8 9~10世紀。歸義軍時期寫本。
9.1 楷書。
11 圖版:《寶藏》,005/088B。
13 《翟林奈目録》著録:參見斯00602號。

1.1 斯00603號 ······ 130

1.3 大般若波羅蜜多經(兑廢稿)卷三一九
1.4 翟0342
2.1 38.7×25.7釐米;3紙;共19行,行17字。
2.2 01:07.8,00;　02:10.7,06;　03:20.2,13。
2.3 卷軸裝。首全尾殘。有護首,有竹質天竿,繫有米色編織縹帶,長27釐米。卷面多有水漬、髒污及殘破,卷尾殘爛,中有大殘洞。背有古代裱補。有烏絲欄。
3.1 首全→大正0220,06/0626A22。
3.2 尾2行下殘→大正0220,06/0626B16~17。
4.1 大般若波羅蜜多經卷第三百一十九,/初分真如品第卌七之二,三藏法師玄奘奉　詔譯/(首)。
7.4 護首有經名:"大般若波羅蜜多經卷第三百一十九,卅二(本文獻袟次)"。上有經名號。
8 8~9世紀。吐蕃統治時期寫本。
9.1 楷書。
10 卷首經名下空白處鈐有英國博物館1號印。
11 圖版:《寶藏》,005/089A~B。
13 《翟林奈目録》著録:"大般若波羅蜜多經,初分卷三一九品四七之二。殘破。護首:'卅二'。1.5英尺。"

1.1 斯00604號 ······ 131

1.3 大般若波羅蜜多經卷四五六
1.4 翟0460
1.5 蔣1059
2.1 50.8×24.5釐米;2紙;共18行,行17字。
2.2 01:20.5,00;　02:30.3,18。
2.3 卷軸裝。首全尾殘。有護首,有芨芨草天竿,繫有米色縹帶,長49釐米。卷面略殘,有水漬。有烏絲欄。
3.1 首全→大正0220,07/0300B17。
3.2 尾殘→大正0220,07/0300C09。
4.1 大般若波羅蜜多經卷第四百五十六,/第二分同性品第六十二之二,三藏法師玄奘奉　詔譯/(首)。
7.4 護首有經名"大般若波羅蜜多經卷第四百五十六"。上有經名號。
8 8~9世紀。吐蕃統治時期寫本。
9.1 楷書。
10 卷首經名下空白處鈐有英國博物館1號印。卷背面有蔣孝琬硃筆蘇州碼子"1059",下有墨筆註記"經頭二張"。
11 圖版:《寶藏》,005/090A~B。
13 《翟林奈目録》著録:"大般若波羅蜜多經,二分卷四五六品六二之二。1.75英尺。"

1.1 斯00605號 ······ 132

1.3 四分比丘尼戒本
1.4 翟4195
1.5 蔣1014
1.6 ch.被遮裱
2.1 815.2×26釐米;14紙;共479行,行17字。
2.2 01:01.3,00;　02:74.5,45;　03:75.2,45;　04:75.1,45;　05:74.6,45;　06:74.8,45;　07:67.8,41;　08:39.0,24;　09:47.2,29;　10:74.6,45;　11:74.3,45;　12:74.0,45;　13:42.8,25;　14:20.0,00。
2.3 卷軸裝。首殘尾全。卷首右上殘缺,卷前部殘破、髒污,卷面多水漬,卷尾有污漬及殘洞。卷尾有木質尾竿,中間繫一麻繩。有烏絲欄。現代已修整,硬紙托裱前部,接出護首。
3.1 首7行上殘→大正1431,22/1035A10~16。
3.2 尾全→大正1431,22/1041A18。
4.2 四分尼戒本(尾)。
8 9~10世紀。歸義軍時期寫本。
9.1 楷書。
9.2 有行間校加字。有刮改。
10 卷首下邊鈐有英國博物館1號印。卷背面有斯坦因紅鋼筆寫早期編號,被托裱遮蓋。卷首背面有蔣孝琬硃筆蘇州碼子"1014",下有墨筆註記"四分尼戒本"。
11 圖版:《寶藏》,005/091A~102B。
13 《翟林奈目録》著録:"四分尼戒本。首殘。普通寫卷。紙張淡黄色。27英尺。"

1.1 斯00606號 ······ 144

1.3 妙法蓮華經卷二
1.4 翟2433
1.5 蔣1016
2.1 806.9×26.2釐米;18紙;共515行,行17字。
2.2 01:02.0,05;　02:47.5,30;　03:47.5,31;　04:47.6,31;　05:47.5,31;　06:47.6,30;　07:47.6,30;　08:47.8,30;　09:47.7,31;　10:47.4,30;　11:47.5,29;　12:47.5,30;　13:47.5,30;　14:47.6,30;　15:47.5,30;　16:47.6,30;　17:47.7,30;　18:43.8,27。
2.3 卷軸裝。首殘尾全。打紙,砑光上蠟。卷前部焦脆,殘破嚴重。有油污、水漬。第十紙處脱爲兩段。有燕尾。尾上下均有蟲繭。背有古代裱補。有烏絲欄。
3.1 首殘→大正0262,09/0012A11。
3.2 尾全→大正0262,09/0019A12。
4.2 妙法蓮華經卷第二(尾)。
8 7~8世紀。唐寫本。
9.1 楷書。
9.2 有校改。
10 第三紙正面鈐有英國博物館1號印。卷首背面有蔣孝琬硃筆蘇州碼子"1016",下有墨筆註記"妙法蓮華經第二"。旁邊另有蔣孝琬寫"佛本行"三字,未寫完,被圈删。
11 圖版:《寶藏》,005/103A~114B。
13 《翟林奈目録》著録:"妙法蓮華經,卷二,品三、四。首殘。好寫卷。紙張黄色。26.5英尺。"

1.1 斯00607號 ······ 157

1.3 賽天王文
1.4 翟6487

2.3 卷軸裝。首全尾脱。卷面有油污、水漬。有烏絲欄。
3.1 首全→大正0220,06/0156A02。
3.2 尾殘→大正0220,06/0158B02。
4.1 大般若波羅蜜多經卷第二百卅,/初分難信解品第卅四之卅九,三藏法師玄奘奉 詔譯。/(首)。
8 8~9世紀。吐蕃統治時期寫本。
9.1 楷書。
9.2 有行間校加字。
10 卷首下邊鈐有英國博物館1號印。卷首背面有蔣孝琬硃筆蘇州碼子"1048",下有墨筆註記"大般若波羅蜜多經卷二百三十,玄"。
11 圖版:《寶藏》,005/062B~067B。
13 《翟林奈目録》著録:"大般若波羅蜜多經,初分卷二三〇品三四之四九。寫本誤作品三四之三九。好寫卷。紙張灰黄色。10.75英尺。"

1.1 斯00597號 ········· 107

1.3 金剛般若波羅蜜經
1.4 翟0857
1.5 蔣1055
2.1 554.6×24.5釐米;14紙;共304行,行17字。
2.2 01:36.5,20; 02:07.5,04; 03:48.0,27; 04:48.0,27; 05:47.9,27; 06:48.0,27; 07:48.0,27; 08:47.8,27; 09:48.0,27; 10:48.0,27; 11:48.0,27; 12:47.5,27; 13:22.0,10; 14:09.4,00。
2.3 卷軸裝。首殘尾全。卷面多有殘破,有等距離水漬,卷尾有殘洞及污漬。首紙係歸義軍時期後補。有烏絲欄。
3.1 首殘→大正0235,08/0748C20。
3.2 尾全→大正0235,08/0752C03。
4.2 金剛般若波羅蜜經(尾)。
5 與《大正藏》本相比,本文獻無冥司偈,參見大正0235,08/0751C16~19。
8 8世紀。唐寫本。
9.1 楷書。
9.2 有行間校加字。
10 卷首下部兩行空白處鈐有英國博物館1號印。卷首背面有蔣孝琬硃筆蘇州碼子"1055",墨筆註記"金剛般若波羅蜜經"。
11 圖版:《寶藏》,005/068A~076B。
13 《翟林奈目録》著録:"《金剛般若波羅蜜經》。部份損毁,卷首丟失數字。好寫卷。首紙後補,筆跡不同,紙張較粗糙。18.5英尺。"

1.1 斯00598號 ········· 116

1.3 妙法蓮華經卷一
1.4 翟2227
1.5 蔣1030
2.1 46.8×24.3釐米;1紙;共27行,行17字。
2.3 卷軸裝。首全尾脱。經黄打紙。卷面有水漬。有古代裱補。有烏絲欄。
3.1 首全→大正0262,09/0001C14。
3.2 尾殘→大正0262,09/0002A18。
4.1 妙法蓮華經序品第一(首)。
8 7~8世紀。唐寫本。
9.1 楷書。
10 卷首下邊鈐有英國博物館1號印。卷首背面有蔣孝琬硃筆蘇州碼子"1030",墨筆註記"妙法蓮華經破存"。
11 圖版:《寶藏》,005/077A~078B。
13 《翟林奈目録》著録:"妙法蓮華經品一。好寫卷。紙張黄色。1.5英尺。"

1.1 斯00599號 ········· 117

1.3 大般涅槃經(北本異卷)卷三七
1.4 翟1877
1.6 ch.81.15.08
2.1 113.3×25.2釐米;3紙;共62行,行17字。
2.2 01:43.0,24; 02:52.8,30; 03:17.5,08。
2.3 卷軸裝。首殘尾全。卷面略有破裂,卷尾背有墨污。有烏絲欄。
3.1 首殘→大正0374,12/0586A14。
3.2 尾全→大正0374,12/0586C24。
4.2 大般涅槃經卷第卅七(尾)。
5 與《大正藏》本對照,分卷不同,相當於《大正藏》本卷三七後部份及卷三八前部份。與歷代大藏經分卷均不同,屬於異卷。
8 6世紀。南北朝寫本。
9.1 隸書。
9.2 有刮改。
10 卷首下邊鈐有英國博物館1號印。卷首背面有斯坦因紅鋼筆寫早期編號"81.XV.8"。
11 圖版:《寶藏》,005/078B~080A。
13 《翟林奈目録》著録:"大般涅槃經,卷三七[相當於《大正藏》卷三七尾至卷三八開頭]。七世紀好寫卷。紙張黄色,紙質薄。3.67英尺。"

1.1 斯00600號 ········· 120

1.3 比丘尼羯磨文(擬)
1.4 翟4520
1.6 ch.81.15.02
2.1 46×26.5釐米;3紙;共25行,行17字。
2.2 01:01.5,00; 02:40.2,23; 03:04.3,02。
2.3 卷軸裝。首殘尾殘。卷面有水漬。有烏絲欄。現代已修整,通卷硬紙托裱,接出護首、拖尾。
3.4 説明:
本遺書所抄爲比丘尼羯磨文,殘剩部份爲衣羯磨七條,第一條名目殘缺,其餘六條名目如下:
□…□懺者白文;
即僧中一人前懺悔文;
僧還此比丘尼衣羯磨文;
犯捨墮此衣於三人中捨文;
三人中懺悔文;
即三人中一人前懺悔文。
南北朝敦煌地區流行的羯磨文與後代區别較大,敦煌遺書中留有較多資料,可供研究。本文獻殘缺過甚,不予録文。可參見郝春文(2003:02)。
8 5~6世紀。南北朝寫本。
9.1 楷書。
10 卷首鈐有英國博物館1號印。卷首背面有斯坦因紅鋼筆寫早期編號"81.XV.2"。
11 圖版:《寶藏》,005/080B。《英藏》,02/063A。
13 《翟林奈目録》著録:"一部含註戒本殘片,比丘尼戒。殘破。六世紀好寫卷。紙張黄色。1.33英尺。"

1.1 斯00601號 ········· 121

1.3 妙法蓮華經卷七
1.4 翟3237
1.5 蔣1051
2.1 437.5×26釐米;10紙;共241行,行17字。
2.2 01:10.1,08; 02:48.5,28; 03:49.5,28; 04:49.5,28; 05:49.4,28; 06:49.5,28; 07:50.0,28; 08:49.5,28; 09:49.5,28; 10:32.0,09。
2.3 卷軸裝。首殘尾全。經黄打紙。卷面有等距離水漬。有燕尾,有原軸,鑲蓮蓬形軸頭,嵌花已脱。有烏絲欄。現代已修整,卷首托裱。
3.1 首殘→大正0262,09/0059A16。
3.2 尾全→大正0262,09/0062B01。
4.2 妙法蓮華經卷第七(尾)。
8 7~8世紀。唐寫本。
9.1 楷書。
10 卷首下邊鈐有英國博物館1號印。卷首背面有蔣孝琬硃筆蘇州碼子"1051",下有墨筆註記"妙法蓮華經第七"。
11 圖版:《寶藏》,005/081B~087B。
13 《翟林奈目録》著録:"妙法蓮華經,卷七,品二六(僅尾,殘破)至品二八。非常好的寫卷。紙張黄色,紙質厚。尾有原軸。14.5英尺。"

1.1 斯00602號 ········· 128

1.3 老子道德經卷下
1.4 翟6811

1.4 翟0463
1.5 蔣0156
2.1 741.1×25.4釐米;16紙;共429行,行17字。
2.2 01:37.1,22; 02:47.0,28; 03:47.0,28; 04:47.0,28;
05:47.0,28; 06:47.1,28; 07:47.0,28; 08:47.0,28;
09:47.0,28; 10:47.2,28; 11:47.0,28; 12:47.0,28;
13:47.2,28; 14:47.0,28; 15:47.0,28; 16:45.5,15。
2.3 卷軸裝。首殘尾全。卷面上下殘缺。有燕尾。尾有木軸,兩端塗紫色漆。有烏絲欄。
3.1 首7行上殘→大正0220,07/0311C19~26。
3.2 尾全→大正0220,07/0316C17。
4.2 大般若波羅蜜多經卷第四百五十八(尾)。
8 8世紀。唐寫本。
9.1 楷書。
10 卷首下鈐有英國博物館1號印。卷首背面有蔣孝琬硃筆蘇州碼子“156”,下有墨筆註記“大般若波羅蜜多經卷第四五八”,卷次爲蘇州碼子。
11 圖版:《寶藏》,005/001A~011B。
13 《翟林奈目録》著録:“大般若波羅蜜多經,二分卷四五八品六五、六六。好寫卷。紙張亮黄色。尾有原軸。24英尺。”

1.1 斯00592號 ······ 050

1.3 妙法蓮華經卷二
1.4 翟2432
1.5 蔣1047
2.1 994.5×25.5釐米;22紙;共587行,行17字。
2.2 01:28.1,17; 02:47.8,28; 03:47.0,28; 04:47.1,28;
05:47.0,28; 06:47.0,28; 07:46.8,28; 08:47.1,28;
09:47.0,28; 10:47.0,28; 11:47.0,28; 12:47.1,28;
13:47.0,28; 14:47.0,28; 15:47.0,28; 16:47.0,28;
17:47.0,28; 18:47.0,28; 19:47.0,28; 20:46.8,28;
21:47.0,28; 22:25.7,10。
2.3 卷軸裝。首殘尾全。打紙,砑光上蠟。卷面有水漬印。尾有原軸,塗棕色漆,上軸頭已壞。有烏絲欄。現代已修整,接出護首、拖尾。
3.1 首殘→大正0262,09/0010C10。
3.2 尾全→大正0262,09/0019A12。
4.2 妙法蓮華經卷第二(尾)。
7.1 尾有題記:“垂拱四年(688)十二月清信佛[弟]子王琳妻/齊氏奉爲亡女敬寫/《法華》一部,願/亡者及遍法界衆生,共成佛道。/”
8 688年。唐寫本。
9.1 楷書。
10 卷首現代托裱紙下部鈐有英國博物館1號印。卷端背面有蔣孝琬硃筆蘇州碼子“1047”,下有墨筆註記“妙法蓮華經卷二【垂拱四年十二月清信佛[弟]子王琳/妻齊氏奉爲亡女敬寫】”,“琳”字以上被硃色淡墨劃去。
11 圖版:《寶藏》,005/012A~026B。
13 《翟林奈目録》著録:“妙法蓮華經,卷二,品三、四。題記:‘垂拱四年十二月[公元688年12月28日至689年1月26日]清信佛<弟>子王琳妻齊氏奉爲亡女敬寫法華一部願亡者及遍法界衆生共成佛道’。非常好的寫卷。紙張亮黄色,紙質優。尾有原軸。32.5英尺。”

1.1 斯00593號 ······ 066

1.3 大方廣佛華嚴經(晉譯五十卷本異卷)卷二七
1.4 翟1633
1.5 蔣1057
2.1 941.8×26.7釐米;19紙;共605行,行17字。
2.2 01:23.7,16; 02:50.8,34; 03:51.3,34; 04:51.4,34;
05:51.5,33; 06:51.6,34; 07:51.5,33; 08:51.5,33;
09:51.5,33; 10:51.5,33; 11:51.4,33; 12:51.5,34;
13:51.5,33; 14:51.4,33; 15:51.4,33; 16:50.3,33;
17:50.7,33; 18:50.1,33; 19:47.2,23。
2.3 卷軸裝。首殘尾全。卷首右下殘缺,卷面有撕裂。尾有原軸,兩端塗黑漆。有劃界欄針孔。
3.1 首7行下殘→大正0278,09/0597C08~15。
3.2 尾全→大正0278,09/0605A03。
4.2 華嚴經卷第廿七(尾)。
5 與《大正藏》對照,分卷不同,相當於《大正藏》本卷三一後部份及卷三二前部份。與歷代大藏經分卷均不同。屬於五十卷本異卷。
7.1 尾有題記:“一校竟。/”、“尚生卷,十九張。/”
8 5~6世紀。南北朝寫本。
9.1 隸書。
9.2 有行間校加字。有校改。有倒乙。有重文號。
10 第二紙下鈐有英國博物館1號印。卷首背面有蔣孝琬硃筆蘇州碼子“1057”,墨筆註記“華嚴經卷廿七”。
11 圖版:《寶藏》,005/027A~041A。
13 《翟林奈目録》著録:“大方廣佛華嚴經,卷二七,品二八、二九[相當於卷三一品二八至卷三二品二九]。首殘。卷末:‘一校竟’;(另一筆跡)‘尚生書十九張’。六世紀好寫卷。紙張深黄色,紙質非常薄。尾有原軸。31英尺。”

1.1 斯00594號 ······ 080

1.3 妙法蓮華經卷七
1.4 翟3236
1.5 蔣1054
2.1 521.4×25.5釐米;12紙;共288行,行17字。
2.2 01:13.7,08; 02:50.0,28; 03:50.3,28; 04:49.8,28;
05:50.3,28; 06:50.1,28; 07:50.0,28; 08:50.3,28;
09:50.0,28; 10:50.0,28; 11:50.1,27; 12:06.8,01。
2.3 卷軸裝。首殘尾全。紙質粗厚。卷面有水漬印。有烏絲欄。
3.1 首殘→大正0262,09/0058B09。
3.2 尾全→大正0262,09/0062B01。
4.2 妙法蓮華經卷第七(尾)。
8 9~10世紀。歸義軍時期寫本。
9.1 楷書。
9.2 有行間校加字。
10 第二紙下邊鈐有英國博物館1號印。卷端背面有蔣孝琬硃筆蘇州碼子“1054”,墨筆註記“妙法蓮華經卷第七”。
11 圖版:《寶藏》,005/041B~049A。
13 《翟林奈目録》著録:“妙法蓮華經,卷七,品二六至品二八。普通寫卷。紙張黄色,紙質粗糙。17英尺。”

1.1 斯00595號 ······ 088

1.3 妙法蓮華經卷三
1.4 翟2597
1.5 蔣1050
2.1 836×25.3釐米;17紙;共446行,行17字。
2.2 01:52.0,28; 02:52.1,28; 03:52.1,28; 04:51.8,28;
05:51.8,28; 06:51.9,28; 07:52.0,28; 08:52.0,28;
09:52.0,28; 10:51.8,28; 11:52.0,28; 12:52.0,28;
13:51.8,28; 14:51.8,28; 15:51.8,28; 16:51.8,26;
17:05.3,00。
2.3 卷軸裝。首殘尾全。經黄打紙。通卷卷面整潔。有烏絲欄。
3.1 首行下殘→大正0262,09/0020C04~05。
3.2 尾全→大正0262,09/0027B09。
4.2 妙法蓮華經卷第三(尾)。
8 7~8世紀。唐寫本。
9.1 楷書。
9.2 有硃筆校改。
10 卷首下邊鈐有英國博物館1號印。卷端背面有蔣孝琬硃筆蘇州碼子“1050”,墨筆註記“妙法蓮華經第三”。
11 圖版:《寶藏》,005/049B~062A。
13 《翟林奈目録》著録:“妙法蓮華經,卷三,品六、七。相當好的寫卷。紙張黄色,紙質優。27.5英尺。”

1.1 斯00596號 ······ 101

1.3 大般若波羅蜜多經卷二三〇
1.4 翟0242
1.5 蔣1048
2.1 323.4×26.5釐米;7紙;共194行,行17字。
2.2 01:46.6,26; 02:46.0,28; 03:46.0,28; 04:46.3,28;
05:46.3,28; 06:46.2,28; 07:46.0,28。

條記目録

斯00586號至斯00639號

1.1 斯00586號 ······································ 001
1.3 金光明最勝王經卷九
1.4 翟2119
1.5 蔣1040
2.1 226×25.6釐米;6紙;共138行,行20字(偈頌)。
2.2 01:31.0,19; 02:44.5,28; 03:45.0,28; 04:44.8,28;
05:50.0,28; 06:10.7,07。
2.3 卷軸裝。首殘尾殘。經黄紙。砑光上蠟。下邊殘缺。有烏絲欄。現代已修整,接出護首、拖尾,裱爲手卷。放入木盒、紙套。
3.1 首殘→大正0665,16/0444B20。
3.2 尾殘→大正0665,16/0447A13。
8 8世紀。唐寫本。
9.1 楷書。
10 第五紙上邊鈐有英國博物館1號印。卷背面有蔣孝琬硃筆蘇州碼子"1040",墨筆註記"金光明最勝王經"。
11 圖版:《寶藏》,004/653B~657A。
13 《翟林奈目録》著録:"金光明最勝王經,品二一(僅尾,殘破)至品二三。殘破並修補。好寫卷。紙張黄色,紙質脆。7.25英尺。"

1.1 斯00587號 ······································ 005
1.3 妙法蓮華經卷七
1.4 翟3070
1.5 蔣1038
2.1 889.8×25.4釐米;20紙;共524行,行17字。
2.2 01:35.0,21; 02:47.3,28; 03:47.5,28; 04:47.2,28;
05:47.0,28; 06:47.2,28; 07:46.7,28; 08:47.0,28;
09:47.0,28; 10:47.0,28; 11:47.0,28; 12:47.0,28;
13:47.0,28; 14:46.6,28; 15:47.0,28; 16:46.7,28;
17:46.5,27; 18:46.6,28; 19:46.5,28; 20:10.0,00。
2.3 卷軸裝。首殘尾全。卷首殘破嚴重,通卷多污漬。有烏絲欄。
3.1 首8行下殘→大正0262,09/0055A21~29。
3.2 尾全→大正0262,09/0062B01。
4.2 妙法蓮華經卷第七(尾)。
8 7~8世紀。唐寫本。
9.1 楷書。
10 卷端正面鈐有英國博物館1號印。卷端背面有蔣孝琬硃筆蘇州碼子"1038",墨筆註記"妙法蓮經第七"。
11 圖版:《寶藏》,004/657B~670B。
13 《翟林奈目録》著録:"妙法蓮華經,卷七,品二四至品二八。[品二六錯寫成品二二]。相當好的寫卷。紙張黄色,紙質厚。28.67英尺。"

1.1 斯00588號 ······································ 018
1.3 金剛般若波羅蜜經
1.4 翟1086
1.5 蔣1043
2.1 382.1×27.1釐米;9紙;共205行,行17字。
2.2 01:03.3,02; 02:48.0,28; 03:48.3,28; 04:47.0,28;
05:47.0,28; 06:46.9,28; 07:47.4,28; 08:47.0,28;
09:47.2,07。
2.3 卷軸裝。首殘尾全。打紙,砑光上蠟。卷首殘破髒污、上邊有殘缺、中間有殘洞,卷前部上下邊有等距離水漬,卷尾有污漬、上邊有2個蟲繭。有烏絲欄。
3.1 首4行上殘→大正0235,08/0750A18~23。
3.2 尾全→大正0235,08/0752C23。
4.2 金剛般若波羅蜜經(尾)。
5 與《大正藏》本相比,本文獻無冥司偈,參見大正0235,08/0751C16~19。
8 8~9世紀。吐蕃統治時期寫本。
9.1 楷書。
10 第二紙下邊鈐有英國博物館1號印。卷首背面有蔣孝琬硃筆蘇州碼子"1043",下有墨筆註記"金剛般若波羅蜜經"。
11 圖版:《寶藏》,004/671A~676A。
13 《翟林奈目録》著録:"金剛般若波羅蜜經,首殘。好寫卷。紙張淡黄色及黄色,紙質柔軟、脆。12.5英尺(1英尺空白)。"

1.1 斯00589號 ······································ 024
1.3 大般若波羅蜜多經卷一九九
1.4 翟0600
1.5 蔣1058
2.1 189.1×26釐米;4紙;共112行,行17字。
2.2 01:47.3,28; 02:47.6,28; 03:47.0,28; 04:47.2,28。
2.3 卷軸裝。首脱尾脱。第一紙與第二紙脱開,卷面尚好。有烏絲欄。
3.1 首殘→大正0220,05/1067A27。
3.2 尾殘→大正0220,05/1068B23。
8 8~9世紀。吐蕃統治時期寫本。
9.1 楷書。
10 卷首下邊鈐有英國博物館1號印。卷首背面有蔣孝琬硃筆蘇州碼子"1058",墨筆註記"破無頭尾經"。
11 圖版:《寶藏》,004/676B~679B。
13 《翟林奈目録》著録:"大般若波羅蜜多經,粗體寫卷。紙張黄色,紙質優。6英尺。"

1.1 斯00590號 ······································ 027
1.3 佛名經(十六卷本)卷七
1.4 翟4725
1.5 蔣1053
2.1 790.2×27釐米;17紙;共465行,行15~17字。
2.2 01:47.0,27; 02:46.5,28; 03:46.3,28; 04:46.3,28;
05:46.2,28; 06:46.5,28; 07:46.4,28; 08:46.3,28;
09:46.1,28; 10:46.3,28; 11:46.4,28; 12:46.5,28;
13:46.2,28; 14:46.3,28; 15:46.5,28; 16:46.6,23;
17:47.8,23。
2.3 卷軸裝。首殘尾全。卷首右下殘缺,卷面有破洞,有油污、等距離水漬。尾有蟲繭。有烏絲欄。
3.1 首6行下殘→《七寺古逸經典研究叢書》,03/0342A02~08。
3.2 尾全→《七寺古逸經典研究叢書》,03/0378A11。
4.2 佛名經卷第七(尾)。
8 9~10世紀。歸義軍時期寫本。
9.1 楷書。
9.2 有硃筆行間加行。
10 卷首下面鈐有英國博物館1號印。卷首背面有蔣孝琬硃筆蘇州碼子"1053",墨筆註記"佛名經卷七"。
11 圖版:《寶藏》,004/680A~691B。
13 《翟林奈目録》著録:"佛名經,卷七,5929-6410。首殘。粗體寫卷。紙張黄色,發白,紙質厚。26英尺。"

1.1 斯00591號 ······································ 039
1.3 大般若波羅蜜多經卷四五八

本目録其他諸項，凡著録卷面文字者，所用符號意義與上同。

3.4　著録對該文獻的説明。

4.1　著録文獻的首題。

4.2　著録文獻的尾題。

5　著録本文獻與對照本的不同。

6.1　著録可與本遺書首部綴接的其他遺書的編號。

6.2　著録可與本遺書尾部綴接的其他遺書的編號。

6.3　著録可以綴接，但難以用上述兩種情况標準化格式表述的其他遺書的編號。

6.4　著録雖然不能綴接，但與本遺書原爲同卷的遺書編號。

7.1　著録題記、題名、勘記等。

7.2　著録印章。

7.3　著録雜寫。

7.4　著録護首及扉葉的内容。

8　著録年代。

9.1　著録字體。如有武周新字、合體字等，予以説明。

9.2　著録卷面二次加工情况。包括句讀、點標、科分、間隔號、行間加行、行間校加字、硃筆、墨塗、倒乙、删除、重文號、兑廢等。

10　著録敦煌遺書發現後，近現代人所加内容。如編號、題記、勘記、印章等。

11　著録此前在《敦煌寶藏》（臺灣新文豐出版公司）與《英藏敦煌文獻》（四川人民出版社）中已經公佈的圖版。

12　著録從本遺書上揭下另行編號的古代裱補紙等。

13　備註。著録《翟林奈目録》的著録及其他與本遺書相關的問題。

上述諸條，有則著録，無則空缺。

爲避文繁，條記目録中出現的各種參考、對照文獻，暫以“作者（年份：序號）”表示，如“郝春文（2001：01）”。全目結束時，將統一編製本條記目録出現的各種參考書目。

本條記目録爲農曆年份標註其相應的公曆紀年時，未進行歲頭年末换算，請讀者使用時注意自行换算。

條記目録著録凡例

本條記目録諸條目意義如下:

1.1 著録編號。用“斯”領起,意爲“英國國家圖書館藏斯坦因特藏敦煌遺書”。文獻抄寫在背面者,標註爲“背”。一件遺書上抄寫多個文獻者,用數字1、2、3等依次分别標示。一號中包括幾件遺書,且幾件遺書的形態各自獨立者,用字母A、B、C等予以區别。

1.2 著録分類號。本條記目録暫不分類,此項空缺。

1.3 著録文獻的名稱、卷本、卷次。

1.4 著録《翟林奈目録》編號。用“翟”領起。

1.5 著録斯坦因助手蔣孝琬早期編號。用“蔣”領起。

蔣孝琬編號爲蘇州碼子,著録時一概改爲阿拉伯數字,位數不足4位者用“0”補足4位。凡英國博物館在蔣孝琬編號基礎上加編A、B、C等英文字母小號者,從之。

1.6 著録斯坦因早期編號(一)。

1.7 著録斯坦因早期編號(二)。

1.8 著録索書號。

1.9 著録日本學者榎一雄對原印度事務部圖書館藏漢文敦煌遺書的編號。

2.1 著録遺書的總體數據。包括長度、高度、紙數、正面抄寫總行數與每行字數、背面抄寫總行數與每行字數。

2.2 著録每紙數據。包括每紙長度及抄寫行數。不同文種及裝幀形式的遺書,著録方式不同。

2.3 著録遺書的外觀。包括:(1)裝幀形式。(2)首尾存况。(3)紙張。(4)護首、軸、軸頭、天竿、縹帶,經名是書寫還是貼簽,有無經名號。扉葉、扉畫。(5)卷面殘破情况及其位置。(6)尾部情况。(7)有無附加物(蟲繭、油污、綫繩及其他)。(8)有無裱補及其年代。(9)界欄。(10)修整。(11)其他需要交代的問題。

2.4 著録一件遺書抄寫多個文獻的情况。

2.5 著録一件遺書上所抄寫的多個文獻之間的關係。

3.1 著録文獻首部文字與對照本核對的結果。

3.2 著録文獻尾部文字與對照本核對的結果。

3.3 著録對該文獻的録文。

録文時,殘缺一字用一個“□”表示,殘缺字數難以確定者用“□…□”表示。補字用“[ ]”括註,衍字用“<>”括註,難以辨認的字用“◇”表示,雙行小字用“【】”括註,錯字照録,在錯字後用“()”括註正字。必要時用“/”表示原文換行。

calm support of his wife. He has had to put up with difficulties, and, indeed with opposition, that, at times, appeared incomprehensible and insurmountable and he has done so with grace and courtesy. I am thankful that he has reached the end of his massive, self–appointed task, and congratulate both him and Guangxi Normal University Press on a bibliographical triumph.

Frances Wood

Guangda and encouraged by Fang Guangchang's classmate Ge Weijun.[1] The British Library was delighted that a scholar of his stature was prepared to come to London and obtained a bursary from the K. C. Wong Foundation, through the British Academy. Subsequently, Fang Guangchang asked Rong Xinjiang to accompany him to work on the much smaller number of secular items amongst the newly conserved fragments.

At the time, though there was a catalogue of OR.8210/ S.1 to OR.8210/S.6980 which had been prepared by Lionel Giles and published as *A Descriptive Catalogue of the Chinese Manuscripts from Tunhuang in the British Museum* (London, 1957) whose contents had also been listed by Wang Chongmin in 敦煌遺書總目索引/*Dunhuang yishu zongmu suoyin*(Beijing, 1962), these 7000 fragments were almost completely unknown to scholars. About 500 of them were eventually published in volumes 12 to 14 of 英藏敦煌文獻/*Ying cang Dunhuang wenxian*, which appeared in 1995.

After this first joint visit, Professor Fang made brief visits to the Library in 1997 and 2007, with more substantial visits of 3–4 months duration in 2002, 2003 and 2005 and a final six-month visit in 2009.[2] By this time, Professor Fang had become convinced that all the Dunhuang documents in London should be published in book form, to join the publications of the French and Russian collections, the National Library of China and smaller collections in other museums and libraries across China. I was initially doubtful, feeling that microfilms, acquired by the National Library of China and the Academy of Social Sciences, were sufficient. However, I realised that these were not easily accessible to most Chinese scholars and also felt that it was essential that those of us who care for Dunhuang manuscripts outside China should respond positively to the views and requirements of Chinese scholars, I became convinced that this was the right thing to do and in 2007 Guangxi Shifan Daxue Chubanshe Normal University Press drafted an agreement to publish.

Fang Guangchang's visit in 2009 was part of the agreement signed between the publisher and the Library, and on this final trip to London, in order to verify physical details and check each document, he brought a team of carefully selected specialists with him: Li Jining and Huang Xia from the National Library of China, Wang Lihua, Liu Zhihui and Chen Wangting from Shanghai Normal University, and also Zhang Guiyuan and Zhang Li, whose hard work was supported by Graham Hutt of the Chinese section in the British Library.

I have never seen anyone work hard as Professor Fang did on this facsimile project and catalogue. Not only has he worked intensely but he has maintained that intensity for more than two decades, sustained by the

① For the history of the fragments and their conservation, see Frances Wood, Preface. Rong Xinjiang, *Yingguo Tushuguan Cang Dunhuang Hanwen Fei Fojiao Wenxian Canjuan Mulu*(*S.6981–13624*), Taibei,1994.

② The first part of Fang Guangchang's catalogue was published in Beijing in 2000: *Yingguo Tushuguan Cang Dunhuang Yishu Mulu S.6981–8400.*

Preface

This facsimile edition is the result of Professor Fang Guangchang's close study of the Chinese manuscripts from Dunhuang over almost thirty years. The British Library is enormously grateful to him for his many years of work and also to Guangxi Normal University Press for undertaking the very difficult task of publication. The British Library is most grateful for the patient, flexible and accommodating approach the Press has shown during its work. Though when the project was first proposed by Fang Guangchang, the ideal would have been to produce completely new digital photographs of each manuscript, owing to the volume of the material (nearly 14000 documents, a considerable number of which were 20 or more metres long), this was impossible in the time available. For this reason, Guangxi Normal University Press had to work with microfilms which were some 50 years old! Fortunately, a clean, untouched, set of microfilms had been found in a British Library store and the press has worked very hard with this unpromising material, using new technology and equipment to produce a fine edition. Some 1500 images, missing from the original microfilms, were produced by the International Dunhuang Project at the British Library (*http://idp.nlc.gov.cn* and *http://idp.dha.ac.cn*).

Professor Fang's dream of a complete facsimile of all the Chinese manuscripts from Dunhuang in the British Library grew out of his long association with the Library. When he began his study of the Dunhuang manuscripts in the British Library in 1991, he was already employed in the Rare Book section of the National Library of China on their Dunhuang manuscripts, starting work on the catalogue that has just been published in 136 volumes. He thus brought unparalleled expertise in both Buddhist texts and bibliography as well as familiarity with the National Library's Dunhuang manuscripts to his study of the London collection. Whilst in London, he also took the opportunity to visit Paris and St. Petersburg to study first-hand the Dunhuang collections in those cities.

The possibility that Fang Guangchang, already established as the foremost bibliographer of early Chinese Buddhist texts, might consider working on a catalogue of the Buddhist manuscripts amongst the 7000 Dunhuang fragments in London that had been newly conserved in 1990–1, had been raised by Professor Zhang slips, silk scrolls and woollen textiles. Although OR. 8212 ostensibly designates items acquired on Stein' s Third Expedition to Chinese Central Asia, it also includes some items acquired on his first and second expeditions, including cultural relics unearthed in Dunhuang and other regions of Gansu and Xinjiang, a total of 1964 items. Among those, the non-Buddhist paper manuscripts have been published in Sha Zhi and Frances Wood, *Chinese non-Buddhist Manuscripts of Stein' s Third Expedition to Chinese Central Asia* (*Sitanyin Disanci Zhongya Kaogu Suohuo Hanwen Wenxian: Fei Fojing Bufen*, Shanghai Lexicographical Publishing House, August, 2005). The Chinese manuscripts originally assigned with non-Chinese ones from Dunhuang to the India Office Library, are mainly manuscripts with Chinese transcription on one side and non-Chinese on another, although among them some are entirely in Chinese. It would have been better to have included the Dunhuang fragments in OR.8212 and those with non-Chinese scripts originally assigned to the India Office Library but this facsimile edition only includes the manuscripts in OR.8210. We were keen to do so but, to our regret, it was beyond us.

The publication of this facsimile edition and the compilation of the bibliographic catalogue obtained great supports from School of Philosophy in Shanghai Normal University and many friends in the field of Dunhuang study. In particular, this project was greatly supported by the companions who shared and put up with difficulties together in London in 2009, and many right-minded persons in the British Library during the last few years. I am grateful to all of these people and pray for them deep in my heart.

Fang Guangchang

Huangmu Chang

Tongzhou

Beijing

25 February 2011

Translated by Hongxia

Revised by Frances Wood

it was not possible to realize this ambitious ideal. We had to work with microfilms stored in the Library. Although some microfilms were produced in recent years, most of them were some 50 years old. Luckily, Dr. Frances Wood managed to find an untouched, original copy of the microfilms, and with the help of new technology and equipment, we produced a fine edition. Nevertheless, the quality of some photos is not good enough. We beg the forgiveness of readers.

In each volume of *Chinese Manuscripts from Dunhuang in the British Library*, there is a bibliographic catalogue of the manuscripts included, which has drawn on as much of the research achievements of Dunhuang scholars as possible. However, our work is not exhaustive and we welcome comments from experts.

Dunhuang manuscripts are ancient and fragmentary. After they arrived in London, British conservators carried out intermittent repairs. Owing to their lack of experience, some early repairs were very poor. After the manuscripts were been transferred into the British Library in the 1970s, with the encouragement of Howard Nelson and then Dr. Frances Wood, the paper conservators there entered into communication with their counterparts in other parts of the world. They adopted new approaches and new methods to restore the Dunhuang manuscripts, and achieved great successes. It is worth noting that Mark Barnard, head of paper conservation, spent several years in restoring successfully the well-known edition of *Vajra Prajna Paramita Sutra* (*Jin Gang Jing*) which was produced in the 9th year of Xiantong reign period. His work was only recently finished and it must be admitted that it looks very good now. As a Chinese scholar, I greatly appreciate the fact that the concerned staff in the British Library have made efforts to care for Dunhuang manuscripts.

At the same time, it should be noted that many of the manuscripts have been conserved in the time since the microfilms were produced in 1950s. Thus, there are differences between the appearance of some manuscripts in the microfilms and the current status quo. Our catalogue is based upon the documents as they are now, though after conservation, some look rather different from the original microfilms. Thus the appearance of some manuscripts described in bibliographic catalogue does not conform to the microform photo. However, there are two sides to everything. There is some information gained from the microfilms which can not be seen in materials that have been conserved subsequently. This kind of information is valuable to the study of the collection history of Dunhuang manuscripts in the British Library.

The main bulk of Chinese manuscripts from Dunhuang in the British Library collection were numbered OR.8210, some fragments OR.8212 and more than a hundred, with non–Chinese scripts on the verso, were treated as non–Chinese manuscripts from Dunhuang which had originally been sent to the India Office Library. Manuscripts in OR.8210 are chiefly those taken from the Buddhist Library Cave in 1907 and hundreds of pieces purloined from the Taoist Wang Yuanlu in 1914 by Stein, including another smaller collection of non–Dunhuang items. The British Library recently bought two further manuscripts. Thus, there are a total of 13952 items numbered OR. 8210. The contents of number OR.8212 are a confusion of paper fragments, wood

The more than 7000 items reproduced in *Dunhuang Baozang* do not represent the complete London collection, and the facsimile edition is not satisfactory. The quality of the photography in *Chinese Non–Buddhist Manuscripts from Dunhuang in the British Library* is very good, but as the title makes clear, it includes only non–Buddhist items , which only account for less than one tenth of the total Chinese manuscripts from Dunhuang in Britain.

Therefore, Dunhuang scholars in China were united in their desire to see a publication which would include all the Chinese manuscripts from Dunhuang in the British Library. After the establishment of the Chinese Association for Dunhuang and Turfan Studies in 1983, Dunhuang study in China made astounding progress, and many institutions holding collections published their catalogues one after another. At this moment, Dunhuang manuscripts in the Russian collection (in 17 volumes) and 34 volumes of Chinese manuscripts from Dunhuang in the French collection have already been published by Shanghai Chinese Classics Publishing House. The National Library of China Publishing House has already published 136 volumes of the collection of Dunhuang manuscripts in the National Library and the remaining volumes will be published this year. Dunhuang manuscript collections in many other libraries and museums across China have been or are being published and collecting institutions in Taiwan are preparing or about to carry out similar publishing plans. In Japan, Aprl–eot Rain Book House (Xingyu Shuwu) is planning to publish its collection, and the Nakamura Museum of Calligraphy has already done so. However, the second largest collection of Dunhuang manuscripts in the world are still buried deep in the British Library collection. For this reason, the demand to publish the complete collection in London has become stronger and stronger. Moreover, during the period between 1900 when the Buddhist Library Cave was found at Dunhuang and 1907 when Stein arrived, there had been very little dispersal of the manuscripts. Stein was the first to purloin manuscripts in bulk. He bundled up and removed about one third of the manuscripts from the Buddhist Library Cave. In 1908, Pelliot entered the Cave and thumbed through the manuscripts, leaving them in a state of total disorder. Consequently, the only possibility of understanding the original condition of the Buddhist Library Cave before it was unsealed, lies in the British collections. Moreover, on many of those manuscripts, there are original marks and notes made by Stein or his Chinese assistant Jiang Xiaowan, which can help scholars to understand the original appearance of the Dunhuang manuscripts. Therefore, publishing the entire collection is worthwhile because of its unparalleled significance in the reconstruction of the Buddhist Library Cave.

Guangxi Normal University Press is so far–sighted and enterprising that it accepted my suggestion to publish the whole collection. I am most grateful to Dr. Frances Wood in the British Library, who always offered her support at the highest level and co–edited this magnificent facsimile project with me. We, that is, Dr. Frances Wood, Guangxi Normal University Press and I, proposed to produce completely new digital photographs of each manuscript at first, so as to offer the most clean and clear edition to readers. Unfortunately,

Preface

Dunhuang manuscripts cause the Chinese people heavy hearts.

History is created by historical characters in their historical environment. Historical truth can only be grasped by trying to understand the contemporary historical scene and look into the hearts of the historical characters. I have previously stated in an article: "As a Chinese scholar, it is essential to appeal to national dignity in reviewing the history of dispersal of the Dunhuang manuscripts one hundred years after the event. However, at the same time, the scholar must maintain an impersonal and objective historical approach and the scientific spirit of seeking the truth. These two approaches are fundamental. We should have less emotion and more intellectual analysis, so as to draw lessons from the past. In this way, our whole nation will become more mature and more intelligent". If I have time, I hope to write a book to analyze and discuss the history of the dispersal of the Dunhuang manuscripts as well as how this reflects on the characteristics of the Chinese and foreigners involved.

The mass of Dunhuang manuscripts surreptitiously acquired by Stein in 1907 and 1914 are now mainly held in the British Museum, the British Library and the National Museum of India, New Delhi, after having been transferred many times. Of these, the Chinese manuscripts from Dunhuang in the British Library amount to about 14000 pieces, one third of the total. Moreover, in the British Library, there are also thousands of non–Chinese documents which were originally stored in the India Office Library.

Chinese people are always concerned about this mass of national treasures scattered overseas. Many scholars traveled across oceans to visit and study them. In the 1950s, the British Museum produced microfilms of about 7000 manuscripts held there. In the 1980s, a facsimile edition, *Dunhuang Baozang* was published in Taiwan, using microfilms of Dunhuang manuscripts in Britain, China and France. In this series, 7599 manuscripts collected in Britain were reproduced in 55 volumes. In the 1990s, in co–operation with British partners, Chinese scholars published 15 volumes of facsimiles of manuscripts, *Chinese Non–Buddhist Manuscripts from Dunhuang in the British Library.*

Eitorial Board

Chinese Manuscripts from Dunhuang Collected in British Library

Chief Editors / Fang Guangchang Frances Wood

10

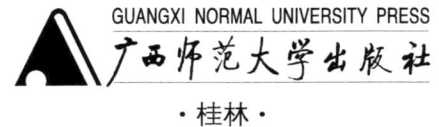

GUANGXI NORMAL UNIVERSITY PRESS
广西师范大学出版社
·桂林·

Chinese Manuscripts from Dunhuang